IMPUGNAÇÃO DAS DECISÕES JUDICIAIS

Reconstrução da relação entre Recursos e Ações Autônomas de Impugnação

Elie Pierre Eid

IMPUGNAÇÃO DAS DECISÕES JUDICIAIS

Reconstrução da relação entre Recursos e Ações Autônomas de Impugnação

Prefácio: Flávio Luiz Yarshell

Apresentação: Heitor Vitor Mendonça Sica

2022

EDITORA JusPODIVM
www.editorajuspodivm.com.br

EDITORA
JusPODIVM
www.editorajuspodivm.com.br

Rua Canuto Saraiva, 131 – Mooca – CEP: 03113-010 – São Paulo – São Paulo
Tel: (11) 3582.5757
• Contato: https://www.editorajuspodivm.com.br/sac

Copyright: Edições JusPodivm

Diagramação: Isabella Giordano *(giordano.bella@gmail.com)*

Capa: Ana Caquetti

Eid, Elie Pierre.
E34i Impugnação das decisões judiciais: reconstrução da relação entre recursos e ações autônomas de impugnação / Elie Pierre Eid – São Paulo: Editora JusPodivm, 2022.

528 p.

Bibliografia.
ISBN 978-85-442-3807-3.

1. Direito Processual Civil. I. Eid, Elie Pierre. II. Título.

CDD 341.46

1.ª ed., *2.ª tir.:* nov./2022.

Para Pierre e Teresa, por tudo, sempre.

Para Marília, com amor, respeito e admiração.

لبنان يولد من جديد

(O Líbano renasce novamente)

"Apesar das aparências, eu era, portanto, mais digno na minha vida privada, e, sobretudo, quando me comportava como lhe contei, do que nas minhas grandes tiradas profissionais sobre a inocência e a justiça. Pelo menos, ao me ver lidar com os seres, eu não podia me enganar quanto à verdade da minha natureza. Nenhum homem é hipócrita nos seus prazeres, será que li isto, ou tê-lo-ei pensado meu caro compatriota?"

(Albert Camus, *A queda*)

AGRADECIMENTOS

O presente livro é resultado da tese de doutorado defendida junto ao Departamento de Direito Processual da Faculdade de Direito da Universidade de São Paulo em dezembro de 2021, submetida à banca examinadora presidida pelo Professor Heitor Vitor Mendonça Sica (orientador), composta pela Professora Teresa Arruda Alvim e pelos Professores Flávio Luiz Yarshell, Gustavo Henrique Badaró, Flávio Cheim Jorge e Fredie Didier Jr., a quem agradeço o rigor da avaliação e as críticas formuladas.

Em certo momento da sessão pública de defesa, foi ressaltado que o trabalho refletia a personalidade da Faculdade de Direito do Largo de São Francisco, em razão do tema escolhido, da abordagem proposta e da pesquisa realizada. Fiquei extremamente honrado com esse elogio, pois me acostumei a ver trabalhos sérios, intelectualmente honestos, sólidos e propositivos produzidos nessa escola. Portanto, por ter sido apontado que fiz frente a essa tradição, devo agradecer a muitos.

Agradeço ao meu orientador, Professor Associado Heitor Vitor Mendonça Sica, pelas oportunidades concedidas, pela orientação segura e por permitir o desenvolvimento das minhas pesquisas em pós-graduação com liberdade. As críticas por ele formuladas ao presente estudo serviram para nos aproximar ainda mais, o que comprova a beleza e o poder do debate sincero feito com o intuito de contribuir. Com o término do meu vínculo formal como seu orientando, reputo que essa condição não se perderá, pois ligada ao plano da admiração e da afinidade pessoal. Deixo, ainda, meus agradecimentos por servir como uma verdadeira referência acadêmica, perspectiva que também é compartilhada por muitos processualistas da minha geração.

Faço especial agradecimento ao Professor Titular Flávio Luiz Yarshell, fonte de grande inspiração, como o presente trabalho não deixa esconder. A oportunidade de convivência, desde o mestrado, permitiu-me acompanhar de perto seu raciocínio refinado e crítico. O leitor atento perceberá a influência do seu pensamento nas bases desta tese e caberá exclusivamente a mim qualquer incompreensão ou má aplicação de suas ideias. A ele deixo o reconhecimento das oportunidades proporcionadas e por seguir como um verdadeiro líder de escola, inspirando os mais jovens e influenciando gerações com o espírito desbravador de novos horizontes, que é a marca da sua produção intelectual. Fica, ainda, consignada minha satisfação por saber que as propostas apresentadas no capítulo 5 contaram com sua receptividade.

Ao processualista e amigo Luis Guilherme Aidar Bondioli, pela leitura atenta do projeto de qualificação, em cuja defesa se fez presente com valiosas críticas e direcionamento da pesquisa. Por ser um profundo estudioso dos recursos, foi inevitável sua influência em diversos momentos com ideias sempre seguras no tema em que, por vezes, reina a insegurança.

Não poderia deixar de externar meus agradecimentos a outros professores que tiveram sua importância até aqui. Ao Professor Eduardo Talamini, pelo constante contato para debate de ideias, além de ser exemplo de jurista. Ao Professor Fredie Didier Jr., por me oferecer o acesso à sua biblioteca pessoal e por se interessar por este estudo antes mesmo da sua conclusão. Ao Professor Antonio do Passo Cabral, pela amizade e pela disponibilidade de diálogo.

Destino um especial agradecimento ao *Professore Ordinario* Marco De Cristofaro (Università degli Studi di Padova) e ao *Professore Associato* Angelo Danilo de Santis (Università degli Studi Roma Tre) pela interlocução, ainda quando este estudo estava em fase embrionária, e pelos debates sobre profundas transformações dos tribunais italianos. O contato com esses dois processualistas evidenciou que o empreendimento científico é coletivo e que só se consegue fazer ciência séria respeitando e criticando fundamentadamente a produção intelectual de qualidade do passado (o que pressupõe, no mínimo, conhecê-la), sem ignorá-la ou diminuí-la, tampouco responsabilizá-la por fatores contingenciais dos tempos presentes. Deixam claro, ainda, o vigor com que a doutrina mais recente do processo civil italiano vem rejuvenescendo a tradição secular deste país.

Agradeço ao Professor Rui Pinto, Professor Associado de Direito Processual Civil da Faculdade de Direito de Lisboa, autor de recentes e relevantes obras sobre os meios de impugnação, que muito gentilmente se dispôs a debater alguns pontos de vista sustentados no presente trabalho e por compartilhar valioso material. O período de contato com sua obra foi gratificante para perceber que, no além-mar, algumas das ideias aqui defendidas já ecoavam em autorizadas vozes.

Ao Professor Karim Salhi, da Université de Caen Normandie, agradeço a cordialidade de compartilhar sua renomada tese de doutorado sobre uma proposta crítica da teoria geral dos recursos. De forma generosa, disponibilizou-se a debater alguns temas defendidos no presente estudo e me permitiu conhecer melhor suas ideias, amplamente referenciadas pela doutrina francesa.

O curso de pós-graduação reservou-me a alegria do convívio com inúmeros amigos, engajados academicamente e verdadeiros expoentes da minha geração, cuja característica é a capacidade de pensar com ideias próprias. Agradeço, em especial, a Adriano Camargo Gomes, Bruna Braga da Silveira, Carlos Frederico Bastos Pereira, Daniel Miranda, Francisco de Mesquita Laux, Gustavo Azevedo, Leonard Schmitz, Lucas Buril de Macêdo, Thiago Ferreira Siqueira, João Lessa, Renato Beneduzi, Sarah Merçon-Vargas, Silas Silva Santos, Marcos Vinicius Pinto, Marcos Youji Minami e Rodrigo Ramina de Lucca, a quem rendo minhas homenagens e espero que o tempo nos reserve bons momentos como aqueles até agora vividos.

Faço, ainda, um agradecimento especial ao Gustavo Azevedo, pela disponibilidade de compartilhar materiais que nem sempre estavam à mão em razão do distanciamento social, além de se dispor a rever trechos do trabalho. Esse reconhecimento significa, na verdade, um pedido de desculpas pelas inúmeras solicitações que formulei, todas elas atendidas sem qualquer objeção. Ao Thiago Siqueira, Marcos Vinicius Pinto, Rodrigo Ramina de Lucca, Adriano Camargo Gomes, Carlos Frederico Bastos Pereira e Silas Silva Santos pela disponibilidade de me ouvirem mesmo quando tinham inúmeras tarefas mais importantes e pela leitura crítica de alguns trechos do trabalho. Ao amigo Rafael Alvarez Moreno, estudioso do processo penal, que sempre esteve à disposição para debater algumas ideias afins e por disponibilizar materiais relevantes.

O recorte do trabalho, por deliberada amplitude, exigiu disciplina de pesquisa que só foi possível graças ao auxílio inestimável de Victor Rston, a quem agradeço a amizade e o interesse em contribuir com a coleta de materiais. Estou convicto de que boa parte da pesquisa se deve ao seu empenho – ainda mais claro nos momentos de privação de acesso às bibliotecas – e pela atenção com que exercia esse auxílio.

Sobre a consulta bibliográfica, agradeço aos funcionários da Biblioteca da Faculdade de Direito da Universidade de São Paulo, sempre prestativos na interlocução com bibliotecas estrangeiras para obtenção de materiais utilizados neste estudo.

A consecução deste trabalho contou com a compreensão e com o auxílio determinantes de Carlos Frederico Andrade e de Marcela Varjão, companheiros generosos a quem agradeço a colaboração diária e o incentivo nos momentos em que mais precisei do seu apoio.

A Pierre e Teresa, meus guias e meus maiores incentivadores. Sem eles, não existiriam subsídios para se chegar até aqui, pois nossa união sempre me mostrou a importância de perseverar nos objetivos traçados. Ao meu pai, exemplo de obstinação para superar os desafios que lhe acometeram durante a elaboração deste trabalho, agradeço por me servir de motivação ainda maior para cumprir a missão aqui assumida.

À Marília Siqueira da Costa, por ser minha sustentação em todos os momentos e por compartilhar comigo a convivência de uma vida boa. Graças a ela, o trabalho foi concluído com a convicção de ter sido feito o melhor. Por ser minha principal incentivadora e interlocutora com seu refino intelectual, desde o início, acreditando nas ideias quando ninguém mais acreditava e nas conclusões a que cheguei antes mesmo de estarem estruturadas, sempre com seu enfoque crítico e acolhedor, a ela deixo registrado meu amor e minha gratidão.

Arcadas, janeiro de 2022.

Elie Pierre Eid

epeid89@gmail.com

PREFÁCIO

Embora o estudo do Direito Processual sob a ótica de uma *teoria geral* seja alvo de críticas e de resistências desde que ganhou espaço e relevância, essa perspectiva metodológica – que, ao mesmo tempo, propicia a construção de um conteúdo próprio – é cada vez mais atual e indispensável. Inúmeros fatores contribuíram – e, em alguns casos, continuam a contribuir – para isso: a superação do dogma da indisponibilidade de direitos no âmbito penal; a ampliação das formas não adjudicadas de solução de conflitos; a percepção de que a *prova*, conquanto dirigida ao julgador sob a ótica de decisões adjudicadas, tem como destinatárias as partes, para avaliação de seus encargos, riscos e chances de êxito; a compreensão de que a solução de conflitos envolve questões econômicas fundamentais e que, como tal, precisam ser analisadas; e a certeza de que o avanço tecnológico, para além da realidade que já vivemos, é movimento inexorável, a colocar em xeque tradicionais estruturas de poder, capaz de atingir todo e qualquer mecanismo de superação de controvérsias.

Como tenho dito e repetido (o que pode se tornar enfadonho, mesmo num universo escasso de leitores), a questão hoje consiste em rever as bases sobre as quais esse método e o correspondente conteúdo foram concebidos; do que provavelmente resultará logo uma percepção singela: *não é fácil produzir estudos coerentemente pautados por uma autêntica teoria geral do processo*. Se dificuldades já havia quando o estudioso buscava recolher subsídios "apenas" nos domínios do processo civil, trabalhista e penal, o que dizer num contexto em que se somaram – ou devem se somar – as searas administrativa, legislativa, arbitral e, para além de todas elas, a do processo concebido como instrumento de soluções não adjudicadas – ilustrada por institutos como colaboração premiada, acordo de leniência e acordo de não persecução? De fato, recolher dados em tão diferentes áreas, sistematizá-los e os devolver, sob a forma de postulados gerais que realmente sejam úteis (do contrário, todo o esforço terá sido em vão), para cada um desses campos específicos é tarefa que demanda enorme esforço e considerável capacidade de, ao mesmo tempo, fazer abstrações e, paradoxalmente, enfrentar o que haja de mais concreto nos diferentes instrumentos de solução de conflitos.

O estudo dos mecanismos de impugnação de decisões – para simplificar, as de natureza adjudicatória – não escapa dessas constatações e, pelo contrário, provavelmente as confirma. Uma eloquente ilustração a esse respeito reside no episódio – que por circunstâncias pude presenciar em tempo real – em que experientes autores de clássica e muito festejada obra de teoria geral do processo debateram – sem propriamente chegar a um consenso – sobre se era adequado, depois de tantas e tantas edições, incluir um capítulo dedicado justamente àquele tópico. O desfecho é conhecido de fiéis e atentos leitores; e se não for, não será ele aqui revelado... De qualquer modo, presume-se que a incerteza sobre o passo a ser dado provavelmente era inspirada pela consciência do tamanho do desafio: comparativamente é menos árduo tratar "apenas" de recursos ou "apenas" de ações autônomas de impugnação, é relativamente mais fácil tratar de um recurso em particular e/ou de um recurso no processo civil ou no processo penal, e assim por diante. Portanto, quem se dispõe a construir uma teoria geral da impugnação de decisões – ainda que "apenas" judiciais e "apenas" no processo civil (e, embora mais limitadamente, ele também conhece sua própria teoria geral) – precisa ter coragem e estar preparado.

Esse é o caso de ELIE PIERRE EID e de sua obra, originalmente tese de doutorado defendida junto à Faculdade de Direito da Universidade de São Paulo, perante exigente banca examinadora, e que, pelas qualidades do trabalho escrito – sob a orientação sempre presente, segura e competente do ilustre Professor Associado HEITOR SICA – e da correspondente defesa oral, foi aprovado com justos encômios.

A nota de teoria geral da tese está desde logo no recorte do conteúdo examinado, que partiu do universo dos meios de controle dos atos judiciais – ainda mais amplo, complexo e desafiador do que o ambiente dos meios de impugnação. Nessa empreitada, a obra enveredou por temas relevantes como o do controle jurisdicional e da dicotomia entre erros de processo e erros de julgamento, passando pelo exame de diferentes vias de controle, até chegar àquela mediante impugnação. Com o terreno assim pavimentado, a obra buscou a aproximação sistemática entre recursos e ações autônomas, com o objetivo de identificar a equivalência funcional entre eles (com notável sistematização dos respectivos requisitos de admissibilidade), analisar sua convivência e interação e, então, concluir com o que a obra qualificou como redimensionamento da relação entre os meios de impugnação e o trânsito em julgado.

Certamente, muito mais haveria a ser tratado. Contudo, não se pode dizer que isso seria uma deficiência da obra e, até pelo contrário, é um mérito na medida em que cogitar desses outros campos de interesse possivelmente é consequência do horizonte aberto pelo estudo. Assim, incluir o exame das demandas de anulação e de complementação de sentença arbitral, assim como da homologação de sentença estrangeira; complementar o exame técnico com uma mais aprofundada visão dos escopos social e político do sistema de impugnação de decisões; tratar das impugnações possíveis no âmbito dos meios de solução não adjudicada de controvérsias (que, então, perderiam esse atributo), todas essas são tarefas, dentre outras que possam ser pensadas, às quais o autor poderá se dedicar mais adiante, se assim lhe aprouver. De todo modo, sua contribuição é inestimável, inclusive pelas perspectivas que abriu aos estudiosos do processo.

Engana-se, por fim, quem pensar que a obra – por seu elevado grau de abstração, próprio da perspectiva adotada – não apresenta soluções para problemas resultantes da experiência profissional. Pelo contrário, justamente para construir a teoria geral sobre o objeto que elegeu, o autor percorreu uma gama considerável de diferentes mecanismos de impugnação. Portanto, respostas a problemas concretos, com leitura adequada, poderão também ser encontradas nesta obra; o que apenas confirma seu valor científico.

A obra que ora tenho a honra de prefaciar é, ao mesmo tempo, uma empreitada corajosa e competente. Como tive oportunidade de dizer publicamente ao ensejo da arguição da tese, é um trabalho que me gratificaria ter escrito sobre o tema, quer pelo método, quer pelo conteúdo produzido. E, registre-se, não vai aqui nenhum favor ao autor, a quem de todo modo sou muito grato pela inestimável ajuda que, ao lado de outros Colegas, ele tem dado, com elevado espírito acadêmico e amor pela docência, nas tarefas do curso de graduação da nossa Velha e sempre Nova Academia.

São Paulo, janeiro de 2022.

Flávio Luiz Yarshell

Professor Titular da Faculdade de Direito da Universidade de São Paulo

APRESENTAÇÃO

Coube-me a honrosa tarefa de apresentar ao público a obra *Impugnação Das Decisões Judiciais – Reconstrução da relação entre Recursos e Ações Autônomas de Impugnação*, do estimado amigo ELIE PIERRE EID. Trata-se de versão comercial de Tese de Doutorado defendida com brilho e aprovada com distinção na velha e sempre nova Academia do Largo de São Francisco em dezembro de 2021, sob minha orientação, diante de banca formada pelos Professores Flávio Luiz Yarshell e Gustavo Henrique Righi Ivahy Badaró (membros internos), Flávio Cheim Jorge, Fredie Didier Jr. e Teresa Arruda Alvim (membros externos).

Para que o leitor tenha adequada dimensão da importância da obra que ora tem em mãos, impõe-se necessário assentar cinco premissas.

A primeira premissa reside na constatação de que a maioria das obras publicadas em Direito Processual Civil tem uma feição *descritiva*, por terem como objeto conceitos e técnicas dispostas pelo ordenamento para estruturar (anatomia) e fazer funcionar (fisiologia) o método de solução de conflitos não penais do qual se vale o Estado para garantir paz social, aplicação do Direito positivo e afirmação de sua soberania.

A segunda premissa repousa na ideia de que diversos conceitos dos quais partem as obras foram definidos em algum momento por estudiosos (nacionais ou estrangeiros) e passam a ser, por longo tempo, repetidos acriticamente. Embora haja alguns conceitos definidos expressamente no texto legal (como p.ex. os de litispendência e de coisa julgada, a teor do art. 337, §§1º a 4º e 502, ambos do CPC), a maioria deles é fruto de labor doutrinário (incluídos os de conceitos de "recursos" e de "ações autônomas de impugnação", que são fundamentais para obra que ora se apresenta).

A terceira premissa se extrai do fato de que obras monográficas excepcionalmente esparsas se propõem a rever criticamente conceitos longamente assentados. Há basicamente duas formas de assim proceder: mediante *rompimento total* com o que já se pensou e se escreveu sobre o tema (como se, para erigir um novo prédio conceitual, houvesse a necessidade de demolir por completo as construções que antes existam) ou mediante *diálogo evolutivo* com os conceitos fixados no passado (a fim de demonstrar que as transformações do ordenamento jurídico exigem alterações, adaptações e aprimoramentos de conceitos, ainda que sem rupturas). Dentre os dois métodos, o segundo se mostra consideravelmente mais profícuo e, sobretudo, seguro, por não desprezar os entendimentos solidificados ao longo do tempo, que são fonte de previsibilidade e confiança, valores caros a qualquer sistema de justiça. O primeiro método revelará, não raro, certa prepotência e arrogância de quem o emprega, não apenas por desprezar o que já se pensou e escreveu antes, mas sobretudo por trazer implícita a (em regra, vã) expectativa de que a doutrina e as decisões judiciais a respeito do tema se curvarão por completo às novas construções propostas. Obras que efetivamente conseguiram transformar o modo pelo qual institutos passaram a ser compreendidos e estudados a partir de sua publicação em regra eram baseadas no segundo método aqui referido

A quarta premissa se extrai a partir da diferenciação entre proposições *de lege lata* (ou *de iure conditio*) e proposições *de lege ferenda* (*de iure condendo*). Monografias que trazem propostas críticas de revisão de institutos não raro deixam de fazer essa necessária separação, o que representa um erro metodológico capital, que beira a desonestidade intelectual. Uma coisa é construir o sistema que o pesquisador gostaria de ter; outra, bem diversa, é propor uma compreensão evolutiva do sistema que temos. Uma coisa é propor que determinado dispositivo legal não seja aplicado porque incompatível com a Constituição ou porque tacitamente derrogado; outra é propor que um dispositivo seja desprezado ou treslido porque outra solução seria mais coerente ou até eficiente. Conceitos novos podem ser extraídos de textos legais velhos, mas há limites para isso, impostos pela própria forma pela qual são redigidos e, em alguma medida, pelo entendimento sobre eles construído ao longo do tempo. O texto não pode ser considerado um mero detalhe, um ponto de partida longínquo a partir do qual tudo se pode extrair, da mesma forma que não se deve ignorar ou menosprezar a interpretação e aplicação que estudiosos e tribunais vinham dando a eles.

Por fim, monografias produzidas em programas de pós-graduação *stricto sensu* em universidades públicas têm de ter o compromisso de construir conhecimento útil para a sociedade, isto é, resolver problemas que efetivamente existem. Não raro, veem-se rios de tinta gastos em vão para propor soluções para questões que ou não existem ou não têm relevância.

Afirmadas essas cinco premissas, é possível então finalmente apresentar a obra.

À luz da primeira premissa, deve-se destacar que embora a presente obra não seja meramente descritiva, evidentemente traz uma base construída sobre sólida e extensamente rica e profunda pesquisa doutrinária (nacional e estrangeira, clássica e contemporânea) e jurisprudencial, o que demonstra maturidade, seriedade, notável empenho e destacado talento do seu autor.

Partindo-se da segunda premissa, tem-se aqui uma monografia que efetivamente traz uma visão crítica sobre os meios de impugnação das decisões judiciais no processo civil, demonstrando o anacronismo da distinção entre recursos e demandas autônomas de impugnação e do confuso conceito de "sucedâneos recursais". O ponto de partida é o reconhecimento da existência de uma plêiade de mecanismos de controle dos vícios dos atos jurídicos em geral e dos atos processuais em particular, dentre os quais se encontram os meios de impugnação às decisões judiciais. Na sequência, o trabalho se encarrega de demonstrar que recursos e demandas autônomas de impugnação apresentam, como instrumentos para veicular o direito de impugnar, elementos comuns fundamentais (objeto e conteúdo). A partir dessa análise (de que se ocupam os capítulos 1 e 2), a obra passa a demonstrar como se dão as interações entre esses meios de impugnação (tema dos quais se ocupam os capítulos 3 e 4). O resultado é uma tratativa exaustiva e dogmaticamente frutífera, fornecendo elementos extremamente úteis para reflexão prática e para guiar futuras reformas legislativas.

Todo esse resultado é alcançado observando-se o cuidado apontado ao ensejo da fixação da terceira premissa, isto é, sem a empáfia de destruir o que até agora se pensou sobre os meios de impugnação às decisões judiciais no processo civil, mas sim dialogando com essas ideias a fim de demonstrar que muitas delas necessitam evoluir, até mesmo para se adequarem a transformações legislativas cujo impacto ainda não havia sido adequada e inteiramente valorado.

O trabalho ora em foco pauta-se na quarta premissa, ao indicar precisamente quais propostas são apresentadas *de lege ferenda* (como, p.ex., sobre a necessidade de reforma do art. 966 do CPC para permitir que a ação rescisória seja manejada independentemente do trânsito em julgado), o que mais uma vez revela a seriedade da sua elaboração.

Chega-se, por fim, ao reconhecimento de que o trabalho é inequivocamente útil, e propõe soluções para problemas que não apenas existem, mas são agudos, sobretudo quando se trata de enxergar as diversas interações entre recursos e demandas autônomas de impugnação.

Tem-se, aqui, portanto, leitura obrigatória para qualquer estudioso ou profissional que pretenda ter um exame arejado e embasado sobre os meios de impugnação das decisões judiciais no processo civil, e que apresenta reflexões que verdadeiramente não seriam encontradas em nenhuma outra obra publicada.

Arcadas, março de 2022.

Heitor Vitor Mendonça Sica

Professor Associado de Direito Processual Civil
da Faculdade de Direito da Universidade de São Paulo

SUMÁRIO

Capítulo 2

SISTEMA DE CONTROLE E MEIOS DE IMPUGNAÇÃO: SUPERAÇÃO DA DICOTOMIA ENTRE RECURSOS E AÇÕES AUTÔNOMAS **127**

PARTE II

DINAMICIDADE DOS MEIOS DE IMPUGNAÇÃO

Capítulo 3

Capítulo 5

INTRODUÇÃO

POR QUE RECONSTRUIR A RELAÇÃO ENTRE RECURSOS E AÇÕES AUTÔNOMAS DE IMPUGNAÇÃO?

> "Um instituto que a lei subtrai à disciplina peculiar dos recursos não deixa de ser o que é, para converter-se em *recurso*, apenas porque, em determinadas hipóteses, se pode através dêle conseguir resultado análogo ao atingível mediante um recurso. Dizer que se trata, em casos tais, de recurso 'vestido com as formas exteriores da ação' é renunciar a todo rigor científico na delimitação dos conceitos; pois o essencial, aí, são exatamente 'formas exteriores', a que se alude com injustificável conotação pejorativa."
>
> (José Carlos Barbosa Moreira, O juízo de admissibilidade no sistema dos recursos civis. Revista de Direito da Procuradoria Geral, 1968, p. 80-81)

O trecho acima transcrito, muito embora remonte ao início da segunda metade do século passado, ainda influencia a doutrina processual nacional. Qualquer manual que se disponha a analisar recursos e ações autônomas de impugnação propõe a advertência inicial de que, naqueles, não há a instauração de uma nova relação jurídica processual, enquanto nessas ocorre o inverso. Em razão disso, verifica-se reduzida preocupação em analisar os meios de impugnação de forma integrada e, por vezes, concede-se às ações autônomas menor importância. De outro lado, o conceito e a natureza do recurso seguem por uma investigação meramente descritivo-procedimental, deixando-se de lado seu conteúdo, quando muito para generalizá-lo como um "remédio". É também comum admitir que o critério de classificação e de distinção entre meios de impugnação deva ser avaliado à luz de um determinado ordenamento jurídico, correndo-se o risco de ser inútil qualquer apropriação fora desse limite, razão que faria supor ser de reduzida importância o diálogo com experiências jurídicas estrangeiras.

Há, ainda, uma proposição muito natural de que as ações autônomas seriam meios excepcionais, heterodoxos e empregados por conta de falhas no sistema recursal decorrentes de lacunas criadas pelo legislador. Não sem razão, já se disse, também, que as ações autônomas de impugnação sofrem um tratamento profundamente discriminatório, apesar de não haver justificativa fundada no ordenamento jurídico para tanto, por não criar qualquer fator que leve a esse juízo de valor; sem considerar a verdadeira aversão a elas por razões técnicas até hoje desconhecidas, mas muito presentes na jurisprudência. Outro hábito é, sem saber o enquadramento de determinado instituto, reconduzi-lo ao guarda-chuva denominado "sucedâneos recursais", numa espécie de classificação residual de quaisquer fenômenos de controle que não se adaptam à figura recursal, por mais distintos que sejam entre si.

Nada obstante sua marcada perpetuidade, a teoria geral dos recursos, constituída sob bases erguidas no início da segunda metade do século XX, vem se mostrando insuficiente para explicar a complexidade da atuação em juízo, a multiplicidade de mecanismos de impugnação e as variadas posturas judiciais submetidas a controle, de modo que seus dogmas explicam apenas parcial e pontualmente a realidade existente e, quando colocada em confronto com as ações autônomas de impugnação, não apresenta todas as respostas para justificar inúmeras transformações ocorridas nos últimos tempos em torno do controle dos atos judiciais por meios de impugnação. Aliado a tudo isso, ainda é muito frequente encontrar argumentos metajurídicos para explicar a previsão dos meios de impugnação em nosso ordenamento jurídico, visto na frequente associação de aspectos psicológicos de irresignação e inconformismo a todo um complexo arcabouço de competências e procedimentos para impugnação dos atos judiciais.

Essas ideias, ainda muito arraigadas, revelam, de um lado, um traço preocupante do estudo dos meios de impugnação, consistente na presença de premissas constituídas ainda em período medieval para explicar certos fenômenos que reclamam contextualização à luz da realidade jurídica contemporânea; e, de outro, uma marcante presença do formalismo, apesar de décadas de avanços para sua superação em outras áreas da ciência processual, especialmente quanto à mitigação ou eliminação das distinções entre institutos processuais. Observa-se, portanto, certo descompasso estrutural no estudo dos meios de impugnação, por carregar diversos resquícios de um passado já superado na moderna teoria processual, e, ao mesmo tempo, exigir uma visão atual que se adeque à complexidade no controle dos atos judiciais.

Adicionalmente, boa parte dos fundamentos apresentados para explicar o controle dos atos processuais por meios de impugnação foi construída em torno do recurso. Isto é, muito embora presentes e atuantes na tradição brasileira, as ações autônomas de impugnação não parecem ter gozado do prestígio necessário para serem examinadas de forma integrada e dinâmica como as vias recursais. Nisso se observa um afastamento artificial, muitas vezes amparado na percepção comum de que as ações autônomas seriam vias excepcionais, destinadas a contornar teratologias ou, quando muito, seriam mais restritas, pois prestar-se-iam a preencher lacunas apresentadas pelo sistema recursal.

No entanto, passados mais de cinquenta anos da reflexão de Barbosa Moreira constante da epígrafe desta introdução, seria possível seguir sustentando todas essas premissas? O presente estudo procura demonstrar a necessidade de se reformular a relação entre recursos e ações autônomas de impugnação, com a superação das diversas barreiras históricas, a partir de uma visão dinâmica e integrada de ambos. Essa proposta respalda-se, em primeiro plano, na Constituição Federal de 1988, cujo texto é fonte relevante para extrair subsídios aos objetivos aqui pretendidos, bem como na legislação infraconstitucional. Quanto a esta última, busca-se demonstrar que sua evolução vem sinalizando pela consolidação e pelo incentivo no relacionamento dos diversos meios de impugnação.

Essa proposta de revisão procura questionar os motivos que, historicamente, pautaram o afastamento entre recursos e ações autônomas de impugnação, alguns deles de caráter estrutural, para explicar as razões pelas quais se admite o controle dos atos processuais por meios de impugnação, como se costuma fazer com o duplo grau de jurisdição ou o direito ao recurso. Tenta-se apontar para a insuficiência dessas construções, de modo a identificar fundamentos comuns que expliquem a razão pela qual, em nosso ordenamento jurídico, os variados meios de impugnação são vias legítimas para ataque aos atos produzidos pelo Estado-juiz, entendido como ato estatal submetido ao regime de controle previsto pela vigente Constituição.

Ainda no plano constitucional, já não parecia ser adequado seguir sustentando tamanho distanciamento entre recursos e ações autônomas de impugnação se fosse bem observada a dispersão de inúmeras normas que conferem tratamento paritário a eles por meio de regras de competência dos tribunais, de previsão das vias impugnativas e, em certos casos, erigindo algumas delas a garantias fundamentais, como o *habeas corpus* e o mandado de segurança. Mesmo após reformas, o texto constitucional seguiu reafirmando a relevância das ações autônomas de impugnação, como se viu diante da Emenda Constitucional n. 45/2004, ao inserir o cabimento da reclamação para o controle de contrariedade à súmula vinculante (art. 103-A, §3º) e da

Emenda Constitucional n. 92/2016, que regulou o Tribunal Superior do Trabalho como órgão do Poder Judiciário e previu expressamente o cabimento da reclamação para preservação da competência e garantia da autoridade das decisões desse tribunal (art. 111-A, § 3º).

As inúmeras disposições constitucionais, sistematicamente interpretadas, parecem sinalizar pela necessidade de impor igual harmonia no tratamento dos variados meios de impugnação. Isso porque, como se tem observado nos últimos anos, as ações autônomas ganharam protagonismo sem precedentes na nossa história e, por diversas razões, passaram a ser uma das principais vias pelas quais os tribunais superiores, especialmente o STF, são provocados a se pronunciarem sobre matéria processual.

Bastaria ressaltar nessa introdução alguns breves aspectos relevantes: de acordo com o relatório Supremo em Ação, do ano 2018, elaborado pelo Conselho Nacional de Justiça, *habeas corpus*, reclamação e mandado de segurança são classes processuais que figuram entre os processos novos com maior número de ingresso na Corte, o que representa parcela expressiva do exercício da jurisdição desse tribunal; ademais, uma simples observação da recente jurisprudência do STF permitirá ver que temas sensíveis e relevantes do direito processual foram examinados pela via das ações autônomas de impugnação, como mostra o conhecido exemplo do HC 126.292/SP, no bojo do qual se decidiu pela possibilidade de início do cumprimento da pena a partir do acórdão proferido pelo tribunal local, ainda que sujeito a questionamento por recurso extraordinário ou especial, entendimento esse que foi superado pelo posterior julgamento das ADCs 43, 44 e 54. Como exemplo aplicável ao processo civil, o RHC 97.876/SP, julgado pelo STJ, é um importante marco para a interpretação e aplicação do art. 139, IV do CPC, proveniente de intenso debate sobre o cabimento de *habeas corpus* como via para questionar decisões judiciais que impõem, como medidas executivas atípicas, a apreensão de carteira de habilitação e de passaporte.

Além disso, não se pode ignorar relevante cenário da legislação infraconstitucional das últimas décadas no sentido de dar reforço às ações autônomas de impugnação e aproximá-las dos recursos. Apesar de ainda conviverem com o ultrapassado discurso da excepcionalidade, verifica-se a consolidação dessas vias, por exemplo, com a Lei 12.016/2009 (Lei do Mandado de Segurança), que reafirmou a tradição desse meio de impugnação para questionamento dos atos judiciais; o CPC de 2015 foi responsável por um avanço significativo nessa proposta de aproximação, tendo em vista alguns aspectos essenciais: (i) os diversos dispositivos legais que conferem tratamento similar aos recursos e às ações autônomas de impugnação, como se verifica no capítulo da ordem dos processos no tribunal; (ii) profícua disciplina da reclamação, com regime de cabimento atrelado à formação das estabilidades processuais; (iii) revisão do perfil da ação rescisória, tornando-a ainda mais ampla em relação ao que se observava no CPC de 1973; (iv) o reforço ao princípio da taxatividade recursal, de grande importância para o desenvolvimento dessa relação entre meios de impugnação, com a previsão, dentre as espécies reguladas, do agravo interno; (v) a possibilidade de se extrair dos arts. 994 a 1.008, relativos às disposições gerais dos recursos, normas pertinentes aos variados meios de impugnação, naquilo que não houver conflito com normas específicas de cada um deles.

Ao lado desses avanços, o regime de impugnação das decisões interlocutórias adotado pelo CPC de 2015 também foi responsável por reascender os debates acerca da relação entre meios de impugnação. A escolha por um modelo de restrição ao uso do agravo de instrumento a partir do rol do art. 1.015, ainda que sua interpretação tenha sido influenciada pela tese fixada no julgamento dos Recursos Especiais ns. 1.704.520/MT e 1.696.369/MT (tema 988), ressaltou aspectos interessantes que passavam ao largo de um exame integrado das ações autônomas de impugnação, notadamente o mandado de segurança contra ato judicial, como a criação pretoriana de requisitos de admissibilidade ao se exigir que o ato judicial seja "teratológico", "manifestamente ilegal", dentre outros, que acentuavam o caráter discriminatório sobre essas vias impugnativas.

Outro avanço significativo do CPC, mas ainda pouco explorado, diz respeito à clareza na estruturação do que se denomina neste estudo de sistema de controle. Há muitos anos, vige entre os processualistas brasileiros, com forte repercussão na jurisprudência, a noção de sucedâneos recursais, que não reúne consenso teórico ou é capaz de explicar as razões de sua existência. Se bem analisados os argumentos normalmente apresentados para classificar algum instituto como sucedâneo recursal, nota-se a adoção da premissa de que os recursos seriam o paradigma de controle e tudo o mais que se prestasse a exercer funções parecidas, mas deixasse de atender ao princípio da taxatividade, cumpriria o papel de suceder àqueles meios de impugnação.

Essa visão, contudo, impediu que esses diversos institutos fossem encarados sob a perspectiva de um sistema de controle, que procura atuar de forma integrada e dinâmica, retirando dos recursos a exclusiva centralidade para correção de vícios do processo e dos atos judiciais. Esse sistema de controle, aqui examinado de forma circunscrita ao CPC, pode ser estruturado para se perceber que os meios de impugnação são uma parcela componente, do qual fazem parte, ainda, o controle por incidentes, por regras de competência, de ofício pelo juiz, por exceção ou objeção etc., sem contar a possibilidade de um enfoque ampliativo para considerar inserido nesse sistema as vias administrativas de controle da conduta judicial e a influência do processo penal no controle do atos judiciais civis.

Com isso, pretende-se demonstrar que as características comuns de recursos e de ações autônomas de impugnação, a serem abordadas oportunamente, fazem com que essas segundas sejam emancipadas da obscura abordagem concedida aos sucedâneos recursais e passem a ser vistas, em pé de igualdade, como integrantes desse sistema de controle ao lado dos primeiros.

As evidências extraídas do CPC podem ir além. Durante a sua *vacatio legis*, foi editada a criticada Lei 13.256/2016, que trouxe reformas estruturais sobre os recursos para os tribunais superiores, mas que também contribuiu para repensar a relação que se busca estabelecer com as ações autônomas de impugnação. Como será visto neste estudo, a opção do legislador quanto ao modelo de sobrestamento praticado em sede de repercussão geral e de recursos extraordinário e especial repetitivos vem a referendar uma constatação que já poderia ser feita relativamente à tensão estabelecida entre interesse público na solução de questões repetitivas, muitas vezes confundido como interesse na administração da justiça, e o interesse dos litigantes na remoção de gravames impostos pelos atos judiciais. Nesse quadro, a referida alteração legislativa permite observar um redimensionamento da relação dos meios de impugnação com o trânsito em julgado, a partir de uma leitura da abrangência e dos escopos de cada um deles.

Embora o objetivo do presente trabalho seja apresentar resultados para o processo civil, a inquietação em torno da dicotomia entre meios de impugnação impede de ignorar a análise de outros ramos do direito processual, que podem oferecer subsídios para as reflexões feitas neste estudo. Exemplo para esse debate é a disciplina conferida pelo Código de Processo Penal ao *habeas corpus* e à revisão criminal como recursos, o que não se mostra impeditivo para majoritária doutrina negar-lhes tal natureza.[1] Deve-se ressaltar que isso não impediu observar intenso relacionamento entre *habeas corpus* com outros recursos, ao argumento de que o primeiro seria via a proporcionar resultados mais úteis ao impetrante.

---

1. GRINOVER, Ada Pellegrini. GOMES FILHO, Antonio Magalhães. FERNANDES, Antonio Scarance. **Recursos no processo penal**, 6ª ed. São Paulo: Editora Revista dos Tribunais, 2009, p. 29; LOPES JR., Aury. **Direito processual penal**, 11ª ed. São Paulo: Saraiva, 2014, p. 968-969; RANGEL, Paulo. **Direito Processual Penal**, 26ª ed. São Paulo: Atlas, 2017, p. 1.078 e 1.111; BADARÓ, Gustavo Henrique. **Manual dos recursos**, 3ª ed. São Paulo: Editora Revista dos Tribunais, 2018, p. 35.

Essa visão geral sobre a legislação não esconde dados teóricos que contribuem para a revisita crítica da dissociação entre recursos e ações autônomas de impugnação.

Os meios de impugnação estão no centro das atenções de diversos países por razões variadas: responsabilização pela elevada carga de ineficiência da justiça civil; dilemas em torno da pacificação dos conflitos; correlação entre função dos recursos e funções desempenhadas pelas cortes de justiça, tendo por base não só o perfil dos meios de impugnação, mas também as restrições de acesso por meio de filtros; os reclamos por eficiência processual a partir de uma perspectiva estatística da atuação dos tribunais etc.[2] A busca pelo equilíbrio entre celeridade e justiça também está entre as preocupações essenciais nas relações entre meios de impugnação.[3]

Nesse caminho de revisitação, uma característica fundamental está na histórica segregação feita entre recursos e o equivalente às ações autônomas de impugnação das decisões judiciais. A origem da distinção, ainda no direito romano, baseada na natureza dos fundamentos de impugnação deduzidos por cada um deles, e a doutrina processual dos séculos XIX e XX[4] exerceram inegável influência para moldar o debate sobre a natureza jurídica de ambos os meios.

Algumas transformações observadas ao longo do tempo se apresentam como fatores relevantes para superação dessa influência histórica e permitem criar mais uma zona de contato entre recursos e ações autônomas de impugnação intensa. Uma delas é a assimilação de que os atos judiciais possuem por característica ampla sujeição ao controle de seu conteúdo. Diante da dificuldade de compreender que o conteúdo do ato judicial é sindicável, durante muitos anos pensou-se que os recursos seriam o meio para renovação da instância, isto é, mero veículo de provocação de outra instância para decidir sobre a

2. Por uma visão abrangente desses temas: UZELAC, Alan. RHEE, C.H. van (edit.). **Nobody's perfect: comparative essays on appeals and other means of recurse against judicial decisions in civil matters**. Cambridge: Intersentia, 2014 e LEVY, Marin K. Judging Justice on Appeal. **Yale Law Journal**, vol. 123, May 2014, n. 7, p. 2.388-2.399.

3. JOLOWICZ, J. A.. Appeal and Review in comparative Law: similarities, differences and purposes, **Melbourne University Law Review**, vol. 15, dec. 86, p. 620

4. De um lado, CALAMANDREI, Piero. Sopravvivenza della querela di nullità nel processo civile vigente. **Rivista di Diritto Processuale**, 1951, pp. 112-128 e, de outro, COSTA, Moacyr Lobo da. A revogação da sentença no direito lusitano (perfil histórico). **Revista da Faculdade de Direito, Universidade de São Paulo**, v. 74, p. 167-194, 1 jan. 1979. V., ainda, LIEBMAN, Enrico Tullio. Istituti di diritto comune nel processo civile brasiliano. In: **Problemi del processo civile**. Napoli: Morano, 1962, p. 512.

mesma questão já resolvida, deixando de lado sua característica essencial de controle e de contraste ao ato atacado. Outra transformação, com respaldo da primeira, ocorreu no recurso de apelação em diversos quadrantes, que acentuaram seu perfil de crítica à decisão, valorizando, portanto, seu viés de controle. Um exemplo dessas alterações é a reforma da apelação no processo civil alemão, ocorrida no início dos anos 2000, que passou a marcar com maior evidência sua atuação no questionamento da sentença.[5]

Se as informações até aqui apresentadas já estavam à disposição para análise e pesquisa, quais seriam os possíveis motivos para ainda se manter um exame distanciado entre recursos e ações autônomas de impugnação no Brasil, se a disciplina desses dois institutos recebe tratamento paritário pela Constituição Federal de 1988?

Uma maneira de tentar responder a esse questionamento é observar as pautas que ocuparam os debates doutrinários em torno dos meios de impugnação. Alguns influxos foram determinantes para circunscrevê-las em cinco grandes grupos, assim segmentados:

(a) consolidação de uma teoria geral dos recursos, sedimentada em premissas construídas na década de 1960, até hoje mantidas, em grande parte, incontestes.[6] Os elementos de análise que compõem essa teoria geral não levam

---

5. O pano de fundo dessa discussão pode ser encontrado na influente tese de Peter Gilles, que se preocupou em resgatar criticamente a discussão, até então adormecida, da natureza dos meios de impugnação como mero prolongamento da relação processual (*Verfahrensfortsetzung)* (**Rechtsmittel im Zivilprozeβ. Berufung, Revision und Bescwerde im Vergleich mit der Wiederaufnahme des Verfarens, dem Einspruch und der Wiederreinsetzung in den vorigen Stand**. Frankfurt am Main: Atheneum, 1972, p. 7-19).

6. BARBOSA MOREIRA, José Carlos. O juízo de admissibilidade no sistema dos recursos civis. **Revista de Direito da Procuradoria Geral**, 1968; BUZAID, Alfredo. Teoria geral dos recursos, **Revista Brasileira de Direito Processual**, vol. 35, set./out. 1982; NERY JR., Nelson. Aspectos da teoria geral dos recursos no processo civil. **Revista de Processo**, ano 13, n. 51, jul./set. 1988; PINTO, Teresa Celina de Arruda Alvim. Teoria geral dos recursos. **Revista de Processo**, ano 15, n. 58, abr./jun. 1990; GRINOVER, Ada Pellegrini. Um enfoque constitucional da teoria geral dos recursos. In: **O processo em evolução**, 2ª ed. Rio de Janeiro: Foresense Universitária, 1998; ALVIM, José Manuel de Arruda. Anotações sobre a teoria geral dos recursos. In: **Aspectos polêmicos e atuais dos recursos cíveis de acordo com a Lei 9.756/98**, coord. Teresa Arruda Alvim Wambier, Nelson Nery Jr. São Paulo: Editora Revista dos Tribunais, 1999; THEODORO JR., Humberto. Teoria geral dos recursos civis. **Revista autônoma de processo**, n.2, jan./mar. 2007; WAMBIER, Luiz Rodrigues. Teoria geral dos recursos. **Revista de Processo**, ano 33, n. 164, out. 2008; SHIMURA, Sérgio Seiji. Considerações sobre a teoria geral dos recursos no Código de Processo Civil de 2015. In: **Cadernos Jurídicos**, v. 16, n.41, jul./set. 2015; JORGE, Flávio Cheim. **Teoria geral dos recursos cíveis**, 7ª ed. São Pau-

em consideração aspectos comuns às ações autônomas de impugnação, razão pela qual não ingressam no campo analítico desses meios, o que, de certo modo, contribuiu para reforçar a segregação dessas com relação aos recursos. Além disso, vêm passando ao largo dessa teoria fenômenos muito relevantes, a serem analisados oportunamente, que interferem na sua estrutura, a exemplo da impugnação coletiva de atos judiciais e a relação dos meios de impugnação com o trânsito em julgado.

(b) intensa dedicação voltada a elucidar e a colmatar lacunas legislativas que tornavam complexo o emprego dos recursos, situação marcante do CPC de 1939. Essa complexidade foi mitigada com a entrada em vigor do CPC de 1973, mas, em pouco tempo, inúmeras reformas legislativas em matéria recursal trataram de ocupar a literatura científica, algo constante até o término da sua vigência. Havia, assim, uma agenda essencialmente preocupada com as incessantes reformas empreendidas a essa codificação. Posteriormente, com a entrada em vigor do CPC de 2015, esse cenário não foi eliminado, tendo em vista novos problemas criados com esse diploma.[7]

---

lo: Editora Revista dos Tribunais, 2015; RODRIGUES, Marco Antonio. **Manual dos recursos, ação rescisória e reclamação**. São Paulo: Gen Atlas, 2017.

7. Sobre a pauta da doutrina com problemas práticos decorrentes de uma tentativa de acomodação do sistema recursal nas diversas codificações, incluídas as respectivas reformas, por exemplo: PONTES DE MIRANDA, Francisco Cavalcanti. **Comentários ao Código de Processo Civil**, v. 5. Rio de Janeiro: Forense, 1949; REZENDE FILHO, Gabriel José Rodrigues. **Curso de Direito Processual Civil**, vol. III, 8ª ed. São Paulo: Saraiva, 1968; NERY JR., Nelson. Reflexões sobre o sistema dos recursos cíveis na reforma processual civil de 1994, in **Revista de Processo**, ano 20, n. 79, jul./set. 1995; TALAMINI, Eduardo. A nova disciplina do agravo e os princípios constitucionais do processo, in **Revista de Processo,** ano 20, n. 80, out./dez. 1995; YARSHELL, Flávio Luiz. A fungibilidade recursal e a nova disciplina do agravo, in **Revista do Advogado**, n. 48, pp. 60-64, jul. 1996; BARBOSA MOREIRA, Carlos Roberto. Reformas do CPC em matéria de recursos, in **Revista Forense,** ano. 97, v. 354, 2001, pp. 177-186; DIDIER JR., Fredie. Questões controvertidas sobre o agravo (após as últimas reformas processuais), in **Aspectos polêmicos e atuais dos recursos cíveis e de outros meios de impugnação às decisões judiciais,** v.7, coord. Teresa Arruda Alvim Wambier, Nelson Nery Jr. São Paulo: Editora Revista dos Tribunais, 2003, pp. 279-307; SICA, Heitor Vitor Mendonça. O agravo e o "mito" de prometeu: considerações sobre a Lei 11.187/2005, in **Aspectos polêmicos e atuais dos recursos cíveis e assuntos afins**, v.9, coord. Teresa Arruda Alvim Wambier, Nelson Nery Jr. São Paulo: Editora Revista dos Tribunais, 2006, pp. 193-220; __________. Recorribilidade das interlocutórias e reformas processuais: novos horizontes do agravo retido. In: **Aspectos polêmicos e atuais dos recursos cíveis,** v.8. São Paulo: Revista dos Tribunais, 2005, p. 161-230; BONDIOLI. Luiz Guilherme Aidar. **O novo CPC: a terceira etapa da reforma**. São Paulo: Saraiva, 2006; NEVES, Daniel

(c) exame isolado de cada ação autônoma de impugnação, tendo em vista a discrepância dos critérios de cabimento, mas, em muitas ocasiões, um olhar discriminatório quanto a elas, como já se constatou com relação ao mandado de segurança contra ato judicial.[8] Essa segregação, ainda, impediu que houvesse um pensamento unitário e harmônico para compreender mecanismos que tinham por essência finalidades, estrutura e objetos semelhantes.

(d) salutar olhar dogmático sobre a ação rescisória, que valorizou a identificação das decisões rescindíveis, o exame dos vícios que dão ensejo ao seu ajuizamento e os termos de contagem do prazo decadencial, mas, ressalvadas exceções,[9] com reduzido diálogo comparativo com outros meios de impugnação.[10]

Amorim Assumpção. O novo conceito de sentença de mérito e os problemas recursais, in **Execução Civil e cumprimento de sentença**, v.2, coord. Sérgio Shimura [et. al.]. São Paulo: Ed. Método, 2007, pp. 71-86; WAMBIER, Teresa Arruda Alvim. MEDINA, José Miguel Garcia. Sobre o novo art. 543-C do CPC: sobrestamento de recursos especiais "com fundamento em idêntica questão de direito", in **Revista de Processo,** ano 33, n. 159, 2008; DIDIER JR., Fredie. CUNHA, Leonardo Carneiro da. Agravo de instrumento contra decisão que versa sobre competência e a decisão que nega eficácia a negócio jurídico processual na fase de conhecimento, in **Revista de Processo**, vol. 242, abr. 2015; PEREIRA, Carlos Frederico Bastos. Interpretação extensiva, analogia e o rol do artigo 1.015 do código de processo civil, in **Revista de Processo**, ano 43, v. 282, ago. 2018;

8. Esse histórico é bem retratado por José Joaquim Calmon de Passos (O mandado de segurança contra atos jurisdicionais: tentativa de sistematização nos 50 anos de sua existência. In: **Ensaios e artigos**, v. 1. Salvador: Juspodivm, 2014, pp. 287-314). A história do mandado de segurança contra ato judicial é dividida por esse autor em quatro partes: a primeira é retratada até a edição da Lei 1.533/51; a segunda se manifesta na aplicação dessa lei até a entrada em vigor do CPC de 73; no curso dessa codificação se manifestam outras duas fases, separadas pelo marco reformista de 1995. Teresa Arruda Alvim, em retomada a esse percurso histórico, acrescenta haver uma quinta fase, para descrever o emprego do *mandamus* sob a égide do CPC de 2015 (**Os agravos no CPC de 2015**, 5ª ed. Curitiba: Editora Direito Contemporâneo, 2021, p. 363).

9. O estudo de Flávio Luiz Yarshell traça parâmetros unitários em torno dos juízos rescindente e do juízo rescisório nos variados meios de impugnação, sendo essa a análise que, entre nós, cria o maior ponto de contato entre recursos e ações autônomas de impugnação (**Ação rescisória: juízos rescindente e rescisório**. São Paulo: Malheiros, 2005). Outros estudos também se preocuparam em traçar relações entre a ação rescisória e recursos: BARIONI, Rodrigo. **Ação rescisória e recursos para os tribunais superiores**. São Paulo: Editora Revista dos Tribunais, 2013; ROSSONI, Igor Bimkowski. **Recursos extraordinários e ação rescisória por ofensa à norma jurídica**. Salvador: Juspodivm, 2019.

10. Sem pretensão de exaurir as referências: CARVALHO DE MENDONÇA, Manoel Ignacio. **Da ação rescisória das sentenças e julgados**. Rio de Janeiro: Livraria Francisco

Feitos esses esclarecimentos, entende-se justificada a relevância de se retomar o estudo da relação entre recursos e ações autônomas de impugnação, a fim de demonstrar novas perspectivas existentes neste debate, bem como propor visão integrada e dinâmica dos variados meios de impugnação.

Perspectiva e importância do direito estrangeiro

Este estudo não pretende simplesmente transportar para a realidade nacional regimes, teorias, postulados ou disposições legais aplicáveis em determinado ordenamento jurídico estrangeiro.[11] Ao contrário, busca-se apontar a relevância dos debates travados em outros países acerca do tema proposto, como forma de apoio argumentativo e comparação jurídica, para ressaltar pontos de contato ou de distanciamento entre a experiência brasileira e a estrangeira. Essa abordagem contribui, ainda, para superação do dogma de que, no estudo dos meios de impugnação, seria inútil buscar inspiração em modelos de outros países.

É importante registrar que inúmeros deles lidam com a dualidade entre meios de impugnação, alguns com funcionamento muito parecido com o nosso. As razões para isso são as mais variadas, como a ausência de previsão recursal para determinado ato judicial e, por conseguinte, a necessidade de se lançar mão de algum mecanismo de controle; porque essa segregação ocorre por uma questão ligada à nomenclatura empregada pela lei; ou, ainda, em

---

Alves, 1916; AMERICANO, Jorge. **Da acção rescisória dos julgados no Direito brasileiro**, 2ª ed. São Paulo: Saraiva & Cia, 1926; DIOGENES, Nestor. **Da ação rescisória.** São Paulo: Saraiva. 1939; VIDIGAL, Luís Eulálio de Bueno. **Da ação rescisória dos julgados.** São Paulo: Saraiva, 1948; PONTES DE MIRANDA, Francisco Cavalcanti. **Tratado da ação rescisória das sentenças e de outras decisões.** Rio de Janeiro: Forense, 1976; RIZZI, Sérgio. **Ação rescisória.** São Paulo: Editora Revista dos Tribunais, 1979; PORTO, Sérgio Gilberto. **Ação rescisória atípica.** São Paulo: Editora Revista dos Tribunais, 2009; DONADEL, Adriane. **A ação rescisória no direito processual civil brasileiro**, 2ª ed. Rio de Janeiro: Forense, 2009; GERAIGE NETO, Zaiden. **Ação rescisória.** São Paulo: Editora Revista dos Tribunais, 2009; CARVALHO, Fabiano. **Ação rescisória: decisões rescindíveis.** São Paulo: Saraiva, 2010; MARINONI, Luiz Guilherme. MITDIERO, Daniel. **Ação rescisória: do juízo rescindente ao juízo rescisório.** São Paulo: Editora Revista dos Tribunais, 2017. ALVIM, Teresa Arruda. CONCEIÇÃO, Maria Lúcia Lins. **Ação rescisória e *querela nullitatis*: semelhanças e diferenças.** São Paulo: Editora Revista dos Tribunais, 2019.

11. Evitando incorrer em erros que foram alvo de precisas críticas feitas por Luís Greco diante das importações indevidas que ignoraram a realidade em que nasceram determinadas teorias estrangeiras (Duas formas de fazer dogmática jurídico-penal. **Boletim do Instituto Brasileiro de Direito Penal Econômico**, Ano 1 Fascículo 1 (2009), p. 3-4).

razão da dicotomia entre meios de impugnação anteriores e posteriores ao trânsito em julgado.

No direito norte-americano, há muito tempo é estudada a doutrina do *collateral attack* ou *collateral review*, em que se defende o emprego de *writs* contra decisões judiciais das quais não caiba recurso, especialmente as interlocutórias nos processos de competência federal, configurando um "middle-of-the-game-appeal".[12] Nos países latino-americanos, a influência do *juicio de amparo* é muito marcante para explicar o controle de atos judiciais por via não necessariamente catalogada pela lei como recurso, notadamente diante de violações a direitos fundamentais por autoridades estatais,[13] colocando-o como figura distinta por suscitar um processo *sui generis*.[14]

Em outros países, a tentativa de criar distinções entre recursos e ações autônomas de impugnação acaba sendo imperfeita e confirma a relevância da lei para essa finalidade, como se verifica em alguns códigos provinciais argentinos, em que ora o instrumento correlato à ação rescisória ora é denominado de recurso, ora é considerando uma ação de rescisão.[15] Não se pode ignorar, ainda, que, no Brasil, algo parecido já foi cogitado com relação aos recursos extraordinário e especial, por previsão da Proposta de Emenda Constitucional n. 199/2019, que busca transformá-los em ações de impugnação pelo fato de passarem a caber posteriormente ao trânsito em julgado.

Na Itália, a sistemática adotada para segregar recursos de ações autônomas segue um caminho ainda mais peculiar, por ser determinante o objeto da impugnação. Se a pretensão da parte se dirigir apenas à arguição de invalidades do processo ou da decisão judicial, estar-se-á diante de uma ação de impugnação, e, se tiver por objeto a revisão da solução dada à questão, será considerado um recurso.[16] Na França, já se tornou corrente, na doutrina, afirmar que os recursos são *action en justice*, independentemente de caberem antes ou depois do trânsito em julgado.[17] Na Alemanha, a distinção

---

12. JANES, Charles Robert. Mandamus as a Means of Federal Interlocutory Review. **Ohio State Law Journal**, vol. 38, n. 2, 1977, p. 316.
13. FIX-ZAMUDIO, Hector. El derecho de amparo en México y en España: su inflencia recíproca. **Revista de Estudios Políticos**, n. 7, 1979, p. 246-250.
14. BURGOA, Ignacio. **El juicio de amparo**, 43 ed. Cd. de Mexico: Ediciones Porrúa, 2019, p. 183.
15. GIANNINI, Leandro J. La revisón de la cosa juzgada. Cuestiones actuales. **Revista La Ley**, 2001-E, p. 1.261-1.271.
16. PISANI, Andrea Proto. **Lezioni di diritto processual civile**, sesta edizione. Napoli: Jovene, 2014, p. 458-459.
17. CADIET, Loïc. JEULAND, Emmanuel, **Droit judiciaire**, 10 ed. Paris: Lexis Nexis, 2017, p. 671-672.

entre recursos (*Rechtsmittel*), como mecanismos anteriores ao trânsito em julgado, e ações de impugnação, como meios de rescisão e revisão, posteriores ao trânsito em julgado (*Wiederaufnahme des Verfahrens*), já convive com a ideia de similitude estrutural e de as normas regentes dos primeiros atuarem supletivamente aos segundos.[18] Algo parecido se encontra na Espanha, onde há a divisão entre meios de impugnação anteriores e posteriores ao trânsito em julgado, mas se reclama de um tratamento uniforme, apesar de já se ter constatado a identidade de objetos e de finalidades.[19] Em Portugal, a divisão entre recursos ordinários e extraordinários faz com que surja o debate para saber se esses últimos, apesar da denominação, são ações, apesar de haver quem sustente se tratar de uma figura híbrida, ao mesmo tempo recurso e ação.[20]

Esse relato permite observar que a abordagem de sistemas impugnativos estrangeiros é extremamente útil para as finalidades traçadas neste estudo, especialmente para identificar eventuais distinções entre recursos e ações de impugnações, parte delas por critérios essencialmente formais e de descrição procedimental. Desse modo, conquanto cada país estabeleça ao seu modo como estruturar o cabimento dos meios de impugnação, é comum a outras experiências jurídicas a convivência e o relacionamento entre eles.

A relevância da jurisprudência para este estudo

Seria até intuitivo concluir pela relevância da jurisprudência em um estudo sobre meios de impugnação. No entanto, é preciso delimitar as razões pelas quais ela será usada, com qual finalidade e de que forma se pretende fazê-lo. Não é incomum que, em estudos dessa natureza, a referência à jurisprudência seja eminentemente crítica, questionando posturas restritivas e até ilegais atinentes ao juízo de admissibilidade, especialmente à luz de disposições legais que procuram contornar essa forma de atuação judicial.

---

18. BRAUN, Johann. **Rechtskraft und Restitution**. 2 Teil. Berlin: Duncker und Humblot, 1985, p. 21-35; ROSENBERG, Leo. SCHWAB, Karl Heinz. GOTTWALD, Peter. **Zivilprozessrecht**, 18 Auflage. München: C. H. Beck, 2018, p. 983-984.
19. NIEVA FENOLL, Jordi. **Derecho Procesal II: proceso civil**. Valencia: Tirant Lo Blanch, 2019, p. 319 e 353. Nesse país, também se encontra na doutrina o emprego do termo "acción autónoma de impugnación" em referência aos meios de impugnação cabíveis posteriormente ao trânsito em julgado (FAIRÉN GUILLÉN, Victor. Doctrina general de los medios de impugnación y parte general del Derecho Procesal. In: **Estudios de Derecho Procesal**. Madrid: Edersa, 1955, p. 344-345).
20. FREITAS, José Lebre de. Recurso extraordinário: recurso ou acção? In: **As recentes reformas na Acção Executiva e nos Recursos** (coord. Rui Pinto). Coimbra: Coimbra Editora, 2010, p. 25.

Conquanto seja necessário enfrentamento crítico do entendimento dos tribunais, é preciso realizá-lo de forma guiada e estruturada às finalidades que aqui se busca atingir, com os proveitos científicos desejados.

Um primeiro aspecto é reconhecer a enorme importância da jurisprudência em inúmeros avanços historicamente constatados no emprego dos meios de impugnação, destacadamente as ações autônomas. Em razão da praxe forense e da posterior acolhida dos tribunais, verificou-se a expansão de diversos mecanismos como o mandado de segurança, *habeas corpus* e a reclamação. Paradoxalmente à postura atualmente restritiva, a jurisprudência também foi responsável por consolidar o desenvolvimento das impugnações coletivas e de fazer uso de determinados mecanismos de gestão de questões repetitivas quando essa reprodução se desse em ações autônomas de impugnação. Assim, por mais contraditório que possa parecer, foi também a própria jurisprudência a responsável por fornecer subsídios relevantes para criar critérios de equiparação entre meios de impugnação, a despeito de, em diversas situações, revelar-se recalcitrante em admiti-los.

Um segundo aspecto diz respeito à profunda ingerência da jurisprudência para disciplinar cabimento e relacionamento entre meios de impugnação. Bastaria verificar as inúmeras súmulas e os milhares de julgados que apontam pela limitação do uso de recursos e de ações autônomas, com a criação de zonas de inimpugnabilidade. Se é possível extrair alguma conclusão minimamente segura a respeito da direção em que caminha a jurisprudência quando se analisa os meios de impugnação é perceber a tendência clara e cada vez maior de impor limitações ao seu uso, mas, em contraste, há pontuais e relevantes oportunidades em que os tribunais promovem avanços e até mesmo equiparações entre recursos e ações autônomas de impugnação.

Um terceiro aspecto essencial para o presente estudo consiste em ver como a jurisprudência contribuiu decisivamente para a transformação do perfil do interesse para determinados meios de impugnação, notadamente na sua relação com o trânsito em julgado. A dualidade entre interesse público na solução de questões repetitivas e o interesse da parte na solução do caso concreto está em constante tensão nos meios de impugnação e, conforme se verá, o presente estudo analisa o redimensionamento do interesse em impugnar atrelado ao trânsito em julgado, objetivando-se a grande influência da jurisprudência para isso.

Delimitação da abordagem

O presente estudo destina-se a analisar os meios de impugnação para questionamento de atos judiciais no contexto do processo civil. Eventuais referências aos processos penal, do trabalho ou eleitoral constituem argumentos, reflexões ou perspectivas laterais, que auxiliam na comprovação dos fundamentos apresentados em caráter principal. Portanto, trata-se de um trabalho que tem por objetivo comprovar os resultados da pesquisa para o direito processual civil, sem prejuízo dos proveitos que possam ser obtidos para outras áreas do direito processual.

Não se busca fazer uma análise dos meios de impugnação em espécie, mas, em primeiro plano, estabelecê-los como parcela integrante de um sistema de controle e reconstruir os critérios de identidade existentes entre recursos e ações autônomas de impugnação. Procura-se demonstrar que a ampla interação e a convivência entre ambos conferem caráter complexo ao controle dos atos judiciais.

O recorte determinado para este estudo, portanto, parte de uma leitura inicial do sistema de controle previsto pelo CPC e, como parte integrante, os meios de impugnação, para superar dogmas tradicionais da dicotomia entre recursos e ações autônomas de impugnação. Passa, ainda, por uma abordagem da atuação dinâmica de ambos, assumindo-se sua coexistência e sua funcionalidade conjunta.

Um esclarecimento terminológico é fundamental. Por estarem enraizadas no vocabulário processual as denominações "ação autônoma de impugnação" ou "ação autônoma", mantém-se o emprego delas a fim de facilitar a compreensão do leitor quando houver a referência à via impugnativa que não se confunda com a recursal.

Feitos esses esclarecimentos, com a presente pesquisa procura-se demonstrar os seguintes resultados: *(i)* a superação do critério de distinção entre recursos e ações autônomas de impugnação, baseado na relação jurídica processual, com o objetivo de que seja proposta reaproximação sistemática entre os meios de impugnação, de modo a serem compreendidos como vias de controle dos atos judiciais, com particularidades inerentes ao direito de impugnar e à disciplina legal conferida a cada um deles, sendo possível reconhecer a existência de um regime jurídico recursal com base no princípio da taxatividade; *(ii)* a proposição de uma visão integrada e dinâmica entre meios de impugnação, que ficou à margem de apreciação crítica em razão de um modelo estático proposto pela teoria geral dos recursos; e *(iii)* o redimensionamento na relação entre meios de impugnação e trânsito em julgado, em decorrência de diversas transformações que acentuaram as tensões entre o interesse público na solução de questões repetitivas e o interesse das partes na remoção de gravames.

Estrutura de trabalho

O presente estudo está dividido em duas partes. Na primeira, formada pelos capítulos 1 e 2, procura-se demonstrar que os meios de impugnação estão inseridos em um sistema de controle e que se aproximam sistematicamente em razão do seu objeto e sua finalidade comum. Na segunda, composta pelos capítulos 3, 4 e 5, aborda-se a interação e a dinâmica entre recursos e ações autônomas, considerando o regime jurídico previsto para os primeiros e a complexidade marcante do ordenamento jurídico brasileiro no emprego de ambos.

O capítulo 1 abordará as balizas gerais para identificação de um sistema de controle, composto por inúmeros instrumentos que coexistem no CPC e dentre os quais se situam os meios de impugnação, objeto do presente estudo. A ideia de sistema de controle, constantemente tratada ao longo do trabalho, contribui para superar a tradicional noção de sucedâneo recursal, frequentemente invocada para designar qualquer outro meio de controle que não se confunda com o recurso, mas que nunca gozou de prestígio científico.

Busca-se apontar as justificativas para o controle dos atos judiciais por meios de impugnação, questionando-se os seculares fundamentos apresentados em torno do chamado duplo grau de jurisdição e do direito ao recurso, a partir da compreensão de que os atos judiciais são atos estatais e, portanto, seu controle, por essas vias, deve se alinhar com o exame de conformidade legal inerente ao Estado de Direito e, ainda, pelas particularidades do ordenamento jurídico brasileiro, que traz, tanto no plano constitucional quanto no plano infraconstitucional, ampla disciplina do cabimento dos recursos e das ações autônomas de impugnação.

O capítulo 2 enfrentará o critério tradicionalmente estabelecido no Brasil para divisar recursos e ações autônomas de impugnação, eminentemente ligado à relação jurídica processual. Pretende-se demonstrar que o fundamento comum, consistente no direito de impugnar, permite uma aproximação sistemática entre ambos, de maneira que eventuais distinções decorreriam das opções legislativas que delineiam o regime jurídico recursal.

Com base nessas constatações, questiona-se a concepção de que as ações autônomas seriam vias para suprir falhas do sistema recursal, o que contribui para lançar sobre elas um olhar discriminatório. Busca-se, assim, apontar que as ações autônomas de impugnação têm cabimento diante de circunstâncias muito variadas, a exemplo do que se observa quando o legislador deixa de prever recurso, quando o recurso não é apto a proporcionar os resultados úteis esperados pelo recorrente e a remoção do gravame se mostra necessária ou quando há paridade no cabimento entre meios de impugnação, admitindo-se a concomitância entre recurso e ação autônoma. Com a tentativa de apresentar a superação daquele critério tradicional, propõe-se nova sistematização na classificação dos meios de impugnação, migrando-a da relação jurídica processual para o momento de cabimento de cada um deles.

No capítulo 3, será analisado o perfil estrutural e funcional dos variados meios de impugnação, a partir de um exame amplo de aspectos atinentes ao juízo de admissibilidade e ao juízo de mérito. Esse confronto terá por base os chamados efeitos dos recursos, ainda marcados, em certos aspectos, por uma perspectiva medieval, que não se justificam contemporaneamente. O aludido regime jurídico recursal está profundamente marcado pela presença desses efeitos, que, conforme será defendido, consistem na ingerência da lei no funcionamento dos meios de impugnação classificados como recursos.

No capítulo 4, serão apresentados elementos que permitem a revisão crítica dos postulados da teoria geral dos recursos, construídos no início da segunda metade do século XX, tendo por base a convivência e atuação conjunta dos variados meios de impugnação. Procura-se demonstrar a ocorrência de inúmeros fenômenos que confirmam a complexidade do controle dos atos judiciais e que, em regra, fogem do espectro de análise estático normalmente observado dessa teoria. Nesse capítulo, serão apresentados subsídios para compreender a insuficiência teórica do que se denomina como "sucedâneos recursais", cujo exame tem servido para finalidades distintas na doutrina e na jurisprudência e no bojo dos quais normalmente são estudadas as ações autônomas de impugnação.

Finalmente, o capítulo 5 cuidará da intensa relação existente entre meios de impugnação e trânsito em julgado. Busca-se demonstrar que essa relação vem passando por novas perspectivas e sendo redimensionada, de um lado, pela gradativa mitigação da utilidade dos recursos para os tribunais superiores em virtude de técnicas como a repercussão geral, a relevância da questão federal (EC 125/2022) e os recursos repetitivos, à base dos quais está o sobrestamento por tempo indefinido, e, de outro, pela amplitude conferida à ação rescisória sob o viés objetivo, subjetivo e temporal.

O objetivo traçado para esse capítulo é lançar luzes, com base nessas premissas, sobre uma possível revisão do interesse para a ação rescisória diante do antagonismo verificado entre a tutela do denominado interesse público nos recursos repetitivos, na repercussão geral e na relevância da questão federal (EC 125/2022), muitas vezes confundido com a tutela dos interesses na administração da justiça, e a tutela dos interesses das partes, que se valem dos meios de impugnação como vias para remoção de prejuízos concretos e imediatos instituídos por atos judiciais.

PARTE I

SISTEMA DE CONTROLE DOS ATOS JUDICIAIS E MEIOS DE IMPUGNAÇÃO

Capítulo 1

ELEMENTOS DE UM SISTEMA DE CONTROLE DOS ATOS JUDICIAIS

> "A revisão das decisões judiciárias – que configuram ato autoritativo estatal, de observância obrigatória para as partes e com eficácia natural em relação a terceiros – é postulado do Estado de Direito."
>
> (Ada Pellegrini Grinover, Um enfoque constitucional da teoria geral dos recursos. In: O processo em evolução, 2ª ed. Rio de Janeiro: Forense Universitária, 1998, p. 65).

> "L'impugnabilità degli atti giurisdizionali, di per sé considerata, ha invero origini storiche molto più remote di quelle dell'impugnabilità degli atti amministrativi o legislativi, ma la funzione da essa svolta nei secoli passati non è sempre stata esclusivamente quella che con terminologia moderna può qualificarsi come garantista. Nel nuovo contesto, invece, sono proprio le esigenze del garantismo quelle che appaiono prevalenti e che consentono di avvicinare il controllo sugli atti giurisdizionale a quello sugli atti amministrativi e legislativi."
>
> (Alessandro Pizzorusso, Sul principio del doppio grado di giurisdizione, Rivista di diritto procesuale, 1978, n. 1, p. 34).

O presente capítulo se propõe a estabelecer parâmetros gerais que caracterizam o exercício de controle dos atos judiciais. Essa abordagem inicial serve para delimitar premissas essenciais desse estudo, que consistem na identificação do controle jurisdicional, do objeto do controle jurisdicional e dos mecanismos destinados a esse controle. A posição ocupada pela atuação jurisdicional nesse quadro projeta-se na função de controle, mediante exame de adequação legal do objeto controlado. Essa atuação cerca-se de peculiaridades que revelam o *controle da jurisdição sobre a jurisdição.* A inserção do tema, por isso, deve ser feita por perspectiva mais ampla, pela qual se costuram pontos em comum dos diversos mecanismos que proporcionam o controle no processo civil, sob a noção de sistema de controle.

1.1. CARACTERÍSTICAS DA ATIVIDADE DE CONTROLE JUDICIAL

A acepção mais comezinha de impugnar pode ser compreendida como a atitude de se opor ou contestar determinado objeto. Essa atividade toma contornos mais específicos quando analisada em sentido técnico-jurídico, pois, no Estado de Direito, com raras exceções de atuação pública ou privada à margem[1], admite-se, amplamente, a oposição às normas e aos atos jurídicos estatais e particulares. Poderão ser variadas as sedes admitidas para impugnação, mas importa, aqui, aquela realizada perante o Poder Judiciário[2], para o qual, lançando-se um olhar sobre o ordenamento jurídico, verifica-se plêiade de mecanismos voltados a essa finalidade, dispostos em um regime de competências e de procedimentos próprios, determinados pela Constituição Federal e pela legislação infraconstitucional.

A ampla sujeição à impugnação remete à noção de controle. Significa dizer que um pleito impugnativo provoca daquele que o examina o controle mediante juízo de conformidade legal ou de juridicidade em relação à forma ou ao conteúdo do objeto da impugnação.[3]

---

1. O debate acerca da sujeição a controle jurisdicional de determinados atos, em recente período, ganhou interessante perspectiva quando da análise da possibilidade ou não de revisão judicial dos atos que concedem refúgio e asilo político pelo Estado brasileiro, cuja discussão tinha por base a caracterização ou não de ato político (VELLOSO, Carlos Mário da Silva. Natureza jurídica do ato concessivo do *status* de refugiado e seu controle pelo Poder Judiciário. **Revista de Direito Administrativo**, v. 250 (2009), p. 257- 291. Reconhecendo a possibilidade de controle jurisdicional: STF, Ext 1085, Relator(a): Min. Cezar Peluso, Tribunal Pleno, julgado em 16/12/2009.
2. Além de ser um recorte deliberadamente formulado atinente ao controle jurisdicional, há um aspecto que não pode fugir de apreciação nesse momento e que diz respeito à função jurisdicional enquanto mecanismo de contenção e de salvaguarda do ordenamento jurídico. Em um grau de abstração maior, compreender o controle jurisdicional é, de certo modo, procurar delimitar as funções contemporâneas da jurisdição e verificar quais são suas características essenciais (a esse respeito, DINAMARCO, Cândido Rangel. **A instrumentalidade do processo**, 15ª ed. São Paulo: Malheiros, 2013, p. 198-207).
3. Conquanto seja muito comum associar impugnação e controle no âmbito da Administração Pública, fato é que a correlação vale de forma geral para toda situação na qual se exija a análise de correção ou adequação daquilo que foi impugnado em relação a um parâmetro específico, consistente no ordenamento jurídico. Como se percebe, a impugnação comporta grau de abstração que possa colocá-la em debate à luz da teoria do direito, com base na relação objeto-quadro, em que se impõe um critério de conformidade (jurídica) entre um determinado objeto (ex. ato jurídico) e um determinado modelo (ex. ordenamento jurídico). Sobre o tema: CASTANHEIRA NEVES, António. Quadro das perspectivas actuais de compreensão da juridicidade. In: **Curso de introdução ao estudo do Direito**. Coimbra (policop.), 1995, p. 21-65.

Nessa perspectiva, pode-se estabelecer um primeiro elemento de compreensão representado pelos *limites do controle*. A atuação jurisdicional, na realização do controle, consiste no exame de conformidade entre aquilo que é questionado a determinada moldura legal, a fim de avaliar a sua adequação ou contrariedade formal ou material. Nesse particular, o controle jurisdicional se traduz em atividade voltada a dizer se determinado objeto condiz com os parâmetros jurídicos que devem orientá-lo, se é aceitável sua manutenção na ordem jurídica ou se é necessária sua extirpação. Portanto, em última análise, o juízo de conformidade legal ou de juridicidade sobre determinado objeto serve para verificar se há ou não eventual incompatibilidade com o ordenamento jurídico.

Outro aspecto fundamental desses limites está na concepção segundo a qual o controle jurisdicional liga-se à inafastabilidade do Poder Judiciário (art. 5º, XXXV, CF). Embora outros órgãos possam ser responsáveis pela atividade de controle de atos estatais e privados, a referida garantia importa reconhecer que ao judiciário se confiará a última palavra a respeito da adequação legal do objeto de impugnação. Pela perspectiva de quem emana o ato submetido a controle, tem-se que o judiciário poderá exercer *controle externo*, dotado de poderes para o mencionado juízo de adequação jurídica,[4] assim como poderá se prestar ao *controle interno*, quando seus próprios atos passam a ser alvo desse juízo.[5]

Um segundo elemento a ser considerado é o *objeto do controle*. Como mencionado inicialmente, a ampla sujeição ao questionamento significa que diversos atos (público ou privados), bem como normas jurídicas, sejam

4. Para ampla compreensão de como se estabelece o controle externo do judiciário, estudado em maior medida sob esses aspectos frente ao controle dos atos da Administração Pública: JORDÃO, Eduardo Ferreira. **Controle judicial de uma Administração Pública complexa: a experiência estrangeira na adaptação da intensidade do controle**. São Paulo: Malheiros, 2016. É certo que o estudo do controle externo não se esgota no âmbito dos atos administrativos, pois se espraia para todo e qualquer ato emanado por autoridade ou órgão diverso do jurisdicional.

5. Como percebido por Fredie Didier Jr., é característica da jurisdição a insuscetibilidade de controle externo (**Curso de Direito Processual Civil**, vol. 1. Salvador: Juspodivm, 2019, p. 200). No mesmo sentido, Eduardo Talamini pondera que o elemento nuclear da jurisdição é a "reserva de sentença", pois "apenas um pronunciamento jurisdicional pode remover ou modificar outro pronunciamento jurisdicional" (**Coisa julgada e sua revisão**. São Paulo: Editora Revista dos Tribunais, 2005, p. 48). A ausência de controle externo, contudo, já foi salientada pela doutrina como objeto de preocupação, notadamente pelo viés político de contenção de poder ausente nessa forma (TICIANELLI, Maria Fernanda Rossi. **Princípio do duplo grau de jurisdição**. Curitiba: Juruá, 2005, p. 194).

levados à apreciação judicial. Conquanto haja grande diferença de natureza entre cada um desses objetos, é possível estabelecer um liame comum atrelado não só ao aspecto cognitivo desempenhado no contexto do controle jurisdicional, mas também ao resultado que se pretende alcançar.

Por isso, de um modo geral, é possível segmentar o controle jurisdicional ao menos em quatro objetos. O primeiro consiste no controle jurisdicional normativo,[6] por meio do qual se busca o exame de adequação jurídica de uma lei ou de ato normativo tendo por parâmetro a Constituição Federal[7] ou tratado internacional de direitos humanos.[8] Nessa modalidade de controle, o juízo de adequação não se estabelece com todo o ordenamento jurídico, mas somente com as normas de ordem constitucional ou com esses tratados, que servirão de limites ao controle. O segundo pode ser visto com o controle de atos jurídicos da Administração Pública. Nesse sentido, além do controle interno a que estão sujeitos, os atos administrativos ficam submetidos a controle judicial, em maior ou em menor medida a depender da sua natureza.[9] O terceiro representa o controle dos atos jurídicos privados, que podem ter regimes variados com relação aos fundamentos que autorizam seu questionamento.[10] O quarto se configura pelo controle dos atos judiciais, que, embora possam ser caracterizados como atos jurídicos estatais, estão sujeitos a um modelo de controle diverso dos demais atos dessa natureza.[11]

---

6. A opinião sustentada por Virgílio Afonso da Silva é absolutamente fundamental para entender que: "Em outras palavras, a preservação da supremacia constitucional requer *algum controle* de compatibilidade das leis com a constituição, mas a escolha de quem será o agente (ou os agentes) desse controle é uma decisão política. Juristas muitas vezes têm dificuldade em aceitar esse fato e costumam encarar como natural (ou, ainda pior, uma questão de lógica) a existência de um controle de constitucionalidade exercido por tribunais. Essa naturalização do controle *judicial* de constitucionalidade é incapaz de explicar como sempre existiram e ainda existem países nos quais, apesar de haver supremacia constitucional, tribunais não têm poder para controlar a constitucionalidade das leis." (**Direito Constitucional Brasileiro**. São Paulo: Edusp, 2021, p. 565).
7. É o que se chama de parâmetro de controle (MENDES, Gilmar Ferreira. **Jurisdição constitucional**, 6ª ed., 2ª tiragem. São Paulo: Saraiva, 2014, p. 262).
8. RAMOS, André de Carvalho. **Curso de direitos humanos**, 4ª ed. São Paulo: Saraiva, 2017, p. 489.
9. HORBACH, Carlos Bastide. **Teoria das nulidades do ato administrativo**, 2ª ed. São Paulo: Editora Revista dos Tribunais, 2010, p. 72-76
10. SOUZA, Eduardo Nunes de. **Teoria geral das invalidades no negócio jurídico: nulidade e anulabilidade no Direito Civil contemporâneo**. São Paulo: Almedina, 2017, p. 274-276.
11. Mesmo hoje sendo aceitável esse amplo controle, é forçoso reconhecer que a impugnação dos atos judiciais tem origem histórica mais remota que a impugnação de quaisquer

Alguns aspectos conotam a diferenciação do controle feito com relação a eles. A presença do poder jurisdicional da autoridade que profere o ato submetido a controle mostra-se elemento essencial de atração do regime jurídico impugnativo.[12] Afora os dissensos doutrinários na tentativa de delimitar os elementos que caracterizam a jurisdição,[13] revelam-se determinantes para o enfoque ora apresentado duas projeções. A primeira dirige-se ao reconhecimento de que o ato eivado de alguma desconformidade é reflexo da atividade desempenhada pelo julgador.[14] O regime jurídico de identificação e de controle dessa contrariedade também é peculiar ao direito processual e serve de ponto de partida para compreender como se estruturam os mecanismos de impugnação e como são forjadas as diversas instâncias destinadas a essa finalidade.[15] A segunda não difere muito do controle exercido sobre qualquer outro ato jurídico estatal, no sentido de servir a impugnação como forma de regulação de poder.[16] Não se trata de uma perspectiva irrelevante, já que o controle de decisões judiciais manifesta a contenção de uma função pública

Um último aspecto a ser ponderado diz respeito às *repercussões do controle*. O controle judicial é fonte de inúmeras repercussões, que podem

---

outros atos estatais. Ainda em tempos em que o controle das atividades do Estado era impensável, já existiam possibilidades de sujeitar a decisão judicial a certo grau de controle. A esse respeito: AZEVEDO, Luiz Carlos de. **Origem e introdução da apelação no direito lusitano**. São Paulo: FIEO, 1976, p. 31-39; COSTA, Moacyr Lobo. **A revogação da sentença**. São Paulo: Ícone, 1995, p. 11-22; RAGGI, Luigi. **Studi sulle impugnazioni civili nel processo romano**. Milano: Giuffrè, 1962, p. 26-34; ORESTANO, Riccardo. **L'appello civile in diritto romano**. Torino: Giappichelli, 1952, p. 56-70.

12. Toda a estruturação dos mecanismos de impugnação tem por premissa o ataque feito a uma *decisão judicial*, a qual assim se configura quando proferida por autoridade dotada de poder jurisdicional e se diferencia dos demais atos do juiz porque "a principal razão para proceder-se a uma sistematização dos pronunciamentos judiciais está na necessidade de organizar o sistema recursal" (DIDIER JR., Fredie. BRAGA, Paula Sarno. OLIVEIRA, Rafael Alexandria. **Curso de Direito Processual Civil**, vol. 2. Salvador: Editora Juspodivm, 2019, p. 372).
13. GODINHO, Robson Renault. **Comentários ao Código de Processo Civil**, vol. XIV. São Paulo: Saraiva, 2018, p. 23-33.
14. CALAMANDREI, Piero. Sulla distinzione tra "errore in judicando" ed "error in procedendo". In: **Opere Giuridiche**, vol. VIII. Napoli: Morano, 1979, p. 285-300.
15. FERRAND, Frédérique. **Cassation française et revision allemande**. Paris: PUF, 1993, p. 120-124; TARUFFO, Michele. Cassazione e revisione: un problema nella storia delle institutzioni giudiziarie. In: **Il vertice ambíguo: saggi sulla cassazione civile**. Bologna: Il Mulino, 1991, p. 27-50.
16. CRUZ E TUCCI, José Rogério. **Jurisdição e poder: contribuição para a história dos recursos cíveis**. São Paulo: Saraiva, 1987, p. 1-21.

variar conforme o objeto da impugnação. Não há necessariamente homogeneidade das consequências pelo fato de se ter a impugnação como origem comum. No entanto, muitos fenômenos recentes da atuação judicial podem ser explicados como derivados de provocações impugnativas, conforme se depreende do ativismo, de posições contramajoritárias e, sobretudo, da ampla judicialização dos mais variados setores da sociedade.[17]

Ao se tratar das repercussões do controle, deve-se ter em mente as consequências decisórias da atividade provocada mediante impugnação. Uma vez realizado o juízo de conformidade e constatado que o objeto da impugnação contrasta com o ordenamento jurídico, o grau dessa contrariedade ocorrer em intensidades variadas.[18] Dependendo do âmbito em que produzido o objeto da impugnação, existirão regimes específicos de controle da desconformidade jurídica, cujo reconhecimento poderá produzir a eliminação ou a alteração do objeto impugnado.

Diante disso, consequências internas e externas ao processo são produzidas. Boa parte delas se deve à alteração de situações jurídicas, algumas estáveis, e aos efeitos decorrentes do desfazimento ou alteração do objeto da impugnação. Nas mais variadas formas de controle judicial, mostra-se essencial que tais repercussões estejam relacionadas com a perspectiva da segurança jurídica, essencialmente pelo potencial de modificação apresentado.[19]

Os parâmetros até aqui traçados dialogam com o exercício do controle como desdobramento da inafastabilidade da jurisdição, cuja construção é feita sob o enfoque do Estado e dos seus deveres de prestação da tutela jurisdicional.[20] A partir disso, passa a ser relevante compreender, pela pers-

---

17. É de longa data conhecido o fenômeno que marca da jurisdição brasileira quanto à judicialização dos mais variados setores da sociedade civil, da política e da economia (para tanto, BARROSO, Luís Roberto. **A judicialização da vida e o papel do Supremo Tribunal Federal**. Belo Horizonte: Fórum, 2017, n. I).

18. Essa constatação se faz muito presente no vício de inconstitucionalidade, que poderá se manifestar de formas variadas, desafiando consequências decisórias que vão além do simples reconhecimento da desconformidade com a Constituição. Para um enfrentamento das formas de inconstitucionalidade e respectivas consequências decisórias, BARROSO, Luís Roberto. **O controle de constitucionalidade no direito brasileiro**, 8ª ed. São Paulo: Saraiva, 2019, p. 42-46.

19. ÁVILA, Humberto. **Segurança jurídica: entre permanência, mudança e realização no Direito Tributário**, 5ª ed. São Paulo: Malheiros, 2019, p. 178-179; CABRAL, Antonio do Passo. **Coisa julgada e preclusões dinâmicas**, 3ª ed. Salvador: Juspodivm, 2019, p. 520-525.

20. YARSHELL, Flávio Luiz. **Curso de Direito Processual Civil**, vol. 1. São Paulo: Marcial Pons, 2014, p. 78-79.

pectiva do jurisdicionado, de que forma se costuma sustentar a provocação do controle.

1.2. FUNDAMENTOS PARA O CONTROLE DA DECISÃO JUDICIAL

Feito esse exame geral, necessário compreender os fundamentos engendrados para justificar o controle da decisão judicial[21], visto que se dissociam das razões usadas para fundamentar a impugnação dos demais atos jurídicos. Essas especificidades são relevantes para avaliar as justificativas normalmente apresentadas para o controle realizado sobre atos judiciais, que aqui é compreendido pelo *controle da jurisdição sobre a jurisdição*[22], além de ressaltarem

Essa noção remete ao controle exercido na mesma esfera de poder em que editado o ato questionado, com importantes consequências como inafastabilidade da revisão dos próprios atos,[23] mecanismos de controle, hierarquia, função dos tribunais e limites de atuação no exercício desse controle. Cabe, portanto, observar que a atuação judicial em sede de controle pode ser encarada a partir de dois desdobramentos: autocontrole ou institucional, que significa a capacidade de autopreservação do exercício da

---

21. DAUCHY, Serge. SERINET, Yves-Marie. Notion et function des voies de recours. In: **Itinéraires d'histoire de la procedure civile**, coord. CADIET, Loïc. DAUCHY, Serge. HALPÉRIN, Jean-Louis. Paris: IRJS editions, 2014, p. 109.
22. Embora a expressão seja por nós empregada, Carnelutti já afirmava a existência de um juízo sobre o juízo, mas com acepção ligeiramente distinta daquela defendida no texto, pois se refere à ideia de novo julgamento por outro órgão jurisdicional (**Lezioni sul processo penale**, v. 4. Roma: Ateneo, 1946, p. 34) Na doutrina processual penal espanhola, o tema surge como crítica às dificuldades da imediação probatória em grau recursal, o que impediria um "juicio sobre el juicio previamente realizado" (ANDRÉS IBAÑEZ, Perfecto. Sobre el valor de la inmediación. (Una aproximación critica). In: **En torno a la jurisdición**. Buenos Aires: Del Puerto, 2007, p. 175). Essas características, consideradas típicas do controle jurisdicional, também se apresentam, com feições e fundamentos diferentes, no âmbito da Administração Pública. Ainda que evidente a defesa da inafastabilidade da jurisdição, é lícito reconhecer que, na mesma esfera de poder, há o controle dos atos administrativos, representado pelo instituto da autotutela, que poderia ser identificado pelo *controle da Administra Pública pela Administração Pública* (modernamente, com concepção alinhada com a Constituição Federal de 1988, BINENBOJM, Gustavo. **Uma teoria do Direito Administrativo: direitos fundamentais**, 3ª ed. Rio de Janeiro: Renovar, 2014, p. 183-190).
23. WATANABE, Kazuo. **Controle jurisdicional: princípio da inafastabilidade do controle jurisdicional no sistema jurídico brasileiro e mandado de segurança contra atos judiciais.** São Paulo: Ed. Revista dos Tribunais, 1980, p. 99.

jurisdição; e apreciação da matéria impugnada, como a extensão com que ocorre o questionamento do ato judicial.[24]

Sob o primeiro aspecto, tem-se que o controle da decisão judicial se operacionaliza mediante exercício de poder com escalas de competência diversas. Essa característica, embora constatada em outros contextos (como em âmbito administrativo), possui caráter específico considerando o exercício da jurisdição. A preocupação com uma estrutura de competências hierárquicas reflete a necessidade de contenção de poder dentro da mesma esfera em que exercido. Esse é um viés que correlaciona o controle a aspectos institucionais, mas sem perder de vista o enfoque de quem se vale do Judiciário. Cabe à parte se valer dos mecanismos apresentados pelo ordenamento jurídico para essa finalidade, razão pela qual se consegue concluir que, diferentemente do que se passa em outras esferas de poder, o *autocontrole*, em regra, é provocado.[25]

O segundo aspecto está em saber qual será a extensão com que se poderá submeter o ato judicial ao exame de conformidade jurídica. A teoria dos meios de impugnação desenvolve-se para oferecer subsídios e estabelecer os contornos de como ocorre esse exame do ato questionado, tanto pela perspectiva de amplitude (o que pode ser fundamento de controle), quanto pela perspectiva temporal (até quando poderá haver controle).[26] Assim, a apreciação da matéria impugnada, a partir de uma estruturação de competências, encontrará limites objetivos e temporais, norteados por um sistema de estabilidades.[27]

---

24. O que ocorrerá mediante revisão da decisão impugnada, independentemente de se obter novo julgamento ou simples anulação da decisão (MEKKI, Soraya Amrani. STRICKLER. Yves. **Procédure civile**. Paris: PUF, 2014, p. 801-802; BIERSCHENK, Lars. **Die zweite Instanz im deutschen und französischen Zivilverfahren**. Tübingen: Mohr Siebeck, 2015, p. .117-118).

25. Fala-se em regra, pois há diversos casos em que o controle poderá se dar de ofício ou por mecanismos diversos dos meios de impugnação, esses tipicamente voluntários. Entra-se, nesse momento, no debate dos vícios passíveis de conhecimento *ex officio* e dos instrumentos capazes de serem utilizados para controle dessas matérias. A esse respeito, amplamente: BONDIOLI, Luiz Guilherme Aidar. Nulidades processuais e mecanismos de controle. **Revista de Processo**, v. 32, n. 145, mar. 2007, p. 25-32.

26. O tema das limitações impugnativas terá dedicação específica nos capítulos 4 e 5.

27. Essa é a base que norteia a ideia de suscetibilidade à impugnação de uma determinada decisão judicial, que está intimamente ligada ao tema das estabilidades. A noção de *inimpugnabilidade* bem reflete a incapacidade de, em um mesmo processo, determinada decisão judicial estar sujeita a questionamentos por mecanismos impugnativos, sobretudo por limites temporais, tendo como produto o fenômeno da preclusão ou da coisa julgada formal. Sobre o tema, CALAZA LÓPEZ, Sonia. La cosa juzgada en el proceso civil y penal. **Boletín de la Facultad de Derecho (UNED)**, n. 24, 2004, p. 132-133.

1.2.1. Crítica ao duplo grau de jurisdição

Não se pode ignorar o percurso dos principais argumentos apresentados pela doutrina para justificar o controle da decisão judicial, baseados em algumas premissas que merecem consideração crítica. Por muito tempo, o questionamento da decisão judicial foi associado a dogmas construídos pela doutrina processual que merecem ser superados, seja porque hoje já não há mais sentido em sustentá-los, seja porque seu relevo se deve a um dado momento histórico. Por força de diversas concepções, admite-se a impugnação de atos judiciais se apresenta como resposta à falibilidade do órgão julgador, irresignação psicológica da parte e qualidade decisória de um órgão superior em relação a outro inferior[28] [29]

A ausência de critérios científicos nessas concepções faz com que elementos metajurídicos sirvam de justificativa para a confrontação dos atos do juiz. A estruturação de mecanismos de controle e as diversas funções desempenhadas por tribunais não parecem sujeitas ou a serviço de uma resposta a anseio particular de mera irresignação pessoal ou sustentados na justificativa de qualidade decisória fiada simplesmente em antiguidade. O enfoque que parece ser adequado para analisar essas questões, atualmente, parte de duas premissas centrais: a primeira compreende o ato judicial como

---

28. AZEVEDO, Luís Carlos. **Estudos de história do processo: recursos.** Osasco: FIEO, 1996, p. 20-21. Nesse ponto, Barbosa Moreira traz explicação suficiente para sintetizar essas ideias: "Desde tempos remotos têm-se preocupado as legislações em criar expedientes para a coerção dos possíveis erros contidos nas decisões judiciais. À conveniência da rápida composição dos litígios, para o pronto restabelecimento da ordem social, contrapõe-se o anseio de garantir, na medida do possível, a conformidade da solução ao direito. Entre essas duas solicitações, até certo ponto antagônicas, procuram os ordenamentos uma via média que não sacrifique, além do limite razoável, a segurança à justiça, ou esta àquela. Fazer inimpugnáveis quaisquer decisões, desde que proferidas, atenderia ao primeiro interesse, mas com insuportável detrimento do segundo; multiplicar *ad infinitum* os meios de impugnação produziriam efeito diametralmente oposto e igualmente danoso. Ante a inafastável possibilidade de erro judicial, adotam as leis posição intermediária: propiciam remédios, mas limitam-lhes os casos e as oportunidades de uso" (**Comentários ao Código de Processo Civil**, vol. V, 17ª ed. Rio de Janeiro: Forense, 2013, p. 229).

29. O argumento psicológico é assim designado como um motivo para que o sistema preveja meios de impugnação sob a pressuposição de irresignação de todo aquele que vê diante de si uma decisão judicial desfavorável (vide, p. ex., CARVALHO, Luiz Antônio da Costa. **Dos recursos em geral: teoria e prática dos recursos.** Rio de Janeiro: Coelho Branco Filho, 1950, p. 14, LIMA, Alcides Mendonça. **Introdução aos recursos cíveis**, p. 127, MORAES, Maurício Zanoide de. **Interesse e legitimação para recorrer no processo penal brasileiro**. São Paulo: Editora Revista dos Tribunais, 2000, p. 25; BADARÓ, Gustavo. **Manual dos recursos penais.** 2ª ed. São Paulo: Editora Revista dos Tribunais, 2017 p. 39).

ato jurídico estatal e, por imperativos do Estado de Direito, não deve ficar à margem de controle;[30] a segunda se refere aos fundamentos constitucionais e infraconstitucionais de emprego de mecanismos com finalidades de controle.[31]

Com a superação daqueles argumentos históricos, notou-se a formulação de duas hipóteses para o emprego dos meios de impugnação. A primeira se deve ao denominado *duplo grau de jurisdição*, cuja fonte normativa, existência e conteúdo são controversos; e a segunda compreendida como *direito ao recurso*.[32] A análise de ambas requer contextualização para o processo civil, tendo em vista os desdobramentos específicos que recebem, por exemplo, no processo penal, por conta de tratados internacionais de direito humanos que acrescem outros elementos nesse debate, mas que não desnaturam as conclusões a serem aqui apresentadas.[33]

A elevada indeterminação de conteúdo e de extensão do duplo grau de jurisdição dificulta atribuir-lhe fundamento constitucional específico.[34]

---

30. Interessante notar que o ordenamento jurídico reflete e admite essa realidade. Basta verificar o cabimento da Ação de Descumprimento de Preceito Fundamental contra "ato do Poder Público" (art. 1º da Lei 9.881/99), incluídas as decisões judiciais, porque "não parece haver dúvida de que, diante dos termos amplos do art. 1º da Lei 9.882/1999, essa hipótese poderá ser objeto de arguição de descumprimento – lesão a preceito fundamental resultante de ato do Poder Público –, até porque se cuida de uma situação trivial no âmbito de controle de constitucionalidade difuso." (MEIRELLES, Hely Lopes. WALD, Arnoldo. MENDES, Gilmar Ferreira. **Mandado de Segurança e ações constitucionais**, 34ª ed. São Paulo: Malheiros, 2012, p. 663).
31. VIGORITI, Vincenzo. **Garanzie costituzionali del processo civile**. Milano: Giuffrè, 1973, cap. VIII.
32. É difícil precisar momento histórico específico para identificar o tratamento autônomo dado ao duplo grau de jurisdição, já que as referências a ele feitas remetem a textos que continham previsões sobre recursos. Isso indica que os parâmetros de antes não se distanciam muito dos atuais, pois ainda se afirma a existência do duplo grau de forma implícita à previsão de recursos em um sistema processual. Sobre o viés histórico: FONTES, Márcio Schiefler. Noções histórico-conceituais dos recursos e do duplo grau de jurisdição. **Revista da EMESC**, v. 14, n. 20, 2007, p. 81-101.
33. Sobre o tema: GRINOVER, Ada Pellegrini. GOMES FILHO, Antonio Magalhães. FERNANDES, Antonio Scarance. **Recursos no processo penal**, 6ª ed. São Paulo: Editora Revista dos Tribunais, 2009, p. 20-22; BADARÓ, Gustavo. **Manual dos recursos penais**, p. 45-57, VASCONCELLOS, Vinicius Gomes de. **Direito ao recurso no processo penal: conteúdo e dinâmica procedimental para um controle efetivo da sentença condenatória.** São Paulo: Editora Revista dos Tribunais, 2019, p. 53-58 e BANDEIRA, Marcos Thompson. O bloco de constitucionalidade e a garantia do duplo grau de jurisdição. In: **Boletim IBCCRIM**, São Paulo, ano 22, n. 254, jan. 2014, p. 12.
34. Até porque o único texto constitucional, entre nós, que se ocupou de prever a dualidade de graus de jurisdição foi de 1824, no artigo. 158. Criticamente ao duplo grau de juris-

A inferência sobre sua existência é feita, muitas vezes, de forma difusa, a partir de justificativas muito variadas, sem a clareza sobre ser uma garantia e quais as consequências dessa natureza.[35] No Brasil, o duplo grau de jurisdição costuma ser associado ao devido processo legal[36], à ampla defesa[37], ou, ainda, a outras disposições constitucionais, como organização judiciária estruturada mediante competências recursais, assim como a previsão de alguns recursos pelo texto constitucional.[38] Em outros países, a noção de duplo grau de jurisdição pode vir ligada à ideia de processo justo[39] ou de processo

dição, como fator de demora do processo. MARINONI, Luiz Guilherme. Garantia da tempestividade da tutela jurisdicional e duplo grau de jurisdição. In: CRUZ E TUCCI, José Rogério [et. al.]. **Garantias constitucionais do processo civil**. São Paulo: Revista dos Tribunais, 1999, p. 274. Para uma análise dos diversos posicionamentos: OLIVEIRA, Bruno Silveira. O duplo grau de jurisdição: princípio constitucional? **Revista de Processo**, vol. 33, n. 162, ago. 2008, p. 362-371.

35. GATTO, Joaquim Henrique. **O duplo grau de jurisdição e a efetividade do processo**. Rio Grande do Sul: Livraria do Advogado, 2010, p. 17.

36. PASSOS, José Joaquim Calmon de. O devido processo legal e o duplo grau de jurisdição. **Revista Ajuris**, Porto Alegre, n. 25, p. 139, 1982; JORGE, Flavio Cheim. **Teoria geral dos recursos** cíveis, p. 263. Quanto ao devido processo legal, o duplo grau de jurisdição se mostraria como "garantia fundamental de boa justiça", nas palavras de Nelson Nery Jr. (**Teoria geral dos recursos**, p. 82).

37. OLVEIRA, José Antonio Ribeiro. O princípio do duplo grau de jurisdição. **Revista do Tribunal Regional do Trabalho da 15ª Região**, Campinas, n. 11, pp. 155-160.

38. DINAMARCO, Cândido Rangel. LOPES, Bruno Vasconcelos Carrilho. **Teoria geral do novo processo civil**. São Paulo: Malheiros, 2016, p. 70; DIDIER JR., Fredie. CUNHA, Leonardo Carneiro da. **Curso de Direito Processual Civil**, vol. 3, 15ª ed. Salvador: Jus Podivm, 2018, p. 115.

39. COMOGLIO, Luigi Paolo. Il doppio grado di giudizio nelle prospettive di revisione costituzionale. In: **Rivista di Diritto Processuale**, anno 1999, n.2., pp. 317-334 e PERONI, Francesco. Giusto processo e doppio grado di giurisdizione nel merito. **Rivista di Diritto Processuale**, anno 2001, n.3, pp. 710-733. Na década de 70 do século XX, na Itália, vieram a lume estudos analisando do duplo grau de jurisdição. O debate nasce com o célebre texto de Mauro Cappelletti em que diversas críticas são apresentadas sobre a reforma do Código de Processo Civil peninsular. Um dos pontos consideração dirige-se àquilo que o autor apontava como "profonda svalutazione del giudizio del primo grado" com a conexa glorificação "dei giudizi di gravame". A perplexidade manifestada por Cappelletti se deveu ao fato de que, em seu sentir, o julgamento da apelação representava um dos grandes gargalos de demora da prestação jurisdicional e do congestionamento judiciário, o que o levou a afirmar que "naturalmente, c'è ancora chi, in buona o mala fede, pensa all'appello e al 'doppio grado di giurisdizione'come ad una importante *garanzia processuale*, magari una *garanzia di libertà*, addirittura qualcosa di assoluto e insopprimibile" (Parere iconoclastico sulla riforma del processo civile italiano. In: **Giustizia e società**. Milano: Edizione di comunità, 1977, p. 116-117).

équo[40], mas com referências igualmente indiretas ao instituto.[41]

Se o seu fundamento legal é impreciso, são igualmente inconsistentes as tentativas de descrever seu conteúdo e sua aplicação.[42] Em larga medida, aponta-se a necessidade de revisão de uma decisão por autoridade diversa, com a possibilidade de reexame de questões de fato e de direito[43]. Diante das diversas competências impugnativas, é possível que não ocorra nessa extensão a revisão ou sequer ocorra, razão pela qual chega-se a afirmar que bastaria um segundo órgão para novo exame da decisão judicial e, quando nem isso couber, estar-se-á diante de exceções ao duplo grau.[44]

De todo esse esforço argumentativo feito pela doutrina, o que se consegue absorver de comum é a atribuição ao duplo grau de jurisdição

---

As repercussões geradas por essa opinião foram observadas em importantes textos na temática do duplo grau de jurisdição, publicados a partir de exposições no XII Congresso dell'Associazione italiana fra gli studiosi del processo civile, em 1977 (vide, principalmente, RICCI, Edoardo. Il doppio grado di giurisdizione nel processo civile. **Rivista di Diritto Processuale,** 1978, n.1, 59-85; ; TARZIA, Giuseppe. Realtà e prospettive dell'appello civile. **Rivista di Diritto Processuale**, 1978, n.1, p. 86-92; LIEBMAN, Enrico Tullio. Il giudizio d'appello e la costituizione. **Rivista di Diritto Processuale**, 1980, n.1, 401-409; ALLORIO, Enrico. Sul doppio grado del processo civile. **Rivista di Diritto Processuale**, 1982, n.1, p. 317-339).

40. PERROT, Roger. Le principe du double degré de juridiction et son evolution en droit judiciarie privé français. In: **Studi in onore di Enrico Tullio Liebman**. Milano: Giuffrè, 1979. v. III, p. 1.971; CLOSSET-MARCHAL, Gilberte. DROOGHENBROECK, Jean-Fronçois van. **Les voies de recours en Droit Judiciaire Privé**. Bruxelles: Bruylant, 2009, p. 4-8; COMPERNOLLE, Jacques van. Le double degré de jurisdiction et les exigences du proceès équitable. In: **Le double degré de jurisdiction: étude de droit comparé,** coord. Jacques van Compernolle e Achille Saletti. Bruxelles: Bruylant, 2010, p. 3-14.

41. FRICERO, Natalie. Double degré de juridiction: de la "boné justice" à la "bonne administration de la justice". **Justice et cassation**, n.1, 2013, p. 67.

42. Negando a existência de duplo grau de jurisdição com argumentos contundentes a respeito dessa posição, WAMBIER, Luiz Rodrigues. TALAMINI, Eduardo. **Curso avançado de processo civil**, vol. 2, 16ª ed. São Paulo: Editora Revista dos Tribunais, 2016, pp. 468-469; GONZAGA, Fernando Jayme. SANTOS, Marina França. A superação do duplo grau de jurisdição como princípio. **Revista de Processo**, v. 37, n. 214, 2012, pp. 147-152.

43. Como sustentado em CINTRA, Antonio Carlos de Araújo; GRINOVER, Ada Pellegrini; DINAMARCO, Cândido Rangel. **Teoria geral do processo**, 31ª ed. São Paulo: Malheiros, 2015 p. 98-100.

44. SÁ, Djanira Maria Radamés de. **Duplo grau de jurisdição: conteúdo e alcance constitucional**. São Paulo: Saraiva, 1999, p. 88; LASPRO, Oreste Nestor de Souza. **Garantia do duplo grau de jurisdição.** In: Garantias constitucionais do processo civil. Coord. José Rogério Cruz e Tucci. São Paulo: RT, 1999, p. 192.

de características inerentes ao *efeito devolutivo dos recursos*.[45] Por outras palavras, o conteúdo conferido ao duplo grau de jurisdição é obtido pela amplitude do efeito devolutivo, em vez de, propriamente, por elementos teóricos inerentes àquele instituto,[46] referindo-se a uma espécie de direito à renovação do julgamento ou a um novo julgador,[47] razão pela qual Loïc Cadiet e Emmanuel Jeuland chegam a dizer que a apelação seria a "via real" de consagração do princípio.[48]

A tentativa de enxergar algum aspecto fundamental no duplo grau de jurisdição parece ser em vão, pois o importante é mesmo o direito da parte ao controle da decisão judicial ou, mais amplamente, dos atos do juiz.[49] A

---

45. Desde tempos primórdios, em que a função descrita para o duplo grau de jurisdição consistia na concentração de poder nas mãos do monarca, o que era garantido pela apelação, com função muito diversa daquela atualmente concebida (RANDAZZO, Salvo. Doppio grado di giurisdizione e potere politico nel primo secolo dell'impero. **Rivista di Diritto Romano**, dic. 2001, p. 247).

46. BARBOSA MOREIRA, José Carlos. **Comentários ao Código de Processo Civil**, p. 239. Confirmado por uma ideia já antiga na doutrina nacional, segundo a qual o duplo grau de jurisdição se resume à renovação do julgamento final (MARTINS, Pedro Batista. **Recursos e processos de competência originária dos tribunais**. Rio de Janeiro: Forense, 1957, p. 150). De uma leitura do pensamento de Eugênio Pacelli a respeito do duplo grau de jurisdição, confirma-se o apego à ideia de efeito devolutivo: "a exigência do duplo grau de jurisdição, enquanto garantia individual, permite ao interessado a revisão do julgado contrário aos seus interesses, implicando o direito à obtenção de uma nova decisão em substituição à primeira." (**Curso de processo penal**, 20ª ed. São Paulo: Atlas, 2016, p. 940). Pela análise de julgados do Supremo Tribunal Federal em diversas matérias, nota-se a referência recorrente à afirmação de que "o duplo grau de jurisdição, no âmbito da recorribilidade ordinária, não consubstancia garantia constitucional" (STF, AI 209.954-AgR, Rel. Min. Marco Aurélio, Segunda Turma, DJ de 4/12/1998; STF, ADPF 167 MC-REF, Relator(a): Min. Eros Grau, Tribunal Pleno, julgado em 01/10/2009, DJe- 26-02-2010; STF, RE 976178 AgR, Relator(a): Min. Dias Toffoli, Segunda Turma, julgado em 09/12/2016, DJe 15-02-2017) e que "não é possível, sob as sucessivas Constituições da República, erigir o duplo grau em princípio e garantia constitucional, tantas são as previsões, na própria Lei Fundamental, do julgamento de única instância ordinária, já na área cível, já, particularmente, na área penal" (STF, RHC 79.785, Rel. Min. Sepúlveda Pertence, Tribunal Pleno, DJ de 22/11/2002).

47. GRECO, Leonardo. Princípios de uma teoria geral dos recursos. In: BASTOS, Marcelo Lessa. AMORIM, Pierre Souto Maior Coutinho de. **Tributo a Afrânio Silva Jardim: escritos e estudos**. Rio de Janeiro: Lumen Juris, 2014, p. 329-330.

48. **Droit judiciaire privé**, 10 ed. Paris: Lexis Nexis, 2017, p. 682. Ver, ainda, MONTERO AROCA, Juan; GÓMEZ COLOMER, Juan Luis; BARONA VILAR, Silvia; CALDERÓN CUADRADO, María Pía. **Derecho Jurisdiccional II: proceso civil,** 27ª ed. Valencia: Tirant Lo Blanch, 2019, p. 452.

49. ROTH, Herbert. Zivilprozessuales Rechtsmittelrecht und funktionale Zweigliedrigkeit. **Juristen Zeitung**, vol. 61, n. 1, 2006, p. 10-11.

premissa anteriormente adotada explica a razão pela qual a perspectiva do jurisdicionado deverá prevalecer sobre o perfil limitativo que sempre vigorou no estudo dos meios de impugnação ao ignorar a influência do Estado de Direito na conformação do controle dos atos estatais.[50]

Nesse sentido, a preocupação que se mostra procedente está na amplitude e na extensão com que o controle poderá ser realizado, com base em fundamento constitucional capaz de explicar a variedade de mecanismos e de oportunidades para a impugnação dos atos judiciais,[51] a seguir analisado. Sem prejuízo, no frequente exame do duplo grau de jurisdição, ignora-se garantias fundamentais igualmente relevantes para o questionamento dos atos do juiz, como o mandado de segurança e o *habeas corpus*,[52] o que corrobora a necessidade de se buscar o adequado tratamento constitucional do tema.

Dessa forma, o conteúdo mínimo normalmente atribuído ao duplo grau de jurisdição coincide, mais precisamente, com os limites do efeito devolutivo, que não parece possuir qualquer relação inerente de garantia ou direito da parte.[53] Não por outras razões, essa análise imanente ao efeito devolutivo fez com que Cristoph Althammer percebesse a existência de um conceito hipertrofiado, que variasse de acordo com a amplitude conferida pela legislação ao recurso de apelação.[54]

---

50. VASCONCELLOS, Vinicius Gomes de. **Direito ao recurso no processo penal: conteúdo e dinâmica procedimental para um controle efetivo da sentença condenatória,** p. 60. Pertinentes as considerações feitas por Marinoni, Arenhart e Mitidiero a esse respeito: "em outras palavras, o direito ao duplo grau não está inafastavelmente garantido pela Constituição." (**Novo curso de processo civil**, vol. 2. São Paulo: Editora Revista dos Tribunais, 2015, p. 508).
51. GRINOVER, Ada Pellegrini. Um enfoque constitucional da teoria geral dos recursos. In: **O processo em evolução**, 2ª ed., p. 65.
52. GRINIVER, Ada Pellegrini. A tutela preventiva das liberdades: *habeas corpus* e mandado de segurança. In: **O processo em sua unidade – II**. Rio de Janeiro: Forense, 1984, p. 70-71; WATANABE, Kazuo. **Controle jurisdicional: princípio da inafastabilidade do controle jurisdicional no sistema jurídico brasileiro e mandado de segurança contra atos judiciais**, p. 104.
53. PERROT, Roger. **Institutions judiciaires**, 18ª ed. (par Bernard Beignier. Lionel Miniato) Paris: LGDJ, 2020, p. 98; MOLFESSIS, Nicolas. La protection constitutionnelle du double degré de juridiction. **Reveu générale de droit processuel**, 1996, juillet-decem bre, n. 4, p. 18. Parecem oportunas as palavras de Satta ao asseverar que o duplo grau de jurisdição se trata de "una elaborazione tecnica conseguente all'analisi dell'appello" (**Diritto processuale civile**. Padova: CEDAM, 1987, vol. 2, p. 365).
54. Die Zukunft des Rechtsmittelsystems. In: **Die Zukunft des Zivilprozesses. Die Zukunft des Zivilprozesses. Freiburger Symposium am 27. April 2013 anlässlichs des 70. Gerburstages von Rolf Stürner**. Tünbingen: Mohr Siebeck. 2014, p.87-88

Alessandro Pizzorusso, com precisão, destaca dois pontos essenciais: a função histórica da apelação, de contenção de poder do soberano, já não é mais presente, porquanto, atualmente, tal recurso desempenha o papel de controle da sentença e de correção dos erros judiciais, com claro viés impugnativo; além disso, ressalta que a previsão de juízes e tribunais em grau recursal decorre de um imperativo de organização burocrática do Estado para assegurar a pré-constituição de um julgador no contexto de impugnação das decisões judiciais.[55]

Portanto, para os fins desse estudo, deve-se superar a associação entre o controle dos atos judiciais e do duplo grau de jurisdição.

1.2.2. O controle da jurisdição sobre a jurisdição

Partindo das considerações anteriores, cabe formular a seguinte indagação: qual seria o fundamento que assegura a impugnação dos atos judiciais? Para responder a essa indagação, será preciso retomar a discussão em torno da suposta existência de um direito ao recurso, configurado por características próprias que justifiquem uma figura autônoma dedicada à impugnação das decisões judiciais, diversamente do direito que sustenta a impugnação de qualquer outro ato jurídico.[56] Essa análise passa, necessariamente, por uma breve retomada histórica da origem desse problema.

Superada a ideia de que duplo grau de jurisdição se confundiria com direito ao recurso,[57] a questão que se coloca é verificar se o segundo destoa

---

55. PIZZORUSSO, Alessandro. Sul principio del doppio grado di giurisdizione, **Rivista di diritto procesuale**, 1978, n. 1, p. 41-49.

56. Estudado de forma mais aprofundada pela doutrina norte-americana, o chamado "right to appeal" também é alvo questionamentos e críticas, a ponto de se colocar em dúvida sua subsistência diante dos diversos desenhos procedimentais (DALTON, Harlon Leigh. Taking the right to appeal (more or less) seriously. **Yale Law Journal**, vol. 95, 1, p. 66-73).

57. Leonardo Greco assevera, no entanto, que "os fundamentos do princípio do duplo grau de jurisdição são os mesmos do direito de recorrer (...)." (Princípios de uma teoria geral dos recursos. In: BASTOS, Marcelo Lessa. AMORIM, Pierre Souto Maior Coutinho de. **Tributo a Afrânio Silva Jardim: escritos e estudos**. Rio de Janeiro: Lumen Juris, 2014, p. 325). Na doutrina brasileira, esse exame se mostra de certo modo comprometido, uma vez que o direito ao recurso está essencialmente permeado pelas mesmas premissas utilizadas para afirmar o duplo grau de jurisdição. Vide, p. ex., NUNES, Dierle José Coelho. **Direito constitucional ao recurso: da teoria geral dos recursos, das reformas processuais e da comparticipação nas decisões**. Rio de Janeiro: Lumen Juris, 2006, p. 126-130; GODINHO, Robson Renault. Direito constitucional ao recurso. In: **Revista da Faculdade de Direito do Sul de Minas**, vol. 25, n. 2, 2009, p. 269-310; CHAVES,

do direito de impugnar exercido diante de qualquer outro ato jurídico e, no processo, por outros meios além dos recursos.[58] A partir disso, será necessário entender que a extensão e a densidade de uma garantia do controle dos atos judiciais vão além do núcleo atribuído ao chamado duplo grau de jurisdição ou direito ao recurso.[59]

Esse retrospecto histórico consiste no resgate do debate proposto por Calamandrei, no início século XX, tendo em vista a influência gerada por suas ideias no decorrer do exame relativo aos variados meios de impugnação e por ter se mostrado responsável por tentar identificar, de maneira autônoma, um direito ao recurso.[60]

O processualista italiano descreveu a diferenciação entre o direito de impugnar e o direito ao recurso. O primeiro orientaria todas as formas de impugnação que levassem ao reconhecimento de invalidade do objeto impugnado, como se passaria com a demanda visando à invalidação de negócio jurídico. A relevância do argumento reside em detectar que, no exercício do direito de impugnação, busca-se eliminar o ato jurídico atacado. Ainda, o direito ao recurso se diferencia disso, pois seu exercício independe da

---

Charley Teixeira. **Recurso: um direito constitucional democrático**, 2ª ed. Belo Horizonte: Arraes, 2015, p. 45-52. A jurisprudência igualmente propõe essa equivalência: STJ, HC 323.409/RJ, Rel. Ministro Reynaldo Soares da Fonseca, Rel. p/ Acórdão Ministro Felix Fischer, Terceira Seção, julgado em 28/02/2018, DJe 08/03/2018; STJ, HC 313.251/RJ, Rel. Ministro Joel Ilan Paciornik, Terceira Seção, julgado em 28/02/2018, DJe 27/03/2018.

58. Antonio María Lorca Navarrete faz interesse análise ao dizer que o direito ao recurso se consubstanciaria no direito ao exame por outro julgador, no sentido de ser um direito a uma segunda opinião sobre o caso, o que só se conseguiria mediante recurso (**Constitución y litigación civil**. San Sebastián: Instituto Vasco de Derecho Procesal, 2018, p. 531-532). Isso, contudo, contrasta com a premissa de que nem só por recurso e, por vezes, em amplitude semelhante ao recurso de apelação, essa revisão é obtida. Nesse sentido, Carlos M. Vázquez e Stephen I. Vladeck afirmam a existência de um direito constitucional à revisão pós condenação, com base no qual sustentam existir o dever de garantir a revisão das decisões contrárias aos condenados por meios de impugnação (The Constitutional Right to Collateral Pos-Conviction Review. **Virginia Law Review**, vol. 103, n. 5, sep. 2017, p. 927).

59. HERZOG, Peter E. KARLEN, Delmar. Attacks on judicial decisions. **International Encyclopedia of Comparative Law Online**, Volume XVI, edited by U. Drobnig, R. David, H. H. Egawa, R. Graveson, V. Knapp, A. T. Von Mehren, Y. Noda, et al. Accessed April 28, 2021. In: http://dx.doi.org/10.1163/2589-4021_IECO_COM_160802.

60. A concepção central desenvolvida por Calamandrei em torno do direito ao recurso está apresentada essencialmente em: Vizi della sentenza e mezzi di gravami. In: **Opere Giuridiche**, vol. VIII. Napoli: Morano, 1979, pp. 245-284.

presença de uma causa de invalidade e não se trata de buscar a correção da decisão judicial, mas sim sua revisão.

A ideia de novo julgamento motivou a conclusão segundo a qual o direito ao recurso enseja revisão de decisão judicial por razões e fundamentos distintos do direito à impugnação.[61] Assim, foi estabelecido que: (a) o direito de impugnar pressupõe um vício, enquanto os recursos se bastam com o resultado desfavorável à parte; (b) a origem do direito de impugnar é material e a direito ao recurso é processual; (c) as demandas promovidas com base no direito de impugnar, assim como os recursos, provocam uma nova decisão, mas nas primeiras o provimento se limita ao reconhecimento do vício, enquanto nos segundos o provimento versa sobre a relação jurídica controvertida já julgada; (d) as ações promovidas com base no direito de impugnar têm por objetivo alterar um estado jurídico e os recursos buscam impedir um estado jurídico ainda imperfeito.[62]

Nota-se que o ponto central na análise de Calamandrei segregava o direito ao recurso do direito de impugnar em razão do fundamento impugnativo apresentado, que se refletia em igual dicotomia entre meios de impugnação. A separação entre direito ao recurso e direito de impugnar ficou arraigada no apego excessivo do referido jurista à divisão entre *errores in procedendo* e *errores in iudicando*. Como confirmação dessa observação, Calamandrei relativizava sua visão ao reconhecer que o recurso, quando destinado somente à invalidação da decisão judicial, assemelhava-se a qualquer outra ação impugnativa.[63]

Essas considerações foram feitas em determinado período evolutivo da ciência processual e considerando as premissas teóricas específicas adotadas por Calamandrei, mas que foram responsáveis por influenciar o afastamento do controle dos atos judiciais com relação ao controle dos demais atos jurídicos.[64] O direito ao recurso, portanto, justificar-se-ia pelo fundamento apresentado impugnativo apresentado[65] e, sob um enfoque restrito, embora o

---

61. Vizi della sentenza e mezzi di gravame. In: **Opere Giuridiche**, vol. VIII, p. 269. As mesmas premissas são integralmente adotas por CERINO-CANOVA. Augusto. CONSOLO, Claudio. Impugnazioni (diritto processuale civile). In: **Enc. Giur. Treccani** XVI, Roma, 1993, p. 3.
62. Vizi della sentenza e mezzi di gravami. . In: **Opere Giuridiche**, vol. VIII, p. 255
63. Vizi della sentenza e mezzi di gravami. In: **Opere Giuridiche**, vol. VIII, p. 256
64. SALHI, Karim. **Contribution à une théorie générale des voies de recours en droit judiciaire privé.** Thèse de doctorat (Droit privé et sciences criminelles) – Université de Caen Normandie, 2004, p. 115-118.
65. Vizi della sentenza e mezzi di gravami. In: **Opere Giuridiche**, vol. VIII, p. 256

recurso também questione a decisão, o direito de impugnar somente se faria presente se o controle fosse realizado tendo em vista causas de invalidade.[66]

É preciso registrar algumas ponderações para atualização desse debate, considerando insatisfatórios os argumentos apresentados e superado o contexto em que a divisão entre direito ao recurso e direito de impugnar se sedimentou.

O primeiro aspecto diz respeito ao controle do conteúdo do ato judicial, o que não infirma o caráter impugnativo exercido pelo recurso.[67] A revisão da decisão, por muito tempo confundida como mero rejulgamento,[68] é fruto do questionamento formulado às questões resolvidas pelo magistrado.[69] Não parece adequado estabelecer, atualmente, uma distinção entre direito de impugnar e direito ao recurso levando em consideração consequências decisórias segundo a tipologia dos fundamentos de controle, especialmente porque são variados os meios pelos quais cada um deles será deduzido. A perspectiva histórica que sempre distanciou o ato judicial dos demais atos jurídicos estatais explica-se pela apresentação de argumentos que, se bem analisados, não lidavam adequadamente com a possibilidade de amplo controle do conteúdo decisório. Com base nessa proposta artificial, parece ter havido uma indevida contaminação da noção de impugnação dirigida aos atos judiciais, por destoá-la da impugnação formulada aos demais atos jurídicos, notadamente aqueles editados pelo Estado.[70]

Os elementos até aqui expostos revelam que o controle não decorre do direito a um meio, mas de um direito de provocar o juízo de conformidade jurídica sobre os atos do juiz.[71] Teresa Armenta Deu bem esclarece que

---

66. Vizi della sentenza e mezzi di gravami. In: **Opere Giuridiche**, vol. VIII, p. 257

67. GILLES, Peter. **Rechtsmittel im Zivilprozeβ**, p. 38-39.

68. Vizi della sentenza e mezzi di gravame. In: **Opere Giuridiche**, vol. VIII, p. 271.

69. Isso explica o esforço da doutrina estrangeira em identificar um ato jurisdicional, justamente para definir a tipologia dos vícios que podem ensejar o controle. Sobre o tema, amplamente: TAVORMINA, Valerio. Azione di impugnativa e potere di impugnazione. **Rivista di Diritto Processuale**, 1980, p. 52-55; SASSANI, Bruno. **Impugnativa dell'atto e disciplina del rapporto**. Padova: CEDAM, 1989. p. 25-26; SALHI, Karim. **Contribution à une théorie générale des voies de recours en droit judiciaire privé.** Thèse de doctorat (Droit privé et sciences criminelles) – Université de Caen Normandie, 2004, p. 67-68; PERROT, Roger. **Institutions Judiciaires**, 18ed. (par Bernard Beignier et Lionel Miniato). Paris: LGDJ, 2020, p. 451-453.

70. PIZZORUSSO, Alessandro. Sul principio del doppio grado di giurisdizione, **Rivista di diritto procesuale**, 1978, n. 1, p. 41-49; PINTO, Rui. **Manual do recurso civil**, v. 1. Lisboa: AADL Editora, 2020, p. 17-24.

71. Com precisão, Enrique Vescovi faz a seguinte afirmação: "Esta vinculación con el derecho de acción (el cual ya ha sido estudiado) hace que se deba concluír, también en este caso,

existiria um direito de questionar a decisão, que é concretizado mediante emprego dos meios recursais, os quais, de resto, estão previstos em lei.[72] Esse direito, portanto, deve ser entendido como o direito de impugnar, como o direito de submeter ao controle pelo próprio Poder Judiciário, cuja amplitude, densidade e extensão mostram se tratar de garantia constitucional mais abrangente, por estar radicada no princípio da inafastabilidade.[73]

Como qualquer outro ato jurídico, e em maior medida por ser estatal,[74] o ato judicial está submetido ao controle por incidência de uma garantia fundamental, cuja força normativa se explica para além da simples previsão de um sistema recursal e de divisão hierárquica entre tribunais – os quais, a propósito, servem como meios de concretização dessa garantia, estabelecendo uma forma de instrumentalizá-la.[75] O direito de impugnar tem por função impedir a desconformidade legal dos atos jurídicos, de maneira que o controle jurisdicional se dê mediante juízo de adequação entre o ato impugnado e o ordenamento jurídico.[76] Essa premissa se mostra verdadeira, pois o controle

---

que se trata de un derecho abstracto, que no está condicionado a la existencia real del defecto o injusticia. O dicho de otra manera, que no interesa que quien recurre tenga un derecho concreto; basta que invoque su poder (abstracto) para que se le permita ejercer la actividad impugnativa, aunque luego, como sucede con la acción, se le deniegue el derecho. O, inclusive, como acaece con la demanda, que es el acto que pode en movimiento el derecho de accionar (ejerciendo la pretensión), que se la rechace por defectos formales sin darle curso." (**Los recursos judiciales y demás médios impugnativos en iberoamérica**. Buenos Aires: Depalma Ediciones, 1988, p. 14).

72. El derecho a los recursos. Su configuración constitucional. **Revista General de Derecho**, 1994, n. 598-599, p. 8.106-8.107.

73. Após analisar múltiplos fundamentos constitucionais e infraconstitucionais do duplo grau de jurisdição em diversos países, Peter E. Herzog e Delmar Karlen generalizam a abordagem sob a denominação de *right to attack*: "At all levels of review, there is frequently a requirement that, except and special circumstances, the decision to be reviewed be final rather than interlocutory." (Attacks on judicial decisions. **International Encyclopedia of Comparative Law Online**, Volume XVI, edited by U. Drobnig, R. David, H. H. Egawa, R. Graveson, V. Knapp, A. T. Von Mehren, Y. Noda, et al. Accessed April 28, 2021. In: http://dx.doi.org/10.1163/2589-4021_IECO_COM_160802)

74. No Brasil, sustentado que o ato judicial, tal como outros atos estatais, está sujeito ao exame de conformidade com o ordenamento jurídico por um imperativo do Estado de Direito, mas radicado no duplo grau de jurisdição: PORTO, Sérgio Gilberto. USTÁRROZ, Daniel. **Manual dos recursos cíveis**, 7ª ed. Porto Alegre: Livraria do Advogado, 2020, p. 62.

75. ROTH, Herbert. Prozessmaximen, Prozessgrundrechte und die Konstitutionalisierung des Zivilprozessrechts. **Zeitschrift für Zivilprozess**, vol. 131, 2018, p. 11.

76. Bem explorado em DINACCI, Ugo. **Prospettive sistematiche del processo penale**. 2. ed. Padova: CEDAM, 1978, p. 265. Em igual sentido, GRINOVER, Ada Pellegrini.

dos atos judiciais pela via dos meios de impugnação é feita sempre ao esteio do direito de ação, seja para quem sustenta a dependência entre recursos e os poderes decorrentes desse direito já exercido, seja mediante exercício originário de tal direito.[77]

O recurso representaria, assim, um dos mecanismos para exercício o direito de impugnar no processo, que poderá ter, em extensão e limites, a invalidação da decisão ou a sua revisão, também suscetível de ser contemplado por outros meios.[78] O direito subjacente ao controle dos atos judiciais, cercado de requisitos para seu exercício, não se reveste de qualquer especificidade diversa do direito de impugnar porque instrumentalizado por uma via recursal, cuja amplitude variará de acordo com a disciplina instituída pela Constituição Federal e pela legislação infraconstitucional. Jacques Héron e Thierry Le Bars notam que um sistema impugnativo se estrutura mediante recursos com amplitudes distintas porque há interesse na administração da justiça, a fim de se promover funções dos tribunais, o que ressaltaria o modo com que o direito de impugnar seria conformado normativamente.[79]

Essas reflexões ressaltam, ainda, o constante equilíbrio entre segurança jurídica e justiça das decisões, que orienta o legislador, em inúmeras oportunidades, a estabelecer critérios mais ou menos intensos de controle. Como é corrente na doutrina processual, eventual discussão sobre a inconstitucionalidade de sistemas impugnativos deve ser feita à luz da ponderação entre esses princípios, a fim de saber em que medida um modelo restritivo ou ampliativo poderia ser considerado contrário ao texto constitucional.[80]

Um enfoque constitucional da teoria geral dos recursos. In: **O processo em evolução**, p.65.Rui Pinto parece aderir a esse pensamento, após demonstrar que a Constituição portuguesa não garante um recurso para cada decisão, ao afirmar o seguinte, levando em consideração a complexidade com que se dá a impugnação dos atos judiciais: "Em conclusão: o **direito constitucional à tutela jurisdicional garante o direito à revogação da decisão judicial nos casos em que a sua falta desarazoável, desproporcionada ou excessiva levaria à manutenção de violações dos princípios, direitos, liberdades e garantias identitários do Estado de Direito** através da própria atuação dos tribunais desse mesmo Estado de Direito." (**O recurso civil. Uma teoria geral**, p. 149, destaques do original)

77. BARBOSA MOREIRA, José Carlos. **Comentários ao Código de Processo Civil, vol. V: arts. 476 a 565**. 17 ed. Rio de Janeiro: Forense, 2013, p. 229-232.

78. A relevância terminológica dos fins a que se destinam os meios de impugnação encontra-se bem explorada por YARSHELL, Flávio Luiz. **Ação rescisória**, p. 22-26.

79. **Droit judiciaire privé**, 6 ed. Paris: LGDJ, 2015, p. 543.

80. Nesse ponto, ao analisar os sistemas impugnativos de diversos países, Alan Uzelac e C. H. van Rhee ressaltam a existência de modelos "anti-appeal", como o inglês, e o "pro-

1.3. AMPLITUDE E LIMITAÇÕES DO CONTROLE DOS ATOS JUDICIAIS

A preocupação com a tipologia dos fundamentos que levam ao controle dos atos judiciais é antiga no direito processual e consagrada na divisão entre *error in procedendo* e *error iudicando* para explicar quais seriam as espécies de violações.[81] À base dessa análise está o tema não menos antigo do erro judicial, que vem ganhando projeção, em tempos mais recentes, para reafirmar a autonomia do objeto do controle realizado em juízo.[82]

O dualismo entre direito e processo, entre julgar e proceder, conduziu à tradicional distinção entre injustiça e nulidade da sentença, sendo a primeira relativa àquela decisão que contenha alguma desconformidade com a solução de questões, enquanto a segunda se caracteriza pela inobservância a alguma norma processual que leve ao erro de atividade.[83] A despeito de ainda ser um referencial no estudo dos mecanismos de controle, essa tipologia exige

---

-appeal" como o soviético (Appeals and other means of recourse against judgements in the context of the effective protection of civil rights and obligations. In: UZELAC, A. RHEE, C.H. van (ed.). **Nobody's Perfect: Comparative Essays on Appeals and other Means of Recourse against Judicial Decisions in Civil Matters**. Cambridge/Antwerp/Portland: Intersentia, 2014, p. 4).

81. Historicamente, CALAMANDREI, Piero. Sulla distinzione tra "error in judicando" ed "error in procedendo". In: **Opere giuridiche**, vol. VIII, p. 285-300.

82. O erro judicial encontra-se na base da concepção dos meios de controle dos atos jurisdicionais. O tema, historicamente, foi enfrentado como paradigma teórico de funcionamento do Estado (não limitado apenas aos atos do juiz), assim como de exercício de poder. Sem pretender incursão desse gênero, o relevante, nesse momento, é perceber que o erro judicial ganhou força nos últimos trinta anos, em diversos quadrantes, com o propósito de sistematização dos vícios do processo e da decisão judicial, e de afirmar a autonomia do objeto dos meios de impugnação. Por exemplo, vide: GOTTWALD, Peter. **Die Revisioninstanz als Tatsacheninstanz**. Berlin: Duncker und Humblot, 1975, p. 81-90; BRAUN, Johann. **Rechtskraft und Restitution**. 2 Teil. Berlin: Duncker und Humblot, 1985, p. 30-34; BURGELIN, Jean-François. L'erreur judiciaire. In: **La procedure en tous ses états. Mélanges en l'honneur de Jean Buffet**. Paris: Petites affiches, 2004, p. 91-97; VALICOURT, Eliane. **L'erreur judiciaire**. Paris: L'Harmattan, 2005, p. 34-36; BUSSY, Florence. L'erreur judiciaire. **Recueil Dalloz**, 2005, n. 6, p. 2.552; EDWARDS, Harry T. To err is human, but not always harmless: when should legal error be tolerated? **New York University Law Review**, vol. 70, n. 6, 1995, p. 1.169-1.171; BONA, Carlo. **Sentenza imperfette. Gli errori cognitivi nei giudizi civili**. Bologna: Il Mulino, 2010, p. 8-12.

83. CHIOVENDA, Giuseppe. **Istituzioni di diritto processuale civile**, vol. II, Napoli, 1936, p. 512 s.; F. CARNELUTTI, Francesco. **Istituzioni del processo civile italiano**. Roma, 1956, vol. II, p. 173 ss.; BETTI, Emilio **Diritto processuale civile italiano**, Roma, 1936, p. 626 ss.; GIUDICEANDREA, Nicola. **Le impugnazioni civili**, Milano, 1952, vol. I, p. 22 ss.

uma análise crítica e, sobretudo, atual para o sistema processual brasileiro vigente, a fim de superar associações estanques que, muitas vezes, podem se mostrar inapropriadas.[84]

Como já foi visto em itens anteriores e como será ressaltado no item 1.5.5.1.1., a relevância dessa dicotomia amparava-se no critério de divisão dos meios de impugnação, isto é, identificar um *error in iudicando* ou um *error in procedendo* era determinante para concluir qual seria o meio adequado para questionar a decisão judicial. A classificação tem se mostrado perene e ainda hoje costuma ser invocada para explicar as variações dos erros judiciais.[85]

No entanto, alguns fatores parecem contribuir para demonstrar a necessidade de revisar o paradigma classificatório dos motivos pelos quais se exerce a impugnação ou, em caráter mais geral, o controle.

O primeiro deles é o modelo monista[86] adotado pela legislação brasileira para permitir o emprego dos meios de impugnação. Isso significa que não há, em nosso ordenamento jurídico, recursos ou ações autônomas cujo cabimento seja determinado apenas em razão de *errores in procedendo* ou apenas em razão de *errores in iudicando*, diferentemente do que ocorria no período romano ou na Idade Média. As legislações modernas de diversos países abandonaram esse correlação entre erro judicial e meio de impugnação por entenderem que um tratamento unificado, baseado na delimitação do que deveria ser aceito para questionamento, representaria maior eficiência e facilidade de organização da estrutura judiciária.[87] Ademais, outro elemento preponderante nesse modelo monista é a evolução do tratamento das

84. Sobre a irrelevância da distinção entre *error in procedendo* e *error in iudicando*, por se entender que ambos decorrem da atividade do juiz: CERINO CANOVA, Augusto. **Le impugnazioni civili**, p. 100-101 e SATTA, Salvatore. **Commentario al codice di procedura civile**, vol. II, 2. Giuffrè: Milano, 1966, p. 11.

85. Na doutrina nacional: BARBOSA MOREIRA, José Carlos. **Comentários ao Código de Processo Civil**, p. 4004-403; JORGE, Flávio Cheim. **Teoria geral dos recursos cíveis**, p. 92-96.

86. Tal modelo passou a ser predominante a partir do final do século XIX até os dias atuais, considerando a superação do arquétipo impugnativo que atribuía somente aos recursos a possibilidade de questionamento dos erros de julgamento e somente às ações autônomas os erros de procedimento. Sobre essa evolução, que se relaciona com o desenvolvimento da função dos tribunais: RHEE, C.H. (Remco) van. Continental European superior courts and procedure in civil actions (11th-19th centuries). In: Moréteau O, Masferrer A, Modéer KA, editors, **Comparative Legal History**. Cheltenham: Edward Elgar Publishing. 2019. p. 323-327.

87. UZELAC, Alan. Supreme courts in the 21st century: should organization follow the function? In: ERECINSKI, Tadeusz. RYLSKI, Piotr. WEITZ, Karol (org.). **The Functions**

invalidades no direito processual civil, que se revelou importante para produzir consequências, em determinadas situações, muito diversas daquelas observadas quando concebidos os *errores in procedendo*. Exemplo atual é o regime da incompetência absoluta (art. 64, §§ 3º e 4º do CPC), que pode não levar ao desfazimento do ato questionado acaso ratificado pelo juízo competente.

Outro aspecto se deve à associação entre oportunidades de impugnação e estabilidades. Embora seja um tema amplamente tratado em capítulos subsequentes, um dos pontos centrais na dicotomia entre *errores in iudicando* e *errores in procedendo* residia na importância de identificação dos primeiros por ser permitido questioná-los posteriormente ao trânsito em julgado, muitas vezes sem limite temporal.[88] Os ordenamentos jurídicos modernos se distanciaram completamente dessa realidade, e passaram a atribuir a determinadas decisões intensidades distintas de eficácia preclusiva, de modo a restringir ou a ampliar a possibilidade de ataque após o trânsito em julgado tanto por vícios do processo quanto por falhas na solução das questões. Além disso, apesar de haver prazos distintos segundo a escolha do legislador, a falta de um limite temporal definido é incompatível com a atual concepção de segurança jurídica e de estabilidade das relações jurídicas.[89]

A complexidade no exercício do controle não deixa de ser outro fenômeno determinante. Diferentemente do que sugerem as figuras estanques dos *errores in procedendo* e dos *errores in iudicando*, muitos são os motivos que podem ensejar o emprego de meios de impugnação sem necessariamente estarem sujeitos a tal enquadramento. No ordenamento jurídico brasileiro, há a possibilidade de se utilizar do recurso de embargos de declaração com finalidade meramente interpretativa da decisão, a fim de que algum ponto de fato ou de direito seja esclarecido.[90] Outra prática muito usual é a impetração de *habeas corpus* preventivo, ou seja, mesmo antes de haver ato judicial e, portanto, haver algum erro a ser corrigido, é autorizado buscar o controle prévio para evitar prejuízo à liberdade de locomoção. Essa complexidade também estará presente no controle repressivo e é observada expressivamente

---

of the Supreme Court - Issues of Process and Administration of Justice. Varsóvia: WUW, 2019, p. 126-128.

88. ROSBOCH, Michele. **Decidere invano: aspetti delle invalidità nelle sentenze medievali**. Napoli: Jovene, 2010, p. 226-228; MONTELEONE, Girolamo. **Diritto processuale civile**, v. 1. Padova: CEDAM, 2018, p. 566-568.

89. MARINONI, Luiz Guilherme. **A intangibilidade da coisa julgada diante da decisão de inconstitucionalidade**, p. 161

90. BONDIOLI, Luís Guilherme Aidar. **Embargos de declaração**, p. 55-63.

nos casos de impugnação coletiva a atos judiciais, possível nos casos de a violação a normas processuais, por exemplo.[91]

As características muito distintas da legislação moderna com relação ao nascedouro da dicotomia não podem ser ignoradas. Como dito, o proceder e o julgar eram concebidos como atividades estanques pressupondo que a norma processual ou não serviria para a solução de questões ou seria mero indicativo do agir em juízo, talvez em resquício a uma concepção meramente procedimental da resolução de conflitos.[92] A evolução teórica do direito processual e o protagonismo dessas normas não só sinalizam uma mudança estrutural desse cenário, como também dão a elas autonomia suficiente para regularem questões decididas em caráter principal (ex. ação rescisória fundada em impedimento do julgador) e para se projetarem além dos limites da relação jurídica instaurada em juízo, como revela o exemplo do negócio jurídico processual.[93]

Diante de muitas transformações, expressiva parcela da doutrina sugere o abandono dessa clássica classificação para defender a pertinência de outra segmentação, estruturada na distinção entre violações às questões de fato e violações às questões de direito.[94] Segundo essa corrente, tal divisão retrataria de forma mais fiel a realidade com que os meios de impugnação são

91. SARMENTO, Daniel. O cabimento do *habeas corpus* coletivo na ordem constitucional brasileira. In: **Direitos, Democracia e República: escritos de Direito Constitucional**. Belo Horizonte: Fórum, 2018, p. 298

92. Para diversas críticas ao conceito de *error in procedendo* na atualidade: MONTELEONE, Girolamo. **Diritto processuale civile**, v. 1. Padova: CEDAM, 2018, p. 566-568.

93. BRAGA, Paula Sarno. **Norma de processo e norma de procedimento: o problema da repartição de competência legislativa no Direito constitucional brasileiro**. Salvador: Juspodivm, 2015, p. 172-174.

94. A sugestão pelo abandono pode ser vista, exemplificativamente, nas seguintes obras: MONTELEONE, Girolamo. **Diritto processuale civile**, v. 1. Padova: CEDAM, 2018, p. 566-568; LUISO, Francesco Paolo. Invalidità della sentenza e mezzi di gravame. **Rivista di Diritto Processuale**, v. LXIV, n. 2, 2009, p. 18; NIEVA FENOLL, Jordi. **Derecho Procesal II: proceso civil**. Valencia: Tirant Lo Blanch, 2019, p. 320-321; PERROT, Roger. **Institutions judiciaires**, 18ª ed. (par Bernard Beignier. Lionel Miniato) Paris: LGDJ, 2020, p. 161-162; PINTO, Rui. **O recurso civil. Uma teoria geral**, p. 80-85. É relevante perceber, ainda, que certas tradições jurídicas sequer se utilizam da dicotomia *error in procedendo* e *error in iudicando*, pois sempre lhes foi natural encarar os meios de impugnação a partir do alcance para as questões de fato e para as questões de direito, como ocorre na Alemanha: GOTTWALD, Peter. **Die Revisioninstanz als Tatsacheninstanz**. Berlin: Duncker und Humblot, 1975, p. 180-183; GILLES, Peter. Rechtsmitteleinlegung, Rechtsmittelbegründung und nachträgliche Parteidispositionen über das Rechtsmittel. **Archiv für die civilistische Praxis**, 1977, 2/3, p. 194 e 237;

regulados, considerando as opções do ordenamento jurídico de inúmeros países, ao que se associa a organização dos respectivos poderes judiciários, essencialmente com base em recursos que abrangem tanto questões de direito quanto questões de fato e em recursos que abrangem apenas as primeiras.[95]

Não se trata de abandonar o tema dos erros judiciais, mas de dar-lhe enfoque diverso, sem necessariamente haver a disputa entre erros no proceder ou no julgar. Para essa linha de pensamento, é relevante determinar se houve equívoco no acertamento das questões de fato ou das questões de direito para observar a abrangência e o objeto dos recursos previstos.[96] Dessa forma, o que, aparentemente, se busca é superar o debate em torno da natureza da norma desrespeitada para determinar em qual plano há de ser feito o controle.

Esse critério não fica imune a críticas. Embora seja aceita a relevância pragmática na distinção entre questões de fato e questões de direito,[97] de há muito se aponta o problema teórico dessa divisão, quer porque sugeriria uma artificial segregação de dois aspectos que, na ciência jurídica, são mutuamente dependentes[98] e, por isso, nem sempre se conseguirá estabelecer uma clara fronteira entre ambos; quer porque nem todas as questões de fato e de direito comportarão controle. Isso não significa inexistir valor nessa bipartição, já que sua utilidade também está na sistematização dos erros judiciais e com relevantes repercussões no exercício da cognição.[99]

No entanto, ambas as classificações usam o mesmo ponto de partida, isto é, centram suas atenções nas formas com que os erros judiciais são cometidos e não levam em consideração os limites estabelecidos para cada

---

ROTH, Herbert. Zivilprozessuales Rechtsmittelrecht und funktionale Zweigliedrigkeit. **Juristen Zeitung**, vol. 61, n. 1, 2006, p. 16-17.

95. PINTO, Rui. **O recurso civil. Uma teoria geral**, p. 82-83.
96. MONTELEONE, Girolamo. **Diritto processuale civile**, v. 1. Padova: CEDAM, 2018, p. 567.
97. CAMBI, Eduardo. NALIN, Paulo. O controle da boa-fé contratual por meio dos recursos de estrito direito. In: **Aspectos polêmicos e atuais dos recursos cíveis e de outros meios de impugnação às decisões judiciais**, coord. Nelson Nery Jr., Teresa Arruda Alvim Wambier. São Paulo: Editora Revista dos Tribunais, 2003, p. 58
98. ALLEN, Ronald J. PARDO, Michael S. The myth of the law-fact distinction. **Northwestern University Law Review**, vol. 97, n. 4, p. 1.770.
99. GRECO, Leonardo. Princípios de uma teoria geral dos recursos. In: BASTOS, Marcelo Lessa. AMORIM, Pierre Souto Maior Coutinho de. **Tributo a Afrânio Silva Jardim: escritos e estudos**, p. 355; DINAMARCO, Cândido Rangel. Admissibilidade do recurso especial ou extraordinário e as chamadas questões mistas. In: **Processo civil empresarial**, 2ª ed. São Paulo: Malheiros, 2014, p. 903

meio de impugnação. Vale dizer: mais salutar do que sistematizar tais erros é perceber qual a amplitude conferida aos recursos e às ações autônomas para saber o que poderá e o que não poderá ser questionado. Como já foi referido, há *errores in iudicando* ou *errores in procedendo* e questões de fato ou questões de direito que serão irrelevantes para fins de controle, justamente porque fogem daqueles limites.

Embora se reconheça a relevância e a utilidade das formas de configuração do erro judicial – a serem usadas neste estudo oportunamente –, adota-se outro paradigma classificatório, que leva em consideração as limitações impugnativas de recursos e de ações autônomas. Passa-se a dar atenção, portanto, ao mecanismo em si, para determinar a amplitude que lhe é conferida, assumindo-se que as violações do julgador são condicionadas pelo ordenamento jurídico a partir do cabimento dos meios de impugnação. Não se trata de excluir os critérios anteriores, mas de complementá-los para identificar o que pode ser impugnado a partir dos limites atribuídos para cada um desses mecanismos.[100]

Na legislação nacional, isso se revela particularmente importante porque há diversos critérios para imposição de limitações impugnativas, como os qualitativos, quantitativos e de intensidade, conforme será oportunamente analisado no item 4.2.3, de forma a atrelá-los ao interesse em impugnar. Essas restrições manifestam a tentativa de equilíbrio de escopos presentes no estudo do controle dos atos judiciais. De um lado, a busca por decisões justas e tanto quanto possível imunes a erros; de outro, a necessidade de pacificar os conflitos, admitindo-se que para isso alguns erros poderão ser irrelevantes.

Mais do que a preocupação com a modalidade do erro, a legislação estipula, por vezes, quais deles autorizarão o uso de recursos e de ações autônomas de impugnação. Por exemplo, para o recurso extraordinário, não basta que haja afronta ao texto constitucional, pois é preciso demonstrar a repercussão geral dessa violação; para a ação rescisória, não será suficiente qualquer violação à norma jurídica, pois há de ser manifesta; por meio de recurso de apelação será possível impugnar qualquer questão de direito e de fato atinentes ao capítulo questionado etc. A isso se soma o fator temporal, que também influencia nas limitações impugnativas em razão das distintas maneiras de projeção das estabilidades. Após o trânsito em julgado, há decisões

---

100. ALMEIDA, Luciana Robles. **O que significa violar uma norma jurídica? Uma perspectiva processual.** São Paulo: Editora Revista dos Tribunais, 2021, p. 89-91; ASSIS, Araken de. **Ação rescisória**. São Paulo: Editora Revista dos Tribunais, 2021, p. 151-153; CARVALHO, Fabiano. **Comentários ao Código de Processo Civil**, vol. XIX (arts. 926 a 993). São Paulo: Saraiva, 2022, p. 293-294.

que não poderão ser impugnadas (ex.: art. 26 da Lei 9.868/99); decisões cujas barreiras para questionamento são reduzidas (ex.: art. 304, §5º do CPC); e decisões que estarão sujeitas ao regime previsto pelo art. 966 do CPC.

Portanto, as limitações impugnativas relacionam-se diretamente com o cabimento e o interesse para os meios de impugnação e espelham a amplitude com que se autoriza o ataque aos atos judiciais. Como demonstrado acima, adotá-las como critério classificatório permite avaliar o que poderá e o que não poderá ser objeto de questionamento, as características das violações admitidas e em que momento cada uma delas poderá ser invocada, o que parece se alinhar diretamente com as escolhas legislativas sobre modelos mais abertos ou mais fechados de impugnação.

1.4. FUNÇÃO DE CONTROLE DOS TRIBUNAIS: COMPLEXIDADE DE ATRIBUIÇÕES E VARIEDADE DE MECANISMOS DE ACESSO

A relação entre controle e atuação dos tribunais[101] deve ser compreendida harmônica e sistemicamente a partir das variadas formas de provocá-la[102] e com outras funções por eles desempenhadas, especialmente a de uniformização.[103]. Não parece haver dúvidas de que a atividade de controle está presente em qualquer grau de jurisdição, tendo em vista o rol de competências – constitucionais e infraconstitucionais – conferidas aos tribunais brasileiros. É certo, contudo, não caber generalizações sobre a relação entre função de controle e demais funções, justamente porque não há homogeneidade quanto às missões de cada tribunal no Brasil.

No modelo nacional, não se justifica dissociar ambas as funções, pois complementares e ligadas mutuamente.[104] Procura-se, assim, segregar, de um

101. OTEIZA, Eduardo. La funcción de las cortes supremas en América Latina. **Revista Peruana de Derecho Procesal**, t. XIV, 2011, p. 344.

102. SILVA, José Afonso da. **Do recurso extraordinário no direito processual civil brasileiro**. São Paulo: Saraiva, 1963, p. 18.

103. Para uma análise histórica e de desenvolvimento das cortes superiores, que contribui para confirmar algumas premissas sustentadas neste tópico, RHEE, C.H. (Remco) van. Continental European superior courts and procedure in civil actions (11th-19th centuries). In: Moréteau O, Masferrer A, Modéer KA, editors, **Comparative Legal History**. Cheltenham: Edward Elgar Publishing. 2019. p. 318-340. No Brasil, discutindo o confronto entre função de controle e função uniformizadora, MARINONI, Luiz Guilherme. MITIDIERO, Daniel. **Recurso extraordinário e recurso especial**. São Paulo: Editora Revista dos Tribunais, 2019, p. 47-64.

104. Dentre os diversos estudos do autor: TARUFFO, Michele. La giurisprudenza tra casistica e uniformità. **Rivista trimestrale di diritto e procedura civile**, vol. 68, n. 1, 2014, p.

lado, as ocasiões em que os tribunais promovem ampla revisão das questões de fato e de direito e, de outro, as ocasiões em que os tribunais voltam suas atenções exclusivamente às questões de direito. Isso porque a vasta gama de atribuições e competências dos tribunais nacionais impede a adoção de premissas estanques a respeito das suas funções. Essa variedade explica, por exemplo, a atuação de tribunal local no controle abstrato exercido frente à Constituição Estadual e a atuação do Superior Tribunal de Justiça exercendo suas atividades em dimensões próprias de tribunas locais, de acordo com os amplos limites de revisão proporcionados pelo recurso ordinário constitucional[105]; ou, ainda, a possibilidade de, em algumas situações, existir uniformização sem controle.[106]

Assentadas essas ideias e admitido que o ordenamento jurídico brasileiro retrata grande complexidade de funções dos tribunais, é preciso situar o controle de forma isolada para, depois, correlacioná-la às demais, inicialmente com caracterização de igual complexidade dos variados mecanismos destinados a promover essa atuação pelas cortes.[107]

A função de controle remete ao debate da tutela de interesses pelos tribunais. Esse enfoque já foi bem demonstrado pela doutrina e, sob um olhar retrospectivo, influenciou a construção de dois modelos de cortes, as de revisão, ao exemplo alemão, e as de cassação, ao exemplo francês e

---

35-46; ______. La Corte di Cassazione e la legge. In: **Il vertice ambiguo. Saggi sulla cassazione civile**. Bologna: Mulino, 1991, p. 59-70.

105. A autorizar devolutividade nos mesmos limites do recurso de apelação, conforme se depreende em: GOMES JÚNIOR, Luiz Manoel. Recurso ordinário constitucional – considerações relevantes. In: NERY JR., Nelson. WAMBIER, Teresa Arruda Alvim (coords.). **Aspectos polêmicos e atuais dos recursos cíveis e de outros meios de impugnação à decisão judicial**. São Paulo: Revista dos Tribunais, p. 477. Nesse tocante, Calmon de Passos assinala que o recurso ordinário "engloba quanto decidido e quanto postulado perante o juízo recorrido, pelo que nele se discutirá não só o que poderia ser objeto de recurso especial como o do próprio recurso extraordinário, a tudo isso acrescendo o que seria objeto de uma apelação" (**Mandado de segurança coletivo, mandado de injunção, *habeas data***. Rio de Janeiro: Forense, 1989, p. 64).

106. Vide as situações em que os tribunais não exercem controle do caso concreto não firmam entendimentos em torno de uma questão de direito, como pode ocorrer com o recurso extraordinário e especial em sede de IRDR, ou quando há desistência da causa-piloto na repercussão geral e nos recursos repetitivos.

107. THEODORO JUNIOR, Humberto. O poder de controle do cabimento do recurso extraordinário referente ao requisito da repercussão geral (CF, Art. 102, § 3º). In: MEDINA, José Miguel Garcia (Coord.) [et al]. **Os poderes do juiz e o controle das decisões judiciais – Estudos em homenagem à professora Teresa Arruda Alvim Wambier**. São Paulo: Revista dos Tribunais, 2008, p. 929-941.

italiano.[108] A partir deles, são apresentadas duas propostas que colocaram, de um lado, o conceito de terceira instância, como expressão da tutela dos interesses dos litigantes, e, de outro, o conceito de tutela do direito objetivo, em referência a uma preocupação uniformizadora do direito.[109]

Colocadas essas referências históricas em continuidade no tempo, nota-se recíproca influência, pois, atualmente, para além do modelo adotado, há consenso de que se deve buscar a estabilidade do ordenamento jurídico mediante interpretação, aplicação e uniformidade da jurisprudência.[110] A evolução daquele pensamento dicotômico, confirmado por reformas legislativas de diversos países, contribuiu para a superação do argumento que associava limite decisório ao modelo de corte, para que revisionais[111] e cassacionais passassem a exerces papeis cada vez mais próximos.[112]

---

108. Para uma ampla análise histórica e atual dos dois modelos, CALAMANDREI, Piero. Cassazione civile. In: **Opere Giuridiche**, vol. VI, p. 375-596; TARUFFO, Michele. Cassazione e revisione: un problema nella storia delle istituzioni giudiziarie. In: **Il vertice ambiguo – Saggi sulla cassazione civile**. Bologna: Il Mulino, 1991, p. 27-50; MECARELLI, Massimo. **Le corti di cassazione nell'Itália unita: profili sistematici e costitutzionali della giurisdizione in una prospettiva comparata (1865-1923)**. Milano: Giuffrè, 2005, p. 125-182; GOMILLE, Christian. The Federal Constitucional Court of Germany: a "super-appellatte court" in civil law cases? **Ritsumeikan Law Riview**, n. 31, 2014, p. 161-162; RHEE, C.H. (Remco) van. Continental European superior courts and procedure in civil actions (11th-19th centuries). In: Moréteau O, Masferrer A, Modéer KA, editors, **Comparative Legal History**. Cheltenham: Edward Elgar Publishing. 2019. p. 326-329.

109. TARUFFO, Michele. Cassazione e revisione: un problema nella storia delle istituzioni giudiziarie. In: **Il vertice ambiguo – Saggi sulla cassazione civile**, p. 30-32; FERRAND, Frédérique. **Cassation française et revision allemande**. Paris: PUF, 1993, p. 84-85.

110. COSTANTINO, Giorgio. La prevedibilità della decisione tra uguaglianza e appartenenza. **Rivista di Diritto Processuale**, 2015, n. 3, p. 626-627.

111. Como é o caso brasileiro: WAMBIER, Teresa Arruda Alvim. DANTAS, Bruno. **Recurso especial, recurso extraordinário e a nova função dos tribunais superiores no direito brasileiro**, p.309- 311; MEDINA, José Miguel Garcia. **Prequestionamento, repercussão geral da questão constitucional, relevância da questão federal**, 7ª ed. São Paulo: Editora Revista dos Tribunais, 2017, p. 35-40.

112. ALTHAMMER, Christoph. Die Zukunft des Rechtsmittelsystems. In: **Die Zukunft des Zivilprozesses. Freiburger Symposium am 27. April 2013 anlässlichs des 70. Gerburstages von Rolf Stürner**. Tünbingen: Mohr Siebeck. 2014, p.98-103; CHARBONNEAU, Cyrille. **La contribution de la Cour de Cassation à l'élaboraton de la norme**. Paris: IRJS Editions, 2011, p. 330-334; DE CRISTOFARO, Marco. La Cassazione sostitutiva nel merito. Prospettive applicative. **Rivista trimestrale di diritto e procedura civile**, 1999, n. 1, p. 279-320; LOMBARDO, Luigi. Giudizio civile di cassazione e decisione della causa nel mérito. **Giustizia Civile**, n. 2, 2015, p. 394-40. Nesse ponto, Mauro Bove

A divisão entre *ius litigatoris* e *ius costitutionis* não poderia levar a extremos opostos e excludentes. No contexto da função de controle, afirma-se que a impugnação das decisões judiciais dar-se-ia exclusivamente no interesse das partes para solução do caso concreto, ao passo que o compromisso com a uniformidade decorreria do atendimento a interesses que transcendem ao das partes, com foco em casos futuros. Embora essa visão não se mostre equivocada, parece mais adequado admitir a perspectiva apresentada por Jordi Nieva Fenoll, segundo a qual o *ius costitutionis* se consagra "por el respeto al *ius litigatoris*"[113]. O exame do caso concreto se revela, portanto, instrumental para a uniformidade jurisprudencial e para a segurança jurídica.[114]

Com base nessas ponderações, **é possível sustentar** ligação muito intensa entre a função de controle e a função uniformizadora,[115] mesmo no caso brasileiro diante das especificidades das técnicas de seleção de casos repetitivos.[116] O incremento de instrumentos destinados à uniformização de

---

tece diversas críticas a respeito das modificações legislativas que foram incrementando os poderes da Corte de Cassação para permitir o exame de mérito, a ponto de cogitar a necessidade de revisão conceitual e funcional do *ricorso per cassazione* (La Corte di cassazione come giudice di terza istanza. **Rivista trimestrale di diritto e procedura civile**, 2004, n.3, p. 952).

113. NIEVA FENOLL, Jordi. La relevancia social de la casación: la importancia del ius litigatoris. **Revista de Processo**, n. 147, maio 2007, p. 112.

114. Embora se depreenda a pretensão de profunda transformação para um modelo intensamente interpretativo, Luiz Guilherme Marinoni e Daniel Mitidiero reconhecem que "isso não implica, porém, *renúncia* do Supremo Tribunal Federal e do Superior Tribunal de Justiça ao escopo de controle das decisões recorridas. Essas cortes devem igualmente realizar esse controle – tanto é que não podem deixar de aplicar o direito à espécie, acaso conheçam os recursos interpostos para suas respectivas apreciações (art. 1.034 do CPC). Na verdade, o que é imprescindível é apenas uma *mudança no peso* que deve se reconhecer às diferentes funções que podem ser exercidas por essas cortes." (**Recurso extraordinário e recurso especial**, p. 57).

115. Leonardo Carneiro da Cunha, no entanto, descreve situações em que, apesar de conhecido o recurso especial, o Superior Tribunal de Justiça deixou de julgar o mérito recursal para anular a decisão recorrida e remeter os autos ao tribunal de origem, a fim de que nova decisão fosse proferida para aplicar corretamente a legislação federal (A cassação e o Superior Tribunal de Justiça brasileiro. **Revista de Processo**, vol. 299, jan. 2020, p. 193-197)

116. É o que se consegue extrair do disposto no art. 1.039 do CPC, ao enunciar que os recursos afetados serão decididos. A técnica de seleção e de julgamento dos recursos extraordinário e especial repetitivo, no direito brasileiro, baseia-se em *causas-piloto*, as quais servirão de paradigmas para os demais casos, pois "decidem-se as causas neles contidas (*causas-piloto*) e, ao mesmo tempo, fixa-se a tese a ser aplicada a todos os demais processos que ficaram sobrestados." (DIDER JR., Fredie. CUNHA, Leonardo Carneiro da. **Curso de direito processual civil**, v. 3, p. 694).

jurisprudência segue tendência mundial,[117] mas seria despropositado admitir que, entre nós, somente alguns tribunais teriam compromisso com ela. Por isso, a distinção relevante na transposição da função de controle para a função uniformizadora está justamente na posição que os diversos tribunais ocupam a partir de uma visão correlata ao seu leque de competências e aos meios para provocar sua atuação.[118]

Um desses elos pode ser encontrado no chamado federalismo processual.[119] A variedade de competências permite observar que o controle das questões de fato e das questões de direito ou somente destas pode ocorrer nas mais variadas instâncias do Judiciário. O regime federativo brasileiro, que proporciona a interpretação e aplicação de normas constitucionais e federais localmente, não deve ser ignorado como fator relevante para compreender como ocorre, estruturalmente, os tribunais pátrios exercem funções semelhantes. Adotar o Supremo Tribunal Federal e o Superior Tribunal de Justiça como guardiões da Constituição Federal e da legislação federal, respectivamente, é também fruto de um cenário em que ambas têm vigência em território nacional e passam a ser alvo de interpretação e aplicação de graus jurisdicionais inferiores, do que decorre o potencial de desarmonia.[120]

Diante das características do direito brasileiro, parece inoportuno transpor debates de realidades que não condizem, histórica e normativamente, com aquela vivida a partir da Constituição Federal de 1988.[121] Diferentemente do que constata Taruffo ao olhar para a Corte de Cassação italiana e nela ver um "*vertice ambiguo*",[122] a experiência nacional demonstra que a multiplicidade de atribuições dos tribunais pode conviver com escopos transcendentes

---

117. UZELAC, Alan. Supreme courts in the 21st century: should organization follow the function? In: ERECINSKI, Tadeusz. RYLSKI, Piotr. WEITZ, Karol (org.). **The Functions of the Supreme Court - Issues of Process and Administration of Justice**. Varsóvia: WUW, 2019, p. 125-126.

118. AZZONI, Clara Moreira. **Recurso especial e extraordinário: aspectos gerais e efeitos.** São Paulo. São Paulo: Atlas, 2009, p. 42-43.

119. YARSHELL, Flávio Luiz. Jurisprudência uniforme, estável, íntegra e coerente: obstáculos superáveis? In: BEDAQUE, José Roberto dos Santos. YARSHELL, Flávio Luiz. SICA, Heitor Vitor Mendonça (coords.). **Estudos de direito processual civil em homenagem ao Professor José Rogério Cruz e Tucci**. Salvador: Juspodivm, 2018, p. 296-297).

120. Do mesmo autor da nota anterior, com essa mesma preocupação, v. Um guia da jurisprudência e a jurisprudência como guia, **Revista do Advogado**, nº 136, Ano XXXXVII, dezembro de 2017, p. 50-51.

121. WAMBIER, Teresa Arruda Alvim. DANTAS, Bruno. **Recurso especial, recurso extraordinário e a nova função dos tribunais superiores no direito brasileiro**, p. 310

122. **Il vertice ambíguo: saggi sulla casazione civile**. Bologna: Il Mulino, 1991. p. 158-159.

à resolução do caso concreto.[123] Ademais, a plêiade de mecanismos de controle, que vai muito além dos recursos, ressalta a complexidade do perfil da jurisdição nacional. Essa multiplicidade de vias evidencia a ausência de puras essências na formulação de visão unitária dos limites de controle. Assim, apesar de fundamental o estudo comparativo sobre funcionamento dos tribunais, há, no Brasil, peculiaridades que não encontram paralelo fiel capaz de balizar conclusão precisa sobre as inspirações do legislador constituinte.

Disso decorre a necessidade de enxergar a função de controle como uma atividade essencial dos tribunais e dialógica com outros objetivos, mais ou menos preponderantes segundo cada missão institucional.

1.5. MÚLTIPLAS VIAS DE CONTROLE NO PROCESSO CIVIL

Para a consecução dos elementos anteriormente apresentados, múltiplas são as vias para exercício do controle dos atos processuais. Essa pluralidade evidencia o objetivo de alcançar decisões hígidas e de conferir às partes soluções de que se tornem, o máximo possível, imunes a questionamentos[124]. O somatório desses instrumentos forma o que se pode identificar como um sistema de controle[125], e, como lhe é próprio, conta com a interação entre seus

123. Como bem demonstrado por Danilo Kinijnik (**O recurso especial e a revisão da questão de fato pelo Superior Tribunal de Justiça**. Rio de Janeiro: Forense, 2005, p. 105-106; GERALDES, António Santos Abrantes. Cassação ou substituição? Livre escolha ou determinismo legislativo? In: **As recentes reformas na acção executiva e nos recursos**, coord. Rui Pinto. Coimbra: Coimbra Editora, 2010, p. 180.

124. MARINONI. Luiz Guilherme. ARENHART, Sérgio Cruz. MITIDIERO, Daniel. **Novo curso de processo civil**, vol. 2. São Paulo: Editora Revista dos Tribunais, 2015, p. 115).

125. Por um critério metodológico, não fará parte do exame desse conjunto de mecanismos o controle correicional ou administrativo da atuação judicial (dentre os quais entendemos se inserir a correição parcial). Embora haja direta influência dos resultados de um processo administrativo sancionador sobre o processo judicial, em razão do regime jurídico aplicável ao primeiro, seria necessário um estudo específico, o que foge dos limites aqui propostos, mas valendo a ressalva de que se mostra essencial o estudo desse tema na atualidade, quer em razão da expansão da atuação órgãos correicionais, quer em razão das repercussões penais de determinadas condutas, quer porque o CPC tratou expressamente da apuração da inércia judicial (art. 235 do CPC). Esse dispositivo legal prevê a possibilidade de controle da inércia judicial pela via correicional, mediante instauração de processo administrativo com a finalidade de atuação da corregedoria do tribunal ou do Conselho Nacional de Justiça no sentido de remeter o processo ao substituto legal se, injustificadamente, o magistrado exceder os prazos previstos em lei, regulamento ou regimento interno (CABRAL, Antonio do Passo. **Juiz natural e eficiência processual: flexibilidade, delegação e coordenação de competências no processo civil**. São Paulo: Editora Revista dos Tribunais, 2021, p. 196). Trata-se de uma

elementos integrantes. Apesar disso, sempre se verificou na doutrina e na jurisprudência inexistir preocupação em examiná-los sob a ótica de um sistema, interativo e dinâmico, pois relegados ao plano dos chamados sucedâneos recursais, que nunca gozaram de prestígio e de adequada sistematização.[126]

Conquanto este tópico se destine a situar cada um desses instrumentos e verificar como atuam, é preciso esclarecer, desde logo, que o presente trabalho se ocupa, especificamente, de uma parcela desse sistema, identificada pelos meios de impugnação, designados como recursos e ações autônomas. É fundamental perceber que diversas formas de controle podem atuar conjunta ou isoladamente em razão da desconformidade manifestada no processo ou no ato judicial. Tal dinamicidade decorre, muitas vezes, da gravidade da irregularidade identificada ou por escolhas políticas, bem como os limites temporais para questionamento da irregularidade identificada. Isso ajuda a explicar a plêiade de mecanismos previstos pelo ordenamento jurídico direcionados ao controle e permite situar os meios de impugnação como uma parte do todo, sem necessariamente haver critérios de preferência ou de sobreposição.

Sendo assim, cumpre tecer considerações sobre a natureza do controle feito em cada uma das vias apontadas nesse estudo como aquelas existentes no processo civil brasileiro.

1.5.1. Controle de ofício, por exceção ou por objeção

Como linha de partida, o exercício da cognição se revela como elemento fundamental nas modalidades de controle, porquanto algumas delas comportam reconhecimento de ofício pelo juiz, enquanto outras dependem de provocação da parte.[127] Para compreender a iniciativa judicial voltada a

---

via de atuação a partir de provocação administrativa, isto é, a irregularidade constata é superada mediante atuação de órgãos corregedores e, se a inércia não tiver motivo fundado, a solução será a substituição do juiz competente para o processo. O tema das posturas omissivas judiciais vem ganhando pouca atenção da doutrina, mas não é incomum o uso de instrumentos para controle dessas condutas, a exemplo do que se vê no *habeas corpus* ou mandado de segurança. No presente caso, essa forma de controle advém de um incidente, configurado como processo administrativo, cuja decisão final repercute na competência para processar e julgar a demanda.

126. Embora o presente estudo não se dedique exclusivamente ao estudo dos chamados "sucedâneos recursais", está à base da concepção de sistema de controle a superação de diversos dogmas historicamente construídos em torno desse termo, especialmente sugerindo seu abandono, como especificamente apontado no capítulo 4.

127. Esse controle poderá se manifestar em diversas fases do processo, com contornos relevantes tanto no processo em que proferida a decisão impugnada, quanto em sede recursal, que podem ser vertidas na corrente análise das questões de ordem pública

esse fim, é necessário observar que determinadas questões cognoscíveis de ofício se caracterizam por uma irregularidade, ou seja, pelo exame do ato judicial que apresenta alguma contrariedade legal.[128]

Essa contrariedade pode ser detectada pelo juiz em relação às questões processuais ou substanciais. Normalmente, quanto às primeiras, independe da prática de ato judicial específico, já que o vício pode surgir pela simples ofensa a qualquer requisito de admissibilidade do processo, como ocorreria, por exemplo, da ausência de algum pressuposto processual, além mesmo das invalidades que possam ocorrer da atuação do juiz e das partes.[129] Já quanto às segundas, a iniciativa judicial para conhecer de ofício questões substanciais pode se dirigir à eliminação de uma irregularidade, constatada na solução dada à questão examinada. O controle a ser exercido pelo juiz pressupõe a possibilidade de se conhecer de ofício a questão substancial, tema esse de grande controvérsia.[130]

Por isso, a atividade de controle *ex officio* encontra margem mais ampla diante das questões processuais, do que resulta a relevância da atuação do magistrado na fiscalização da regularidade do processo. Muito embora a atuação jurisdicional precipuamente se destine à solução de controvérsias, não se ignora o fato de que, para se chegar a esse fim, deve existir

---

conhecidas pelo tribunal. Para uma análise sobre os mais variados enfoques do tema: MANGONE, Kátia Aparecida. **Prequestionamento e questões de ordem pública no recurso extraordinário e no recurso especial**. São Paulo: Saraiva, 2013, cap. IV; YOSHIKAWA, Eduardo Henrique de Oliveira. Limite ao efeito translativo dos recursos. In: **Aspectos polêmicos e atuais dos recursos cíveis e assuntos afins**, vol. 12, coord. Teresa Arruda Alvim Wambier e Nelson Nery Jr. São Paulo: Editora Revista dos Tribunais, 2011, p. 127; JORGE, Flávio Cheim. SANTANA, Felipe Teles. Uma análise crítica sobre o recurso especial e o conhecimento de matérias de ordem pública. **Revista de Processo**, n. 213, nov. 2012, p. 355-356.

128. SICA, Heitor Vitor Mendonça. **O direito de defesa no processo civil brasileiro**, p. 69.

129. SICA, Heitor Vitor Mendonça. **O direito de defesa no processo civil brasileiro**, p. 70-71; WAMBIER, Teresa Arruda Alvim. **Nulidades do processo e da sentença**, p. 158.

130. Heitor Sica demonstra a diversidade de critérios aceitos pela doutrina para admitir a atuação de ofício do juiz nas questões substanciais e reconhece que, diante desse quadro inseguro, a "pluralidade de critérios torna a sistematização do instituto completamente caótica e, por isso, dogmaticamente inútil", em referência às exceções substanciais. Por conseguinte, aceite que, quando a lei deixa de indicar se o conhecimento da questão possa se dar de ofício ou se restringe à exceção, ou seja, quando "o direito material não oferece resposta – o que ocorre na esmagadora maioria dos casos –, a cognoscibilidade de ofício ou não da matéria deve ser analisada sob a lógica do sistema processual" (**O direito de defesa no processo civil brasileiro**, p. 126 e 165).

rigoroso controle da regularidade processual, como é típico da atividade de saneamento.[131-132]

Cada ato processual sujeita-se a controle específico, porquanto, individualmente, é dotado de pressupostos próprios.[133] Conclui-se, assim, que o controle de ofício, sob as premissas assentadas até aqui, pode ser feito em caráter geral ou em caráter específico, ou seja, a atuação jurisdicional pode levar ao controle de vícios do processo ou da relação jurídica processual, assim como de cada ato processual.

Essa afirmação se confirma pelo disposto no art. 337, §5º do CPC, que autoriza o juiz a conhecer de ofício as matérias alegáveis como preliminares de contestação, ressalvadas a exceção de convenção de arbitragem e de incompetência relativa. Aquelas matérias constituem irregularidades processuais submetidas à alegação do réu, mas que não impedem sejam conhecidas pelo julgador independente de provocação, e, se reconhecidas, levam a alguma alteração dos atos processuais praticados.

Já no campo das questões substanciais, é preciso reconhecer a presença de balizas diversas. Há grande divergência sobre quais seriam as matérias sujeitas ao conhecimento pelo juiz sem a necessidade de provocação,[134] nota-

---

131. BARBOSA MOREIRA, José Carlos. Sobre os pressupostos processuais. In: **Temas de direito processual**, quarta série. São Paulo: Saraiva, 1989, p. 83-93; BEDAQUE, José Roberto dos Santos. **Efetividade do processo e técnica processual,** 3ª ed. São Paulo: Malheiros, 2010, p. 437; TALAMINI, Eduardo. Saneamento do processo. **Revista de Processo**, vol. 22, n. 86, p. 78-80; SICA, Heitor Vitor Mendonça. Evolução legislativa da fase de saneamento e organização do processo. **Revista de Processo**, vol. 255, mai. 2016, p.441-443.

132. Há uma ideia prevalente no histórico do direito processual civil de que, por ser ramo do Direito Público, estaria inteiramente permeado por normas cogentes e marcado por indisponibilidade. A enunciação de um publicismo processual, conotado pela transcendência dos interesses das partes para o atingimento de determinados escopos da jurisdição (DINAMARCO, Cândido Rangel. **A instrumentalidade do processo**, p. 178-183) é relativizado não só pela realidade presente, em que se verifica maior espaço de atuação das partes na conformação de seus interesses no processo com as diversas transformações legislativas que equilibraram os campos de atuação de juiz e das partes (v. LUCCA, Rodrigo Ramina de. **Disponibilidade processual**, p. 143-146, que fala em "saturação do autoritarismo e resgate do princípio dispositivo" e CABRAL, Antonio do Passo. **Convenções processuais**. Salvador: Juspodivm, 2016, t. 2.5., ao se referir a uma virada de experiência vinda da Europa), como também em tempos mais remotos, conforme Augusto Chizzini constata ao mencionar que o Direito Processual Civil, em diversos períodos, conviveu com margens de disponibilidade (*Konventionalprozess* e poteri delle parti. **Rivista di Diritto Processuale**, 2015, n.1, p. 45-60).

133. SICA, Heitor Vitor Mendonça. **O direito de defesa no processo civil brasileiro**, p. 71.

134. SICA, Heitor Vitor Mendonça. **O direito de defesa no processo civil brasileiro**, t. 7.4.1.

damente porque, para algumas delas, há previsão legal autorizativa, enquanto outras dependem de arguição pelos interessados e muitas sequer possuem indicativo legal a esse respeito. A ausência de uniformidade legislativa, aliás, é a razão pela qual se admite não ser possível estabelecer parâmetros seguros de sistematização das matérias substanciais cognoscíveis de ofício.[135]

De todo modo, o caráter de controle, nesse contexto, surge diante de alguma desconformidade legal atinente à solução dada às questões substanciais. A atuação de ofício poderia ser imaginada da seguinte forma: independentemente de alegação prévia, o tribunal, após analisar recurso interposto por uma das partes, reconhece a prescrição ou a decadência, que não foi examinada ou foi rejeitada pelo juízo de origem. Admitida a premissa de que a matéria comporta reconhecimento por iniciativa judicial, em sede recursal o tribunal poderia entender pela improcedência do pedido do autor porque prescrita a pretensão ao crédito.[136]

Outro importante aspecto se refere à flexibilidade de mecanismos para promover a análise da desconformidade jurídica dos atos judiciais. Se determinadas questões podem ser conhecidas de ofício, haverá multiplicidade de formas para provocar esse exame caso não ocorra por iniciativa do juiz[137-138].

---

135. SICA, Heitor Vitor Mendonça. **O direito de defesa no processo civil brasileiro**, p. 121.

136. Essa advertência se faz necessária diante das divergências a respeito do conhecimento de ofício de questões no âmbito dos recursos especial e extraordinário: MARINONI, Luiz Guilherme. MITIDIERO, Daniel. **Recurso extraordinário e recurso especial**, p. 189; NERY JR., Nelson. **Teoria geral dos recursos**, p. 465; ASSIS, Araken. **Manual dos recursos**, p. 53-54. Na jurisprudência: STJ, AgInt nos EDcl no REsp 1829932/SP, Rel. Ministro Moura Ribeiro, Terceira Turma, julgado em 17/02/2020, DJe 19/02/2020; STJ, AgInt no REsp 1811382/SC, Rel. Ministra Nancy Andrighi, Terceira Turma, julgado em 02/12/2019, DJe 05/12/2019; STJ, AgInt no AgInt no AREsp 1225018/RS, Rel. Ministro Marco Buzzi, Quarta Turma, julgado em 02/10/2018, DJe 10/10/2018). Em sentido contrário, sustentando que, após a superação do juízo de admissibilidade, o tribunal estaria habilitado a decidir sobre o mérito recursal invocando questões cognoscíveis de ofício, tendo em vista a extensão do efeito devolutivo: BARBOSA MOREIRA, José Carlos. **Comentários ao Código de Processo Civil**, p. 596; WAMBIER, Teresa Arruda Alvim. DANTAS, Bruno. **Recurso especial, recurso extraordinário e a nova função dos tribunais superiores no direito brasileiro**, p. 402; BONDIOLI, Luís Guilherme Aidar. **Comentários ao Código de Processo Civil**, vol. XX, p. 237; DIDIER JR., Fredie. CUNHA, Leonardo Carneiro da. **Curso de direito processual civil**, v. 3, p. 383-388. Na jurisprudência: STJ, AgRg no AREsp 32.250/RS, Rel. Ministro Napoleão Nunes Maia Filho, Primeira Turma, julgado em 23/02/2016, DJe 15/03/2016; STJ, AgInt no AREsp 854.047/SP, Rel. Ministro Ricardo Villas Bôas Cueva, Terceira Turma, julgado em 18/10/2016, DJe 07/11/2016).

137. LACERDA, Galeno. **Despacho saneador**, 3ª ed. Porto Alegre: S.A. Fabris, 1990, p. 160-161.

138. SICA, Heitor Vitor Mendonça. **Preclusão processual civil**, 2ª ed. São Paulo: Atlas, 2008, p. 230-239. Como alerta Eduardo Talamini, o saneamento deve ocorrer ao longo de

Em meio a isso, as exceções e as objeções podem se apresentar como importantes vias de controle, pois são reações relevantes para insurgência das partes contra alguma irregularidade observada.[139] A divisão entre exceções processuais e substanciais diz respeito às matérias deduzidas, assim como as objeções são entendidas como manifestações com relação às questões sujeitas ao conhecimento de ofício pelo magistrado, passíveis de igual classificação.[140]

Para a exceção ou a objeção servirem à finalidade de controle, o conteúdo da manifestação apresentada buscará providenciar a regularidade do processo ou do ato judicial.[141] A defesa é, por essência, um veículo para o réu apresentar exceções e objeções ligadas à irregularidade processual como forma de demonstrar a impossibilidade de exame da pretensão do autor.[142] Contudo, essa forma de controle ganha destaque ao se perceber que contestação não é o único momento para promovê-la.[143] Mesmo após a contestação, caberá a oposição exceções ou objeções, seja porque não o fez naquela oportunidade, seja porque somente teve conhecimento posteriormente, seja porque a irregularidade nasceu posteriormente.[144-145]

Mas, não só ao réu cabe a oposição de defesas processuais, porquanto existem certas matérias dessa natureza que também admitem arguição pelo autor, a quem igualmente não interessa que o "processo prossiga carregando

---

toda a relação processual (Saneamento do processo. **Revista de Processo**, vol. 22, n. 86, p. 82-83).

139. GRASSO, Edoardo. **La pronuncia d'ufficio**. Milano: Giuffrè, 1967, p. 268; DENTI, Vittorio. L'eccezione nel processo civile. In: **Dall'azione al giudicato**. Padova: CEDAM, 1983, p. 68-69; VESCOVI, Enrique. **Los recursos judiciales y demás médios impugnativos en iberoamérica**. Buenos Aires: Depalma Ediciones, 1988, p. 14.

140. BARBOSA MOREIRA, José Carlos. Exceção de pré-executividade: uma denominação infeliz. In: **Temas de direito processual**, sétima série. São Paulo: Saraiva, 2001, p. 120-121. YARSHELL, Flávio Luiz. Resolução do contrato por onerosidade excessiva: uma nova hipótese de ação dúplice? In: **Estudos em homenagem à Professora Ada Pellegrini Grinover**. DPJ Editora. SP. 2005, 574-575.

141. AUBERT, Eduardo Henrik. **A impugnação especificada dos fatos no processo civil: retórica, história e dogmática**. São Paulo: Editora Revista dos Tribunais, 2020, p. 245.

142. SICA, Heitor Vitor Mendonça. **O direito de defesa no processo civil brasileiro**, p. 70.

143. SICA, Heitor Vitor Mendonça. **O direito de defesa no processo civil brasileiro**, p. 70.

144. SICA, Heitor Vitor Mendonça. **O direito de defesa no processo civil brasileiro**, p. 71.

145. TALAMINI, Eduardo. Convenção arbitral: impedimento processual (e não pressuposto negativo de validade). In: **Quarenta anos de teoria geral do processo no Brasil**. Flávio Luiz Yarshell e Camilo Zufelato (orgs.). São Paulo: Malheiros, 2013, p. 242; DINAMARCO, Cândido Rangel. Declaração *ex officio* da incompetência relativa? In: **Fundamentos do processo civil moderno**, t.1, p. 475.

irregularidades".[146] A mesma amplitude de atuação do réu diante da demanda do autor caberá a esse diante da reconvenção proposta por aquele. Em última análise, mesmo sem a reconvenção, conquanto extremado, nada impediria ao autor deduzir defesas processuais com base em sua própria demanda ao alegar, por exemplo, litispendência, ilegitimidade passiva etc., justamente para provocar o juiz ao exame de matérias que lhe competiria reconhecer de ofício, a fim de que vícios fossem eliminados e se buscasse a higidez de futura decisão sobre o mérito.[147]

Nesse quadro, a análise conjunta da atuação de ofício e das exceções revela a dinamicidade com que se exerce o controle no processo civil baseado no critério da cognoscibilidade. Esse mesmo critério influencia outras vias de eliminação de vícios, como a seguir se observa.

1.5.2. Incidentes de controle

Por terem o condão de afetar gravemente o processo, certos vícios merecem do legislador preocupação específica a ponto de lhes ser dedicado procedimento de controle próprio. Nesses casos, há a instauração de incidentes de controle para apurar a existência e providenciar a correção de determinadas irregularidades especificadas pela lei processual.[148] É o que ocorre, por exemplo, com o conflito de competência (arts. 66 e 951 a 959 do CPC), com as causas de impedimento ou suspeição (arts. 144 a 148 do CPC) e com a arguição incidental de inconstitucionalidade (art. 97 da CF/88 e arts. 948 a 950 do CPC). Apesar de diferenças procedimentais, estão diretamente ligados às atividades do órgão julgador, em aspecto objetivo e subjetivo.[149]

A ausência de coordenação entre juízes pode se manifestar quando dois deles se reconhecem competentes (conflito positivo) ou incompetentes (conflito negativo) para julgar determinada demanda. A solução desses conflitos

---

146. SICA, Heitor Vitor Mendonça. **O direito de defesa no processo civil brasileiro**, p. 72.

147. SICA, Heitor Vitor Mendonça. **O direito de defesa no processo civil brasileiro**, p. 73; BEDAQUE, José Roberto dos Santos. **Efetividade do processo e técnica processual**, p. 212; TESHEINER, José Maria. **Pressupostos processuais e nulidades no processo civil**. São Paulo: Saraiva, 2000, p. 225.

148. FERNANDES, Antonio Scarance. **Incidente processual**. São Paulo: Saraiva, 1991, p. 89-90.

149. CARNEIRO, Athos Gusmão. **Jurisdição e competência**, 18ª ed. São Paulo: Saraiva, 2012, p. 45; NEVES, Daniel Amorim Assumpção. **Competência no processo civil**. Rio de Janeiro: Forense, 2011, p. 35-37; CABRAL, Antonio do Passo. Impartialidade e imparcialidade. Por uma teoria sobre repartição e incompatibilidade de funções nos processos civil e penal. **Revista de Processo**, ano 32, vol. 149, jul. 2007, p. 347-348.

se dá por uma das vias aptas ao controle da competência no processo civil.[150] O resultado na solução desse impasse indica, necessariamente, haver um juiz competente e outro incompetente, de forma a eliminar o risco de um julgamento proferido por julgador que não deveria fazê-lo.[151] A importância do controle pretendido se evidencia pela ampla legitimidade para suscitar o conflito, atribuída às partes, ao Ministério Público e ao juiz.

Como é possível presumir, o conflito de competência ocorrerá, na sua grande parte, entre juízos de competência absoluta. Por essa perspectiva, o procedimento tende a eliminar dúvida sobre quem deva ser o órgão absolutamente competente para processar e julgar a demanda. Essa função se revela de grande importância na medida em que o controle da competência absoluta é feito pela congregação de inúmeros mecanismos. Tal matéria, além de se submeter ao controle quando existente o conflito, tem sua regularidade examinada de ofício, por qualquer meio de provocação da parte e, ainda, é motivo que enseja a rescisão da decisão transitada em julgado (art. 966, II do CPC).[152] Por outro lado, admite-se o conflito de competência relativa,[153] cercada pela incomum oportunidade de instauração do incidente para dirimir esses conflitos, confirmada por exemplos de cabimento remotíssimos e pela sua vedação nos casos em que o réu tenha impugnado a incompetência relativa por exceção (art. 952 do CPC).[154]

---

150. Oportuna a observação, nesse sentido, de Marinoni, Arenhart e Mitidiero: "observe-se desde logo que o conflito de competência sempre importará divergência a respeito da competência *entre mais de um órgão jurisdicional*. Essa é a fundamental diferença entre essa figura e a *arguição de incompetência*, em que a competência de *um (e um só) determinado órgão* é questionada. Dessa forma, enquanto por meio da arguição de incompetência se busca apontar a incompetência (*relativa ou absoluta*) de certo órgão, o incidente de conflito de competência tende a solucionar divergência surgida no seio da estrutura jurisdicional a propósito da fixação de competência para certo conflito." (**Novo curso de processo civil**, vol. II, p. 588).

151. Athos Gusmão Carneiro observa, com precisão, que o conflito de competência é um dos instrumentos disponíveis para o controle da competência no processo civil, "ausente natureza de recurso", especificamente quando há divergência entre juízos (**Jurisdição e competência**, p. 110-112).

152. ALVIM, Teresa Arruda. CONCEIÇÃO, Maria Lúcia Lins. **Ação rescisória e *querela nullitatis***, p. 212.

153. DINAMARCO, Cândido Rangel. Declaração *ex officio* da incompetência relativa? In: **Fundamentos do processo civil moderno**, t.1, p. 471-481; BARBOSA MOREIRA, José Carlos. Pode o juiz declara de ofício a incompetência relativa? In: **Temas de direito processual**, quinta série. São Paulo: Saraiva, 1994, p. 63-76.

154. DIDIER JR., Fredie. **Curso de direito processual civil**, vol. 1, p. 288. Embora mais raro de ocorrer, o Conflito de Competência 133244/RJ, afetado pelo regime de recurso

Para o presente tópico, importa reconhecer a natureza jurídica do conflito de competência como *incidente de controle*, isto é, "não é ação nem recurso. É um incidente processual, por meio do qual se busca determinar qual juízo, entre os conflitantes, terá competência para processar e julgar a causa."[155] Por ser imprescindível conferir a segurança quanto ao juízo competente, a Constituição Federal disciplina o conflito de competência nos artigos 102, I, *o* e 105, I, *d*.

Já os casos de suspeição e impedimento do juiz cuidam diretamente da imparcialidade do órgão julgador. Não seria preciso dizer muito a respeito da garantia fundamental a um julgamento proferido por juiz imparcial e equidistante, já que se trata de noção basilar do Estado de Direito.[156] O estudo da imparcialidade judicial comporta inúmeros enfoques, mas, para os recortes dados ao presente tópico, a atenção está voltada ao procedimento por meio do qual se analisa eventual causa de suspeição ou de impedimento. Nesse sentido, o sistema faz distinção entre ambos, pois o impedimento significa absoluta e objetiva vedação de atuação jurisdicional, ao passo que a suspeição envolve apuração subjetiva e relativa sobre envolvimento do juiz com as partes. Por conseguinte, o primeiro poderá ser alegado em qualquer grau de jurisdição, conhecido de ofício e a sua violação poderá levar à rescisão do julgado (art. 966, II do CPC). O segundo produz consequências menos intensas por se submeter à preclusão, sem gerar efeitos mais danosos caso superado o momento de sua alegação. Em síntese, a lei apresenta maior rigor no controle do impedimento e apresenta maior tolerância com relação aos casos de suspeição.

---

repetitivo junto ao STJ, trata justamente de hipótese em que o conflito se instaura entre juízos com competência relativa. A finalidade do instituto, nesse caso, foi nitidamente a de evitar decisões conflitantes sobre relações jurídicas de idêntico conteúdo, titularizada por pessoas diferentes, cada qual ajuizando demandas em foros e juízos distintos (STJ, CC 133.244/RJ, Rel. Ministro Sidnei Beneti, Segunda Seção, julgado em 11/06/2014, DJe 01/07/2014).

155. WAMBIER, Luiz Rodrigues. TALAMINI, Eduardo. **Curso avançado de processo civil**, vol. 2, p. 668. O posicionamento majoritário da doutrina é no sentido de reconhecer o conflito de competência como incidente (ZUFELATO, Camilo. Comentários ao art. 951 do Código de Processo Civil. In: **Comentários ao Código de Processo Civil**, vol. 4, coord. Cássio Scarpinella Bueno, São Paulo: Saraiva, 2017, p. 128; BARBI, Celso Agrícola. **Comentários ao Código de Processo Civil**, v. 1, 14ª ed. Rio de Janeiro: Forense, 2010, p. 379).

156. COMOGLIO, Luigi Paolo. **La garanzia costituzionale dell'azione ed il processo civile**. Padova: CEDAM, 1970, p. 140-148; VIGORITTI, Vincenzo. **Garanzie costituzionali del processo civile**. Milano: Giuffrè, 1973, p. 101-105.

O caráter comum a ambos é a inibição da atuação do magistrado por meio de um incidente,[157] caso o juiz que teve sua imparcialidade questionada não remeta os autos ao seu substituto legal de imediato, situação na qual não ocorrerá a instauração de um incidente de controle. Interessante perceber que o contraditório, nesse incidente de controle, se estabelece entre a parte que alegou o vício e o juiz que teve sua imparcialidade questionada. A consequência do reconhecimento da suspeição ou do impedimento não leva à extinção do processo, mas a remessa dos autos ao substituto legal e, tal como no conflito de competência, avalia-se a preservação de atos praticados pelo juiz parcial.[158]

Finalmente, a arguição incidental de inconstitucionalidade submete-se a incidente específico no âmbito dos tribunais, destinado ao controle difuso de constitucionalidade.[159] O viés de controle aqui encontrado diz respeito aos casos em que o incidente deva ser instaurado diante da controvérsia em torno da contrariedade de determinado dispositivo normativo com a Constituição Federal. Essa contrariedade poderá ser apontada com o emprego dos meios de impugnação, que veicularão a desconformidade da decisão questionada demonstrando-se a necessidade de reconhecimento da inconstitucionalidade.

Há, a rigor, há um duplo controle realizado nessa espécie. Um deles se refere à inconstitucionalidade em si, a seguir o procedimento previsto pelos arts. 948 a 950 do CPC, em consagração à regra do *full bench* prevista pelo art. 97 da CF/88 (tal como preconizado, ainda, pelo enunciado n. 10 de súmula vinculante), em razão da vedação imposta ao órgão fracionário de um tribunal para pronunciar a inconstitucionalidade da norma.[160] Outro controle

---

157. ASSIS, Araken. **Processo civil brasileiro**, vol. II, t. I, p. 964.

158. A preservação dos atos processuais, nessas situações e em outras (ex.: art. 64, § 3º do CPC), consagra uma das formas de *translatio iudicii* no processo civil, por meio da qual a remessa de autos se dá a partir de um juízo impossibilitado de exercer suas funções jurisdicionais, objetiva ou subjetivamente, sem que os atos praticados sejam considerados prejudicados pela confirmação do juízo ulterior. Assim é que "em virtude da *translatio iudicii*, não somente devem ser aproveitados os atos praticados no processo pelo juízo incompetente, como também dever ser preservados os efeitos materiais e processuais da demanda.", lastreado na economia processual, efetividade, duração razoável do processo e no aproveitamento de atos processuais (CUNHA, Leonardo Carneiro da. **Jurisdição e competência**, 2ª ed. São Paulo: Editora Revista dos Tribunais, 2013, p. 134)

159. BUENO, Cassio Scarpinella. **Curso sistematizado de direito processual civil**, vol. 2, 8ª ed. São Paulo: Saraiva, 2019, p. 427-429.

160. ZAVASCKI, Teori Albino. **Eficácia das sentenças na jurisdição constitucional**, 2ª ed. São Paulo: Editora Revista dos Tribunais, 2012, p. 25-28.

realizado diz respeito à decisão judicial questionada, pois, em decorrência do que restar decidido pelo tribunal quanto à inconstitucionalidade, sua posição será observada para análise do ato judicial impugnado.[161] Esse grau de dependência revela que, em caráter prejudicial ao controle comumente desempenhado pelos meios de impugnação, há o controle efetuado pela instauração de incidente específico voltado à averiguação de inconstitucionalidade, cujo resultado vinculará o órgão fracionário.

1.5.3. Controle por regras de competência

Ao lado desses mecanismos, identifica-se no sistema de controle uma via que foge de qualquer parâmetro até agora analisado. Nem por iniciativa do juiz, tampouco por provocação das partes, estabelece-se a revisão dos atos judiciais por *regras de competência.*

Conquanto não se verifique na doutrina olhar específico a respeito, não se pode ignorar que as regras de competência possuem caráter atributivo, isto é, por meio delas se confere a uma autoridade determinado poder[162] e, em algumas situações, a técnica legislativa atribui a outro órgão julgador – de mesmo grau de jurisdição ou de grau jurisdicional superior – o dever de exercer controle. Isso pode ser encontrado com maior evidência na remessa necessária e no julgamento conforme o artigo 942 do CPC, institutos que independem da iniciativa judicial ou de provocação das partes[163]. São hipóteses em que o controle é exercido *ex lege*, pois há modificação da competência pela ocorrência de um determinado fato no processo, notadamente a prolação de uma decisão.[164]

A remessa necessária merece maiores considerações, porquanto pode causar estranheza considerá-la como uma regra de competência de controle.

---

161. Vide enunciado 513 de súmula do STF: "A decisão que enseja a interposição de recurso ordinário ou extraordinário não é a do plenário, que resolve o incidente de inconstitucionalidade, mas a do órgão (câmaras, grupos ou turmas) que completa o julgamento do feito."

162. ÁVILA, Humberto. **Competências tributárias: um ensaio sobre a sua compatibilidade com as noções de tipo e conceito**. São Paulo: Malheiros, 2018, p. 22.

163. É o que se encontra na doutrina com a ideia de "extensão automática" da competência (FERREIRA, William Santos. Sistema recursal brasileiro: de onde viemos, onde estamos e para onde (talvez) iremos. In: COSTA, Hélio Rubens Batista Ribeiro. RIBEIRO, José Horácio Halfeld Rezende. DINAMARCO, Pedro da Silva. **Linhas mestras do processo civil**. Comemoração aos 30 anos de vigência do CPC. São Paulo: Atlas, 2004, p. 737.

164. Como será abordado oportunamente, para este estudo, o disposto no art. 1.013, §3º do CPC é uma modalidade de controle por regra de competência que atribui ao tribunal, caso existam as condições previstas pela regra, de decidir sobre o mérito da demanda.

O instituto se reveste da revisão obrigatória de determinadas decisões contrárias à Fazenda Pública por grau jurisdicional diverso daquele que as profere. Por não ser o foco deste tópico, não serão enfrentadas as tensões sobre a alegada inconstitucionalidade da remessa necessária ou dos argumentos usados para justificar sua impertinência no ordenamento jurídico,[165] pois se tem por premissa que, uma vez positivado e a serviço do controle de decisões judiciais, sua função deve ser examinada.[166]

---

165. Analisado o debate processual em torno do instituto, observa-se enorme preocupação da doutrina em lançar severas críticas à revisão obrigatória das sentenças contrárias à Fazenda Pública, o que faz com que haja certa acomodação teórica em relação à identificação de sua natureza jurídica, a qual restou aceita como sendo condição de eficácia da decisão da sentença. Essa postura crítica levou a doutrina a posições extremadas a ponto de se afirmar que se tratava de invenção nacional sem paralelo em ordenamentos jurídicos estrangeiros (LASPRO, Oreste Nestor de Souza. **Duplo grau de jurisdição no direito processual civil**, p.170) ou que há evidente traço ditatorial porque é instituto criado durante o Estado Novo (ALVES, Francisco Glauber Pessoa. A remessa necessária e suas mudanças: Leis 10.259/2001 e 10.352/2001. **Revista dos Tribunais**, v. 92, n. 810, abr. 2003, p. 329). Como evidenciado por Barbosa Moreira, boa parte das oposições com esse teor são formuladas com base em argumentos improcedentes e outros também merecem temperamento diante de uma clara escolha legislativa (Em defesa da revisão obrigatória das sentenças contrárias à Fazenda Pública. In: **Temas de direito processual: (nona série)**. São Paulo: Saraiva, 2007. pp. 199-210). Seja como for, o recorte proposto no presente tópico é feito com enfoque no controle que se busca por meio da remessa necessária e, a partir disso, verificar sua natureza jurídica à luz do direito positivo.
166. Muito embora Barbosa Moreira tenha acreditado que é questão superada e de mero interesse acadêmico determinar a natureza jurídica da revisão obrigatória de sentenças contrárias à Fazenda Pública (Em defesa da revisão obrigatória das sentenças contrárias à Fazenda Pública. In: **Temas de direito processual: (nona série)**, p. 198), propõe-se revisão conceitual justamente com o propósito de melhor compreender o instituto e, assim, propor uma acomodação teórica diversa daquela que se observa na doutrina de hoje em dia. A divergência acerca da natureza jurídica da remessa necessária encontra em aspectos históricos sua razão. Sem prejuízo de dados legislativos pretéritos o Código de Processo Civil de 1939 pode ser utilizado como ponto de partida para as divergências observadas no tema. Esse diploma legal serviu para que o reexame obrigatório das sentenças contrárias à Fazenda Pública fosse catalogado como recurso *ex officio*, em razão da disciplina do art. 822 (BUZAID, Alfredo. **Da apelação "ex officio" no sistema do Código de Processo Civil**. São Paulo: Saraiva, 1951, p. 58-59). Mesmo nesse período, houve intensa discordância quanto a essa escolha legislativa motivada pelo conceito doutrinário de recurso, o qual tinha como principal elemento a voluntariedade. Barbosa Moreira, ao analisar esse contexto, denunciava a contradição da postura de quem se mostrava inconformado com a natureza jurídica de recurso da revisão obrigatória, porquanto, ao mesmo tempo em que se defendia a taxatividade como princípio de teoria geral dos recursos, recusava-se a aceitar o recurso *ex officio* como espécie recursal (Em

Tem-se como corrente majoritária o entendimento segundo o qual remessa necessária é condição de eficácia da sentença[167], sobretudo a partir da disciplina legal conferida pelo CPC de 73. Segundo se depreende da doutrina, a lei estabeleceu uma condição para que as sentenças contrárias à Fazenda Pública pudessem ter sua eficácia plena, produzida após decisão do órgão destinatário da revisão. Essa constatação veio é feita em reforço à ausência de voluntariedade, a suplantar a figura do reexame obrigatório como recurso, noção vigente sob a égide do CPC de 39.[168]

Esse entendimento repercutiu para que fossem implementadas modificações do instituto quando da edição do CPC de 73, para prever que a sentença não produziria efeitos senão depois de confirmada pelo tribunal (art. 475). Com base na redação do referido dispositivo legal, a revisão obrigatória das sentenças contrárias à Fazenda Pública deixou de provocar acirradas discussões sobre sua natureza jurídica. Uma vez descartada a figura do recurso, achava-se acomodada a ideia segundo a qual seria condição de eficácia da sentença.[169]

Com o CPC de 2015, o instituto passou a ser disciplinado de maneira mais precisa quanto às hipóteses em que haverá atuação do tribunal. De acordo com o art. 496, I e II, a sentença segue, em regra, sem produzir

---

defesa da revisão obrigatória das sentenças contrárias à Fazenda Pública. In: **Temas de direito processual: (nona série)**, p. 101).

167. TOSTA, Jorge. **Do reexame necessário**. São Paulo: Revista dos Tribunais, 2005.p. 105; FÉLIX, Juarez Rogério. O duplo grau de jurisdição obrigatório. In: NERY JUNIOR, Nelson; WAMBIER, Tereza Arruda Alvim. (coord.) **Aspectos polêmicos e atuais dos recursos cíveis de acordo com a Lei 9.756/98**. São Paulo: RT, 1999. pp. 420-432; TESHEINER, José Maria Rosa. Em Tempo de Reformas – O Reexame das Decisões Judiciais. In: FABRÍCIO, Adroaldo Furtado (et al.).(coord.) **Meios de impugnação ao julgado civil: estudos em homenagem a José Carlos Barbosa Moreira**. Rio de Janeiro: Forense, 2007.p. 391.

168. LOPES DA COSTA, Alfredo de Araújo. **Direito processual civil brasileiro**, 2ª ed, v. 3. Rio de Janeiro: Forense, 1959, p. 320.

169. A legislação esparsa também se preocupou em garantir duplo julgamento, como o art. 19 da Lei 4.717/65 (Lei da Ação Popular) assim como a jurisprudência, que tratou de aplicar por analogia esse dispositivo a outras situações carentes de previsão legal, como para a ação civil pública (STJ, REsp 1220667/MG, Rel. Ministro Napoleão Nunes Maia Filho, Primeira Turma, julgado em 04/09/2014, DJe 20/10/2014; STJ, AgInt no REsp 1547569/RJ, Rel. Ministro Napoleão Nunes Maia Filho, Primeira Turma, julgado em 17/06/2019, DJe 27/06/2019, STJ, AgInt no REsp 1379659/DF, Rel. Ministro Herman Benjamim, Segunda Turma, julgado em 28/03/2017, DJe 18/04/2017; STJ, EREsp 1220667/MG, Rel. Ministro Herman Benjamim, Primeira Seção, julgado em 24/05/2017, DJe 30/06/2017).

efeitos antes de confirmada pelo órgão julgador de destino. Embora ainda seja assente que a remessa necessária seja condição de eficácia da sentença, há quem a considere recurso.[170]

Para este estudo, reputa-se coerente afirmar que a remessa necessária definitivamente não se trata de recurso, mas essa conclusão é apenas excludente.[171] Do mesmo modo, dizer que a remessa necessária é condição de eficácia da sentença apenas descreve uma de suas consequências dentre outras que poderiam ser utilizadas para justificar sua natureza. Aliás, segundo o art. 125 do Código Civil, condição é evento futuro e incerto derivado da vontade das partes e, inegavelmente, a remessa necessária não reúne qualquer dessas características. A seu turno, a apelação é recurso que, em regra, está dotado de efeito suspensivo e, nem por isso, afirma-se ser condição de eficácia da sentença.[172]

A suspensão de eficácia da sentença não se presta a determinar a natureza da remessa necessária, pois, por critérios de política legislativa, a lei pode emprestar a atos ou a fatos processuais eficácia suspensiva, impedido o prosseguimento do processo, os efeitos de decisões etc. Boa parte das causas de suspensão do processo, previstas pelo art. 313 do CPC revelam não haver uma justificativa, além da simples escolha do legislador, em se atribuir a um ato ou fato processual eficácia suspensiva, como ocorre, por exemplo, com a morte da parte, por convenção processual ou pela concessão de adoção à advogada que patrocine a causa, embora todas elas justifiquem, por suas características, a medida suspensiva.

Bem analisado o art. 496 do CPC, as sentenças contrárias à Fazenda Pública não possuem eficácia imediata por força de lei e não porque sujeitas à remessa obrigatória. É dizer: uma vez constatado que a sentença foi proferida contrariamente à União, Estados, Municípios, suas respectivas autarquias e fundações públicas ou tenha julgado procedente, no todo ou em parte, os

---

170. DIDIER JR., Fredie. CUNHA, Leonardo Carneiro da. **Curso de direito processual civil**, vol. 3, p. 473-477.

171. TALAMINI, Eduardo. Remessa necessária (reexame necessário). **Revista de Direito Administrativo Contemporâneo**, maio-junho 2016, vol. 24, p. 130.

172. Com maior razão se aceito o argumento de que a remessa necessária procura conferir segurança à satisfação de decisões contrárias à Fazenda Pública, com foco na preservação do erário, justamente porque é essa segurança jurídica apontada também para o efeito suspensivo dos recursos (ASSIS, Araken de. Efeito suspensivo dos recursos. In: ASSIS, Araken de, Alvim, Eduardo Arruda, Nery Jr, Nelson, Mazzei, Rodrigo, Wambier, Teresa Arruda Alvim e Alvim, Thereza (Coordenadores). **Direito Civil e Processo. Estudos em homenagem ao Professor Arruda Alvim**. São Paulo: Editora RT, 2007, p. 1.171).

embargos à execução fiscal, é a lei que impede a eficácia imediata. Mesmo enquanto não ocorrida a remessa necessária, assim entendido o ato processual de envio dos autos à superior instância, a sentença não produzirá seus efeitos. Nesse particular, não há qualquer diferença substancial com o regime de eficácia das demais sentenças sujeitas apenas ao recurso de apelação, referendado pelo posicionamento majoritário que reconhece não surtirem efeitos antes da interposição.[173]

Além disso, duas outras constatações confirmam o equívoco em apontar a condição de eficácia da sentença como natureza jurídica da remessa necessária: a primeira diz respeito ao caso em que o legislador autoriza a produção de efeitos tão logo proferida a sentença, tal como ocorre com a execução provisória das decisões concessivas do mandado de segurança (art. 14, § 3º, da Lei 12.016/2009)[174]; a segunda se refere à possibilidade de que os efeitos da sentença sejam produzidos de imediato mediante antecipação, confirmação ou revogação de tutela antecipada.[175] Nesse último caso, a sentença apenas impugnada por apelação poderá ser efetivada assim que proferida (art. 1.012, §1º,V, CPC), como exceção à regra geral de suspensão de eficácia da decisão. Semelhante raciocínio poderá ser usado para autorizar que aquelas decisões submetidas à remessa necessária possam ter sua eficácia produzida antes da decisão do tribunal *ad quem*, em razão da prevalência de interesses que impõem o início da satisfação do direito.[176]

Com base nessas objeções, entende-se, portanto, que o controle promovido pelo instituto da remessa necessária se baseia em *regra de competência*, que atribui ao tribunal a função de reexaminar as decisões previstas pelo art. 496, I e II do CPC e excluídas as exceções dos §§ 3º e 4º do mesmo dispositivo. Diferentemente do que se passa com os recursos ou com as ações de impugnação, com base nos quais a competência dos órgãos julgadores é provocada voluntariamente, na remessa necessária há a atribuição de competência ao

---

173. Capitaneado pelo posicionamento de Barbosa Moreira (Ainda e sempre a coisa julgada. In: **Direito Processual Civil (ensaios e pareceres)**. Rio de Janeiro: Borsói, p. 140-141).

174. SHIMURA, Sérgio. **Reanálise do duplo grau de jurisdição obrigatório diante das garantias constitucionais**. In: FUX, Luiz; NERY Jr., Nelson; WAMBIER, Teresa Arruda Alvim. **Processo e Constituição: estudos em homenagem ao professor José Carlos Barbosa Moreira**. São Paulo: Editora Revista dos Tribunais, 2006, p. 609.

175. TALAMINI, Remessa necessária (reexame necessário). **Revista de Direito Administrativo Contemporâneo**, p. 132.

176. TALAMINI, Remessa necessária (reexame necessário). **Revista de Direito Administrativo Contemporâneo**, p. 139-140.

tribunal por lei e de forma automática ao ocorrerem as hipóteses tratadas pelo mencionado artigo.[177]

---

177. Essa técnica de transferência de competência não é desconhecida no processo civil. Em diversas oportunidades, o legislador confere competências a juízos distintos, em um mesmo processo, para prática de atos processuais ou para condução em fases diferentes do procedimento. Embora não seja frequentemente encarado dessa forma, o processamento e o julgamento de recursos e de ações autônomas no âmbito dos tribunais obedecem a essa lógica, uma vez que a competência até determinado momento é exclusiva do relator (deferir medidas urgentes, exercer atividade instrutória quando necessário, etc.) e passará a ser do colegiado a partir de certo momento processual. A variedade de combinações de competências vai além desse exemplo, tendo em vista os diversos arranjos que podem ser estabelecidos pelas regras que disciplinam a cooperação nacional (art. 69, CPC), assim como nos casos em que ocorre verdadeira *translação de autos* pela implementação de um ato ou fato processual. Essa última hipótese é encontrada justamente na remessa necessária ou também comumente observada em sede recursal ao se atribuir a competência para interposição a órgão jurisdicional de instância inferior e o processamento e julgamento do recurso a órgão de instância superior, como ocorre com a maior parte dos recursos. A atuação do tribunal em sede de remessa necessária denota a competência estabelecida com base em graus de jurisdição diversos. Uma vez esgotada a atuação do órgão de primeiro grau, passa a ser competente o órgão de segundo grau para novo exame da decisão. A existência de dois juízos competentes em momentos diversos, um em sequência ao outro, significa que o segundo assume sua atuação por *reassunção* para proceder ao novo exame da decisão. Essa retomada para prática de outros atos processuais enseja a *transmigração do processo* (PALMA, Maria. **Processo amministrativo e "translatio iudicii"**. Torino: Giappichelli, 2017, p. 26-29) e se estabelece de forma vertical entre juízos (BUONCRISTIANI, Dino. Giurisdizione, competenza, rito e merito (problemi attuali e possibili soluzioni. **Rivista di diritto processuale**, 1994, n. 1, p. 151; CONSOLO, Claudio. DE CRISTOFARO, Marco. Evoluzioni processuali tra *translatio iudicii* e riduzione della proliferazione dei riti e dei ritualismi, in **Corr. giur.**, 2007, p. 745; ASPRELLA, Cristina. **La *translatio iudici:* transferimento del giudizio nel nuovo processo civile**. Milano: Giuffrè, 2010, p. 172) Por isso, embora editada em momento anterior ao vigente CPC e com redação adaptada a uma realidade não mais presente, permanece coerente e aplicável o enunciado 423 de súmula do Supremo Tribunal Federal, que reconhece não transitar em julgado a sentença sujeita à remessa necessária (CARVALHO, Fabiano. Ausência de apelação da Fazenda Pública, acórdão proferido em julgamento do reexame necessário e o cabimento de recurso especial. **Revista de Processo**, v. 34, n. 169, mar. 2009. p. 315-323). Ao contrário do que ocorre com as sentenças não sujeitas à remessa necessária, nunca haverá trânsito em julgado da decisão de primeiro grau, justamente porque, por força de lei, estará pendente a atuação do tribunal e somente após decisão desse órgão julgador é que se avaliará a ocorrência desse marco temporal. A superioridade hierarquia do tribunal leva à conclusão de que a competência tratada pela remessa necessária é de ordem absoluta, pois fundada em critério funcional. Por mais esse motivo, justificável a regra que confere poderes ao presidente para avocar os autos processo (art. 496, §1º do CPC) e o dever do juiz de primeiro grau de remetê-los ao órgão julgador de destino, no momento em que

O art. 942 do CPC funciona a partir de lógica semelhante. O dispositivo legal atribui a órgão de maior composição a competência para decidir sobre o recurso de apelação, agravo de instrumento contra decisão parcial de mérito ou juízo rescindente da ação rescisória que tiveram resultado não unânime. É certo não haver consenso, teórico e prático, de como operacionalizar o referido dispositivo, mas, para os limites aqui propostos, algumas considerações exigem reflexão.

A previsão desse dispositivo legal, como é assente, veio em substituição aos extintos embargos infringentes.[178] Passou-se, então, de uma forma de impugnar baseada na premissa da voluntariedade para um julgamento ampliado que tem por base a atribuição de competência a novos julgadores, além daqueles que compuseram, em um primeiro momento, o julgamento não unânime. Amplia-se, assim, o colegiado com a alteração de "competência funcional".[179] O que se observa da doutrina, contudo, é fenômeno

---

a competência já pertence ao segundo grau. A transferência de competência entre juízos não é novidade nem no sistema processual brasileiro, nem em outros países, analisados atual e historicamente (GRECO, Leonardo. *Translatio iudicii* e reassunção do processo. In: **Revista de Processo**, ano 33, n. 166, dez. 2008, p. 10-12) Denomina-se *translatio iudicii* a atuação jurisdicional realizada no sentido de remeter um processo a autoridade competente, com a preservação dos atos processuais praticados. Normalmente, essa atuação ocorre diante das situações em que é reconhecida a incompetência de um juízo e correlata competência de outro, o qual passará a processar e julgar a demanda (art. 64, §§ 3º e 4º do CPC) (CUNHA, Leonardo Carneiro da. A *translatio iudicii* no projeto de novo Código de Processo Civil brasileiro. **Revista de Processo**, v. 37, n. 208, p. 257-263) Na remessa necessária, existem dois juízos competentes em momentos diversos, um em sequência ao outro, por ocasião de sentença contrária à Fazenda Pública, sendo que o primeiro tem por obrigação a remessa de autos ao segundo, o qual, por reassunção, procede a novo exame da decisão, embasado na ideia de preservação do ente público. Essa retomada para prática de outros atos processuais, nas precisas palavras de Mario Palma, promove a *transmigração do processo*, que, na remessa necessária, se estabelece entre juízos de grau jurisdicional diverso, a ensejar *translatio iudicii* estruturada de forma *vertical* (**Processo amministrativo e "translatio iudicii"**, p. 2). Repita-se que não se trata de migração do processo de um juiz incompetente para outro competente, mas entre dois competentes em momentos processuais distintos. Mesmo quando existente recurso, já se admitiu haver *translatio iudicii* quando se transfere o conhecimento de uma matéria a grau de jurisdição superior (CINTRA, Antonio Carlos de Araújo. **Sobre os limites objetivos da apelação civil**, p. 5).

178. ALVIM, Teresa Arruda. Ampliar a colegialidade: valeu a pena? In: NERY JUNIOR, Nelson. ALVIM, Teresa Arruda. **Aspectos polêmicos e atuais dos recursos cíveis e assuntos afins**, v. 13. São Paulo: Editora Revista dos Tribunais, 2017, p. 526.

179. ALVIM, Teresa Arruda. Ampliar a colegialidade: a que custo? **Res Severa Verum Gaudium**, v. 3, n.1, 2017, p. 21.

parecido com o ocorrido com a remessa necessária. Há um posicionamento firme em aceitar que o art. 942 não se trata de recurso, conclusão facilmente alcançada por uma singela aplicação dos fundamentos da teoria geral dos recursos.[180] No entanto, superado esse critério de exclusão, a divergência doutrinária está em afirmar, segundo alguns, que se trata de uma técnica de julgamento estendido,[181] o que representa mera descrição do que acontece com o julgamento não unanime, enquanto outros defendem a natureza de incidente processual.[182]

Todavia, passa-se a demonstrar que o controle das decisões judiciais ocorre por força de regras de competência. O art. 942 do CPC reveste-se dessas características, notadamente porque *(1)* a lei provê a ampliação do colegiado a partir de um fato gerador específico (julgamento não unânime), que, se ocorrido, atribui, de imediato, competência a novos julgadores, independentemente da vontade das partes ou de atuação dos julgadores

---

180. CUNHA, Leonardo Carneiro da. Parecer – CPC, art. 942 – Ampliação do colegiado no julgamento não unânime da apelação – Ausência de limite devolutivo – Exame também da parte unânime. **Revista de Processo**, vol. 270, ago. 2017, p. 239-247; DIDIER Jr., Fredie. CUNHA, Leonardo Carneiro da. **Curso de direito processual**, vol. 3, p. 76; ASSIS, Araken de. **Manual dos recursos**, p. 453-454; LANES, Júlio Cesar Goulart. A sistemática decorrente de julgamentos não unânimes. In: WAMBIER, Teresa Arruda Alvim; DIDIER JR., Fredie. TALAMINI, Eduardo. DANTAS, Bruno. **Breves comentários ao Novo Código de Processo Civil**, 3ª ed. São Paulo: Editora Revista dos Tribunais, 2016, p. 2.341; MEDINA, José Miguel Garcia. **Direito processual civil moderno**, 2ª ed. São Paulo: Editora Revista dos Tribunais, 2016, p. 1.254.

181. CÂMARA, Alexandre Freitas. A ampliação do colegiado em julgamentos não unânimes. **Revista de Processo**, vol. 282, ago. 2018, p. 251-266; DIDIER JR., Fredie. CUNHA, Leonardo Carneiro da. Ampliação do colegiado em caso de divergência: algumas impressões iniciais sobre o artigo 942 do CPC. In: NERY JR., Nelson. ALVIM, Teresa Arruda. **Aspectos polêmicos e atuais dos recursos cíveis e assuntos afins**, v. 13. São Paulo: Editora Revista dos Tribunais, 2017, p. 320-323; ASSIS, Araken de. **Manual dos recursos cíveis**, p. 454; LAMY, Eduardo Avelar. A transformação dos embargos infringentes em técnica de julgamento. In: DANTAS, Bruno. BUENO, Cássio Scarpinella. CAHALI, Cláudia Elisabete Schwerz. NOLASCO, Rita Dias. **Questões relevantes sobre recursos, ações de impugnação e mecanismos autônomos de uniformização de jurisprudência após o primeiro ano de vigência do novo CPC em homenagem à Professor Teresa Arruda Alvim**. São Paulo: Editora Revista dos Tribunais, 2017, p. 384-385.

182. NEVES, Daniel Amorim Assumpção. **Manual de direito processual civil**, 8ª ed. Salvador: Juspodivm, 2016, p. 1.447; CÂMARA JUNIOR, José Maria. Técnica da colegialidade do artigo 942 do CPC: extensão e profundidade da matéria submetida ao julgamento prolongado. In: NERY JR., Nelson. ALVIM, Teresa Arruda. **Aspectos polêmicos e atuais dos recursos cíveis e assuntos afins**, v. 13. São Paulo: Editora Revista dos Tribunais, 2017, p. 279.

originários; *(ii)* o dispositivo foi introduzido pelo CPC de 2015 e viu-se esforço da doutrina em não confundi-lo com recurso[183] – tal como ocorre com a remessa necessária –, o que sugere ser esse meio de impugnação o paradigma do controle da decisão judicial e, sem o qual, surgem muitas dificuldades de enquadramento de outras modalidades com esse objetivo; *(iii)* a afirmação de que se trata de incidente processual não convence porque não há questão incidental a ser resolvida, mas sim a ocorrência de um fato objetivo – resultado não unânime – que gera a ampliação da competência para julgamento, a qual, ressalte-se, é de natureza absoluta; *(iv)* dizer que o art. 942 é uma técnica é pouco elucidativo, já que o processo civil convive com inúmeras técnicas, cada qual com sua respectiva função, criadas pelo legislador com finalidades distintas.

Por isso, nada impediria denominar o art. 942 como uma técnica, com a ressalva de ser essa uma definição insuficiente. Para este estudo, a previsão legal constitui uma via de controle por meio de uma clara *regra de competência*. Novos julgadores passarão a atuar diante de resultado não unânime porque a lei lhes atribui competência para tanto.

A repercussão dessa conclusão ultrapassa limites meramente teóricos. A partir do enquadramento da remessa necessária e do art. 942 do CPC como vias de controle baseadas em regras de competência, de caráter absoluto, diversas repercussões passam a surgir, quer em razão dos limites em que a referida competência se ativa, quer a respeito de sua inobservância. Por isso, além de uma precisão terminológica, a preocupação com a identificação da natureza jurídica dos institutos de controle é relevante para compreender seu funcionamento e seus padrões de incidência.

1.5.4. Controle por atos de cooperação judiciária nacional

As normas que disciplinam a cooperação judiciária nacional criam modos de interação entre variados juízos e destes com órgãos da Administração Pública ou entes capazes de contribuir com a administração da Justiça.[184] Além desse escopo, tais normas estão diretamente ligadas à

---

183. Apesar de ter havido, de início, posição reconhecendo se tratar de recurso (COSTA, Eduardo José Fonseca da. Pequena história dos embargos infringentes no Brasil: uma viagem redonda. In: FREIRE, Alexandre. DANTAS, Bruno. NUNES, Dierle. DIDIER JR., Fredie. MEDINA, José Miguel Garcia. FUX, Luiz. CAMARGO, Luiz Henrique Volpe. OLIVEIRA, Pedor Miranda de. Novas tendências do processo civil. Salvador: Juspodivm, v.2, 2014, p. 397-400).

184. Na doutrina nacional: DIDIER JR., Fredie. **Cooperação judiciária nacional: esboço de uma teoria para o Direito brasileiro (arts. 67-68, CPC)**, 2ª ed. Salvador: Juspodivm,

concretização do princípio da eficiência, por instrumentos que regulam o compartilhamento ou delegação de competências, assim como disciplinam o modo com que atos processuais serão praticados. Os arts. 67 a 69 do CPC trazem disposições gerais a respeito da forma com que será estabelecida essa cooperação, apontando sujeitos, objetos e mecanismos para tanto. Ainda, a Resolução 350/2020 do Conselho Nacional de Justiça apresenta diretrizes e procedimentos a serem seguidos para a consecução dessas relações. A flexibilização das regras de competência ganha grande projeção em razão da carga consensual conferida aos órgãos interessados, o que sugere maior amplitude dessas atuações cooperadas.[185]

Dentre as variadas formas de engendrar a cooperação judiciária nacional,[186] necessário reconhecer a possibilidade de exercício de controle dos atos judiciais de um juízo por outro. O tópico anterior cuidou de demonstrar como as regras de competência levam ao reexame da decisão judicial. Agora, embora também relacionado à competência, busca-se demonstrar que a cooperação entre juízos terá por objeto o controle de atos judiciais, a partir de exemplos já existentes.

A Lei 14.112/2020 alterou o art. 6º da Lei 11.101/2005 (Lei de Falência e Recuperação Judicial) para introduzir o parágrafo 7º-B, prevendo o dever de cooperação entre o juízo da execução fiscal movida contra da empresa recuperanda e do juízo da recuperação judicial, para que esse determine a "substituição dos atos de constrição que recaiam sobre bens de capital essenciais à manutenção da atividade empresarial."[187] A justificativa dessa previsão insere-se na alentada discussão em torno da não aplicação, às

---

2021, p. 51-53; CABRAL, Antonio do Passo. **Juiz natural e eficiência processual: flexibilidade, delegação e coordenação de competências no processo civil**. São Paulo: Editora Revista dos Tribunais, 2021, p. 399-417. Na doutrina estrangeira: JEULAND, Emmanuel. VEYRE, Liza. **Institutions jurisdictionnelles**. Paris: P.U.F, 2021, p. 80-85; MEHTYEVA, Kamalia. **La notion de coopération judiciaire**. Paris: L.G.D.J., 2020, t.1, cap. 2.

185. O caráter consensual em torno da cooperação judiciária nacional já era observado na Recomendação n. 38/2011 do CNJ.

186. DIDIER JR., Fredie. **Cooperação judiciária nacional: esboço de uma teoria para o Direito brasileiro (arts. 67-68, CPC)**, p. 62-63 e 66-69; CABRAL, Antonio do Passo. **Juiz natural e eficiência processual: flexibilidade, delegação e coordenação de competências no processo civil**. São Paulo: Editora Revista dos Tribunais, 2021, cap. 5.

187. "§ 7º-B. O disposto nos incisos I, II e III do caput deste artigo não se aplica às execuções fiscais, admitida, todavia, a competência do juízo da recuperação judicial para determinar a substituição dos atos de constrição que recaiam sobre bens de capital essenciais à manutenção da atividade empresarial até o encerramento da recuperação judicial, a qual será implementada mediante a cooperação jurisdicional, na forma do

execuções fiscais, da regra de suspensão de processos prevista pelo mencionado art. 6º e das consequências geradas por atos de constrição no curso da recuperação judicial.[188]

Referida alteração legal comporta algumas considerações. Institui-se, entre o juízo da execução fiscal e o juízo da recuperação, dever de cooperação, com base no qual caberá ao segundo o controle dos atos constritivos determinados pelo primeiro, a fim de impedir que os bens essenciais à atividade empresarial sejam afetados e, por conseguinte, coloque-se em risco a reestruturação da empresa. Essa forma de controle poderá fazer com que o juízo da recuperação desfaça os atos constritivos ordenados pelo juízo da execução fiscal, substitua-os ou os confirme, se adequados.

A previsão legal revela que a relação ocorre de modo subordinado, isto é, os atos constritivos determinados pelo juízo da execução fiscal estarão submetidos à revisão pelo juízo da recuperação judicial. Nada obstante, a parte também poderá provocar esse controle mediante exigência do dever de cooperação entre os juízos, caso esse não tenha ocorrido espontaneamente. O art. 6º, §7º-B da Lei 11.101/2005 entra em consonância com a regra prevista no art. 69, IV do CPC, que já contemplava a possibilidade cooperação para efetivação de medidas e providências destinadas à preservação da empresa, dentre as quais figura o controle dos atos de constrição ordenados pelo juízo da execução fiscal.

O arcabouço normativo em torno da cooperação judiciária nacional, aliado ao caráter consensual admitido para as relações entre os órgãos interessados, abre espaço para outras formas de controle, além dessa aqui examinada. A cooperação judiciária, portanto, deve ser vista como uma das

---

art. 69 da Lei nº 13.105, de 16 de março de 2015 (Código de Processo Civil), observado o disposto no art. 805 do referido Código."

188. Para uma análise abrangente desse dispositivo legal: DIDIER JR., Fredie. EID, Elie Pierre. ARAGÃO, Leandro Santos de. Recuperação judicial, execução fiscal, *stay period*, cooperação judiciária e preservação da empresa: compreendendo o §7º-B do art. 6º da Lei 11.101/2005. **Revista de Processo**, vol. 323, jan. 2022, p. 277-303. Antes da edição dessa lei, a jurisprudência, de maneira implícita, já admitia o dever de cooperação ao condicionar os atos constritivos do juízo da execução fiscal à revisão do juízo da recuperação judicial: STJ, AgRg no CC 120.432/SP, Rel. Ministro Antonio Carlos Ferreira, Segunda Seção, julgado em 14/12/2016, DJe 19/12/2016; STJ, CC 168.000/AL, Rel. Ministro Ricardo Villas Bôas Cueva, Segunda Seção, julgado em 11/12/2019, DJe 16/12/2019. Tanto é assim que existe afetação da matéria no âmbito do STJ para se definir a seguinte tese (tema 987): "Possibilidade da prática de atos constritivos, em face de empresa em recuperação judicial, em sede de execução fiscal de dívida tributária e não tributária"

fontes possíveis para estruturação de um sistema de controle de vícios dos atos jurisdicionais.

1.5.5. Controle por meios de impugnação

O estudo do controle no direito processual adota como paradigma os recursos,[189] ao lado dos quais costuma-se colocar as ações autônomas de impugnação.[190] Esses mecanismos são agrupados, segundo a doutrina nacional, sob a denominação de meios de impugnação.[191] Como já foi dito, os recursos e as ações autônomas são objeto central desse estudo, de maneira que, neste momento, convém situá-las nesse quadro geral de vias de controle e apontar quais os critérios de distinção usualmente aceitos entre um e outro.

A doutrina procura justificar o caráter impugnativo dos recursos e das ações autônomas por serem mecanismos voluntários de controle utilizados especificamente contra atos judiciais. Ressalta-se que os meios de impugnação são, em primeiro plano, um "remédio" (no sentido de remediar uma

---

189. Leo Rosenberg, Karl Heinz Schwab e Peter Gottwald ressaltam, com precisão, que os recursos se consubstanciam em um processo de controle (*Kontrollverfahren*) (**Zivilprozessrecht**, 18 Auflage. München: C. H. Beck, 2018, p. 825). Sobre um apanhado dos argumentos que polarizaram as discussões em torno das funções de controle e de mera renovação da instância por parte dos recursos, v. KOLOTOUROS, Panagiotis. **Der Rechtsmittelgegenstand im Zivilprozeβ: die Rechtsmittel zwichen Kassation und Verfahrensfortsetzung.** Berlin: Duncker und Humblot, 1992, p. 68-75.

190. A adoção dos recursos como paradigma de controle se deve a fatores históricos, que podem ser sintetizados na ideia de se colocar limite em um horizonte para questionamento das decisões judiciais. "Conforme diretriz de política legislativa predominante na época, tais remédios veem-se prodigalizados ou, ao contrário, comprimidos em doses parcimoniosas. A oscilação entre uma e outra tendência marca a evolução histórica de todos os grandes sistemas jurídicos do chamado mundo ocidental." (BARBOSA MOREIRA, José Carlos. **Comentários ao Código de Processo Civil**, p. 229). Sobre esse ponto final a ser dado, "por outras palavras, há limites para o controle jurisdicional no âmbito dos recursos." (YARSHELL, Flávio Luiz. **Tutela jurisdicional**, 2ª ed. São Paulo: Editora DPJ, 2006, p. 161).

191. Em mais esse aspecto, somente se poderia admitir essa classificação à luz do direito positivo e da doutrina nacionais (DIDIER JR., Fredie. CUNHA, Leonardo Carneiro da. **Curso de direito processual civil**, vol. 3, p. 113; KOZIKOSKI, Sandro Marcelo. **Manual dos recursos cíveis: teoria geral e recursos em espécie**, 4ª ed. Curitiba: Juruá, 2009, p. 51-54), considerando que, em outros países, o termo "meio de impugnação" abrange tão e somente figuras recursais (CONSOLO, Claudio. **Le impugnazioni delle sentenza e dei lodi**, p. 23). A doutrina francesa se vale da expressão "voies de recours" ("vias recursais", semelhantemente ao que admitimos nesse trabalho como sendo uma via impugnativa), como se nota em MEKKI, Soraya Amrani. STRICKLER. Yves. **Procédure civile**, titre III.

situação) utilizados contra um ato judicial e, em segundo plano, instauram um procedimento específico para a tutela pretendida.[192] Salienta-se, como uma ideia muito comum, a impossibilidade de se estabelecer uma análise comum para toda e qualquer forma de impugnar, uma vez que há muitas variáveis dependentes do direito positivo, a resultar em uma atividade trabalhosa e problemática. Disso resultaria outra perspectiva corrente de que o fio condutor entre todas as formas de impugnar é a simples identificação de "remédios jurídicos".[193]

Embora o presente estudo questione todas essas premissas, por ora, é correto admitir que recurso e ações autônomas são assimilados correntemente como meios impugnativos porque se dirigem a remediar alguma desconformidade do ato judicial.[194] Isso, contudo, é insuficiente. A voluntariedade, como traço marcante dos meios de impugnação, releva estarem situados na categoria dos atos postulatórios em geral, pois servem de veículo para formulação de um pedido.[195] A postulação voltada à impugnação é caracterizada pelos elementos anteriormente estudados, como a denúncia dessa desconformidade e a busca por sua eliminação. Essa comunhão, no entanto, passa ao largo quando da comparação entre recursos e ações autônomas de

---

192. **Le impugnazioni civili**, p. 10-12. No Brasil, a teoria geral dos recursos se sedimentou sobre outras bases, ainda mais estéreis a uma análise integrada com impugnações em geral, seja de atos judiciais, seja de outros atos jurídicos. Presume-se que isso se deva às seguintes razões: (i) o ordenamento jurídico brasileiro, ao contrário do que ocorreu em outros lugares, vê nos recursos um ponto de trauma teórico e prático, porque o cabimento recursal, no curso da vigência das codificações que tivemos, sempre causou – em maior ou em menor medida – dúvidas e problemas, razão pela qual foi necessário colmatar lacunas e apresentar soluções, orientada por temas e por princípios diretamente ligados a solucionar esses inconvenientes; (ii) a tradição brasileira centra suas atenções de maneira significativa nas repercussões dos recursos diante da quantidade de trabalho dos tribunais, ou seja, dedica-se a refletir sobre os impactos de um sistema recursal na estrutura judiciária; (iii) por ser atribuído aos recursos fonte de demora do processo, há mais de 40 anos o tema é objeto incessante de reformas legislativas nas mais diversas espécies recursais, o que ocupou a pauta doutrinária em grande parte do tempo.
193. **Le impugnazioni civili**, p. 14.
194. BONDIOLI, Luís Guilherme Aidar. **Comentários ao Código de Processo Civil**, vol. XX. Coord. GOUVÊA, José Roberto. BONDIOLI, Luís Guilherme. FONSECA, João Francisco Naves. São Paulo: Saraiva, 2016, p. 21. A noção de "remédio" não deixa de estar alinhada ao propósito a que se dirigem os recursos – e as ações de impugnação – porquanto visam a corrigir os atos judiciais, conforme aponta Carnelutti, responsável por forjar e disseminar o termo (**Istituizione del nuovo processo civile italiano**, I. Roma, 1951, p. 377-379).
195. PINTO, Rui. **Recurso civil. Uma teoria geral**, p. 57.

impugnação pela doutrina nacional, a qual se funda, essencialmente, numa ideia circular em torno do conceito de recurso e de sua natureza jurídica para determinar diversos elementos que integram a denominada teoria geral dos recursos.[196] Por isso, dada a ambiguidade, equivocidade e imprecisão que cercam o termo "remédio", sugere-se descartá-lo, pois não é capaz de agregar relevantes elementos dogmáticos para esclarecer os objetivos a que se prestam os meios de impugnação. Quando muito, sua utilidade estará em demonstrar a inafastabilidade de controle,[197] tema a ser explorado em 2.2. *infra*.

Desde a década de 60 do século XX, ganhou força, no Brasil, conceito de recurso pautado em critério meramente descritivo, ou seja, conceitua-se por meio de características exteriores como interposição e consequências de seu acolhimento. Consagra-se entre nós aquele sintetizado nas palavras de Barbosa Moreira como "remédio voluntário idôneo a ensejar, dentro do mesmo processo, a reforma, a invalidação, o esclarecimento ou a integração de decisão judicial que se impugna".[198] Por ter vicejado, referido conceito serve de diretriz para guiar todo e qualquer critério comparativo com as ações autônomas.[199]

O destaque a ser dado em toda e qualquer forma de identificar recurso – tanto por aqueles que aderem a tal conceito, quanto por aqueles que se utilizam de outras definições – é o seu emprego na relação jurídica processual já existente.[200] Admite-se, assim, se tratar de meio de impugnação utilizado sem inaugurar relação jurídica processual distinta daquela em

---

196. BARBOSA MOREIRA, José Carlos. **O juízo de admissibilidade no sistema dos recursos civis**, p. 93-107; DINAMARCO, Cândido Rangel. Os efeitos dos recursos. In: **Aspectos polêmicos e atuais dos recursos cíveis**, vol. 5, Teresa Arruda Alvim Wambier e Nelson Nery Jr. (coord.). São Paulo: Editora RT, 2002, p. 22-67.

197. YARSHELL, Flávio Luiz. **Curso de direito processual civil**, p. 81.

198. **Comentários ao Código de Processo Civil**, p. 233.

199. Sobre a natureza jurídica do recurso, a ser alvo de preocupação específica no capítulo 2., vide resenha feita por Araken de Assis (**Manual dos recursos**, p. 53-67)

200. "É o caso da ação rescisória, se a decisão impugnada já houver transitado em julgado; ou dos embargos de terceiro, mandado de segurança, habeas corpus e medida cautelar inominada, se a decisão ainda não estiver acobertada pela preclusão. Todas essas medidas dão início a novo processo e procedimento, em autos apartados, que receberão sentença, tudo independentemente da ação originária, dita 'principal'. Isso acontece também com a medida cautelar inominada, nada obstante seja 'instrumento do instrumento', possuindo dependência nuclear em relação à ação onde a tutela é necessária (de conhecimento ou de execução), mas gozando de independência do ponto de vista procedimental. É nesse sentido que falamos em independência, quando nos referimos às ações autônomas de impugnação." (NERY JR., Nelson. **Teoria geral dos recursos**, p. 117).

que foi proferida a decisão combatida, sob a justificativa de que o recurso é mero desdobramento do direito de ação e de defesa já exercidos[201]. Em linhas gerais, esse é o quadro pacificamente aceito pela doutrina brasileira, recorrentemente invocando o aspecto semântico da palavra "recurso" para referendar a ausência de um novo processo ou relação processual. Ainda, a doutrina acrescenta a inexistência de nova citação[202] e o prolongamento da litispendência como fatores que confirmariam a posição ocupada pelo recurso no sistema impugnativo, características referentes aos mecanismos impugnativos previstos pelo art. 994 do CPC e na legislação extravagante.[203]

Usadas essas bases, segundo firme posicionamento doutrinário, as ações autônomas de impugnação são distintas dos recursos porque inauguram relação jurídica processual diversa daquela em que proferida a decisão questionada (o termo "autônomas" é empregado justamente para destacar essa característica).[204] Assim, "os meios de impugnação subdividem-se entre aqueles que dão origem a um processo novo e aqueles que correm dentro do próprio processo em que a decisão é proferida".[205] Mesmo reconhecidas similitudes finalísticas entre recursos e ações autônomas, aceita-se,

---

201. Embora o texto tenha feito referência à doutrina nacional (GRINOVER, Ada Pellegrini. Um enfoque constitucional da teoria geral dos recursos. In: **Livro de estudos jurídicos**, p. 79-81; PINTO, Nelson Luiz. **Manual dos recursos cíveis**, 3ª ed. São Paulo: Malheiros, 2002, p. 26-27; BARBOSA MOREIRA, José Carlos. **Comentários ao Código de Processo Civil**, p. 236; ARRUDA ALVIM. **Direito processual civil**, vol. 1. São Paulo: Saraiva, 2006, p. 363; NERY JR., Nelson. **Teoria geral dos recursos**, p. 223; KOZIKOSKI, Sandro Marcelo. **Manual dos recursos cíveis: teoria geral e recursos em espécie**, p. 45) esse posicionamento também é corrente na doutrina estrangeira (como se nota em: CALAMANDREI, Piero. **Cassazione civile**, p. 204; TARZIA, Giuseppe. **Profili della sentenza impugnabile**, p. 99-100; CONSOLO, Claudio. **Le impugnazione delle sentenze e dei lodi**, p. 23; PISANI, Andrea Proto. **Lezioni di diritto processuale civile**, 6ª ed. Napoli: Jovene, 2014, p. 454-458).

202. ASSIS, Araken. **Manual dos recursos**, p. 53-62.

203. NERY JR., Nelson. **Teoria geral dos recursos**, p. 67.

204. Essa concepção não é privativa da doutrina nacional. O *juicio de amparo*, importante instrumento a ser usado como método de comparação, faz a doutrina diferenciá-lo dos recursos com base em semelhante critério ao aqui referido: "Es por esto por lo que la interposición del recurso da origen a una segunda o tercera instancia consideradas como prolongaciones procesales de la primera. En cambio, el ejercicio del amparo, o mejor dicho, la dedución de la acción de amparo no provoca una nueva instancia procesal, sino suscita un juicio ou un proceso *sui generis*, diverso de aquél en el cual se entabla, por su diferente teleologia, como ya habíamos dicho. Tan es así que las relaciones jurídico-procesales que se forman a consecuencia de la interposición del amparo y del recurso son distintas." (BURGOA, Ignacio. **El juicio de amparo,** p. 183).

205. WAMBIER, Luiz Rodrigues. TALAMINI, Eduardo. **Curso de direito processual civil,** vol. 2, p. 468.

pacificamente, serem meios impugnativos distintos e inconfundíveis, porquanto pelas segundas há novo exercício do direito de ação.[206]

Por consequência, diversos questionamentos – insuficientemente elucidados pela doutrina – surgem e geram inúmeros conflitos teóricos e práticos, tais como saber se as ações de impugnação impedem a preclusão da decisão por elas atacada, se, na ausência de disposição legal especifica, existe alguma relação de preferência dos recursos frente às ações de impugnação, se é possível se valer de ação de impugnação no lugar do recurso quando aquela tutelar de forma mais adequada a posição da parte, dentre outros.

Esses fundamentos doutrinários, ainda perenes entre nós, sinalizam por uma reduzida preocupação em examinar os meios de impugnação de modo harmônico, sistêmico, dinâmico e interativo, o que confirma, em certa medida, os problemas práticos observados nos critérios de relacionamento entre recursos e ações autônomas e na amplitude impugnativa de um e outro. Os elementos usados atualmente para justificar a dicotomia entre eles, no Brasil, são fruto de fatores identificados numa determinada rota histórica, mas ainda com ramificação atual. Com um olhar retrospectivo e contextual do debate em torno da diferenciação entre recursos e ações autônomas de impugnação, colhem-se justificativas para explicar as razões pelas quais a doutrina ainda se vale da relação jurídica processual como critério principal de distinção, objeto de revisita crítica no capítulo 2, o que se busca demonstrar superado neste estudo.

Além de tudo isso, a dicotomia ganha ainda mais destaque quando se observa a *fobia ou aversão ao* uso das ações de impugnação.[207] A jurisprudên-

---

206. SILVA, Ovídio Baptista da. Recurso extraordinário em ação rescisória. **Revista de Processo**, n. 163, set. 2008, p. 10; JORGE, Flávio Cheim. RODRIGUES, Marcelo Abelha. Mandado de segurança contra ato judicial no processo eleitoral. **Revista Brasileira de Direito Eleitoral**, ano 6, n. 10, jan./jul. 2014, p. 76; BADARÓ, Gustavo. **Manual dos recursos penais**, p. 481; YARSHELL, Flávio Luiz. **Ação rescisória: juízo rescindente e juízo rescisório**, p. 31.

207. CALMON DE PASSOS, José Joaquim. O mandado de segurança contra atos jurisdicionais: tentativa de sistematização nos cinquenta anos de sua existência. In: **Ensaios e artigos**, p. 294-295. Para se eleger um exemplo da jurisprudência, é emblemática a extensão dada ao enunciado 267 de Súmula do Supremo Tribunal Federal *("Não cabe mandado de segurança contra ato judicial passível de recurso ou correição")*, editado em 1963 sob os reflexos de precedentes formados à luz do CPC de 39 e considerado superado ainda na década de 70 por sucessivos julgamentos que a contrariaram (STF, RE 76909, Relator(a): Min. Xavier de Albuquerque, Tribunal Pleno, julgado em 05/12/1973), mas ainda invocada de forma muito recorrente atualmente para negar o cabimento do mandado de segurança, em contexto sensivelmente diverso desse mencionado (STJ,

cia dos tribunais pátrios se mostrou, no curso da história, preconceituosa[208] com o ataque a atos judiciais formulados por meio de ações autônomas de impugnação e com a liberdade que se poderia interpretar do direito positivo nesse aspecto.[209] Essa restrição declarada, ainda hoje presente e constante, foi responsável por criar requisitos pretorianos de admissibilidade amparados em conceitos vagos e indeterminados como "teratologia ou manifesta ilegalidade"[210] "dano irreparável"[211], "abuso de poder"[212] e outros – dentre

---

AgInt no RMS 58.056/SP, Rel. Ministra Maria Isabel Galotti, Quarta Turma, julgado em 05/12/2019, DJe 13/12/2019; STJ, AgInt no RMS 54.987/RS, Rel. Ministro Napoleão Nunes Maia Filho, Primeira Turma, julgado em 03/12/2019, DJe 09/12/2019).

208. Expressão empregada por aqueles que se debruçaram sobre o assunto: PINTO, Teresa Arruda Alvim. **Mandado de segurança contra ato judicial**, p. 36; BARBI, Celso Agrícola. Mandado de segurança contra ato judicial. **Revista de Processo,** v. 9, n. 36, out./dez. 1984, p. 31.

209. Embora o mandado de segurança contra ato judicial seja cabível contra decisão da qual não caiba recurso com efeito suspensivo (art. 5º, I da Lei 12.016/2009), o Supremo Tribunal Federal decidiu, em sede de repercussão geral, que "Não cabe mandado de segurança das decisões interlocutórias exaradas em processos submetidos ao rito da Lei 9.099/1995." (tema 77). Mesmo se considerado o habeas corpus, ação autônoma de impugnação com amplo espectro de cabimento – admitido pela doutrina antes e depois do trânsito em julgado, em razão do relevante bem jurídico tutelado –, há posicionamento consistente da jurisprudência dos tribunais superiores em negar sua utilização diante de decisões recorríveis por recurso ordinário constitucional, mesmo quando houver risco à liberdade do paciente e a despeito de ser possível a concessão da ordem de ofício (vide STF, HC 112.836/SE - relatora ministra Cármen Lúcia - Segunda Turma - Julgado em 25.06.2013, DJe-159; STJ, HC 556.675/MA, Rel. Ministro Ribeiro Dantas, Quinta Turma, julgado em 05/03/2020, DJe 23/03/2020).

210. Além dos numerosos julgados nesse sentido nos variados tribunais brasileiros, esses "requisitos" constam do enunciado 22 de Súmula do Tribunal Superior Eleitoral: "Não cabe mandado de segurança contra decisão judicial recorrível, salvo situações de teratologia ou manifestamente ilegais".

211. "É certo que esta Corte, abrandando a rigidez da Súmula 267, tem admitido mandado de segurança quando, do ato impugnado, puder resultar dano irreparável, desde logo cabalmente demonstrado" (STF, MS-QO 22970, Relator(a): Min. Moreira Alves, julgado em 05/11/1997, publicado em 24/04/1998, Tribunal Pleno). Especificamente sobre esse requisito, é célebre a passagem que faz referência à mitigação da incidência do referido enunciado a partir de atuação forense de Galeno Lacerda nos autos do Recurso Extraordinário nº 76.909, em que ficou decidido que "é admissível no caso em que do ato impugnado advenha dano irreparável cabalmente demonstrado" o mandado de segurança contra ato judicial (STF, RE 76909, Relator(a): Min. Xavier de Albuquerque, Tribunal Pleno, julgado em 05/12/1973).

212. STJ, AgInt no RMS 60.571/SP, Rel. Ministro Gurgel de Faria, Primeira Turma, julgado em 18/02/2020, DJe 04/03/2020.

os quais se enquadra a peculiar noção de "substituto recursal" forjada como barreira limitadora das ações autônomas de impugnação – que colocaram sobre essas a pecha de verdadeiras vilãs no controle das decisões judiciais.[213]

Esse cenário de desestímulo das ações autônomas de impugnação, associado a conceitos doutrinários questionáveis, fez com que essas vias ficassem relegadas a um segundo plano, sempre observadas como abusivas ou impróprias (enquanto, não raras vezes, se dizia ser o recurso o meio regular)[214], ao que se pode atribuir como uma das causas para reduzida curiosidade científica pela doutrina.[215] Se, por um lado, a lei impõe restrições na atuação conjunta desses dois mecanismos (como se verifica, p. ex., do art.

---

213. Basta notar recente debate a respeito do cabimento do agravo de instrumento e de qual seria a melhor interpretação dada ao art. 1.015 do CPC. Por ocasião do julgamento dos Recurso Especial n. 1704.520, sob o rito dos recursos repetitivos, foi fixado o entendimento de que o referido dispositivo legal comportava a excêntrica interpretação denominada de "taxatividade mitigada". A pretexto da fundamentação usada para se chegar a esse resultado, foi objetivamente enfrentado o cabimento do mandado de segurança contra ato judicial ao qual foram destinadas as seguintes linhas (nossos destaques): "Se isso é verdade, não é menos verdade que a trajetória do mandado de segurança contra ato judicial assemelha-se a de Fênix, um pássaro, também da mitologia grega, único da espécie e que, após viver 300 anos, deixava se arder em um braseiro entrando em autocombustão para, em sequência, renascer das próprias cinzas [...] Contudo, é preciso, uma vez mais, tentar abater definitivamente a Fênix que insiste em pousar no processo civil de tempos em tempos e que mais traz malefícios do que benefícios [...] Trata-se, a toda evidência, de técnica de correção da decisão judicial extremamente contraproducente e que não se coaduna com as normas fundamentais do processo civil, especialmente quando se verifica que há, no sistema processual, meio disponível e mais eficiente para que se promova o reexame e a eventual correção da decisão judicial nessas excepcionais situações: o próprio agravo de instrumento." (STJ, REsp 1704520/MT, Rel. Ministra Nancy Andrighi, Corte Especial, julgado em 05/12/2018, DJe 19/12/2018, destaques do original)

214. LIMA, Marcellus Polastri. QUEIROZ, Mariah Oliveira Santos de. O mandado de segurança contra decisões jurisdicionais: evolução e o novo Código de Processo Civil brasileiro. **Revista do Ministério Público do Estado do Rio de Janeiro**, n. 72, abr./jun. 2019, p. 36.

215. No direito norte-americano, o uso do *mandamus* como meio para impugnar decisões interlocutórias é visto com semelhante excepcionalidade: "The Supreme Court has consistently stated that federal appel- late courts may issue the writ of mandamus as an interlocutory remedy only under 'extraordinary' circumstances,' to correct a lower court order that is 'not mere error but usurpation of power.' The Court has explained that mandamus cannot serve as a substitute for normal appeal and should be available 'only where appeal is a clearly inadequate remedy.'" (FORRESTER, Nathan A. Mandamus as a remedy for the denial of jury trial. **The University of Chicago Law Review**, vol. 58, n. 2, 1991, p. 769).

5º, I da Lei 12.016/2009), por outro, não se pode ignorar que, em inúmeras situações, as ações autônomas de impugnação se mostram mais eficazes do que os recursos para tutelar a posição jurídica do impugnante.

Por essa conjugação de fatores, observa-se ter ficado de lado uma revisão crítica dos fundamentos que levariam à reformulação da relação entre recursos e das ações autônomas de impugnação, sobretudo em um sistema jurídico em que há amplitude para utilização dos dois instrumentos em favor de correção de vícios da decisão judicial.

Finalmente, outro elemento essencial nessa análise consiste no que se convencionou denominar de "sucedâneos recursais", tratados de modo assistemático como categoria residual na qual são encaixadas figuras de controle, mas que não se confundem com os recursos.[216] Desde já, registra-se preocupação específica com o tema - alvo de atenção no tópico 4.1. *infra* –, pois nunca angariou consenso doutrinário e vem sendo utilizado pela jurisprudência como barreira para admissão de meios de impugnação. Em linhas gerais, os sucedâneos recursais, pela ausência de critérios científicos que os justifiquem, são tratados como "meios heterodoxos",[217] o que revela a

216. Essa afirmação é adotada como premissa desse estudo, conforme também entendem, por exemplo, DIDIER JR., Fredie. CUNHA, Leonardo Carneiro da. **Curso de direito processual civil**, vol. 3, p. 113. Contudo, é intenso o dissenso a respeito de quais mecanismos devam figurar entre os sucedâneos recursais, sendo que há doutrinadores filiados a uma postura mais ampla, incluindo nesse conceito instrumentos que claramente possuem feição de ações de impugnação ou pertencem a outra via impugnativa (NERY JR., Nelson. **Teoria geral dos recursos**, p. 75; ASSIS, Araken de. Introdução aos sucedâneos recursais. In: NERY JR., Nelson. WAMBIER, Teresa Arruda Alvim. **Aspectos polêmicos e atuais dos recursos e de outros meios de impugnação às decisões judiciais**, v. 6. São Paulo: Editora RT, 2002, p. 13-60; GRECO, Leonardo. Princípios de uma teoria geral dos recursos. In: BASTOS, Marcelo Lessa. AMORIM, Pierre Souto Maior Coutinho de. **Tributo a Afrânio Silva Jardim: escritos e estudos**. Rio de Janeiro: Lumen Juris, 2014, p. 315-360; MARINONI, Luz Guilherme. ARENHART, Sérgio Cruz. MITIDIERO, Daniel. **Curso de processo civil**, vol. 2. São Paulo: Editora Revista dos Tribunais, 2016, p. 503; ALMEIDA, Diogo Rezende de. **Recursos cíveis**, p. 43), enquanto outros seguem linha mais restritiva adotada nesse trabalho (DINAMARCO, Candido Rangel. Suspensão do mandado de segurança pelo presidente do Tribunal. **Revista de Processo**, v. 27, n. jan./mar. 2002, p. 191-206; PORTO, Sérgio Gilberto. USTÁRROZ, Daniel. **Manual dos recursos cíveis**. Porto Alegre: Livraria do Advogado, 2020, p. 77-78; RODRIGUES, Marcelo Abelha. **Suspensão de segurança: sustação da eficácia da decisão judicial proferida contra o poder público**, 4ª ed. Salvador: Juspodivm, p. 98-99).

217. Para se valer das palavras de Araken de Assis (. Introdução aos sucedâneos recursais. In: NERY JR., Nelson; WAMBIER, Teresa Arruda Alvim. **Aspectos polêmicos e atuais**

falta de preocupação em visualizar um sistema de controle e o que confirma o recurso como paradigma de correção das decisões judiciais.[218]

1.5.5.1. Histórico da distinção entre recursos e ações de impugnação como mecanismos de controle

Após apresentar panorama geral dos meios de impugnação, convém fazer breve digressão histórica sobre a divisão entre recursos e ações autônomas, a fim de identificar a gênese do critério nacional dessa diferenciação. Para esse objetivo, os motivos para impugnação da decisão judicial voltam a figurar como elementos importantes na estruturação dos meios de revogação da sentença.[219] Ao longo dos tempos, notou-se que as diversas tradições jurídicas se valeram de variados critérios classificatórios quanto a eles, assim como lhes conferiram graus de intensidade diferentes, o que impactou decisivamente na revisão e estabilidade das decisões judiciais. Em um contexto mais amplo, esse se mostra o caminho mais comum na correlação entre recursos e ações de impugnação, assim representados, em geral, pela a apelação de um lado e por uma demanda desconstitutiva da sentença já transitada em julgado, de outro.[220]

Conforme será demonstrado, as peculiaridades do ordenamento jurídico brasileiro conferiram contornos diferentes daqueles observados no curso da história. Isso se deve a dois elementos fundamentais, mas nitidamente acidentais: a praxe forense, decisiva para desencadear o uso das ações de impugnação de decisões judiciais não transitadas em julgado; e a jurisprudência, que se mostrou, em certa medida, acolhedora da postura impugnativa

---

dos recursos e de outros meios de impugnação às decisões judiciais. São Paulo: RT, 2002. v. 6, p. 18).

218. MARQUES, José Frederico. **Instituições de direito processual civil**, v. 4. São Paulo: Saraiva, 1960, p. 377-379. Basta ver o exemplo da suspensão de segurança, por muitos classificada como sucedâneo recursal, mas, como bem apontado por Marcelo Abelha Rodrigues (**Suspensão de segurança: sustação da eficácia da decisão judicial proferida contra o poder público**, p. 100-101) e Leonardo Carneiro da Cunha (**A fazenda pública em juízo**, 17ª ed. Rio de Janeiro: Forense, 202, p. 664-665), carente de caráter impugnativo. Considerando, contudo, ser meio de impugnação: GUTIÉRREZ, Cristina. **Suspensão de se liminar e de sentença na tutela do interesse público**. Rio de Janeiro: Forense, 2000, p. 52.

219. PADOA-SCHIOPPA, Antonio. **Ricerche sull'appello nel diritto intermedio**, vol. 1. Milano: Giuffrè, 1967, p. 32-54.

220. JOLOWICZ, J. A. Appeal and Review in comparative Law: similarities, differences and purposes, p. 633-634; GIANOZZI, Giovanni. **Il reclamo nel processo civile**. Milano: Giuffrè, 1968, p. 36-67.

frente a decisões interlocutórias não atacáveis por recursos. Por isso, uma retrospectiva da estruturação dos recursos e das ações de impugnação das decisões judiciais servirá para mostrar como se deu o ponto de inflexão do modelo brasileiro.

1.5.5.1.1. Evolução da distinção entre meios de impugnação para controle de invalidade e de injustiça da decisão

Inicialmente, a noção de nulidade utilizada pelos romanos durante as diversas fases do processo civil se mostra relevante. A influência do direito privado durante a *ordo iudiciorum privatorum* impediu que o processo fosse visto como instrumento público, por uma imperfeita segregação entre direito material e direito processual. Essa perspectiva servia, em primeiro momento, para explicar a existência de dois institutos destinados ao controle, quais sejam, a restituição e a nulidade.[221] Quanto a essa última, via-se o tratamento da nulidade como inexistência jurídica naqueles casos em que ausentes elementos constitutivos dos atos jurídicos. Naquele tempo, a nulidade representava a negação de uma sentença e coisa julgada.[222]

Embora questionável uma figura recursal antes da extraordinária *cognitio*,[223] já era difundida a ideia de controle de validade da sentença durante a *ordo iudiciorum privatorum*. A questão central no exame dos instrumentos conhecidos nesse período diz respeito ao posto em que os romanos colocavam as causas de invalidade.[224] Sob a égide da *ordo iudiciorum privatorum*, conquanto a sentença não ficasse sujeita a revisão, poderia ter sua validade questionada de duas formas. A primeira, anotado pela doutrina romanista, consubstanciava-se na *infitiatio*, correspondente a uma defesa apresentada pelo executado à *actio iudicati*, voltada a questionar a sentença condenatória e, portanto, negar a existência da condenação.[225] A *infitiatio* se caracterizava como meio defensivo do processo de execução, mas com o poder de levar

221. COSTA, Moacyr Logo da. **A revogação da sentença**. São Paulo: Ícone, 1995, p. 14.

222. ROSBOCH, Michele. **Decidere invano: aspetti delle invalidità nelle sentenze medievali**. Napoli: Jovene, 2010, p. 43-49.

223. CRUZ E TUCCI, José Rogério. **Jurisdição e poder: contribuição para a história dos recursos cíveis**. São Paulo: 1987, p. 28.

224. ZANI, Gino. L'evoluzione storico-dogmatica dell'odierno sistema dei vizi del volere e delle relative azioni di annullamento. In: **Rivista italiana per le scienze giuridiche**, 1927, pp. 335-405; PAOLA, Santi di. **Contributi ad una teoria della invalidità e della inefficacia in diritto romano**. Milano: Giuffrè, 1966, p. 35-43 e PUGLIESI, Giovanni. Giudicato civile (storia). In: **Enciclopedia del diritto**, XVIII, Milano 1969, pp. 757-784.

225. COSTA, Moacyr Logo da. **A revogação da sentença**, p. 14.

ao reconhecimento de inexistência da sentença condenatória, assim como negar a formação da coisa julgada.[226]

De outro lado, havia a controvertida[227] figura da *revocatio in duplum*, que se apresentava como ataque do devedor à sentença. Ao contrário da *infitiatio*, não era preciso aguardar a *actio iudicati* para reconhecimento de inexistência da decisão.[228] Vale lembrar que a nulidade, equiparada à inexistência, uma vez reconhecida, significava a não formação de coisa julgada, pois não se conhecia de uma espécie de superação de vícios com a formação de estabilidades.[229] Por isso, não havia limite temporal para a utilização de *actio nullitatis* ao reconhecimento da nulidade.[230]

Paralelamente a esse regime, figurava a *restitutio in integrum* para o desfazimento de atos jurídicos, os quais, embora formalmente válidos, poderiam conter alguma irregularidade.[231] Tratava-se de um *extraordinarium auxilium* por meio do qual o pretor atuava para impedir consequências danosas à parte lesada. Por não se prestar ao reconhecimento de inexistência, a *restituito in integrum* poderia ser vista como instrumento desconstitutivo[232], já que. por meio dela, afastava-se um estado de lesão contrário à equidade ou aos princípios da constituição romana, derivado de algum negócio jurídico plenamente válido segundo o direito.

---

226. RAGGI, Luigi. **Studi sulle impugnazioni civili nel processo romano**. Milano: Giuffrè, 1961, p. 66-67.

227. A natureza jurídica da *revocatio in duplum* causou grande perplexidade na doutrina, até se encontrar a posição extrema de quem negou a sua concreta existência no direito romano (como BIONDI, Biondo. Appunti intorno alla sentenza nel processo civile romano. In **Studi in onore di Pietro Bonfante**. Giuffrè: Milano, 1930, IV, pp. 91-100). Importantes considerações a esse respeito são feitas por RAGGI (**Studi sulle impugnazioni**, pp. 15-20) e percebidas também pela doutrina nacional por Moacyr Lobo da Costa (**A revogação da sentença**, p. 16-17)

228. NATALINI, Cecilia. ***Convenientem riconvenire.* Genesi e sistematica della riconvenzione nella dottrina dei glossatori.** Bologna: Monduzzi, 2001, pp. 3-32.

229. CONSO, Giovanni. **Il concetto e le specie di invalidità**, Milano: Giuffrè, 1955,p. 87-100.

230. GUARNERI, Attillio. L'azione di nullità (riflessioni sistematiche e comparatistiche). **Rivista di diritto civile**, XXXIX (1993), pp. 41-83.

231. CERVENCA, Giuliano. Per lo studio della *restituito in integrum*. (Problematica e prospettive). In: **Studi in onore di Biondo Biondi**, vol. I. Giuffrè: Milano 1965, pp. 599-630 e BETTETINI, Andrea. **La *restitutio in integrum* processuale nell'ordinamento canonico. Profili storico-dogmatici**. Padova: CEDAM, 1994, pp. 40-55.

232. CRUZ E TUCCI, José Rogério. Breves anotações sobre a "restitutio in integrum" e o processo acusatório romano. **Revista Justitia**, v. 45, n. 12, 1983, p. 55-57.

No processo civil romano, a utilização desse instituto justificava-se para obter declaração de nulidade da sentença.[233] O remédio podia ser aplicado em diversas situações como quando a sentença era proferida sem a presença de parte que necessariamente devesse figurar no processo, falsidade de testemunho ou documental dentre outros fundamentos.[234] A amplitude das suas hipóteses de cabimento, tal como eram previstas pelo Édito Perpétuo, mostrava que a *restituito in integrum* se prestava tanto como mecanismo revocatório, quanto para reexame de mérito destinado a ultrapassar situação de iniquidade.[235]

Conquanto setores da doutrina romanista divergissem,[236] havia certo consenso de que, durante a *ordo iudiciorum privatorum*, não se conhecida meio impugnativo propriamente reservado aos erros de julgamento para provocar revisão da sentença. Esse quadro, no entanto, passa por modificações a partir das diversas transformações operadas pela *cognitio extra ordinem*, fase do direito processual configurada por sensíveis alterações na forma com que se prestava a atividade jurisdicional. Além das modificações que criaram um procedimento unificado, a figura do *iudex* privado passou a dar lugar a uma autoridade estatal identificada no magistrado, dotado de poderes delegados pelo príncipe e cercado de oficialidade. Nesse período, viu-se que o processo civil angariou caráter público e, no seio dessas transformações, surge a possibilidade de revisão das decisões pelo imperador com base, dentre outros fundamentos, na concentração de poderes nas mãos do soberano.[237] Foi assim que, em tal época, nasce a figura da *appellatio*[238], destinada ao exercício de poder do príncipe, com forte conotação política.[239]

A introdução da apelação no processo civil romano aponta para um interessante quadro que gira em torno da natureza dos fundamentos de

233. RAGGI, Luigi. **La *restitutio in integrum* nella cognitio extra ordinem. Contributo allo studio dei rapporti fra diritto pretorio e diritto imperiale nell'età classica**. Milano: Giuffrè, 1965, 242-250.

234. COSTA, Moacyr Logo da. **A revogação da sentença**, p. 26-27.

235. BETTETINI, Andrea. **La *restitutio in integrum* processuale nell'ordinamento canonico. Profili storico-dogmatici**, p. 62-64.

236. HELMOLZ, R. H. **The spirit of classical canon law**. Georgia: University of Georgia Press, 1996, p. 88-115.

237. CRUZ E TUCCI, José Rogério. **Jurisdição e poder: contribuição para a história dos recursos cíveis**, p. 29.

238. ORESTANO, Riccardo. **L'appello civile nel diritto romano**, Torino 1953; SANFILIPPO, Cesare. **Contributi esegetici alla storia dell'appellatio**. In: Annali della facoltà di Giurisprudenza - Università degli studi di Camerino, VIII (1934), pp. 315-350.

239. CRUZ E TUCCI, José Rogério. **Jurisdição e poder: contribuição para a história dos recursos cíveis**, p. 31-32.

controle. De um lado, esse recurso destinava-se à revisão da decisão do pretor[240] por um erro de julgamento. De outro, as nulidades seguiam sendo alvo de impugnação por meio dos instrumentos criados em períodos anteriores e acima examinados. Existindo a possibilidade de se deduzir na *appellatio* para questionar erros de julgamento, outros mecanismos ficaram confiados ao reconhecimento de nulidades (por alguns amplamente denominados de *actio nullitatis*)[241]. De um modo geral, verificava-se que as nulidades permaneciam indiferentes ao *transitus in rem iudicatam*, de maneira que somente aqueles erros de julgamento passariam a ser irrelevantes a partir desse marco temporal.[242]

Nesse contexto de instrumentos destacados para atacar certos vícios e da intensa institucionalização do processo civil romano, com organização judiciária e estrutura hierárquica mais definidas, nasce a figura da *supplicatio*, cuja função, ao longo dos períodos pós-clássico e justinianeu, sofreu algumas variações.[243] No entanto, o relevante é perceber uma espécie de sucedâneo da apelação, de maneira que seu cabimento se daria somente das sentenças irrecorríveis pela *appelatio*, com ampla revisão da controvérsia.[244] A posição ocupada pela *supplicatio*, a despeito das modificações operadas, revelaram seu funcionamento com mesma amplitude da *appelatio*, mas com semelhantes objetivos da *revocacatio in duplum*.[245]

O processo civil romano conheceu diversas formas de controle da decisão, seja por instrumentos vocacionados exclusivamente a atacar vícios de procedimento ou vícios de julgamento. O que se pode extrair de mais relevante desse apanhado histórico é que os vícios atrelados à injustiça não afetavam a existência da decisão e, tampouco, impediam a formação da coisa julgada. De outro lado, os vícios formais caracterizados como nulidades não levavam propriamente à desconstituição do julgado, mas o reconhecimento de sua inexistência. Assim, trazendo para uma análise presente, pode-se afirmar que os mecanismos de combate às nulidades não se apresentavam como meios desconstitutivos, mas como meios de

---

240. RAGGI, Luigi. **Studi sulle impugnazioni,** cit., p. 35.

241. PUGLIESE, Giovanni. Note sull'ingiustizia della sentenza nel diritto romano. In: **Studi in onore di Emilio Betti**, III, Milano 1962, pp. 725-781

242. ZIINO, Salvatore. I remedi contro l'ingiustizia della sentenza nel diritto romano. **Rivista di Diritto Processuale**, LXX (4-5), p. 1107-1126.

243. PUGLIESI, Giovanni. Giudicato civile (storia), p. 772-780.

244. DELLA ROCCA, Fernando. **Le nullità della sentenza in diritto canonico**, Roma: Edizione Universitarie, 1939, p. 3-14.

245. CALAMANDREI, Piero. **La cassazione civile**, I, p. 87-88.

declaração negativa.[246] Essa avaliação breve e geral do processo civil romano indica interessante aspecto da correlação entre classificação dos motivos de impugnação e os respectivos meios para questionamento da decisão.

Já no direito comum medieval, relevantes modificações foram notadas nessa estrutura, especificamente para reformulação das invalidades[247] e dos meios para reconhecê-las.[248] O peso do direito germânico em tal período importou na reconfiguração do controle das decisões, de maneira que já não mais se via nas nulidades uma causa impeditiva da formação da coisa julgada. Acaso não questionada, a sentença ficava acobertada pela coisa julgada, sem prejuízo de eventual invalidade que viesse a ser pronunciada.[249]

O conceito de inexistência coincidente com o de nulidade, portanto, cede espaço para subsistir somente a noção de impugnabilidade da decisão. Como consequência disso, sob a vigência do direito estatutário italiano houve outra segregação mais clara entre vícios insanáveis e vícios sanáveis, sendo que esses últimos passaram a ser incorporados pela apelação. Tal recurso teve abrangência maior do que aquela observada em sua gênese, a caber para impugnar erros de julgamento e invalidades. Ainda, para impugnar os vícios insanáveis, nasce a figura da *querela nullitatis*,[250] que não se comportava como meio para obtenção do reconhecimento de inexistência da sentença, cuja utilização deveria ser feita dentro do prazo prescricional estabelecido. Conforme se registra, ao tempo do direito estatutário italiano, o vício, além de poder ser conhecido em caráter principal pela via da *querela*, ainda poderia ser conhecido incidentalmente se a parte propusesse a mesma demanda já decidida, mas agora com fundamento de que novo julgamento seria necessário frente à nulidade que contaminara a prévia decisão.[251]

---

246. BESSO, Chiara. **La sentenza civile inesistente,** p. 93-96.

247. ROSBOCH, Michele. **Decidere invano: aspetti delle invalidità nelle sentenze medievale,** p. 168-169.

248. TARZIA, Giuseppe. **Profili della sentenza civile impugnabile**. Milano: Giuffrè, 1967, p. 46-52.

249. DELLA ROCCA, Fernando. **Le nullità della sentenza in diritto canonico,** p.47-52.

250. Istituti del diritto commune nel processo civile brasiliano. In: **Problemi del processo civile**. Napoli: Morano, 1962, p. 492.

251. COSTA, Antonio. La nullità della sentenza e la "querela nullitatis" nella storia del processo italiano. **Rivista italiana per le scienze giuridiche**, 57 (1916), pp. 219-254; em definitivo, a querela nullitatis em seu genuíno aspecto impugnativo é um produto do direito comum, fruto da fecunda contribuição interpretativa civilística em sede canônica e da legislação estatutária (vide: CALAMANDREI, Piero. Sopravvivenza della querela di nullità nel processo civile vigente. In: **Opere Giuridiche**, vol. VIII, p. 515-519). Não é um problema simples desvendar a origem do termo "*querela nullitatis*", assim como

Nesse período se observou com maior clareza restrição impugnativa posterior ao trânsito em julgado. O alargamento do cabimento do recurso de apelação revelou que não seria qualquer irregularidade formal apta ao desfazimento da sentença, mas somente aquela insanável, por meio da *querela nullitatis*. O regime de impugnação das sentenças injustas sofre poucas alterações, sendo certo que as principais residiram no campo das sentenças nulas. Com a superação da inexistência como manifestação de nulidade, houve uma equiparação de efeitos entre sentenças injustas e sentenças nulas, que passaram a compor a noção mais ampla de sentenças impugnáveis.[252]

Por isso, a *querela nullitatis* era instituto dotado de características diversas daquelas romanas voltadas ao reconhecimento de nulidade das sentenças, pois, no direito comum, já era aceito que a decisão estaria acobertada pela coisa julgada material, ainda que pudesse ser inválida. Isso fez com que a *querela nullitatis* fosse tratada como uma demanda constitutiva negativa, voltada à obtenção de uma variação de um estado jurídico já existente.[253]

O tratamento das nulidades das decisões judiciais (e, consequentemente, do regime jurídico de impugnação) não foi o único ponto de distinção entre o direito romano e o direito intermédio. A *querela nullitatis* também se revelou como mecanismo apto ao reconhecimento de injustiça da decisão, de maneira que poderia servir para impugnar a sentença proferida *contra ius*. Foi nesse momento que nasce a possibilidade de se reconhecer a nulidade da sentença *contra literam legis*, por exemplo. A partir disso, ganhou força a distinção entre *errores in procedendo* e *errores in iudicando*, que, em perspectiva histórica, sinalizava sensível alteração na sistematização dos motivos de impugnação.[254]

---

as razões de sua criação. O instituto representa, realmente, um dos mais originais elaborados *ex novo* no direito processual, sob a base de características próprios a partir de um ordenamento jurídico posto no direito comum. No entanto, uma doutrina, hoje já superada, procurou isolar na estrutura do instituto elementos de derivação germânica e romana; numa tentativa em grande parte infrutífera de justificar as raízes de um meio de impugnação cujo nascimento e elaboração era totalmente nova, sem a possibilidade de ser reconduzida a tempos anteriores à sua criação (sobre essa inexitosa preocupação, CHIOVENDA, Giuseppe. Romanesimo e germanesimo nel processo civile. In: **Saggi di diritto processuale civile**. Bologna: Nicola Zanichelli, 1904, pp. 131-188.

252. CALAMANDREI, Piero. Vizi della sentenza e mezzi di gravame. In: **Opere Giuridiche**, vol. VIII, p. 245-28; CERINO CANOVA, Augusto. **Le impugnazioni civili**, p. 54-61.

253. DELLA ROCCA, Fernando. **Le nullità della sentenza in diritto canonico,** p.127-146. Na doutrina nacional: LUCCA, Rodrigo Ramina de. Querela nullitatis e réu revel não citado no processo civil brasileiro. **Revista de Processo**, vol. 202, dez. 2011, p. 93-138.

254. CALAMANDREI, Piero. **La Cassazione civile**, p. 142.

A retrospectiva feita até aqui revela a evolução da revogação da sentença, que se deve, essencialmente, à reformulação do conceito e da abrangência dos motivos de controle. No entanto, o relacionamento entre recurso e ação de impugnação se apresentava diminuto, normalmente polarizado pela apelação e por alguma demanda posterior ao trânsito em julgado. Conquanto os institutos do direito romano e do direito intermédio voltados à impugnação da sentença tenham fincado raízes nos mais diversos ordenamentos jurídicos, algumas relevantes alterações puderam ser observadas à luz do direito canônico. Sob a influência desse regime, o recurso de apelação conheceu importantes transformações, como a consolidação da dupla conforme[255], assim como a valorização dos meios de desconstituição da sentença transitada em julgado, a cargo da *restitutio in integrum*, adaptada à realidade do período.[256]

1.5.5.1.2. As especificidades do direito brasileiro na divisão entre recursos e ações autônomas de impugnação

O cenário até aqui traçado permite observar a forma com que, em variados momentos da história, recurso e ação de impugnação se relacionaram. No entanto, para identificar as influências do sistema impugnativo brasileiro, passa a ser preciso dar um salto até se chegar no arranjo de meios de impugnação do direito lusitano reinol. A tradição portuguesa produziu intensos reflexos na formatação dos mecanismos de questionamento das decisões judiciais, como se observa, por exemplo, de nossa vocação para impugnação de imediato das decisões interlocutórias,[257] bem como correção de vícios como obscuridade, omissão e contradição.[258] Para os fins aqui propostos, deve-se enfatizar o tratamento conferido pelas ordenações do reino, que mantiveram disciplina com poucas variações entre si relativamente aos meios de impugnação. Do período inaugurado com as Ordenações Afonsinas até as Filipinas, nota-se interessante percurso

---

255. GALLUCCIO, Mariangela. Novità processuale in materia di nullità matrimoniale e giurisdizione canonica. **Rivista telematica Stato, Chiese e pluralismo confessionale**, n. 13, 2019, p. 17-21.

256. BETTETINI, Andrea. **La *restitutio in integrum* nel diritto canonico. Profili storico-dogmatici**. Padova: CEDAM, 1994, p. 50-62.

257. NORONHA, Carlos Silveira. **Do agravo de instrumento**. Rio de Janeiro: Forense, 1976, p. 11-30.

258. COSTA, Moacyr Lobo da. Origem dos embargos no direito lusitano. In: **Estudos de história do processo: recursos**, coord. Luiz Carlos de Azevedo e Moacyr Lobo da Costa. Osasco: FIEO, 1996, p. 159-172.

histórico que revela o convívio entre mecanismos voltados à rescisão do julgado e à ampla revisão.[259]

Sobre a apelação, diversas questões atinentes à estrutura judiciária se revelaram fundamentais para compreender a ascensão de um controle mais rigoroso da sentença,[260] sendo certo que a assimilação desse recurso se dá sob a égide do reinado de D. Afonso III, cabível de sentenças definitivas e interlocutórias. Durante a vigência das Ordenações, notou-se mais a implementação de alterações pontuais e específicas no referido recurso em vez de uma reformulação geral. Assim é que, nas Manuelinas, viu-se a imposição de valor de alçada para permitir a interposição do recurso de apelação e da autorização para alteração do pedido recursal com o acréscimo de novas provas, bem como a previsão do recurso de terceiro prejudicado.[261]

Também durante a vigência das Ordenações surge peculiar espécie recursal, consistente na revisão das decisões proferidas em grau de apelação, bem como aquelas de competência originária. Tratava-se da suplicação, cujo cabimento não era feito com base em limitações impugnativas, mas em critérios de alçada e impunha ampla revisão da decisão.[262]

As modificações mais relevantes do controle das decisões judiciais encontram-se nos instrumentos voltados à rescisão da sentença. Nesse período, o antigo critério de equiparação das nulidades à inexistência, que vicejou em Roma, voltou a se fazer presente nas Ordenações Afonsinas, em razão do reconhecimento de que nenhuma era a sentença proferida, por exemplo, com falsa prova.[263] Sentença nenhuma era tida como inexistente diante de determinados vícios em lei catalogados, restando impossibilitada de transitar em julgado. Por conseguinte, previam-se duas formas de controle: uma delas era a Revista por Graça Especial, por meio da qual não se alegava um vício específico, mas caracterizada por um pedido de revisão formulado nos autos do processo em que proferida a decisão; outra forma era a Revista de Justiça, fundada em falsa prova ou suborno do juiz, proposta de forma autônoma e assemelhada e um pedido de restituição.[264]

---

259. COSTA, Moacyr Lobo da. A revogação da sentença no direito lusitano. In: **Revista da Faculdade de Direito da Universidade de São Paulo**, 78, 110-140.

260. CRUZ E TUCCI, José Rogério. **Jurisdição e poder**, p. 158-159.

261. AZEVEDO, Luiz Carlos de. **Origem e introdução da apelação no direito lusitano.** São Paulo: FIEO, 1976, p. 105-111.

262. CRUZ E TUCCI, José Rogério. **Jurisdição e poder**, p. 164-165.

263. COSTA, Moacyr Lobo da. **A revogação da sentença,** p. 154.

264. COSTA, Moacyr Lobo da. **A revogação da sentença,** p. 156.

Essa dicotomia perdurou até a segunda metade do século XVIII, quando os textos legais deixaram de fazer referência à Revista de Justiça e passaram a prever somente a Revista de Graça Especial e, em seguida, também a Revista de Graça Especialíssima, sendo essa notabilizada como meio para provocar o controle de sentenças não sujeitas à revisão. Ambas passaram a integrar as classificações aceitas para o recurso de revista, cabível diante de nulidades manifestas e injustiça evidente.[265] Em um paralelo com a atual realidade do sistema impugnativo brasileiro, verifica-se que o lusitano desse período confiava a revogação das sentenças não a uma espécie de ação autônoma de impugnação, mas a um recurso, qualificado como extraordinário justamente pelo seu momento de cabimento, tal como alguns ordenamentos jurídicos o fazem atualmente.[266]

A abolição da Revista de Justiça fez com que os vícios de falsa prova ou de suborno do juiz passassem a ser objeto de uma ação de nulidade, aos moldes da antiga *querela nullitatis*. Foi relevante o fenômeno observado durante o início do século XIX na estruturação dos meios de impugnação frente aos vícios mencionados, já que era admitido tanto o recurso de revista quanto a ação anulatória para questioná-los.[267] No mesmo período, importantes modificações foram sendo impostas ao recurso de revista e à ação de nulidade para delimitar com maior precisão o âmbito de cabimento de cada um deles. O primeiro passou a ser visto como um recurso ordinário, por meio do qual se proporcionava a revisão da decisão limitada a determinados vícios. A segunda se consolidou com um mecanismo próprio de rescisão das sentenças transitadas em julgado.[268]

Esses traços históricos deixaram legado em território nacional. A disciplina jurídica dos meios de impugnação no Brasil pode ser dividida em duas fases distintas. Uma delas resulta da vigência da legislação portuguesa em matéria processual até a edição do Regulamento 737 e a outra do contexto criado a partir da legislação nacional. Até 1890, o recurso de revista foi o mecanismo específico para impugnação da sentença cível em última instância[269], quando passou a dar lugar ao recurso extraordinário. O cabi-

265. COSTA, Moacyr Lobo da. **A revogação da sentença,** p. 157.

266. OLIVEIRA, Álvaro Goulart. **Recurso de revista**. Rio de Janeiro: Livr. Jacyntho, 1933, p. 12-25; GARMS, Vercingetorix de Castro. **Recurso de revista**. São Paulo: Editora Revista dos Tribunais, 1966, p. 1-11; MITIDIERO, Daniel. Dos recursos de revista ao recurso extraordinário e ao recurso especial: perfil histórico. In: **Revista de Processo Comparado**, vol. 8, 2018, p. 331-340.

267. COSTA, Moacyr Lobo da. **A revogação da sentença,** p. 200.

268. COSTA, Moacyr Lobo da. **A revogação da sentença,** p. 201.

269. COSTA, Moacyr Lobo da. **A revogação da sentença,** p. 202.

mento da revista em casos de manifesta nulidade ou de injustiça notória da sentença levantou o questionamento da presença, no direito brasileiro, de uma ação de nulidade a ser utilizada após o julgamento daquele recurso. Como se disse, o direito lusitano, em dado momento, passou a considerar a possibilidade de revogação da sentença mediante demanda voltada ao reconhecimento de nulidade da decisão, tal como ocorria nos moldes de uma *querela nullitatis*. Na primeira metade do século XIX, essa ação de nulidade passou a ser denominada de ação rescisória pelos processualistas em razão do termo "rescisão" empregado pela lei.

Com a previsão de uma ação de nulidade, ou rescisória, instaurou-se divergência sobre seu cabimento, já que poderia concorrer com o recurso de revista para o fim de desconstituição da sentença. Embora opiniões doutrinárias da época reconhecessem, de fato, a dúvida quanto ao mecanismo mais adequado, Pimenta Bueno indicara que, de acordo com a sucessão de leis, a ação rescisória teria cabimento diante de quatro vícios da sentença, interposta ou não a revista: quando dada por peita, suborno ou prevaricação; fundada em documentos reconhecidamente falsos; documentos novos; vício ou nulidade da citação.[270] A despeito da edição do Regulamento 737, a celeuma permaneceu, uma vez que o referido diploma legal limitava o cabimento da ação rescisória aos processos comerciais e definiu o seu descabimento das sentenças em grau de revista. Para superação dessa discussão, foi decisiva a atuação do Supremo Tribunal de Justiça do império, que, por meio de diversas decisões, admitiu a extensão da previsão legal às causas cíveis.

O quadro até aqui exposto evidencia que a relação entre recurso e ação de impugnação era restrita e pouco intensa, uma vez que o cabimento de cada um deles se dava, respectivamente, antes e após o trânsito em julgado da sentença. A construção do direito brasileiro é, pois, diversa do que ocorreu em ordenamentos jurídicos durante o século XIX, como o francês o italiano em que se observou o concurso entre recurso de cassação e a ação de revisão da sentença (*revision* e *revocazione*).[271] No Brasil, foi somente sob a égide do CPC de 1939 que ganhou destaque e efervesceu a discussão sobre o cabimento das ações de impugnação antes do trânsito em julgado da sentença.

---

270. **Apontamentos sobre as formalidades do processo civil**, 2ª ed. Rio de Janeiro: Typographia nacional, 1858, p. 88.

271. IMPAGNATIELLO, Gianpaolo. **Il concorso tra cassazione e revocazione: contributo allo studio della formazione e dell'impugnazione del giudicato**. Napoli: ESI, 2003, p. 17-19, TAVORMINA, Valerio. Concorso tra revocazione e ricorso per cassazione: il problema dell'uovo e della gallina. **Giur. It.**, 1980, I, 1, 1640-1652, CALAMANDREI, Piero. Concorrenza tra cassazione e revocazione nel processo civile francese. In: **Opere Giuridiche**, VIII, p. 401- 404.

Isso se deve ao regime de impugnação das interlocutórias concebido por esse diploma legal, que se valia de previsões taxativas das decisões recorríveis, mas com recursos distintos para cada uma delas (art. 842 para aquelas impugnáveis por agravo de instrumento e art. 851 para aquelas impugnáveis por agravo nos autos do processo), a ensejar grandes dificuldades na escolha do meio adequado, situação essa compensada por uma expressa regra de fungibilidade (art. 810). Em meio a esse quadro, classificado por Frederico Marques como "sufocante atmosfera oriunda do princípio da irrecorribilidade das interlocutórias",[272] passou-se a conjecturar a possibilidade de impugnação desses atos por meio de instrumentos diversos dos recursos, notadamente o mandado de segurança, que já se encontrava envolto em polêmicas quanto ao cabimento contra ato judicial. Foi por conta da praxe forense que se iniciou um claro movimento de utilização de mecanismos classificados como ações de impugnação antes do trânsito em julgado.[273]

Com forte influência da doutrina[274], inicia-se movimento a favor do uso do mandado de segurança e do *habeas corpus*. Antes da edição da Lei 191/36, que já havia previsão a respeito do cabimento do *mandamus* contra ato judicial (art. 5º), muito se questionava qual seria a espécie de autoridade cujo ato poderia ser questionado, constatando-se divergência da doutrina em aceitar que nesse conceito se encaixasse o juiz.[275] Com a entrada em vigor do mencionado diploma legal e dos demais que o sucederam, previu-se a inadmissibilidade diante de despacho e decisões que desafiassem recurso ou correição. A previsão levou à interpretação *contrario sensu* na linha de que seria possível impugnar decisões irrecorríveis, o que restou confirmado

---

272. **Instituições de Direito Processual Civil,** IV, 4 ed. Rio de Janeiro: Forense, 1969, p. 292.

273. BARBI, Celso Agrícola. Mandado de segurança contra ato judicial. **Revista de Processo,** v. 9, n. 36, out./dez. 1984, p. 31, p. 25.

274. VIDIGAL, Luís Eulálio de Bueno. **Do mandado de segurança**. São Paulo, 1953, p. 102-106; TALAMINI, Eduardo. As origens do Mandado de Segurança na tradição processual luso-brasileira. In: BUENO, Cássio Scarpinella; ALVIM, Eduardo Arruda e; WAMBIER, Teresa Arruda Alvim. **Aspectos Polêmicos do Mandado de Segurança: 51 anos depois**. São Paulo: Editora Revista dos Tribunais, 2002, p. 294, 298 e 300-301.

275. TUCCI, Rogério Lauria. **Do mandado de segurança contra ato jurisdicional penal**. São Paulo: Saraiva, 1978, p. 58-60; ARAGÃO, Egas Dirceu Moniz de. Mandado de segurança contra ato judicial. **Revista dos Tribunais**, vol. 682, ano 81, ago. 1992, p. 13; FERRAZ, Sérgio. **Mandado de Segurança.** São Paulo: Malheiros, 2006, p. 176-177; NUNES, José de Castro. **Do Mandado de Segurança e de outros meios de defesa contra atos do Poder Público**. 4ª ed. atual. Rio de Janeiro: Forense, 1954, p. 51-62.

pelos enunciados de súmula 267 e 268 do Supremo Tribunal Federal[276]. No entanto, anos depois, o mesmo STF, no julgamento do RE 76.909-RS, admitiu o mandado de segurança contra ato judicial do qual não coubesse recurso com efeito suspensivo e a ilegalidade apontada importar em dano irreparável.

Diante dessa realidade, não foi difícil perceber a proliferação do uso do mandado de segurança para impugnação das decisões irrecorríveis do CPC de 1939. Os debates em torno do relacionamento entre recursos e ações de impugnação ganhavam novas cores com o regime de impugnação das decisões interlocutórias, em paralelo ao que se achava a paulatina abertura para o mandado de segurança contra ato judicial. A questão também está cercada de elementos da praxe forense, porquanto o tema ganhou destaque a partir da criatividade na atuação dos advogados e com a receptividade jurisprudencial. Sobre isso, não se pode deixar de lado o fato de que, também pela praxe, o mandado de segurança foi utilizado para objetivos incompatíveis com sua finalidade, como a tentativa de obtenção de efeito suspensivo a recurso que não o tinha.[277]

A análise empreendida evidencia todas as peculiaridades do direito brasileiro no estudo do tema proposto no presente trabalho. De acordo com o que se viu até aqui, o relacionamento entre recurso e ação de impugnação foi construído a partir das vicissitudes da legislação, da praxe forense e da jurisprudência. As repercussões daí decorrentes foram decisivas para a legislação processual que se seguiu, tanto que, declaradamente, Alfredo Buzaid, na exposição de motivos do anteprojeto que veio a se converter no CPC de 1973, explicitou que a ampla recorribilidade das interlocutórias buscava evitar "esdrúxulas formas de impugnação".[278] Ao lado de uma construção

---

276. Súmula 267: "Não cabe mandado de segurança contra ato judicial passível de recurso ou correição." Súmula 268: "Não cabe mandado de segurança contra decisão judicial com trânsito em julgado."

277. É importante observar que esse expediente passou a ser utilizado na seara do processo penal, com a mesma finalidade de conferir efeito suspensivo a recurso dele desprovido. Curioso perceber que o manejo do mandado de segurança com essa finalidade separa o processo civil do processo penal em mais de 30 anos, porquanto a questão veio a ser sumulada pelo Superior Tribunal de Justiça para se afirmar que a medida é descabida diante dos recursos penais dotados somente de efeito devolutivo (enunciado 604: "mandado de segurança não se presta para atribuir efeito suspensivo a recurso criminal interposto pelo Ministério Público")

278. Esse processualista manifestou, em diversas oportunidades, total repúdio ao modelo recursal do CPC de 39, notadamente por meio de textos que buscavam explicitar os rumos do CPC de 73 (vide, por exemplo, Ensaio para uma revisão do sistema de recursos do Código de Processo Civil. In: **Estudos de Direito**, vol. 1. São Paulo: Saraiva, 1972, p. 79-120).

pragmática da impugnação das decisões judiciais por ações de impugnação figuram as posturas jurisprudenciais em torno do tema. Teresa Arruda Alvim destaca com acerto que o emprego do mandado de segurança contra ato judicial encontra "preconceito bastante marcado", o que se confirmou pela evolução da posição dos tribunais em torno do assunto, no sentido de, reiteradamente, impor restrições ao *mandamus*.[279]

Outro fenômeno igualmente impactante na relação distintiva entre recursos e ações de impugnação é a gênese da reclamação.[280] Antes mesmo de surgir o primeiro julgado do Supremo Tribunal Federal sobre o mandado de segurança contra ato judicial, a corte já havia apreciado reclamações, exclusivamente com base na chamada "teoria dos poderes implícitos", sem a existência supedâneo legal específico. A década de quarenta do século XX foi representativa para o nascimento da reclamação pela via pretoriana, muito embora houvesse dissenso sobre real natureza, pois ora era tratada como medida administrativa correcional e ora tratada de forma mais próxima ao que hoje se compreende como reclamação constitucional.[281] Vale perceber que mais esse mecanismo impugnativo encontra na praxe seu desenvolvimento inicial, cristalizado no julgamento da Rcl. 141-SP, pois, somente em 1957, surge a primeira referência normativa da reclamação. O regimento interno do STF, cuja competência para elaboração lhe foi conferida pela Constituição de 1946, passou a prever o instituto, seguido por nova previsão regimental em 1980, posteriormente, albergada expressamente pela Constituição Federal de 1988 e disciplinada pelo CPC de 2015.

Historicamente, também não se pode ignorar a relevância da reclamação no estudo das ações de impugnação anteriores ao trânsito em julgado.

279. PINTO, Teresa Arruda Alvim. **Mandado de segurança contra ato judicial**, p. 36. Essa aversão aos meios de impugnação diversos dos recursos acaba por contaminar toda a concepção das ações de impugnação e colocá-las em posição de marginalidade no tocante ao controle das decisões judiciais. Sob a égide do CPC e 39, essa repulsa era manifestada expressamente na doutrina, como se depreende de José Frederico Marques, que, em referência à correição parcial e à reclamação, afirmava se tratar de "formas espúrias de reexame de interlocutórias, que precisam ser definitivamente abolidas" (**Instituições de Direito Processual Civil**, v.3, p. 293).

280. Sobre as diversas fases da reclamação, vide: AZEVEDO, Gustavo. **Reclamação constitucional no direito processual civil**. Rio de Janeiro: Forense, 2018, cap. 2; MORATO, Leonardo L. **Reclamação e sua aplicação para o respeito da súmula vinculante**. São Paulo: Editora Revista dos Tribunais, 2007, p. 21-36; DANTAS, Marcelo Ribeiro Navarro. **Reclamação constitucional no direito brasileiro**. Porto Alegre: Fabris, 2000, p. 45-65.

281. LEONEL, Ricardo de Barros. **Reclamação constitucional**. São Paulo: Editora Revista dos Tribunais, 2011, p. 54.

Alguns pontos a serem destacados a esse respeito mostram uma ligação direta com a realidade que também delineou o nascimento do mandado de segurança. Diante do reiterado descumprimento das decisões do STF por órgãos jurisdicionais locais, uma conjugação de fatores sociais levou à admissão da medida por aquele tribunal, que, a despeito de sua posição hierárquica, notava a ausência de efetividade de suas decisões em razão da deliberada inobservância das instâncias inferiores.[282] Com esse caldo circunstancial, não foi difícil perceber que a primeira fase da reclamação nasce com a atuação jurisprudencial.

Desde o CPC de 1939, a doutrina processual passou a se debruçar sobre a proliferação de ações de impugnação. Além das especificidades nacionais relativamente à recorribilidade de imediato das decisões interlocutórias, via-se que esse cenário se incrementava com a possibilidade de discussão dessas decisões por meio de mandado de segurança, reclamação e, até mesmo, *habeas corpus*.[283] No Brasil, a distinção entre recursos e ações de impugnação das decisões judiciais ficou adstrita ao campo relação jurídica processual, diferentemente do que sucedeu em outros países, em que se leva em consideração o objeto ou o momento da impugnação.[284] O critério

---

282. O que restou referendado, mais atualmente, pelo enunciado 734 de súmula do STF ("não cabe reclamação quando já houve transitado em julgado o ato judicial que se alega tenha desrespeitado decisão do Supremo Tribunal Federal") e pelo artigo 988, §5º, CPC/2015.

283. APPIO, Eduardo. ***Habeas corpus* no cível**. Porto Alegre: Livraria do Advogado, 2000, p. 32-33.

284. O critério objetivo é, normalmente, usado em outros países para estabelecer a distinção entre os chamados recursos ordinários e os recursos extraordinários. O emprego do termo "recurso" não pode servir de ilusão classificatória para doutrina brasileira, já que aqueles extraordinários geralmente são manejados posteriormente ao trânsito em julgado. Ainda, como já foi dito por diversas vezes até aqui, qualquer critério classificatório, minimamente útil, não pode perder de vista a forma com que o ordenamento jurídico estrutura os meios de impugnação. Vale dizer, com isso, que a classificação entre recursos ordinário e extraordinários, à luz do direito nacional, poderia vir a ser totalmente superada diante da Proposta de Emenda à Constituição 199/19, cujo objetivo é reformar dos artigos 102 e 105 da Constituição Federal para, respectivamente, incluir a previsão das chamadas "ação revisional extraordinária" e "ação revisional especial" em substituição aos recursos extraordinário e especial, respectivamente, transformando-os em verdadeiras ações autônomas de impugnação. A PEC, além de mera alteração de nomenclatura, busca promover modificações substanciais no sistema impugnativo brasileiro, uma vez que altera o marco do trânsito em julgado, amplia o rol de impugnações posteriores ao encerramento dos processos e incrementa os rigores de acesso aos tribunais superiores. Ainda que com algumas diferenças, referida PEC retoma o espírito do projeto apresentado pelo então Ministro Cezar Peluso (PEC nº 15/2011,

usado por doutrina e jurisprudência nacionais se consolidou em torno de elementos que cuidam da instauração de uma relação jurídica processual e de seus consectários, de maneira a se reconhecer que os recursos seriam coisa diversa das ações de impugnação porque inseridos *no mesmo processo*.[285]

Presume-se que esse critério, quando muito, serviu para justificar a comparação entre recurso e ação rescisória, sobretudo com a utilização do trânsito em julgado como marco temporal de encerramento de uma determinada relação jurídica processual, a despeito de não ser essa uma constante.[286] A razão de ser dessa comparação, como já evidenciado, baseia-se em critério temporal determinado pelo trânsito em julgado, a colocar em lugares opostos recurso e ação de impugnação. Mesmo com a proliferação de ações autônomas de impugnação ajuizadas anteriormente ao trânsito em julgado, esse critério se manteve inalterado, mesmo que a praxe forense e as reformas legislativas fossem, paulatinamente, aproximando as ações autônomas dos recursos no tocante ao critério temporal, ao menos.

Ou seja, o emprego das ações de impugnação anteriormente ao trânsito em julgado não foi impeditivo para que a relação jurídica processual continuasse a ser utilizada como critério de diferenciação.[287]

---

batizada de "PEC dos Recursos"), arquivado no ano de 2018. Sobre o tema: EID, Elie Pierre. **O fim do recurso extraordinário e do recurso especial: quais impactos no processo civil?** In: https://www.conjur.com.br/2019-dez-11/elie-eid-impacto-fim-recursos-extraordinario-especial

285. BARBOSA MOREIRA, José Carlos. **O juízo de admissibilidade no sistema dos recursos cíveis**, p. 82. Como asseverava Seabra Fagundes, "sem embargo da pluralidade de jurisdições, a relação processual é uma só. Através de todas as fases que passa o feito, ela permanece uma: conduz a um provimento substancialmente uno do órgão judicante, a qualidade jurídica das partes é sempre a mesma, a causa de pedir (para o autor ou para o réu) é a mesma, o objeto do pedido é o mesmo" (**Dos recursos ordinários em matéria civil.** Rio de Janeiro: Forense, 1946, p. 204-205). A questão remonta ao conceito de *instância* usado pela doutrina processual do CPC de 39, cuja afinidade conceitual com a relação processual é inegável (vide GUIMARÃES, Luiz Machado. **A instância e a relação processual**. Rio de Janeiro: Tip. Batista de Souza, 1939, p. 55). V., ainda, SANTOS, Ernani Fidelis. **Manual de direito processual civil**, v.3, 11ª ed. São Paulo: Saraiva, 2006, p. 638., para quem o recurso não é ação autônoma porque não dá ensejo a "nova relação processual que se forma para atacar decisão interlocutória, sentença ou acórdão."

286. BARBOSA MOREIRA, José Carlos. **Comentários ao Código de Processo Civil,** p. 229-230 e RODRIGUES, Marco Antonio. **Manual dos recursos**, p. 13.

287. Nesse ponto, a confirmar que o paradigma comparativo da ação autônoma com o recurso se estabeleceu diante da ação rescisória, vale verificar a seguinte afirmação de Pontes de Miranda: "a ação rescisória, julgamento de julgamento como tal, não se passa *dentro*

Do ponto de vista objetivo, parecia não haver grandes dificuldades em aceitar que tanto recurso, quanto ação autônoma de impugnação,[288] poderiam alcançar a mesma finalidade, de modo que Barbosa Moreira se fiava no direito positivo para identificar quais seriam os recursos aceitos pelo sistema processual e, a partir disso, distingui-los das ações autônomas de impugnação pela "continuidade ou descontinuidade" do processo de impugnação e o processo em que se proferiu a decisão impugnada.[289] Ainda hoje, é assente a ideia segundo a qual os recursos são utilizados no processo em que foi proferida a decisão atacada, enquanto as ações de impugnação dão origem a um processo autônomo.[290]

1.6. CONCLUSÃO PARCIAL: OS MEIOS DE IMPUGNAÇÃO COMO ELEMENTOS INTEGRANTES DE UM SISTEMA DE CONTROLE

O presente capítulo buscou demonstrar a existência de um sistema de controle no CPC, composto por diversos mecanismos para eliminação de vícios do processo e de erros da decisão judicial. Uma parcela desse sistema é composta pelos chamados meios de impugnação, gênero do qual recursos

---

do processo em que se proferiu a decisão rescindenda. Nasce *fora*, em plano pré-processual, desenvolve-se em torno da decisão rescindenda e, somente ao desconstituí-la, cortá-la, rescindi-la, é que *abre*, no extremo da relação jurídica processual examinada, se se trata de decisão terminativa do feito, com julgamento, ou não, do mérito, ou desde algum momento dela, ou no seu próprio começo (*e.g.* vício da citação, art. 485, II e V) a relação jurídica processual" (**Tratado da ação rescisória**, p. 66). Nesse mesmo sentido, as considerações Alfredo Buzaid deixam claro a ação rescisória como paradigma para admitir a nova relação jurídica processual das ações de impugnação ao expressar que "o recurso é uma impugnação dentro do processo e justamente por isso se distingue da ação rescisória, que é impugnação fora do processo." (Teoria geral dos recursos, **Revista de Processo**, p. 43).

288. Alcides de Mendonça Lima chegou a asseverar que "(...) a incidência é restrita, apenas, a todos os remédios permitidos em lei suscetíveis de serem interpostos durante o desenvolvimento normal e regular da própria relação processual que culminou com a decisão impugnada, independentemente da espécie de processo ou da forma de procedimento. Se, porém, a decisão for atacada por outro remédio, que provoque a formação de nova relação processual ou a reabertura de novo processo (...) como a ação rescisória, os embargos de terceiro, o mandado de segurança, o *habeas corpus*, e, se ainda admitida, a correição parcial (esses três apenas em certos casos), aí, então, haverá recurso dentro do sentido amplo, mas, não, no sentido estrito." (**Introdução aos recursos cíveis**, p. 126).

289. **Juízo de admissibilidade no sistema dos recursos civil**, p. 82.

290. WAMBIER, Teresa Arruda Alvim. MEDINA, José Miguel Garcia. **Recursos e ações de impugnação**, p. 275.

e ações autônomas são consideradas espécies. Pode-se, assim, extrair as seguintes conclusões parciais:

1. A atividade de controle é desempenhada por um conjunto de mecanismos identificados pela atuação de ofício do juiz ou pela atuação das partes mediante exceção e objeção; as regras de competência igualmente servem a essa finalidade, ao se dispor que órgãos julgadores distintos farão a revisão de ato decisório mediante transferência de competência pela ocorrência de determinado fato gerador no processo; a cooperação judiciária nacional tem por objeto disciplinar as relações entre órgãos (não apenas jurisdicionais) para a administração da Justiça e, dentre essas interações, encontra-se hipótese em que, por ato de cooperação, um juízo deverá controlar ato decisório praticado por outro.

2. Dentre essas diversas vias que integram esse sistema, há a previsão de mecanismos admitidos como internos ao processo, com a finalidade de, ao mesmo tempo, outorgar um parâmetro ético de correção e revisão da decisão judicial e estabelecer um limite para questionamentos. Esses são os recursos, para os quais, dentre outras características, afirma-se não inaugurarem nova relação jurídica processual. Ainda nesses meios voluntários, o ordenamento jurídico brasileiro conhece de outros mecanismos, classificados doutrinariamente como ações autônomas, cabíveis antes e depois do trânsito em julgado. Sucede disso que se convencionou reconhecer que a diferença essencial entre os meios de impugnação é a continuidade ou não da relação jurídica processual. Por esse critério, ambos são colocados em extremos opostos, a despeito dos incontáveis pontos de similitude. A razão de ser desse critério é histórica, a qual, atualmente, não mais parece se justificar pela difusão de ações autônomas empregadas não apenas posteriormente ao trânsito em julgado e porque

3. A despeito disso, esse critério de distinção segue sendo empregado por doutrina majoritária, que reconhece o recurso como um prolongamento do direito de ação ou do direito de defesa. Inúmeros consequentes lógicos decorrem da assunção de que o recurso não inaugura nova relação jurídica processual, tal como a denominada renovação da instância (como mero ato de provocação de reexame do mérito do processo em que proferida a decisão impugnada), a explicação para não haver encerramento da litispendência com a interposição do recurso, o interesse recursal, o objeto do recurso e a tutela jurisdicional proporcionada em sede recursal.

4. Ocorre que a relação jurídica processual, embora possa ser aceita como critério sob determinado ponto de vista, talvez não seja o melhor dos possíveis para buscar uma comparação entre recursos e ações autônomas de impugnação porque: *(i)* sua identificação está visivelmente contaminada pela dependência a elementos externos (citação, procuração, honorários e outros); e *(ii)* é argumento consequencial para explicar posicionamento doutrinário – aceito de forma comum – de que o recurso nada mais faz do que provocar o exame da pretensão já deduzida no processo em que se originou a decisão recorrida. Em resumo, explica muito pouco (ou não explica) se há ou não alguma distinção essencial entre um recurso e uma ação autônoma de impugnação. Por isso, para aprofundar o exame comparativo entre esses meios de impugnação, mostra-se necessário superar o critério da relação jurídica processual por sua reduzida utilidade em explicar os pontos essenciais de proximidade ou de contraste, os quais estão mais diretamente ligados ao objeto desses meios de impugnação.

Capítulo 2

SISTEMA DE CONTROLE E MEIOS DE IMPUGNAÇÃO: SUPERAÇÃO DA DICOTOMIA ENTRE RECURSOS E AÇÕES AUTÔNOMAS

"Impugnare infatti non significa altro etimologicamente che contrastare, attaccare, e pertanto ovunque vi sia una doglianza contro un provvedimento vi è un'impugnazione, qualunque sia il mezzo e il nome col qual la doglianza si concreta (ricorso, reclamo, opposizione e via dicendo). Specifica non è l'impugnazione in sé e per sé, ma il singolo mezzo che riceve la sua individualità dal vizio che la legge ha previsto, o dalla particolare struttura del procedimento, o dalla posizione del soggetto e così via"

(Salvatore Satta. Impugnazione (dir. proc. civ.), Enciclopedia del Diritto, XX, 1970, p. 697)

"(...) osservando che ovunque vi sia una doglianza avverso qualsiasi atto, anche al di fuori dello stretto ambito del processo, v'è una 'impugnazione' quanto meno nel significato etimologico di 'attacco', di 'contrasto' (si parla, infatti, di 'impugnare' un testamento, un contratto, un atto amministrativo, ecc.) – non può negare che il generico concetto di impugnazione acquisti un aspetto del tutto particolare nel solco del diritto processuale, si da assumere un significato antonomastico, come il rimedio caratteristico dei provvedimenti giudiziari. E poiché è questo l'aspetto che qui interessa, crediamo preferibile, per evitare superflue dilatazioni, circoscrivere il *genus* di appartenenza di tale istituto al 'rimedio processuale', anziché estenderlo al 'rimedio giuridico' in genere, di cui, peraltro, il primo non rappresenta che una mera specificazione, caratterizzandosi per la sua particolare orientazione verso un determinato tipo di atti giuridici, quelli processuali."

(Giovanni Tranchina, Impugnazione (dir. proc. pen.). Enciclopedia del Diritto, vol. XX, 1970, p. 701)

O capítulo anterior cuidou de traçar linhas gerais sobre o controle dos atos judiciais. Considerando que o ordenamento processual dispõe de diversos mecanismos de controle, sendo um deles os meios de impugnação, gênero do qual são espécies os recursos e as ações autônomas, o presente capítulo se ocupará de analisá-los, em contexto mais amplo, relativo à impugnação formulada contra qualquer outro ato jurídico. O foco passa da atividade de controle para a estrutura comum dos meios de impugnação, como ato voluntário para obtenção de conformidade jurídica, o que exige compreender as posições ocupadas por aqueles que impugnam, as pretensões deduzidas e suas formas de exercício.[1]

---

1. A dita impossibilidade de inserir o exame dos recursos em um contexto mais amplo de impugnações em geral é um dado histórico da doutrina processual, sobretudo aquela forjada na primeira metade do século XX. Isso se deve à admissão de que os recursos não deveriam se confundir com ações impugnativas, não só contra atos judiciais, como contra qualquer outro ato jurídico. Apesar de opiniões que procurassem aproximar as figuras, vicejou na doutrina a total distinção e independência das figuras, tanto que, pelo percurso histórico, as bases teóricas e conceituais seguiram caminhos opostos. Como se infere das lições de Calamandrei, ao conjecturar um ordenamento jurídico no qual inexistam recursos e refletir sobre a forma de impugnar a decisão: "Si puó immaginare, senza violare alcun canone fondamentale del processo, un ordinamento in cui nel primo grado di giurisdizione non sia dato alcun ricorso ad una ulteriore istanza [...] Quando avremo risposto a queste demande e risolto questi problemi nella suposizione che non esista nel processo l'istituto speciale del mezzo di gravame, toglieremo dalle nostre ricerche la limitazione che ci eravamo imposta, e, mettendo a paragone la nozione di mezzi di gravame coi risultati ai quali saremo giunti nelle precedenti indagini, potremo renderci conto delle modificazioni che questa nuova nozione porta sui resultati ottenuti e stabilire se e fino a qual punto essi possono, nonostante il sproavvenire del nuovo concetto, essere considerati come verità acquisita" (Vizi della sentenza e mezzi di gravami". In: **Opere Giuridiche**, vol. VIII, p. 250). As premissas assentadas pelo processualista italiano reverberaram na doutrina a ponto de suplantar qualquer possibilidade de um retorno ao debate sobre os recursos serem vistos à luz de um cenário mais amplo no qual se inseririam outras formas de impugnação (tais premissas poderiam ser resumidas da seguinte forma: "il diritto di gravame è dunque il diritto di ottenere una nuova decisione su um rapporto giuridico giá deciso una prima volta, e l'esercizio di questo diritto há l'effetto di prolungare lo stato di pendenza in cui la prima decisione è nata fino a quando venga a svrapporsi ad essa la nuova decisione richiesta o, per la spravvenuta certezza giuridica che questa nuova decisione non si produrrà altrimenti, la prima pronuncia possa uscire definitivamente dallo satato di pendneza in cui era nata" (Idem, p. 266) Há, portanto, o reconhecimento de fundamentos distintos para recurso e ações de impugnação em geral, que fez escola na doutrina de países estrangeiros e no Brasil. Vide, entre nós, o marcante posicionamento de Barbosa Moreira, secundado por boa parte da doutrina nacional, diverso das premissas de Calamandrei, mas na essência semelhante, ao reconhecer que "ao interpor um recurso, como ao ajuizar uma ação, formula-se um pedido; mas, ali, a formulação não se reveste das características de que

2.1. REVISÃO SISTEMÁTICA DO CONTROLE DOS ATOS JUDICIAIS POR MEIOS DE IMPUGNAÇÃO

Mais do que simples revisita ou crítica teórica desse postulado, as linhas que seguem procuram constatar um dado da realidade apresentado pelo direito positivo. Sem prejuízo do aspecto valorativo que se possa ter sobre essa característica, nesse momento mostra-se relevante demonstrar que a aproximação daqueles meios de impugnação se dá eminentemente com base em fundamentos colhidos na forma com que Constituição Federal e legislação infraconstitucional disciplinam esses mecanismos.

---

a lei, aqui, a obriga revestir-se, a não ser quando norma expressa – cuja superfluidade ressaltaria se se houvesse de satisfazer, *in genere*, aos mesmos requisitos [...] Não há citação do recorrido, ao contrário do que deveria suceder se se estivesse a inaugurar outra instância. Nem é necessária a outorga de novo instrumento de mandato: já no sistema do Código, a procuração *ad judicia*, que habilitava o procurador 'a praticar todos os atos do *processo*' (art. 108), habilitava-o inclusive a interpor qualquer dos recursos utilizáveis (**Juízo de admissibilidade no sistema dos recursos civis**, p. 79). Contudo, registre-se que parcela da doutrina do período referido teve a sensibilidade de inserir os recursos no exame mais aprofundado de ações impugnativas, como se depreende de alguns antes em Konrad Hellwig, responsável por estabelecer a aproximação das ações constitutivas, por proporcionarem uma modificação de estado jurídico (*Rechtsänderung*), aos recursos (*Rechtsmittel*), os quais são manifestação ordinária do exercício do direito de ação. Ressalta, ainda, que, de regra, o direito de impugnar uma decisão judicial não se deveria materializar por meio de ações autônomas, mas por meio de recursos. Contudo, assinala que tanto as ações impugnativas, como os recursos seriam caminhos formalmente diversos para um direito de impugnar substancialmente idêntico (*Widerspruchsrecht*). O direito ao recurso seria o mesmo que o direito de impugnar, ou seja, o direito de obter a variação do estado jurídico criado pela sentença sujeita a recurso (**Anspruch und Klagerecht. Bëitrage zum bürgerlichen und zum Prozessrecht**. Jena: Gustav Fischer, 1900, p. 485-486). Esse pensamento não ficou totalmente suplantado, todavia. Posteriormente à impostação de Calamandrei, diversos autores manifestaram seu inconformismo à absoluta abstração do estudo dos recursos de um contexto mais amplo, no qual se inserem as ações de impugnação (como se verifica em SEGNI, Antonio. La cassazione civile ed un recente libro. In: **Scritti giuridici di Segni**, vol. I. Torino: Giappichelli, 1965, p. 556-560; BETTI, Emilio. **Diritto processuale civile italiano**, v. 2. Roma, 1936, p. 643; SATTA, Salvatore. **Diritto Processaule Civile**, 7ª ed. Padova: Cedam, 1967, p. 345-346; REDENTI, Enrico. **Diritto processuale civile**, v. II, 2ª ed. Milano: Giuffrè, 1952, p. 308-310; PROVINCIALI, Renzo. **Delle impugnazioni in generali**. Napoli: Morano, 1963 p. 57-63; TAVORMINA, Valerio. Azione di impugnativa e potere di impugnazione. **Rivista di Diritto Processuale**, 1980, p. 43-91; CORDOPATRI, Franco. Ricorso (dir. proc. civ.). In: **Enciclopedia del Diritto,** vol. XXXVI, p. 731-748. Na doutrina germânica, GILLES, Peter. **Rechtsmittel im Zivilprozeβ**, p. 49-52. Na doutrina espanhola, GUASP, Jaime. **Derecho procesal civil**, p. 710-711).

2.1.1. Justificativas tradicionais da impugnação por recurso

Como primeira aproximação no tema, deve-se ingressar no exame das bases teóricas já construídas para justificar a impugnação das decisões judiciais por recursos. Essa abordagem merece ser feita porque, quanto às ações autônomas de impugnação, não se diverge sobre configurarem exercício do direito de ação, fundamento utilizado para se concluir, como largamente demonstrado, por uma nova relação jurídica processual.[2]

Dizer que o direito de ação não se esgota no ato inicial de propositura da demanda é ideia corrente, pois não mais se resume à simples provocação do Estado-Juiz, retirando-o da inércia, a partir da alegação de lesão ou ameaça a direito (art. 5º, XXXV da CF/88). Essa é uma visão mínima e unilateral da qual decorre a ideia de acesso ao Poder Judiciário e da atipicidade do direito de ação. Isso, todavia, mostrou-se insuficiente para explicar a amplitude de que é dotado o direito de ação na dimensão necessária para admiti-lo como um direito à tutela jurisdicional efetiva, por meio do devido processo legal, a se alcançar a satisfação do direito pleiteado.[3] Por isso, desdobra-se dessa noção, além do direito de provocar a jurisdição, o direito de ver prestada tutela jurisdicional efetiva, com inúmeros poderes exercidos na alternância de posições processuais. Essa "gama de poderes e faculdades"[4] colocados em prática no processo revela

---

2. Nas palavras de Vicente Greco Filho: "o recurso se desenvolve no mesmo processo. O recurso faz parte de um todo, que é o desenvolvimento da ação, desde sua propositura até o esgotamento de todos os meios que levam ao exame do pedido do autor. Ao recorrer, a parte não propõe nova ação, mas dá continuidade, em nova fase, à ação anteriormente proposta e em andamento. É nisso que o recurso se distingue de outros meios de impugnação das decisões judiciais que são ações, instaurando-se novo processo. É o caso, por exemplo, da ação rescisória, dos embargos de terceiro e do mandado de segurança quando impetrado contra ato judicial [...] Quando se diz que o recurso se desenvolve no mesmo processo (mesma relação jurídica processual), não se quer dizer que não possa ter procedimento destacado do procedimento principal. É o que acontece com o agravo de instrumento, que sobe ao tribunal em procedimento próprio enquanto prossegue o procedimento principal." (**Direito processual civil brasileiro**, vol. 3, 23ª ed. São Paulo: Tirant Lo Blanch, 2020, p. 241-242).
3. SICA, Heitor Vitor Mendonça. **O direito de defesa no processo civil brasileiro**, p. 23-41; MARINONI, Luiz Guilherme. ARENHART, Sério Cruz. MITIDIERO, Daniel. **O novo processo civil**, v.1, 3ª ed. São Paulo: Editora Revista dos Tribunais, 2017, p. 117-133. Na doutrina estrangeira, COMOGLIO, Luigi Paolo. **La garanzia costituzionale dell'azione ed il processo civile**, p. 89-96.
4. GRINOVER, Ada Pellegrini. **O processo constitucional em marcha**. São Paulo: Max Limonad, 1985, p. 11.

o caráter complexo do direito de ação.[5] Nesse feixe de poderes e faculdades enquadram-se, como usualmente admitido, a apresentação de alegações de fato e de direito, a produção de provas, a escolha do procedimento e o direito de recorrer.[6]

A possibilidade de apresentar um recurso – mais de que a previsão dele no sistema – decorreria de um dos poderes que o direito de ação espraia sobre o processo.[7] O estímulo à prestação jurisdicional também é exercido

---

5. DIANAMARCO, Cândido Rangel. **Instituições de direito processual civil**, v. II, p. 344; DIDIER JR., Fredie. O direito de ação como complexo de situações jurídicas. **Revista de Processo**, vol. 210, ago. 2012, p. 41-56

6. Esse é o posicionamento quase unânime da doutrina nacional, não só do direito processual civil, mas também de outros ramos processuais. Dadas as numerosas referências, prefere-se elencar opiniões emitidas em diversos períodos da história recente, sob a vigência dos três códigos nacionais, para evidenciar a unidade desse pensamento: LOPES DA COSTA, Alfredo de Araújo. **Direito processual civil** brasileiro, 2ª ed. Rio de Janeiro: J. Konfino, 1939, p. 139-140; MARQUES, José Frederico. **Instituições de Direito Processual Civil,** v. IV, p. 291; LIMA, Alcides Mendonça. **Introdução aos recursos cíveis,** p. 124-125; BARBOSA MOREIRA, José Carlos. **Comentários ao Código de Processo Civil**, p. 235-236; SOUZA, Bernardo Pimentel. **Introdução aos recursos cíveis e à ação rescisória**, 10ª ed. São Paulo: Saraiva, 2014, p. 32; NERY JR., Nelson. **Teoria geral dos recursos**, p. 223; KOZIKOSKI, Sandro Marcelo. **Manual dos recursos cíveis: teoria geral e recursos em espécie**, p. 45; JORGE, Flávio Cheim. **Teoria geral dos recursos cíveis**, p. 39; RODRIGUES, Marco. Antônio. **Manual dos recursos**, p. 17; DIDIER JR., Fredie. **Curso de direito processual civil**, v. 1, p. 341; TALAMINI, Eduardo. WLADECK, Felipe Scripes. Comentários ao art. 994. In: **Comentários ao código de processo civil**, vol. 4, Cassio Scarpinella Bueno (coordenador). São Paulo: Saraiva, 2017, p. 260. No processo penal brasileiro: GRINOVER, Ada Pellegrini. GOMES FILHO, Antonio Magalhães. FERNANDES, Antonio Scarance. **Recursos no processo penal**, p. 30; ZANOIDE, Maurício de Moraes. **Interesse e legitimação para recorrer no processo penal**, p. 36-37. Na doutrina estrangeira esse é também o pensamento dominante. Na Itália, por todos, além das inúmeras referências já apontadas nesse estudo: RASCIO, Nicola. **L'oggetto dell'appello civile**, Napoli, 1996, p. 20-25; CHIARLONI, Sergio. **L'impugnazione incidentale nel processo civile**, p. 55- 56; SALVANESCHI, Laura. **L'interesse ad impugnare**, p. 55-69; CONSOLO, Claudio. **Le impugnazioni delle sentenze e dei lodi**, p. 23; POLI, Roberto. **I limiti oggettivi delle impugnazioni ordinarie**, p. 396. Na Espanha: FAIRÉN GUILLÉN, Victor. **Teoría general de derecho procesal**. UNAM: Ciudad del Mexico, 1992, p. 481; MONTERO AROCA, Juan. GÓMEZ COLOMER, Juan Luis. BARONA VILAR, Silvia. CALDERÓN CUADRADO, María Pía. **Derecho jurisdicional II: proceso civil**, 27ª ed. Madrid: Tirant Lo Blanch, 2019, p. 432-433; NIEVA FENOLL, Jordi. **Derecho procesal II: proceso civil.** Madrid: Tirant Lo Blanch, 2019, p. 319-320. Em Portugal, THOMAZ, Fernão de C. Fernandes. CANÁRIO, António Colaço. O objecto do recurso em processo civil. **Revista da Ordem dos Advogados**, n. 42, 1982, p. 361.

7. PINTO, Rui. **Recurso civil. Uma teoria geral**, p. 110-111.

pelo recurso, responsável por provocar a atuação da instância de controle.[8] Deriva dessa perspectiva uma posição jurídica de desvantagem, ou seja, presume-se a necessidade de alterar a situação jurídica imposta por decisão judicial.[9] Por isso, o trajeto feito para se atingir esse resultado perpassa pela utilização de meios ordenados a essa finalidade, dentre os quais os recursos.[10] Sob a ótica de quem dele se vale – seria manifestação de um dos poderes do direito de ação já exercido para obtenção de tutela jurisdicional.

Para equilibrar forças, sustenta-se, ainda, seria despropositado negar a quem exerce o direito de defesa atuar com paridade a fim de obter resultado favorável à sua posição jurídica.[11] Essa equiparação instrumental entre direito de ação e direito de defesa possibilita ao réu desfrutar das mesmas prerrogativas conferidas ao autor. O direito de defesa, portanto, irradiaria no processo os mesmos poderes derivados do direito de ação.[12] A perspectiva de quem é vencedor ou vencido é utilizada, portanto, para explicar o recurso como um dos poderes conferidos por ação ou por defesa.[13]

Assentados esses argumentos, pode-se dizer ser esse o posicionamento dominante da doutrina processual: reconhecer o recurso como desdobramento do direito de ação ou do direito de defesa. Algumas variações são notadas para reconhecer que somente o direito de ação serve de supedâneo, ao autor e ao réu, para o recurso sob a justificativa de sua bilateralidade[14], o que não altera o posicionamento aqui apresentado.

---

8. LUCCA, Rodrigo Ramina de. **Disponibilidade processual**, p. 218.
9. Essa é, aliás, justificativa dada ao ensejo do exame do interesse recursal, orientado pela busca da situação jurídica mais vantajosa ao recorrente. Para uma recensão cuidadosa e moderna do tema do interesse recursal (e de impugnar), vide CARNEVALE, Stefania. **L'interesse ad impugnare nel processo penale**. Giapichelli: Torino, 2013, p. 1-48.
10. COUTURE, Eduardo J. **Fundamentos de derecho procesal civil**, 3ª ed. Buenos Aires: Depalma, 1958, p. 340-342
11. DINAMARCO, Cândido Rangel. **Instituições de direito processual civil**, v. II, p. 345.
12. SICA, Heitor Vitor Mendonça. **O direito de defesa no processo civil brasileiro**, p. 45-56.
13. A doutrina processual associa o interesse recursal a uma posição de desvantagem instituída pela decisão judicial, cuja superação será proporcionada pelo recurso. A perspectiva de melhora concreta já seria o suficiente para preencher tal requisito de admissibilidade, olhando-se para a obtenção de situação jurídica mais vantajosa em relação àquela imposta pelo provimento atacado (vide, por todos, BARBOSA MOREIRA, José Carlos. **Comentários ao código de processo civil**, p. 298; TALAMINI, Eduardo. Interesse recursal. In: Sérgio Cruz Arenhart; Daniel Mitidiero; Rogéria Dotti. (Org.). **O processo civil entre a técnica processual e a tutela dos direitos: estudos em homenagem a Luiz Guilherme Marinoni**. São Paulo: Editora Revista dos Tribunais, 2017, p. 807-810).
14. NERY JR., Nelson. **Teoria geral dos recursos**, p. 223

Esse entendimento se reflete em algumas conclusões esparsas pela doutrina. Uma delas é a de que os recursos simplesmente "renovam o procedimento".[15] A partir dessa constatação, o recurso se manifestaria como um mero ato de impulso, abrindo espaço para órgão julgador verificar o acerto ou desacerto da decisão questionada.[16]

Embora se verifique certa variação ao sustentar tal posicionamento, o conteúdo impugnativo teria relevância minimizada, tendo em vista algumas características que confirmariam a referida renovação, o reexame da pretensão exercida pelo autor e a possibilidade de reconhecimento jurídico do pedido.[17] Disso se conclui que o recurso serviria para "remeter direta e imediatamente ao juízo recursal o reexame da controvérsia já examinada na fase precedente"[18] ou seria "o meio para passar do primeiro ao segundo grau de jurisdição"[19], em expressão do que se consagrou na doutrina germânica como "zweite Erstinstanz"[20].

Qualquer exame feito sobre características gerais dos recursos tende a levar em consideração o perfil estabelecido para o recurso de apelação, dada sua perenidade no tempo e por ser comum em inúmeros ordenamentos jurídicos.[21] Todavia, a plêiade de recursos com configuração objetiva

---

15. Como se verifica quando do estudo do efeito devolutivo da apelação. A respeito, ROCCO, Ugo. **Trattado di diritto processuale civile**, vol. 3. Torino: Torinese, 1957, p. 284. Em sentido análogo: CINTRA, Antonio Carlos de Araújo. **Sobre os limites objetivos da apelação civil**, p. 8; GUIMARÃES, Luiz Machado. Efeito devolutivo da apelação. In: **Estudos de direito processual civil**. Rio de Janeiro: Ed. Jurídica e Universitária, 1969, p. 221. Nesse ponto, Rodrigo Barioni pondera que: "[...] não importa a matéria objeto do recurso. O efeito devolutivo existe para a matéria de mérito e demais questões, pois o objeto de apreciação no recurso não se restringe, obrigatoriamente, ao mérito da causa." (**Efeito devolutivo da apelação civil**. São Paulo: Revista dos Tribunais, 2008, p. 42).
16. ELIAS, Carlos Eduardo Stefen. **Apelação: os limites objetivos do efeito devolutivo**. São Paulo: Atlas, 2010, p. 41.
17. Embora com sistematização própria, GRINOVER, Ada Pellegrini. BRAGA, João Ferreira. Um estudo de teoria geral do processo: admissibilidade e mérito no julgamento dos recursos. **Revista de Processo**, vol. 227, 2014, p. 171-196.
18. CALAMANDREI, Piero. Cassazione civile. In: **Opere Giuridiche**, v. VIII, p. 33.
19. CHIOVENDA, Giuseppe. **Principii di diritto processuale civile,** p. 947.
20. Ideia que já se encontra superada na sua origem (ROSENBERG, Leo. SCHWAB, Karl Heinz. GOTTWALD, Peter. **Zivilprozessrecht**, 18 Auflage. München: C. H. Beck, 2018, p. 828; JAUERNIG, Othmar. HESS, Burkhard. **Manual de derecho procesal civil**, trad. Eduard Roig Molés (30ª edição do original). Madrid: Marcial Pons, 2015, p. 409).
21. Sobre um estudo comparativo da apelação em diversos ordenamentos jurídicos: PANTOJA, Fernanda Medina. **Apelação cível. Novas perspectivas para um antigo recurso:**

substancialmente diversa, impede, muitas vezes, transpor em absoluto aquilo que é desenvolvido em caráter geral a partir da apelação. Isso sugere compreender o recurso, tanto que a impugnação da sentença se resolveria com a mera renovação do procedimento em instância superior.[22]

Seja como for, o que há de relevante a ser extraído desse posicionamento é a assunção de que o recurso não veicula uma pretensão específica.[23] Esse é o sentido lógico e precedente de se afirmar inexistente nova relação jurídica processual. Da forma vaga e ampla com que é empregada essa ideia, deixa-se de explicitar o que de fato importa na concepção do recurso como extensão do direito de ação ou de defesa, isto é, que tal meio de impugnação não veicula demanda, mas sim consiste em ato de provocação para novo exame daquela já proposta.[24-25]

Em extremo oposto situa-se a posição que admite o recurso como exercício originário do direito de ação, diverso daquele que ensejou a decisão recorrida, por força da doutrina germânica liderada por Hellwig.[26] Em síntese, reconhece-se que o recurso constitui exercício de direito de ação para invalidação da decisão ou sua reforma.[27] Essa conclusão surge também de outras

---

um estudo crítico de direito nacional e comparado. Curitiba: Juruá, 2010, p. 79-182. Dadas as peculiaridades do sistema recursal brasileiro, desperta debate se o modelo da apelação comporta transporte a todos os recursos, especialmente, o que lhe é de mais destacado, o efeito devolutivo. A respeito, com visões antagônicas: DINAMARCO, Cândido Rangel. Os efeitos dos recursos. In: **Aspectos polêmicos e atuais dos recursos cíveis**, vol. 5, p. 264 e NERY JR., Nelson. **Teoria geral dos recursos**, p. 394.

22. CARNELUTTI, Francesco. **Instituiciones del proceso civil**, v. II. p. 179-180; GOTTWALD, Peter. **Die Revisioninstanz als Tatsacheninstanz**. Berlin: Duncker und Humblot, 1975, p. 47-48.

23. SICA, Heitor Vitor Mendonça. **Comentários ao Código de Processo Civil: arts. 236 a 293**, vol. V, p. 99.

24. SANTOS, Ernani Fidelis. **Manual de direito processual civil**, v.3, 11ª ed. São Paulo: Saraiva, 2006, p. 638.

25. CALAMANDREI, Piero. Vizi della sentenza e mezzi di gravami. In: **Opere Giuridiche**, vol. VIII, pp. 262-270; CERINO-CANOVA, Augusto; CONSOLO, Claudio. Impugnazioni (processo civile), I. In: **Enc. Giur. Treccani** XVI, Roma, 1993, p.1-29.

26. **Anspruch und Klagerecht. Bëitrage zum bürgerlichen und zum Prozessrecht**, p. 485-486. Na doutrina alemã, esse pensamento se desenvolveu, posteriormente e com bases teóricas distintas, em GILLES, Peter. **Rechtsmittel im Zivilprozeβ**, p. 49-52.

27. No Brasil, esse pensamento é defendido por Araken de Assis, que, após refutar as objeções interpostas a tal posicionamento, conclui: "enfim, a análise dos elementos da pretensão recursal revela que o recurso constitui pretensão autônoma, porque diferente da primitiva, exercitada em *simultaneo processu*. Não há necessidade de nenhum 'malabarismo hermenêutico' para defender essa ideia" (**Manual dos recursos**, p. 62) Reconhecendo

constatações anteriores e igualmente relevantes. Salienta-se a existência de elementos constitutivos próprios dos recursos, destinados a justificar seus pressupostos de admissibilidade, além de se aceitar a autonomia do objeto recursal.[28-29] Essa tese ganhou destaque, na Itália, pelas lições de Emilio Betti, que reconheceu haver a tutela de um direito específico, diverso daquele já deduzido.[30] A tese não nega a dependência dos recursos ao processo em que são interpostos, mas, ao mesmo tempo, confirma-se que o objeto do recurso pode não coincidir com o objeto do processo em que proferida a decisão impugnada.

No Brasil, esse pensamento, nos moldes em que concebido, encontrou escassa adesão, apesar de seus defensores seguirem admitindo a distinção entre recursos e ação autônoma.[31] Transportando essa discussão para uma perspectiva atual, parece pouco relevante confiar na criação de um novo e diverso procedimento (o que não seria determinante para se assegurar uma nova demanda) ou, ainda, afirmar que pelo recurso há o exercício de uma ação sem que se identifique a pretensão por meio dele deduzida. Vale ressaltar que, a despeito dessas contribuições, a doutrina nacional é maciçamente filiada à primeira das teorias, muito embora, como será visto a seguir, não é possível dizer que os poderes do direito de ação ou de defesa sejam determinantes para a impugnação do ato judicial. Em síntese, pode-se dizer que, sob o regime recursal, observam-se fenômenos muito variados, de modo que não se mostra possível ficar fiel exclusivamente a uma dessas correntes.

2.1.2. Irrelevância do prévio exercício dos direitos de ação e de defesa para impugnação de ato judicial

A questão que aqui se coloca não está limitada à simples afirmação de que recursos e ações autônomas possuem mesma natureza jurídica, apenas porque as primeiras, aos moldes das segundas, teriam estrutura e conteúdo

---

haver uma ação exercida pelo recurso: TORNAGHI, Hélio. **Curso de processo penal**, v. II, 7ª ed. São Paulo: Saraiva, 1990, p. 309. No direito estrangeiro: TRANCHINA, Giovanni. **La potestà di impugnare nel processo penale italiano**. Milano: Giuffrè, 1970, p. 167-169; PROVINCIALI, Renzo. **Delle impugnazioni in generali**, p. 71-91.

28. BETTI, Emilio. **Procedimenti d'impugnativa della sentenza**. Milano: Giuffrè, 1934, p. 84.

29. Loic Cadiet e Emmanuel Jeuland asseveram: "les voies de recours, qui sont une modalitè de l'action en justice (...)" (**Droit judiciaire**, p. 671-672).

30. **Procedimenti d'impugnativa della sentenza**. Milano: Giuffrè, 1934, p. 31-32.

31. PONTES DE MIRANDA. **Comentários ao Código de Processo Civil** (arts. 496-538), tomo VII. Rio de Janeiro: Forense, 1975, p. 3; ASSIS, Araken. **Manual dos recursos**, p. 56-57. Em sentido contrário, OLIVEIRA, Bruno Silveira de. **Juízo de identificação de demandas e de recursos no processo civil brasileiro**, p. 30 e 31.

coincidentes em razão da autonomia do objeto da impugnação, embora isso já fosse muito relevante.[32] É necessário ir além para reconhecer que, no sistema brasileiro, ambos os meios de impugnação são utilizados desatrelados dos poderes decorrentes do exercício prévio do direito de ação ou de defesa, razão pela qual torna-se impreciso distingui-los com base no critério da relação jurídica processual.[33]

---

32. O estudo da autonomia do objeto dos meios de impugnação passa por uma forte influência da doutrina alemã, que encontrou, na segunda metade do século XX, relevante impulsão a partir da provocação de Peter Gilles (**Rechtsmittel im Zivilprozeβ**, p. 30-44), que, apesar de não ter sua tese considerada vitoriosa na integralidade, foi determinante para lançar luzes sobre a constituição de um objeto litigioso diverso daquele em que produzido o ato judicial questionado. As repercussões dessas ideias foram observadas em posteriores monografias dedicadas exclusivamente ao tema do objeto dos recursos, como a de Panagiotis Kolotouros (**Der Rechtsmittelgegenstand im Zivilprozeβ: die Rechtsmittel zwichen Kassation und Verfahrensfortsetzung**, p. 103-106) e a de Johann Semmelmayer (**Der Berufungsgegenstand.** Berlin: Duncker und Humblot, 1996, p. 23-28), acolhida, ainda, por sólida doutrina daquele país atualmente (ROSENBERG, Leo. SCHWAB, Karl Heinz. GOTTWALD, Peter. **Zivilprozessrecht**, p. 825-826). Em outros quadrantes, os temas atinentes à autonomia do objeto recursal (e, em igual sentido, dos variados meios de impugnação) podem ser encontrados, conjunta ou isoladamente: CAZETTA JÚNIOR, José Jesus. Conteúdo da causa de pedir e proposta de aplicação dessa categoria ao recurso extraordinário: um exame crítico. CRUZ E TUCCI, José Rogério; BEDAQUE, José Roberto dos Santos (Coord.). **Causa de pedir e pedido no processo civil: questões polêmicas.** São Paulo: Revista dos Tribunais, 2002; CRUZ E TUCCI, José Rogério. **A *causa petendi* no processo civil**. São Paulo, p. 263-267; DIDIER JR., Fredie. CUNHA, Leonardo Carneiro da. **Curso de direito processual civil**, v. 3, p. 163-167; MACÊDO, Lucas Buril de. **Objeto dos recursos cíveis**. Salvador: Juspodivm, 2020, p. 161-170. No direito estrangeiro: TAVORMINA, Valerio. Azione di impugnativa e potere di impugnazione. **Rivista di Diritto Processuale**, 1980, p. 43-91; BIANCHI, Luca. **I limiti oggettivi dell'appello civile**. Padova: CEDAM, 2000, p. 55-67; POLI, Roberto. **I limiti oggettivi delle impugnazioni ordinarie**, parte III. ANDRIOLI, Virgilio. Cassazione civile. In: **Cinquent'anni di dialoghi con la giurisprudenza (1931-1981)**, vol. 1. Milano: Giuffrè, 2007, p. 237; LIVA, Stefano. **Temere appellare: rimedi e sanzioni contro le impugnazioni dilatorie**. Torino: Giappichelli, 2017, p. 29-33. O exame feito nesse tópico deve ser conjugado com as premissas fixadas nos itens anteriores, especialmente a respeito de uma pretensão introduzida pelos recursos. Essa advertência se faz necessária, pois, mesmo para quem negue ser o recurso uma demanda, há utilização das categorias causa de pedir, pedido e objeto recursais. A esse respeito, valem as palavras do processualista português Rui Pinto, para quem esse objeto é de natureza processual, e, assim, "efetivamente, o recurso comportará como objeto um ***pedido* de revogação e substituição de uma decisão judicial, tendo por *causa de pedir* a ilegalidade por violação de norma material ou processual erro de direito) ou a injustiça em matéria de facto (erro de facto).**" (**Recurso civil. Uma teoria geral**, p. 55, todos os destaques são do original).
33. No direito brasileiro, FERNANDES, Antonio Scarance. **Incidente processual: questão incidental, procedimento incidental.** São Paulo: Editora Revista dos Tribunais, 1991,

Dos fundamentos apresentados no tópico anterior, depreende-se que a impugnação das decisões por recursos representaria um poder processual, admitido como um daqueles vinculados ao feixe de poderes a serem exercidos em direção à obtenção da tutela jurisdicional.[34] No entanto, seria preciso revisar essas premissas para uma realidade em que a atividade judicial é complexa e comporta impugnação por razões totalmente independentes do prévio direito de ação ou de defesa, a revelar, em realidade, a irrelevância do tradicional critério de distinção entre meios de impugnação,[35] por se estar diante de um poder material.[36]

---

p. 41. No direito portugês, PINTO, Rui. **Recurso civil. Uma teoria geral**, p. 31. O exame proposto no presente tópico parte de uma visão constitucional de como se disciplina a impugnação dos atos judiciais, o que é feito, com maior vigor, com a previsão das ações autônomas de impugnação, a exemplo do mandado de segurança (art. 5º, LXIX), do *habeas corpus* (art. 5º, LXVIII; art. 102, I, *d*, *i*; art. Art. 105, I, *c*, art. 108, I, *d*, art. 114, IV), ação rescisória (art. 102, I, *j*; art. 105, I, *e*; art. 108, I, *b*) e reclamação (art. 102, I, *l*; art. 103-A, §3º; art. 105, I, *f*; art. 111-A, §3º

34. Por conta disso, Teresa Arruda Alvim destaca ser esse um "poder exclusivamente processual" (**Os agravos no CPC de 2015**, p. 221). No mesmo sentido: GRINOVER, Ada Pellegrini. Um enfoque constitucional da teoria geral dos recursos. In: **O processo em evolução**, 2ª ed, p. 70; GRINOVER, Ada Pellegrini. GOMES FILHO, Antonio Magalhães. FERNANDES, Antonio Scarance. **Recursos no processo penal**, p. 28; DIDIER JR., Fredie. O direito de ação como complexo de situações jurídicas. **Revista de Processo**, vol. 210, ago. 2012, p. 55. Na doutrina espanhola, Juan Montero Aroca e José Flors Matíes vão além ao dizer que: "La pretensión y la resistencia interpuestas en la demanda y en la contestación son las mismas que se continúan en el recurso (...)" (**Tratado de recursos en el proceso civil**, 2ª ed. Valencia: Tirant Lo Blanch, 2014, p. 32).
35. Reconhecendo esse poder material contra ato judicial, mas sustentado que se manifesta apenas quando exercitado por *azione di impugnativa* (equivalente, no direito italiano, ao meio de impugnação que tenha por objeto causas de invalidade): CERINO-CANOVA, Augusto. **Le impugnazione civile**, p. 21; MOTTO, Alessandro. **Poteri sostanziali e tutela giurisdizionali**, p. 593-596. No entanto, bem identificando esse poder, Giovanni Tranchina reforça sua posição ao reconhecer que o poder de impugnar um ato judicial não decorre de um dos poderes inerentes ao direito de ação ao constatar a possibilidade de haver recurso sem prévio exercício do direito de ação, como nos casos excepcionais de instauração de processos de ofício (Impugnazione (dir. proc. pen.). In: **Enc. dir.**, vol. XX, 1970, p. 700-701). Em sentido análogo, LUISO, Francesco Paolo. Invalidità della sentenza e mezzi di gravame. **Rivista di Diritto Processuale**, v. LXIV, n. 2, 2009, p. 19. Na doutrina nacional, convergente em essência ao quanto defendido no texto, ALVIM, Teresa Arruda. **Os agravos no CPC de 2015**, p. 326.
36. Francesco Carnelutti entendia esse poder como um "potere di controllo", cercado de pressupostos específicos e objeto de decisão judicial (**Lezioni di diritto processuale civile**, volume quarto. Padova: CEDAM, 1933, p. 187).

Essa independência entre impugnação e poderes decorrentes dos direito de ação ou de defesa se verifica, pois o controle pode ocorrer antes de exercê-los[37], na sua constância e após seu esgotamento[38], o que permite concluir que a razão desse poder encontra amparo em fundamento diverso, diretamente relacionado à ampla autorização para impugnar atos jurídicos.[39-40] A esse respeito, Giovanni Tranchinna já havia identificado com acuidade existir impugnação independentemente dos poderes ligados ao direito de ação, de modo que o poder ora mencionado surge em função de um fenômeno autônomo, qual seja, a existência de um ato judicial.[41]

A rejeição da ideia ora defendida pode ser intuída pela frequente assimilação de que todos os atos processuais visam "para o demandante o objetivo único de conseguir esse bem [bem da vida], que sem vir o Estado-juiz ou o árbitro ele não poderia ter."[42]. No entanto, seria necessário chegar ao ponto comum dos meios de impugnação quanto às suas semelhanças, notadamente aquelas de conteúdo, a fim de superar distinções baseadas no veículo pelo qual se busca questionar a decisão judicial. Vale dizer, se a impugnação desses atos é vista no arco de poderes do direito de ação ou de defesa, já não faria sentido aceitar, por essa premissa, a distinção entre recurso e ação autônoma, porquanto esses últimos meios atuariam com a finalidade instrumental no curso do processo. Logo, verifica-se que, também por esse viés, já não haveria sentido para sustentar a distinção historicamente consagrada pela doutrina processual nacional.

Esse desprendimento da impugnação dos direitos de ação ou de defesa, já havia sido recepcionado até mesmo por doutrina que chegou a repudiá-lo ferrenhamente, para conceber o recurso como ato de introdução de uma

37. BADARÓ, Gustavo. **Manual dos recursos penais**, p. 35.

38. Com as diversas ações autônomas posteriores ao trânsito em julgado, no exemplo da ação rescisória, regida por prazo decadencial de um direito potestativo (VIDIGAL, Luís Eulálio de Bueno. **Comentários ao Código de Processo Civil**, vol. 6. São Paulo: Saraiva, 1974, p. 236) e de outras, quando já exaurido o direito de ação mediante esgotamento da tutela jurisdicional prestada.

39. Essa tendência de harmonizar e de analisar os institutos processuais frente a outros atos jurídicos (estatais e privados), bem como superar diferenças arraigadas em clássicas concepções doutrinárias, pode ser encontrada, além das ideias apresentadas no texto, em: VESCOVI, Enrique. **Los recursos judiciales y demás médios impugnativos en iberoamérica**, p. 6; PINTO, Rui. **Recurso civil. Uma teoria geral**, p. 61.

40. FRIEDMAN, Barry. When rights encounter reality: enforcing federal remedies. **Southern California Law Review**, vol. 85, 1992, p. 735.

41. Impugnazione (dir. proc. pen.). In: **Enc. dir.**, vol. XX, 1970, p. 701

42. DINAMARCO, Cândido Rangel. **Instituições de direito processual civil**, v. II, p. 143.

pretensão em juízo.[43] Bastaria perceber, ainda, que os fundamentos tradicionalmente apresentados para justificar o uso dos recursos ignoravam numerosos exemplos de questionamento de atos judiciais por quem sequer exerceu ou poderia exercer aqueles direitos, por quem não integra ou nem poderia integrar a relação jurídica processual, que não possuem natureza decisória ou, ainda, quando se prevê não caber recurso. Portanto, o aludido poder processual parece não se justificar frente às variadas formas com que se promove o ataque aos atos judiciais, aos sujeitos que podem fazê-lo e o momento de realizá-lo.

Além disso, parece não se harmonizar, a um só tempo, aceitar que a impugnação dos atos judiciais possa ser, por vezes, decorrente de um poder processual, como no caso dos recursos, e, em tantas outras, de um poder material, pelas ações autônomas. A ser correta tal afirmação, dever-se-ia forçosamente aceitar que a natureza jurídica dos meios de impugnação variaria segundo o objeto impugnado (ex.: o mandado de segurança teria natureza distinta se ajuizado para questionar ato administrativo ou se para questionar de ato judicial), algo que já havia sido rechaçado de há muito por parte da doutrina, mas, ainda, hoje, parece angariar adeptos.[44-45]

---

43. CALAMANDREI, Piero. Ricorso (diritto processuale). In: **Opere Giuridiche**, vol. VIII, p. 487-488). No mesmo sentido, ainda anteriormente, CARNELUTTI, Francesco. **Lezioni di diritto processuale civile**, volume quarto. Padova: CEDAM, 1933, p. 173. Botelho de Mesquita, que negava a distinção entre recurso e ação autônoma de impugnação com base no critério da relação jurídica processual, dizia que a diferença se apresentava porque nessa "o desfazimento do ato impugnado constitui o objeto principal da prestação jurisdicional exigida pela parte no processo, enquanto que, nos recursos, o desfazimento do ato constitui simplesmente um meio para a consecução daquele objeto principal." (Da ação rescisória. In: **Teses, estudos e pareceres de processo civil**, vol. 2: jurisdição e competência, sentença e coisa julgada, recursos e processos de competência originária dos tribunais, p. 244).

44. O que de há muito foi alvo de severas críticas da doutrina nacional, preocupada em estabelecer um critério unitário de classificação dessa medida (CALMON DE PASSOS, José Joaquim. O mandado de segurança contra atos jurisdicionais: tentativa de sistematização nos 50 anos de sua existência. In: **Ensaios e artigos**, v. 1, 291-292). A variação apontada no texto também se revela presente na reclamação, especialmente quando se afirma que esse meio não é recurso, pois serve para "impugnar atos administrativos." (AZEVEDO, Gustavo. **Reclamação constitucional no direito processual civil**, p. 113) Essa indevida discriminação é feita também entre ações de impugnação. Igor Bimkowski Rossoni pondera a necessidade de restrição do conceito de ação autônoma de impugnação apenas para demanda que tenha por objeto apenas decisões judiciais (**Recursos extraordinários e ação rescisória por ofensa à norma jurídica**. Salvador: Juspodivm, 2019, p. 46). A premissa adotada por esse autor soa contraditória na medida em que grande parte das chamadas ações autônomas de impugnação também busca atacar atos que não só judiciais.

45. Vide o exemplo do *juicio de amparo*, cuja finalidade ampla se volta a combater atos que vulnerem direito humanos e fundamentais por qualquer autoridade pública, incluídos os

Mesmo sob a perspectiva do ônus, com base no qual se admite que a parte deva impedir a consumação de uma desvantagem, atrelá-lo exclusivamente ao recurso é explicar menos do que se poderia com relação à remoção desse prejuízo, na medida em que não se trata apenas de um ônus de recorrer, mas, sim, de impugnar.[46] Em realidade, tal ônus existirá sempre que alguém sofrer prejuízo decorrente de um ato judicial, podendo recair quando a relação processual não se tenha instaurado ou já se tenha exaurido, ou sobre quem sequer a integre, o que vem a confirmar que a posição de desvantagem não é um acontecimento exclusivo da atuação judicial, mas também estará presente em qualquer ato jurídico que projete efeitos prejudiciais na esfera jurídica de determinado sujeito.

Assim, por não gozarem da chamada característica "endoprocessual" atribuída aos recursos[47] – premissa contestável à luz da superação de diversos dogmas da teoria geral dos recursos – encontra-se maior facilidade em aceitar a presença e atuação desse poder material nas ações autônomas.[48] O recurso, por sua vez, ao ser equiparado a qualquer outro ato instrumental no quadro de poderes decorrentes do direito de ação ou de defesa, não só recebe tratamento distinto ao seu conteúdo, mas também fica sujeito a

---

magistrados (BURGOA, Ignacio. **El juicio de amparo**, 43 ed. Cd. de Mexico: Ediciones Porrúa, 2019, p. 181-183).

46. BARBOSA MOREIRA, José Carlos. **Comentários ao Código de Processo Civil**, p. 236.

47. DUARTE, Zulmar. Comentários ao art. 994. In: GAJARDONI, Fernando da Fonseca. DELLORE, Luiz. ROQUE, André Vasconcelos. OLIVEIRA JR., Zulmar Duarte. **Comentários ao Código de Processo Civil**, 4ª ed. Rio de Janeiro: Forense, 2021, p. 1.451.

48. Sem mencionar a existência de um direito autônomo, mas reconhecendo haver esse "*poder de impugnación*", VESCOVI, Enrique. **Los recursos judiciales y demás médios impugnativos en iberoamérica**, p. 13. A doutrina, em geral, não chega a admitir expressamente a existência desse direito autônomo – sequer cogitar sua existência –, mas, conforme se consegue extrair, parece ser implicitamente acolhido quando se fala do conteúdo de demanda veiculada nas ações autônomas. Essa autonomia não dependeria da pendência de uma relação jurídica processual, como o seria para o direito autônomo à prova, na medida em que a decisão judicial surge, em regra, em função do processo. Mesmo para esse direito à prova, ao qual hoje em dia já parece não haver dúvidas sobre sua existência, Flávio Luiz Yarshell chega a ponderar, com valia para o raciocínio formulado no texto, mas com as adaptações para a realidade ali enfrentada sobre a dissociação entre direito de impugnar do direito de ação e de defesa já exercidos, que "[...] se o assim denominado direito à prova, visto como desdobramento do direito de ação ou da defesa, pode abranger as prerrogativas de buscar e de obter a prova, essas mesmas prerrogativas não estão necessariamente vinculadas à declaração do direito dirigida a uma dada relação de direito material." (**Antecipação da prova sem o requisito da urgência e direito autônomo à prova**, p. 210).

uma forma artificial de distanciamento dos demais meios de impugnação. Dessa forma, confirma-se a hipótese de que não seria adequado distinguir a natureza do poder de impugnar manifestado em razão do *locus* em que proferido o ato questionado.

Sendo assim, diversos exemplos confirmam as premissas acima apontadas para se reconhecer a independência entre impugnação e poderes decorrentes do exercício dos direitos de ação e de defesa e corroboram a irrelevância do critério da relação jurídica processual como fator de distinção entre recursos e ações autônomas de impugnação.

O recurso de terceiro prejudicado ou o recurso do Ministério Público quando não for parte são hipóteses que em que o poder de impugnar está destrelado de um contexto de prévio do direito de ação ou de defesa exercidos;[49] da mesma forma, admite-se, por esses mesmos legitimados, o uso de ações autônomas de impugnação como o primeiro ato do processo e a primeira pretensão por eles deduzida.[50] Esse já era um aspecto enfrentado pela doutrina e, diante da inconsistência do critério tradicional da relação jurídica processual, rendia-se a consideração insuficiente de que, nesses casos, haveria um abreviado do direito de ação.[51]

Nada obstante, em determinados casos, a legitimidade conferida a alguns sujeitos para questionarem aspectos da decisão que transcendem o caso concreto (ex.: legitimidade do *amicus curiae* para recorrer da decisão que julga o IRDR – art. 138, §3º do CPC – com a finalidade de controlar a tese a ser fixada),[52] deixa claro que a função impugnativa é exercida independentemente do prévio exercício do direito de ação ou de defesa, especialmente

---

49. É justamente ao ser examinada a legitimidade de terceiros para impugnar a decisão judicial que a doutrina passa a questionar a aplicabilidade inconteste da teoria que vê no recurso um prolongamento do direito de ação ou de defesa já exercidos (BARBOSA MOREIRA, José Carlos. **Comentários ao Código de Processo Civil**, p. 236). Em sentido análogo, DIDIER JR., Fredie. **Recurso de terceiro: juízo de admissibilidade**, 2ª ed. São Paulo: Revista dos Tribunais, 2005, p. 33.

50. É o que preconiza o enunciado n. 202 de Súmula do Superior Tribunal de Justiça: "A impetração de segurança por terceiro, contra ato judicial, não se condiciona à interposição de recurso."

51. GRINOVER, Ada Pellegrini. Um enfoque constitucional da teoria geral dos recursos. In: **O processo em evolução**, 2ª ed, p. 70-71.

52. Em outro texto, já havíamos sustentado a ideia de um direito de impugnar exercido pelo *amicus curiae*, sem que houvesse qualquer dependência do direito de ação previamente exercido e delimitado à sua esfera de atuação (EID, Elie Pierre. *Amicus curiae* no novo Código de Processo Civil: interesse e poderes. In: **Processo em jornadas**, coord. Paulo Henrique dos Santos Lucon [et. al.]. Salvador: Juspodivm, 2016, p. 255)..

por aquele que sequer teria legitimidade e interesse para tanto. Não se deve descuidar, ainda, da situação em que se admite legitimidade para o recurso e para ação autônoma ao perito quando emitido pronunciamento judicial que lhe prejudique, isto é, diante da complexidade da atuação judicial, o auxiliar da justiça, para proteger sua esfera jurídica, poderá manejar meios de impugnação.[53]

Embora excepcionais as hipóteses, a lei atenua o princípio da demanda para permitir a instauração de processo de ofício pelo juiz (art. 2º da Lei 8.560/92 e art. 114, VIII, da CF/88). Não se poderia afirmar que, em tais casos, há prévio direito de ação exercido e do qual poderes correlatos surgiram, a fim de fundamentar a razão pela qual se aceitaria impugnar decisão judicial proferida no processo em referência. Evidentemente, não seria concebível deixar a decisão judicial à margem de controle por força da instauração de ofício (com maior razão, seria aceitável o controle nesse contexto).

O processo penal também é fértil em exemplos que confirmam as ideias aqui defendidas.

Na fase pré-processual, são emitidos pronunciamentos do juiz controláveis por recurso, momento em que não se considera exercido o direito de ação. Isso se verifica pelo manejo do recurso em sentido estrito para impugnação da decisão que arbitra fiança e que relaxa prisão em flagrante (art. 581, V do CPP).[54]

O recurso do ofendido ou de seus sucessores, nas ações penais de iniciativa pública (art. 588 do CPP), reflete a legitimidade recursal concedida a quem sequer poderia exercer o direito de ação.[55] Nesses casos, a doutrina vem defendendo a ocorrência de uma legitimidade especial,[56] pertencente a quem não é titular da pretensão punitiva.

O art. 577, *caput* do CPP prevê a legitimidade do procurador ou de defensor do réu para interpor recurso.[57] A autonomia do poder de impugnar

53. STJ, RMS 30.115/SP, Rel. Ministro Humberto Martins, Segunda Turma, julgado em 10/08/2010, DJe 19/08/2010.

54. Na Espanha, os recursos podem caber de decisões não judiciais, diante dos pronunciamentos "del letrado de la administración de justicia" (NIEVA FENOLL, Jordi. **Derecho Procesal II: proceso civil**. Valencia: Tirant Lo Blanch, 2019, p. 320).

55. BADARÓ, Gustavo Henrique. **Manual dos recursos penais**, p. 134-137; MORAES, Maurício Zanoide de. **Interesse e legitimação para recorrer no processo penal brasileiro**, p. 329.

56. BADARÓ, Gustavo Henrique. **Manual dos recursos penais**, p. 134-136.

57. GRINOVER, Ada Pellegrini. GOMES FILHO, Antonio Magalhães. FERNANDES, Antonio Scarance. **Recursos no processo penal**, p. 66.

é confirmada, ainda, pelo enunciado n. 705 de súmula do STF ao prever que a "renúncia do réu ao direito de apelação, manifestada sem a assistência do defensor, não impede o conhecimento da apelação por este interposta."

A previsão da revisão criminal e do *habeas corpus* como recursos, expressamente catalogados no Código de Processo Penal (arts. 621 e 647), não foi impeditivo para doutrina majoritária reconhece-los como ações autônomas de impugnação sob as justificativas de serem cabíveis posteriormente o trânsito em julgado e, no caso específico do *writ*, de caber antes mesmo de iniciada a relação jurídica processual e contra atos estatais não judiciais.[58] Mesmo diante do consagrado princípio da taxatividade, não houve impedimento para se chegar a conclusão de que, nesses casos, haveria impugnação independente de dos poderes processuais decorrentes da ação ou da defesa.

Ainda, o ordenamento jurídico nacional contempla uma plêiade de ações autônomas de impugnação, cabíveis antes e depois do trânsito em julgado, para atacar não só decisões judiciais – as, quais, por vezes, seria controláveis também por recursos –, mas também atos omissivos, diante dos quais aquele dito poder processual consequente do direito de ação e de defesa parece não se justificar.[59] É emblemático ver o percurso teórico da reclamação, cuja natureza jurídica ocupou conhecido capítulo nos debates sobre os meios de impugnação. Superá-la como recurso decorreu de um intenso esforço descritivo diante de características exteriores recursais, a

---

58. GRINOVER, Ada Pellegrini. GOMES FILHO, Antonio Magalhães. FERNANDES, Antonio Scarance. **Recursos no processo penal**, p. 29; BADARÓ, Gustavo Henrique. **Manual dos recursos**, p. 35; RANGEL, Paulo. **Direito Processual Penal**, 26ª ed. São Paulo: Atlas, 2017, p. 1.078 e 1.111). A jurisprudência comunga do mesmo entendimento majoritário, conforme se verifica em STJ, AgRg no HC 467.400/DF, Rel. Ministro Antonio Saldanha Palheiro, Sexta Turma, julgado em 08/10/2019, DJe 18/10/2019. Na doutrina dessa seara processual, chega-se a reconhecer a distinção entre ações autônomas e os recursos, porque esses "são uma continuidade da pretensão acusatória ou da resistência defensiva (...)" (LOPES JR., Aury. **Direito processual penal**, p. 968-969), sem prejuízo de quem já reconheceu o recurso como ação autônoma de caráter constitutivo (TORNAGHI, Hélio. **Curso de processo penal**, v. II, p. 309).

59. A isso se pode agregar a constatação feita por Miguel Teixeira de Souza, segundo a qual os recursos e os equivalentes às ações autônomas de impugnação têm o mesmo objeto (**Estudos sobre o novo processo civil**, 4ª ed. Lisboa: LEX, 1997, p. 375). Rui Pinto, por sua vez, reconhece que o objeto dos recursos, configurado por um pedido de invalidação ou revisão e por uma causa de pedir fundada na violação a uma norma material ou processual ou em erro de fato, coincide com o objeto de qualquer outra demanda impugnativa (**Recurso civil. Uma teoria geral** p. 57).

maioria das quais fruto de previsão legal, e não de um exame de conteúdo do ato postulatório.[60]

Após todos esses exemplos, uma consideração final merece ser feita quanto ao chamado efeito obstativo dos recursos, tema tratado especificamente no capítulo 3. Observa-se o frequente argumento de que os recursos seriam instrumentos inseridos numa mesma relação jurídica processual por prolongarem o estado de litispendência.[61] Conquanto essa observação seja parcialmente verdadeira, não se pode confundir um efeito atribuído pela lei – o de obstar a preclusão –, passível, a desejo do legislador, de ser concedido ou retirado de qualquer meio de impugnação, com a função impugnativa por ele exercida. Veja-se que esse pensamento é arraigado na doutrina processual brasileira, pois as ações autônomas, desprovidas de efeito obstativo, podem ter subjetivamente os mesmos personagens da relação jurídica processual e objetivamente as mesmas questões deduzidas por recurso e, mesmo assim, entende-se que por meio delas há o exercício de uma demanda visando à desconstituição ou reforma de um ato judicial.[62]

Passa-se, então, a indicar a fonte comum de exercício da impugnação dos atos judiciais, que permite a unificação entre recursos e ações autônomas naquilo que convergem.

---

60. DANTAS, Marcelo Navarro Ribeiro. **Reclamação constitucional no Direito brasileiro**, p. 470-472; MORATO, Leonardo L. **Reclamação e sua aplicação para o respeito da súmula vinculante**, p. 92-98; DINAMARCO, Cândido Rangel. A reclamação no processo civil brasileiro. In: **Nova era do processo civil**, 4ª ed. São Paulo: Malheiros, 2013, p. 196-198; LEONEL, Ricardo de Barros. **Reclamação constitucional**. p. 145-148; AZVEDO, Gustavo. **Reclamação constitucional no direito processual civil**, p. 113-116; RODRIGUES, Marco Antonio. **Manual dos recursos**, p. 363; MITIDIERO, Daniel. **Reclamação nas Cortes Supremas: entre autoridade da decisão e a eficácia do precedente,** p. 24.

61. MONTERO AROCA, Juan. GÓMEZ COLOMER, Juan Luis. BARONA VILAR, Silvia. CALDERÓN CUADRADO, María Pía. **Derecho Jurisdiccional II: proceso civil,** 27ª ed. Valencia: Tirant Lo Blanch, 2019, p. 433

62. Essa preocupação passou pelo exame de Heitor Vitor Mendonça Sica: "Seria de se questionar, na mesma medida, se outros meios de impugnação a decisões judiciais catalogados como 'ações autônomas' – tais como a ação rescisória – seriam ou não portadores de verdadeiro objeto litigioso ou se conteriam apenas desdobramento do objeto litigioso deduzido no processo em que proferida a decisão impugnada (tal como os recursos)." (**Cognição do juiz na execução civil**, p. 108, nota 62).

2.1.3. O direito de impugnar e a identidade entre recursos e ações autônomas de impugnação

Conforme reflexão trazida no capítulo 1, é preciso recuperar a dicotomia entre direito de empregar os meios pelos quais se busca questionar um ato judicial e o direito de questioná-los, entendido esse segundo como o fundamento que respalda a impugnação dos atos jurídicos, como um "direito à conformidade jurídica"[63]. Portanto, o reconhecimento do direito de impugnar não é estranha ao processo civil, pois largamente examinado pela doutrina ao ensejo da ação rescisória, por ter caráter potestativo e exercido com a finalidade de invalidar ou reformar decisão judicial.[64] Ademais, a dicotomia entre o direito de empregar os meios processuais disponíveis para uma certa finalidade e o direito tutelado por determinada via não é inédita, considerando que, tanto na seara dos meios de impugnação,[65] quanto, por exemplo, nos meios de prova[66] ou nos meios de defesa do executado isso já pode ser encontrado.

Tomando isso como base, mostra-se correto assinalar que os recursos e as ações autônomas são vias utilizadas para exercício desse direito de impugnar,[67] na busca pela conformidade jurídica dos atos judiciais. Deixados de lado aspectos procedimentais, que ficam confinados à previsão legal,[68] é relevante ter como ponto de partida o exercício de pretensão dirigida ao questionamento do ato judicial por esses meios de impugnação.[69] O fato de a doutrina processual se apegar, durante muitos anos, ao critério meramente formal que sempre orientou a divisão entre recursos e ações autônomas de impugnação impediu que o conteúdo da postulação fosse o ponto de contato

---

63. ALMEIDA, Carlos Ferreira de. Invalidade, inexistência e ineficácia. **Católica Law Review**, v. 1, n. 2, p. 12, 1, maio 2017.

64. Veja-se que, na legislação nacional, já se encontra sua previsão específica como direito ao controle de ato judicial, conforme consta do art. 4º, §7º-B da Lei 2.850/2013, alterada pela Lei 13.964/2019: "§ 7º-B. São nulas de pleno direito as previsões de renúncia ao direito de impugnar a decisão homologatória."

65. VESCOVI, Enrique. **Los recursos judiciales y demás médios impugnativos en iberoamérica.** Buenos Aires: Depalma Ediciones, 1988, p. 13-14; ARMNETA DEU, Teresa. El derecho a los recursos. Su configuración constitucional. **Revista General de Derecho**, 1994, n. 598-599, p. 8.106-8.107.

66. YARSHELL, Flávio Luiz. **Antecipação da prova sem o requisito da urgência e direito autônomo à prova**. São Paulo: Malheiros, 2009, p. 233-235.

67. BUONCRISTIANI, Dino. **Potere e atto**, p. 167.

68. DIDIER Jr., Fredie. **Sobre a teoria geral do processo, essa desconhecida**, 2ª ed. Salvador: Juspodivm, 2013, p. 41.

69. YARSHELL, Flávio Luiz. **Curso de Direito Processual**, vol. 1, p. 282.

necessário para reconhecê-los como institutos que buscam atingir a mesma finalidade.[70] Ainda, aquele direito de empregar os meios pelos quais se busca questionar um ato judicial pode também ser visto de modo comum e amplo, reconhecido que o ordenamento jurídico não limita apenas aos recursos as vias pelas quais se manifesta o mencionado direito de impugnar.[71]

Parece, assim, perder relevância a disputa em torno da relação jurídica processual para divisar recursos e ações autônomas, uma vez que se formula ataque ao ato judicial em variados momentos e por vias distintas. Nesse sentido, se a edição de um ato estatal, em rega, não deve ficar à margem de controle, aquele poder dirigido à impugnação dos atos judiciais[72] decorre de um direito comum[73] exercido tanto pela via recursal quanto pela via das denominadas ações autônomas, identificado pelo direito de impugnar a partir do conjunto de normas constitucionais e infraconstitucionais que disciplinam o questionamento de normas e atos jurídicos,[74] radicado na própria inafastabilidade do controle jurisdicional.[75]

Essa constatação não deve ser contrariada pela indesejada contaminação direito de impugnar por um direito de recorrer. Esse exame será feito

70. "[...] pela análise sistemática do *objeto* dos diferentes meios de impugnação das decisões judiciais devem ser buscados pontos em comum entre todos eles, de sorte a que o sistema de revisão de atos decisórios seja – se não unitário e monolítico – quando menos harmônico e coerente." (YARSHELL, Flávio Luiz. **Ação rescisória: juízos rescindente e rescisório**, p. 31).

71. GILLES, Peter. Rechtsmitteleinlegung, Rechtsmittelbegründung und nachträgliche Parteidispositionen über das Rechtsmittel. **Archiv für die civilistische Praxis**, 1977, 2/3, p. 190-192.

72. Sobre os recursos como meio para exame de adequação da decisão ao ordenamento jurídico, JAUERNIG, Othmar. HESS, Burkhard. **Manual de derecho procesal civil**, trad. Eduard Roig Molés (30ª edição do original). Madrid: Marcial Pons, 2015, p. 407.

73. BOTELHO DE MESQUITA, José Ignácio. Da ação rescisória. In: **Teses, estudos e pareceres de processo civil**, vol. 2: jurisdição e competência, sentença e coisa julgada, recursos e processos de competência originária dos tribunais, p. 244).

74. PINTO, Rui. **O recurso civil. Uma teoria geral**, p. 73.

75. VESCOVI, Enrique **Los recursos judiciales y demás médios impugnativos en iberoamérica**. Buenos Aires: Depalma Ediciones, 1988, p. 6). Ainda: "Where there is neither constitutional nor legislative protection of the right to attack a judicial decision, protection may be supplied on the theory of a claimed inherent power of the courts to entertain such attacks." (HERZOG, Peter E. KARLEN, Delmar. Attacks on judicial decisions. **International Encyclopedia of Comparative Law Online**, Volume XVI, edited by U. Drobnig, R. David, H. H. Egawa, R. Graveson, V. Knapp, A. T. Von Mehren, Y. Noda, et al. Accessed April 28, 2021. doi: http://dx.doi.org/10.1163/2589-4021_IECO_COM_160802).

no item subsequente, mas, desde logo, é válido registrar que tal relação se estabelece sob as bases que inicialmente foram aqui referidas, sendo esse segundo entendido como o direito de empregar os meios previstos para exercício daquele primeiro.[76] Ainda, não se coloca em confronto a tutela de outros direitos pelos meios de impugnação, como as liberdades públicas no caso do mandado de segurança ou do *habeas corpus*, porquanto a proteção por eles promovida sucede ao próprio direito que se tem ao controle dos atos jurídicos em geral.[77] Além disso, não se ignora a possibilidade de regular o exercício desse direito de impugnar, mediante limitações e restrições, cuja constitucionalidade possa vir a ser debatida.[78]

Dessa forma, mostra-se lícito afirmar que a manifestação do direito de impugnar se faz mediante exercício de uma pretensão impugnativa,[79] que,

---

76. YARSHELL, Flávio Luiz. **Antecipação da prova sem o requisito da urgência e direito autônomo à prova**, p. 313.

77. WATANABE, Kazuo. **Controle jurisdicional: princípio da inafastabilidade do controle jurisdicional no sistema jurídico brasileiro e mandado de segurança contra atos judiciais**, p. 103; TUCCI, Rogério Lauria. **Do mandado de segurança contra ato jurisdicional penal**, p. 53-54.

78. LORCA NAVARRETE, Antonio María. **Constitución y litigación civil**, p. 534-535.

79. Há quem afirme ser esse um direito de criticar a decisão judicial (droit de critique), como se verifica em LEVAL, Georges de (coord.). **Droit judiciaire: tome 2. Manuel de procédure civile**. Bruxeles: Éditions Larcier, 2015, p. 1.286 e em CADIET, Loic; JEULAND, Emmanuel. **Droit judiciaire**, p. 671. Traço marcante nessa percepção é fruto da evolução legislativa ocorrida em diversos países em torno da disciplina do recurso de apelação. Historicamente, tal recurso sempre foi associado à provocação de outra instância para novo julgamento da causa, na linha das manifestações destacadas no tópico precedente e como já foi alvo de crítica no capítulo anterior, em decorrência da contrariedade apresentada ao suposto princípio do duplo grau de jurisdição. Ocorre que, como bem assinala Hebert Roth, o direito ao recurso foi, aos poucos, se dissociando dessa ideia de simples via para provocar a completa revisão por uma instância superior (como ficou notabilizado pela tese de Peter Gottwald, editada antes da reforma processual alemã, e que explicitava com amplitude e clareza a posição de uma instância revisora fática a partir do recurso de apelação (**Die Revisioninstanz als Tatsacheninstanz**. Berlin: Duncker und Humblot, 1975, p. 26-27), para se transmudar em um direito de criticar a decisão judicial, apontando seus equívocos e servindo como via para correção de vícios. Essa mudança – percebida em diversos países que procuraram conferir alterações ao recurso de apelação, como a Alemanha – acentua o caráter impugnativo do recurso e o distancia de um de mero requerimento formulado para subida de autos à instância superior para ampla revisão (Zur Überwindung gesetzgeberischer Modellvorstellungen im zivilprozessualen Berufungsrecht durch das bessere Argument der höchstrichterlichen Rechtsprechung. In: **Rechtsmittel im Zivilprozess – Hommage an Bruno Rimmelspacher**, Beat Gsell, Wolfgang Hau (org.). Baden-Baden: Nomos, 2019, p. 19-20).

compreendida em sentido processual, compõe o objeto dos recursos e das ações autônomas, deduzida por uma demanda caracterizada por causa de pedir e pedidos especificamente dirigidos a questionar o ato judicial.[80-81]

Admitido o poder de impugnar desatrelado do feixe de poderes do direito de ação ou de defesa, parece não haver razão para colocar em lados opostos recurso e ação autônoma de impugnação com base no critério da relação jurídica processual, tendo vista poderem ser tratados, de forma comum, como vias pelas quais se desenvolvem pretensões impugnativas[82] para o controle de atos judiciais.[83] Eventuais diferenças ficariam mesmo a cabo de elementos

80. Sem aderir ao quanto sustentado no texto, mas tangenciando essa ideia: ASSIS, Araken. **Manual dos recursos**, p. 61-62; DIDER JR., Fredie. CUNHA, Leonardo Carneiro da. **Curso de direito processual**, v. 3, p. 125; MACÊDO, Lucas Buril de. **O objeto dos recursos cíveis**, p. 338.

81. Peter Schlosser, em clássica obra sobre a ação constitutiva, ressaltou a existência de modificações de situações jurídicas que projetam efeitos materiais (situações jurídicas materiais) e situações jurídicas que projetam efeitos processuais (situações jurídicas processuais), o que auxilia na explicação das razões pelas quais o poder de impugnar, apesar de ter origem no direito material, pode delimitar sua eficácia ao plano processual quando voltado ao questionamento de decisões que resolvam matérias processuais (**Gestaltungsklagen und Gestaltungsurteile**. Bielefeld: Gieseking, 1966, p. 113-115). Sob premissas completamente distintas e sem aludir a bem da vida, mostra-se oportuno o entendimento sustentado por setor da doutrina processual brasileira a respeito de normas processuais e normas materiais e a influência de cada uma delas para se tornarem objeto de um juízo decisório (BRAGA, Paula Sarno. **Norma de processo e norma de procedimento: o problema da repartição de competência legislativa no Direito constitucional brasileiro**. Salvador: Juspodivm, 2015, p. 174).

82. Com razão Loic Cadiet e Emmanuel Jeuland ressaltam a inexistência de distinção entre os recursos ordinários e extraordinários a não ser apenas com relação ao momento de cada um (**Droit judiciaire**, p. 673). Ver, ainda, DAUCHY, Serge. SERINET, Yves-Marie. Notion et function des voies de recours. In: **Itinéraires d'histoire de la procedure civile**, coord. CADIET, Loïc; DAUCHY, Serge; HALPÉRIN, Jean-Louis, p. 128; BOUTY, Cédric. **L'irrévocabilité de la chose jugée en droit privé**. Marseille: Presses universitaires d'Aix-Marseille, 2008, p. 55-56.

83. WAMBIER, Teresa Arruda Alvim. O mandado de segurança contra ato judicial. **Revista de Processo**, vol. 107, ano 27, julho-setembro de 2002, p. 224). Em igual sentido: SALLES, Carlos Alberto de. Mandado de segurança contra atos judiciais: as súmulas 267 e 268 revisitadas. In. BUENO, Cássio Scarpinella; ALVIM, Eduardo Arruda; WAMBIER, Teresa Arruda Alvim. (Coord.). **Aspectos polêmicos e atuais do mandado de segurança: 51 anos depois**. São Paulo: Editora Revista dos Tribunais, 2002. p. 123. Essa realidade não é privativa do Brasil. Nos Estados Unidos, acha-se o debate sobre o cabimento do *writ of mandamus* para impugnar decisões interlocutórias em casos excepcionais. Essa função de "middle-of-the-game appeal" surge por ocasião do disposto no 28 U.S. Code §1292. A despeito de não haver expressa proibição à impugnação das decisões inter-

extrínsecos,[84] ligados a critérios de cabimento, o que sugere uma nova classificação divisória que leva em consideração o momento de emprego de cada meio de impugnação,[85] conforme proposta apresentada no item 2.3. *infra*.

A relevância em assumir que determinados meios de impugnação são recursos e outros não o são reside, essencialmente, na atração, para os primeiros, de um regime jurídico específico,[86] conotado, essencialmente, pelo impedimento do trânsito em julgado e pela aplicação de determinados efeitos, assim compreendidas as interferências legais que caracterizam esse regime, conforme analisado no capítulo 3.

2.1.4. Meios de impugnação e o exercício do direito de impugnar contra o ato judicial

Passa a ser necessário analisar a afirmação comum de que os recursos são meios endoprocessuais, para compreender no que consiste essa proposição

---

locutórias, vigora o entendimento de que o sistema fora construído para proporcionar única decisão na solução do litígio (final judgement). Em muitas situações, assume-se que os recursos contra essas decisões interlocutórias seriam inúteis, pois as questões nela resolvidas passariam a ser questionadas com o julgamento final. À semelhança de alguns pressupostos para utilização do mandado de segurança contra ato judicial no Brasil, o *writ of mandamus* contra decisões interlocutórias naquele país (JANES, Charles Robert. Mandamus as a means of federal interlocutory review. **Ohio State Law Journal**, vol. 38, issue 2, 1977, p. 316). Mais recentemente sobre o tema: BAYER, Aaron S. How mandamus and interlocutory appeals interact. **The national law journal**, july 30, 2012).

84. CADIET, Loïc; JEULAND, Emmanuel. **Droit judiciaire**, p. 673.

85. Em alguns códigos provinciais argentinos, o instrumento correspondente à ação rescisória ora é designado como recurso e ora como ação autônoma (sobre esse relato, GIANNINI, Leandro J. La revisón de la cosa juzgada. Cuestiones actuales. **Revista La Ley**, 2001-E, p. 1.261-1.262). A observação de Guasp não convence, porquanto segue com equiparações formais entre os meios impugnativos, a ponto de conceber que "todos los recursos son acciones impugnativas autonomas y la ruptura de la unidad del processo es característica essencial de ellos" (**Derecho procesal civil**, p. 1.326). Em Portugal, Rui Pinto assevera, no entanto, que o emprego do termo "recurso" para designar o meio de impugnação não é um mero acaso (**Recurso civil. Uma teoria geral**, p. 51).

86. Karim Salhi faz precisa constatação ao mencionar a existência de um perfil heterogêneo de meios de controle designados como recursos, tal como se observa na seara administrativa ou privada, cada qual sujeito a regimes distintos, de modo que a relevância da afirmação formulada no texto não poderia ficar submetida à fragilidade dessa inexistente uniformidade. Em razão disso, propõe que se tome como elemento essencial a natureza do ato questionado para, diante dos atos judiciais, oferecer essa unificação dogmática dos meios de impugnação denominados de recursos (**Contribution à une théorie générale des voies de recours en droit judiciaire privé.** Thèse de doctorat (Droit privé et sciences criminelles) – Université de Caen Normandie, 2004, p. 40-43).

e revelar mais uma aproximação com as ações autônomas.[87] Considerando que ambos veiculam demandas impugnativas, restaria saber a razão pela qual alguns deles sejam classificados como recursos, enquanto outros não mereçam essa designação.[88]

O direito de impugnar aqui referido não se confunde com aquele já aventado pela doutrina em menção ao direito empregar os meios previstos pelo sistema para questionar os atos judiciais.[89] Mencionou-se, assim, que esse direito, normalmente denominado de direito de recorrer, deve ser analisado de modo amplo,[90] para abarcar o emprego de qualquer meio de impugnação, que poderá ser recurso ou ação autônoma em nosso ordenamento jurídico.[91] Essa premissa se mostra essencial a este estudo, pois a corrente afirmação de que haveria um direito ao recurso ou um direito de recorrer não é tratada de modo uniforme em doutrina, pois, por vezes, encontram valência com o direito de ação (entendido como um dos poderes de provocar a atuação jurisdicional em sede de recurso), com o direito a um meio (ao instrumento recursal, especificamente) ou com o direito tutelado pelo recurso (atinente ao próprio mérito recursal).[92]

---

87. BARBOSA MOREIRA, José Carlos. **Comentários ao Código de Processo Civil**, p. 260; NERY JR., Nelson. **Teoria geral dos recursos**, p. 366-368; JORGE, Flávio Cheim. **Teoria geral dos recursos cíveis**, p. 153-154.

88. TALAMINI, Eduardo. WLADECK, Felipe Scripes. Comentários ao art. 994. In: **Comentários ao Código de Processo Civil**, vol. 4, coord. Cassio Scarpinella Bueno. São Paulo: Saraiva, 2017, p. 259.

89. TRANCHINA, Giovanni. **La potestà di impugnare nel processo penale italiano**. Milano: Giuffrè, 1970, p. 167-169. No Brasil, DIDIER JR., Fredie. O direito de ação como complexo de situações jurídicas. **Revista de Processo**, vol. 210, ago. 2012, p. 41-56. Na jurisprudência, em referência ao direito potestativo "de se insurgir contra" uma decisão: STJ, RMS 35.345/GO, Quinta Turma, Rel. Min. Laurita Vaz, DJe de 27/4/2012.

90. Joan Picó i Junoy faz importante observação ao asseverar que, na verdade, o chamado direito ao recurso deveria ser visto de modo mais amplo como direito "al sistema impugnatorio" (**Las garantias constitucionales del processo**, p. 80).

91. DIDIER JR., Fredie. O direito de ação como complexo de situações jurídicas. **Revista de Processo**, vol. 210, ago. 2012, p. 55).

92. Sobre essas variadas concepções: GRECO, Leonardo. Princípios de uma teoria geral dos recursos. In: BASTOS, Marcelo Lessa. AMORIM, Pierre Souto Maior Coutinho de. **Tributo a Afrânio Silva Jardim: escritos e estudos**, p. 315-360; WAMBIER, Teresa Arruda Alvim. Restrições indevidas ao direito de recorrer. **Revista de Processo**, n. 130, dez. 2005, p. 249; CALMON DE PASSOS, José Joaquim. As razões da crise de nosso sistema recursal. In: **Meios de impugnação ao julgado civil – Estudos em homenagem a José Carlos Barbosa Moreira**, coord. Adroaldo Furtado Fabrício. Rio de Janeiro: Forense, 2008, p. 371. Veja-se, ainda, a difundida concepção de que o direito

Em nosso sistema, pode-se afirmar que a classificação dos recursos como meios endoprocessuais perde sua relevância porque o controle dos atos judiciais não é realizado por mecanismos que dependam exclusivamente de algum poder processual ou, ainda, porque haveria a possibilidade de se fazer uso de outros mecanismos não catalogados como recursos.[93] Por isso, apesar de a doutrina nacional e estrangeira assumirem o recurso como meio impugnativo endoprocessual,[94] por algumas razões esse critério não é determinante para guiar o controle dos atos judicias entre nós.

Pela primeira, há ações autônomas previstas com a finalidade exclusiva de impugnar atos judiciais decisórios, como a ação rescisória, sem que, por isso, deixe de representar exercício de uma demanda impugnativa. Pela segunda, os atos judiciais poderão ser impugnados por determinadas ações autônomas cujo cabimento também se admite diante de atos não judiciais,

---

ao recurso nasce para a parte quando proferida decisão recorrível: SICA, Heitor Vitor Mendonça. Recorribilidade das interlocutórias e sistema de preclusões no novo CPC. **Revista Magister de direito civil e processual civil**, v. 11, n. 65, p. 22-66, mar./abr. 2015; NERY JR. Nelson. **Teoria geral dos recursos**, p. 377.

93. É pertinente salientar que esse raciocínio pode ser comparado àquele usado para denominar de endoprocessual a defesa do executado por meio de embargos à execução (SICA, Heitor Vitor Mendonça. **Cognição do juiz na execução civil**, p. 148. Dois paralelos são úteis para comprovar essa assertiva. O primeiro diz respeito às defesas do executado, especialmente as assim chamadas heterotópicas, também tratadas como ações autônomas à execução. A preclusão que obsta a apresentação dos embargos à execução não impede a parte de buscar a tutela do direito material mediante demanda ajuizada autonomamente (MARTINS, Sandro Gilbert. **A defesa do executado por meio de ações autônomas: defesa heterotópica**. São Paulo: RT, 2002, p. 80). O segundo se refere à preclusão formada para o réu para a apresentação de reconvenção, impugnação ao cumprimento de sentença ou de embargos à execução, o que, evidentemente, leva ao óbice de, no mesmo processo, ser praticado o ato do demandado ou executado, sem causar qualquer prejuízo para a pretensão de que é titular, a qual poderá ser deduzida em demanda autônoma e ainda se valer da conexão com a demanda proposta pelo autor para julgamento conjunto. Essa constatação leva a outro problema, em saber qual seria, então, o prazo para desconstituir uma decisão judicial, considerando sê-lo de natureza decadencial. De fato, não há disciplina geral que regule prazos decadenciais para desconstituir provimentos jurisdicionais, muito provavelmente porque o sistema confia na organização de um modelo impugnativo eminentemente baseado em oportunidades conferidas antes de operada a preclusão. Contudo, ainda se consegue colher, em casos específicos, a preocupação do legislador em prever prazo certo para a hostilização da decisão, como ocorre com o direito de impugnar tutelado pela ação rescisória (art. 975 do CPC; art. 8º-C da Lei 6.739/79 e art. Art. 22, I, "j" da Lei 4.737/65) e o direito de impugnar a decisão concessiva de tutela antecipada antecedente estabilizada (art. 304, § 5º do CPC).

94. No Brasil, NERY JR., Nelson. **Teoria geral dos recursos**, p. 209. Na doutrina estrangeira, por todos: CONSOLO, Claudio. **Le impugnazioni delle sentenze e dei lodi**, p. 32-33.

como o mandado de segurança, o *habeas corpus* e a reclamação, e, conforme já referido, não haveria razão para variação da sua natureza jurídica segundo o objeto impugnado. Pela terceira, se a referida "endoprocessualidade" consiste na previsão dos recursos como um dos atos do procedimento, semelhante raciocínio deveria valer, por exemplo, para reclamação, diante da disciplina a ela dispensada pelo CPC quanto ao seu cabimento, especialmente no que toca ao momento da sua utilização. Há, sob essa perspectiva, indissociação entre o direito de empregar a via e o direito que por meio dela se deduz. Pela quarta, é admitida a possibilidade de controle dos atos judiciais contra os quais não há previsão recursal, o que demonstra não existir dependência entre o direito de impugnar e recurso.[95]

Para confirmar essas assertivas, bastaria mais um paralelo com as ações autônomas de impugnação. O questionamento formulado pelos recursos poderia ter exatamente o mesmo objeto daqueles aqueles meios, para as quais, sem despertarem divergências, admite-se introduzirem demanda em juízo.[96] Dessa forma, um dado relevante é perceber que a impugnação dos atos judiciais encontra amparo no mesmo direito que embasa o controle de qualquer outro ato jurídico, sempre com as ressalvas necessárias a respeito dos requisitos para o seu exercício em diferentes searas. Sendo assim, parece importar menos o apego à dicotomia recursos e ações autônomas de impugnação pelos aspectos tradicionalmente tratados pela doutrina processual nacional, porquanto ambos se prestam às mesmas finalidades e são veículo para uma pretensão respaldada pelo direito de impugnar.

Em síntese, a opção pela designação de determinado meio de impugnação como recurso é fruto da escolha do legislador (que poderia, eventualmente, passar a nominar a ação rescisória de recurso), sem que se altere a essência ligada ao poder de impugnar.[97] Ao designar determinado meio

---

95. BARBOSA MOREIRA, José Carlos. Item do pedido sobre o qual não houve decisão. Possibilidade de reiteração noutro processo. *Temas de direito processual – segunda série*. 2ª ed. São Paulo: Saraiva, 1988, p. 247; THEODORO JÚNIOR, Humberto. **Curso de Direito Processual Civil**. 56ª ed. Rio de Janeiro: Forense, 2018, v. 1, p. 551.

96. PRADO, Geraldo. Recursos e ações autônomas de impugnação. In: MOURA, Maria Thereza Rocha de Assis (coord). **As reformas no processo penal**, São Paulo: RT, 2008, p. 356.

97. O Projeto de Emenda Constitucional 199/19 transforma, nominalmente, os recursos extraordinário e especial em ação revisional extraordinária e ação revisional especial, respectivamente. Eis uma confirmação de como o legislador pode manipular os termos, sem, necessariamente, alterar a essência dos institutos, muito embora a exposição de motivos do projeto apresente essa preocupação (inócua) em sentido contrário: O texto da PEC sugere transformar os atuais recursos extraordinário e especial em ações revisionais extraordinária e especial. Altera-se, portanto, a natureza desses institutos,

de impugnação como recurso, no sistema nacional, o relevante é perceber a incidência de um regime jurídico específico, notadamente voltado ao impedimento da formação da preclusão ou da coisa julgada. O princípio da taxatividade exerce sua relevância nesse sentido, ou seja, faz-se com que sobre a demanda impugnativa recaia o regime jurídico recursal.[98]

Assente que o controle da decisão judicial independe da previsão dos recursos em nosso sistema, ideia essa respaldada em estrita relação com o Estado de Direito,[99] o que se verifica é que esses meios se apresentam como uma tentativa de racionalização do exercício de impugnações no processo, nem sempre bem-sucedida.[100] Reunidos os elementos até aqui traçados, não se verifica impedimento para reconhecer veiculada por meio do recurso pretensão quando essa via se prestar a fazer agir o direito de impugnar, o que já não encontrava resistência frente às ações autônomas.[101] A demanda

---

que deixam de ser recursos e se transmutam em ações autônomas de impugnação. Essa proposta, todavia, conquanto meritória, possui alguns inconvenientes. Com efeito, em primeiro lugar devemos lembrar que o recurso especial e o recurso extraordinário já encontram regulamentação infraconstitucional (seja pelo Código de Processo Civil, seja pelos regimentos internos dos tribunais). Transformá-los em ações autônomas, portanto, demandaria uma revisão ampla nesse conjunto normativo, o que poderia dificultar sobremaneira a sua operacionalização."

98. Veja-se que Barbosa Moreira, mesmo ao sustentar a dicotomia entre recursos e ações autônomas de impugnação, reconhecia a identidade de conteúdo e de resultados entre um e outro (**O juízo de admissibilidade no sistema dos recursos civis**, p. 80).

99. LUISO, Francesco Paolo. Invalidità della sentenza e mezzi di gravame. **Rivista di Diritto Processuale**, v. LXIV, n. 2, 2009, p. 19.

100. Novamente, o exemplo alemão de reforma do recurso de apelação é elucidativo para entender que o recurso, no plano teórico e, em seguida, no plano legal, passou a ser visto, cada vez mais, sob o viés impugnativo pelo controle de erros da decisão judicial (*Rechtsfehlerkontrolle*) (ROTH, Herbert. Zivilprozessuales Rechtsmittelrecht und funktionale Zweigliedrigkeit. **Juristen Zeitung**, vol. 61, n. 1, 2006, p. 9-10).

101. DINAMARCO, Cândido Rangel. Os efeitos dos recursos. In: **Aspectos polêmicos e atuais dos recursos cíveis**, vol. 5, p. 29). Embora Vescovi aceite a diferença entre ações impugnativas e recursos, reconhece que esses últimos são como "la demanda incidental de nulidad, por ejemplo" (**Los recursos judiciales y demás médios impugnativos en iberoamérica**, p. 14). Na doutrina estrangeira, especificamente a italiana: SCHIAFFINO. Gabriella. Omessa specificazione dei motivi nell'atto d'appello: nullità o irregolarità?, **Rivista di Diritto Processuale**, 1983, p. 146; SASSANI, Bruno. Appello (dir. proc. civ.). **Enc. dir.**, Aggiorn., III, 1999, p. 193; ROMANO, Alberto A. Profili applicativi e dogmatici dei motivi specifici d'impugnazione. **Riv. trim. dir. e proc. civ.**, 2000, IV, p. 122; POLI, Roberto. **I limiti oggettivi delle impugnazioni ordinarie**, p. 435. No processo administrativo italiano, não pairam muitas dúvidas em observar o recurso como uma demanda impugnativa, especialmente se analisadas as opiniões que reconhecem não

impugnativa introduzida pelo recurso consiste na afirmação em juízo de um poder direcionado à impugnação da decisão judicial, o qual em nada se confunde com o apontado poder de recorrer, assemelhado à mera possibilidade de praticar o ato processual, o que seria comum a qualquer outro na cadeia de poderes decorrentes das posições processuais. A especificidade que remanesce na identificação de uma demanda impugnativa de ato judicial como recurso está na prevalência do princípio da legalidade (taxatividade) em aplicar-lhe o regime jurídico dotado de certas características, como o impedimento para a formação da preclusão ou da coisa julgada.

2.1.3. Atuação recursal desatrelada do direito de impugnar

Embora todas as considerações anteriores tenham levado em conta a atuação dos recursos atrelados ao direito de impugnar, esses meios podem cumprir outros papéis no ordenamento jurídico. Sob as vestes de recurso, encontram-se fenômenos que não visam, necessariamente, à desconstituição da decisão, a esclarecer que, embora haja identidade entre recursos e ações autônomas, os primeiros podem abranger objetivos mais amplos. Não se pode ignorar, portanto, que, pela via recursal, é possível obter resultados distintos do que frequentemente se observa com o exercício do direito de impugnar.[102]

A histórica concepção dos recursos como meios para combater erros judiciais mediante modificação da decisão cria dificuldade para a doutrina lidar com situações em que esses instrumentos atendem a finalidades distintas.[103] Esse estranhamento parece se explicar por não haver clara dissociação entre conteúdo do recurso e o procedimento recursal. Nada impede que a lei escolha determinada função não impugnativa a ser desempenhada segundo

---

ser esse meio de impugnação apenas "renovatório", mas sim com caráter impugnativo e com autonomia de causa de pedir e do pedido (ZITO, Alberto. Le impugnazioni. In: **Giustizia amministrativa**, a cura di Franco Gaetano Scoca, settima edizione. Torino: Giappichelli, 2017, p. 441-445; MONTEDORO, Giancarlo. Brevi considerazioni in tema di principi generali sui mezzi di impugnazione delle sentenze e futura codificazione del processo amministrativo. **Diritto processuale amministrativo**, 2009, n.3, p. 683).

102. Apesar de marcante a utilização do recurso para além de funções impugnativas no direito brasileiro, a visão ampliativa das atribuições desse meio de impugnação vem sendo debatida atualmente em outros países (SCHMIDT, Georges Schmidt. Étendue et limites du droit au recours jurisdictionnel. **Reveu française de droit constitutionnel**, 2015/4, n. 104, p. 939).

103. Por conta da ausência de função impugnativa, a doutrina discute se, de fato, os embargos de declaração devem ser encarados como recurso, diante da estrita dependência que a via deveria possuir com aquela finalidade, chegando-se a reconhecer que somente seria recurso se houvesse escopo infringente (DINAMARCO, Cândido Rangel. Os embargos de declaração como recurso. In: **Nova era do processo civil**, p. 179).

o procedimento recursal, o que leva a repensar o conceito de recurso, tanto quanto já se levaria com base nas premissas anteriormente assentadas.[104]

Embora menos frequente em outros ordenamentos jurídicos, essa realidade se manifesta, entre nós, ao menos em um exemplo para ilustrar bem a utilização do recurso sem que se pretenda desconstituir o ato judicial.

Os embargos de declaração podem ser empregados para correção da decisão judicial sem que isso importe em alteração da situação jurídica por ela instituída, como poderia ocorrer com a superação de algumas espécies de omissões, contradições, obscuridades ou erros materiais, em decorrência de um dever de esclarecimento ou de integração por parte do órgão julgador.[105] Afora históricas discussões sobre a natureza recursal dos embargos de declaração – que mais pareciam confundir conteúdo da postulação com regra de taxatividade[106] – e, diante da previsão legal do seu espectro de abrangência, nota-se que uma de suas funções é conferir maior clareza e precisão ao julgado. Em razão disso, chega-se a sustentar que o interesse existente para os embargos de declaração poderia significar ausência de interesse para, por exemplo, a apelação, justamente porque não se pretende naquele primeiro a alteração da situação jurídica instituída pela decisão[107]

Mesmo quando essa alteração seja promovida, em razão do denominado "efeito infringente", é salutar observar que o resultado se dá nos limites do questionamento proposto pelos embargos de declaração,[108] pelo mesmo órgão que incorreu em obscuridade, contradição ou omissão. Em outro sentido, a alteração total ou parcial existe a pretexto de se sanar esses vícios, ativando do julgador deveres de atuação (de motivação, de esclarecimento, de completude,

---

104. Em qualquer quadrante que se analise a teoria dos recursos, estará à sua base a noção de falha ou erro do juiz e a necessidade de se valer desses meios para correção (CUADRADO SALINAS, Carmen. Los médios de impugnación en el proceso civil. In: **Derecho Procesal Civil: parte general**, José Maria Ascensio Mellado (director). Valencia: Tirant Lo Banch, 2019, p. 373; BONA, Carlo. **Sentenze imperfette. Gli errori cognitivi nei giudizi civili**, p. 8-9).

105. BONDIOLI, Luís Guilherme Aidar. **Embargos de declaração**, p. 55-63.

106. FERNANDES, Luís Eduardo Simardi. **Embargos de declaração: efeitos infringentes, prequestionamento e outros aspectos polêmicos**. 5 ed. São Paulo: Editora Revista dos Tribunais, 2020, p. 25-31.

107. BONDIOLI, Luis Guilherme Aidar. **Embargos de declaração**, p. 160; TALAMINI, Eduardo. WLADECK, Felipe Scripes. Comentários ao art. 994. In: **Comentários ao Código de Processo Civil**, vol. 4, coord. Cassio Scarpinella Bueno. São Paulo: Saraiva, 2017, p. 284.

108. MONIZ DE ARAGÃO, Egas Dirceu. Embargos de declaração. **Revista dos Tribunais**, v. 77, n. 633, jul. 1988, p. 19

de vedação ao *non liquet* etc.).[109] Deve-se considerar, ainda, que a consolidação pragmática, jurisprudencial e legal dos chamados embargos de declaração "pré-questionadores" contribuiu para, em alguma medida, retirar a carga de controle pertencente a esse recurso.[110] Em inúmeras ocasiões, manejá-lo significará apenas o cumprimento de uma etapa preparatória para a interposição dos recursos extraordinário e especial, a fim de evitar o seu juízo negativo de admissibilidade.

Isso tudo revela que o fenômeno recursal contempla atuações que vão além da manifestação do direito de impugnar. Dentre os variados objetivos que o sistema processual reserva aos recursos, a maior parte possui interseção com as ações autônomas de impugnação, sendo certo que a disciplina legal reserva aos primeiros objetivos mais amplos.

2.1.6. Aproximação entre recursos, ações autônomas de impugnação e demandas impugnativas de outros atos jurídicos

No exame dos mecanismos para impugnação das decisões judiciais, mostra-se conveniente lançar olhar sob prisma mais amplo, que possibilite inseri-los em patamar comum a qualquer outra forma de impugnação de atos jurídicos. Para essa análise ser frutífera, necessário eleger elementos comuns que permitam estabelecer uma relação geral entre recursos, ações autônomas de impugnação dos atos judiciais e demais demandas para ataque a outros atos jurídicos. Essa aproximação não é totalmente estranha ao processo civil, porquanto faz parte do seu objeto de estudo demandas impugnativas direcionadas a questionar atos de manifestação de vontade das partes, por exemplo.[111]

Na categoria dos poderes de modificação jurídica,[112] deve ser levado em consideração o poder com função impugnativa.[113] Como tal, pode ser

---

109. FERREIRA FILHO, Manoel Caetano. **Comentários ao Código de Processo Civil**, v. 7. São Paulo: Revista dos Tribunais, 2001, p. 297.

110. KOZIKOSKI, Sandro Marcelo. **Embargos de declaração: teoria geral e efeitos infringentes**. São Paulo: Reista dos Tribunais, 2004, p. 189-190.

111. SILVA, Paula Costa e. **Acto e processo: o dogma da irrelevância da vontade na interpretação e nos vícios do acto postulativo**, p. 273-274

112. Para um enquadramento dogmático do poder enquanto figura de teoria geral: GUARINO, Giuseppe. **Potere giuridico e diritto soggettivo**. Napoli: Jovene, 1949, p. 37-42; AGUIAR JR., Ruy Rosado de. Indenização por perdas e danos. Decadência do direito de anulação do contrato. Prescrição da ação de responsabilidade civil prevista na lei societária. Atendimento do critério da razoabilidade no cumprimento do contrato. **Revista de Direito Bancário e do Mercado de Capitais, São Paulo, v. 8, n. 27, jan./mar. 2005, p. 192.**

113. FRANÇA, Erasmo Valladão Azevedo e Novaes. ADAMEK, Marcelo Vieira von. Algumas notas sobre o exercício abusivo da ação de invalidação de deliberação assemblear. In:

entendido o poder de extinção ou modificação de determinada situação ou relação jurídica amparado em fato constitutivo surgido a partir de uma desconformidade jurídica, originária ou superveniente. Trata-se de um poder de reação qualificado pelo ordenamento jurídico como causa suficiente a ensejar alteração de um estado jurídico. Dessa forma, é um poder dirigido à remoção de atos eivados pela referida desconformidade, que poderá ser corrigida no plano material ou pela via judicial, como instrumento, alternativo ou exclusivo, à disposição do interessado para conseguir essa modificação.[114]

A relação entre desconformidade jurídica e impugnação[115] está permeada por característica marcante dos denominados direitos potestativos, identificados como aqueles que promovem unilateralmente a criação, a extinção ou a modificação de situações jurídicas mediante exercício de poder.[116]

Assim, as demandas impugnativas apresentarão como causa de pedir a afirmação do poder, derivado do direito de impugnar, enquanto o pedido se dirige à alteração da situação jurídica mediante a remoção ou correção desse ato.[117] A demanda destinada à invalidação de um contrato tem como

---

Processo societário, Flávio Luiz Yarshell [et. al.] coord. São Paulo: Quartier Latin, 2012, p. 157-184; ADAMEK, Marcelo Vieira von. **Abuso de minoria em direito societário.** São Paulo: Malheiros, 2014, p. 208-233; TRANCHINA, Giovanni. (Impugnazione (dir. proc. pen.). In: **Enc. dir.**, vol. XX, 1970, p. 700-701); PROVINCIALI, Renzo. **Delle impugnazioni in generali**, p. 72; MOTTO, Alessandro. **Poteri sostanziali e tutela giurisdizionali**, p. 593-596; BUONCRISTIANI, Dino. **Potere e atto**. Torino: Giappichelli, 2020, p. 166

114. MOTTO, Alessandro. **Poteri sostanziali e tutela giurisdizionali**, p. 593-596.

115. CALAMANDREI, Piero. Vizi della sentenza e mezzi di gravami. In: **Opere Giuridiche**, vol. VIII. Napoli: Morano, 1979, pp. 246-247.

116. Na doutrina nacional: AMORIM FILHO, Agnelo. Critério científico para distinguir a prescrição da decadência e para identificar as ações imprescritíveis. In: **Revista dos Tribunais**, vol. 300, out. 1961, p. 332; SILVA, Almiro do Couto e. Atos jurídico de direito administrativo praticados por particulares e direitos formativos. **Revista da Consultoria-Geral do Estado**, Porto Alegre, 2003, p. 90-93. Na doutrina estrangeira: NAJJAR, Ibrahim. **Le droit d'option: contribution à l'étude du droit potestatif et de l'acte unilateral**. Paris: LGDJ, 1967, p. 15-23; CAPONI, Remo. PISANI, Andrea Proto. Limiti oggettivi del giudicato nelle azioni di impugnazione del licenziamento. **Foro italiano**. 2001, 1, 3.692-3.694; FORNACIARI, Michele. **Situazione potestative, tutela constitutiva, giudicato**. Torino: Giappichello, 1999, p. 54-57; BUONCRISTIANI, Dino. Impugnazione del licenziamento e principio di eventualità. **Rivista di Diritto Processuale**, 2016, n. 4-5, p. 1.050-1.051; ALEXANDRE, Isabel. **Modificação do caso julgado material civil por alterações das circunstâncias**. Coimbra: Almedina, 2018, p. 352-356.

117. MOTTO, Alessandro. **Ordine di esame delle questioni, interesse ad impugnare ed accertamento in prosecuzione nei giudizi di impugnazione di atti di esercizio di poteri sostanziali.** Giusto processo civile., 2013, 151-153.

causa de pedir a causa de invalidade e como pedido a nova situação jurídica. Da mesma forma, a invalidação de um ato administrativo pode ser obtida mediante demanda que invoque, por exemplo, a ilegalidade do ato e pedido de nova situação jurídica pela sua eliminação. Estruturalmente, portanto, a demanda é impugnativa porque veicula pretensão embasada em desconformidade jurídica que inquina o objeto impugnado, a fim de se obter sua extinção ou modificação.[118]

Diante das variadas formas com que se expressa essa desconformidade jurídica, pode-se extrair algo em comum, consistente na característica reativa da demanda impugnativa, isto é, impugnar é atitude de reação a um estado de contrariedade legal de um determinado objeto. A impugnação de um ato ou negócio jurídico pode ter por fundamento um defeito em si ou uma causa externa com igual capacidade desconstitutiva ou modificativa.[119] Assentada tal premissa, mostra-se adequado tratar dessas variadas formas com que se manifesta a desconformidade jurídica como motivos de impugnação.[120] O exame desses motivos contribui para aferir o grau de suscetibilidade a ataque do objeto, já que o ordenamento jurídico se vale de modelos amplos e restritos para esse questionamento, como salientado no capítulo 1.

Para determinadas situações, não há qualquer restrição impugnativa, pois a lei deixa de prever motivos específicos, do que se conclui pela de ampla sujeição à impugnabilidade. Em outros casos, somente determinadas hipóteses de contrariedade ao ordenamento jurídico são relevantes para fins de impugnação, já que a lei acaba por eleger quais serão os vícios considerados relevantes, de modo a se criar restrita sujeição à impugnabilidade. Parece razoável, assim, aceitar que as escolhas feitas entre modelos amplos ou restritos se baseiam em parâmetros mais livres ou mais rígidos de preservação de relações ou situações jurídicas.[121]

---

118. BUONCRISTIANI, Dino. **Potere e atto**, p. 166.

119. Como se pode depreender, por exemplo, do inadimplemento contratual, que, uma vez ocorrido, possibilita à parte lesada pedir o desfazimento da relação contratual (AGUIAR JÚNIOR. Ruy Rosado de. **Extinção dos contratos por incumprimento do devedor.** Rio de Janeiro: AIDE, 2004, p. 29-30). Outro exemplo possível é a modificação equitativa do contrato quando provocada por onerosidade excessiva, como bem examinado por MARINO, Francisco Paulo de Crescenzo. **Oferta de modificação equitativa de contratos afetados pela excessiva onerosidade superveniente**. Tese de Livre-docência. Faculdade de Direito da Universidade de São Paulo. 2018, p. 183-190.

120. BARBOSA MOREIRA, José Carlos. Considerações sobre a causa de pedir na ação rescisória. In: **Temas de direito processual**: 4ª série. São Paulo: Saraiva, 1988, p. 205-214.

121. O desenvolvimento dessas ideias, no tocante à impugnação das decisões judiciais, será feita com maior detalhamento no capítulo 5 *infra*. Por ora, convém destacar que o juízo

É necessário, ainda, utilizar os critérios anteriormente traçados para considerar como impugnativas, por exemplo, a ação anulatória de contrato, a ação de invalidação de ato administrativo, a ação direta de inconstitucionalidade, ação anulatória de arrematação de imóvel em hasta pública e tantas outras, por semelhança estrutural de seus elementos objetivos,[122] que têm em comum a existência dessa contrariedade jurídica e a busca por corrigi-la ou eliminá-la

Uma peculiaridade da modificação jurídica originada de demandas impugnativas consistente no caráter reativo da tutela jurisdicional[123] justamente em resposta aos vícios atacados. Por isso, para compreender em que extensão esse controle poderá ocorrer, é fundamental identificar a natureza do ato questionado e o regime jurídico de controle a ele aplicável.

A relevância dessa identificação está em compreender os limites do controle, se a impugnação estará limitada a causas de invalidade, se o conteúdo do ato poderá ser questionado, as restrições para atuação judicial diante de atos produzidos em outras esferas de poder etc. Por isso, são relevantes as constatações feitas por Karim Salhi, ao apontar que os recursos

---

de adequação legal rende discussões que transbordam o exame processual, pois serve de referência para inúmeras constatações no plano material, o que, em certa medida, toca diretamente à noção de autonomia privada e das relações entre particulares e Estado. Interessante verificar a apreciação feita por Paula Forgioni a respeito da liberdade de contratar e dos limites impostos pelo Direito para qualificar como lícito ou ilícito o acordo de vontades (**Teoria geral dos contratos empresariais**. São Paulo: Editora Revista dos Tribunais, 2009, p. 83). Nesse mesmo quadro, é relevante notar que as escolhas legislativas acerca daquilo que se acha ou não de acordo com o ordenamento jurídico pode ter grandes variações, pois, no âmbito do Direito Tributário é lição antiga que a ilicitude é irrelevante para a hipótese de incidência (art. 118, I do CTN), razão pela qual, sob um certo ângulo, ainda assim se observa alguma conformação de juridicidade ("*pecunia non olet*") (CAMPOS, Diogo Leite de. Tributação dos rendimentos de factos ilícitos. In: **Problemas Fundamentais do Direito Tributário**. Lisboa: Vislis Editores, 1999, p. 11-12).

122. COSTA, Moacyr Lobo da. Origem da sentença constitutiva. **Revista Da Faculdade De Direito,** Universidade de São Paulo, 68(1), p. 227; DINAMARCO, Cândido Rangel. Momento de eficácia da sentença constitutiva. **Revista de Processo**, vol. 63, 1991, p. 7-17; OLIVEIRA, Carlos Alberto Alvaro de. Tutela constitutiva e volta ao estado anterior. **Revista de Processo**, vo. 224, 2013, p. 65-72; DIDIER JR., Fredie. Sentença constitutiva e execução forçada. **Revista de Processo**, vol. 159, 2008, p. 65-76; YARSHELL, Flávio Luiz. **Tutela jurisdicional**, 2ª ed. São Paulo: DPJ, 2006, p. 156-159; SILVA, Ovídio Araújo Baptista da. Direito material e processo. In: **Polêmica sobre a ação: a tutela jurisdicional na perspectiva das relações entre direito e processo**. Org: MACHADO, Fábio Cardoso; AMARAL, Guilherme Rizzo. Porto Alegre: Livraria do Advogado, 2006. p. 68.

123. SASSANI, Bruno. **Impugnativa dell'atto e disciplina del rapporto**, p. 21-23.

se destinam a impugnar atos judiciais e, em virtude disso, sua amplitude de questionamento converge para alguma desconformidade que importe em invalidade ou que autorize a revisão de seu conteúdo, diferentemente de outras demandas impugnativas que podem se dirigir a atos administrativos ou privados, aplicando-lhes limites distintos.[124] Algo semelhante passou pela análise de Flávio Cheim Jorge e de Marcelo Abelha Rodrigues ao examinarem o cabimento do mandado de segurança na Justiça Eleitoral e perceberem a relevância de identificar a natureza do ato atacado, se administrativo ou se judicial, a fim de determinar qual a amplitude do controle a ser realizado.[125]

Com base nessas noções, outro aspecto relevante diz respeito à ampla sindicância do conteúdo dos atos judiciais,[126] com repercussões nos limites da referida tutela jurisdicional reativa.[127] Como já referido no item 1.1, o controle judicial de atos produzidos fora do Poder Judiciário encontra limites

---

124. **Contribution à une théorie générale des voies de recours en droit judiciaire privé.** Thèse de doctorat (Droit privé et sciences criminelles) – Université de Caen Normandie, 2004, p. 115-118.

125. Mandado de segurança contra ato judicial no processo eleitoral. **Revista Brasileira de Direito Eleitoral - RBDE**, ano 6, n. 10, jan./jul. 2014, p. 80.

126. A harmonização dos meios de impugnação com demandas impugnativas de outros atos jurídicos (privados e públicos) já foi alvo de atenção da doutrina estrangeira (MANDRIOLI, Crisanto. CARRATTA, Antonio. **Corso di diritto processuale civile**, v. II. Toriono: Giappichelli, 2006, p. 246; MONTELEONE, Girolamo. **Diritto processuale civile**, v. 1. Padova: CEDAM, 2018, p. 566-568; SILVA, Paula Costa e. **Acto e processo: o dogma da irrelevância da vontade na interpretação e nos vícios do acto postulativo**, p. 273-274; PINTO, Rui. **O recurso. Uma teoria geral**, p. 60-61).

127. TAVORMINA, Valerio. Impugnazione sostitutive e impugnazione rescindenti. **Rivista trimestrale di diritto e procedura civile**, n. 2, giu. 1977, p. 652. Rui Pinto nota bem que: "Enquanto nos *atos privados* a autonomia privada justifica a própria possibilidade de revogação do negócio, nos *atos públicos* o princípio da legalidade dita que seja a lei a determinar os fundamentos de revogação. Se para a revogação do ato administrativo, os fundamentos estão legalmente definidos como mérito, ilegalidade ou inconveniência (...) já os fundamentos de revogação de uma decisão judicial excluem a inconveniência, sendo largamente reconduzidos a uma categoria: o *erro judicial*." (**O recurso civil. Uma teoria geral**, p. 73). No âmbito do Direito Administrativo, fala-se no controle da legalidade interna, abrangido pelo motivo e pela finalidade do ato objeto de controle. Para uma análise ampla do controle de conteúdo do ato administrativo, da solução dada pelo administrador e das escolhas feitas no âmbito da discricionariedade, PEREZ, Marcos Augusto. O controle jurisdicional da discricionariedade administrativa: métodos para uma jurisdição ampla das decisões administrativas. 2018. Tese (Livre Docência) - Faculdade de Direito, Universidade de São Paulo, São Paulo, 2018, cap. 3.

distintos quanto ao mérito do ato. Sua natureza e as respectivas limitações impugnativas são determinantes para identificar em que extensão o órgão judicial poderá exercer o juízo de desconformidade legal suscitado.[128] Nesse ponto, mesmo que a presença do juízo rescisório seja vista com frequência maior no controle dos atos judiciais, é possível estabelecer, no entanto, paralelo com a análise de conteúdo de outros atos jurídicos.[129]

Ao perceber isso, Flávio Luiz Yarshell formula crítica quando se nega a possibilidade de generalização do juízo rescisório da seguinte forma: "os problemas que podem ocorrer ao ensejo do chamado juízo rescisório não seriam próprios e exclusivos da chamada ação rescisória, nem mesmo dos meios de impugnação das decisões judiciais, mas seriam comuns ao julgamento de qualquer demanda."[130] Portanto, não deixa de ser correto afirmar, de maneira geral, que as demandas impugnativas propostas para questionar atos outros que não só os judiciais podem ter a aptidão de, a depender do regime jurídico aplicável, provocar o controle de seu conteúdo.[131]

Tendo por base essas considerações, não se verifica óbice em realizar exame conjunto entre recursos, ações autônomas de impugnação e demandas impugnativas dirigidas contra atos jurídicos não judiciais, tendo em vista elementos comuns que lhes são aplicáveis, sendo certo que os limites com que o controle é exercido dependerão da natureza do objeto questionado, considerando as limitações impostas ao controle de desconformidade legal, variando segundo o regime jurídico aplicável.

---

128. DINAMARCO, Cândido Rangel. Controle difuso de constitucionalidade: eficácia da decisão. In: **Processo civil empresarial**, 2ª ed. São Paulo: Malheiros, 2014, p. 89. Em sentido análogo, DIDIER JR., Fredie. BRAGA, Paula Sarno. OLIVEIRA, Rafael Alexandria de. Aspectos processuais da ADIN (Ação Direta de Inconstitucionalidade) e da ADC (Ação Declaratória de Constitucionalidade). In: **Ações constitucionais**, Fredie Didier Jr. (org.), 6 ed. Salvador: Juspodivm, 2012, p. 467-473).

129. WAMBIER, Luiz Rodrigues. TALAMINI, Eduardo. **Curso de direito processual civil**, vol. 2, p. 824. Ademais, Rui Pinto assevera o seguinte: "Assim, sendo um ato de revogação, a decisão de impugnação é um *ato sobre um ato anterior – uma decisão sobre uma decisão* – pelo que, à semelhança da revogação civil ou administrativa" (**O recurso civil. Uma teoria geral**, p. 66).

130. TAVORMINA, Valerio. Impugnazione sostitutive e impugnazione rescindenti. **Rivista trimestrale di diritto e procedura civile**, n. 2, giu. 1977, p. 652.

131. VESCOVI, Enrique. **Los recursos judiciales y demás médios impugnativos en iberoamérica.** Buenos Aires: Depalma Ediciones, 1988, p. 1-2.

2.2. FALIBILIDADE DO SISTEMA RECURSAL E OPÇÕES LEGÍTIMAS POR AÇÕES AUTÔNOMAS DE IMPUGNAÇÃO

Estabelecidas as aproximações entre meios de impugnação, deve-se analisar posicionamento frequentemente sustentado, segundo o qual as ações autônomas teriam lugar por alguma falibilidade do sistema recursal.[132] Essa concepção não deixa de ser em parte verdadeira, por se esperar que os recursos sejam as vias prioritárias para impugnação das decisões judiciais e, como tais, consigam proporcionar à parte todo o proveito para o controle pretendido.[133] Contudo, essa noção merece ser sopesada com outros argumentos para evitar que aquele fundamento de prioridade sirva de absoluta repulsa a outros meios que visem tutelar a posição jurídica da parte na remoção de gravames impostos pela atuação judicial.[134]

A primeira questão é saber a qual falibilidade se está referindo, pois é possível entendê-la de variadas formas. Assim, parece ser preciso segmentar os contextos em que os recursos podem ou não servir como mecanismo útil à parte, assim entendido como instrumento inidôneo a proporcionar vantagem frente à situação jurídica de prejuízo.[135] Outra questão diz respeito **às**

---

132. Nesse sentido, são expressivas as palavras de Humberto Theodoro Jr.: "por mais completo que seja o sistema recursal do Código, hipóteses haverá em que a parte se sentirá na iminência de sofrer prejuízo, sem que haja remédio específico para sana o dano que o juiz causou a seus interesses em litígio" (**Curso de Direito Processual Civil**, vol. 1, p. 593). No entanto, superado esse cenário de desconfiança e descrédito com relação às ações autônomas – no sentido de que seriam um mal necessário por deficiência do recurso, apesar de todos os registros do direito positivo que apontam pelo seu engrandecimento – a ideia que parece ser basilar nos meios de impugnação parte da alusão à expressão *the king can do no wrong*, ou seja, os atos judiciais, como atos estatais, estão sempre sujeitos à controle, seja por qual meio for.

133. O lamento apresentado por Leonardo Greco bem evidencia o fato de que as ações autônomas – apesar de receberem extenso tratamento legal – ainda são entendidas como vias acessíveis em razão da insuficiência do sistema recursal: "Infelizmente, o nosso sistema processual, apesar da evolução sofrida do Código de 39 para o Código de 73 e deste para o de 2015, continua sendo um sistema aberto, no sentido de que, à falta de um recurso legalmente previsto, o descontente com frequência vai encontrar algum outro meio de provocar o reexame da decisão que o prejudica." (**Instituições de processo civil**, v. 3, p. 38).

134. TORON, Alberto Zacharias. ***Habeas corpus*: controle do devido processo legal, questões controvertidas e de processamento do *writ***, 3ª ed. São Paulo: Editora Revista dos Tribunais, 2020, p. 67-70.

135. Nesse ponto, pertinentes as ideias de Teresa Arruda Alvim (**Os agravos no CPC de 2015**, 5ª ed. Curitiba: Editora Direito Contemporâneo, 2021, p. 359). Kazuo Watanabe afirma que o mandado de segurança serviria para "cobrir as falhas existentes no sistema

posturas judiciais à margem de controle por recurso, como se verifica, por exemplo, nas omissões judiciais, entendidas como inatividade do juiz. Não seria essa, necessariamente, uma questão de deficiência, mas de ausência de abrangência por recursos pela opção legal de confiar a esses meios apenas a reação a atos decisórios.[136] Isso não infirma que as omissões judiciais possam causar prejuízo à parte e, por isso, exigirem o controle adequado, que poderá ocorrer pela via da ação autônoma de impugnação.[137]

Mais uma forma de encarar essa relação se dá sob o enfoque de múltiplas opções oferecidas pelo ordenamento jurídico, sem que isso signifique falibilidade dos recursos. É o que se identifica quando, ao mesmo tempo, dois ou mais meios impugnativos são admissíveis. A ação autônoma não é utilizada porque o recurso apresenta alguma insuficiência impugnativa, mas porque ambos são aptos a remover os prejuízos sofridos pela parte.[138]

---

criado pelo legislador ordinário." (**Controle jurisdicional: princípio da inafastabilidade do controle jurisdicional no sistema jurídico brasileiro e mandado de segurança contra atos judiciais**, p. 105).

136. THEODORO JÚNIOR, Humberto. **Lei do mandado de segurança comentada**. Rio de Janeiro: Forense, 2014, p. 164-165. É possível encontrar, na jurisprudência nacional, posicionamentos contraditórios a respeito do controle de atos judiciais comissivos. Sendo esses classificados como decisórios, pressupõe-se que algum prejuízo – material ou processual – é produzido à parte para configurar-se o interesse em impugnar. Isso deveria valer de modo comum para qualquer meio de impugnação. Contudo, nota-se a tendência em se aceitar o controle por mandado de segurança contra ato judicial (e não por recursos) classificado como despacho, o que revela um contrassenso, à medida em que, ou bem se trata de decisão e, assim, está sujeita à controle, ou bem é despacho e nenhum meio se apresenta útil. Afora isso, a questão é saber se contra ela caberá recurso ou ação autônoma. Nesse sentidoSTJ, RMS 54.215/RJ, Rel. Ministro Marco Aurélio Bellizze, Terceira Turma, julgado em 15/05/2018, DJe 29/05/2018).

137. Evidentemente, o que se defende no texto não é a sobreposição da ação autônoma aos embargos de declaração, recurso esse vocacionado a suprir as omissões do ato decisório. A distinção entre inatividade e a omissão controlada pelos embargos de declaração pode ser adequadamente compreendida pela seguinte observação: "O vício de omissão pode dar-se tanto na análise dos fundamentos trazidos pela parte para o acolhimento de uma das suas pretensões como na própria resposta a um dos pedidos formulados." (BONDIOLI, Luís Guilherme Aidar. **Embargos de declaração**. São Paulo: Saraiva, 2007, p. 119).

138. Emblemático o seguinte entendimento: "Criminal. Impetração de habeas corpus substitutivo de recurso especial. Admissibilidade. Peculiaridades do caso concreto. Concessão da ordem. O eventual cabimento de recurso especial não constitui óbice à impetração de habeas corpus, desde que o direito-fim se identifique direta e imediatamente com a liberdade de locomoção física do paciente. Habeas corpus concedido, para que o STJ aprecie o mérito do HC 176.122/MS." (STF, rel. Min. Joaquim Barbosa, HC 110.118, Segunda Turma, julg. 22/11/2011).

No item 1.5.4, foi apresentada a forma com que se lida com as ações autônomas de impugnação por parte doutrina e da jurisprudência, e, desse exame, restou claro haver verdadeira repulsa em aceitá-las, especialmente pela expressiva criação de requisitos pretorianos e, em boa medida, arbitrários para sua admissão. Essa constatação deve ser reformulada ao menos sob duas premissas: a primeira é o equívoco em generalizar a toda e qualquer ação autônoma a roupagem de excepcional; e a segunda é criar um ambiente harmônico em que a parte possa lançar mão dos mecanismos idôneos à sua disposição de forma ordenada e ao abrigo da lei e da Constituição Federal.[139] O sistema processual opta por determinadas vias para promover o controle dos atos judiciais e, por isso, tenta fazê-lo de maneira, quando possível, regrada e coordenada.[140] Com isso, fica claro que o campo de atuação das ações autônomas vai além da mera cobertura à falibilidade recursal, apresentando-se, ainda, como vias paritárias aos recursos. Mesmo na primeira hipótese, não deveria causar repulsa ou estranheza a utilização de ação autônoma, tendo em vista que a parte não poderá ser tolhida de exercer seu direito de impugnar pela via que lhe proporcionar a utilidade necessária para remoção de prejuízos, elegendo opções legítimas segundo o ordenamento jurídico.[141]

Seria insuficiente aceitar que os recursos servem para toda e qualquer situação de controle dos atos judiciais, o que explica, em boa medida, a

---

139. Sobre o aspecto de multiplicidade de meios de impugnação, parece ser comum o discurso "eficientista" relativo, inclusive como argumento para obstar legítimos instrumentos de tutela jurídica na remoção de prejuízos. A preocupação com aspectos econômicos da litigância encontra nos meios de impugnação um ponto de convergência, como alerta Judith Resnik: "Another procedural feature, in tension with revisionism and in tandem with finality, is economy (sometimes described as the 'administration of justice'). The goal is that the system produces results with the least possible expenditure of dollars, energy, and time. Economy is used here in the narrow sense of low direct costs." (Precluding appeals. **Cornell Law Review**, vol. 70, n. 4, 1985, p. 611).

140. "This often theoretically advantageous design of the appeals process allowing appellant choice differs from reality. As I observe, discretionary review and direct appeal never coexist as options for appellants. That suggests the possible desirability of a major reform of our appeals process: at the first level of appeals, let appellants be granted the right of discretionary review along with the right that they now generally possess of direct appeal" (SHAVELL, Steven. On the design of the appeals process: the optimal use of discretionary review versus direct appeal. **The Journal of Legal Studies**, vol. 39, n. 1, jan. 2010, p. 64).

141. DENTI, Vittorio. Note sui provvedimenti non impugnabili nel processo civile. **Rivista di Diritto Processuale**, 1954, n.1, p. 10-14; TARZIA, Giuseppe. **Profili della sentenza impugnabile**, 164-166.

razão pela qual o CPC e a Constituição Federal preveem ações autônomas de impugnação, muitas das quais tiveram sua disciplina legal e sua utilização prática expandidas.[142] Como dito, outras tantas funções são reservadas a esses meios e, por isso, a falibilidade seria apenas uma das facetas que dão ensejo ao direito de impugnar por via diversa da recursal. Isso explica a razão de as ações autônomas poderem ser manejadas por outras razões, suprindo as deficiências apresentadas pelos recursos ou sendo, ao lado deles, vias legítimas de impugnação das decisões judiciais.

Diante dessas características, entende-se necessário promover o seguinte exame classificatório na relação entre meios de impugnação, tomando por base critérios diretamente ligados aos contornos do interesse em impugnar atos judiciais: (*i*) *ação autônoma de impugnação cabível por ausência de recurso; (ii) ação autônoma de impugnação cabível por ineficiência do recurso; (iii) ação autônoma de impugnação cabível em paridade com o recurso.*

2.2.1. Ação autônoma de impugnação cabível por ausência de recurso

A ação autônoma de impugnação poderá ter lugar porque não há recurso previsto para determinado ato judicial, o que se verifica tanto diante de decisões,[143] quanto de condutas omissivas.[144] Isso vale também para o controle da decisão judicial posteriormente ao trânsito em julgado, momento em que não há previsão de qualquer recurso no sistema processual brasileiro. Essa classificação leva em conta a ausência de cobertura dos recursos

---

142. Apesar disso, menciona-se que o recurso "é a forma natural de oposição das partes em face de determinada decisão que lhe cause prejuízo." (MARINS, Graciela. O mandado de segurança como sucedâneo recursal nas hipóteses não previstas no art. 1/015 do CPC/2015. In: NERY JR., Nelson. ALVIM, Teresa Arruda. OLIVEIRA, Pedro Miranda de (coords.). **Aspectos polêmicos dos recursos cíveis e assuntos afins**, vol. 14. São Paulo: Editora Revista dos Tribunais, 2018, p. 166-167)

143. GRINOVER, Ada Pellegrini. Um enfoque constitucional da teoria geral dos recursos. In: **O processo em evolução**, 2ª ed, p. 70. Bernardo Pimentel de Souza, ao tempo do Código de 73, propôs a seguinte reflexão: "Quando da decisão judicial, entretanto, não comporta recurso processual específico, é admissível o mandado de segurança, consoante interpretação **a contrario sensu** do próprio inciso II do artigo 5º da Lei n. 12.016, de 2009 (...) Em contraposição, quando não há recurso específico para impugnar a decisão judicial, como nas hipóteses dos incisos II e III do art. 527 do Código de Processo Civil, *é admissível mandado de segurança*." (O mandado de segurança à luz da Lei n. 12.016, de 2009. In: **Leituras complementares de processo civil**, 8ª ed., org. Fredie Didier Jr. Salvador: Juspodivm, 2010, p. 67, todos os destaques são do autor).

144. GELSI BIDART, Adolfo. Omisión procesal. **Revista de Processo**, v. 5, n. 18, abr./jun. 1980, p. 117-118.

frente a determinados atos judiciais, o que não deve significar ausência de controle. A ação autônoma atua por ser o único instrumento à disposição nesse cenário, de modo que o interesse na remoção do gravame é atendido exclusivamente por esse meio de impugnação.[145]

Ainda, os atos omissivos podem ser um importante campo de análise. Considerando ser incabível o recurso para controle da omissão judicial, poder-se-ia pensar no exemplo em que, após sucessivas provocações da parte, o magistrado se mantém, injustificadamente, inerte. Essa inércia passa a representar manifesto e concreto prejuízo, agravando o contexto de urgência e risco de dano apresentados pelo requerente. Diante da impossibilidade de emprego dos recursos, a inatividade poderia ser controlada por ação autônoma de impugnação, como o mandado de segurança, conforme aceito pela jurisprudência,[146] ou, até mesmo, reclamação, a depender do vício constatado.

Há casos em que a lei prevê a irrecorribilidade de determinada decisão. Significa, assim, que, apesar de ser uma sentença ou uma decisão interlocutória, por força de previsão legal o ato é insuscetível de recurso, tal como se encontra nos arts. 138, *caput*; 950, § 3º; 1.007, § 6º; 1.031, §§ 2º e 3º e 1.035, *caput*, todos do CPC. A dúvida que poderá surgir é saber se a extensão dessa vedação abrange apenas o emprego da via recursal ou se é dirigida ao direito de impugnar e, sendo assim, considera-se inimpugnável o ato judicial. A doutrina que chega a examinar essa questão parece aderir à primeira posição, ao reconhecer que, a despeito de não caber recurso, eventual prejuízo deverá ser contornado pelo emprego de ação autônoma.[147] Alguns

---

145. Esse assunto pode ser encarado sob a perspectiva das opções políticas em torno da limitação à impugnação aos provimentos interlocutórios, que ocupa a agenda do processo civil de diversos países. As considerações feitas no presente tópico levam em consideração a realidade apresentada pelo ordenamento jurídico brasileiro e pelas características da disciplina dos meios de impugnação pela Constituição Federal de 1988. No entanto, é salutar compreender essa discussão no plano estrangeiro, sobretudo em países que adotaram restrição mitigada ao questionamento de decisões interlocutórias (KERN, Christoph. Appellate Justice and Miscelaneous Appeals: the proposal for a reform of Brazilian civil procedure as compared to the german solution. **Revista de Processo**, vol. 188, out. 2010, p. 154-155).

146. STJ, RMS 37.682/SP, Rel. Ministro MAURO CAMPBELL MARQUES, SEGUNDA TURMA, julgado em 20/09/2012, DJe 26/09/2012

147. Em variados contextos: SALLES, Carlos Alberto de. Mandado de segurança contra atos judiciais: as súmulas 267 e 268 revisitadas. In. BUENO, Cássio Scarpinella; ALVIM, Eduardo Arruda; WAMBIER, Teresa Arruda Alvim. (Coord.). **Aspectos polêmicos e atuais do mandado de segurança: 51 anos depois**. São Paulo: Editora Revista dos

fatores contribuem para corroborar tal entendimento: diante de prejuízo causado por ato judicial, a parte não poderá ser privada de exercer o direito de impugnar, o que será feito pela via da ação autônoma; a interpretação ampliativa da lei, para abranger o direito de impugnar, deve passar por um exame de conformidade constitucional, de modo que a restrição, se interpretada nessa extensão, merecerá ponderação com outro interesse tutelado pelo ordenamento jurídico para avaliar se a impossibilidade de controle não padece de inconstitucionalidade; a legislação, ao prever recursos e ações autônomas de forma ampla, não deve empregar o termo "irrecorrível" de maneira inadvertida e, extraindo-se o significado do texto à luz das considerações anteriores, parece relevante acenar para a limitação de uma via impugnativa, dotada de contornos específicos por seu regime jurídico, em vez de concluir pela limitação ao direito de impugnar.

Veja-se que o debate em torno da inconstitucionalidade do art. 34 da Lei n. 6.830/80, que prevê não caber apelação das sentenças proferidas em execuções fiscais com valor igual ou inferior a 50 (cinquenta) Obrigações Reajustáveis do Tesouro Nacional – ORTN, passa por esse referido exame. O STF, em repercussão geral (tema 408), pronunciou-se no sentido da constitucionalidade do aludido dispositivo legal, em confirmação à sua jurisprudência ao reconhecer inexistente contradição com o art. 108, II da CF/88, bem como ausência de violação ao devido processo legal e à ampla defesa.[148] O exame do meio de impugnação que deveria ser utilizado no lugar da apelação foi, posteriormente, aprofundado pelo STJ, em Incidente de Assunção de Competência (tema 03), partindo-se de divergência jurisprudencial no âmbito dessa corte, em que, por vezes, admitia-se o mandado de segurança contra a sentença[149], enquanto outras decisões afastavam o *writ* por se entender possível impugnação recursal por embargos de declaração, embargos infringentes e recurso extraordinário.[150] Ao fazer prevalecer esse segundo posicionamento, ficou claro da fundamentação do voto condutor

---

Tribunais, 2002. p. 138; TALAMINI, Eduardo. **Novos aspectos da jurisdição constitucional brasileira: repercussão geral, força vinculante, modulação dos efeitos do controle de constitucionalidade e alargamento do objeto do controle direito**. p. 56-58; ARAÚJO, José Henrique Mouta. **Mandado de segurança**, 7ª ed. Salvador: Editora Juspodivm, 2019, p. 379-386.

148. STF, ARE 637.975 RG/MG, Relator Min. Ministro Presidente, Tribunal Pleno, Repercussão Geral - Mérito, DJe 31/08/2011.

149. STJ, RMS 31.380/SP, Rel. Ministro Castro Meira, Primeira Seção, DJe 16/06/2010

150. STJ, RMS 37.753/MG, Rel. Ministro Ari Pargendler, Primeira Turma, DJe 12/12/2012; STJ, RMS 53.101/SP, Rel. Ministra Assusete Magalhães, Segunda Turma, DJe 26/04/2017; STJ, RMS 53.096/SP, Rel. Ministro Herman Benjamin, Segunda Turma, DJe 20/04/2017.

que a vedação recaiu sobre a espécie recursal, assim como a limitação ao exame de fatos, tal como proporcionado pelo apelo, não seria contornada pelo mandado de segurança, em razão da aplicação do enunciado n. 267 de súmula do STF.

Por fim, não se pode ignorar que, no ordenamento jurídico brasileiro, inexiste recurso a ser interposto contra decisões já transitadas em julgado. Posteriormente a esse marco temporal, eventual ataque formulado ao ato judicial deverá ser feito exclusivamente por meios de impugnativos classificados como ações autônomas, a exemplo da ação rescisória. Em outros ordenamentos jurídicos, como já foi visto, o questionamento das decisões transitadas em julgado poderá ser realizado por instrumentos designados pela legislação como recurso, com aptidão para desconstituição do ato estabilizado.[151] Isso vem a confirmar a hipótese sustentada em tópicos anteriores, relativa à ausência da distinção essencial entre recursos e ações autônomas, por serem vias em que se deduz uma demanda impugnativa.

Diante desses exemplos, fica claro haver uma gama de atos do juiz alheios ao controle recursal, mas que, por causarem prejuízo, dão ensejo à utilização de ação autônoma de impugnação. Nesse contexto, o interesse para impugnar, guiado pela noção de gravame, não fica superado por um critério formal atinente à insuficiência das regras de cabimento dos recursos. A utilização da ação autônoma, nessa situação, procura atuar porque os recursos não abrangem atos diversos dos decisórios, porque há deficiências no modelo legal que atrela o recurso ao momento em que a decisão deva ser proferida e porque a lei afasta o cabimento de recurso de determinada decisão.

2.2.2. Ação autônoma de impugnação cabível por ineficiência do recurso

A ação autônoma pode ser cabível em razão de limitações recursais para proporcionar resultados úteis ao impugnante. Apesar de previsto o recurso, sua utilidade se mitiga por força de aspectos temporais ligados à sua interposição ou por conta de aspectos procedimentais que tolhem a possibilidade de oferecer resultados desejados ao recorrente de modo imediato.[152] A relação estabelecida entre meios de impugnação surge, portanto,

151. GIANNINI, Leandro J. La revisón de la cosa juzgada. Cuestiones actuales. **Revista La Ley**, 2001-E, p. 1.261-1.271.

152. "No entanto, é importante ressaltar que a mera existência de recurso processual cabível não afasta o mandado de segurança se tal recurso é insuficiente para coibir a ilegalidade do Judiciário e impedir a lesão ao direito evidente do impetrante. Os recursos processuais não constituem fins em si mesmos; são meios de defesa do direito das partes, aos

em decorrência das vicissitudes apresentadas pelo sistema recursal.[153] **A ação autônoma** visa impedir que os resultados prejudicais causados pelo ato judicial se manifestem ou se perpetuem porque o recurso não está apto a fazê-lo. Nesse grau de relacionamento, o interesse ganha destaque, pois é a partir dele que se observará a pertinência no uso da ação autônoma.

Em certo período de nossa tradição recursal, a sustação da eficácia da decisão impugnada ocupou relevante espaço no debate sobre o cabimento das ações autônomas de impugnação. A retrospectiva se situa no contexto da lesão grave ou de difícil reparação não remediada adequadamente pelo recurso de agravo sob a égide do CPC de 73, antes das reformas processuais ocorridas na década de 90 do século passado.[154] Esse mote figurou no centro das atenções de reformas legislativas empreendidas ao referido diploma legal, para mitigar o uso das ações autônomas como via para concessão de tutela provisória aos recursos. Sem a pretensão de retomar o levantamento histórico já realizado (item 1.5.4 *supra*), vale ressaltar que, por muito tempo, o mandado de segurança contra ato judicial serviu a essa finalidade, por meio do qual se requeria a concessão de tutela provisória a agravo de instrumento, que não gozava de efeito suspensivo.

Ao contrário do que se poderia esperar, o *mandamus* não era impetrado com o objetivo de impugnar a decisão, mas, a pretexto de impedir que a parte sofresse dano irreparável, era o meio para sustar a eficácia do ato recorrido, tendo em vista o moroso procedimento previsto para os autos chegarem ao exame relator.[155] Foi em meio a esse quadro editada a Lei 9.139/95, que alterou a disciplina do recurso de agravo no CPC de 73, com a clara finalidade

---

quais a Constituição aditou o mandado de segurança, para suprir-lhes as deficiências e proteger o indivíduo contra os abusos da autoridade, abrangendo, inclusive, a autoridade judiciária. Se os recursos comuns revelam-se ineficazes na sua missão protetora do direito individual ou coletivo, líquido e certo, pode seu titular usar, excepcional e concomitantemente, o mandamus." (MEIRELLES, Hely Lopes. WALD, Arnoldo. MENDES, Gilmar Ferreira. **Mandado de Segurança e ações constitucionais**, p. 43).

153. ALVIM, Teresa Arruda. **Nulidades do processo e da sentença**, p. 402. José Henrique Mouta Araújo destaca, ainda, que o mandado de segurança é utilizado como "medida de apoio" aos recursos (**Mandado de segurança**, 7ª ed. Salvador: Editora Juspodivm, 2019)

154. Por essa razão, o mandado de segurança pode ser visto como ação autônoma cabível por ineficiência do recurso se esse não for "(...) idôneo para a necessária defesa do direito lesado ou ameaçado (...)" (THEODORO JÚNIOR, Humberto. **Lei do mandado de segurança comentada**, p. 161).

155. ZAVASCKI, Teori Albino. A função cautelar do mandado de segurança contra ato judicial. **Revista de Processo**, ano 16, n. 64, out./dez. 1991, p. 181-185.

de contornar o uso do mandado de segurança (art. 558).[156] Contudo, se o *mandamus*, como via para obtenção de tutela provisória a recurso, havia sido sensivelmente restringido, as sucessivas reformas ao sistema recursal não foram suficientes para eliminar a possibilidade de impetração do *writ*, que, segundo doutrina daquele tempo, encontrava seu espaço diante de certas decisões, quer porque não havia previsão de recurso respectivo, quer porque a via do mandado de segurança se mostrava mais útil.[157]

Outro exemplo ao ensejo da ineficiência do recurso pode ser encontrado nos casos em que o relator denega o pedido de tutela de urgência recursal e a parte se vê autorizada a interpor agravo interno, formulando no bojo desse recurso novo requerimento de tutela provisória, mas sabedora de que será o mesmo julgador a apreciar esse pleito. A potencial inocuidade desse meio colocaria a parte em posição desvantagem, pois, possivelmente, deparar-se-á com entendimento reiterado pela não concessão da medida urgente. Tendo em vista essa perspectiva de insuficiência, a parte poderia se valer de outro meio de impugnação, a exemplo do mandado de segurança, para que seu pedido de tutela provisória seja apreciado por órgão julgador distinto, como vem sendo acolhido pela jurisprudência.[158]

Ainda, os aspectos temporais atinentes ao momento da interposição são relevantes para demonstrar a ineficiência apontada. A célebre discussão em torno da recorribilidade das interlocutórias encontra fértil campo de relacionamento com as ações autônomas, especialmente em virtude da

---

156. Esse foi um declarado objetivo apresentado pelo então Ministro Sálvio de Figueiredo Teixeira do Superior Tribunal de Justiça, responsável por elaborar o anteprojeto de lei que culminou na aludida reforma ao agravo de instrumento (Agravo de instrumento: um novo modelo. **Revista dos Tribunais**, ano 74, n. 593, p. 286-288).

157. WAMBIER, Teresa Arruda Alvim. O mandado de segurança contra ato judicial. **Revista de Processo**, vol. 107, ano 27, julho-setembro de 2002, p. 228-229; SALLES, Carlos Alberto de. Mandado de segurança contra atos judiciais: as súmulas 267 e 268 revisitadas. In. BUENO, Cássio Scarpinella; ALVIM, Eduardo Arruda; WAMBIER, Teresa Arruda Alvim. (Coord.). **Aspectos polêmicos e atuais do mandado de segurança: 51 anos depois**. São Paulo: Editora Revista dos Tribunais, 2002. p. 138; e SICA, Heitor Vitor Mendonça. O agravo e o "mito" de prometeu: considerações sobre a Lei 11.187/2005. In: **Aspectos polêmicos e atuais dos recursos cíveis e assuntos afins**, v.9, coord. Teresa Arruda Alvim Wambier, Nelson Nery Jr. São Paulo: Editora Revista dos Tribunais, 2006, p. 193-219. Sobre a questão da utilidade, nota-se que não havia uniformidade, ao tempo do CPC de 73, sobre o cabimento do mandado de segurança mesmo que contra a decisão fosse cabível recurso. Nessa linha, BUENO, Cassio Scarpinella. **Mandado de segurança - comentários às Leis n.1.533/51, 4.348.64 e 5.021/66, e outros estudos sobre mandado de segurança**, 5ª ed. São Paulo: Saraiva, 2009, p. 45-46.

158. STF, RMS 26.265 AgR, rel. min. Celso de Mello, 2ª T, j. 16-9-2014, DJE de 13-10-2014.

vedação ao combate de imediato por recursos. Um desses exemplos ficou evidente diante da utilização do mandado de segurança para impugnar decisão interlocutória contra a qual não caiba recurso de agravo de instrumento, confiando-se o controle desse ato ao recurso de apelação (art. 1.009, §1º do CPC). Mesmo com a tese firmada nos Recursos Especiais nº 1.704.520/MT e 1.696.369/MT (tema 988) de que o recurso de agravo de instrumento poderá ser interposto para remediar situações de urgência e de dano irreparável, pois o rol do ar. 1.015 do CPC comporta mitigações, parece não ter havido a completa abolição do *mandamus*. Seria de se imaginar os casos em que a jurisprudência se posicione contrariamente ao cabimento do agravo a partir de determinada decisão (ex.: indeferimento de provas), mas, concretamente, a parte, sob o receio de ter seu agravo de instrumento inadmitido, decida impetrar mandado de segurança tendo em vista a impossibilidade de aguardar a impugnação em preliminar de apelação.[159] Ou, ainda, optando por interpor o agravo de instrumento, o tribunal deixe de conhecê-lo por qualquer outra razão, mas persista a situação gravosa à parte, irremediável por apelação e, assim, seja utilizado o *writ*.[160]

Em momento inicial, ao delimitar a impugnação de imediato das interlocutórias, o CPC abriu espaço para a utilização da ação autônoma em razão da possível inutilidade de um futuro recurso, cujo momento de interposição poderia se revelar inócuo à parte. Apesar de haver apelação contra interlocutória, o momento em que o questionamento passaria a ser feito revelaria a mitigação da utilidade do recurso quando confrontado com situações de urgência.[161]

Levando ainda essas ideias em consideração, as ações autônomas ganham grande destaque no processo dos juizados especiais, do trabalho e eleitoral. Nessas searas, a limitação para recurso imediato e o questionamento em momento posterior explicam os motivos pelos quais se utiliza o mandado de segurança.[162] O que há de comum em todos eles consiste produção de um

---

159. STJ, AgInt no RMS 56.422/MS, Rel. Ministro Raul Araújo, Quarta Turma, julgado em 08/06/2021, DJe 16/06/2021

160. GONZALEZ, Gabriel Araújo. **A recorribilidade das decisões interlocutórias no Código de Processo Civil**, 2ª ed. Salvador: Juspodivm, 2019, p. 164-167.

161. BARIONI, Rodrigo. Preclusão diferida, o fim do agravo retido e a ampliação do objeto da apelação no novo Código de Processo Civil. **Revista de Processo**, v. 40, n. 243, maio, 2015, p. 279.

162. "Cabe exclusivamente às Turmas Recursais conhecer e julgar o mandado de segurança e o habeas corpus impetrados em face de atos judiciais oriundos dos Juizados Especiais." (Enunciado 62 – FONAJE)

ato que cause prejuízo à parte e a espera para o seu controle em momento futuro pode revelar a consumação de algum dano. A necessidade de remoção do gravame pesa sobre o critério formal de cabimento, fazendo com que a ação autônoma tenha de ser empregada para evitar prejuízos não contornados a contento pelas vias recursais.[163] Daí porque, em certo sentido, a exigência jurisprudencial de que incumbe à parte demonstrar o dano irreparável ou de difícil reparação para impetração do mandado de segurança procura justificar a impossibilidade de se aguardar a impugnação da decisão em futuro recurso, fazendo com que o controle das interlocutórias, seja pela via recursal, seja pela via das ações autônomas, esteja permeado, em regra, pelo requisito da urgência.

2.2.3. Ação autônoma de impugnação cabível em paridade com o recurso

Por fim, independentemente de ausência ou de ineficiência dos recursos, as ações autônomas de impugnação podem ser uma via legítima, em razão da ampla liberdade para sua escolha dos meios de impugnação. Não há, aqui, o objetivo de suprir alguma lacuna ou deficiência do sistema recursal, mas de atuação conjunta, coordenada e harmônica.[164] A relação se dá sem prejuízo de ambos estarem aptos a oferecer a utilidade desejada pelo impugnante, especialmente porque as múltiplas vias são expressamente aceitas pelo ordenamento jurídico.

A reclamação pode ser suficiente para demonstrar que duas ou mais vias se abrem à parte. Pense-se, por exemplo, na situação em que o acórdão proferido por tribunal local, além de violar a legislação federal infraconstitucional, atenta contra enunciado de súmula vinculante. O emprego da ação autônoma se apresenta como uma das opções frente a essa decisão, que, pelo conteúdo, poderá desafiar por recurso.[165] Note-se o Código se preocupou em

---

163. A respeito do mandado de segurança no processo eleitoral, mas com valia para os demais, Flávio Cheim Jorge e Marcelo Abelha asseveram o seguinte: "Quando se faz essa constatação se percebe com maior nitidez o desacerto daqueles que pretendem atribuir ao mandado de segurança uma função instrumental ou acessória." (Mandado de segurança contra ato judicial no processo eleitoral. **Revista Brasileira de Direito Eleitoral - RBDE**, ano 6, n. 10, jan./jul. 2014, p. 92)

164. AZEVEDO, Gustavo. **Reclamação constitucional no direito processual civil**, p. 252-253; TORON, Alberto Zacharias. ***Habeas corpus*: controle do devido processo legal, questões controvertidas e de processamento do *writ***, p. 116-120.

165. Essa pode ser entendida como uma das principais peculiaridades do modelo brasileiro de impugnação dos atos judiciais. Isso porque, diferentemente do que sucede em outras experiências jurídicas em que há a utilização de instrumentos equivalentes às ações

preservar esse concurso de vias ao prever que a inadmissão ou o julgamento do recurso não prejudicará o exame da reclamação (art. 988, § 6º).

Outro exemplo relevante consiste na impetração de *habeas corpus* conjuntamente o recurso cabível diante de determinada decisão. Na esfera do processo civil, a jurisprudência reconhece a possibilidade de utilização dessa ação autônoma ainda que interposto recurso, para impugnar a decisão que decreta a prisão do devedor de alimentos.[166] Conquanto idôneo o recurso para tutelar a posição jurídica do recorrente,[167] o bem jurídico violado ensejaria a proteção por mais de uma via, especialmente pela prioridade de tramitação do *writ*.

As classificações apresentadas procuram conferir contornos de harmonia e coordenação entre meios de impugnação, sendo certo que não se deve aceitar uma espécie de vazio de controle, o que conferiria verdadeira margem de arbítrio à atuação judicial. Nesse sentido, a alegada falibilidade recursal, como justificativa para emprego das ações autônomas, deve ser repensada à luz da atual concepção de que há espaços paritários de convivência entre meios de impugnação, em clara adoção, pelo ordenamento jurídico, de oportunidades de convivência entre eles.

2.3. CLASSIFICAÇÃO DOS MEIOS DE IMPUGNAÇÃO SEGUNDO O MOMENTO DE EMPREGÁ-LOS: PROPOSTA DE SISTEMATIZAÇÃO

Demonstrada da unificação entre meios de impugnação, tendo em vista que tanto recurso quanto ação autônoma de impugnação são vias pelas quais se deduz o direito de impugnar, as distinções mais relevantes, afora aquelas

---

autônomas de impugnação previamente ao trânsito em julgado, no Brasil existem muitos espaços de convivência e de atuação conjunta dos variados meios de impugnação. No entanto, o concurso entre recursos e ações de impugnação é uma realidade encontrada em muitos países, normalmente orientada por uma regra de suspensão por prejudicialidade: BURGOA, Ignacio. **El juicio de amparo**, p. 186-190; IMPAGNATIELLO, Gianpaolo. **Il concorso tra cassazione e revocazione: contributo allo studio della formazione e dell'impugnazione del giudicato**, p. 105-112.

166. STJ, RHC 19.521/MG, Rel. Ministro Ari Pargendler, Terceira Turma, julgado em 20/06/2006, DJ 30/06/2006, p. 213; STJ, AgRg no HC 335.758/SP, Rel. Ministra Maria Thereza de Assis Moura, Sexta Turma, julgado em 03/11/2015, DJe 19/11/2015; STJ, HC 312.551/SP, Rel. Ministro Raul Araújo, Rel. p/ Acórdão Ministro Luis Felipe Salomão, Quarta Turma, julgado em 12/04/2016, DJe 11/05/2016.

167. STJ, HC 312.551/SP, Rel. Ministro Raul Araújo, Rel. p/ Acórdão Ministro Luis Felipe Salomão, Quarta Turma, julgado em 12/04/2016, DJe 11/05/2016

que dão toques de especialidade aos primeiros (como os efeitos recursais), estariam a cabo de critérios de cabimento.[168]

Esses variados critérios são orientados por inúmeras diretrizes que sinalizam a interferência do legislador, porquanto impugnar liga-se diretamente à segurança jurídica e à estabilidade das situações e relações jurídicas.[169] Tal perspectiva autoriza admitir que devem ser rigorosos os requisitos estabelecidos para se equilibrar estabilidade, segurança e correção de desconformidade jurídica. A busca por uma solução definitiva do conflito deve ser orientada por oportunidades impugnativas delimitadas, de modo a racionalizar esses valores de diversas formas: especificação dos meios para impugnação, limitações impugnativas e de atos jurídicos a serem questionados, equalização de prazos impugnativos, dentre outros.[170]

Sob tal perspectiva, é preciso entender quais são e como se engendram os critérios usados pela lei e, em boa medida, pela jurisprudência, para operacionalizar esse conjunto de mecanismos destinados à impugnação dos atos judiciais. Como será visto, embora a doutrina assente premissas a esse respeito, o tema pode ganhar certa complexidade quando ausentes parâmetros claros e uniformes de determinação do cabimento do meio impugnativo, bastando, para tanto, verificar substanciais diferenças entre recursos e ações autônomas de impugnação.[171]

---

168. Embora não faça expressa referência a esse regime, Flávio Luiz Yarshell pondera que "sob esse enfoque, é importante destacar que o sistema recursal, ao estabelecer os recursos cabíveis, fixa o modo pelo qual se desconstitui uma decisão judicial (...) o mencionado sistema obedece a determinados princípios ou regras, explícita ou implicitamente estabelecidos na lei processual, que impõe limites ao exercício do direito de recorrer e, por consequência, à possibilidade de se desconstituir decisões judiciais. Por outras palavras, há limites para o controle jurisdicional no âmbito dos recursos." (**Tutela jurisdicional**, p. 161).

169. ÁVILA, Humberto. **Segurança jurídica: entre permanência, mudança e realização no Direito Tributário**, p. 356). Especificamente quanto à noção de segurança jurídica na impugnação de atos judiciais, PINTO, Rui. **Recurso civil. Uma teoria geral**, p. 34.

170. O debate em torno dos diversos elementos que podem ser previstos pelo legislador, com a finalidade de preservar os atos jurídicos e de criar barreiras à sua desconstituição ganha destaque não só no âmbito jurisdicional. O controle de atos jurídicos materiais, especialmente aqueles praticados no contexto de relações jurídicas societárias, enseja conhecido debate sobre o regime de invalidades, os prazos decadenciais e os efeitos produzidos pela desconstituição. No Brasil, para uma análise desses aspectos sob o enfoque processual: PEREIRA, Guilherme Setoguti J. **Impugnação de deliberações de assembleia das S/A.** São Paulo: Quartier Latin, 2013, p. 124.

171. GRINOVER, Ada Pellegrini. Um enfoque constitucional da teoria geral dos recursos. In: **O processo em evolução**, p. 70).

Para os primeiros, a legislação confia em critérios como (i) indicar os atos judiciais a serem impugnados; (ii) eleger as espécies recursais cabíveis diante de cada decisão; (iii) definir formas de relacionamento entre recursos quando for possível sua concomitância; (iv) delinear características procedimentais e consequências pela interposição e pelo julgamento dos recursos, espelhados, em certa medida, nos chamados efeitos recursais; (v) eleição de elementos que guiam e coordenam o controle das decisões judiciais por recursos, como taxatividade, unirrecorribilidade e fungibilidade.[172] Por maior que seja o esforço da legislação para estabelecer critérios uniformes para a impugnação das decisões judiciais por recursos, não se pode dizer que essa atividade é integralmente exitosa, de acordo com o que se observou anteriormente nos itens 2.2.1 e 2.2.2. A existência de lacunas, de contradições e a insuficiência dos parâmetros eleitos podem descortinar eventuais problemas para a escolha do meio adequado. Conforme se pode depreender, o cabimento consiste na identificação de variados fatores que autorizam concluir pela possibilidade de se questionar certo ato por determinada via.

Para as segundas, a legislação se vale de outras balizas, nem sempre uniformes, a ponto de estruturar elementos comuns de cabimento entre as variadas ações autônomas. No Brasil, a profusão delas suplantou sua exclusividade para momento posterior ao trânsito em julgado. A tentativa de reunir critérios seguros e gerais sobre cabimento transformou-se em tarefa árdua, senão inútil, tendo em vista a absoluta heterogeneidade dos requisitos de cada uma delas. Por qualquer parâmetro que se busque, observa-se grande quantidade de exceções que acabam por infirmar o critério tido como regra. Assim ocorre com o próprio trânsito em julgado (por existirem ações autônomas cabíveis anterior e posteriormente a esse marco temporal), com a natureza do ato impugnado (se comissivos ou se omissivos, se praticados pelo juiz ou por seus auxiliares, se possuem conteúdo decisório ou não, se praticados pelas partes), com as limitações impugnativas (se há liberdade para alegar qualquer fundamento de impugnação ou se a lei previamente os determina) ou, ainda, com algum outro critério de relacionamento com os recursos (como caráter residual, de exclusividade ou de concorrência).[173]

---

172. Esses elementos serão analisados oportunamente no capítulo 4.

173. Tudo isso pode ser sintetizado com o exame da doutrina, a qual se ocupa de estudar de forma compartimentada as ações autônomas de impugnação, tendo em vista que, ao contrário dos recursos, não existe harmonização e sistematicidade nos critérios de cabimento daqueles meios de impugnação. A esse respeito, a doutrina chega a negar que as ações autônomas são recurso porque lhes falta o requisito de cabimento (NERY

Todas essas dificuldades evidenciam ser preciso analisar individualmente cada ação autônoma de impugnação e dela se extrair os elementos para o seu cabimento.

Esse alerta se estende para a ação autônoma de impugnação cabível contra decisões transitadas em julgado. Nesse ponto, mais uma vez a técnica legislativa ganha destaque pelas opções adotadas. Há casos em que existe uma clara e delimitada escolha pela escolha da via impugnativa, como ocorre com a ação rescisória (art. 966 do CPC), com a indicação das decisões serem desconstituídas e os fundamentos de rescisão autorizados por lei.[174]

Em outras situações, a lei expressamente veda a desconstituição de decisoes posteriormente ao trânsito em julgado por ação rescisória, sem referência a outros meios possíveis em seu lugar (ex.: art. 59, Lei 9.099/95[175]; art. 26 da Lei 9.868/99; art. 12 da Lei 9.882/99; art. 27 da Lei nº 12.153/2009). Em lado oposto, há casos em que a lei autoriza a desconstituição sem especificar o meio e sem estabelecer limitações impugnativas, a denotar ampla possibilidade de revisão da decisão transitada em julgado (ex.: art. 10 da Lei 13.300/2016; art. 304, §2º do CPC). Ainda, a lei indica o meio cabível, mas, por eleger fundamentos diversos daqueles previstos pelo art. 966 do CPC, abre espaço para o questionamento sobre também ser cabível a ação rescisória (ex.: art. 32 da Lei

---

JR., Nelson. **Teoria geral dos recursos**, p. 271). Essa visão, contudo, deve ser vista com parcimônia para evitar seja radicada na noção de que, se ausente recurso, a decisão é inimpugnável.

174. TALAMINI, Eduardo. **Coisa julgada e sua revisão**, p. 635-636. A preocupação com um modelo hermético, seguro e previsível de desconstituição de decisões transitadas em julgado ficou evidente ao eclodir o debate em torno da chamada *relativização da coisa julgada*, que rendeu posicionamentos extremados no sentido de admitir inexistente a sentença tida por contrária à Constituição (WAMBIER, Teresa Arruda Alvim; MEDINA, José Miguel Garcia. **O dogma da coisa julgada**. São Paulo: RT, 2003. p. 35), transformando a superação da coisa julgada em simples aspecto de "justiça no caso concreto" ou, ainda, em se admitir ausente essa estabilidade. O amadurecimento do debate fez com que restasse assentado o entendimento segundo o qual a decisão que se baseou em preceito normativo reconhecido inconstitucional pelo STF posteriormente ao trânsito em julgado somente poderia ser desconstituída pela via da ação rescisória, assegurando-se o devido processo legal a ela inerente (STF. RE nº 592.912 AgR, Relator Ministro Celso de Mello. Segunda Turma do STF. Julgado em 03/04/2012, Acórdão Eletrônico Dje- 22-11-2012). Essa discussão culmina com a edição do arts. 525, § 15 e 535, §8º do CPC, prevendo o cabimento da ação rescisória para desconstituir decisão fundada em dispositivo legal reconhecido inconstitucional após o trânsito em julgado.

175. Estendendo, por via interpretativa, essa vedação à Lei 10.259.2001, vide Enunciado nº 44 FONAJE.

9.307/96).[176] Há, por fim, a defesa do cabimento de mecanismo subsidiário à ação rescisória para casos extremos de violação a preceito fundamental (é o que se admite pela interpretação do art. 1º da Lei 9.882/99)[177].

Além disso, a experiência brasileira está profundamente marcada pela atuação jurisprudencial para determinar o cabimento das ações autônomas de impugnação. Como referido no item 1.5.4, os tribunais foram decisivos para não só regular o cabimento das ações autônomas de impugnação, como também criar requisitos extremamente vagos, imprecisos e, por vezes, arbitrários, como, reitere-se, ocorre com a frequente invocação do conceito de "sucedâneo recursal".[178] Nada obstante exame específico desses critérios de cabimento em momento apropriado, passa a ser necessário criar padrões mínimos de sistematização a serem retomados nesse estudo e que se revelem seguros para as premissas até aqui adotadas, considerando a superação da distinção entre meios de impugnação com base na relação jurídica processual.

Para evitar os problemas anteriormente apontados sobre a ausência de homogeneidade na disciplina do cabimento das ações autônomas de impugnação e sobre a insuficiência legal em estabelecer o cabimento dos recursos, mostra-se relevante adotar como critério útil de sistematização o momento em que cada um pode ser interposto. Diante das características anteriormente apontadas, afigura-se coerente a divisão entre *meios de impugnação cabíveis exclusivamente antes do trânsito em julgado* e *meios de impugnação cabíveis posteriormente ao trânsito em julgado.*

Os primeiros somente poderão ser manejados até o trânsito em julgado. Os segundos, embora alguns deles possam ser ajuizadas no processo em curso, têm por característica a permissão de ajuizamento para questionar decisões estabilizadas, sem estarem dotadas da marca da exclusividade quanto ao momento de sua utilização. Essa sistematização leva em consideração aspecto essencial dos meios de impugnação,[179] consistente no emprego dos recursos

---

176. ARMELIN, Donaldo. Notas sobre ação rescisória em matéria arbitral. *Revista de Arbitragem e Mediação,* jan. 2004, pp. 907-918; YARSHELL, Flávio Luiz. Ação anulatória de julgamento arbitral e ação rescisória. *Revista de Arbitragem e Mediação*, v. 5, 2005, p. 985.

177. TALAMINI, Eduardo. **Coisa julgada e sua revisão**, p. 510.

178. BORGES, Marcos Afonso. Sucedâneos dos recursos. **Revista de Processo**, v. 4, n. 13, jan.-mar. 1979, p. 53-54; ASSIS, Araken de. Introdução aos sucedâneos recursais. In: NERY JR., Nelson; WAMBIER, Teresa Arruda Alvim. **Aspectos polêmicos e atuais dos recursos e de outros meios de impugnação às decisões judiciais**. São Paulo: RT, 2002. v. 6, p. 17-18.

179. "Pelo nosso Sistema, porém, não se pode afirmar que a distinção entre *ações de impugnação* e *recursos* se faça com base na existência ou inexistência de coisa julgada. É certo

como parâmetro para determinar quando ocorrerá o trânsito em julgado (art. 502 do CPC e art. 6º, §3º da LINDB)[180], entendido como o momento em que não mais couber esse meio de impugnação contra decisão que resolve o mérito ou extingue o processo sem resolvê-lo.[181] Além disso, esse referencial é particularmente relevante no ordenamento jurídico nacional, tendo em vista que a classificação de determinada via como recurso não deve ser feita de modo dissociado do direito positivo, considerando, como já aludido, a aplicação de um regime jurídico específico, composto, dentre outros elementos, pelo denominado efeito obstativo. Sem prejuízo, o trânsito em julgado é referencial para cabimento de ação autônoma, como a seguir será demonstrado.

---

que o recurso será sempre anterior à formação da coisa julgada, mas o inverso não é verdadeiro: existem ações autônomas de impugnação oponíveis contra decisões não transitadas em julgado (...)" (GRINOVER, Ada Pellegrini. GOMES FILHO, Antonio Magalhães. FERNANDES, Antonio Scarance. **Recursos no processo penal,** p. 26).

180. Por ora, cabe destacar que a associação feita entre recurso e estabilidade da decisão, conforme já destacado no cap. 1, é reforçada pela noção de *inimpugnabilidade*. Em verdade, essa correlação se verifica mais próxima quando analisada a ideia de indiscutibilidade da decisão, ao menos internamente ao processo. Entendido que os recursos formam parte dos mecanismos integrantes do regime de desconstituição das decisões judiciais, natural notar que a lei lhes confere o referencial para determinar o término da litispendência. A rigor, esse estado de pendência poderia ser entendido pelo seguinte viés: a decisão terá maior grau de estabilidade quanto menor for sua suscetibilidade a questionamentos; a solução dada pela decisão não ganha definitividade, pois é alvo de impugnação. As consequências daí extraídas, segundo o sistema processual, tocam diretamente ao modo pelo qual a satisfação dessa decisão será perseguida (em regime de provisoriedade). Portanto, a coisa julgada formal ou a preclusão, para quem entender pela diferença entre ambas, resultaria resultariam de "un efecto de todas las resoluciones judiciales inherente a su firmeza o inimpugnabilidad." (OLIVA SANTOS, Andrés de La. DÍEZ-PICAZO GIMÉNEZ, Ignacio. VEGAS TORRES, Jaime. **Curso de derecho procesal**, vol. II, 3ª ed. Madrid: Ramón Areces, 2016, p. 322). Em igual sentido, FRASCA, Raffaele. Nuove tendenze e vecchi problemi della giurisprudenza della Corte in tema di ricorso straordinario. In: **L'evoluzione giurisprudenziale nelle decisione della Corti Cassazione**, vol. VII. Milano: Giuffrè, 2013, p. 302. No Brasil, como alerta Dinamarco, "toda interposição recursal tem o efeito direto e imediato de *prevenir a preclusão temporal*(...)" (Os efeitos dos recursos. In: **Aspectos polêmicos e atuais dos recursos cíveis**, vol. 5, p. 26).

181. BARBOSA MOREIRA, José Carlos. Ainda e sempre a coisa julgada. In: **Direito processual civil (ensaios e pareceres)**. Rio de Janeiro: Borsói, 1971, p. 140-141; DINAMARCO, Cândido Rangel. **Instituições de direito processual civil**, v. III, p. 303; TALAMINI, Eduardo. **Coisa julgada e sua revisão**, p. 32; SICA, Heitor Vitor Mendonça. **Preclusão processual civil**, p. 212-215; CABRAL, Antonio do Passo. **Coisa julgada e preclusões dinâmicas**, p. 62. No contexto da dogmática atual, seria preciso adaptar essa ideia à última decisão do processo (v. JORGE, Flávio Cheim. **Teoria geral dos recursos cíveis**, p. 337).

2.3.1. Meios de impugnação cabíveis exclusivamente antes do trânsito em julgado

Feitos os esclarecimentos anteriores, passa-se ao exame dos meios de impugnação cabíveis exclusivamente antes do trânsito em julgado. Como foi dito, o critério adotado parte da premissa de que, no ordenamento jurídico brasileiro, o fator temporal para o cabimento é relevante parâmetro classificatório, considerando a superação da dicotomia entre recursos e ações autônomas com base no critério da relação jurídica processual.

2.3.1.1. Recursos

Com o escopo de oferecer oportunidades de controle, mas, ao mesmo tempo, colocar horizonte para o término da controvérsia, as vias recursais são eleitas pelo legislador para regularem o momento em que ocorre o trânsito em julgado, por estarem dotadas do chamado efeito obstativo.[182] Como dito anteriormente, a impugnação das decisões judiciais poderá seguir o regime jurídico recursal, do qual faz parte a característica de se impedir a formação da estabilidade e, portanto, não haver, no ordenamento jurídico brasileiro, recurso cabível posteriormente ao aludido marco temporal.

É relevante perceber que, por escolha legislativa, não será qualquer ato judicial passível de questionamento pelos recursos, mas apenas as decisões judiciais.[183] A identificação do ato judicial impugnável se circunscreve em

---

182. A tradição nacional revela a luta travada pelo legislador, pela jurisprudência e pela doutrina em conferir maior objetividade no cabimento recursal. Isso tudo teve início no modelo complexo erigido pelo CPC de 39. Em 1957, Alfredo Buzaid trouxe à baila as seguintes críticas ao modelo então vigente, usadas também para justificar o modelo recursal adotado pelo CPC de 73: "Dentre todas as partes do Código, aquela que apresenta maiores defeitos é, sem dúvida nenhuma, a do sistema geral de recursos. Múltiplo, complexo e eriçado de dificuldades, constitui uma fonte permanente de tropeços para os que lidam no foro e uma arma poderosa de procrastinação dos feitos." (Ensaio para uma revisão do sistema de recursos no Código de Processo Civil. **Revista da Faculdade de Direito, Universidade de São Paulo**, v. 52, p. 182, 1, jan. 1957). Sem prejuízo das posteriores modificações legislativas, cada qual, a seu modo, impactando no cabimento recursal, ainda hoje, não se encerrou essa cruzada em torno da clareza, determinação e previsibilidade sobre o emprego dos meios de impugnação.

183. Embora mais raras, há atos do juiz encarados como decisão, mas irrecorríveis ou cuja impugnação é restrita, como os provimentos previstos pelos arts. 138, 949, §3º, .1007, §6º, 1.031, §§ 2º e 3º, 1.035 todos do CPC. Arruda Alvim manifestou-se, em estudo prestigiado, sobre a funcionalidade do sistema recursal, e ponderou que "Há, por outro lado - e como já foi delineado - toda uma tipologia das decisões, que há de ser correlacionada com os diversos tipos de recursos, técnica jurídica através da qual se

uma das facetas do cabimento recursal. A opção legislativa deixa de fora do espectro desses meios de impugnação o controle das condutas omissivas e de outros atos que, embora comissivos, não se enquadrem como decisão, assim como não estão abrangidos os atos praticados por outros sujeitos do processo, como os auxiliares do juiz.

Outra faceta recai sobre a identificação da espécie recursal apontada pela legislação para se questionar determinado ato decisório. Nesse aspecto, a regra da taxatividade –analisada no capítulo 4 – exerce papel relevante, pois indica quais meios de impugnação submetem-se ao regime jurídico inicialmente referido.[184] Ao se dispor sobre o cabimento da espécie recursal, aponta-se qual será a amplitude de impugnação daquela decisão, em que medida e por qual fundamento poderá ser questionada.[185]

Um desdobramento dessa tentativa de ordenar a utilização das vias recursal está na chamada unicidade (ou unirrecorribilidade).[186] Embora

---

objetiva emprestar ao sistema (do 1º para o 2º grau de jurisdição, principalmente), o máximo de funcionalidade, conformando o recurso, seus efeitos etc., tendo em vista a função e a gravidade da decisão, à luz da sentença almejada e para a qual se destina e tende o processo." (Notas a respeito dos aspectos gerais e fundamentais da existência dos recursos – direito brasileiro. **Revista de Processo**, vol. 48, out.-dez. 1987, p. 20-21).

184. SALHI, Karim. **Contribution à une théorie générale des voies de recours en droit judiciaire privé.** Thèse de doctorat (Droit privé et sciences criminelles) – Université de Caen Normandie, 2004, p. 38-39; PINTO, Rui. **Recurso civil. Uma teoria geral**, p. 25-28; MONTERO AROCA, Juan. FLORS MATÍES, José. **Tratado de recursos en el proceso civil**, p. 31-32; ALVIM, Arruda. Anotações sobre a teoria geral dos recursos. In: **Aspectos polêmicos e atuais dos recursos cíveis de acordo com a Lei 9.756/98**, coord. Teresa Arruda Alvim Wambier, Nelson Nery Jr.; colab. Araken de Assis [et. al.]. São Paulo: Revista dos Tribunais, 1999, p. 53-54; ASSIS, Araken de. **Manual dos recursos**, p. 108; PORTO, Sérgio Gilberto. USTÁRROZ, Daniel. **Manual dos recursos cíveis**, p. 78.

185. "De útil para a presente investigação, lembre-se de que esse sistema obedece a um princípio de taxatividade, segundo o qual os recursos cabíveis são apenas aqueles previstos exaustivamente pela lei processual. Fora daí não há margem para atividade das partes, sujeitas, além disso, à regra da unicidade ou unirrecorribilidade, de tal sorte que, em princípio, dada decisão somente pode ser impugnada por única via. Isso pode ser traduzido em palavras diversas: a desconstituição de uma decisão judicial, dentro do mesmo processo, obedece a uma regra de tipicidade, uma vez que os provimentos aptos a produzir tal efeito jurídico são taxativamente descritos pela lei processual." (YARSHELL, Flávio Luiz. **Tutela jurisdicional**, p. 161).

186. Essa preocupação organizacional com o sistema recursal foi percebida com acuidade por Arruda Alvim. O processualista descreve a racionalidade que orienta a previsão de recursos da seguinte forma: "O sistema recursal deve ser particularmente informado, em sua concepção, pela racionalidade, axioma este cujo significado e função expressam que o sistema deve proporcionar amplo e pleno debate sobre a lide e questões atinentes

largamente admitido pela doutrina, o fundamento de que tal regra visa evitar que contra a mesma decisão seja apresentado mais de um recurso, parece mais coerente aceitar a função de evitar múltiplas impugnações concomitantes com base no mesmo fundamento de questionamento.[187] A lógica da unicidade recursal deve orientar a impossibilidade de se impugnar simultaneamente a mesma decisão pelo mesmo fundamento, com a finalidade de ordenar o exercício de pretensões impugnativas.[188] Isso não quer dizer que a unicidade deva suplantar a carga de complexidade existente no controle dos atos judiciais, tal como será visto no capítulo 4, concernente ao possível concurso entre vias e entre pretensões para essa finalidade.[189]

---

a ela, à ação e ao processo, havendo de ensejar, todavia, no menor espaço de tempo possível, o término do litígio, ou seja, deve também ser, neste aspecto, funcional ou operativo. Aqui comparecem os princípios da celeridade e do contraditório. A lide deve ser julgada no menor espaço de tempo possível (no que depender do sistema processual positivo) e com respeito ao direito das partes." (Notas a respeito dos aspectos gerais e fundamentais da existência dos recursos – direito brasileiro. **Revista de Processo**, vol. 48, out.-dez. 1987, p. 17).

187. Isso fica evidente, pois a arguição, pelo recorrido, de litispendência recursal costuma ser rechaçada pelos tribunais sob a justificativa de que os recursos impugnam decisões distintas ou porque há o óbice gerado pela preclusão (TJSP; Agravo de Instrumento 2202489-65.2018.8.26.0000; Relator (a): Plinio Novaes de Andrade Júnior; Órgão Julgador: 24ª Câmara de Direito Privado; Foro Regional I - Santana - 4ª Vara Cível; Data do Julgamento: 28/03/2019; Data de Registro: 29/03/2019; TJSP; Agravo de Instrumento 0015287-76.2018.8.26.0000; Relator (a): Achile Alesina; Órgão Julgador: 38ª Câmara de Direito Privado; Foro de São Bernardo do Campo - 4ª Vara Cível; Data do Julgamento: 17/09/2018; Data de Registro: 17/09/2018), na linha do que preconiza a doutrina sobre a finalidade da unirrecorribilidade (JORGE, Flávio Cheim. **Teoria geral dos recursos cíveis**, p. 257-258).

188. Esse não é um enfoque frequente quando se estuda os recursos de fundamentação vinculada. O que normalmente se observa é o aceno ao fato de que "a lei exige a presença de determinados tipos de vícios ou defeitos na decisão, para que tenha cabimento. Assim, não basta a existência de uma determinada decisão, para que o recurso seja cabível. Exige-se algo mais, exatamente o vício ou defeito específico." (JORGE, Flávio Cheim. **Teoria geral dos recursos cíveis**, p. 56). Contudo, com base nas premissas delineadas anteriormente, seria correto aceitar que somente haverá direito de impugnar se verificados vícios previstos pela lei, ou seja, fora dos quais tal direito não existirá. Pode-se colher de comum a preocupação da lei em *criar ambiente de maior preservação à decisão judicial ao se pré-determinar quais vícios ensejam invalidação ou reforma*. Essa não é uma técnica privativa dos recursos, pois a vinculação do vício à lei se faz presente em diversas outras situações, como nas ações autônomas de impugnação, a exemplo da ação rescisória e da reclamação, ou em outras demandas impugnativas de negócios jurídicos privados.

189. BUENO, Cassio Scarpinella. **Curso sistematizado de Direito Processual Civil**, vol. 2, p. 550;

Nessa busca por determinar o cabimento e, consequentemente, delimitar o controle da decisão judicial, diversos critérios usados pela lei podem ser combinados.[190] Ao admitir o uso da espécie recursal contra qualquer decisão, o legislador pode especificar os fundamentos impugnativos, a fim de limitar o ataque formulado (ex.: embargos de declaração). Além de apontar a natureza da decisão (se interlocutória, se sentença, se decisão monocrática ou se acórdão), indica-se a espécie recursal a ser adotada. Em outros casos, todos os critérios – delimitação da decisão, do procedimento recursal e dos fundamentos impugnativos – são conjugados (ex.: recurso especial e extraordinário). Essas escolhas, em linhas gerais, remetem ao tema das limitações impugnativas, amplamente utilizadas no controle dos atos judiciais,[191] que permearão diversos capítulos do presente estudo.

Somado a tudo isso, ainda como elemento relevante na preservação da decisão judicial, há direta associação entre recursos e regime preclusivo. Isso

---

190. A impugnação das decisões judiciais, por maior que seja a amplitude quando associada ao direito material de impugnar, deve ser harmonizada com vetor elementar do processo, atinente à solução da controvérsia. O caráter instrumental desse direito, conforme já referido, evidencia sua atuação em favor do direito disputado pelas partes. Na escalada jurisdicional permitida pelos recursos, a afunilamento dos vícios, com início na ampla liberdade impugnativa e encerrada na estrita liberdade de impugnar, revela bem essa preocupação do sistema em apontar horizonte para o término da litispendência. Aqui, entra em cena interessante aspecto constatado pela doutrina estrangeira de que a restrição de alegação de vícios ingressa na margem de ingerência do legislador em assumir os riscos de uma decisão judicial viciada, mas contra a qual não caiba recurso, transitar em julgado para o bem da pacificação do conflito. Isso se reflete na ideia defendida pelos austríacos de *Fehlerkalkül* (em especial, iniciada pela doutrina de Adolf Merkl, como se encontra em: Erro judicial e verdade jurídica. In: SILVA, Matheus Pelegrino, da (org. e trad.) **Adolf Julius Merkl. Escritos e teoria do direito**. São Leopoldo: Editora Unisinos, 2018, p. 215) e pelos italianos de *effetto depurante*, em sinal da confiança depositada no provimento jurisdicional (CONSOLO, Claudio. **Le impugnazione delle sentenze e dei lodi**, p. 25-26). Ambas as ideias estão diretamente ligadas à noção de *tolerância de erros* e tocam à atuação judicial, alguns dos quais, em nosso sistema, no entanto, resistem ao trânsito em julgado e seguem relevantes por determinado período, enquanto cabível, por exemplo, a ação rescisória. Markus Klamert assim se pronuncia sobre a primeira teoria: "[...] the concept underlying most positivist legal orders since the Roman times is that erros leading to the invalidity of a legal act are limited to those violating formal requiriments such as publication or signature. However, in the classic understanding of *Fehlerkalkül*, other errors often lead no to *invalidity* but to the possible *invalidation* of the defective legal act, such as by decision of the constitutional court." (**The principles of loyalty in EU law**. Oxford: University Press, 2014, p. 258).

191. SEMMELMAYER, Johann. **Der Berufungsgegenstand.** Berlin: Duncker und Humblot, 1996, p. 35.

autoriza reconhecer que os prazos para interposição dos recursos atuam de forma a garantir estabilidade da decisão e da situação jurídica por ela instituída, para regular investidas impugnativas que possam ser realizadas. Numa visão corrente da doutrina, a preclusão é a consequência da inobservância de um ônus processual, sendo certo que o resultado produzido pela não interposição do recurso é a consolidação daquela situação jurídica instituída pela decisão.[192] Assim, a preclusão representa o fechamento de uma via impugnativa, embora, em alguns casos, não represente o fechamento de todas elas.[193]

2.3.1.2. Reclamação

Os critérios legais utilizados para determinar o cabimento da reclamação se baseiam na especificação dos motivos de impugnação (art. 102, I, *l*, e 105, I, *f*, da CF/88 e art. 988, I, II, III e IV do CPC), na limitação temporal para ajuizamento, a ser feito antes do trânsito em julgado da decisão impugnada (art. 988, § 5º, I do CPC) e, ainda, no critério de subsidiariedade (art. 988, § 5º, II do CPC e art. 7º, §1º da Lei 11.417/2006). Assim como ocorre com outras ações autônomas, a reclamação também poderá se dirigir contra omissões judiciais[194] e atos administrativos.

O enquadramento da reclamação como meio de impugnação cabível exclusivamente antes do trânsito em julgado decorre do disposto pelo art. 988, §5º, I do CPC, que incorporou o enunciado n. 734 de súmula do Supremo Tribunal Federal.[195] Não se atribui a esse meio de impugnação o

---

192. SICA, Heitor Vitor Mendonça. **Preclusão processual civil**, p. 107-108.

193. Caso relevante é o recurso adesivo, pois, conquanto tenha transcorrido o prazo para interposição do recurso autônomo, a impugnação adesiva é mantida, pelo regime próprio, caso a parte contrária tenha interposto o seu recurso. Essa relação entre preclusão e manutenção de oportunidade impugnativa é encontrada com maior evidência na regra 161 das European Rules of Civil Procedure: "A party that has lost their right of appeal due to the expiry of the time limit for filing a notice of appeal in Rule 156, may appeal if another party (the appellant) appeals from the judgment."

194. É o que poderia ocorrer com eventual omissão verificada na inércia do tribunal local que deixa de encaminhar o agravo contra decisão que inadmite recurso extraordinário e recurso especial (conforme enunciado n. 727 de Súmula do STF). Nesse sentido, STJ, Rcl 645, Relator(a): Min. Octávio Gallotti, Tribunal Pleno, julgado em 25/09/1997, DJ 07-11-1997; STJ, Rcl 2.506/RN, Rel. Ministro Arnaldo Esteves Lima, Terceira Seção, julgado em 12/12/2007, DJ 01/02/2008; STJ, Rcl 1.453/PE, Rel. Ministro Fernando Gonçalves, Segunda Seção, julgado em 26/09/2007, DJ 11/10/2007. Na doutrina, em defesa do cabimento da reclamação contra omissão judicial, AZEVEDO, Gustavo. **Reclamação constitucional no direito processual civil**, p. 153-154.

195. Súmula 734 do STF: "Não cabe reclamação quando já houver transitado em julgado o ato judicial que se alega tenha desrespeitado decisão do Supremo Tribunal Federal."

denominado efeito obstativo, ou seja, a despeito de ser obrigatório o seu ajuizamento previamente à formação da estabilidade, tal fato não impede que o seu julgamento produza efeito rescindente sobre atos estáveis.[196] A associação com o prazo preclusivo, em quebra a mais um paradigma distintivo entre meios de impugnação, demonstra que o mencionado dispositivo legal colocaria limite ao ajuizamento da reclamação nos mesmos moldes adotados para os recursos.

Na investigação do cabimento, merece destaque o relacionamento entre reclamação e recurso. Dois dados constam do CPC a esse respeito. O primeiro é exigir o esgotamento das chamadas instâncias ordinárias para ajuizamento da ação autônoma na hipótese do art. 988, §5º, II do CPC, do que se presume a necessidade de utilização todos os recursos cabíveis nesses graus de jurisdição, em caráter prévio. O segundo é o reconhecimento legal de que a inadmissibilidade ou julgamento do recurso não prejudicará a reclamação (art. 988, §6º do CPC), ao que se agrega a permissão para emprego desse meio perante qualquer tribunal cuja competência ou autoridade da decisão se busque preservar (art. 988, §1º do CPC).[197]

As transformações pelas quais a reclamação passou revelam as suas variadas finalidades. No item 1.4 foi destacada a ausência de completa independência das funções de controle e interpretativa dos tribunais brasileiros, quando provocados por meios de impugnação. A reclamação aparece em reafirmação a essa conclusão, sendo certa sua multifacetada destinação. Na tentativa de traçar parâmetros minimamente seguros para o seu cabimento, a heterogeneidade sugere, de um lado, compreendê-la como mecanismo de controle da competência, especificamente quando o vício consistir em usurpação, e, de outro, como instrumento de controle da inobservância da força vinculante[198] de decisões.[199]

---

196. STF, Rcl 19130, Relator(a): Min. Luiz Fux, julgado em 12/02/2015, Dje18/02/2015. DIDIER JR., Fredie. CUNHA, Leonardo Carneiro da. **Curso de direito processual civil**, v. 3, p. 631.

197. AZEVEDO, Gustavo. **Reclamação constitucional no direito processual civil**, p. 137-138; LEONEL, Ricardo de Barros. **Reclamação constitucional**, p. 249; DIDIER JR., Fredie. CUNHA, Leonardo Carneiro da. **Curso de direito processual civil**, v. 3, p. 632.

198. Para usar expressão empregada por Eduardo Talamini (Objetivação do controle incidental de constitucionalidade e força vinculante (ou "devagar com o andor que o santo é de barro". In: **Aspectos polêmicos e atuais dos recursos cíveis**, vol. 12, p. 136-137).

199. Daniel Mitidero passa a negar o cabimento da reclamação para garantir a eficácia do precedente, ressalvada a hipótese de súmula vinculante (**Reclamação nas cortes superiores: entre a autoridade da decisão e a eficácia do precedente**, p. 76-84).

Quanto ao controle da competência, disposto no inc. I do art. 988 do CPC, entende-se por usurpação o ato por meio do qual o órgão jurisdicional invade esfera de competência de tribunal hierarquicamente superior.[200] Há, aqui, a clara finalidade de preservar a competência de um tribunal quando órgão hierarquicamente inferior exerce funções e poderes incompatíveis com aqueles pré-determinados para sua margem de atuação. Os vícios de competência, na linha já exposta neste estudo, podem se manifestar de inúmeras formas, sendo um deles combatido pela via da reclamação. A usurpação não necessariamente exsurge de um ato judicial, porquanto poderá se constatar de forma perene, enquanto perdure a usurpação, ou de uma conduta omissiva, por si violadora de uma regra de competência. A diferença hierárquica entre graus de jurisdição é elemento tido por preponderante para o cabimento, visto que *(i)* é preciso haver essa relação de hierarquia entre órgãos jurisdicionais, ficando à margem de controle por reclamação os casos de usurpação ocorrida quando ausente essa subordinação;[201] e *(ii)* hierarquia violada pressupõe a usurpação praticada por grau inferior em relação a outro superior, vedado o controle por reclamação quando eventual usurpação se dê por um órgão superior em relação a outro inferior.[202]

Em outro quadro, a reclamação serve como mecanismo destinado à preservação da força vinculante de decisões. O debate, tão atual quanto relevante, merece considerações para conferir o devido dimensionamento a tal meio de impugnação. Em determinadas hipóteses de cabimento, o Código se preocupa em explicar qual o sentido da violação, tal como sucede com os incisos III e IV do art. 988, os quais compreendem a aplicação indevida ou a não aplicação da tese jurídica, ao ensejo da qual será admitida a distinção do caso concreto com o precedente invocado incorretamente.[203] Tal situação,

---

200. STJ, Rcl 35.958/CE, Rel. Ministro Marco Aurélio Bellizze, Segunda Seção, julgado em 10/04/2019, DJe 12/04/2019.

201. Nesse sentido, AZEVEDO, Gustavo. **Reclamação constitucional no direito processual civil**, p. 151-152; LEONEL, Ricardo de Barros. **Reclamação constitucional**, p. 188-190.

202. No sentido de reconhecer cabível reclamação ao STJ contra ato de ministro do STF: STJ, AgRg na Rcl 1.551/MA, Rel. Ministra Eliana Calmon, Corte Especial, julgado em 19/05/2004, DJ 02/08/2004, p. 272.

203. Sobre a aceitação da distinção mediante reclamação, embora com extrema resistência da jurisprudência: STF, Rcl 39527 ED, Relator(a): Min. Luiz Fux, julgado em 13/05/2020, Dje. 15/05/2020. Em recente precedente, contudo, a Corte Especial do STJ decidiu pela inadmissão da reclamação para controle da tese firmada em recurso especial repetitivo: Rcl 36.476/SP, Rel. Ministra Nancy Andrighi, Corte Especial, julgado em 05/02/2020, DJe 06/03/2020. O voto condutor seguiu a seguinte orientação: "7. Outrossim, a admissão da reclamação na hipótese em comento atenta contra a finalidade da instituição do regime

aliás, mereceu previsão expressa como causa de rescindibilidade, atacável por ação rescisória, nos termos do art. 966, §5º do CPC. Sem pretender exaurir esse tema e limitando a análise aqui empreendida ao cabimento, merece, ainda, ponderação a ausência de identidade entre as hipóteses autorizativas da reclamação previstas pelo art. 988 do CPC e o rol do art. 927 do CPC. Naquele quadro de preservação da força vinculante, o aspecto do controle é essencial para conferir a repressão condizente ao posto de obrigatoriedade conferido pela lei àqueles pronunciamentos. Isso, contudo, não significa dizer que estaria sob o espectro da reclamação todo e qualquer pronunciamento dotado de força vinculante, como a ausência de identidade acima referida demonstra e pelas escolhas constitucionais e infraconstitucionais sobre cabimento desse meio impugnativo.[204]

Como se procurou a pontar, conquanto possam surgir discussões em torno do alcance da reclamação, não parece haver dúvidas de que o Código de Processo Civil foi expresso ao tratá-la como meio de impugnação cabível exclusivamente antes do trânsito em julgado, sendo essa uma escolha legislativa que cria proximidades com o momento de emprego dos recursos, especialmente por se regular o acesso à via impugnativa mediante regras preclusivas.

2.3.1.3. Embargos de terceiro

Os embargos de terceiro podem se dirigir ao questionamento do ato de constrição indevidamente realizado na esfera patrimonial de quem não é parte de um processo pendente (art. 674 do CPC). Estão inseridos na

---

dos recursos especiais repetitivos, que surgiu como mecanismo de racionalização da prestação jurisdicional do STJ, perante o fenômeno social da massificação dos litígios. 8. Nesse regime, o STJ se desincumbe de seu múnus constitucional definindo, por uma vez, mediante julgamento por amostragem, a interpretação da Lei federal que deve ser obrigatoriamente observada pelas instâncias ordinárias. Uma vez uniformizado o direito, é dos juízes e Tribunais locais a incumbência de aplicação individualizada da tese jurídica em cada caso concreto. 9. Em tal sistemática, a aplicação em concreto do precedente não está imune à revisão, que se dá na via recursal ordinária, até eventualmente culminar no julgamento, no âmbito do tribunal local, do agravo interno de que trata o art. 1.030, § 2º, do CPC/15."

204. Sobre a amplitude interpretativa que se dá às hipóteses de cabimento da reclamação para tutela da força vinculante: AZEVEDO, Gustavo. **Reclamação constitucional no direito processual civil**, cap. 3; LEONEL, Ricardo de Barros. **Reclamação constitucional**, cap. 7; DIDIER JR., Fredie. CUNHA, Leonardo Carneiro da. **Curso de direito processual civil**, v. 3, p. 632-634; DANTAS, Marcelo Navarro Ribeiro. **Reclamação constitucional no Direito brasileiro**, n. 8.4.; MORATO, Leonardo L. **Reclamação e sua aplicação para o respeito da súmula vinculante**, p. 195-228.

classificação dos meios de impugnação cabíveis exclusivamente antes do trânsito em julgado pelas seguintes razões: a expressa previsão legal sobre o termo final para ajuizamento quando a constrição ocorrer no processo de conhecimento (art. 675 do CPC), deve ser entendida como restrição à utilização dessa via processual, mas preservado poderá estar o direito de impugnar o ato de constrição por ação autônoma diversa[205]; o prazo de cinco dias previsto pelo mesmo dispositivo legal limita a utilização dos embargos de terceiro antes do trânsito em julgado da decisão que encerra a execução.

O art. 1.046 do CPC de 73 empregava técnica distinta da ordenação vigente para determinar o cabimento dos embargos de terceiro. Eram descritos os atos de constrição sujeitos ao controle por essa via impugnativa. Ainda, a proteção almejada se limitava à tutela da posse do terceiro. No entanto, a jurisprudência formada durante a vigência do CPC revogado já havia flexibilizado tanto os atos de constrição a serem atacados, como ampliado a proteção para além da discussão do direito de posse.[206] Adotando modelo diverso, o CPC vigente não delimita quais serão os atos de contrição a serem impugnados, nem restringe à proteção da posse, uma vez que o §1º do art. 674 abrange também o terceiro proprietário, inclusive o fiduciário. Evidentemente, o atual CPC tornou mais ampla a via dos embargos de terceiro, promovendo uma equiparação com outras vias possíveis de utilização por aquele alheio à relação jurídica processual, como o recurso de terceiro prejudicado.

A doutrina chega a classificar esses embargos como uma espécie de intervenção de terceiro por meio por ação.[207] Esse raciocínio permite ser alargado para diversos meios de impugnação manejados por terceiro, pois teriam a mesma aptidão para introduzir, ao menos, uma pretensão impugnativa

---

205. BARROS, Hamilton Moraes E. de. **Comentários ao código de processo civil**, vol. IX, 3ª ed. Rio de Janeiro: Forense, 1992, p. 237; CANEIRO, Paulo Cezar Pinheiro. **Comentários ao Código de Processo Civil**, vol. IX, t. II. Rio de Janeiro: Forense, 2006, p. 168; CRUZ E TUCCI, José Rogério. Embargos de terceiro: questões polêmicas. **Revista dos Tribunais**, v. 94, n. 833, p. 54-65; SICA, Heitor Vitor Mendonça. Comentários ao artigo 674. In: **Comentários ao Código de Processo Civil**: arts. 674 ao 718, vol. X, diretor Luiz Guilherme Marinoni, coord. Sérgio Cruz Arenhart e Daniel Mitidiero. São Paulo: Editora Revista dos Tribunais, 2016, p. 59; BARIONI, Rodrigo. Comentários ao art. 675. In: **Comentários ao Código de Processo Civil**, org. Lenio Luiz Streck [et. al.]. São Paulo: Saraiva, 2017, p. 903-904.

206. STJ, REsp 837.546/MT, Rel. Ministro Raul Araújo, Quarta Turma, julgado em 01/10/2015, DJe 21/10/2015; STJ, AgRg no REsp 1134217/MA, Rel. Ministro Ari Pargendler, Primeira Turma, julgado em 05/12/2013, DJe 23/05/2014.

207. SICA, Heitor Vitor Mendonça. Comentários ao artigo 674. In: **Comentários ao Código de Processo Civil**: arts. 674 ao 718, vol. X, p. 50.

e permitir o seu ingresso em relação jurídica processual pendente.[208] Assim admitida a forma com a qual o terceiro intervém, já havia consenso em torno do caráter incidental da demanda proposta nos embargos de terceiro.[209]

Note-se que a desconstituição pretendida pelo embargante se assenta na demonstração de que bem constrito está à margem da responsabilidade patrimonial pelo débito afirmado em juízo. O vício verificado está justamente nessa violação dos limites para o réu ou executado responder com seu próprio patrimônio, com a invasão da esfera patrimonial do terceiro. Ao fim, reconhecido que o patrimônio foi indevidamente constrito, a consequência produzida é a desconstituição do ato e a modificação da situação jurídica para a liberação do patrimônio do embargante. Essa nova situação jurídica advinda com a desconstituição do ato equivaleria a desfazer o gravame sobre o bem e, por consequência, devolver ou resguardar a sua titularidade ao terceiro, como se confirma do art. 681 do CPC.[210]

---

208. Embora filiado à concepção de que o recurso é extensão do direito de ação já exercido, Fredie Didier Jr. estabelece o recurso de terceiro como uma figura híbrida: "de um lado, é recurso; de outro, é intervenção de terceiro. A conceituação do instituto, portanto, tem de levar em consideração estas duas características [...] O terceiro – que não a exerceu, pois não está no feito – amolda a sua ação a esta forma abreviada de exercício 'do direito de ação, que não quis ou não pôde exercer pela forma normal'. A ação do terceiro toma forma de recurso, acomodando-se ao grau em que vai estar o processo da ação de outrem." (**Recurso de terceiro: juízo de admissibilidade**, p. 33) Mas, mais adiante, o autor examina a relação do recurso de terceiro com os embargos de terceiro para concluir pelo seguinte: "consideramos, entretanto, inadmissível, a princípio, ao possível opoente e, *a fortiori*, ao embargante, recorrer como terceiro. O recurso de terceiro é modalidade interventiva que não amplia objetivamente a causa; adere, o terceiro, à pretensão de uma das partes, com intuito de que esta prevaleça. Não exerce, o terceiro, direito material, pelo recurso." (p. 142-143). Em sentido diverso, admitindo o recurso de terceiro como via acessível àquele que também pode se valer dos embargos de terceiro, vide SICA, Heitor Vitor Mendonça. Comentários ao artigo 674. In: **Comentários ao Código de Processo Civil**: arts. 674 ao 718, vol. X, diretor Luiz Guilherme Marinoni, coord. Sérgio Cruz Arenhart e Daniel Mitidiero. São Paulo: Editora Revista dos Tribunais, 2016, p. 52

209. DINAMARCO, Cândido Rangel. **Instituições de direito processual civil**, vol. 4, 4ª ed. São Paulo: Malheiros, 2019, p. 732; AMADEO, Rodolfo Manso da Costa Real. **Embargos de terceiro: legitimidade passiva**. São Paulo: Atlas, 2006, p. 40-45; MACHADO, Marcelo Pacheco. Comentários ao art. 674, vol. XIII. Coord. GOUVÊA, José Roberto. BONDIOLI, Luis Guilherme. FONSECA, João Francisco Naves. São Paulo: Saraiva, 2017, p. 233; SICA, Heitor Vitor Mendonça. Comentários ao artigo 674. In: **Comentários ao Código de Processo Civil**: arts. 674 ao 718, vol. X, p. 50.

210. DIANAMARCO, Cândido Rangel. Ação rescisória e embargos de terceiro. In: **Fundamentos do processo civil moderno**, v. II, 6 ed. São Paulo: Malheiros, 1.367-1.368.

Diferentemente de outras ações autônomas de impugnação, não há qualquer limitação de cabimento dos embargos de terceiro por um critério de relação com os recursos. Essa opção se mostra alinhada com a amplitude da cognição exigida para determinar se o terceiro é possuidor ou proprietário e, assim, reconhecer a exclusão do bem da esfera de responsabilidade da obrigação que deu ensejo à constrição, muitas vezes incompatível com a via recursal. Não seria adequado estabelecer qualquer relação de preferência dessa via impugnativa em relação àquela por tais razões, a despeito de não haver óbice no ordenamento jurídico para o terceiro se valer de recurso na remoção do gravame.

2.3.2. Meios de impugnação cabíveis posteriormente ao trânsito em julgado

Os meios de impugnação ora examinados têm por característica essencial o seu cabimento após o trânsito em julgado. Ainda que alguns deles possam ser manejados antes da consumação desse marco temporal – daí porque não seria pertinente utilizar o advérbio "exclusivamente" –, a característica principal, no ordenamento jurídico brasileiro, está na possibilidade de manejá-los para questionar decisões estáveis.

2.3.2.1. Ação rescisória

A ação rescisória é o meio de desconstituição de decisões judiciais transitadas em julgado por excelência, conforme prevê o *caput* do art. 966 do CPC. Para o seu cabimento, o CPC se vale de técnicas como especificação dos fundamentos de rescisão (art. 966) e a indicação das decisões a serem desconstituídas. A disciplina trazida pelo CPC confere à ação rescisória amplitude até maior do que sua alegada excepcionalidade sugere, como será visto no capítulo 5.[211]

O modelo de desconstituição proposto pela ação rescisória serve de paradigma para entender a finalidade desse mecanismo no sistema processual,

---

211. O modelo brasileiro de desconstituição de decisões transitadas em julgado autoriza que a revisão seja feita com o controle do *error in iudicando*. Em caráter comparativo, esse perfil se mostra sem paralelos exatos, tendo em vista que, no direito estrangeiro, a demanda equiparada à ação rescisória estaria reservada a vícios graves, enquanto o controle da norma se limitaria ao campo dos recursos, especialmente aqueles destinados aos tribunais superiores, para fins de uniformização interpretativa. Por isso, já se sugeriu a eliminação do art. 966, V do CPC, com a finalidade de se atribuir racionalidade ao sistema impugnativo (ROSSONI. Igor Bimkowski. **Recursos extraordinários e ação rescisória por ofensa à norma jurídica**, p. 276-278).

especialmente pela técnica legislativa empregada. Os motivos aptos à rescisão, além de pré-determinados pela lei, são conotados por aspectos comuns, ligados à sua sobrevivência ao trânsito em julgado.[212] Disso podem ocorrer algumas variáveis como *(i)* o fundamento rescisório existia e não era conhecido pela parte ao tempo da tramitação do processo; *(ii)* o fundamento rescisório existia e era de conhecimento pela parte, mas nunca foi impugnado pela via recursal ou por outros meios antes de estabilizada a decisão; *(iii)* o fundamento rescisório existia, era de conhecimento da parte, fora alegado mas afastado; ou, ainda *(iv)* o fundamento rescisório era de conhecimento da parte, mas os limites impugnativos estabelecidos a partir do determinado estágio processual já não mais permitiam alegá-lo. A importância da ação rescisória destaca-se, ainda, pela possibilidade conferida à parte de discutir, em primeira oportunidade, determinados fundamentos não absorvidos por determinadas vias recursais,[213] o que referenda o enunciado nº 514 da súmula do Supremo Tribunal Federal.[214]

O referido verbete é relevante marco no cabimento da ação rescisória, porquanto legitima seu ajuizamento para qualquer das situações acima referidas, sem depender de uma espécie de "pré-questionamento" da matéria discutida, com prévio esgotamento de recursos ordinários e extraordinários.[215] Por esse ponto de vista, a abrangência da ação rescisória

212. ASSIS, Araken de. **Ação rescisória**, p. 152-155; BARBOSA MOREIRA, José Carlos. Eficácia preclusiva da coisa julgada material no sistema do processo civil brasileiro. In: **Temas de direito processual**. São Paulo: Saraiva, 1977, p. 100-101; FABRÍCIO, Adroaldo Furtado. Réu revel não citado, "querela nullitatis" e ação rescisória. **Revista de Processo**, v. 12, n. 48, p. 39-41; DINAMARCO, Cândido Rangel. **Instituições de direito processual civil**, v. III, p. 335.

213. DINAMARCO, Cândido Rangel. Admissibilidade do recurso especial ou extraordinário e as chamadas questões mistas. In: **Processo civil empresarial**, 2ª ed. São Paulo: Malheiros, 2014, p. 903; ALVIM, Teresa Arruda. DANTAS, Bruno. **Recurso especial, recurso extraordinário e as novas funções dos tribunais superiores no direito brasileiro**, p. 353

214. Enunciado 514 do STF: "Admite-se ação rescisória contra sentença transitada em julgado, ainda que contra ela não se tenha esgotado todos os recursos."

215. "Admite-se ação rescisória por violação de lei, mesmo que a decisão rescindenda não tenha emitido juízo sobre o dispositivo supostamente violado. Na ação rescisória dispensa-se prequestionamento." (REsp 791.199/SP, Rel. Ministro Humberto Gomes de Barros, Terceira Turma, julgado em 06/03/2008, DJe 23/05/2008). Esse entendimento chegou a ser relativizado perante a Justiça do Trabalho, mediante a edição do enunciado nº 298, item II, de súmula do TST, assim redigido: "O pronunciamento explícito exigido em ação rescisória diz respeito à matéria e ao enfoque específico da tese debatida na ação, e não, necessariamente, ao dispositivo legal tido por violado. Basta que o conte-

se mostraria, em certa medida, mais ampla do que usualmente é visto em alguns recursos (como o recurso extraordinário e o especial), porque também fundada em violações atinentes às questões fáticas. Essa constatação revela, por outro lado, que, conquanto se afirme excepcional a ação rescisória, seu tratamento legal pode denotar maior utilidade e abrangência do que outros meios prévios ao trânsito em julgado.[216]

Como será explorado no capítulo 5, essa expansão da ação rescisória, em caráter objetivo, subjetivo e temporal, contribui para afirmar um paradoxo no modelo de controle adotado para o momento anterior e para momento posterior ao trânsito em julgado. Diante das hipóteses previstas pelo art. 966 do CPC, não se pode negar o esforço (e, em certo grau, a tensão) da doutrina e da jurisprudência em definir o conteúdo de cada um dos incisos autorizadores do manejo da ação rescisória. Em outro sentido, a abertura ou a restrição à ação rescisória é fruto de um movimento não uniforme sobre, por exemplo, qual seria a prova nova hábil à rescisão da decisão ou, como visto, qual é ou quais são as formas com que o julgador viola manifestamente norma jurídica.

údo da norma reputada violada haja sido abordado na decisão rescindenda para que se considere preenchido o pressuposto". Os argumentos do STJ que, em confronto ao referido enunciado, admitem a necessidade de enfrentamento da matéria veiculada pela ação rescisória podem ser encontrados nos seguintes julgados: AgInt nos EDcl na AR 4.887/RS, Rel. Ministro Ribeiro Dantas, Terceira Seção, julgado em 23/05/2018, DJe 30/05/2018; AR 3.001/MG, Rel. Ministra Laurita Vaz, Terceira Seção, julgado em 12/12/2007, DJ 01/02/2008; AR 3.513/SP, Rel. Ministro Paulo Gallotti, Terceira Seção, julgado em 26/09/2007, DJ 31/10/2007.

216. O trânsito em julgado é visto pela doutrina processual como determinante para o cabimento da ação rescisória, sem o qual se considera ausente o interesse de agir (YARSHELL, Flávio Luiz. **Ação rescisória: juízos rescindente e rescisório**, p. 132, para quem a inutilidade seria ligada mais sobre a atividade do Estado do que aos interesses do autor; e TALAMINI, Eduardo. **Coisa julgada e sua revisão**, p. 142, para que não caberia ação rescisória "preventiva"). Essa visão pode ser sintetizada nas lições de Ovídio Baptista da Silva, que asseverou: "a ação rescisória (artigo 485 do CPC), em verdade, é uma forma de ataque a uma sentença já transitada em julgado, daí a razão fundamental de não se poder considerá-la um recurso. Como toda ação, a rescisória forma uma nova relação processual diversa daquela onde fora prolatada a sentença ou o acórdão que busca rescindir (...) Importante destacar que, para o sistema processual brasileiro, a noção de 'decisão de mérito' é correlata à de 'trânsito em julgado'. Somente as decisões que apreciam o mérito é que serão acobertadas pela *coisa julgada material* (...) Não cabe ação rescisória por falta de interesse de agir, se não coexistirem esses dois requisitos." (*Curso de processo civil*: **processo de conhecimento**. 4ª ed., São Paulo: RT, 1998, p. 478).

Quanto a esse último aspecto (art. 966, V do CPC), observa-se a explícita vocação da ação rescisória para promover o controle normativo com os contornos traçados pela jurisprudência, desenvolvidos especialmente pelos debates a respeito da atualidade do enunciado nº 343 de Súmula do Supremo Tribunal Federal, bem como pela aplicação do tema 136 de repercussão geral, diante do que se deve entender por "manifesta violação à norma jurídica".[217]

---

217. O tema enseja algumas reflexões. Teori Zavascki explica a razão de ser do enunciado nº 343 da súmula do STF: "Na jurisprudência do Supremo Tribunal Federal sempre houve a tendência de qualificar a ofensa à lei, ensejadora da rescisória, com forte adjetivação: é a 'violação frontal e direta', 'é a que envolve contrariedade estridente ao dispositivo, e não a interpretação razoável ou a que diverge de outra interpretação, sem negar o que o legislador consentiu ou consentir no que ele negou'. Nessa linha, é fácil compreender o sentido da sua Súmula 343: 'Não cabe ação rescisória por ofensa a literal disposição de lei quando a decisão rescindenda se tiver baseado em texto de interpretação controvertida nos tribunais'. Trata-se de fórmula para fixar um critério objetivo apto a identificar um pressuposto negativo do fenômeno: o que não é violação literal. Se grassa nos tribunais entendimento divergente sobre o mesmo preceito normativo, é porque ele comporta mais de uma interpretação, a significar que não se pode qualificar, uma delas, como frontal ou gritantemente ofensiva ao teor literal da norma interpretada. Esta a lógica da súmula, perfeitamente afinada, aliás, com outra, do Verbete 400, posteriormente editada segundo a qual 'decisão que deu razoável interpretação à lei, ainda que não seja a melhor, não autoriza recurso extraordinário pela letra 'a' do art. 101, III, da Constituição Federal'. Ou seja: se interpretação razoável da norma ('ainda que não a melhor') impede a revisão do julgado até mesmo por via de recurso, com muito mais razão tem de se negar acesso à rescisória." (Ação rescisória em matéria constitucional. **Revista Juris Plenum**, v. 11, n. 63, maio/jun. 2015, p. 126). Esse percurso histórico polarizou opiniões na doutrina, especialmente com a derrocada do enunciado nº 400 da Súmula do STF. De um lado, há sólido posicionamento favorável à aplicação do enunciado nº 343 do Pretório Excelso, afastada somente nos casos reconhecimento de inconstitucionalidade da lei por via concentrada ou difusa (THEODORO JUNIOR, Humberto. **Curso de direito processual civil**, vol. III, 50ª ed. Rio de Janeiro: Forense, 2017, p. 864; GRINOVER, Ada Pellegrini. Ação rescisória e divergência de interpretação em matéria constitucional. **Revista dos tribunais**, vol. 983, ano. 106, set. 2017, p. 32-45. No que segue a jurisprudência: STF, AR 1.981 AgR, rel. min. **Ricardo Lewandowski,** red. p/ o ac. min. Dias Toffoli, *DJE* 39 de 1-3-2018). Mas, de outro lado, figura posição contrária à subsistência do enunciado nº 343 do STF pelas mesmas razões do desuso do enunciado nº 400 do mesmo tribunal (atualmente, ALVIM, Teresa Arruda. CONCEIÇÃO, Maria Lúcia Lins. **Ação rescisória e *querela nullitatis***, p. 252-267), que vem dando ensejo, ainda, ao fundamento de que a rescisória seria cabível quando inobservado precedente, até mesmo quando formado posteriormente ao trânsito em julgado e em sentido contrário à decisão rescindente (CRAMER, Ronaldo. **Ação rescisória por violação à norma jurídica**, 2ª ed. Salvador: Juspodivm, 2012, p. 241-246; ALVIM, Teresa Arruda. CONCEIÇÃO, Maria Lúcia Lins. **Ação rescisória e *querela nullitatis***, p. 270-273). Esse entendimento, contudo, vem sendo afastado pela jurisprudência (STJ, AgInt nos EREsp

Outra substancial ampliação no cabimento da ação rescisória permite uma crítica à corrente afirmação de que esse meio impugnativo se destinaria à "desconstituição da coisa julgada material".[218] Esse raciocínio parece ser fruto da intrínseca associação entre sentença de mérito transitada em julgado e a estabilidade que a reveste. Mesmo sob a égide do CPC de 73, essa premissa já era objeto de diversas contestações, porquanto havia um razoável inventário de decisões de mérito (incluídas as interlocutórias) e outras sem exame de mérito, mas com projeção de efeitos materiais, que não necessariamente estariam abrangidas pela coisa julgada material e, ainda assim, reputava-se cabível a ação rescisória.[219] O CPC de 2015, definitivamente, supera qualquer dúvida a respeito da associação estanque entre coisa julgada material e ação rescisória, porquanto o espectro de cabimento desta se revela mais amplo, como, atualmente, explicitam os arts. 966, §2º e 701, §3º do CPC, como clara opção legislativa de determinar o cabimento desse meio de impugnação sem a presença de coisa julgada material.

Uma última consideração desponta necessária, a fim de retomar afirmação inicial de que a referida ação autônoma é o paradigma de desconstituição de decisões transitadas em julgado. Em passado recente, não eram raras as vezes em que se pretendia contrariar decisões acobertadas pela coisa julgada material por meios que não a ação rescisória. Nesse capítulo, insere-se o célebre exemplo da inconstitucionalidade de lei que fundava a decisão estável. A evolução da interpretação conferida ao enunciado de súmula nº 343 do Supremo Tribunal Federal consentiu em expandir o campo da ação rescisória, porquanto não dispensou a propositura da referida demanda como forma de se chegar à desconstituição do ato decisório. Em nenhum momento aceitou-se que a inconstitucionalidade de uma lei produziria imediata eficácia constitutiva negativa de todas as decisões transitadas em julgado que a tivessem aplicado, o que se confirmou com entendimento do próprio STF anos depois no tema 733 de repercussão geral.[220] Essa percep-

---

1701118/RS, Rel. Ministra Nancy Andrighi, Segunda Seção, julgado em 17/03/2020, DJe 20/03/2020; STJ, AgInt nos EAREsp 936.359/RS, Rel. Ministro Ricardo Villas Bôas Cueva, Segunda Seção, julgado em 18/02/2020, DJe 26/02/2020).

218. PORTO, Sérgio Gilberto. **Ação rescisória atípica**. São Paulo: Editora Revista dos Tribunais, 2009, p. 35

219. YARSHELL, Flávio Luiz. **Ação rescisória: juízos rescindente e rescisório**, p. 157-158; CARVALHO, Fabiano. **Ação rescisória: decisões rescindíveis**, p. 164

220. Cristalizado no julgado do RE 730.462 da seguinte forma: "A decisão do Supremo Tribunal Federal declarando a constitucionalidade ou a inconstitucionalidade de preceito normativo não produz a automática reforma ou rescisão das decisões anteriores que tenham adotado entendimento diferente. Para que tal ocorra, será indispensável a in-

ção foi também extraída da doutrina, quando se anotou, no contexto aqui especificamente tratado, que "se a rescisória é cabível, é, antes, necessária; sendo necessária, não se pode, fora dela, obter-se o efeito jurídico que só por ela se pode licitamente obter".[221]

Na realidade, antes do CPC o tema já havia sido consolidado pelo STF por meio da referida repercussão geral no sentido de que "*a decisão do Supremo Tribunal Federal declarando a constitucionalidade ou a inconstitucionalidade de preceito normativo não produz a automática reforma ou rescisão das decisões anteriores que tenham adotado entendimento diferente. Para que tal ocorra, será indispensável a interposição de recurso próprio ou, se for o caso, a propositura de ação rescisória própria* (...)". Não por outras razões, o CPC elimina a possibilidade de se desconstituir decisão transitada em julgado por qualquer via que não a da ação rescisória quando a inconstitucionalidade for posterior ao trânsito em julgado (art. 525, § 15 do CPC).

2.3.2.2. Ação de invalidação

A denominada ação de invalidação, prevista pelo art. 966, §4º do CPC, merece considerações para contextualizá-la de forma adequada aos objetivos propostos nesse capítulo. Sua previsão pelo CPC contribui para a aproximação feita no item 2.1.6. *supra* entre recursos, ações autônomas de impugnação e demandas impugnativas de outros atos jurídicos, tendo em vista ter também por objeto o questionamento dos atos praticados pelas partes.[222] A disciplina vigente explicita caber a referida demanda para questionar atos de disposição das partes e homologados pelo magistrado. Outras duas previsões específicas do CPC estão contidas no art. 393, relativa à invalidação da confissão, e no art. 903, §1º, I, para a invalidação da arrematação.

Uma primeira observação consiste em reafirmar a atipicidade do direito de ação inicialmente salientado, de modo a apontar, agora, que não há qualquer especialidade da ação de invalidação aqui examinada com outras intentadas diante de atos jurídicos. A rigor, nem mesmo seria preciso a referida previsão,

---

terposição de recurso próprio ou, se for o caso, a propositura de ação rescisória própria, nos termos do art. 485 do CPC, observado o respectivo prazo decadencial (art. 495)." Em sentido contrário, para admitir que o referido enunciado se aplicaria às questões constitucionais: SILVA, Ovídio Baptista da. Súmula nº 343 em questões constitucionais. In: **Sentença e coisa julgada**, 4ª ed. Rio de Janeiro: Forense, 2003, p. 375.

221. GRINOVER, Ada Pellegrini. Ação rescisória e divergência de interpretação em matéria constitucional. **Revista dos tribunais**, vol. 983, ano. 106, set. 2017, p. 32-35.

222. SILVA, Paula Costa e. **Acto e processo: o dogma da irrelevância da vontade na interpretação e nos vícios do acto postulativo**, p.476-477.

que se mostra útil apenas para guiar o intérprete no sentido de utilizar a via adequada para o objeto da impugnação. Nessa linha, deve-se ter em mente qual será o ato objeto de controle para identificação da tipologia dos fundamentos de impugnação, pois seria possível considerar a ação de invalidação dirigida contra atos das partes e, segundo parte da doutrina, contra de atos processuais não judiciais.[223] Além disso, qualquer ação autônoma ou recurso poderá veicular uma pretensão para invalidação. Como dito, a relevância no exame ora realizado está em diferenciar hipóteses de cabimento.

Sobre a hipótese do art. 966, §4º do CPC, o que se consegue extrair é previsão legal que reafirma a via de controle de ato de disposição de vontade das partes, cuja peculiaridade fica por conta da homologação judicial, que servirá para a produção de determinados efeitos legais, como tornar a avença título executivo judicial. Nesse caso, além da convergência de vontade das partes, surge outro ato, praticado pelo juiz, a ser individualmente analisado. Sendo assim, a ação de invalidação poderá ter por objeto os atos de disposição de direitos, enquanto a decisão judicial homologatória, quando transitada em julgado, estará sujeita ao regime de desconstituição previsto, por exemplo, para a ação rescisória.

A distinção dos objetos permite confirmar se a impugnação é dirigida ao acordo de vontades (situação em que a lei material conduzirá o regime de motivos de controle, conforme a previsão de que a anulação será "nos termos da lei")[224] ou se a impugnação se dirige à decisão homologatória (ato judicial sujeito à desconstituição, por exemplo, pela via da ação rescisória quando transitado em julgado ou pelas vias recursais quando não).[225] Essa

---

223. CASTRO, Cássio Benvenutti de. **Ação anulatória art. 966, §4º, CPC.** Salvador: Juspodivm, 2019, p. 167. No sentido de ser possível a ação anulatória de atos dos auxiliares da justiça: DIDIER JR., Fredie. CUNHA, Leonardo Carneiro da. **Curso de direito processual civil**, v. 3, p. 521. Sobre os atos que já foram admitidos pela jurisprudência como objeto de ação anulatória: BONÍCIO, Marcelo José Magalhães. Presente e futuro da ação anulatória prevista no art. 486 do CPC e de outras ações autônomas. **Revista de Processo**, v. 39, n. 231, maio/2014, p. 189-190.

224. LERRER, Felipe Jakobson. **Ação anulatória.** Porto Alegre: Livraria do Advogado, 2009, p. 79.

225. No sentido de que a ação anulatória serve para impugnar o acordo de vontades: MAGRI, Berenice Soubhie Nogueira. **Ação anulatória: Art. 486 do CPC**. 2 ed. São Paulo: Revista dos Tribunais, 2004, p. 232-233; BARBOSA MOREIRA, José Carlos. **Comentários ao Código de Processo Civil**, p. 157; YARHSELL, Flávio Luiz. **Tutela jurisdicional**, p. 81. Em sentido contrário, admitindo que tal demanda serve para desconstituir a decisão judicial homologatória: ALVIM, Teresa Arruda. CONCEIÇÃO, Maria Lúcia Lins. **Ação rescisória e *querela nullitatis***, p. 127 e 129.

segmentação revela que o questionamento poderá se dirigir contra um ato de disposição de vontade ou contra o ato de homologação.[226]

Por isso mesmo, deve a parte ter o cuidado em identificar o fundamento impugnativo para saber se o defeito inquina o ato de disposição ou o ato judicial, justamente pela distinção de regimes. O debate aqui suscitado nada tem a ver com aquele instaurado por ocasião do art. 485, VIII do CPC de 73, sem paralelo na atual ordenação. Àquele tempo se questionava a sobreposição da ação rescisória quando havia "*fundamento para invalidar confissão, desistência ou transação, em que se baseou a sentença*" e a ação anulatória.

O art. 966, §4º do CPC de 2015 supera essas discussões, porquanto deixa claro o cabimento da ação anulatória para impugnar atos de disposição de direitos praticados pelas partes e homologados em juízo, além da específica hipótese do art. 393, *caput* para a confissão.[227] De acordo com os arts. 966, §4º, 487, III, e 966, *caput*, todos do CPC, parece não mais subsistir o entendimento perfilado pela jurisprudência do STF e do STJ no sentido de que a ação rescisória teria cabimento somente se a decisão "adentrar no mérito do acordo".[228] Assim se conclui, pois o CPC buscou eliminar dúvidas

---

226. LACERDA, Galeno. Ação rescisória e homologação de transação. **Revista da Faculdade de Direito UFPR**, Curitiba, dez. 1979, p. 1114-115. O que enseja, em parte, retomar entendimento já esposado pelo Supremo Tribunal Federal, na linha de que "não é contra a sentença, que se restringe a homologar ato de vontade das partes, em que não há um conteúdo decisório do Juiz", ou seja, a ação é "contra o que foi objeto da manifestação de vontade das partes, a própria transação". Nesta hipótese, "o que se objetiva rescindir, ou melhor, anular, não é a sentença homologatória, que não faz coisa julgada material, mas a transação celebrada pelos litigantes, a relação jurídico-material efetuada pelas partes", sendo que "apenas para efeito processual é que a homologação judicial se torna indispensável" (RE 100.466/SP, 2ª Turma, Rel. Min. Djaci Falcão, DJ de 28.2.1986)

227. É extremamente atual a discussão sobre a invalidação dos atos de disposição de direitos homologados em juízo, sobretudo em um cenário de proliferação da consensualidade até mesmo para âmbitos historicamente marcados pela indisponibilidade. A título de exemplo, vale mencionar os acordos de colaboração premiada previstos pela Lei 12.850/2013, alterada pela Lei 13.964/2019, classificados como negócios jurídicos processuais (art. 3º-A), em que se concebe regime de invalidades específico (a exemplo da nulidade absoluta caso se preveja a "renúncia ao direito de impugnar a decisão homologatória" - art. 7º-B), sem prejuízo de se admitir a impugnação do acordo homologado. Sobre o tema: DIDIER JR., Fredie. BOMFIM, Daniela. Colaboração premiada (Lei n. 12.850/2013): natureza jurídica e controle da validade por demanda autônoma - um diálogo com o Direito Processual Civil. **Civil Procedure Review**, v.7, n.2, p. 135-189, may.aug., 2016.

228. STJ, AgRg no AREsp 205.635/MG, Rel. Ministro Sérgio Kukina, Primeira Turma, julgado em 27/02/2018, DJe 12/03/2018; AgRg no REsp 1440037/RN, Rel. Ministro Antonio

quanto ao exame de mérito ao se proferir a decisão de homologação decisão de homologação.

Por sua vez, a confissão em juízo, além de ser relevante para o julgamento, poderá produzir efeitos externos ao processo. Nessa hipótese, poder-se-ia pensar em dois momentos para ajuizamento da ação de invalidação.

No primeiro, ainda antes de transitada em julgado a decisão de mérito que valorou a confissão no quadro de provas existentes, o confitente poderia invalidar sua confissão para impedir futura valoração feita pelo magistrado, o que deverá ocorrer em tempo hábil, tendo em vista a ausência de disposição expressa sobre a suspensão do processo. De todo modo, caso a invalidação não ocorra antes do trânsito em julgado, não haverá prejuízo no interesse de agir do confitente. É relevante ressaltar que, ao se referir à confissão, o CPC exemplifica um ato da parte sujeito à invalidação por vício inerente à declaração de vontade emanada, o que deve ser estendido a todos aqueles atos em que haja vontade viciada, como já era admitido pela doutrina anterior ao vigente ordenamento processual pelos célebres exemplos de renúncia ao recurso ou de manifestação pelo desinteresse na produção de provas.[229]

No segundo, posteriormente ao trânsito em julgado. Seria admissível o interesse em invalidar a confissão apenas para desfazer o ato volitivo praticado, a fim de, por exemplo, preservar a parte de outras consequências que possam ser extraídas do fato confessado. Vale o exemplo da confissão de crime em demanda para o ressarcimento de danos produzidos pelo ato ilícito. A despeito de os efeitos da confissão se encerrarem nesse processo, as projeções para responsabilização criminal do confitente poderão surgir em função dos seu pronunciamento.

Situação diversa e que pode ganhar contornos mais complexos diz respeito ao manejo da ação de invalidação frente a atos processuais praticados pelo juiz ou por seus auxiliares. Para esse exame, convém fazer a segregação em atos não decisórios e atos decisórios. Para os primeiros, vale recuperar o já referido exemplo do art. 903, §1º, I do CPC, sob as vestes da assim chamada ação anulatória de arrematação. O dispositivo legal confere amplitude considerável para o cabimento da demanda de invalidação, porquanto por meio dela poderá ser alegado o preço vil ou "outro vício", que afetarão a

---

Carlos Ferreira, Quarta Turma, julgado em 09/09/2014, DJe 18/09/2014; AR 2440 AgR, Relator(a): Min. Ricardo Lewandowski, Tribunal Pleno, julgado em 19/09/2018, DJe 06-09-2019.

229. Por todos, BARBOSA MOREIRA, José Carlos. **Comentários ao Código de Processo Civil**, p. 162-163.

própria arrematação originariamente ou por derivação, devendo ser intentada tal demanda para desfazer aquele ato de atribuição patrimonial, antes de assinado o auto pelo juiz, arrematante e leiloeiro.[230]

Isso pode se verificar em outras hipóteses nessa categoria de atos, como a adjudicação e a arrematação, cujos efeitos materiais produzidos são inegáveis e, ainda assim, existam vícios a serem questionados pela via da ação de invalidação.[231] Em outro quadro está a ação de invalidação de decisão judicial. Esse debate surge na doutrina por ocasião da impugnação das decisões não sujeitas à coisa julgada material, algumas delas proferidas nos procedimentos de jurisdição voluntária. Contudo, poder-se-ia aventar o manejo da ação de invalidação de qualquer ato decisório não sujeito à coisa julgada material, a exemplo da grande maioria das decisões interlocutórias. Assentado que a preclusão impediria o uso do recurso, não se verifica, *a priori*, vedação no ordenamento processual para se cogitar a invalidação da decisão judicial por meio de ação de invalidação, observados os limites impugnativos correlatos.

2.3.2.3. *Mandado de segurança contra ato judicial*

Na disciplina específica do mandado de segurança (Lei 12.016/2009) há expressa previsão de seu cabimento para impugnar ato judicial, de maneira que a impetração poderá ser realizada nos casos em que não haja recurso com efeito suspensivo (art. 5º, II). Como demonstrado no item 1.5.5.1. *supra*, o histórico do *writ* revelou o seu uso em sede jurisdicional a partir da praxe forense, o que foi acolhido pela legislação. No entanto, diversos fatores se mostraram decisivos para uma ostensiva interferência jurisprudencial sobre o cabimento do mandado de segurança, no sentido de restringir-lhe além do que os limites legais.

A afirmação de se trata de meio de impugnação cabível posteriormente ao trânsito em julgado decorre mais de hipóteses excepcionais reconhecidas pela jurisprudência do que do disposto no enunciado nº 268 de Súmula do Supremo Tribunal Federal, ao prever que *"não cabe mandado de segurança contra decisão judicial com trânsito em julgado"* (repetida à integralidade pelo enunciado nº 23 da Súmula do Tribunal Superior Eleitoral e enunciado nº

---

230. ASSIS, Araken de. **Manual de execução**. 18. ed. rev., atual., e ampl. São Paulo: Revista dos Tribunais, 2016, p. 1157.

231. AgInt no REsp 1534166/DF, Rel. Ministro Paulo de Tarso Sanseverino, Terceira Turma, julgado em 18/10/2016, DJe 28/10/2016; AgInt no AREsp 1476711/MG, Rel. Ministra Nancy Andrighi, Terceira Turma, julgado em 16/09/2019, DJe 18/09/2019.

33 de Súmula do Tribunal Superior do Trabalho)[232], orientação incorporada ao art. 5º, III da Lei 12.016/2009.

Conquanto editado no ano de 1963, a aplicabilidade do verbete permanece hígida pelos tribunais, com o reconhecimento de que não será o meio adequado para impugnar decisões transitadas em julgado, especialmente contra as quais caiba ação rescisória.[233] Enquanto não houver trânsito em

---

232. Enunciado nº 23 da súmula do TSE: "Não cabe mandado de segurança contra decisão judicial transitada em julgado". Enunciado nº 33 do TST: "Não cabe mandado de segurança de decisão judicial transitada em julgado." O presente estudo não ignora as autorizadas vozes que já se pronunciaram sobre o cabimento do mandado de segurança em face de decisão transitada em julgado e, mormente, para desconstituir aquelas revestidas pela autoridade da coisa julgada material (SALLES, Carlos Alberto de. Mandado de segurança contra atos judiciais: as súmulas 267 e 268 revisitadas. In. BUENO, Cássio Scarpinella; ALVIM, Eduardo Arruda; WAMBIER, Teresa Arruda Alvim. (Coord.). **Aspectos polêmicos e atuais do mandado de segurança: 51 anos depois**, p. 139-141 e TALAMINI, Eduardo. **Coisa julgada e sua revisão**, p. 513-524), especialmente para os casos não abrangidos por ação rescisória ou quando essa é afastada pela lei. Parecem, contudo, necessárias algumas ponderações sobre o não acolhimento desse posicionamento: *(i)* aceitar o mandado de segurança como via para impugnar vícios não abrangidos pela ação rescisória é alargar a impugnação de decisões transitadas em julgado por vícios não previstos em lei e em contrariedade ao efeito sanatório do trânsito em julgado, além de tornar o *mandamus* uma verdadeira espécie de ação rescisória não sujeita às mesmas regras de competência absoluta (YARSHELL, Flávio Luiz. **Tutela jurisdicional**, p. 82-92); *(ii)* quando houver previsão legal afastando o cabimento da ação rescisória, parece razoável aceitar que a eficácia sanatória se operou de forma ainda mais severa por clara opção da lei, eliminando qualquer vício para discussão posterior ao trânsito em julgado e evidenciando a impossibilidade de desconstituição. Ressalva seja feita a essa última posição para os casos em que a decisão transitada em julgado violar preceito fundamental ou impor restrição de liberdade à parte. Apesar dessa ponderação, reitera-se que o enquadramento aqui proposto decorre de entendimento jurisprudencial acolhendo o mandado de segurança para impugnar decisões transitadas em julgado.

233. É preciso fazer uma rápida digressão a respeito do enunciado nº 268 da súmula do STF, pois sua criação se prestou justamente a impedir o uso do mandado de segurança como *sucedâneo de ação rescisória* (STJ, AgRg no RMS 36.510/SP, Rel. Ministro Castro Meira, Segunda Turma, julgado em 15/05/2012, DJe 24/05/2012; STF, MS 30523 AgR, Relator(a): Min. Celso de Mello, Tribunal Pleno, julgado em 09/10/2014, DJe 03-11-2014; STF, RMS 33810 AgR, Relator(a): Min. Celso de Mello, Segunda Turma, julgado em 24/11/2015, DJe 16-12-2015). Há, contudo, julgados tendentes a alargar o alcance desse enunciado sumular para abranger qualquer decisão contra a qual não caiba recurso e, assim, impedir que contra ela seja manejado o mandado de segurança (STJ, AgRg no RMS 19.605/MT, Rel. Ministro Luís Felipe Salomão, Quarta Turma, DJe de 08/02/2010; STJ, RMS 43.439/MG, Rel. Ministra Nancy Andrighi, Terceira Turma, julgado em 24/09/2013, DJe 01/10/2013; STJ, RMS 53.096/SP, Rel. Ministro Herman Benjamin, Segunda Turma, julgado em 14/03/2017, DJe 20/04/2017), o que contrasta

julgado, o cabimento do mandado de segurança contra ato judicial seguirá o disposto no art. 5º, II da Lei 12.016/2009. Mas, não se ignora que a jurisprudência excepciona, em certas situações, a ocorrência do trânsito em julgado para admitir o uso do *writ*, como já se fez, por exemplo, diante do vício de citação.[234] Veda-se o manejo do *mandamus* se a decisão puder ser impugnada por recurso dotado de efeito suspensivo. Na sistemática do CPC, a todos os recursos poderá se atribuir referido efeito (art. 995).[235] Na linha de boa parte da doutrina, já foi compreendido que aquele dispositivo da Lei 12.016/2009 deve ser interpretado como a impossibilidade de o recurso proporcionar resultado útil e imediato à parte, de modo que o mandado de segurança será cabível para remediar eventual gravame imposto à parte,[236] confirmando a hipótese de ação autônoma por ineficiência do recurso.

Outro dado relevante a respeito do cabimento do mandado de segurança se refere à constante preocupação jurisprudencial em impedir seu uso, mesmo diante de casos abarcados pela disposição legal acima mencionada. Como célebre exemplo, destacam-se as decisões interlocutórias proferidas no procedimento previsto pelas Leis ns. 9.099/95, 10.259/2001 e 12.153/2009, que regulam os processos nos juizados especiais. Afora as inúmeras divergências

---

com o entendimento da preservação do prazo de 120 (cento e vinte dias) para impetração do *writ* (STF, RMS 25.917/RJ, Rel. Ministro Luiz Fux, Primeira Turma, julgado em 21/08/2008, DJe 22/09/2008; STJ, RMS 29.356/RJ, Rel. Ministro Benedito Gonçalves, Primeira Turma, julgado em 06/10/2009, DJe 13/10/2009; STJ, MS 10.995/RJ, Rel. Ministro Humberto Martins, Corte Especal, julgado em 16/09/2013, DJe 07/10/2013). Por outro lado, já se reconheceu que a superveniência do trânsito em julgado não é óbice para exame de mérito do *mandamus*, razão pela qual não ocorreria perda de objeto superveniente e falta de interesse em impugnar (STJ, EDcl no MS 22.157/DF, Rel. Ministro Herman Benjamin, Rel. p/ Acórdão Ministro Luís Felipe Salomão, Corte Especial, julgado em 14/03/2019, DJe 11/06/2019).

234. STJ, RMS 8.807/SP, Rel. Ministro Hamilton Carvalhido, Sexta Turma, julgado em 03/12/2001, DJ 06/05/2002.

235. Esse é o entendimento predominante: STJ, AgInt no RMS 61.893/MS, Rel. Ministra Regina Helena Costa, Primeira Turma, julgado em 06/04/2020, DJe 13/04/2020; STJ, AgInt no RMS 61.816/SP, Rel. Ministro Francisco Falcão, Segunda Turma, julgado em 29/04/2020, DJe 04/05/2020.

236. TALAMINI, Eduardo. **Coisa julgada e sua revisão**, p. 516; MEDIDA, José Miguel Garcia. WAMBIER, Teresa Arruda Alvim. **Recursos e ações autônomas de impugnação**, p. 277; MEDINA José Miguel Garcia. ARAÚJO, Fábio Caldas de. **Mandado de segurança individual e coletivo: comentários à Lei 12.016/2009**, 3ª ed. São Paulo: Editora Revista dos Tribunais, 2019, p. 86-87; NEVES, Daniel Amorim Assumpção. **Ações constitucionais**, 5ª ed. Salvador: Editora Juspodivm, 2020, p. 166-169; CUNHA, Leonardo Carneiro da. **A fazenda pública em juízo**, p. 613

sobre o assunto, especialmente pela ausência de uniformidade de entendimento no âmbito dos próprios juizados, algumas diretrizes gerais, a partir do que determinam os tribunais superiores, devem ser apontadas. De início, o tema 77 de repercussão geral do Supremo Tribunal Federal assentou não caber mandado de segurança para impugnar decisões interlocutórias proferidas em processos sob o rito da Lei 9.099/95.[237] Em seguida, esse entendimento foi relativizado pelo tema 159 de repercussão geral do mesmo tribunal ao se admitir caber às Turmas Recursais dos juizados o julgamento de mandados de segurança impetrados contra decisão de juiz federal no exercício da jurisdição do Juizado Especial Federal.[238]

Uma das hipóteses aceitas para o emprego do mandado de segurança contra decisões transitadas em julgado está no controle de vício de incompetência absoluta no âmbito dos juizados especiais.[239] Ao afastar a incidência do art. 5º, III da Lei 12/016/2009 e do enunciado n. 268 de súmula do STF, o entendimento pretoriano atribui ao *writ* a função que não poderia ser desempenhada pela ação rescisória nessa situação, sob a justificativa central de que, muito embora não seja possível o reexame de mérito da decisão por expressa vedação legal, seria forçoso a contenção de poder.[240] Ademais, a eleição do mandado de segurança como via adequada decorre de um caráter eliminatório, ou seja, superada a vedação legação para emprego da ação rescisória e descabida a reclamação contra decisões transitadas em julgado, o STJ confia àquele meio essa função de controle.[241]

Sem prejuízo dessa abordagem, de uma forma geral, o entendimento dos tribunais superiores segue no sentido de que a via do mandado de

---

237. RE 576847, Relator(a): Min. Eros Grau, Tribunal Pleno, julgado em 20/05/2009, Repercussão Geral – Mérito, DJe 06-08-2009. No que importa, a tese ficou assim decidida: "Não cabe, nos casos por ela abrangidos, aplicação subsidiária do Código de Processo Civil, sob a forma do agravo de instrumento, ou o uso do instituto do mandado de segurança."

238. "Compete às Turmas Recursais o julgamento de mandado de segurança utilizado como substitutivo recursal contra decisão de juiz federal no exercício de jurisdição do Juizado Especial Federal."

239. STJ, RMS 17.524/BA, Rel. Ministra Nancy Andrighi, Corte Especial, j. 2/8/2006, DJ 11/9/2006; STJ. AgRg no RMS 32.024/BA, Rel. Ministro Adilson Vieira Macabu (Desembargador convocado do TJ/RJ), Quinta Turma, j. 15/5/2012, DJe 22/6/2012; STJ, RMS 46.955/GO, Rel. Ministro Moura Ribeiro, Terceira Turma, julgado em 23/06/2015, DJe 17/08/2015.

240. STJ, RMS 17.524/BA, Rel. Ministra Nancy Andrighi, Corte Especial, j. 2/8/2006, DJ 11/9/2006.

241. STJ, RMS 37.775/ES, Rel. Ministro Marco Buzzi, Quarta Turma, DJe 2/9/2013.

segurança se dirige a combater decisões "teratológicas" ou "manifestamente ilegais", como confirmam inúmeros julgados do Supremo Tribunal Federal e do Superior Tribunal de Justiça[242], aos quais se soma o enunciado nº 267 da súmula do Supremo Tribunal Federal com a interpretação que atualmente lhe é dada[243] e o enunciado nº 22 da súmula do Tribunal Superior Eleitoral.[244]

A insegurança sobre o seu cabimento ganha força ao se perceber que outros requisitos acabam sendo impostos pela jurisprudência como o "dano irreparável"[245], além de não haver uniformidade de entendimento quanto às hipóteses de cabimento do art. 5º da Lei 12.016/2009, pois se reconhece a possibilidade de impetração do *mandamus* mesmo quando o recurso administrativo for dotado de efeito suspensivo (enunciado nº 429 da Súmula do Supremo Tribunal Federal).[246]

Além disso, a acesa polêmica sobre o cabimento de mandado de segurança para impugnar decisões interlocutórias não abrangidas pelo art. 1.015 do CPC ganhou outros contornos a partir do julgamento proferido nos Recursos Especiais nº 1.704.520/MT e 1.696.369/MT (tema 988 de recursos especiais repetitivos), que acabou trazendo, segundo parece, maiores indefinições e ressuscitando o modelo de recorribilidade de interlocutórias previsto pelo CPC de 73 após as sucessivas reformas no tema. A tese fixada para definir que a taxatividade do rol do mencionado dispositivo legal seria mitigada se traduz no cabimento do agravo de instrumento "*quando verificada a urgência decorrente da inutilidade do julgamento da questão no recurso de apelação*".

242. STJ, AgInt no RMS 43.653/SP, Rel. Ministro Marco Aurélio Belizze, Terceira Turma, julgado em 25/05/2020, DJe 28/05/2020; STF, MS 30669 ED, Relator(a): Gilmar Mendes, Tribunal Pleno, julgado em 17/03/2016.

243. STJ, AgInt no RMS 58.056/SP, Rel. Ministra Maria Isabel Gallotti, Quarta Turma, julgado em 05/12/2019, DJe 13/12/2019; STJ, AgInt no RMS 61.893/MS, Rel. Ministra Regina Helena Costa, Primeira Turma, julgado em 06/04/2020, DJe 13/04/2020; STF, MS 34877 AgR, Relator(a): Gilmar Mendes, Tribunal Pleno, julgado em 25/10/2019; STF, MS 36619 ED, Relator(a): Ricardo Lewandowski, Tribunal Pleno, julgado em 18/10/2019.

244. Súmula 22 do TSE: "Não cabe mandado de segurança contra decisão judicial recorrível, salvo situações de teratologia ou manifestamente ilegais."

245. STJ, AgInt no RMS 58.211/DF, Rel. Ministro Benedito Gonçalves, Primeira Turma, julgado em 19/11/2019, DJe 21/11/2019; STJ, RMS 60.367/SP, Rel. Ministro Herman Benjamin, Segunda Turma, julgado em 08/10/2019, DJe 18/10/2019; STJ, AgInt no MS 24.775/DF, Rel. Ministro Mauro Campbell Marques, Corte Especial, julgado em 22/10/2019, DJe 25/10/2019.

246. Enunciado nº 429: "A existência de recurso administrativo com efeito suspensivo não impede o uso do mandado de segurança contra omissão da autoridade."

Por outras palavras, no ato da interposição do agravo de instrumento recairá sobre o recorrente o ônus de demonstrar a urgência no exame da questão impugnada para as hipóteses que não estejam expressamente previstas pelo art. 1.015 do CPC.[247]

Disso podem surgir diversos problemas: *(i)* o STJ, ao fixar a tese, afetou como recursos paradigmas aqueles em que se discutia matéria de competência e, posteriormente ao julgamento, o mesmo tribunal passou a se pronunciar sobre outras matérias reputadas urgentes para impugnação por agravo de instrumento. Nada obstante, essa postura revela ainda um cenário propício para o cabimento do mandado de segurança (por ser mais útil à parte) diante de situações em que há real gravame, apesar de não haver consolidação jurisprudencial sobre o cabimento do recurso ou de se ter confirmado não haver situação de urgência[248]; *(ii)* com recorrência, os tribunais aplicam distinção

247. Em questão de ordem, a Ministra Nancy Andrighi, relatora do recurso especial, assentou que: "Admitindo-se que seja possível impugnar de imediato certas decisões interlocutórias não listadas no art. 1.015 do CPC/2015, não é cabível o mandado de segurança como sucedâneo recursal, para que a parte busque a tutela jurisdicional imediata. Isso porque o mandado de segurança contra ato judicial é uma verdadeira anomalia do sistema processual, pois, dentre seus diversos aspectos negativos, implica na inauguração de uma nova relação jurídico processual e em notificação à autoridade coatora para prestação de informações; usualmente possui regras de competência próprias nos Tribunais, de modo que, em regra, não será julgado pelo mesmo órgão fracionário a quem competirá julgar os recursos tirados do mesmo processo; admite sustentação oral por ocasião da sessão de julgamento; possui prazo para impetração substancialmente dilatado; e, se porventura for denegada a segurança, a decisão será impugnável por espécie recursal de efeito devolutivo amplo. Trata-se, a toda evidência, de técnica de correção da decisão judicial extremamente contraproducente e que não se coaduna com as normas fundamentais do processo civil, especialmente quando se verifica que há, no sistema processual, meio disponível e mais eficiente para que se promova o reexame e a eventual correção da decisão judicial nessas excepcionais situações: o próprio agravo de instrumento. É cabível o agravo de instrumento previsto no art. 1.015 do CPC/2015 na hipótese em que se discute a competência do juízo em que tramita o processo. Isso porque a correta fixação da competência jurisdicional é medida que se impõe desde logo, sob pena de ser infrutífero o exame tardio da questão controvertida."

248. Em manifesto sinal de dúvida objetiva causada à parte por decisões anteriores sobre a mesma matéria, as quais deixaram de reconhecer a presença de urgência: AgInt no REsp 1771616/PR, Rel. Ministro Raul Araújo, Quarta Turma, julgado em 20/04/2020, DJe 04/05/2020. Contudo, recentemente, em acórdão, o STJ reiterou a tese segundo a qual o tema 988 de fato se destinou a tentar extirpar o cabimento do mandado de segurança contra decisões interlocutórias: "4- Conquanto seja excepcionalmente admissível a impugnação de decisões judiciais lato sensu por mandado de segurança, não é admissível, nem mesmo excepcionalmente, a impugnação de decisões interlocutórias por mandado de segurança após a tese firmada no tema repetitivo 988, que estabele-

da tese, a fim de não criar vinculação ao critério da urgência para cabimento do agravo de instrumento (ou se reconhece presumida a urgência), tal como se verifica no tema 1.022 de recursos repetitivos no STJ.[249] Evidentemente, a experiência poderá descortinar inúmeros outros problemas, mas é certo que o condicionamento à urgência cria contexto semelhante à sistemática de cabimento do agravo na modalidade por instrumento prevista pelo CPC de 73, o que, ao menos em princípio, reduziria as chances de impetração se comparado ao cenário anterior ao julgamento do repetitivo.

Outro fundamento que justifica o mandado de segurança como meio de impugnação cabível posteriormente ao trânsito em julgado pode ser encontrado na aplicação do enunciado n. 202 de súmula do Superior Tribunal de Justiça reconhece a possibilidade de impetração por quem não seja parte, condicionado ao fato de que não fora intimado da decisão que lhe causou prejuízo, razão pela qual não foi possível interpor o recurso respectivo.[250]

Em um primeiro momento, o verbete afigurar-se-ia em consonância com a hipótese legal de cabimento do mandado de segurança, pois, havendo recurso com efeito suspensivo, esse preferirá àquele meio. Contudo, a jurisprudência cria uma margem de elevado risco ao terceiro para demonstrar o cabimento do mandado de segurança quando exige dele a comprovação de que não foi possível ter ciência da decisão (sem especificar se haveria dever do juiz em fazê-lo ou se a parte, voluntária ou fortuitamente, teria condições para tanto) para, no prazo legal, interpor o recurso cabível. Em outras palavras, o mandado de segurança ajuizado por terceiro teria sua admissibilidade condicionada à demonstração de que não teria sido possível conhecer da decisão, o que, por via transversa, impõe ao impetrante um ônus que nem mesmo a lei lhe atribui (relativo ao de conhecer decisões de

---

ceu uma exceção ao posicionamento há muito adotado nesta Corte, especificamente no que tange à impugnabilidade das interlocutórias, de modo a vedar, em absoluto, a impugnação dessa espécie de decisão pelas partes mediante mandado de segurança, porque há via impugnativa recursal apropriada, o agravo de instrumento." (RMS 63.202/MG, Rel. Ministro Marco Aurélio Bellizze, Rel. p/ Acórdão Ministra Nancy Andrighi, Terceira Turma, julgado em 01/12/2020, DJe 18/12/2020)

249. Em que foi firmada a seguinte tese: "É cabível agravo de instrumento contra todas as decisões interlocutórias proferidas nos processos de recuperação judicial e nos processos de falência, por força do art. 1.015, parágrafo único, CPC."

250. STJ, REsp 1678879/SP, Rel. Ministro Herman Benjamin, Segunda Turma, julgado em 03/10/2017, DJe 17/10/2017; STJ, AgInt no MS 22.882/DF, Rel. Ministro Og Fernandes, Corte Especial, julgado em 06/09/2017, DJe 14/09/2017; STJ, RMS 50.858/DF, Rel. Ministro Gurgel de Faria, Prmeira Turma, julgado em 21/02/2017, DJe 03/03/2017.

processo do qual não é parte).[251] Ao ensejo dessa constatação, há hipóteses de abrandamento da referida exigência, admitindo-se a possibilidade de impetração do mandado de segurança, por terceiro, para questionar decisão já transitada em julgado.[252] O argumento parte da premissa de que o terceiro prejudicado não poderia sofrer qualquer restrição para defesa de seus interesses frente ao processo do qual não participou, em observância ao devido processo legal. Essa é, aliás, a leitura que supera o caráter residual do *mandamus* e o reconhece como via adequada para o terceiro remover prejuízo que eventualmente venha a lhe ser imposto por decisão acobertada pela coisa julgada material que não o vincule.

2.3.2.4. Habeas corpus

Apesar de ser meio de impugnação extremamente frequente no processo penal, fundamental o recorte para analisar o *habeas corpus* como via para questionamento de atos judiciais civis, embora não se desconhecer das inúmeras polêmicas sobre seu cabimento naquela seara, que podem ser superadas à luz das soluções apresentadas no presente estudo.[253] Antes da abordagem proposta, é preciso fixar algumas considerações prévias. O Código de Processo Penal prevê o *habeas corpus* como espécie recursal (arts. 647 a 667), o que não obsta majoritária doutrina admiti-lo como ação autônoma de impugnação.[254]

A relevância do bem jurídico por ele tutelado (art. 5º, LXVIII da CF/88) autoriza sua utilização sempre que se estiver diante de ameaça ou de concreta violência ou coação à liberdade de locomoção por ilegalidade ou abuso de poder. Disso se conclui que poderá caber para impugnar qualquer ato

---

251. STJ, AgRg no RMS 38.280/SC, Rel. Ministro Luis Felipe Salomão, Quarta Turma, julgado em 06/12/2012, DJe 13/12/2012

252. STJ, RMS 30.301/RS, Terceira Turma, Rel. Min. Massami Uyeda, DJe de 3/2/2010; STJ, RMS 35.826/SP, Terceira Turma, Rel. Min. Nancy Andrighi, DJe de 23/4/2012; STJ, RMS 36.467/MG, Rel. Ministro Raul Araújo, Quarta Turma, julgado em 05/02/2013, DJe 14/03/2013.

253. Especialmente na resistência da jurisprudência em admitir o *habeas corpus* como substitutivo de recurso ordinário em *habeas corpus*, mas, paradoxalmente, conceder-se a ordem de liberdade de ofício: HC 569.565/SP, Rel. Ministro Felix Fischer, Quinta Turma, julgado em 19/05/2020, DJe 27/05/2020; RHC 119.127/MG, Rel. Ministro Joel Ilan Paciornik, Quinta Turma, julgado em 12/05/2020, DJe 25/05/2020.

254. GRINOVER, Ada Pellegrini. Antonio Magalhães Gomes Filho. FERNANDES, Antonio Scarance. **Recursos no processo penal**, 6ª ed. São Paulo: Editora Revista dos Tribunais, 2009; PACELLI, Eugênio. **Curso de processo penal**, p. 1.024; BADARÓ, Gustavo Henrique. **Manual dos recursos penais**, p. 529.

estatal que cause violação dessa espécie, sendo possível manejá-lo em caráter preventivo ou repressivo. Boa parte das discussões sobre sua utilização decorre de sua impetração preventiva, que o torna "um amplíssimo 'agravo'"[255], porquanto o risco de cerceamento da liberdade autorizaria manejá-lo sem as mesmas restrições acima vistas para o mandado de segurança.[256]

As inúmeras oportunidades para a impetração do *habeas corpus* no processo penal se justificam pelo constante risco à liberdade do réu, o que não ocorre com igual intensidade no processo civil. Contudo, existem ocasiões em que se terá de fazer uso dessa via impugnativa para evitar afronta ou restituir-se a liberdade. Isso pode se verificar de algumas formas, tal como na execução de dívida alimentar ou em outros casos em que haja cerceamento de liberdade, recentemente cogitada por ocasião de medida executiva decorrente da aplicação do art. 139, IV do CPC.[257] Nada obstante, também deve ser visto como meio idôneo ao controle de qualquer outro tipo de atuação judicial cível arbitrária que coloque a liberdade das partes em risco.

Por conta da ampla proteção promovida pelo *habeas corpus*, algumas características sobre seu cabimento o distinguem do mandado de segurança. A primeira é não haver limite temporal para impetração ou a sujeição ao relacionamento com outro recurso caso a decisão coloque em risco ou prive a parte de liberdade.[258] O que se verifica, no entanto, é a tendência de, cada vez mais, os tribunais superiores colocarem limites ao uso do *habeas corpus*, tendo em vista sua maior utilidade para superação dos prejuízos sofridos pelo impetrante, embora manejados para impugnar decisões que possam ofender o bem jurídico remotamente ou sequer digam respeito a ele, como se infere dos enunciados nº. 691, 693 e 695 das súmulas do Supremo Tribunal Federal.[259]

---

255. BADARÓ, Gustavo Henrique. **Manual dos recursos penais**, p. 532.

256. STJ, HC 111.710/MT, Rel. Ministro Felix Fischer, Quinta Turma, julgado em 24/11/2008, DJe 02/02/2009; STJ, HC 261.404/DF, Rel. Ministra Laurita Vaz, Quinta Turma, julgado em 01/10/2013, DJe 10/10/2013. Na doutrina: TUCCI, Rogério Lauria. ***Habeas corpus*, ação e processo penal**. São Paulo: Saraiva, 1978, p. 11.

257. Sobre a prisão do devedor de alimentos: STJ, HC 563.444/SP, Rel. Ministro Raul Araújo, Quarta Turma, julgado em 05/05/2020, DJe 08/05/2020. Sobre a utilização desse meio na aplicação de medidas executivas atípicas: STJ, RHC 97.876/SP, Rel. Ministro Luis Felipe Salomão, Quarta Turma, julgado em 05/06/2018, DJe 09/08/2018.

258. APPIO, Eduardo. ***Habeas corpus* no cível**. Porto Alegre: Livraria do Advogado, 2000, p. 64-65.

259. Súmula 691: "Não compete ao Supremo Tribunal Federal conhecer de habeas corpus impetrado contra decisão do Relator que, em habeas corpus requerido a tribunal superior, indefere a liminar." Súmula 693: "Não cabe habeas corpus contra decisão

A segunda refere-se à possibilidade de impetração para impugnação posteriormente ao trânsito em julgado. No processo penal, há controvérsia para admissão do *habeas corpus* como substitutivo da revisão criminal[260], essencialmente sob a justificativa de que o bem jurídico por ambas tutelado seria o mesmo e, em muitos casos, a via do *writ* mostra-se adequada diante da manifesta ilegalidade.[261] A dúvida que poderia surgir, ao ensejo de decisão cível de mérito transitada em julgado, diz respeito ao cabimento do *habeas corpus* como substitutivo de ação rescisória, ao que se deve responder afirmativamente.[262] Com maior razão teria de ser aceita essa possibilidade, visto que a ação rescisória, diversamente da revisão criminal, não se prestaria diretamente à tutela da liberdade, sem considerar que, aqui, também estão presentes as vantagens da celeridade do procedimento previsto para o *writ*.

Essa segunda nota distintiva exige mais um esclarecimento. Ao se falar no cabimento do *habeas corpus* para impugnação das decisões transitadas em julgado não se quer dizer que essa via sirva para superar a coisa julgada material, até porque o capítulo decisório atinente à restrição de liberdade nem poderia ser objeto do processo civil. Mostra-se lícito reconhecer, por outro lado, a possibilidade de se impugnar decisões das quais não caiba mais recurso pelo *habeas corpus* para reconhecer indevida ou desnecessária a medida excepcional de prisão civil.

2.3.2.5. *Actio querela nullitatis*

Apesar de sua enorme relevância histórica delineada no item 1.5.5.1. *supra*, seu emprego atual foi completamente redimensionado. Isso se deve

---

condenatória a pena de multa, ou relativo a processo em curso por infração penal a que a pena pecuniária seja a única cominada." Súmula 695: "Não cabe habeas corpus quando já extinta a pena privativa de liberdade.

260. "Recurso ordinário em habeas corpus. 2. Habeas corpus em face de decisão transitada em julgado. Cabimento. Via impugnatória mais célere e benéfica ao condenado. 3. Alegação de reparação em apelação, não avaliada pela Corte Regional. Inexistência de nulidade. Ausência de oposição de embargos de declaração. Fato não comprovado. Tese sem relevância jurídica patente. 4. Negado provimento ao recurso ordinário." (RHC 146327, Relator(a): Min. Gilmar Mendes, Segunda Turma, julgado em 27/02/2018, DJe 15-03-2018). Contudo, o posicionamento dos tribunais costuma ser refratário a tal possibilidade: HC 337.448/SP, Rel. Ministro Ribeiro Dantas, Quinta Turma, julgado em 24/10/2017, DJe 31/10/2017; AgRg no HC 473.164/GO, Rel. Ministro Felix Fischer, Quinta Turma, julgado em 04/12/2018, DJe 14/12/2018.

261. STF, HC 139741, Relator(a): Min. Dias Toffoli, Segunda Turma, julgado em 06/03/2018, DJe 11-04-2019.

262. TALAMINI, Eduardo. **Coisa julgada e sua revisão**, p. 512.

ao fato de que a *querela nullitatis* ficou confiada ao reconhecimento de inexistência processual, cuja disciplina na doutrina é tão incerta quando insegura.[263] Essa visão é contrariada por entendimento que verifica no art. 525, §1º, I do CPC para discutir, em sede de cumprimento de sentença, vício anterior à formação do título executivo, consistente em nulidade ou inexistência de citação do processo de conhecimento, fundamento usado para admitir o chamado "vício transrescisório". Em outras oportunidades, o tema já foi por nós enfrentado para admitir que a *querela nullitatis* teria seu cabimento voltado eminentemente para o reconhecimento de inexistência ou de ineficácia processuais.[264]

A ausência de legitimado passivo por vício de citação fere o direito ao contraditório, violação que daria ensejo, caso constatado prejuízo, ao reconhecimento da nulidade. Até certo momento, referida nulidade convive também com a ineficácia da decisão, que deve ser entendida como inoponibilidade do resultado ao legitimado preterido, notadamente porque não se poderia aceitar sua vinculação aos limites subjetivos da coisa julgada formada em processo do qual sequer participou. As consequências advindas da ausência de quem deva ocupar o polo passivo da demanda – a despeito da diversidade de soluções apresentadas pelo art. 115 do CPC – devem ser, contudo, uniformes.[265]

A inoponibilidade, ou ausência de vinculação, não impede que os atos processuais produzam efeitos na esfera jurídica do preterido, como ocorre, por exemplo, com um ato de penhora. A esse respeito, não é pacífico na doutrina e nem na jurisprudência as possíveis posturas de resistência frente ao resultado que se tente opor ao preterido, justamente porque também não é pacífica a repercussão causada pelo vício de citação.[266] Esse debate revela

---

263. É o que se verifica de posições ampliativas dos vícios de inexistência (ALVIM, Teresa Arruda. **Nulidades do processo e da sentença**, p. 238-250) e aquelas mais restritivas, com as quais nos filiamos, expostas nas notas seguintes.

264. **Litisconsórcio unitário**, n. 4.3 e Repercussões do litisconsórcio unitário sobre a eficácia da sentença e os limites da coisa julgada. In: **Coisa julgada e outras estabilidades**, coord. Fredie Didier Jr. e Antonio do Passo Cabral. Salvador: Juspodivm, 2018, p. 445-450.

265. CÂMARA, Alexandre Freitas. **O novo processo civil brasileiro**, 3ª ed. São Paulo: Atlas, 2017, pp. 84-85; WAMBIER, Luiz Rodrigues. TALAMINI. Eduardo. **Curso avançado de processo civil**, vol. 1, p. 341-342.

266. Semelhantes problemas encontrados no Brasil acerca dos meios de resistência do legitimado preterido também são enfrentados na Itália. No país peninsular, diante de variados mecanismos de questionamento do julgado, surgem dúvidas quanto ao meio e sede adequados ao legitimado preterido se defender, indo desde situações em que se aceita a *revocazione* da sentença, passando pela oposição de terceiro e chegando à defesa

um problema anterior, relativo à natureza desse vício e sobre sua subsistência mesmo após o trânsito em julgado.[267] Cogita-se da possibilidade de o legitimado preterido ajuizar ação rescisória objetivando a desconstituição do julgado formado em processo do qual não participou. Por se prever legitimidade a terceiro para o ajuizamento da ação rescisória (art. 967, II do CPC), entende-se ser esse o mecanismo adequado à tutela da posição de quem deveria, mas deixou de participar do processo.[268] Contudo, não se deve confundir eficácia da sentença com os limites subjetivos da coisa julgada, que não deverão atingir o legitimado preterido. Assim, a uma primeira vista e por essas considerações, não parece coerente admitir a desconstituição da coisa julgada por quem nunca participou do processo, justamente por falta de interesse para tanto.[269]

Outra posição aceita o manejo da *actio querela nullitatis* pelo legitimado preterido a fim de ver desfeita a decisão de mérito por causa de invalidação.[270] O principal fundamento apresentado é a natureza "transrescisória"

---

na execução. O debate naquele país voltou a ser atual por conta de recentes decisões da Corte de Cassação. Para conferir o que há de mais atual nesse debate, sem prejuízo de respaldo em clássica doutrina (v. PISANI, Andrea Proto. **Opposizione di terzo ordinaria**. Napoli: Jovene, 1965.), TRAVAIN, Giulia. Lo strano caso del litisconsorte necessario pretermesso e della preclusione dell'opposizione a un'esecuzione illegittima *ex* art. 615 c.p.c., **Rivista di Diritto Processuale**, Anno LXX, n. 3, settembre 2016, pp. 1.071-1.093; CARRATTA, Antonio. Litisconsorzio necessario pretermesso e opposizione di terzo ordinaria, **Giur. it.**, giugno 2015, p. 1.369-1.376; e ______. Litisconsorte pretermesso e remedi esperibili: un discutibile *revirement* della Cassazione, **Giur. it.**, giugno 2015, pp. 1.376-1.381.

267. DINAMARCO, Cândido Rangel. **Instituições de direito processual civil**, vol. III, , p. 396; FABRÍCIO, Adroaldo Furtado. Réu revel não citado, "querela nullitatis" e ação rescisória, **Revista de Processo**, n. 48, out./dez. 1987, p. 31; TALAMINI, Eduardo. **Direito processual civil concretizado**. Belo Horizonte: Fórum, 2010, p. 170-175; CARVALHO, Fabiano. **Ação rescisória: decisões rescindíveis**, p. 41.

268. CÂMARA, Alexandre Freitas. **Ação rescisória**, pp. 86-87. Na jurisprudência, v.: AR 3.234/MG, Rel. Ministro Luis Felipe Salomão, Segunda Seção, julgado em 27/11/2013, DJe 14/02/2014.

269. Flávio Luiz Yarshell reconhece que o terceiro não poderá propor a ação rescisória, visto que, ressalvadas raras exceções, não será atingido pelos limites subjetivos (**Ação rescisória: juízos rescindente e rescisório**, p. 146). Admite-se, ainda, que o ajuizamento pelo terceiro ocorrerá quando constatada a ampliação dos limites subjetivos (BARBOSA MOREIRA, José Carlos. **Comentários ao *Código de* Processo Civil**, , pp. 168-169).

270. Em julgado histórico, o ministro Moreira Alves reconheceu que a relevância do vício autorizaria o uso da *actio querella nulitatis* independentemente do prazo para propositura da ação rescisória: RE 97589, Relator (a): Min. Moreira Alves, Tribunal Pleno, julgado em 17/11/1982, DJ 03-06-1983.

do vício, que, mesmo não sendo pressuposto processual de existência,[271] subsistiria após a formação da coisa julgada e ao escoamento do prazo da ação rescisória.[272]

Para encontrar o adequado cabimento da *querela nullitatis*, é preciso partir da premissa de que os pressupostos processuais de existência devem seguir linha restritiva.[273] Portanto, mesmo que a citação do legitimado preterido não tenha sido realizada, processo existirá. A ausência ou defeito do ato citatório é vista por sólida doutrina como causa de invalidade, mas que resiste ao trânsito em julgado, como uma espécie de nulidade insanável. A partir dessa visão, “há casos de decisão judicial existente que pode ser invalidada mesmo após o prazo da ação rescisória”.[274] Estar-se-ia, então, diante

271. LIEBMAN, Enrico Tullio. Nulidade da sentença proferida sem a citação do réu. In: **Estudos sobre o processo civil brasileiro**, com notas de Ada Pellegrini Grinover. São Paulo: Bushatsky, 1976. p. 180-184; WAMBIER, Teresa Arruda Alvim. **Nulidades do processo e da sentença** pp. 360-368; BUENO, Cassio Scarpinella. **Partes e terceiros no processo civil brasileiro**. São Paulo: Saraiva, 2003., p. 110-117 e GUERRA FILHO, Willis Santiago. Notas sobre a necessariedade do litisconsórcio e a garantia fundamental do contraditório. In: **Processo e Constituição: estudos em homenagem ao professor José Carlos Barbosa Moreira**, coord. Luiz Fux, Nelson Nery Jr. e Teresa Arruda Alvim Wambier. São Paulo: Ed. RT, 2006, p. 660. É válido lembrar que, a se partir da premissa de que o referido vício seria de inexistência, não se mostra coerente admitir houvesse formação de coisa julgada material, o que, por mais esse motivo, arruinaria pretenso emprego de ação rescisória.

272. Esse é o entendimento predominante que se identifica da jurisprudência do STJ: REsp 194.029/SP, Rel. Ministra Maria Thereza de Assis Moura, Sexta Turma, julgado em 01/03/2007, DJ 02/04/2007, p. 310; REsp 1333887/MG, Rel. Ministra Maria Isabel Gallotti, Quarta Turma, julgado em 25/11/2014, DJe 12/12/2014; REsp 1438426/CE, Rel. Ministro Sidnei Beneti, Terceira Turma, julgado em 20/05/2014, DJe 02/06/2014; AgRg no AREsp 408.703/CE, Rel. Ministro Ricardo Villas Bôas Cueva, Terceira Turma, julgado em 10/11/2015, DJe 13/11/2015; REsp 1625697/PR, Rel. Ministro Ricardo Villas Bôas Cueva, Terceira Turma, julgado em 21/02/2017, DJe 24/02/2017.

273. Segundo lição de Barbosa Moreira (Sobre os pressupostos processuais. In: **Temas de direito processual**: *quarta série*. São Paulo: Saraiva, pp. 90-91) e seguida por José Roberto dos Santos Bedaque (**Efetividade do processo e técnica processual**, 3ª ed. São Paulo: Malheiros, 2010, pp. 214-218).

274. DIDIER JR., Fredie. CUNHA, Leonardo Carneiro da. BRAGA, Paula Sarno. OLIVEIRA, Rafael Alexandria de. **Curso de Direito Processual Civil**, 7ª ed., vol. 5. Salvador: Juspodivm, 2017, p. 541. A resistência da referida nulidade à eficácia sanatória da coisa julgada encontra amparo em outras opiniões como FABRÍCIO, Adroaldo Furtado. Réu revel não citado, “querela nullitatis” e ação rescisória, cit., pp. 27-44; SICA, Heitor Vitor Mendonça. Três velhos problemas do processo litisconsorcial à luz do CPC/2015, **Revista de Processo**, n. 256, junho 2016, pp. 83-84; RODRIGUES, Marcelo Abelha. **Manual de execução civil**, 6ª ed. São Paulo: Editora Revista dos Tribunais, 2016, p. 486.

de situação em que se poderia desconstituir a decisão revestida pela coisa julgada material por mecanismo diverso da ação rescisória e com prazo indefinido.[275]

Para tanto, forçoso segregar os momentos processuais em que a ausência ou nulidade da citação é suscitada pelo legitimado preterido, bem como definir as consequências em cada um desses estágios. A formação da coisa julgada material apresenta-se como marco divisor, de modo que, antes dela, será possível o reconhecimento da nulidade e retorno dos atos processuais até o momento de realização da citação; após, o que se figura no máximo possível é sustentar que a decisão transitada em julgado teria violado manifestamente norma jurídica por ter sido dada na ausência de quem devesse estar presente no processo, com a ressalva de que seria questionável o interesse do preterido pretender superar coisa julgada que sequer o atinge.[276]

Em ambos os momentos, a decisão será ineficaz. É possível que o resultado possa interessar a quem não foi citado, situação em que poderá aproveitar da decisão, aceitando sua vinculação. Contudo, quando não houver essa compatibilidade,[277] o resultado será inoponível e eventuais atos que importem materialização da decisão não poderão ser impostos ao preterido, bastando, para isso, o reconhecimento de tal ineficácia.

Mais do que eventual insurgência contra a coisa julgada *inter alios* ou mesmo reconhecer a nulidade por vício transrescisório, o cenário mostra solução mais simples. Em primeiro lugar, a ineficácia decorre da impossibilidade de se opor o resultado a quem não participou do processo. Eventual ato processual que produza consequências na esfera jurídica desse sujeito ocorre por inobservância de que contra si não poderia ser imposta a decisão. Por conseguinte, o reconhecimento da ineficácia é possível a qualquer tempo e revela que a decisão poderá ser *inutiliter datur*.

---

275. Com razão, Rodrigo Ramina de Lucca assenta que "a suposta sobrevivência da querela nullitatis no direito brasileiro, vista como 'ação de nulidade', está calcada em duas premissas, com o devido respeito, equivocadas. A primeira delas está ligada à necessidade, para que seja resolvido o problema da falta de citação, de construção de uma teoria das invalidades que contenha vícios permanentes, os quais jamais serão sanados pelo trânsito em julgado. A segunda delas está ligada à possibilidade de se criar instrumentos de ataque a atos jurídicos sem nenhuma previsão legal." (Querela nullitatis e réu revel não citado no processo civil brasileiro. **Revista de Processo**, vol. 202, dez. 2011, p. 93-138).

276. Nesse ponto, Araken de Assis reconhece que o vício ensejaria o ajuizamento de rescisória com base no artigo 485, V, do Código de Processo Civil de 1973 (**Cumprimento de sentença.** Rio de Janeiro: Forense, 2006, p. 319).

277. BEDAQUE, José Roberto dos Santos. **Efetividade do processo e técnica processual**, p. 387-390.

Conforme se conclui das considerações anteriores, os artigos 525, §1º, I e 535, I, CPC, não legitimam a superação da coisa julgada material, atribuindo à impugnação ao cumprimento de sentença efeito rescisório.[278] O fundamento neles contido parece se destinar ao reconhecimento de que o título é ineficaz com relação ao suposto executado, por fundamento anterior ao trânsito em julgado.[279] Trata-se de mais um meio para reconhecimento da ineficácia, que poderá ser obtida em outras sedes, por exemplo por demanda autônoma, cujo objetivo será impedir a materialização de atos que busquem a satisfação da decisão de mérito prolatada na ausência do legitimado preterido.[280]

Esses dispositivos revelam, ainda, algumas contradições: a impugnação ao cumprimento de sentença é meio de oposição de quem é parte na fase de cumprimento de sentença, qualidade essa que se extrai do título executivo judicial. Se não ocorreu ou se foi nula a citação, o réu da fase de conhecimento jamais deixou a condição de terceiro e, portanto, o título foi formado sem sua participação. Nesse sentido, seria mais plausível aceitar que a impugnação fosse apresentada por quem participou da formação do título executivo, a se duvidar de seu interesse em arguir como defesa a referida matéria, já que o reconhecimento de ineficácia visaria a impedir que o terceiro fosse afetado pelo cumprimento da decisão que não o vincula. O referido vício pressupõe que o réu jamais tenha tido ciência da existência da demanda até o início do cumprimento da sentença, o que soa incoerente com o quanto dito acima, sobretudo porque essa ciência poderá ocorrer somente em momento posterior ao prazo de apresentação da impugnação, situação nada incomum.

278. Aceitando o referido efeito, DINAMARCO, Cândido Rangel. **Instituições de direito processual civil**, vol. IV, p. 794 e LUCON, Paulo Henrique dos Santos. **Embargos à execução**. São Paulo: Saraiva, 2001, p. 167.

279. MARTINS, Sandro Gilbert. **A defesa do executado por meio de ações autônomas: defesa heterotópica**, 2ª ed. São Paulo: Editora Revista dos Tribunais, 2005, p.270. Em outros estudos, autores como Alexandre Freitas Câmara e Araken de Assis, sustentaram se tratar de ineficácia o remanescente após a coisa julgada material com relação ao legitimado preterido (respectivamente, Relativização da coisa julgada material. In: **Relativização da coisa julgada**, 2ª ed.,org. Fredie Didier Jr. Salvador: Juspodivm, 2008, p. 35 ; Eficácia da coisa julgada inconstitucional. In: **Relativização da coisa julgada**, 2ª ed.,org. Fredie Didier Jr. Salvador: Juspodivm, 2008, p. 50). José Maria Tesheiner segue caminho que classifica o vício de citação como transrescisório, mas que produz somente ineficácia da sentença (**Pressupostos processuais e nulidades no processo civil**. São Paulo: Saraiva, 2000, p. 283-284).

280. Solução parecida, mas por fundamentos diversos, é apresentada por Sandro Gilbert Martins, reconhecendo a possibilidade de ajuizamento de *ação declaratória de ineficácia* (**A defesa do executado por meio de ações autônomas: defesa heterotópica**, p. 269).

Portanto, não haveria impedimento para o reconhecimento de ineficácia, nem mesmo que fosse feito nos próprios autos, a qualquer tempo.

Com base nesse posicionamento, evidencia-se que a *querela nullitatis* não se trata de via cabível para desconstituir decisões judiciais transitadas em julgado *sine tempore*, senão uma via apta ao reconhecimento de inexistência ou ineficácia.

2.3.2.6. Impugnação ao cumprimento de decisão fundada em norma reconhecida inconstitucional anteriormente ao trânsito em julgado

Na linha do que foi dito no item 2.3.2.1, a ação rescisória é a via adequada para desconstituir decisão fundada em dispositivo normativo reconhecido inconstitucional posteriormente ao trânsito em julgado. O CPC traz, ainda, disposição específica para o caso em que a norma é tida por inconstitucional anteriormente ao trânsito em julgado, atribuindo à impugnação ao cumprimento de sentença o veículo por meio do qual será reconhecida a inexigibilidade do título executivo judicial (arts. 525, §12 e 535, §5º do CPC). Respeitada doutrina equipara o termo "inexigibilidade" empregado pela lei a um efeito rescindente, afirmando-se que, a despeito de ser existente e exigível o preceito executivo, o CPC equiparou esse fundamento específico de inexigibilidade à rescisão.[281] A discussão remonta ao célebre debate em torno da chamada "relativização da coisa julgada material" e com as repercussões legislativas àquele tempo, sob cuja égide renderam acaloradas discussões sobre o efeito rescindente dos embargos à execução de título executivo judicial, sucedido pela figura da impugnação ao cumprimento de sentença.

---

281. TALAMINI, Eduardo. Impugnação ao cumprimento de título executivo inconstitucional. In: BUENO, Cassio Scarpinella et al. (coord.). **Questões relevantes sobre recursos, ações de impugnação e mecanismos autônomos de uniformização de jurisprudência após o primeiro ano de vigência do novo CPC em homenagem à Professor Teresa Arruda Alvim**. São Paulo: Editora Revista dos Tribunais, 2017, p. 292-293. Nesse ponto, são relevantes as ideias defendidas por Heitor Vitor Mendonça Sica: "O CPC de 2015 se inspirou nos arts. 475-L, §1º e 741, parágrafo único do CPC de 1973 reformado, mas previu técnica um pouco menos abrangente, tanto no art. 525, §§ 12 ao 15 (aplicável à impugnação em geral) quanto no art. 535, §§ 5º ao 8º (aplicável à impugnação manejada pela Fazenda Pública), ambos com mesma redação. O primeiro dado relevante é o de que a defesa do exectuado, a exemplo do que previa o CPC reformado examinado no item anterior, continuou a ter uma nítida função rescindente parcial do título judicial, por *error in judicando*, excluindo a sua exigibilidade, mas não afetando os seus demais elementos eficaciais, em especial o comando declaratório nele contido." (Comentários ao art. 525. In: CABRAL, Antonio do Passo; CRAMER, Ronaldo (coord.). **Comentários ao novo Código de Processo Civil**, Rio de Janeiro: Forense, 2015, p. 833).

Sem a pretensão de recuperar esse histórico, cabe sintetizar que há, todavia, razões para negar essa eficácia rescindente e, assim, aceitar que a inconstitucionalidade prévia ao trânsito em julgado, arguida em cumprimento de sentença produzirá a ineficácia do título executivo.[282]

A primeira delas está em critérios hermenêuticos, segundo os quais não se poderia ignorar abertamente o emprego expresso da palavra "inexigível" pelo legislador, ao que se deve somar a referência à defesa prevista pelos arts. 525, §1º, III e 535, III do CPC. Isto é, o legislador reconhece ser causa de inexigibilidade a inconstitucionalidade pretérita ao trânsito em julgado e, com razão, deve fazê-lo, pois se trata de vício prévio à formação do título executivo, cuja desconstituição ficaria confiada à própria ação rescisória.[283] Em suma, o legislador determina que no conceito de inexigibilidade dos referidos dispositivos legais insere-se o caso de norma reconhecida inconstitucional sob a qual se fundou a decisão exequenda.[284]

A segunda razão é a criação de regimes desconstitutivos distintos para, de um lado, as sentenças condenatórias e, de outro, para as sentenças declaratórias e constitutivas, apesar de todas poderem se embasar em dispositivo legal considerado inconstitucional. Segundo a doutrina defensora do efeito rescindente, não haveria inconveniente em permitir essa diferenciação entre essas decisões, pois "o mecanismo em questão só é aplicável às decisões que ensejam cumprimento, vale dizer, as decisões condenatórias ao pagamento de quantia ou impositivas de dever de fazer, de não fazer ou de entrega de coisa. Afinal, só nesses casos caberá impugnação ao cumprimento, que então permitirá a aplicação do art. 525, § 12, ou do art. 535, § 5º."[285] A prevalecer

---

282. CARNEIRO, Paulo Cezar Pinheiro. Desconsideração da coisa julgada: sentença inconstitucional. **Revista Forense**, n. 384, v. 102, mar./abr. 2006, p. 236-237; BARBOSA MOREIRA, José Carlos. Considerações sobre a chamada "relativização" da coisa julgada material. In: **Temas de direito processual**, nona série. São Paulo: Saraiva, 2007, p. 258; ZAVASCKI, Teori. Inexigibilidade de sentenças inconstitucionais. In: **Relativização da coisa julgada**, coord. Fredie Didier Jr. 2ª ed. Salvador: Editora Juspodivm, 2008, p. 374-377.

283. Ainda sob a égide do CPC de 1973, SILVA, Beclaute Oliveira. Coisa julgada baseada em lei inconstitucional (?). In: DIDIER JR., Fredie. EHRHARDT JR., Marcos (coord.). **Revisitando a teoria do fato jurídico: homenagem a Marcos Bernardes de Mello**. São Paulo: Saraiva, 2010, p. 107-108.

284. DIDIER JR., Fredie. CUNHA, Leonardo Carneiro da. BRAGA, Paula Sarno. OLIVEIRA, Rafael Alexandria de. **Curso de Direito Processual Civil**, 7ª ed., vol. 5. Salvador: Juspodivm, 2017, p. 554.

285. TALAMINI, Eduardo. Impugnação ao cumprimento de título executivo inconstitucional. In: BUENO, Cassio Scarpinella et al. (coord.). **Questões relevantes sobre recursos,**

esse entendimento, criar-se-ia verdadeira assimetria na desconstituição das decisões judiciais, porque, aquelas portadoras de preceito condenatório, estariam sujeitas à rescisão pela via da ação rescisória e da impugnação, a qual poderia ser manejada após os dois anos decadenciais da primeira. Assim, o critério de discriminação não estaria no vício em si, mas na natureza da decisão, pensamento que não se revela idôneo a afastar a decisão condenatória do regime da ação rescisória.[286]

A terceira razão consiste em perceber que a desconstituição da decisão condenatória não teria prazo determinado para ocorrer. É que a corrente aqui enfrentada admite caber a rescisão pela via da impugnação, mesmo superado o prazo para a ação rescisória. A mesma crítica feita acima, referente à *querela nullitatis* como mecanismo para rescisão da decisão *sine tempore*, vale para a presente análise, pois o início cumprimento de sentença poderá ocorrer após o escoamento do biênio da ação rescisória, assim como o termo final para apresentação da impugnação. Além disso, nada impediria que a rescisão da decisão objeto de execução fosse obtida pela via da ação rescisória, com base no art. 966, V do CPC.

A quarta razão é concluir que a tese aqui contrariada despreza a decadência do direito de impugnar a decisão transitada em julgado quando superado o prazo para a ação rescisória, pois admite a rescisão pela via da impugnação mesmo posteriormente a esse período. Não parece ser esse o raciocínio correto, porquanto o CPC buscou acentuar a possibilidade de tornar ineficaz a pretensão executiva, reconhecendo a inexigibilidade de um título desconforme à Constituição.

A quinta razão é a violação à regra de competência prevista para a ação rescisória caso se admita também dotada de efeito rescindente a impugnação. O vício observado na decisão fundada em dispositivo legal inconstitucional estaria abrangido pelo art. 966, V do CPC e, admitido que seja a impugnação veículo para se deduzir a violação à norma jurídica, faria as vezes daquele meio de impugnação, para qual há específico regime de competência originária. Adicione-se a isso que o art. 516 do CPC dispõe sobre a competência para o cumprimento da decisão condenatória, em nada coincidente com a da ação rescisória.

---

ações de impugnação e mecanismos autônomos de uniformização de jurisprudência após o primeiro ano de vigência do novo CPC em homenagem à Professor Teresa Arruda Alvim. São Paulo: Editora Revista dos Tribunais, 2017, p. 300.

286. DIDIER JR., Fredie. CUNHA, Leonardo Carneiro da. BRAGA, Paula Sarno. OLIVEIRA, Rafael Alexandria de. **Curso de Direito Processual Civil**, 7ª ed., vol. 5. Salvador: Juspodivm, 2017, p. 554.

Outro argumento utilizado para sustentar o caráter rescindente se levanta quando o autor teria outros fundamentos para a procedência da demanda, mas que deixaram de ser examinados em razão da prevalência daquele inconstitucional. Embora seja uma ideia relevante e com apelo prático, deve-se ponderar conclusão em outro sentido. Não serão todos os casos de inconstitucionalidade em que o autor terá outros argumentos que deixaram de ser examinados, de modo que essa seria uma discussão ocasional. Caso existam e não tenham sido analisados, não há coisa julgada material que impeça a reiteração do pedido em outro processo, sustentado pelas causas de pedir não enfrentadas.[287]

Dessas contestações apresentadas, deve-se concluir que a inexigibilidade prevista pelos arts. 525, §12 e 535, §5º do CPC é uma das modalidades de defesa do executado, visto que esse diploma legal se preocupou em prever as matérias tratadas pelos arts. 525, §1º, III e 535, III do CPC como fato pretérito ao trânsito em julgado. Não há, portanto, função rescindente da impugnação apresentada pelo devedor nos autos do cumprimento de título executivo judicial fundado em norma cuja inconstitucionalidade foi reconhecida anteriormente a esse marco temporal, conquanto se busque questionar a eficácia da decisão objeto de satisfação.

2.3.2.7. Arguição de Descumprimento de Preceito Fundamental (ADPF)

A Arguição de Descumprimento de Preceito Fundamental (ADPF) tem cabimento para questionar atos do poder público a fim de evitar ou reparar lesão a preceito fundamental (art. 1º da Lei 9.882/99), mediante controle concentrado de constitucionalidade (art. 102, §1º da CF/88) iniciado por qualquer dos legitimados previstos no art. 2º da mesma lei. Admite-se inserida no conceito de "atos do poder público" a decisão judicial, que, segundo jurisprudência do STF e doutrina, poderá ser controlada pela referida via impugnativa.[288] É preciso entender dois aspectos para o excepcional uso da

287. SIQUEIRA, Thiago Ferreira. Duplo grau de jurisdição e "teoria da causa madura" no Novo Código de Processo Civil. In: DIDIER JR., Fredie [et. al.]. **Novo CPC doutrina selecionada, v. 6: processo nos tribunais e meios de impugnação às decisões judiciais**. Salvador: Juspodivm, 2016, p. 869.

288. "1. Arguição proposta pelo Governador do Piauí contra decisões judiciais proferidas sob a jurisdição do TRT-22ª Região que determinaram o bloqueio de recursos de convênios firmados entre o Estado e a União (e/ou autarquias federais) para pagamento de verbas trabalhistas de empregados da Companhia de Desenvolvimento do Piauí – COMDEPI. 2. As decisões judiciais se enquadram na definição de 'ato do poder público' de que trata o caput do art. 1º da Lei nº 9.882/1999, o que as sujeita ao controle concentrado

ADPF para impugnar decisões judiciais, com a finalidade de não subverter sua função.

A ausência de uniformidade sobre o que seja o preceito fundamental[289] força o enfrentamento do tema a partir da jurisprudência, que já o reconheceu como: princípio federativo, autonomia dos Estados e Municípios e vinculação de salários a múltiplos de salário mínimo (ADPF 33); interrupção terapêutica da gestação de anencefálicos (ADPF 54); elevação de vencimentos de professores em contrariedade ao princípio da isonomia (ADPF 79); a vedação de vincular o salário mínimo como base de reajustes (ADPF 95); impossibilidade de bloqueio ou penhora por decisão judicial de recursos públicos para pagamento de débitos trabalhistas de sociedade de economia mista (ADPF 114); a liberdade de expressão e de informação jornalística, direitos da personalidade e o princípio da dignidade da pessoa humana (ADPF 130); a inobservância das garantias do devido processo legal, do princípio da isonomia e do direito de petição (ADPF 156).

Dada a volatilidade do conceito, bem como sua amplitude, nesse momento a questão parece estar menos em determinar previamente o que seja preceito fundamental[290] e mais em achar o espaço de utilização da ADPF como via de controle de atos judiciais.[291] Um primeiro dado decorre da Lei

---

de constitucionalidade via ADPF." (ADPF 114, Relator(a): Roberto Barroso, Tribunal Pleno, julgado em 23/08/2019). TALAMINI, Eduardo. Arguição de Descumprimento de Preceito Fundamental: função e estrutura. In: Processo e Constituição: estudos em homenagem ao professor José Carlos Barbosa Moreira, coord. Luiz Fux, Nelson Nery Jr. e Teresa Arruda Alvim Wambier. São Paulo: Ed. RT, 2006, p. 29. Relevante notar, ainda, que a ADPF 511 tem por objeto decisão do próprio STF.

289. Sobre a indeterminação do conceito de preceito fundamental: SARMENTO, Daniel. Apontamentos sobre a arguição de descumprimento de preceito fundamental. **Revista de direito administrativo**, v. 224, p. 98-99; TAVARES, André Ramos. Arguição de descumprimento de preceito fundamental: aspectos essenciais do instituto na Constituição e na lei. In: **Arguição de descumprimento de preceito fundamental: análise à luz da Lei 9.882/99**, (org.) André Ramos Tavares e Walter Cláudius Rothenburg. São Paulo: Atlas, 2001, p. 49.

290. Com razão, Virgílio Afonso da Silva anota que: "Contudo, nem a Constituição nem a lei 9.882/1999 fornecem uma definição de *preceito fundamental.* O STF tampouco tem clareza sobre seu significado (...) Quando se esforça em fornecer um conceito, não apenas apontar artigos, o tribunal define preceito fundamental de forma tão ampla e vaga quanto a própria expressão 'preceito fundamental', por exemplo, quando a define como normas básicas do texto constitucional." (**Direito Constitucional Brasileiro**, p. 586-587).

291. "O presente caso objetiva a desconstituição de decisões judiciais, dentre as quais muitas já transitadas em julgado, que aplicaram índice de reajuste coletivo de trabalho definido pelos Decretos Municipais 7.153/1985, 7.182/1985, 7.183/1985, 7.251/1985, 7.144/1985,

9.882/99, sem deixar dúvidas de que se trata de medida estritamente subsidiária, porquanto somente será admitida quando não houver qualquer outro meio eficaz para sanar a lesividade (art. 4º, §1º).[292] Outro aspecto relevante é o entendimento do STF sobre a impossibilidade de se manejar a ADPF contra atos do poder público cujos efeitos já tenham se exaurido, porquanto a lesão que se pretendia evitar ou reparar já se consumou e não há mais estado de inconstitucionalidade a ser corrigido (ADPF 63).[293]

Com esses subsídios, mostra-se restrito o cabimento da ADPF diante de atos judiciais. Antes do trânsito em julgado, serão diversos os meios de impugnação idôneos e eficazes a tutelarem a situação jurídica contrária a preceito fundamental, como bem o seria, por exemplo, o recurso extraordinário, razão de, em regra, ausência de interesse de utilização daquela medida nessa fase processual. Segundo precedentes do STF, também esse critério da subsidiariedade já foi relativizado sob a premissa de que, em razão da dispersão de demandas, cada qual em graus de jurisdição diversos, todas em ofensa ao mesmo preceito fundamental, a ADPF seria via mais útil para corrigir a situação jurídica de desconformidade constitucional para todos os casos pendentes e transitados em julgado[294], apresentando-se como um

---

7.809/1988 e 7.853/1988, bem como pela Lei Municipal 6.090/86, todos do Município de Fortaleza/CE. Este instituto de controle concentrado de constitucionalidade não tem como função desconstituir coisa julgada. A argüição de descumprimento de preceito fundamental é regida pelo princípio da subsidiariedade a significar que a admissibilidade desta ação constitucional pressupõe a inexistência de qualquer outro meio juridicamente apto a sanar, com efetividade real, o estado de lesividade do ato impugnado. A ação tem como objeto normas que não se encontram mais em vigência. A ofensa à Constituição Federal, consubstanciada na vinculação da remuneração ao salário mínimo, não persiste nas normas que estão atualmente em vigência. Precedentes. A admissão da presente ação afrontaria o princípio da segurança jurídica." (ADPF 134-AgR-terceiro, rel. min. Ricardo Lewandowski, julgamento em 3-6-2009, Plenário, *DJE* de 7-8-2009).

292. Esse é o entendimento pacífico da jurisprudência do STF. Vide, por todos, o seguinte julgado: "6. É verdade que esta Corte tem aceito a utilização da ADPF para questionar conjuntos de decisões judiciais que possam estar em conflito com preceitos fundamentais (nesse sentido: ADPF 485, minha relatoria; ADPF 387, Rel. Min. Gilmar Mendes; ADPF 249, Rel. Min. Celso de Mello; ADPF 54, Rel. Min. Marco Aurélio). Não é este o caso, contudo. A petição inicial apontou uma única decisão como violadora de preceito fundamental, sendo que havia meio processual adequado e eficaz para impugnação de tal decisão." (ADPF 157 – AgR/DF, Rel. Min. Roberto Barroso, DJ 09/09/2019)

293. ADPF 477 AgR, Relator(a): Alexandre de Moraes, Tribunal Pleno, julgado em 27/09/2019.

294. O que, segundo precedentes do STF, também já foi relativizado sob a premissa de que a manifesta violação a preceito fundamental atenuaria o critério da subsidiariedade caso a ADPF se mostre via mais útil para corrigir a situação jurídica de desconformidade

meio para impugnação coletiva de atos judiciais, conforme será abordado no capítulo 4.

Por sua vez, a ação rescisória será adequada para desconstituição de decisões transitadas em julgado, cuja amplitude autorizaria impugnar por violação a preceito fundamental como espécie de manifesta violação à norma jurídica (art. 966, V do CPC).[295] No entanto, reconhecido que o estado de inconstitucionalidade instituído pela decisão judicial não se convalidaria, mesmo com a superação do prazo da ação rescisória, verifica-se a possibilidade de manejo da ADPF como forma correção dessa situação jurídica inconstitucional persistente. Exemplos obtidos da jurisprudência do STF mostram o reconhecimento de inconstitucionalidade de multiplicidade de decisões que conferem interpretações divergentes sobre o preceito fundamental a ser tutelado, como no caso de expropriação de recursos administrados pelo Estado do Rio de Janeiro, determinadas por diversas decisões proferidas pelo Tribunal de Justiça desse Estado, bem como pelo TRF-1ª Região (ADPF 405); ou no caso de diversas decisões que autorizavam particulares a importarem pneus usados de países que não compõem o Mercosul (ADPF 101).

Com base nisso, lícito reconhecer a ADPF como meio de impugnação de decisões cabível antes e depois do trânsito em julgado, de uso restrito e subsidiário, por se destinar à proteção de preceitos fundamentais.

---

constitucional (STF, ADPF 79-MC, rel. min. **Cezar Peluso,** decisão monocrática, julgamento em 29-7-2005, *DJ* de 4-8-2005).

295. "O presente caso objetiva a desconstituição de decisões judiciais, dentre as quais muitas já transitadas em julgado, que aplicaram índice de reajuste coletivo de trabalho definido pelos Decretos Municipais 7.153/1985, 7.182/1985, 7.183/1985, 7.251/1985, 7.144/1985, 7.809/1988 e 7.853/1988, bem como pela Lei Municipal 6.090/86, todos do Município de Fortaleza/CE. Este instituto de controle concentrado de constitucionalidade não tem como função desconstituir coisa julgada. A arguição de descumprimento de preceito fundamental é regida pelo princípio da subsidiariedade a significar que a admissibilidade desta ação constitucional pressupõe a inexistência de qualquer outro meio juridicamente apto a sanar, com efetividade real, o estado de lesividade do ato impugnado. A ação tem como objeto normas que não se encontram mais em vigência. A ofensa à Constituição Federal, consubstanciada na vinculação da remuneração ao salário-mínimo, não persiste nas normas que estão atualmente em vigência. Precedentes. A admissão da presente ação afrontaria o princípio da segurança jurídica." (ADPF 134-AgR-terceiro, rel. min. Ricardo Lewandowski, julgamento em 3-6-2009, Plenário, DJE de 7-8-2009). Sem prejuízo, o STF posiciona-se firmemente no sentido de não autorizar o uso da ADPF como sucedâneo de ação rescisória, com a finalidade de impedir que a parte busques desconstituir decisão judicial transitada em julgado quando ausente violação a preceito fundamental (STF, ADPF 617 AgR, Relator(a): Min. Alexandre de Moraes, Tribunal Pleno, julgado em 29/11/2019).

2.3.2.8. Impugnação da tutela antecipada antecedente estabilizada

O ordenamento jurídico abre espaço para revisão de decisões transitadas em julgado, sem especificar os vícios para tanto, tampouco a via reservada a essa finalidade. Um exemplo pode demonstrar essa ampla abertura: a demanda para revisão da decisão concessiva de tutela antecipada antecedente estabilizada, de acordo com a previsão do art. 304, §§ 2º, 5º e 6º do CPC. É possível pensar em ao menos cinco possibilidades para superação do da decisão estável: a primeira é a impugnação da decisão; a segunda é negar a existência do direito reconhecido; a terceira é a existência de direito incompatível com aquele reconhecido; a quarta é impugnar a decisão e pretender a negativa ou a contrariedade ao direito reconhecido; a quinta é a modificação da decisão por quem dela se beneficiou. Não se poderia deixar de lado a previsão contida no art. 304, §5º do CPC, que estabelece a extinção do direito à invalidação, reforma ou revisão no prazo de dois anos contados da ciência da decisão que extinguiu o processo, para compreender sua incidência.

Quanto ao primeiro cenário, a revisão ocorreria por força de algum vício da decisão, do que se pode assumir a ação rescisória como a via adequada.[296] A decisão estabilizada resolve o mérito e seus efeitos materiais não comportariam alteração no mesmo processo. Os fundamentos catalogados pelo art. 966 do CPC, se presentes, sujeitam-se à regra de competência absoluta, que atribui ao tribunal, ao qual o órgão jurisdicional que profere a decisão está subordinado, para processar e julgar a ação rescisória. Se refutada essa ação autônoma, haveria, em seu lugar, demanda de mesmo objeto, porém ajuizada perante juízo incompetente. Aceitos esses termos, a regra do art. 304, §5º do CPC confirma ser de dois anos prazo decadencial para a ação rescisória da decisão estabilizada.[297]

---

296. Admite-se, nesse estudo, o cabimento da ação rescisória, muito embora o enunciado 27 da Escola Nacional de Formação e Aperfeiçoamento de Magistrados (ENFAM) tenha a seguinte redação: "*Não é cabível ação rescisória contra decisão estabilizada na forma do art. 304 do CPC/2015.*" No sentido de também admitir o cabimento da ação rescisória: YARSHELL, Flávio Luiz. Comentários ao art. 966. In: **Comentários ao código de processo civil**, vol. 4, Cassio Scarpinella Bueno (coordenador). São Paulo: Saraiva, 2017, p. 159-160. De forma semelhante, ARRUDA ALVIM. **Manual de Direito Processual Civil**, 19ª ed. São Paulo: Editora Revista dos Tribunais, 2020, p. 782-786.

297. Heitor Vitor Mendonça Sica faz referência ao prazo seria decadencial e o compara com o prazo da ação rescisória. No entanto, não fica claro se a decadência afetaria somente o direito de invalidar a decisão pelos vícios do art. 966 do CPC ou se abrangeria toda e qualquer hipótese de contrariedade à decisão estabilizada (Doze problemas e onze soluções quanto à chamada "estabilização da tutela antecipada". In: **Processo em jornadas: XI Jornadas Brasileiras de Direito Processual: XXV Jornadas Ibero-americanas**

Relativamente ao cenário em que se pretende reconhecer a inexistência do direito tutelado, estar-se-ia diante de demanda declaratória negativa, cuja procedência não necessariamente promoverá reforma, revisão ou invalidação, mas fará com que deixe de existir elemento essencial da decisão estabilizada, qual seja, a probabilidade do direito alegado pelo autor. Isso pode se dar de variadas formas, quer porque não há relação jurídica entre as partes, quer porque a obrigação já havia sido extinta ou por outra causa que revele inexistir o direito. Ausente eficácia preclusiva que limite contrariar o provimento estabilizado com o reconhecido da inexistência do direito reconhecido, não se verifica óbice para a mencionada demanda.

Pela terceira possibilidade aventada, a impugnação promovida poderia se pautar em pedido para reconhecimento de direito incompatível com aquele tutelado pela decisão estabilizada. Esse direito viria respaldado em fatos que impossibilitariam o exercício da pretensão objeto do processo de tutela antecipada antecedente, consubstanciados naqueles usualmente veiculados na qualidade de extintivos, modificativos ou impeditivos do direito do autor. Diferentemente da hipótese anterior, tais fatos não dariam. azo à tutela declaratória, mas sim à desconstituição do direito tutelado ou constituição de situação jurídica com ele incompatível, em sede de cognição exauriente. Dois exemplos poderão facilitar essa compreensão. No primeiro, para contrariar a decisão estabilizada, propõe-se demanda fundada no vício de negócio jurídico, a fim de se reconhecer a invalidade do contrato que respalda a obrigação afirmada em tutela antecipada antecedente. A procedência dessa demanda importaria no desfazimento do contrato e, respectivamente, da referida obrigação.[298] No segundo, a contrariedade é feita por demanda destinada a alterar a natureza ou qualidade do direito tutelado, como poderia ocorrer com o reconhecimento de que o crédito corresponde a valor menor do que aquele objeto da decisão estabilizada.

O quarto quadro vislumbrado é a possibilidade de múltiplo ataque à decisão estável, a ser feito, por exemplo, pela via da ação rescisória e pelas

---

de Direito Processual. Paulo Henrique dos Santos Lucon [et. al.] (coords.) Salvador: Juspodivm, 2016, p. 422-424.

298. Nas palavras de Daniel Mitidiero, "passado o prazo de dois anos, continua sendo possível o exaurimento da cognição até que os prazos previstos no direito material para a estabilização de situações jurídicas atuem sobre a esfera jurídica das partes (por exemplo, a prescrição, a decadência e a supressio)" ("Autonomização e estabilização da antecipação de tutela no novo Código de Processo Civil." **Revista Magister de Direito e Processual Civil**, ano XI, nov-dez 2014, p. 28-29). Em sentido análogo: BUENO, Cassio Scarpinella. **Manual de direito processual civil**, p. 276.

demandas cogitadas nas hipóteses anteriores. Não seria demasiado imaginar a possibilidade de, por exemplo, evidenciar-se vício atinente à decisão (ex.: incompetência absoluta do juízo) e, ao mesmo tempo, inexistir relação jurídica entre as partes. Abrem-se para o interessado duas vias distintas, uma para desconstituir a decisão estabilizada e outra para contrariar o direito objeto do processo de tutela antecipada antecedente, em mais uma manifestação de intenso relacionamento no controle dos atos judiciais.

Por último, o art. 304, §2º do CPC legitima qualquer das partes à revisão da decisão. Seria possível ao autor do pedido de tutela antecipada antecedente, a despeito de fruir da decisão estabilizada, buscar o reconhecimento de seu direito em cognição exauriente. Essa revisão, no sentido de alteração da prévia decisão, poderá importar confirmação da tutela já concedida, em razão da procedência do pedido ou, ainda, na improcedência, que importará em desfazimento da tutela antecipada estabilizada por decisão que negue o direito do autor.

2.4. CONCLUSÕES PARCIAIS: IDENTIDADE ENTRE RECURSOS E AÇÕES AUTÔNOMAS EM TORNO DO DIREITO DE IMPUGNAR E REGIME JURÍDICO RECURSAL

Após todas essas observações, algumas conclusões parciais podem ser extraídas e apresentadas nos seguintes termos:

1. A dicotomia construída em torno dos meios de impugnação, baseada na relação jurídica processual, além de imprecisa, é obscura para descrever os reais propósitos dessa distinção. Esse paradigma, entremeado nos estudos sobre meios de impugnação na doutrina nacional, é adotado como premissa inconteste, muito em razão da assunção de que o recurso por ser encarado como um dos poderes decorrentes dos direitos de ação e de defesa previamente exercidos. Por outro lado, a mesma doutrina não encontra qualquer dificuldade em ver nas ações autônomas de impugnação a dedução de demanda, mesmo que para impugnar o mesmo ato judicial e pelos mesmos fundamentos potencialmente atacáveis por recurso.

2. A superação dessas distinções ocorre, ao menos, sob dois aspectos. A reaproximação proposta leva em consideração que recurso e ação autônoma são vias por meio das quais são deduzidas pretensões impugnativas, respaldadas no direito de impugnar. Em confirmação a essa percepção, é relevante dissociar o chamado direito ao emprego dos meios de impugnação (como direito de utilização de uma via) e o

direito de impugnar (como direito de sujeitar um ato jurídico ao exame de conformidade ou juridicidade). Essa aproximação sistemática não ignora, contudo, particularidades que o ordenamento jurídico confere aos meios de impugnação catalogados como recursos, razão pela qual a relevância da regra da taxatividade está em determinar a quais desses meios aplicar-se-á o chamado regime jurídico recursal, conotado, em âmbito nacional, dentre outras características, pela capacidade de impedir o trânsito em julgado.

3. Com a superação do critério da relação jurídica processual como fator de distanciamento entre recursos e ações autônomas de impugnação – que, desde o seu nascedouro já poderia ser questionado –, admite-se como critério de classificação dos meios de impugnação o momento de cabimento de cada um deles. Pelas peculiaridades do ordenamento jurídico brasileiro, observar-se que determinados meios de impugnação são cabíveis exclusivamente antes do trânsito em julgado, enquanto outros possuem a marca do cabimento posteriormente a esse marco temporal.

PARTE II

DINAMICIDADE DOS MEIOS DE IMPUGNAÇÃO

Capítulo 3

PERFIL ESTRUTURAL E EQUIVALÊNCIA FUNCIONAL DOS MEIOS DE IMPUGNAÇÃO

> "Les voies de recours sont traditionnellement considérées comme un *avatar de l'action en justice*."
>
> (Hervé Croze, Christian Morel, Olivier Fradin, Procédure civile, Litec, 2005, p. 206).

> "Toutefois, parce qu'elle fait abstraction de la finalité poursuivie par le demandeur, il convient de souligner que cette acception du terme «recours» n'apporte rien de plus qu'une facilité de langage supplémentaire. En effet, si le terme «recours» devait ne désigner que cette simple démarche procédurale, on devrait pouvoir aisément lui substituer celui de «demande» ou de «requête», voire celui d'«action» lorsque la demande est présentée devant une autorité juridictionnelle. Dans cette perspective, l'idée qu'existerait un genre véritablement spécifique de vois de droit, qui serai celui des recours, ne se vérifierait donc pas."
>
> (SALHI, Karim. **Contribution à une théorie générale des voies de recours en droit judiciaire privé**. Thèse de doctorat (Droit privé et sciences criminelles) – Université de Caen Normandie, 2004, p. 42)

O presente capítulo se ocupa de aspectos atinentes à equivalência funcional entre meios de impugnação[1] com o objetivo de conferir tratamento

1. As generalizações realizadas neste capítulo serão relativizadas, oportunamente, diante de características específicas de determinado meio de impugnação. A propósito, esse confronto sustentado no presente capítulo já havia sido bem percebido por Flávio Luiz Yarshell ao sinalizar que "Mais uma vez, a busca do elemento 'rescisão' nos diferentes meios de impugnação de decisões judiciais – *recursos* ou *ações autônomas* – parece justificar-se metodologicamente; tanto mais aqui, porque, sendo tais meios autônomos (que não a rescisória) empregados quando tramitando o processo (em que editada a decisão impugnada), mais ainda avulta a semelhança entre tais mecanismos, de um

coerente entre recursos e ações autônomas. Duas são as justificativas para essa abordagem: seguir com a reaproximação proposta entre ambos e evidenciar em quais aspectos, eventualmente, a lei confere tratamento diferenciado a cada um deles, especialmente quanto aos chamados efeitos recursais[2], como elementos integrantes do regime jurídico recursal; e examinar o paradoxo estabelecido entre o discurso de que as ações autônomas são meios excepcionais ao mesmo tempo em que há a preocupação da Constituição Federal, do Código de Processo Civil e da legislação extravagante em discipliná-las e apresentá-las como vias para o controle dos atos judiciais, em muitos casos ampliando seu âmbito de cabimento, o que sugere a necessidade de harmonizá-las com os recursos.

3.1. JUÍZO DE ADMISSIBILIDADE E JUÍZO DE MÉRITO NOS RECURSOS E NAS AÇÕES DE IMPUGNAÇÃO

O ponto de contato inicial entre meios de impugnação está distinção entre juízo de admissibilidade e juízo de mérito, inerente, na verdade, a qualquer ato postulatório.[3] A doutrina processual se preocupa em traçar critérios específicos aos recursos para determinar quais são seus requisitos de admissibilidade e, por conseguinte, como se daria o exame de mérito. Chega-se a aludir a um paralelismo entre os elementos que integram o juízo de admissibilidade da demanda originária e do recurso,[4] que devem

---

lado, e os *recursos*, de outro lado, a ensejar, tanto quanto possível, uniformidade no regime dos aludidos meios, que, sob o ângulo funcional, atuam igualmente." (**Ação rescisória: juízo rescindente e juízo rescisório**, p. 34).

2. A linha desenvolvida no presente capítulo parte do pressuposto de que os denominados efeitos recursais não são características inerentes às demandas impugnativas, mas características decorrentes de disciplina legal que configuram o regime jurídico recursal. No sentido de que esses efeitos são decorrência da interferência da lei: SCHLOSSER, Peter. **Gestaltungsklagen und Gestaltungsurteile**. Bielefeld: Gieseking, 1966, p. 114; BLOMEYER, Arwed. **Zivilprozessrecht, Vollstreckungsverfahren.** Berlin: Springer-Verlag, 1975, p. 116-117; GILLES, Peter. **Rechtsmittel im Zivilprozeβ**, p. 158-186; ROSENBERG, Leo. SCHWAB, Karl Heinz. GOTTWALD, Peter. **Zivilprozessrecht**, 18 Auflage. München: C. H. Beck, 2018, p. 826; HÉRON, Jacques. LE BARS, Thierry. **Droit judiciaire privé**, p. 598; SALHI, Karim. **Contribution à une théorie générale des voies de recours en droit judiciaire privé.** Thèse de doctorat (Droit privé et sciences criminelles) – Université de Caen Normandie, 2004, p. 283-285; NIEVA FENOLL, Jordi. **Derecho Procesal II: proceso civil**. Valencia: Tirant Lo Blanch, 2019, p. 322-323).
3. BARBOSA MOREIRA, José Carlos. **O juízo de admissibilidade no sistema dos recursos civis**, p. 45.
4. Curioso notar quando analisados os juízos de admissibilidade e de mérito, há indisfarçável associação com a realidade do exame de uma pretensão deduzida, de modo que

ser vistos como uma verdadeira aplicação desses requisitos no campo dos meios de impugnação.

Por isso, na inadmissão de um recurso ou de uma ação autônoma, verifica-se a extinção sem exame de mérito pela ausência de algum elemento pertencente a essa etapa cognitiva. Ao se proferir juízo positivo de admissibilidade, abre-se caminho para o exame de mérito do meio de impugnação, com as variações de resultado possíveis em razão do conteúdo do ato postulatório. Sintetiza-se essa compreensão porque o juízo de admissibilidade e de mérito recaem sobre o exercício da impugnação formulada,[5] daí porque necessários requisitos particulares aferidos isoladamente.

3.1.1. Juízo de admissibilidade nos meios de impugnação

É da tradição da doutrina nacional a divisão do juízo de admissibilidade em pressupostos intrínsecos e extrínsecos dos recursos, com a finalidade de descrever requisitos relativos ao direito de recorrer e ao modo de exercício

---

"[...] o objeto do juízo de admissibilidade dos recursos é composto por questões prévias referentes ao procedimento e ao direito de recorrer (o 'direito AO recurso'). O juízo de mérito, por sua vez, realizado somente após aquele momento decisório prelibador restar positivo, tem como objeto o próprio direito pleiteado como o exercício impugnativo, vale dizer aquele a ser reconhecido com o recurso interposto (o 'direito EM recurso'), e que pode ser de natureza material ou processual [...] E, assim como corrente no âmbito do direito de ação, aqui também o mérito (impugnativo) somente será analisado se o referido juízo de prelibação restar positivo." (MORAES, Maurício Zanoide de. **Interesse e legitimação para recorrer no processo penal brasileiro**, p. 48-49).

5. A especificidade do juízo de admissibilidade e do juízo de mérito adapta-se perfeitamente à confirmação do direito de impugnar exercido para questionar atos judiciais. Embora a doutrina sequer cogite da existência desse direito, como figura autônoma e radicada no plano material, os estudos, até aqui, desenvolvidos em torno de ambos os juízos se adequam perfeitamente. A ponderação feita por Teresa Arruda Alvim, pertinente para confrontar a premissa aqui adotada, parte da comparação ente os pressupostos de admissibilidade do julgamento do mérito e o mérito da ação e os pressupostos de admissibilidade do recurso e o mérito do recurso para ressaltar, quanto a esses últimos, que "não empobrece essa analogia a circunstância de, com relação aos recursos, o juízo de admissibilidade dever ser aferido endoprocessualmente, *i.e.*, a partir de critérios encontráveis *no próprio processo*, o que não ocorre com a ação, em que, por exemplo, a capacidade da parte (pressuposto processual positivo) e a legitimidade *ad causam* (condição da ação) são realidades que se localizam num plano pré-processual." (**Os agravos no CPC de 2015**, p. 187). O enfoque dado nas circunstâncias processuais não induze à conclusão de que não haja a necessidade de encaixe desses pressupostos ao exercício do direito material de impugnar, quer porque o ato questionado é de ordem processual, mas suas repercussões podem ou não projetar efeitos no plano material, assim como nem sempre serão as partes os legitimados à impugnação.

desse direito.[6] Embora sedimentado esse pensamento, nota-se a tendência de isolar os recursos dos demais meios de impugnação pela ausência diálogo e de comunhão com as ações autônomas de impugnação. No entanto, reafirma-se que o paralelo com as condições da ação e os pressupostos processuais não é mera inspiração, pois existem requisitos de admissibilidade quanto ao exercício da pretensão impugnativa. Independentemente da denominação que se queria dar, não há como negar requisitos específicos para admissibilidade nos meios de impugnação – que não se confundem, necessariamente, com os requisitos de admissibilidade da demanda principal – a serem sistematizados para evidenciar a identidade funcional proposta no presente capítulo.[7]

Deixadas de lado disputas sobre quais sejam os requisitos integrantes dos pressupostos intrínsecos e extrínsecos, prefere-se observar que a admissibilidade perpassa pelo reconhecimento de quem tenha legitimidade e interesse, do meio cabível e da ausência de impedimento para exercício da impugnação. É certo, ainda, que a lei elege requisitos específicos a depender de cada meio de impugnação, mas isso não infirma o caráter geral que aqui se procura analisar.[8] Por isso, a situação jurídica que dá ensejo à impugnação está diretamente influenciada por um ato judicial, vale dizer, a legitimidade é determinada por quem poderia impugná-lo, assim como o interesse, obedecidos seus desdobramentos, pode ser medido pela interferência do ato na esfera jurídica de algum sujeito.

Conquanto a clássica visão sobre o juízo de admissibilidade recursal busque definições específicas, o interesse serve de amparo para outros requisitos. Dois deles são relevantes. O primeiro se refere ao cabimento,

---

6. Por todos, BARBOSA MOREIRA, José Carlos. **Comentários ao Código de Processo Civil**, p. 262.
7. Isso é pacífico nos ordenamentos jurídicos que convivem com a dicotomia entre recursos ordinários e recursos extraordinários em alusão àqueles cabíveis anterior e posteriormente ao trânsito em julgado, porquanto "é possível construir um quadro de pressupostos processuais comum" (PINTO, Rui. **Manual do recurso civil**, v. 1, p. 208), aqui guiado pela unidade entre meios de impugnação, já delineada no capítulo 2.
8. No contexto amplo de sistematização das demandas impugnativas de atos judiciais, é em decorrência da estrutura da situação jurídica concreta (natureza do ato, momento em que proferido, autoridade que o profere etc.) que são delineadas as formas de aferição desses requisitos, daí porque se conseguiria estabelecer uma linha comum quanto aos requisitos de admissibilidade. Isso se torna mais claro diante da assentada doutrina da teoria geral dos recursos que reconhece os requisitos do juízo de admissibilidade como sendo questões prévias, o que, sem dúvida, comporta semelhante premissa para as ações autônomas (JORGE, Flávio Cheim. **Teoria geral dos recursos cíveis**, p. 78 e NERY JR., Nelson. **Teoria geral dos recursos**, p. 239).

entendido, para os recursos, como a relação entre a espécie decisória e a espécie recursal.[9] Adotada essa perspectiva, como já visto, o cabimento representa o guia para harmonização dos variados meios de impugnação e para equilibrar, tanto quanto possível, um sistema impugnativo como o brasileiro, em que há inúmeros recursos e diversas ações autônomas em dimensões cada vez mais amplas.[10] O segundo consiste em ver que o fato impeditivo ou extintivo do poder de recorrer – ampliado, aqui, para o poder de impugnar – na verdade é um modo de classificar o interesse, agora sob o viés da necessidade, ou seja, o meio de impugnação deixa de ser necessário porque alguma postura anterior do sujeito revelou contrariedade com o questionamento formulado.[11]

No âmbito dos denominados requisitos extrínsecos, aponta-se pela tempestividade dos recursos como o limite temporal para admissibilidade. Em meio a diversos instrumentos impugnativos, o emprego da via recursal está regido por prazos preclusivos, o que não se confunde com o prazo conferido para a tutela do direito de impugnar. Há uma distinção essencial entre preclusão da via e decadência do referido direito, sendo certo que, no ordenamento jurídico brasileiro, o primeiro não se limita somente apenas aos recursos.[12] A reclamação, pela disciplina instituída pelo CPC, também está atrelada à preclusão (art. 988, §5º), assim como para o mandado de segurança

---

9. PINTO, Nelson Luiz. **Manual dos recursos cíveis**, p. 31-32.

10. Em relevante passagem ainda sob a égide do CPC de 73, Teresa Arruda Alvim e José Miguel Garcia Medina anotam o seguinte: "Não bastassem as alterações ora exemplificadas, que dizem respeito ao sistema *recursal* civil, outras mudanças igualmente importantes ocorreram em relação às ações impugnativas autônomas. Basta recordar a *revisão dogmática* que vem sendo realizada pela doutrina e pela jurisprudência quanto às hipóteses de cabimento da ação rescisória (CPC, art. 485), a fim de ajustá-las aos contextos jurídico e social modernos (p. ex., admitir ação rescisória contra decisão que viola princípio jurídico ou, ainda, para se admitir a rescisão de sentença proferida em ação de investigação de paternidade, com base em exame pericial produzido após o trânsito em julgado da sentença); o reconhecimento, pela comunidade jurídica em geral, da admissibilidade da *querela nullitatis* manejável contra sentença juridicamente inexistentes; a mitigação, com a reforma de 2005, da recorribilidade das decisões proferidas pelo relator e a consequente retomada da importância do *mandado de segurança*, como mecanismo de controle das decisões judiciais etc." (**Recursos e ações autônomas de impugnação: teoria geral e princípios fundamentais dos recursos**, p. 31).

11. DIDIER JR., Fredie. CUNHA, Leonardo Carneiro da. Curso de direito processual civil, v. 3, p. 147-148.

12. É assente na jurisprudência a associação entre preclusão e ações autônomas de impugnação no sentido de vedação ao uso dessa via: STF, **Rcl 25.784 AgR**, rel. min. **Roberto Barroso**, 1ª T, j. 29-6-2018, *DJE* 157 de 6-8-2018; STJ, AgInt na Rcl 40.911/BA, Rel.

contra ato judicial também haverá semelhante distinção entre o prazo para utilização dessa via (cento e vinte dias) e o prazo decadencial do direito material.[13] Essa reflexão permite, ainda, o paralelo com o prazo decadencial para a ação rescisória e bem revela a constatação aqui proposta: a intempestividade – examinada neste estudo de forma ampla e coordenada entre meios de impugnação – busca explicar fenômeno temporal relacionado tanto ao fechamento de uma via impugnativa, enquanto a decadência diz respeito ao exercício do direito de impugnar.[14] Dessa forma, a preclusão é um fenômeno que impede o emprego de certos meios de impugnação, mas não significará, em determinados casos, a impossibilidade de controle do ato judicial.

Outro requisito aceito como extrínseco é o preparo, consistente na comprovação do recolhimento de despesas judiciais para interposição de um recurso. Por trás disso está a exigência de taxas judiciárias, previstas em lei, necessárias para a admissão de determinado ato processual (art. 1.007 do CPC). A inobservância desse requisito leva à chamada deserção, que não é privativa dos recursos. Aliás, é comum que essas taxas sejam exigidas também por ocasião do ajuizamento de uma ação autônoma, sendo plenamente possível classificar como deserção a consequência pela não contemplação do preparo.[15]

Ministro Napoleão Nunes Maia Filho, Primeira Seção, julgado em 15/12/2020, DJe 18/12/2020.

13. Especificamente sobre o prazo para impetração do mandado de segurança, além das inúmeras referências constantes do item 2.3.2.3. *supra*, relevante o seguinte julgado para distinguir decadência da via: "3. A insurgência da impetrante contra o ato que converteu em retido seu agravo de instrumento foi fulminada pela decadência, eis que entre a sua intimação (31.08.2010) e a impetração do *writ* (07.11.2011) transcorreram mais de 120 (cento e vinte) dias, nos termos do art. 23 da Lei n.º 12.016/2009." (STJ, RMS 55.333/SP, Rel. Ministro Mauro Campbell Marques, Segunda Turma, julgado em 25/06/2019, DJe 28/06/2019)

14. DONADEL, Adriane. **A ação rescisória no direito processual civil brasileiro**, p. 200-211. O art. 975 do CPC se refere ao "direito à rescisão", o que confirma o caráter potestativo do direito material objeto dos meios de impugnação. Apesar seus comentários terem sido feitos ao art. 495 do CPC de 1973, persistem pertinentes as ponderações de Barbosa Moreira para atentar que "a rigor, o que se extingue não é, aliás, o 'direito de propor ação rescisória': esse existirá sempre, como simples manifestação particular do direito de ação. Extingue-se, sim, o direito mesmo à rescisão da sentença viciada. O fenômeno passa-se no plano *material*, não no plano *processual* (...)" (**Comentários ao Código de Processo Civil**, p. 219).

15. "Embora a reclamação não constitua recurso, está sujeita à aplicação extensiva das normas atinentes a estes. Assim, o preparo deve ser efetuado no momento da interposição ou comprovado o benefício da gratuidade de justiça, sob pena de deserção." (TJDFT, Acórdão 288298, 20040110923042DVJ, Relator: Carlos Pires Soares Neto, 2ª Turma

A irregularidade constatada não está ligada à pretensão impugnativa ou ao direito de impugnar, mas ao não atendimento de uma exigência de ordem tributária para a prática dos atos processuais em juízo. Não se deve confundir esse requisito com outro igualmente apontado como extrínseco, relativo à regularidade formal. Diante das exigências legais para manejo dos meios de impugnação, há a tendência de reconhecer como elemento do juízo de admissibilidade todas as imposições formais que não correspondam aos requisitos anteriores, e isso vale tanto para recursos como para ações autônomas. Assim, será inadmitido o agravo de instrumento desacompanhado das peças obrigatórias previstas pelo art. 1.017 do CPC, como a ação rescisória ajuizada sem o depósito de cinco por cento sobre o valor da causa, conforme art. 968, II do CPC.[16]

O ponto final a ser considerado diz respeito ao dever imposto ao julgador de não exercer juízo negativo de admissibilidade dos meios de impugnação sem antes conceder a oportunidade de correção do vício identificado. A generalidade dessa conduta, a rigor, não deveria ser contrastada pela redação aparentemente restritiva do art. 932, parágrafo único do CPC ao se referir apenas aos recursos, quer porque a norma disciplina a postura do relator na ordem dos processos nos tribunais, no contexto dos quais se inserem as ações autônomas, quer porque esse dever do órgão julgador é norma fundamental de direito processual (art. 4º do CPC).

3.1.1.1. Interesse em impugnar: interesse recursal e interesse para as ações autônomas de impugnação

Na linha do que se propôs no item anterior, destaca-se o importante papel exercido pelo interesse no sistema processual brasileiro, que prevê uma plêiade de mecanismos impugnativos e, confiando em critérios seguros para sua aferição, diversos desdobramentos são notados em razão do enfoque ampliativo proposto no presente capítulo. É preciso registrar a preocupação do Estado na delimitação conferida para desconstituição e revisão de atos jurídicos, o que não destoa da realidade encontrada no direito processual, que, com maior razão, essa influência se verifica.[17] Conforme já foi amplamente mencionado em tópicos anteriores, o equilíbrio entre desfazimento e

---

Recursal dos Juizados Especiais do Distrito Federal, data de julgamento: 30/10/2007, publicado no DJU SEÇÃO 3: 28/11/2007. Pág.: 236).

16. Sobre a totalidade dos elementos integrantes dos requisitos formais, ASSIS, Araken. **Manual dos recursos**, p. 250-260.

17. PINTO, Rui. **Manual do recurso civil**, vol. 1, p. 106.

preservação de atos judiciais revela a forma com que a liberdade de controle ganha limitações por interferência de outros imperativos, marcadamente o da segurança jurídica. Nesse sentido, o interesse em impugnar ganha grande conformidade a partir da disciplina legal incidente sobre o objeto de questionamento,[18] como já demonstrou, neste estudo, com relação ao tema das limitações impugnativas.

É certo que a aferição do interesse recursal ganhou, ao longo do tempo, tratamento aproximado com o interesse de agir, o que já demonstraria a pertinência de visão uniforme relativamente ao que aqui se denomina interesse em impugnar, sem, necessariamente, circunscrevê-lo aos atos judiciais. Não se pode deixar de perceber que, diante das diversas formas de instrumentalizá-lo, nada impede que, de maneira particularizada, existam aspectos específicos referentes ao interesse na utilização de determinado meio de impugnação, o que se observa não só entre recursos, mas também entre as ações autônomas. Como regra, o interesse em impugnar um ato judicial permite ser aferido por balizas comuns aos variados meios de impugnação, a seguir apresentadas, mas também não obsta que aspectos específicos de cada um deles integrem essa análise,[19] como tem se observado, por exemplo, no campo da impugnação das decisões interlocutórias[20] ou, ainda, com a presença de algum filtro de admissibilidade.

Nessa linha, os critérios construídos para delinear o chamado interesse recursal, por não destoarem do que se entende por interesse de agir, podem ser estendidos para as ações autônomas de impugnação, em torno do que aqui se convenciona chamar de interesse em impugnar.[21] Aferir prejuízo,

---

18. A esse respeito é forçoso transportar, para o âmbito processual, noções que já vigoram com certa tranquilidade no campo das impugnações de atos jurídicos não judiciais. O tema, como já referenciado neste estudo, diz respeito à tutela constitutiva e, ao ensejo das ideias aqui defendidas, são pertinentes as ponderações de Flávio Luiz Yarshell ao mencionar (quanto ao problema da suposta tipicidade da tutela constitutiva, algo relevante quando se analisa limitações impugnativas e interesse pelo cabimento): "Aliás, em termos mais rigorosos não se poderia sequer falar da tipicidade da tutela, entendida como provimento favorável que impõe um determinado *resultado*, mas apenas da tipicidade dos fundamentos (causa de pedir) que autoriza a respectiva invocação, em concreto. Assim, a ligação entre tutela constitutiva e direito material é a solução e o antídoto contra eventual risco de arbítrio na produção de efeitos jurídicos pelo juiz." (**Curso de Direito Processual Civil**, vol. 1, p. 300).
19. CARNEVALE, Stefania. **L'interesse ad impugnare nel processo penale**, p. 38-42.
20. GONZALEZ, Gabriel Araújo. **A recorribilidade das decisões interlocutórias no Código de Processo Civil**, p. 164-167.
21. PERROT, Roger. **Institutions judiciaires**, 18ª ed. (par Bernard Beignier. Lionel Miniato) Paris: LGDJ, 2020, p. 468).

exercer juízo lógico de futura decisão favorável, avaliar se o dito vencedor é detentor de interesse, entre outras questões, são parâmetros comuns que não estão limitados aos recursos, pois decorrem de uma avaliação da utilidade a ser proporcionada sempre com a possibilidade de obtenção de um resultado mais favorável, deslocando-se de uma posição de desvantagem para outra mais vantajosa mediante exercício de uma impugnação.[22] Conquanto haja doutrina que defenda o interesse como condição do recurso[23], mas apropriado seria mesmo admiti-lo como uma das condições dos meios de impugnação.[24]

Outro dado a ser ponderado se refere às diversas transformações pelas quais passou o interesse para atuação em juízo, especialmente diante das inúmeras formas de instrumentalizá-lo.[25] O enfoque aqui conferido ao interesse em impugnar não ignora, também nesse aspecto, modificações empreendidas,

---

22. As constatações feitas por Cândido Rangel Dinamarco, conquanto embasadas em premissas distintas daquelas defendidas neste estudo, são relevantes para demonstrar a visão unitária proposta no texto, mesmo para corrente doutrinária que defende a distinção entre recursos e ações autônomas: "Visivelmente, também os requisitos do interesse e da legitimidade recursal transparecem na ação rescisória, que é uma ação e não um recurso, nas vestes de *interesse de agir* e *legitimidade ad causam* (...) Tanto quanto sucede em relação aos recursos, mesmo as pessoas legitimadas terão ou não o interesse à ação rescisória, na medida da possibilidade, que este lhes ofereça caso a caso, de proporcionar-lhes uma situação melhor que a resultante do ato rescindendo." (**Capítulos da sentença**, p. 121).
23. GRINOVER, Ada Pellegrini. BRAGA, João Ferreira. Um estudo de teoria geral do processo: admissibilidade e mérito no julgamento dos recursos. **Revista de Processo**, vol. 227, 2014, p. 190-191. A doutrina que se ocupou com especificidade do tema do interesse em impugnar mostra a preocupação em traçar paralelos com o interesse de agir, de forma a sugerir autonomia do primeiro em relação ao segundo (GRASSO, Edorado. **L'interesse ad impugnare**, p. 43-44). A questão, contudo, parece ficar mais clara quando se percebe que o interesse em impugnar é o interesse de agir analisado no contexto das demandas impugnativas (recentemente, apontando pelo interesse como pressuposto essencial para exercício de uma posição jurídica, TALAMINI, Eduardo. Interesse recursal. In: Sérgio Cruz Arenhart; Daniel Mitidiero; Rogéria Dotti. (Org.). **O processo civil entre a técnica processual e a tutela dos direitos: estudos em homenagem a Luiz Guilherme Marinoni**, p. 811).
24. YARSHELL, Flávio Luiz. **Ação rescisória: juízos rescindente e rescisório**, p. 129).
25. Historicamente, MARINELLO, Marino. **La clausola generale dell'art. 100 C.P.C.: origini, metamorfose e nuovi ruoli**. Trento: Alcione, 2005, cap. 1. Mais recentemente, sobre o interesse moral nos meios de impugnação, Stefania Carnevale faz a seguinte e relevante ponderação: "È difficile radicalmente che alla base dell'impugnazione possano porsi interessi di natura morale: ciò significherebbe disconoscere le differenze intercorrente fra le diverse cause di proscioglimento, che il nostro sistema pretende compaiano nel dispositivo della decisione." (**L'interesse ad impugnare nel processo penale**, p. 201).

dentre as quais se vislumbram a dinamicidade e a permeabilidade a interesses que nem sempre terão conotação exclusivamente jurídica, sem se esquecer de que a jurisdição não se presta a um passatempo ou, na secular expressão, a um *divertissement*.

Essa multiplicidade das formas para instrumentalizar o interesse para atuação em juízo talvez tenha permitido que o interesse em impugnar se modificasse com relação a uma perspectiva histórica do instituto, sem que isso tenha distanciado a impugnação da sua função precípua, que é o ataque ao ato judicial.[26]

É que a aproximação entre o interesse de agir e o interesse em impugnar tem por base a superação de uma posição de desvantagem, produzida em decorrência de um ato jurídico. O componente causal que faz surgir esse interesse comporta a generalização aqui pretendida, uma vez que essa

---

26. Foi o que já havíamos sustentado frente ao recurso do *amicus curiae* interposto para impugnar decisão de mérito do IRDR. Naquela oportunidade, foi demonstrado que o interesse em impugnar poderia decorrer de uma atuação ligada ao interesse econômico, político, ambiental etc., mas na premissa de que, se a decisão tivesse de ser modificada, é porque algum prejuízo foi causado (EID, Elie Pierre. *Amicus curiae* no novo Código de Processo Civil: interesse e poderes. In: **Processo em jornadas**, coord. Paulo Henrique dos Santos Lucon [et. al.]. Salvador: Juspodivm, 2016, p. 255-256). Em recente e relevante decisão, ficou registrado o seguinte: "1- O relevante papel exercido pelo *amicus curiae* consiste em apresentar subsídios, informações e diferentes pontos de vista da questão controvertida, inclusive oralmente, a fim de qualificar o debate e o contraditório, os quais serão considerados pelo órgão julgador no momento da prolação da decisão, não sendo sua função, contudo, a defensa de interesses subjetivos, corporativos ou classistas, sobretudo quando a sua intervenção ocorrer nos processos ditos subjetivos, isto é, que não sejam recursos especiais repetitivos ou nos quais não tenham sido instaurados incidente de resolução de demandas repetitivas ou incidente de assunção de competência. 2- A intervenção do amicus curiae em processo subjetivo é lícita, mas a sua atuação está adstrita aos contributos que possa eventualmente fornecer para a formação da convicção dos julgadores, não podendo, todavia, assumir a defesa dos interesses de seus associados ou representados em processo alheio. Precedente. 3- Ocorrida a efetiva participação do amicus curiae antes do julgamento, mediante manifestação escrita e sustentação oral, descabem, por ausência de legitimidade, os embargos de declaração por ele opostos ao fundamento de que deveria também participar do julgamento de questão de ordem que tão somente declarou o exame objeto de anterior deliberação da Corte de que participou (...)5- A ausência de indicação, nas razões recursais, acerca da existência de prejuízo concreto decorrente da ausência de intimação que o próprio Regimento Interno prevê ser dispensável, não acarreta a nulidade do julgamento em virtude da observância do princípio da instrumentalidade das formas. Precedentes. 6. Embargos de declaração não conhecidos; se superada a preliminar, embargos de declaração rejeitados." (STJ, EDcl na QO no REsp 1813684/SP, Rel. Ministra Nancy Andrighi, Corte Especial, julgado em 19/05/2021, DJe 20/08/2021)

mencionada aproximação deve ser feita mediante parâmetros comuns, dentre os quais está o exame da relação entre quem impugna e o ato a ser impugnado.[27] A concreta existência de um prejuízo pode ser o ponto de partida que liga o estudo do interesse em promover a impugnação, especialmente pela configuração de um gravame, que comporta verificação subjetiva, ou seja, o modo com que se afirma esse prejuízo, e verificação objetiva, entendida como a efetiva existência do prejuízo lamentado.[28] Coisa distinta é saber de qual ordem é o prejuízo. Por isso, a perspectiva teleológica do interesse é componente relevante nas restrições à impugnação, a fim de confirmar se os objetivos pretendidos são realmente idôneos para superação da desvantagem.

Ainda que com diversos contrastes, a concepção clássica de necessidade de tutela jurisdicional para alcançar um objeto juridicamente relevante continua a ser pertinente, por razões que já foram amplamente apresentadas em capítulos anteriores. Bastaria retomar a premissa de que a superação de uma posição de desvantagem instituída por um ato judicial se faz, em larga medida, mediante sua desconstituição, ao que se agrega um traço marcante da atividade jurisdicional, consistente na limitação, em regra, de revisão de ofício dos próprios atos. Nada disso impede que o interesse em impugnar ganhe contornos dinâmicos, especialmente diante das variadas formas com que o ordenamento jurídico o instrumentaliza. Nesse sentido, chega-se a criar categorias classificatórias segundo o momento em que se autoriza realizar o controle da decisão judicial, para identificar se o interesse é atual, permanente ou futuro, ou para identificar se o interesse teria conotação impugnativa ou de outra ordem, como nos casos em que não busca alterar a situação jurídica instituída pela decisão judicial.[29]

A doutrina nacional, muito influenciada pelas lições estrangeiras, adere, majoritariamente, ao critério da sucumbência material para aferição do

---

27. Essa relação entre sujeito e objeto é a explicação suficiente quanto às variadas formas de ataque a uma decisão judicial, quer pelas partes, quer por terceiros. Embora a configuração do gravame possa ser variada, esse elemento essencial (prejuízo) é o ponto em comum para compreender a configuração do interesse na remoção do ato jurídico viciado (ATTARDI, Aldo. **L'interesse ad agire**, p. 293).
28. SALVANESCHI, Laura. **L'interesse ad impugnare**, p. 47-49.
29. A hipótese dos embargos de declaração é particularmente relevante, considerando a possibilidade de manejo desse recurso sem se buscar a alteração da decisão, ainda mais por aquele que foi por ela beneficiado. Nesse sentido, precisas as considerações de Luis Guilherme Aidar Bondioli: "Qualquer das partes obtém proveitos com a extirpação de omissões, contradições, obscuridades e erros dos pronunciamentos judiciais, pois é do interesse de ambas uma boa, completa e correta prestação da atividade jurisdicional." (**Embargos de declaração**, p. 159).

interesse recursal, em oposição ao critério da sucumbência formal.[30] A rigor, entre eles não há mútua exclusão, mas grau de complementaridade, uma vez que o primeiro se baseia em apuração prospectiva do interesse, considerando se seria possível obter alguma vantagem ainda não conseguida com a decisão proferida, enquanto o segundo se pauta por uma visão retrospectiva, avaliada pela disparidade entre o que foi pedido e o que foi decidido.[31] A referida complementaridade confirma-se nas situações em que, exclusivamente pela sucumbência formal, o sujeito que pudesse obter posição de vantagem jurídica concreta acabaria por esbarrar em suposta carência de interesse, como nos célebres exemplos do interesse do dito vencedor, do revel e de terceiros.[32] Sendo assim, a sucumbência material autoriza impugnar decisão quando, do ponto de vista concreto, for possível obter situação de vantagem, numa espécie de prognóstico do juízo de mérito, a confirmar a identidade com o interesse de agir de demais demandas impugnativas.[33]

Mas, para que essa constatação ganhe completude, é preciso considerar que o termo "sucumbência" poderia trazer algum sentido dúbio e limitado às partes, o que, em realidade, não deveria ocorrer. É relevante perceber que a posição de vantagem a ser alcançada tem por pressuposto a instituição de algum prejuízo – o qual, repetia-se, merece ser aferido sob perspectiva variada (jurídico, econômico etc.),[34] cuja superação se dá mediante impugnação. Rigorosamente, a possibilidade de uma situação concretamente mais favorável

30. Na doutrina estrangeria, em largo arco temporal: DELOGU, Tulio. **Contributo alla teoria della inamissibilità nel diritto processuale penale**. Milano: Giuffrè, 1938, p. 84-86; PROVINCIALI, Renzo. **Delle impugnazioni in generali**, p. 153; SALVANESCHI, Laura. **L'interesse ad impugnare**, p. 379; CONSOLO, Claudio. **Le impugnazioni delle sentenze e dei lodi**, p. 28-29. No Brasil: BARBOSA MOREIRA, José Carlos. **Comentários ao Código de Processo Civil**, p. 299-301; ASSIS, Araken de. **Manual dos recursos**, p. 203; JORGE, Flávio Cheim. **Teoria geral dos recursos cíveis**, p. 139-141; DIDIER JR., Fredie. CUNHA, Leonardo Carneiro da. **Curso de direito processual civil**, p. 143; NEVES, Daniel Amorim Assumpção. Interesse recursal e sucumbência. **Revista dialética de direito processual**, n. 45, dez. 2006, p. 12-13.

31. Essa é a visão defendida por Nelson Nery Jr. (**Teoria geral dos recursos**, p. 301).

32. Discussão que já se encontra superada pela noção elementar de prejuízo, como se verifica em LUISO, Francesco Paolo. **Direitto processuale civile**, v.1, p. 297-298.

33. A concepção de vantagem é a raiz do interesse examinado pela perspectiva da utilidade, em mais uma confirmação do artificialismo na tentativa, de parte da doutrina, em apenas se contentar com paralelismos entre interesse de agir e interesse para impugnar (DINAMARCO, Cândido Rangel. **Instituições de direito processual civil**, v. II, p. 353).

34. ARENHART, Sérgio Cruz. O recurso de terceiro prejudicado e as decisões vinculantes. In: NERY JR., Nelson. WAMBIER, Teresa Arruda Alvim (coords.). **Aspectos polêmicos e atuais dos recursos cíveis e assuntos afins**. São Paulo: RT, 2007, p. 424-429.

como núcleo de aferição do interesse em impugnar se explica porque o ato judicial, de algum modo, impõe ao sujeito algum prejuízo, razão pela qual o posto de vantagem decorre da eliminação desse gravame.[35]

Por isso, o olhar prospectivo, normalmente apresentado para explicar a sucumbência material, não é um exercício lógico exclusivamente seu, mas de toda e qualquer forma de apuração de utilidade do futuro provimento jurisdicional, razão pela qual a noção de interesse em impugnar permite, ainda, abranger o interesse de outros sujeitos que não só as partes, especialmente pelo que a ideia de sucumbência não reflete toda a complexidade do atuar em juízo.[36] Sob esse olhar, não seria necessário criar diversas segmentações para contemplar partes, terceiros e o Ministério Público quando observado que a imposição de algum prejuízo em decorrência de um ato judicial já seria suficiente para fazer surgir o interesse em impugná-lo.[37] Assim, a ideia de vencedor e vencido, tal como se emprega no art. 996 do CPC, é insuficiente para esclarecer o fato de que a decisão, como ato jurídico emanado de autoridade estatal, tem o condão de repercutir na esfera de diversos sujeitos, sendo certo que, constatado o prejuízo decorrente desses efeitos e a possibilidade concreta de superá-los, haverá interesse em promover o seu controle.[38]

Embora essas considerações se confirmem nesses exemplos, há outras situações em que o prejuízo afirmado precisa estar associado a determinado

---

35. FAIRÉN GUILLEN, Victor. El gravamen como presupuesto de los recursos. In: **Temas del ordenamiento procesal**, t. I. Madrid: Editorial Tecnos, 1969, p. 991-994; CARNEVALE, Stefania. **L'interesse ad impugnare nel processo penale**, p. 104.

36. MONTERO AROCA, Juan. FLORS MATÍES, José. **Tratado de recursos en el proceso civil**, 2ª ed. Valencia: Tirant Lo Blanch, 2014, p. 56).

37. CRUZ E TUCCI, José Rogério. **Limites subjetivos da eficácia da sentença e da coisa julgada civil**, 2ª ed. São Paulo: Marcial Pons, 2020, p. 135.

38. Com razão, Rui Pinto pondera: "Efetivamente, a impugnação de um ato processual decisório é levada a cabo pelo interessado tendo em consideração os efeitos, materiais ou processuais, que o mesmo determinará na sua esfera jurídica: o recorrente impugna o ato processual decisório *em defesa da sua esfera jurídica,* naturalmente." (**Recurso civil. Uma teoria geral**, p. 59). Na mesma linha sustentada por Flávio Luiz Yarshell (**Ação rescisória: juízos rescindente e rescisório**, p. 143-146). A questão não deve ser confundida com os possíveis meios colocados à disposição do terceiro para impedir que se busque o opor contra si resultado de cuja formação na participou (CRUZ E TUCCI, José Rogério. **Limites subjetivos da eficácia da sentença e da coisa julgada civil**, p. 141-143). O que não nos parece possível admitir é a amplitude setores da doutrina conferem à legitimidade do terceiro para ajuizamento da ação rescisória, a ponto de sustentar, pela hipótese do inciso IV do art. 967 do CPC, a legitimidade do *amicus curiae* (CABRAL, Antonio do Passo. O *amicus curiae* no novo Código de Processo Civil. In: **Partes e terceiros no processo civil**, org. Eduardo Talamini, Heitor Sica, Lia Carolina Batista Cintra, Elie Pierre Eid. Salvador: Juspodivm, 2020, p. 523).

vício ou erro de julgamento, sem os quais não seria cabível o meio de impugnação. Isso se deve às interferências das limitações impugnativas no interesse em impugnar, de modo que, em diversas ocasiões, esse requisito de admissibilidade somente estará presente se o prejuízo for associado a determinada espécie de violação. Apesar de essa perspectiva estar, normalmente, ligada ao tema do cabimento, alguns desdobramentos a esse respeito se projetam sobre a aferição do interesse, muito em razão da preocupação em preservar o ato decisório. Veja-se como exemplo a reclamação e os recursos para os tribunais superiores: muito embora a decisão judicial cause prejuízo à parte, esse deverá decorrer de vício condizente com o espectro impugnativo desses meios, porquanto se o gravame não estiver associado às hipóteses de cabimento de cada um deles, conclui-se pela ausência de mecanismo apto a removê-lo.[39] Com esses diversos recortes apresentados pelo ordenamento jurídico, pode-se concluir que a relação entre interesse e fundamento impugnativo não é uma via de mão dupla, na medida em que o segundo pode subsistir sem o primeiro, embora a recíproca não seja verdadeira.

A partir das considerações feitas no presente tópico, o que normalmente se denomina de interesse recursal é, na verdade, uma forma de aferição do interesse na hipótese de controle de uma decisão judicial, que, a rigor, deve ser compreendido como o interesse em impugnar - abrangente, ainda, quanto à sua avaliação, de outros atos jurídicos[40] - com igual aplicação, portanto, às ações autônomas,[41] mesmo aquelas reservadas posteriormente ao trânsito em julgado[42].

De acordo com a premissa assumida neste estudo, de identidade entre recursos e das ações autônomas de impugnação, a autonomia do respectivo interesse comporta análise a partir da segmentação entre necessidade e utilidade, como forma de dimensionar o exercício do poder de impugnar.

---

39. Foi com base nessa premissa que, com o tempo, se consolidou, na jurisprudência dos tribunais superiores, determinada vertente inserida no amplo contexto do que denomina como "sucedâneos recursais", empregados com múltiplos significados, para reconhecer a ausência de interesse pelo manejo do meio de impugnação para além de seu espectro de cabimento: STJ, AgInt na Rcl 36.139/DF, Rel. Ministro João Otávio de Noronha, Terceira Seção, julgado em 24/02/2021, DJe 26/02/2021; STJ, AgInt nos EDcl na Rcl 39.268/SP, Rel. Ministro Luis Felipe Salomão, Segunda Seção, julgado em 15/12/2020, DJe 01/02/2021.

40. SALHI, Karim. **Contribution à une théorie générale des voies de recours en droit judiciaire privé.** Thèse de doctorat (Droit privé et sciences criminelles) - Université de Caen Normandie, 2004, p. 40-43

41. AZEVEDO, Gustavo. **Reclamação constitucional no direito processual civil**, p. 267.

42. YARSHELL, Flávio Luiz. **Ação rescisória: juízos rescindente e rescisório**, p. 129.

3.1.1.1.1. Necessidade do meio de impugnação: interferências recíprocas entre recursos e ações autônomas

A necessidade, como um dos critérios de aferição do interesse recursal, é aceita sob a justificativa de que não poderia haver outra via menos onerosa para superar o prejuízo imposto à parte que deseja se valer desse meio de impugnação. A doutrina dedica-se a apresentar fundamentos muito parecidos para explicar esse requisito e, na grande maioria dos casos, os exemplos utilizados para demonstrar o recurso desnecessário correspondem às situações em que o prejuízo imposto ao recorrente é superado por conduta posterior do recorrido ou do próprio órgão prolator da decisão atacada.[43] A importância que teria a avaliação da necessidade do recurso se dá, em larga medida, posteriormente à implementação de condutas do juiz ou das partes para reversão da situação jurídica instituída pela decisão judicial.[44]

Sob esse aspecto, não há diferença entre recursos e ações autônomas, porquanto a necessidade se manifesta como um aspecto ligado à imprescindibilidade da via para obter a invalidação ou revisão do ato judicial controlado.[45] É certo que a doutrina encontra vicissitudes a depender do momento em que o meio de impugnação deva ser empregado – se anterior ou posteriormente ao trânsito em julgado[46] –, mas não se nega, no contexto dessa generalidade, que a necessidade é confirmada pelo fato de que a desconstituição de atos judiciais é feita, eminentemente, por ocasião da utilização dessas vias.[47]

---

43. Veja-se, por exemplo, os casos em que é autorizado o juízo de retratação pelo órgão prolator da decisão impugnada.
44. A necessidade da demanda impugnativa comporta um exame ainda mais amplo para perceber que semelhante fenômeno ocorre com a impugnação de outros atos jurídicos. Veja-se o exemplo da carência de interesse de agir do autor que propõe ação de invalidação de ato ou processo administrativo, o qual acaba sendo invalidado pela Administração Pública no uso do seu poder de autotutela (JUSTEN FILHO, Marçal. **Curso de direito administrativo**, p. 270).
45. QUEIJO, Maria Elisabeth. **Da revisão criminal: condições da ação**. São Paulo: Malheiros, 1998, p. 188.
46. O trânsito em julgado é visto como marco temporal que determina a necessidade da ação rescisória, por exemplo. Segundo firme entendimento da doutrina e da jurisprudência, não haveria interesse para esse meio de impugnação enquanto não ocorrido o trânsito em julgado, pois desnecessário frente à existência de recursos aptos à revisão da decisão judicial (YARSHELL, Flávio Luiz. **Ação rescisória: juízos rescindente e rescisório**, p. 132; ALVIM, Teresa Arruda. CONCEIÇÃO, Maria Lúcia Lins. **Ação rescisória e *querela nullitatis***, p. 164). O que se verá neste estudo (capítulo 5) é que o vigente modelo de acesso aos tribunais superiores pela via recursal passou a dar ensejo à revisão desse dogma.
47. ALEXANDRE, Isabel. **Modificação do caso julgado material civil por alterações das circunstâncias**, p. 314-317.

O que se coloca de comum no debate sobre a necessidade dos meios de impugnação, e que também comporta aplicação geral, diz respeito aos casos em que recursos e ações autônomas são utilizados diante de situações em que não se busca a desconstituição do ato. Essa discussão se espelha no campo da inexistência, aventado como exemplo em que os meios de impugnação seriam desnecessários. Algumas ponderações a respeito se fazem necessárias. Em primeiro lugar, dada a grande inconsistência na delimitação de quais seriam os pressupostos de existência do processo e do ato processual, reputar o recurso desnecessário levaria à imposição de ônus de alegação da parte incompatível com esse cenário de indefinição, porquanto, *in status assertionis*, bastaria a parte ter demonstrado o prejuízo para se considerar útil o meio de impugnação.[48] Em segundo lugar, é possível que o tribunal somente conclua pela inexistência em juízo de mérito, razão pela qual, além de confirmar a hipótese anterior, não seria coerente a inadmissão por ausência de interesse, porquanto a inexistência comporta reconhecimento por múltiplas vias e tanto melhor que assim o seja pelo crivo do contraditório proporcionado pelos meios de impugnação.[49] Em terceiro lugar, a inadmissão por desnecessidade frente à inexistência levaria a uma espécie de juízo de admissibilidade negativo por suposto descabimento do meio de impugnação, o que geraria paradoxo com o fato de ser essa via desejada para controle dos atos judiciais, ainda que inexistentes.[50]

Ultrapassadas essas questões, o interesse-necessidade ganha importantes contornos quando os meios de impugnação são analisados de forma integrada, especialmente pela possibilidade de multiplicidade de vias de controle do mesmo ato judicial.[51] Ao menos quanto aos recursos, o legislador se preocupa em impedir que dois ou mais deles sejam empregados para o controle do mesmo fundamento impugnativo, embora, em certas oportunidades, não seja tarefa bem-sucedida. Esse objetivo, ainda, merece ser compatibilizado com o fato de que há determinadas regras de relacionamento entre recursos e ações autônomas que repercutem no modo com que se recorta o interesse em impugnar. Em realidade, tais disposições dizem respeito aos critérios de cabimento baseados em parâmetros de relacionamento entre

48. PACILLI, Matteo. **L'abuso dell'appello**. Bologna: BUP, 2015, p. 79-82.

49. BESSO, Chiara. **La sentenza civile inesistente**, p. 330.

50. SICA, Heitor Vitor Mendonça. SICA, Heitor Vitor Mendonça. **Comentários ao Código de Processo Civil: arts. 236 a 293**, vol. V, p. 238-240.

51. Exemplo comum dessa variedade atuando em conjunto pode ser encontrado nos casos em que deva haver o reexame necessário e a Fazenda Pública também interpõe recurso (TALAMINI, Eduardo. Remessa necessária (reexame necessário). **Revista de Direito Administrativo Contemporâneo**, maio-junho 2016, vol. 24, p. 130).

meios de impugnação, conforme observado, por exemplo, no art. 5º, II da Lei 12/016/2009, que limita o uso do mandado de segurança se contra a decisão couber recurso dotado e efeito suspensivo,[52] ou no art. 988, § 5º, II do CPC, ao se obstar o conhecimento de reclamação enquanto não esgotados os recursos nos tribunais locais.[53]

Essas restrições, no entanto, não significam que as ações autônomas deverão ser reputadas desnecessárias se puderem ser empregadas concomitantemente com os recursos. A concorrência entre meios de impugnação poderá se justificar com base na sistematização adotada no item 2.2., isto é, quando a *ação autônoma de impugnação for cabível por ineficiência do recurso* e quando a *ação autônoma de impugnação for cabível em paridade com o recurso*. No primeiro caso, o recurso não foi apto a proporcionar a remediação dos prejuízos sofridos, de modo que a persistência do gravame seria motivo suficiente para justificar o emprego da ação autônoma.[54] No segundo caso, mostra-se mais simples entender pela necessidade da ação autônoma, na medida em que serão múltiplas as vias, legalmente admitidas, de ataque da decisão. Assim é que, mesmo com as restrições colocadas à reclamação, ao se impugnar acórdão do tribunal local, não haverá óbice para sua concomitância com recursos para tribunais superiores.[55] Esse cenário demonstra que a multiplicidade de mecanismos impugnativos da mesma decisão não é, em si, um inconveniente que o ordenamento jurídico busca evitar.

---

52. MEDINA José Miguel Garcia. ARAÚJO, Fábio Caldas de. **Mandado de segurança individual e coletivo: comentários à Lei 12.016/2009**, 3ª ed. São Paulo: Editora Revista dos Tribunais, 2019, p. 86-87; NEVES, Daniel Amorim Assumpção. **Ações constitucionais**, 5ª ed. Salvador: Editora Juspodivm, 2020, p. 166-169.
53. AZEVEDO, Gustavo. **Reclamação constitucional no direito processual**, p. 253.
54. A interpretação conferida a tal dispositivo, por respeitável doutrina, considera o cabimento do mandado de segurança sempre que o recurso previsto não for eficaz, o que, em outros termos, toca ao tema da utilidade, sendo, de certo modo, inútil o recurso para, de imediato, remediar a situação de prejuízo constatada (MEDIDA, José Miguel Garcia. WAMBIER, Teresa Arruda Alvim. **Recursos e ações autônomas de impugnação**, p. 277; MEDINA José Miguel Garcia. ARAÚJO, Fábio Caldas de. **Mandado de segurança individual e coletivo: comentários à Lei 12.016/2009**, 3ª ed. São Paulo: Editora Revista dos Tribunais, 2019, p. 86-87; NEVES, Daniel Amorim Assumpção. **Ações constitucionais**, 5ª ed. Salvador: Editora Juspodivm, 2020, p. 166-169; CUNHA, Leonardo Carneiro da. **A fazenda pública em juízo**, p. 613). Ainda tratando do mandado de segurança contra ato judicial, Cassio Scarpinella Bueno faz relevante constatação: ": toda vez que se puder evitar a consumação da lesão ou da ameaça pelos mecanismos previstos no sistema processual civil (...) descabe o mandado de segurança contra ato judicial à míngua de interesse jurídico na impetração" (**A nova Lei do Mandado de Segurança**, p. 38).
55. AZEVEDO, Gustavo. **Reclamação constitucional no direito processual**, p. 253.

A esse respeito, a regra prevista pelo art. 988, §6º do CPC assegura que a inadmissão do recurso interposto não interferirá no juízo de admissibilidade e de mérito da reclamação já ajuizada. Trata-se de regra expressa no CPC sobre relacionamento entre ação autônoma e recurso e, pelos objetivos que visa tutelar, não se encontra barreira para aplicá-la por analogia para situações em que seja possível a concomitância de meios de impugnação. A relevância dessa previsão está em reafirmar a necessidade de vias impugnativas, justamente para demonstrar que mais de uma delas poderá ensejar a superação do gravame.[56] Ainda, a relevância do bem jurídico tutelado também influência na determinação da necessidade do meio de impugnação. O exemplo do *habeas corpus* se mostra pertinente, uma vez que a proteção à liberdade de locomoção poderia ser, diretamente, buscada pela via recursal. A jurisprudência dos tribunais superiores, embora muito reticente ao uso das ações autônomas, já anotou que não se deveria inadmitir o *writ* mesmo que tenha idêntico objeto do recurso especial e do recurso extraordinário, em razão dos valores envolvidos.[57] A tutela da liberdade, nessas situações, faz ceder eventual risco de juízo de admissibilidade negativo do *habeas corpus*, o que se justificaria, ainda, pela possibilidade de concessão *ex officio* da ordem de liberdade. Não raras vezes, a maior eficiência desse *mandamus* para a proteção de aludido bem jurídico já levou a jurisprudência a reconhecê-lo com a via adequada, mesmo se a decisão comportar recurso ou outra ação autônoma, para combater flagrante ilegalidade que coloque em risco a liberdade.[58]

---

56. STJ, AgRg na Rcl 32.945/RS, Rel. Ministro Reynaldo Soares da Fonseca, Terceira Seção, julgado em 22/02/2017, DJe 02/03/2017.

57. "Impetração de habeas corpus substitutivo de recurso especial. Admissibilidade. Peculiaridades do caso concreto. Concessão da ordem. O eventual cabimento de recurso especial não constitui óbice à impetração de habeas corpus, desde que o direito-fim se identifique direta e imediatamente com a liberdade de locomoção física do paciente. Habeas corpus concedido, para que o STJ aprecie o mérito do HC 176.122/MS." (STF, HC 110118, Relator(a): Ricardo Lewandowski, Relator(a) p/ Acórdão: Joaquim Barbosa, Segunda Turma, julgado em 22/11/2011). No mesmo sentido: STF, HC 82968, Relator(a): Sepúlveda Pertence, Primeira Turma, julgado em 30/05/2003. Alberto Zacharias Toron chega a afirmar o seguinte: "Por estranho que possa parecer, seria mais racionalizador do processo penal e menos comprometedor do direito de defesa o fim dos recursos Especial e Extraordinário no campo do processo penal, do que o estreitamento do *habeas corpus*." (***Habeas corpus*: controle do devido processo legal, questões controvertidas e de processamento do *writ***, p. 77).

58. STJ, HC 45.029/GO, Rel. Ministro Paulo Medina, Sexta Turma, julgado em 23/08/2005, DJ 03/10/2005, p. 342; STJ, HC 19.300/SP, Rel. Ministro Jorge Scartezzini, Quinta Turma, julgado em 03/10/2002, DJ 18/11/2002, p. 250. A mudança desse posicionamento

Nesse contexto integrado, é reiterada a afirmação de que as ações autônomas não se prestam como sucedâneos recursais. O tema será tratado com especificidade no item 4.1. *infra*, mas não se pode ignorar que o interesse possui direta relação com a noção das ações autônomas como substitutivas de recursos. Tal fundamento é muito frequente na jurisprudência dos tribunais superiores para inadmitir certos meios de impugnação como o mandado de segurança, o *habeas corpus*, a reclamação e até mesmo a ação rescisória.[59] Conquanto a ideia de sucedâneo recursal seja usada de modo heterogêneo no âmbito do juízo de admissibilidade, uma de suas repercussões está no campo do interesse para, em linhas gerais, dizer-se que a ação autônoma seria inadmissível quando se prestasse a ocupar o lugar do recurso.

Por fim, para certos meios de impugnação, defende-se que a necessidade dependeria do trânsito em julgado. Conforme já referenciado neste estudo, essa não é uma preocupação referente aos recursos, visto que, em nosso sistema, todos eles são prévios àquele marco temporal. Esse também não é um requisito determinante para muitas ações autônomas que não dependem desse momento processual para serem utilizadas. O raciocínio desenvolvido pela doutrina alude à ação rescisória, chegando-se a afirmar que sua necessidade seria determinada quando não existissem mais mecanismos anteriores ao trânsito em julgado aptos a modificar a decisão rescindenda.[60] Ainda, chega-se a considerar que o interesse do Estado em disciplinar os meios de impugnação pesaria na limitação da ação rescisória somente quando não coubessem mais recursos, a fim de evitar múltiplas e concomitantes vias de

---

ocorreu quando o STF e o STJ passaram a adotar entendimento restritivo sobre o cabimento de *habeas corpus* originário, substitutivo de recurso em *habeas corpus* (STF, HC 109956, Relator(a): Marco Aurélio, Primeira Turma, julgado em 07/08/2012, Dje 11-09-2012 e STJ, HC 221.200/DF, Rel. Ministra Laurita Vaz, Quinta Turma, julgado em 11/09/2012, DJe 19/09/2012). As críticas a tais mudanças podem ser encontradas em BADARÓ, Gustavo Henrique. **Manual dos recursos penais**, p. 539-540.

59. STJ, AgInt no REsp 1430965/SC, Rel. Ministro Gurgel de Faria, Primeira Turma, julgado em 16/11/2020, DJe 27/11/2020; STJ, AgInt no MS 26.515/DF, Rel. Ministro João Otávio de Noronha, Corte Especial, julgado em 01/12/2020, DJe 04/12/2020.

60. YARSHELL, Flávio Luiz. **Ação rescisória: juízos rescindente e rescisório**, p. 132. A explicação de Leonardo Greco a esse respeito deixa clara a amplitude do tema: "A necessidade de operação da coisa julgada como pressuposto do ajuizamento da ação rescisória é bastante lógica, pois, se inexistisse trânsito em julgado da decisão se visa a rescindir, não haveria sequer interesse de agir para o manejo daquela ação, uma vez que a parte vencida poderia valer-se da interposição dos recursos previsto em lei ou até mesmo de outra ação com o mesmo objeto nos casos de extinção do processo sem resolução de mérito (...)." (**Instituições de processo civil,** vol. III, p. 334).

ataque.[61] É correto considerar que, de forma majoritária, a doutrina processual, desde o CPC de 1939, nega o cabimento da ação rescisória antes do trânsito em julgado.[62] Traçado esse panorama breve, o interesse para essa ação autônoma será desenvolvido com maior detalhamento no capítulo 5, mas, por ora, convém ressaltar que o entendimento acima merece reapreciação crítica, em razão de mudanças decorrentes da forma com que se encontra engendrado parte do modelo recursal para os tribunais superiores.[63]

De forma sucinta, é da tradição do direito brasileiro conferir à ação rescisória cabimento com base em fundamentos que não comportam discussão a partir de determinado estágio processual, especificamente com as decisões de segundo grau, tendo em vista a limitação impugnativa dos recursos especial e extraordinário, que não absorvem parte dos vícios rescisórios.

As alterações mais sensíveis observadas no curso do tempo em relação à ação rescisória tenderam a torná-la ainda mais ampla, como se observa quanto às decisões rescindíveis, aos fundamentos de controle, aos prazos decadenciais e às funções desempenhadas.[64] Em meio a esse quadro, foi sendo construído regime em que os recursos para os tribunais superiores passaram

---

61. A clássica lição de Jorge Americano advertia que "não se pode pensar em rescindir a respectiva sentença, uma vez que o fim da acção rescisória é annullar a sentença *que extrinsecamente passou em julgado*. Ora, será fugir à própria premissa da acção rescisória admitti-la contra a sentença não passada em julgado: esbarrará o autor na exceção de litispendência." (**Estudo theorico e pratico da acção rescisória dos julgados no direito brasileiro,** 3ª ed. São Paulo: Saraiva, 1936, p.56).
62. Verifica-se a construção histórica em torno da inadmissão da rescisória antes do trânsito em julgado (com exceção de CARVALHO DE MENDONÇA, Manoel Ignacio. **Da ação rescisória das sentenças e julgados**. Rio de Janeiro: Livraria Francisco Alves, 1916, p. 33), especialmente ao argumento da existência de recursos que possam alterar a situação jurídica imposta ao interessado: VIDIGAL, Luís Eulálio de Bueno. **Da ação rescisória dos julgados**. São Paulo: Saraiva, 1948, p. 34; PONTES DE MIRANDA, Francisco Cavalcanti. **Tratado da ação rescisória**, p. 87. Eduardo Talamini afirma não existir "ação rescisória preventiva" em menção à impossibilidade de ajuizamento prévio ao trânsito em julgado (**Coisa julgada e sua revisão**, p. 140-142). Barbosa Moreira acrescenta, ainda, que "Quanto o órgão *ad quem* conhece do recurso, a decisão impugnada *jamais* transita em julgado: ou é anulada, ou substituída pelo julgamento de grau superior, seja de teor igual ou diferente; e em qualquer dessas hipóteses deixa de viger como ato decisório. Daí se conclui que nunca terá cabimento ação rescisória contra sentença da qual se interpôs recurso *conhecido*." (**Comentários ao Código de Processo Civil**, p. 117).
63. SICA, Heitor Vitor Mendonça. Brevíssimas reflexões sobre a evolução do tratamento da litigiosidade repetitiva. **Revista de Processo**, v. 41, n. 257, jul. 2016, p. 276-277.
64. Sobre as especificidades da ampliação do espectro da ação rescisória, v. item 5.2.2 *infra*.

a não outorgar à parte a possibilidade de remediar de imediato os gravames impostos pela decisão judicial, precisamente por força das particularidades de técnicas como a repercussão geral e os recursos extraordinário e especial repetitivos.[65]

Esse cenário contribui para que a expectativa gerada pela possibilidade de invalidação ou reforma da decisão, previamente ao trânsito em julgado, seja consideravelmente mitigada em favor da uniformidade decisória e do tratamento de casos repetitivos,[66] a ocorrerem em prazo indefinido. No contexto em que a proteção a esses valores se sobrepõe à tutela jurídica da posição da parte, parece significativa a revisita à noção de interesse para a ação rescisória, como via de controle das hipóteses do art. 966 do CPC que se manifestem previamente ao trânsito em julgado, diante da impossibilidade de que outros mecanismos possam realizá-la.

3.1.1.1.2. Utilidade dos meios de impugnação

A utilidade proporcionada pelos meios de impugnação, na linha do que foi dito anteriormente, é algo comum à vantagem concreta a ser obtida, no que não há diferenças para a concepção de utilidade do interesse de agir.[67] O que se busca neste momento é revelar a pertinência dos desdobramentos do interesse em impugnar para aquele que a lei classifica como vencedor e como vencido, concepção que, por estar associada à ideia de sucumbência, é, em diversas ocasiões, responsável por dúvidas para determinar quem poderá impugnar a decisão judicial.[68] Dessa forma, a regra geral concebida

---

65. ALVIM, Arruda. Repercussão geral: impressões gerais e perspectivas. In: FUX, Luiz. FREIRE, Alexandre. DANTAS, Bruno (coord.). **Repercussão geral da questão constitucional.** Rio de Janeiro: Forense, 2014, p. 111; THEODORO JÚNIOR, Humberto. NUNES, Dierle. BAHIA, Alexandre. Litigiosidade em massa e repercussão geral no recurso extraordinário. **Revista de Processo**, vol. 177, nov. 2019, p. 15-22; BERMAN, José Guilherme. **Repercussão geral no recurso extraordinário**, 2ª ed. Curitiba: Juruá, 2016, p. 1401-41.

66. REGO, Frederico Montedonio. **Repercussão geral: uma releitura do direito vigente**. Belo Horizonte: Fórum, 2019, p. 43.

67. "3. O interesse de agir repousa na verificação da utilidade e da necessidade do pronunciamento judicial pleiteado. Nessa linha, eventual acolhimento da reclamação não traria ao reclamante qualquer utilidade, pois sua situação processual, do ponto de vista prático, não se tornaria melhor com a subida do agravo em recurso especial." (STJ, AgInt na Rcl 37.442/TO, Rel. Ministra Nancy Andrighi, Segunda Seção, julgado em 14/05/2019, DJe 16/05/2019).

68. LANCELOTTI, Franco. **La soccombenza requisito di leggittimizaione alle impugnazione.** Milano: Giuffrè, 1996, p. 50-52.

para aferir a utilidade tem por base a demonstração de prejuízo, entendido amplamente como gravame a ser corrigido por meios de impugnação.[69]

A aferição da utilidade parece estar ligada mais diretamente ao modo com que o prejuízo se expressa do que, necessariamente, se o impugnante foi vencedor ou vencido. Não se pode ignorar, ainda, o importante papel que a postura das partes desempenha para o interesse em impugnar.[70] Em algumas ocasiões, a inutilidade é extraída ao se perceber que o alegado prejuízo contrasta com condutas anteriores que teriam sinalizado pela aceitação da decisão ou por ser pertinente ao impugnante o resultado alcançado. Assim, tal como se viu no tópico precedente, a utilidade do interesse em impugnar possui contornos dinâmicos e comuns aos diversos meios de impugnação. O que se passa a investigar, agora, são as vicissitudes de como o prejuízo poderá se manifestar.[71]

O primeiro ponto de relevo na discussão sobre a análise integrada dos meios de impugnação se dá diante das hipóteses em que o recurso não proporcione a utilidade desejada ao recorrente e, para remediar o prejuízo, vê-se forçado a lançar mão de ação autônoma. Há amplo leque de possibilidades em que esse quadro se apresenta – como bem confirmam, por exemplo, as inúmeras oportunidades em que se admite a impetração *habeas corpus* na esfera do processo penal[72] – mas, cumpre cingir esse exame a três aspectos específicos, já abordados no item 2.3. *supra* relativamente à classificação no emprego dos meios de impugnação. O primeiro se refere às hipóteses em que não é possível remediar de imediato o prejuízo porque ausente a previsão de recurso, sendo necessário o uso de ação autônoma para tanto (ação autônoma de impugnação cabível por ausência de recurso). O segundo permite aferir o interesse em impugnar quando o recurso, apesar de cabível,

---

69. SACHET, Márcio. **Interesse recursal no processo civil brasileiro**. São Paulo: Tirant Lo Blanch, 2020, p. 131-133.

70. TALAMINI, Eduardo. Interesse recursal. In: Sérgio Cruz Arenhart; Daniel Mitidiero; Rogéria Dotti. (Org.). **O processo civil entre a técnica processual e a tutela dos direitos: estudos em homenagem a Luiz Guilherme Marinoni**, p. 811.

71. Sobre os variados interesses que se manifestam no campo impugnativo, CARNEVALE, Stefania. **L'interesse ad impugnare nel processo penale**, p. 143-147.

72. TORON, Alberto Zacharias. ***Habeas corpus*: controle do devido processo legal, questões controvertidas e de processamento do *writ***, p. 72, especialmente ao evidenciar maior utilidade desse meio: "a verdade é que a pretendida racionalização do sistema punitivo e, especificamente do processo penal, não passa pela restrição ao cabimento do *habeas corpus* e, sim, por paradoxal que possa parecer, pela otimização deste meio para que nulidades possam ser sanadas com maior rapidez tanto em favor do paciente réu na ação penal, como também para se evitar a ocorrência de prescrição."

não proporcionar imediata superação do prejuízo suportado pela parte (ação autônoma de impugnação cabível por ineficiência do recurso). E o terceiro diz respeito à presença de utilidade quando manejáveis em concomitância recurso e ação autônoma (ação autônoma de impugnação cabível em paridade com o recurso).

Tomando por base essa classificação, percebe-se que o controle do interesse nos meios de impugnação não ocorre de maneira segregada. No sistema impugnativo de múltiplas vias, como o brasileiro, não é despropositado identificar que as interferências recíprocas entre recursos e ações autônomas produzem relevantes repercussões no interesse em impugnar. De forma isolada, já se viu que o critério da utilidade está ligado à situação mais vantajosa. De forma conjunta, essa situação mais vantajosa poderia ser obtida por qualquer das vias existentes, desde que confirmado o cabimento. Assim, a utilidade configurada pela vantagem concreta proporcionada ao impugnante não depende de um meio de impugnação específico, bastando que seja o cabível.

Estabelecidas tais premissas, outro desdobramento diz respeito à decisão que, em alguma medida, é favorável ao impugnante, mas ainda comporta impugnação. A doutrina alude ao controle feito pelo vencedor e, apesar dessa designação, o que se observa é situação em que o ato judicial causou, em algum aspecto, prejuízo a esse sujeito. A noção de vencedor e vencido, como já ressaltado, além de parcial, por se referir apenas às partes, não é clara o bastante para explicar que a impugnação decorre de um estado de prejuízo instituído pelo ato judicial, cuja superação ocorre pela remoção do gravame, seja quem for o afetado pelo ato questionado.[73]

Essa referência leva a exemplos que demonstram ser possível obter resultado mais favorável diante de decisão que confira algum benefício concreto, como o réu que pretende impugnar decisão que extingue o processo sem resolução de mérito para alcançar a improcedência, na hipótese de não alegar preliminar que levasse a esse resultado.[74] Nesses casos, a aferição da utilidade perpassa pela conotação do prejuízo afirmado pelo impugnante e

---

73. ARENHART, Sérgio Cruz. O recurso de terceiro prejudicado e as decisões vinculantes. In: NERY JR., Nelson. WAMBIER, Teresa Arruda Alvim (coords.). **Aspectos polêmicos e atuais dos recursos cíveis e assuntos afins**. São Paulo: RT, 2007, p. 426-428.

74. CONSOLO, Claudio. **Le impugnazioni delle sentenze e dei lodi**, p. 35-36; TALAMINI, Eduardo. Interesse recursal. In: Sérgio Cruz Arenhart; Daniel Mitidiero; Rogéria Dotti. (Org.). **O processo civil entre a técnica processual e a tutela dos direitos: estudos em homenagem a Luiz Guilherme Marinoni**, p. 811; UZEDA, Carolina. **Interesse recursal**. Salvador: Juspodivm, 2018, p. 156-163.

pela idoneidade do meio de impugnação para proporcionar resultado mais favorável com a superação desse gravame. A ideia de "recurso do vitorioso", em realidade, não destoa das premissas anteriores, na medida em que, a despeito de obter alguma vantagem, ainda assim a decisão projeta situação jurídica menos favorável em relação a outra que poderia ser alcançada. Tal raciocínio, como já se conseguiria inferir, não é privativo dos recursos, pois, firmado na noção de eliminação de gravame, porquanto é admissível que o dito vencedor também possa manejar ação autônoma.

Exemplo marcante é o da ação rescisória ajuizada por aquele que se sagrou vitorioso no capítulo decisório questionado. A doutrina faz referência aos casos em que açao de investigação de paternidade é julgada procedente e, apesar disso, opta-se pelo ajuizamento daquela demanda impugnativa sob a alegação de que outro seria o pai e, portanto, necessária a desconstituição da decisão de mérito para se reconhecer a paternidade de sujeito diverso.[75] Outro exemplo que aqui é aventado diz respeito às decisões fundadas em norma reconhecida inconstitucional anteriormente ao trânsito em julgado. Parcela da doutrina aceita que a impugnação ao cumprimento de sentença baseada no art. 525, §12 do CPC leva à rescisão da decisão inconstitucional.[76] Contudo, na linha do que já foi sustentado neste estudo, entende-se que a defesa apresentada pelo executado se limita ao reconhecimento de inexigibilidade do título executivo, o que poderia representar um problema ao exequente que, além do fundamento inconstitucional, teria apresentado outros a lhe proporcionarem a procedência do seu pedido. Sabedor de que a prévia inconstitucionalidade ao trânsito em julgado será óbice para a satisfação do crédito, assume-se que o "vencedor" teria interesse para rescindir o capítulo inconstitucional e obter decisão hígida que analise os demais fundamentos do pedido para evitar a ineficácia do título executivo.

3.1.1.1.3. Interesse para o controle do capítulo decisório e interesse para controle da motivação

A aferição do interesse em impugnar costuma ser feita a partir do prejuízo sofrido pela parte tendo em vista a resolução dada à questão. O dispositivo relevará se a parte foi ou não prejudicada e, portanto, se lhe assiste o interesse para o controle do ato decisório. Todavia, essa mensuração do prejuízo merece ser feita levando em consideração a integralidade da

75. O exemplo é dado por Cândido Rangel Dinamarco, a partir de um caso vivenciado na condição de julgador por esse ilustre professor: **Capítulos da sentença**, p. 122.

76. De acordo com a exposição feita no item 2.7.3.2 *supra*.

decisão, isto é, a fundamentação exerce papel determinante, quer porque serve para estabelecer os limites em que o dispositivo gerou o gravame, quer porque, autonomamente, pode ser alvo de questionamento. No sistema recursal brasileiro, os embargos de declaração são o exemplo de recurso destinado ao controle da motivação da decisão. Outros recursos dependem da motivação para o interesse ser regularmente determinado, como aqueles de fundamentação vinculada.[77]

Portanto, a vantagem a ser obtida tem por premissa gravame trazido pela solução dada à questão, com base no qual será possível medir a utilidade da impugnação formulada. Tal premissa é essencial para afastar situações em que o recurso ou a ação autônoma são manejados sem qualquer função impugnativa e, assim, sem a perspectiva de trazer benefício concreto à parte. O controle da fundamentação – pretendido fora das hipóteses em que expressamente admitido – por quem nada mais poderá obter de vantagem em relação ao dispositivo não caracteriza o interesse exigido para os meios de impugnação.[78] Esse imperativo está radicado nas noções expostas inicialmente, no sentido de que há uma perspectiva pública do interesse de agir, atrelada à vedação de atividades inúteis do Estado, além da concepção de interesse como vantagem concreta, e não meramente hipotética. Por isso, não merece prosperar a tese segundo a qual estaria presente o interesse para controle da motivação, sem que a parte demonstre prejuízo sofrido pela atuação jurisdicional.[79] Dessa forma, não estará presente o interesse para

---

77. No âmbito dos recursos de fundamentação vinculada, entende-se inexistir interesse quando o recorrente deixar de impugnar todos os fundamentos que, autonomamente, seriam aptos a manter hígida a decisão impugnada. É o que preconiza o enunciado n. 283 de súmula do STF: "É inadmissível o recurso extraordinário, quando a decisão recorrida assenta em mais de um fundamento suficiente e o recurso não abrange todos eles." No mesmo sentido é o enunciado n. 126 de súmula do STJ. A confirmação a esses entendimentos parece ter sido apoiada pelo Código ao prever, no art. 932, III que o relator poderá deixar de conhecer do recurso se o recorrente não impugnar especificamente os fundamentos da decisão recorrida: JORGE, Flávio Cheim. **Teoria geral dos recursos cíveis**, p. 143-147.

78. Em sentido contrário: DIDIER JR., Fredie. CUNHA, Leonardo Carneiro da. **Curso de direito processual civil**, v.3, p. 146; MACÊDO, Lucas Buril de. Influência do sistema brasileiro de precedentes no interesse recursal. In: **Aspectos polêmicos dos recursos cíveis e assuntos afins**, v. 13, coord. Nelson Nery Jr. e Teresa Arruda Alvim. São Paulo: Editora Revista dos Tribunais, 2017, p. 372-373; LIPIANI, Júlia. Reconstrução do interesse recursal no sistema de força normativa do precedente. In: **Civil Procedure Review**, v. 4, n. 2, 2014, p. 58-68.

79. Lucas Buril de Macêdo, embora defenda posição contrária ao que se defende neste tópico, esclarece o seguinte: "Portanto, a noção de interesse recursal acabou amalgamada com

o mero controle das razões pelas quais se alcançou a solução da questão favoravelmente à parte, sem que isso traga vantagem concreta diante do ato questionado.

O suposto benefício pretendido, além de incerto e destrelado do caso concreto, não ficará imune à eventualidade de o tribunal apresentar razões contrárias ao interesse do impugnante, sem que isso afronte a vedação à *reformatio in pejus*. A defesa de um interesse decorrente do ataque somente dos motivos, sem se buscar a reforma ou a invalidação do capítulo decisório, colocaria o tribunal sob uma função consultiva, para tutela que foge dos limites do caso concreto, no contexto de precedentes meramente persuasivos. Afinal, ou bem a fundamentação da decisão é prejudicial à parte e, portanto, o sentido clássico do interesse já está posto, ou bem não há mais nada de útil a ser obtido e o que resta, aos olhos do impugnante, é a consolidação de argumentos favoráveis para casos futuros. A razão neste debate parece estar, portanto, com Eduardo Talamini ao esclarecer que "se o entendimento contido na fundamentação for desfavorável e o resultado final, favorável à parte, aquele é mero *obiter dictum*, que não se presta ao papel de precedente."[80]

É necessário ressalvar que essas considerações não se aplicam quando a decisão é proferida em incidentes destinados à formação de precedentes vinculantes. A grande distinção está no fato de que, aqui, a tese firmada pelo tribunal passa a ser uma questão decidia em caráter principal, que poderá vir ou não acompanhada do julgamento da causa-piloto, sabendo-se que o resultado vinculará outros casos.[81] Por isso, com razão é necessário rigoroso controle da fundamentação para que a tese firmada seja aderente e adequada à realidade retratada nos mais variados casos em que se repita a questão

---

uma visão que sobrepõe o valor da coisa julgada sobre o de outras questões, colocando-a como filtro jurídico capaz de expelir critérios diversos – morais ou econômicos –, a impedir debates em sede de recurso que não guardassem estrita relação com os limites objetivos da *res judicata*, eis que sem qualquer aptidão para se tornarem imutáveis." (Influência do sistema brasileiro de precedentes no interesse recursal. In: **Aspectos polêmicos dos recursos cíveis e assuntos afins**, v. 13, coord. Nelson Nery Jr e Teresa Arruda Alvim. São Paulo: Editora Revista dos Tribunais, 2017, p. 357)

80. TALAMINI, Eduardo. Interesse recursal. In: Sérgio Cruz Arenhart; Daniel Mitidiero; Rogéria Dotti. (Org.). **O processo civil entre a técnica processual e a tutela dos direitos: estudos em homenagem a Luiz Guilherme Marinoni**, p. 816.

81. DIDIER JR., Fredie. CUNHA, Leonardo Carneiro da. Recursos contra decisão proferida em incidente de resolução de demandas repetitivas que apenas fixa a tese jurídica. In: DIDIER JR., Fredie. CUNHA, Leonardo Carneiro da (coords.). **Julgamento de casos repetitivos**. Salvador: Juspodivm, 2017, p. 320-321.

decidida, assim como se mostra pertinente dizer que o prejuízo poderá decorrer da forma com que a fundamentação se apresenta, especialmente para controle da interpretação da norma, que trará todos os contornos de extensão e de sentido para aplicação do precedente.

Nesse contexto, as ações autônomas não deixam de ter relevante papel no controle do precedente vinculante. Afinal, com a pulverização de técnicas baseadas em perfis semelhantes (sobrestamento de casos e posterior reprodução decisória), torna-se frequente a necessidade de averiguar se há compatibilidade de questões jurídicas e se não há indevida aplicação do precedente, por superação ou distinção. Significa dizer que as ações autônomas serão uma via relevante para a parte remover gravame decorrente da incorreta utilização de precedente vinculante, tal como ocorreria se o caso concreto não possuísse aderência com o paradigma solucionado. E isso se verifica antes e depois do trânsito em julgado. De grande importância é o exemplo da ação rescisória, especialmente pela função que lhe foi reservada pelo art. 966, §5º do CPC, destinada à superação de prejuízos impostos à parte por ausência de distinção entre a questão discutida no processo e o precedente vinculante aplicado.[82]

3.1.1.1.4. Multilateralidade de interesses para impugnar: pluralidade de legitimados para a impugnação do ato judicial

Na linha do que vem sendo defendido neste estudo, o ato judicial, como ato estatal, tem o condão de produzir efeitos sobre a esfera jurídica de diversos sujeitos, sejam eles partes ou terceiros. A teoria da pluralidade de partes está consolidada, em grande medida, sobre as repercussões do objeto do processo e da decisão judicial em quem participa ou quem poderia participar do processo.[83] Reportando essa visão aos meios de impugnação,

---

82. Essa temática será desenvolvida com maior profundidade no capítulo 5, no qual serão apontados os novos perfis da ação rescisória.

83. "No entanto, é incontroverso, existem deliberações judiciais que têm o condão de afetar de modo direto o patrimônio jurídico material (financeiro) dessas pessoas, sendo possível citar, à guisa meramente exemplificativa: a) decisão que julga procedente a exceção de suspeição ou impedimento, condenando o magistrado ao pagamento das custas processuais (art. 314, CPC/73); b) deliberação que fixa os honorários periciais (art. 33, CPC/73, e art. 10, Lei nº 9.289/96); c) decisum de substituição do perito por negligência (art. 424, II, CPC/73), na qual é possível aplicar as sanções previstas no parágrafo único do art. 424; c) veredicto que condena a testemunha a responder pelas despesas do adiamento da audiência (art. 412, CPC/73); d) julgamento que resolve o incidente de impugnação do perito (art. 423, CPC/73); e) prestação de contas do administrador judicial (art. 919, CPC/73), entre tantas outras (...) Justamente frente

tem-se campo fértil para observar o controle dos atos judiciais como uma modalidade da célebre pluralidade de legitimados à impugnação de um mesmo ato jurídico. A proposta do presente tópico, além dessa conclusão, é revelar a complexidade existente no exercício de impugnações, a demonstrar a multilateralidade de interesses no processo civil.[84]

O assunto é timidamente regulado pelo CPC, tendo em vista haver apenas três dispositivos que o tangenciam. O primeiro deles reconhece a legitimidade recursal ao terceiro prejudicado (art. 996), sendo essa uma regra que deve ser compreendida como a legitimidade do terceiro para impugnar. O segundo se refere ao aproveitamento da decisão pelos litisconsortes que deixaram de recorrer, ressalvada a divergência de interesses entre eles (art. 1.005). E o terceiro prevê a legitimidade para ajuizamento da ação rescisória (art. 967, II). No entanto, o tema desperta perspectivas mais amplas do que a disciplina do CPC sugere, quer porque se faz presente nos mais variados meios de impugnação, quer porque é possível constatar intensas divergências de interesses para o controle dos atos judiciais, conferido grande conotação dinâmica a essa atividade.[85]

Inicialmente, é necessário reconhecer que a dinamicidade de interesses se manifesta em sede impugnativa por ocasião dos efeitos e prejuízos causados pelo ato questionado.[86] No contexto do interesse em impugnar, parte e

---

a hipóteses como essas ora em evidência que se percebe, nos dias atuais, diante de inegável evolução legal e doutrinária sobre o tema, um largo distanciamento da concepção clássica acerca do elemento subjetivo da ação denominado "parte" frente aos modelos até então tradicionalmente estabelecidos, pois os pretensos titulares da relação jurídica material posta em juízo não se confundem, necessariamente, com os sujeitos da relação jurídica processual, embora não seja rara a coincidência quando o processo segue um caminho procedimental retilíneo." (STJ, REsp 1237996/SP, Rel. Ministro Marco Buzzi, Quarta Turma, julgado em 20/10/2020, REPDJe 12/11/2020, DJe 03/11/2020).

84. O tema da multilateralidade já foi por nós analisado em estudo específico, no qual concluímos pela insuficiência de mecanismos e de estrutura para acomodar todos os interesses divergentes de partes e de terceiros. A solução encontrada foi a releitura de alguns institutos, a fim de tornar o processo civil permeável aos variados interesses que gravitam em torno do objeto do processo e conferir maior dinamicidade à relação jurídica processual (Multilateralidade no processo civil: divergência de interesses em posições jurídicas. **Revista de Processo**, vol. 297, nov. 2019, p. 39-77).

85. ARENHART, Sérgio Cruz. O recurso de terceiro prejudicado e as decisões vinculantes. In: NERY JR., Nelson. WAMBIER, Teresa Arruda Alvim (coords.). **Aspectos polêmicos e atuais dos recursos cíveis e assuntos afins**. São Paulo: RT, 2007, p. 427-428.

86. SACHET, Márcio. **Interesse recursal no processo civil brasileiro**, p. 197-198; UZEDA, Carolina. **Interesse recursal**, p. 244.

terceiros poderão se valer dos meios necessários para remoção do gravame, sendo esses tanto os recursos como as ações autônomas. A discussão que aqui se coloca está relacionada com cenário de divergência ou convergência de interesses multilaterais, assim entendidos aqueles que transcendem à mera bilateralidade entre autor e réu.

Uma das formas de examinar esse fenômeno consiste em ir além da visão simplista outorgada pela forma com que a unicidade recursal é trabalhada.[87] Esse assunto será analisado especificamente no item 4.3, mas, neste momento, é oportuno ver que a impugnação dos atos judiciais, conquanto sejam regulados pela determinação da espécie recursal, comporta múltiplos ataques. Isso significa que a impugnação dos atos judiciais admite estruturas multilaterais de interesses a exemplo do que sucede quando múltiplas partes atacam concomitantemente o mesmo ato. Nesse ponto, é importante observar que a multilateralidade em sede impugnativa terá por premissa a variedade de interesses, sustentados por variados prejuízos causados pelo mesmo ato judicial.[88]

Pela perspectiva de múltiplos ataques, é possível conceber que a divergência de interesses entre litisconsortes ou destes com a parte contrária se reflita nos meios de impugnação, a exemplo do que poderia suceder entre aqueles que desejam modificação do ato por determinados motivos, enquanto outros desejam a alteração por razões distintas, apontando, portanto, diferentes *errores in iudicando* e *errores in procedendo* concomitantemente. Ademais, ainda que se pense na simples configuração subjetiva autor-réu, está à base dessa pluralidade de ataques a clássica concepção de "sucumbência recíproca".[89]

Outra maneira de analisar esse tema diz respeito ao interesse em impugnar do terceiro. O CPC deixa claro que a legitimidade é conferida ao terceiro prejudicado, do que se infere que esse sujeito passará a atuar no processo por ocasião do manejo de algum meio de impugnação. Diferentemente das situações em que já ocorreu a intervenção previamente à decisão judicial, o terceiro impugnante ingressa para questionar o ato jurisdicional que tenha

---

87. KODEK, G. E. Appelate proceedings in civil cases – traditional remedies in light of contemporary problems. In: UZELAC, A. RHEE, C.H. van (ed.). **Nobody's Perfect: Comparative Essays on Appeals and other Means of Recourse against Judicial Decisions in Civil Matters**. Cambridge/Antwerp/Portland: Intersentia, 2014, p. 36.
88. ROBERTSON, Cassandra Burke. Forum Non Conveniens on Appeal: The Case for Interlocutory Review. **Southwestern Journal of International Law**, May, n. 20, 2020, p. 467-468.
89. JORGE, Flávio Cheim. **Teoria geral dos recursos cíveis**, p. 422-424.

lhe causado prejuízo.[90] Os efeitos produzidos por uma decisão na sua esfera jurídica podem se dar por razões variadas, especialmente pelos vínculos existentes com o objeto do processo ou porque a decisão gera repercussão sobre quem não é parte. Perceba-se que o recurso ou a ação autônoma são apenas veículos pelos quais o terceiro faz valer seus interesses afetados pela pendência do processo do qual, até então, não participava, justificando-se a necessidade de desconstituição do ato questionado. A razão que o leva a se valer de tais meios de impugnação é o fator essencial para aferição do seu interesse, medido pelo prejuízo sofrido.[91]

Por tais motivos, é relevante considerar que o interesse em impugnar do terceiro pode estar circunscrito a situações mais abrangentes do que ao interesse da intervenção. Esse é medido pela relação que o terceiro possui com o objeto do processo, enquanto aquele pode surgir em um quadro de absoluta irrelevância do objeto do processo para o terceiro. Veja-se, por exemplo, o que sucede quando o perito decide se insurgir contra o indevido arbitramento de seus honorários ou quando a um terceiro é imposto determinado dever, como o de apresentar em juízo relatório de mensagens trocadas entre as partes e protegidas por criptografia, mesmo sem que possua relação com o pedido ou causa de pedir.[92] Desse modo, o controle da decisão judicial por meios de impugnação não é feito pelo terceiro exclusivamente pelo prejuízo sofrido em projeção ao interesse que teria para intervir em um processo, mas, mais amplamente, para remover o gravame que lhe foi imposto, sem ser obrigatória a relação direta ou indireta com o objeto do processo.[93]

---

90. DIDIER JR., Fredie. **Recurso de terceiro: juízo de admissibilidade,** p. 126.
91. ARMELIN, Donaldo. **Legitimidade para agir no direito processual civil brasileiro**. São Paulo: Editora Revista dos Tribunais, 1979, p. 108.; REIS, José Alberto dos. **A figura do processo cautelar: eficácia do caso julgado em relação a terceiros**. Porto Alegre: Ajuris, 1985, p. 91.
92. TALAMINI, Eduardo. Medidas coercitivas e proporcionalidade: o caso WhatsApp. In: **Processo penal** (Coleção Repercussões do Novo CPC, v. 13), coord. Antonio do Passo Cabral, Eugênio Pacelli e Rogério Schietti Cruz. Salvador: Juspodivm, 2016, p. 387-390.
93. CRUZ E TUCCI, José Rogério. **Limites subjetivos da eficácia da sentença e da coisa julgada civil**, p. 135. "(...) há o terceiro que recorre para afirmar sua posição de ser *terceiro desinteressado*, que nada tem que ver com o processo." (ALVIM, Teresa Arruda. **Os agravos no CPC de 2015**, p. 247). Em sentido análogo, interessantes as ponderações de Giovanni Fabbrini ao asseverar que o critério da sucumbência "sarebbe probabilmente il frutto di una malintesa esigenza di armonia sistematica soddisfatta solo verbalmente: certo è comunque che tra le rispettive situazioni legittimanti della parte ad impugnare e del terzo ad opporso esistono al tempo stesso un grosso punto di contato e un grosso punto di diversità." (**L'opposizione ordinaria di terzo nel sistema dei mezzi di impugnazione**, p. 230).

Ainda, confirma a relevância dessa observação o que vem se discutindo em torno da pluralidade de recursos interpostos contra a decisão de mérito em IRDR.[94] Segundo parcela da doutrina, terceiros que tiveram seus processos sobrestados em razão da instauração do incidente e terceiros não abrangidos territorialmente pela tese fixada pelo tribunal local supostamente teriam legitimidade e interesse para interposição dos recursos extraordinário e especial com a finalidade de questionar a decisão de mérito.[95] Se aceita essa perspectiva ampliativa, não seria difícil imaginar quantidade expressiva de recursos com diversos fundamentos contrários a essa decisão, sobretudo se consideradas todas as deficiências existentes na seleção de casos, nos problemas de participação e na potencial solução após o abandono da causa-piloto.

Note-se que a pluralidade de legitimados aqui mencionada não necessariamente significa que o beneficiado pela tese fixada no IRDR possa obter a nacionalização do entendimento manifestado no tribunal local. Embora seja compreensível e desejável que a vantagem concreta se observe com a possibilidade de tal resultado ser aplicado em âmbito nacional, não é possível se dissociar das previsões constitucionais que regem o cabimento dos recursos extraordinário e especial para ver que, na aludida hipótese de "recurso do vencedor", estar-se-ia admitindo tais meios de impugnação fora dos limites estabelecidos pela Constituição Federal.[96]

Outro dado a ser considerado diz respeito ao momento relevante para a impugnação do terceiro. Dois são eles: anterior e posteriormente ao trânsito em julgado. O primeiro momento é genericamente tratado pelo art. 996 do

---

94. CABRAL, Antonio do Passo. Comentários ao art. 982. In: **Comentários ao novo Código de Processo Civil**, coord. Antonio do Passo Cabral, Ronado Cramer. Rio de Janeiro: Forense, 2015, p. 1.454; TEMER, Sofia. Recursos no incidente de resolução de demandas repetitivas: quem pode recorrer da decisão que fixa a tese jurídica? In: NUNES, Dierle. MENDES, Aloísio. JAYME, Fernando. **A nova aplicação da jurisprudência e precedentes no CPC/2015**. São Paulo: Editora Revista dos Tribunais, 2017, p. 1.040-1.044; DIDIER JR., Fredie. CUNHA, Leonardo Carneiro da. **Curso de processo civil**, v. 3, p. 755-758; ALVIM, Teresa Arruda. DANTAS, Bruno. **Recurso especial, recurso extraordinário e a nova função dos tribunais superiores no direito brasileiro,** p. 552-555.

95. DIDIER JR., Fredie. CUNHA, Leonardo Carneiro da. **Curso de processo civil**, v. 3, p. 757-758

96. Apesar disso, em recente julgado, foi reconhecido o seguinte, com o que não se concorda: "No sistema de precedentes, a impugnação pela via recursal merece leitura própria e contemporânea, divorciada da leitura clássica do interesse recursal que denota a perspectiva individualista do Direito Processual Civil, indicando uma noção restritiva e simplista da sucumbência." (STF, ARE 1307386 RG, Relator(a): Ministro Presidente, Tribunal Pleno, julgado em 06/05/2021, DJe 07-06-2021).

CPC com relação aos recursos. Essa legitimidade, guiada pela demonstração do gravame, não está limitada a esses meios de impugnação. Tal dispositivo legal deve abranger também as ações autônomas por ser regra inerente ao exercício de qualquer impugnação. Mesmo para situações em que o CPC mencione apenas legitimidade das partes ou do Ministério Público, como o faz na reclamação (art. 988 do CPC), não há óbice para o terceiro prejudicado se valer desses meios se úteis à tutela da sua posição jurídica.[97] Assim, o terceiro com interesse em impugnar, previamente ao trânsito em julgado, poderá remediar seu prejuízo por qualquer das vias também disponíveis às partes do processo.[98]

Análise diversa deve orientar a impugnação pelo terceiro das decisões transitadas em julgado. Nessa fase, a aferição do interesse está essencialmente ligada ao que se encontra estabilizado, vindo à tona a distinção entre efeitos da decisão e os limites subjetivos dessa estabilidade. Sabido que, em regra, o Estado de Direito impede a extensão da coisa julgada a terceiros, o prejuízo por esses sofrido em decorrência de decisões transitadas em julgado é aferido com base na sua relação com o objeto do processo. Contudo, restrita a coisa julgada às partes, a questão é saber em que medida seria necessário ao terceiro se valer de ação rescisória para desconstituir decisão que não o vincula. A ausência de vinculação à autoridade da coisa julgada e, portanto, a inoponibilidade do resultado ao terceiro o autorizaria a discutir em processo autônomo a questão já decidida, sem a necessidade de rescisão. Não haveria sentido em reconhecer interesse e legitimidade ao terceiro para ajuizamento de ação rescisória de decisão que não o vincula, ainda que sofra com os efeitos da decisão.[99] A exegese que parece adequada ao art. 967, II do CPC

---

97. "(...) 5. É cabível a reclamação ajuizada por terceiro interessado, cuja participação em mandado de segurança é vedada, como na presente hipótese (Rel. Min. ROSA WEBER, 1ª Turma, DJe de 11/5/2017), em face de jurisprudência desta CORTE, que é firme no sentido de vedar ingresso de terceiro, por falta de previsão no art. 24, da lei 12.016/2009" (STF, MS 29.058 MC-AgR, decisão monocrática, Rel. Min. Celso de Mello, DJe de 28/5/2013; STF, MS 30.260, Pleno, Rel. Min. Cármen Lúcia, DJe de 29/8/2011; STF, MS 26.552 AgR-AgR, Pleno, Rel. Min. Celso de Mello, DJe de 15/10/2009; STF, SS 3.273 AgR-segundo, Pleno, Rel. Min. Ellen Gracie, DJe de 20/6/2008; STF, Rcl 31937 AgR, Relator(a): Alexandre de Moraes, Primeira Turma, julgado em 13/08/2019, Public. 04-10-2019).

98. CRUZ E TUCCI, José Rogério. **Limites subjetivos da eficácia da sentença e da coisa julgada civil**, p. 138-139.

99. A questão é polêmica e o entendimento defendido no texto afigura-se minoritário (sustentado, essencialmente, por YARSHELL, Flávio Luiz. **Ação rescisória: juízos rescindente e rescisório**, 139-140 e BARIONI, Rodrigo. **Ação rescisória e recursos**

é reconhecer legitimidade ao terceiro prejudicado porque atingido pelos limites subjetivos da coisa julgada, como seria, por exemplo, o substituto processual, que, a despeito de cientificado da demanda e oportunizada sua participação, deixa de intervir.[100]

Nessa matéria, o CPC trouxe ainda uma inovação ao prever a legitimidade para a ação rescisória daquele sujeito cuja intervenção era obrigatória. O art. 967, IV do CPC não esclarece se essa previsão se refere ao terceiro que deveria ter sido litisconsorte necessário de quem figurou no processo, o que também não faria sentido frente à expressa previsão do art. 115 do CPC que reconhece a ineficácia da decisão ao ausente e, assim, também não estaria sujeito à coisa julgada material. A interpretação do dispositivo deve ser feita de modo a não deturpar seu sentido literal, suficientemente claro para reportar a legitimidade a quem deveria intervir. Assim, devem ser excluídas todas as formas de intervenção espontâneas ou aquelas em que o terceiro interveniente não ficará vinculado à autoridade da coisa julgada, como o *amicus curiae*.[101] Parece, portanto, acertado o entendimento doutrinário que confia a legitimidade para terceiros cuja intervenção seja obrigatória porque há expressa previsão legal nesse sentido, ou seja, a interpretação deve ser restritiva, como são os casos de intervenção da Comissão de Valores Mobiliários (art. 31 da Lei 6.385/1976), do Conselho Administrativo de Defesa Econômica (art. 118 da Lei 12.529/2011) ou de agências reguladoras em determinados casos. Apesar de decifrado a quem pertenceria essa legitimidade, retorna-se ao problema da ausência de interesse pela desnecessidade da ação rescisória aos terceiros que não se vinculam à coisa julgada material, suposto que esses

---

para os tribunais superiores, p. 42), em contraposição a parcela expressiva da doutrina que defende visão ampliativa para sustentar a legitimidade de terceiro que não necessariamente esteja vinculado à coisa julgada (PONTES DE MIRANDA, Francisco Cavalcanti. **Tratado da ação rescisória**, p. 190; BARBOSA MOREIRA, José Carlos. **Comentários ao Código de Processo Civil**, p. 171; TALAMINI, Eduardo. **Coisa julgada e sua revisão**, p. 122 DIDIER JR. Fredie. CUNHA, Leonardo Carneiro da. **Curso de direito processual civil**, p. 526-527; MARINONI, Luiz Guilherme. MITIDIERO, Daniel. **Ação rescisória: do juízo rescindente ao juízo rescisório**, p. 283-284; ALVIM, Teresa Arruda. CONCEIÇÃO, Maria Lúcia Lins. **Ação recisória e *querela nullitatis***, p. 157).

100. O consenso, quanto à legitimidade do terceiro, está em admitir a possibilidade de ajuizamento da ação rescisória quando esse estiver vinculado à autoridade da coisa julgada material (BARBOSA MOREIRA, José Carlos. **Comentários ao Código de Processo Civil**, p. 168).

101. Reconhecendo a legitimidade para a ação rescisória do *amicus curiae* com base nesse dispositivo legal, opinião com a qual não concordamos: CABRAL, Antonio do Passo. O *amicus curiae* no novo Código de Processo Civil. In: **Partes e terceiros no processo civil**, org. Eduardo Talamini, Heitor Sica, Lia Carolina Batista Cintra, Elie Pierre Eid, p. 523.

entes, mesmo sendo obrigatória sua intervenção, não estariam sujeitos aos limites subjetivos dessa estabilidade.

3.1.1.1.4.1. Pedido de extensão e aproveitamento decisório

Um segundo aspecto atinente à multilateralidade de interesses nos meios de impugnação pode ser tratado no âmbito do benefício e aproveitamento de resultado previsto pelo art. 1.005 do CPC. A regra está contida na disciplina do regime de tratamento dos litisconsortes, apesar de não fazer expressa referência ao regime litisconsorcial. Já tivemos a oportunidade de examinar esse assunto e ressaltar que o mencionado dispositivo legal se aplicaria aos casos em que o litisconsorte recorrente e o litisconsorte omisso estejam vinculados ao mesmo capítulo impugnado.[102]

O benefício produzido decorre do resultado favorável alcançado pelo recurso de um dos litisconsortes porque o capítulo comum impugnado foi invalidado ou reformado.[103] Importante ressaltar que esse aproveitamento não ocorre porque há expressa previsão legal, mas porque é um imperativo lógico encontrado na comunhão do capítulo decisório compartilhado por litisconsortes. Assim, o mesmo resultado de aproveitamento do benefício gerado pela impugnação seria encontrado também nas ações autônomas, caso essas se prestem a impugnar o capítulo comum.

É salutar a ressalva contida no art. 1.005 do CPC, de que o aproveitamento somente ocorrerá se os interesses dos litisconsortes forem convergentes. Significa dizer que não basta a mera ocupação do mesmo polo da demanda para os litisconsortes compartilhem dos mesmos interesses e aspirações no processo. É comum verificar, conquanto unitário o regime litisconsorcial, interesses contrapostos, divergentes ou antagônicos de autores ou de réus pela habitual bilateralidade de posições processuais imposta pela relação jurídica processual.[104] Por isso, embora o capítulo decisório seja comum e o litisconsorte recorrente obtenha êxito, será necessário que o litisconsorte omisso manifeste seu interesse em aproveitar do resultado.

É possível, ainda, interpretar a mencionada regra de maneira mais abrangente, para que seja possível fundamentar o aproveitamento decisório mesmo entre aqueles que são litisconsortes (embora pudesse, hipoteticamente,

102. **Litisconsórcio unitário: fundamentos, estrutura e regime**, p. 193-195.

103. BARBOSA MOREIRA, José Carlos. **Comentários ao Código de Processo Civil**, p. 383-384.

104. EID, Elie Pierre. Multilateralidade no processo civil: divergência de interesses em posições jurídicas. **Revista de Processo**, vol. 297, nov. 2019, n. 3.1.

sê-lo). No campo das ações autônomas fenômeno relevante e que merece ser entendido à luz do regime litisconsorcial é a *extensão do resultado*, visto com frequência no *habeas corpus*. Essa sistemática decorre da aplicação analógica ao *writ* do art. 580 do CPP, ao prever que a decisão proferida em recurso interposto por um dos réus pode aproveitar aos demais se não estiver fundado em motivos de caráter exclusivamente pessoal.[105] Conforme pondera Ada Pellegrini Grinover, o aproveitamento está ínsito na própria decisão por determinação legal.[106]

A jurisprudência vem reconhecendo a aplicabilidade do referido dispositivo ao *habeas corpus* por imperativos de isonomia,[107] sendo certo que a norma mencionada, aos moldes do art. 1.005 do CPC, não deve ser encarada de forma privativa aos recursos, como já salientado ao início deste tópico.[108] Relevante notar que a premissa central para acolhimento do pedido de extensão da ordem de *habeas corpus* para demais interessados reside na "idêntica situação fática-processual".[109] Em outros termos, é a aplicação do chamado efeito extensivo dos recursos às ações autônomas, em claro sinal de que tal efeito – rechaçado, aqui, como efeito autônomo – nem mesmo é privativo desses meios de impugnação para justificar seu posto, numa espécie de aplicação do art. 580 do CPP a processos distintos.[110] É, além

---

105. GRINOVER, Ada Pellegrini. Extensão subjetiva dos efeitos dos recursos. Art. 580, CPP. Limites. Âmbito de aplicação. Indulto: a posição do STF. Indulto e comutação da pena. In: **A marcha do processo**. Rio de Janeiro: Forense Universitária, 2000, p. 496-497.

106. GRINOVER, Ada Pellegrini. Extensão subjetiva dos efeitos dos recursos. Art. 580, CPP. Limites. Âmbito de aplicação. Indulto: a posição do STF. Indulto e comutação da pena. In: **A marcha do processo**. Rio de Janeiro: Forense Universitária, 2000, p. 495.

107. STF, HC nº 68.570/DF, Primeira Turma, Relator o Ministro Celso de Mello, DJ de 22/8/92.

108. AZEVEDO, Gustavo. **Reclamação constitucional no direito processual civil**, p. 239-242; MITIDIERO, Daniel. **Reclamação nas cortes supremas**, p. 115.

109. STJ, HC 457.601/GO, Rel. Ministro Rogério Schietti Cruz, Sexta Turma, julgado em 30/05/2019, DJe 06/06/2019.

110. Gustavo Badaró posiciona-se contrariamente a essa aplicação extensiva, com base nos seguintes argumentos: "Não nos parece essa a melhor solução, por importar em ampliação dos limites subjetivos da coisa julgada que atingirá terceiros, ainda que o fazendo apenas *secumdum eventum litis*, para que se não viole o direito ao contraditório. Tal solução não é autorizada pela lei, não podendo aceitar interpretação extensiva em relação ao art. 580." (**Manual dos recursos penais**, p. 198). Sobre o efeito expansivo e suas divisões: NERY JR., Nelson. **Teoria geral dos recursos**, p. 456-460. A ausência de autonomia desse efeito pode ser notada com facilidade se entendido como mera consequência da abrangência da decisão sobre o objeto recursal delimitado pela parte, de modo que seria facilmente teorizado pelos subsídios já existentes em torno do efeito

disso, o reconhecimento de que o resultado pode ser aproveitado por aqueles que, hipoteticamente, poderiam ser litisconsortes, mas, por qualquer razão, impugnaram isoladamente.

Essa identidade fática consiste na repetição das mesmas circunstâncias objetivas e subjetivas que levaram à concessão da ordem, de modo que, mesmo por vigorar a individualização de condutas no processo penal, é possível que um réu se beneficie da ordem obtida por outro em virtude da similitude com que a ilegalidade combatida foi perpetrada frente a ambos.[111] A partir dessa exegese conferida ao art. 580 do CPP e de sua aplicação ao *habeas corpus*, é válido extrair consequências para o processo civil, a fim de reconhecer o *pedido de extensão como uma modalidade de aproveitamento decisório*. A permissão para aplicação do art. 1.005 do CPC aos casos em que sequer litisconsórcio foi formado, mas haja repetição de demandas, é configurada pela reiteração fática entre diversos sujeitos (potenciais litisconsortes). Ademais, no âmbito do processo civil, o pedido de extensão pode servir como técnica para sanear equívocos cometidos repetidos em casos similares, a partir de um caso paradigma.

Um exemplo é útil para esclarecer essas conclusões. Imagine-se que determinado município passe a cobrar dos munícipes taxa em decorrência do serviço de iluminação pública. Inúmeros deles decidem se insurgir ajuizando demandas para invalidação dessa cobrança. Embora cada um deles tenha proposto isoladamente sua demanda, está presente a identidade objetiva do mesmo contexto fático decorrente da indevida exação. Suponha-se que o tribunal local passe a adotar o entendimento de que a referida taxa é constitucional e, portanto, as cobranças são devidas. Um dos munícipes decide impugnar o acórdão ajuizando reclamação perante o STF invocando explícita afronta à súmula vinculante n. 41, que impede a criação de taxas para o serviço de iluminação pública. A postura recalcitrante do tribunal local poderia ser combatida por pedidos de extensão formulados no sentido

devolutivo (KOLOTOUROS, Panagiotis. **Der Rechtsmittelgegenstand im Zivilprozeβ: die Rechtsmittel zwichen Kassation und Verfahrensfortsetzung**, p. 99-100)

111. HABEAS CORPUS. PEDIDO DE EXTENSÃO. ART. 580 DO CÓDIGO DE PROCESSO PENAL. ORDEM CONCEDIDA POR CRITÉRIO OBJETIVO. EXCESSO DE PRAZO. IDENTIDADE DE SITUAÇÕES. PEDIDO DEFERIDO. 1. Ordem de habeas corpus concedida ao Paciente com fundamento no excesso de prazo da prisão preventiva, a dizer, por critério objetivo. 2. Os mesmos fundamentos do acórdão concessivo da ordem de habeas corpus ao Paciente servem para afastar o constrangimento ilegal a que estão sendo submetidos os ora Requerentes. 3. Pedido de extensão concedido." (STF, HC 87913 segunda extensão, Relator(a): Cármen Lúcia, Primeira Turma, julgado em 06/03/2007, DJ 23-03-2007)

de a decisão proferida na referida reclamação ser reproduzida para todos os demais casos pendentes.

A postulação formulada tem por premissa demonstrar que o caso é cercado pelas similitudes fáticas aptas a ensejarem a reprodução da decisão já formada. Em outros termos, parece salutar considerar que o pedido de extensão é formulado tendo por base um caso paradigma, tal como se verifica no contexto de repetitividade de demandas, com a finalidade de manter hígida a isonomia e a segurança jurídica a partir de provimento oriundos de tribunais superiores. O pedido de extensão, obedecidas as balizas impostas pela teoria dos capítulos decisórios e pelo trânsito em julgado, somar-se-á ao conjunto de técnicas já existentes para replicação de decisões a questões jurídicas idênticas.

3.1.2. Juízo rescindente e juízo rescisório nos meios de impugnação

Como já foi bem percebido pela doutrina, os juízos rescindente e rescisório são de extrema relevância para a comparação feita no presente capítulo, para evidenciar mais um ponto de unificação no tratamento dos recursos e das ações autônomas.[112] Conquanto já assinalado que ambos podem se fazer presentes nas demandas impugnativas em geral (vide item 2.1.6.), retoma-se a apreciação dos destinos possíveis da tutela jurisdicional concedida na impugnação de decisões judiciais.

Naquele espelhamento necessário com o que foi pedido, o agrupamento das limitações impugnativas é essencial para projetar os limites da tutela impugnativa oferecida.[113] Aqui, entra em cena a divisão feita entre juízo rescindente e juízo rescisório, em menção, respectivamente, aos casos em que o órgão julgador se limita a rescindir a decisão impugnada ou avança para proferir novo julgamento.[114] A sistematização desses dois juízos pode

112. O tema foi tratado com precisão e profundidade por Flávio Luiz Yarshell, sendo certo que essa divisão do juízo de mérito "não é estranha ao contexto mais amplo dos meios de impugnação de decisões judiciais, abrangentes de recursos e de outras ações autônomas de impugnação." (**Ação rescisória: juízos rescindente e rescisório**, p. 27).

113. "1. O STJ não pode transbordar daquilo que consta no acórdão recorrido e no recurso especial para julgar matéria não decidida pelas instâncias ordinárias, que não é objeto do recurso especial trazido a julgamento, sob pena de incorrer em (i) violação ao princípio *tantum devolutum quantum appellatum*, (ii) supressão de instância e (iii) decisão extra petita." (STJ, REsp 1081149/RS, Rel. Ministro Luis Felipe Salamão, Rel. p/ Acórdão Ministra Nancy Andrighi, Corte Especial, julgado em 01/02/2019, DJe 18/06/2019).

114. PONTES DE MIRANDA, Francisco Cavalcanti. **Tratado da ação rescisória das sentenças e de outras decisões**, p. 103; COSTA, Moacyr Lobo da. Cumulação de juízes na ação rescisória. **Revista de Processo**, vol. 43, jul.-set. 1986, p. 31-51.

se mostrar complexa a depender do meio de impugnação analisado.[115] Isso porque a rescisão também se acha inserida na ideia de substituição, razão pela qual toda decisão de mérito nos meios de impugnação levará, ao menos, ao juízo rescindente (isolado ou imiscuído no juízo rescisório). Além disso, parece superada a clássica noção segundo a qual todo *error in procedendo* levará ao juízo rescindente. Exemplo dessa observação é encontrado na disciplina jurídica da incompetência absoluta (art. 64, §§ 3º e 4º do CPC), cujo reconhecimento pode não levar à invalidação da decisão impugnada acaso ratificada pelo juízo competente.

Isso, no entanto, não impede que o juízo de mérito nos meios de impugnação seja compreendido de forma bipartida[116] e siga pertinente avaliar as repercussões do juízo rescindente e do juízo rescisório.

O primeiro deles consiste no desfazimento da decisão, limitando-se à tutela jurisdicional constitutiva negativa.[117] Significa que, de acordo com o fundamento impugnativo veiculado, o órgão julgador reconhecerá a invalidade do ato questionado.[118] Ao assim explicitar o alcance do juízo rescindente, não significa que a sua abrangência seja limitada. No atual quadro teórico das invalidades, é necessário reconhecer o incremento dos deveres de fundamentação e até mesmo a imposição de medidas de transição por ocasião da desconstituição de um ato judicial, o que requereria a previsão de

---

115. YARSHELL, Flávio Luiz. **Ação rescisória: juízos rescindente e rescisório**, p. 345-347.

116. Embora não se concorde com inúmeras das opiniões apresentadas, a ideia acaba sendo desenvolvida no seguinte texto: OLIVEIRA, Robson Carlos de. O efeito rescindente e substitutivo dos recursos: uma tentativa de sistematização, In: Nery Jr., Nelson; Arruda Alvim Wambier, Teresa (coord.). **Aspectos polêmicos e atuais dos recursos cíveis, de acordo com a Lei 9.856/1998**. São Paulo: Ed. RT, 1999, p. 501-505. Barbosa Moreira analisa o julgamento dos recursos em confronto com o julgamento da ação rescisória para apontar que a bipartição, naqueles meios, fica evidente quando houver fundamentação vinculada, enquanto naqueles de fundamentação livre "o *ius rescindens*, em vez de ser, como na ação rescisória, *preliminar* e *autônomo* em relação ao *iudicium rescissorium*, limita-se a algo que este necessariamente implica que dele penas se diferencia no plano conceptual." (**Comentários ao Código de Processo Civil**, p. 402).

117. No âmbito dos recursos, essa discussão se espraia para a chamada função substitutiva, a fim de verificar se há alguma correlação absoluta entre vício reconhecido e substituição da decisão impugnada (sobre as polêmicas a respeito: JORGE, Flávio Cheim. **Teoria geral dos recursos cíveis,** p. 95; NERY JR., Nelson. **Teoria geral dos recursos**, p. 466-467; BARBOSA MOREIRA, José Carlos. **Comentários ao Código de Processo Civil**, p. 401-403; CINTRA, Antonio Carlos de Araújo. **Sobre os limites objetivos da apelação civil**, p. 92).

118. BONDIOLI, Luís Guilherme Aidar. **Comentários ao Código de Processo Civil**, vol. XX, p. 111-113).

obrigações para as partes. As transformações ocorridas na teoria das invalidades repercutem no juízo rescindente para não mais observá-lo de forma reduzida à simples desconstituição, mas também como o momento em que devem ser concretizadas soluções para possibilitar a alteração de situações jurídicas consolidadas ou em curso pautadas na decisão inválida, como se pode extrair dos arts. 281 e 282 do CPC e art. 21 da LINDB.

Já o juízo rescisório se afigura, como é frequentemente referido, a um novo julgamento. Seria preferível entendê-lo como a decisão que aplica nova solução à questão examinada. Por essa característica, no juízo rescisório não há limitação à tutela constitutiva, pois a nova solução apresentada poderá também se fundar em tutela jurisdicional de natureza diversa.[119] Oportuno ponderar que a amplitude do juízo rescisório em relação aos atos judiciais pode se revelar consideravelmente mais amplo se comparado ao controle de atos jurídicos editados por outras esferas de poder, que possuem conteúdos insindicáveis ou admitem reduzido exame de conteúdo.[120] A natureza do ato e as limitações de seu controle são determinantes para identificar a extensão da atuação do órgão julgador, sendo certo que, em se tratando de decisão judicial, ocorre a "revogação por substituição"[121].

Diante das considerações de que o fundamento impugnativo deve ser avaliado para determinar a extensão do juízo de mérito do meio de impugnação, o exemplo da reclamação exige destaque por força do disposto no art. 992 do CPC. A corrente doutrina salienta que o julgamento de mérito dessa ação autônoma estaria limitado apenas ao juízo rescindente, ou seja,

---

119. BARBOSA MOREIRA, José Carlos. **Comentários ao Código de Processo Civil**, p. 267-268.

120. Para uma análise ampla do controle de conteúdo do ato administrativo, da solução dada pelo administrador e das escolhas feitas no âmbito da discricionariedade: PEREZ, Marcos Augusto. O controle jurisdicional da discricionariedade administrativa: métodos para uma jurisdição ampla das decisões administrativas. 2018. Tese (Livre Docência) - Faculdade de Direito, Universidade de São Paulo, São Paulo, 2018, cap. 3. Rui Pinto, comungando em parte com a posição defendida neste estudo, faz a seguinte ressalva, contudo: "Deste modo, o pedido recursório apresenta um duplo objeto imediato: o efeito principal e autónomo de revogação de uma decisão e um efeito acessório e prejudicado pelo primeiro de substituição dessa decisão pela decisão reputada como correta – efeitos revogatório e substitutivo respectivamente. Se o efeito revogatório é comum a qualquer mecanismo, público ou privado, de revogação de um ato jurídico, já o efeito substitutivo (...) é próprio da impugnação da decisão judicial, com variações, naturalmente." (O recurso. Uma teoria geral, p. 59, todos os destaques são do original).

121. Expressão empregada com precisão por Paula Costa e Silva (**Acto e processo: o dogma da irrelevância da vontade na interpretação e nos vícios do acto postulativo**, p. 291).

presentes os fundamentos impugnativos que autorizam seu ajuizamento, o limite decisório do tribunal levaria apenas à invalidação do ato questionado.[122] Segundo esse firme posicionamento, independentemente do motivo pelo qual a reclamação é ajuizada, não haveria margem para o juízo rescisório.

Essa concepção faria dessa demanda impugnativa a figura mais próxima, em nosso sistema jurídico, do recurso de cassação europeu. Contudo, para além de se identificar decisões de tribunais superiores que avançam para o juízo rescisório,[123] não parece possível seguir defendendo o clássico posicionamento doutrinário considerando o texto do CPC, que autoriza o tribunal determinar "medida adequada à solução da controvérsia" (art. 992), e as variadas formas de manifestação das hipóteses previstas pelo art. 988 do CPC que poderiam autorizar o controle de conteúdo do ato questionado.

Finalmente, a dicotomia entre juízo rescindente e juízo rescisório pressupõe que a impugnação formulada busque o desfazimento do ato atacado. Essa observação ganha particular importância diante da frequente referência aos meios para reconhecimento de inexistência processual. Muito embora recursos e ações autônomas acabem por ser vias utilizadas para essa finalidade, não há um regime específico para declaração da inexistência do processo ou dos atos processual, o que sugere, como ponto de partida, seja observado o devido processo legal. Dessa forma, diante da insegurança para determinar quais seriam os pressupostos de existência do processo ou do ato processual, os recursos e as ações autônomas de impugnação se apresentam, ao menos, como vias para assegurar o exercício do devido processo legal no reconhecimento da inexistência processual, mas sem que isso represente uma nota distintiva dessas vias de controle, considerando o concurso entre outras tantas para essa mesma finalidade.[124]

---

122. MITIDIERO, Daniel. **Reclamação nas Cortes Supremas**, p. 106-107; AZEVEDO, Gustavo. **Reclamação constitucional no direito processual civil**, p. 256-257; LEONEL, Ricardo de Barros. **Reclamação constitucional**, p. 254-255.

123. STJ, Rcl 32.208/RS, Rel. Ministro Reynaldo Soares da Fonseca, Terceira Seção, julgado em 08/02/2017, DJe 13/02/2017.

124. É o que se depreende da ideia de "regime de averiguação da sentença juridicamente inexistente" apresentada por Eduardo Talamini (**Coisa julgada e sua revisão**, p. 363). Na doutrina estrangeira, esse tema foi enfrentado também sob o viés da sentença inexistente. Embora não concordemos com a sistematização apresentada Chiara Besso, com acerto a processualista reconhece que o legislador não se preocupa em disciplinar mecanismos para o reconhecimento de inexistência e, nesse passo, diversos inúmeros aspectos dos recursos mereceriam adaptação, como interesse recursal, efeitos dos recursos, objeto dos recursos, limites de atuação do tribunal etc. Diante disso, pondera que nem mesmo seria inadmissível recurso proposto fora de prazo, mas deveria ser

3.2. EFEITOS DOS RECURSOS EM CONFRONTO COM AS AÇÕES AUTÔNOMAS DE IMPUGNAÇÃO: INTERFERÊNCIA LEGAL E IDENTIFICAÇÃO DO REGIME JURÍDICO RECURSAL

O ponto de maior sensibilidade na comparação entre meios de impugnação reside nos chamados efeitos dos recursos. A nomenclatura, de há muito consagrada, procura explicitar, naquilo em que há consenso doutrinário,[125] as consequências produzidas pelo emprego do recurso.[126] Diante da consolidação dessa ideia, não parece ser objeto de preocupação questionar se, de fato, são efeitos decorrentes da prática do ato recursal ou se são interferências da lei em determinados aspectos dos recursos,[127] que, comparativamente, conferem-lhes características distintas das ações autônomas de impugnação, para delinear um regime jurídico específico. Como exemplo, aceita-se que a chamada extensão do efeito devolutivo corresponde à parcela decisória cuja impugnação foi desejada pela parte e, nesse tocante, inexistiu qualquer ingerência legal para alterar o objeto do recurso. Diversamente, a chamada profundidade do efeito devolutivo é conotada pela direta influência da lei para indicar quais questões de fato e de direito o órgão julgador poderá conhecer, ainda que não suscitadas pelo recorrente.[128]

---

convertido em "*actio nullitatis* che a tali termini non è sottoposta" (**La sentenza civile inesistente**, p. 330).

125. As classificações em torno dos efeitos recursais não são uniformes na doutrina nacional e, conforme se consegue depreender, essa variação nem sempre leva em consideração a premissa adotada neste estudo, nem sempre podem ser encaradas como efeitos e nem sempre são características privativas dos recursos. Sobre essa divergência e amplitude: LIMA, Alcides de Mendonça. **Introdução aos recursos cíveis**, p. 294-296; NERY JR., Nelson. **Teoria geral dos recursos**, p. 477-490; BUENO, Cássio Scarpinella. Efeitos dos recursos. In: **Aspectos polêmicos e atuais dos recursos cíveis**, v. 10, coord. Teresa Arruda Alvim Wambier e Nelson Nery Jr. São Paulo: Editora Revista dos Tribunais, 2006, p 68-69; ROSINHA, Martha. **Os efeitos dos recursos**. Porto Alegre: Livraria do Advogado, 2012, p. 51-56.
126. Há uma dificuldade em encontrar, na doutrina nacional, explicação convincente sobre o que seja um efeito recursal. Isso parece se justificar não só pela já afirmada ausência de consenso classificatório, mas, sobretudo, pela confusão normalmente existente entre um dito efeito atribuído ao recurso e um aspecto comum a qualquer meio de impugnação. A doutrina estrangeira, que não é adepta da mesma prodigalidade, quando se chega a examinar algum efeito recursal, limita-se a fazê-lo sob o enfoque devolutivo e suspensivo, predominantemente (FAZZALARI, Elio. **Il giudizio civile di cassazione**, p. 65-68; BONSIGNORI, Angelo. Critica dell'effetto devolutivo in senso generico e astratto. **Riv. trim. dir. proc. civ.** 1972, p. 6548-651).
127. PORTO, Sérgio Gilberto. USTÁRROZ, Daniel. **Manual dos recursos cíveis**, p. 90.
128. ELIAS, Carlos Eduardo Stefen. **Apelação: os limites objetivos do efeito devolutivo,** p. 16-17; BARIONI, Rodrigo. **Efeito devolutivo da apelação civil**, p. 34-35. Embora já exista doutrina acostumada a analisar os variados meios de impugnação sem se referir a efeitos

Por outro lado, posições ampliativas e restritivas antagonizam um elenco desses efeitos,[129] sem necessariamente precisarem se o critério que as orienta concerne ao recurso (como simples procedimento) ou se são fruto de previsão do legislador.[130] Há uma dificuldade constante em compreender se a doutrina realmente analisa os efeitos recursais sob o ponto de vista do plano da eficácia, sendo certo que, na forma tradicionalmente estudada, não se revela perfeita essa associação.[131] Por isso, para os propósitos que movem esse estudo, é essencial a fixação de algumas premissas, confirmadas nos tópicos seguintes, a fim de seguir na confrontação funcional entre meios de impugnação. A primeira é reconhecer que os chamados efeitos dos recursos representam a interferência da lei quanto ao funcionamento desses meios de impugnação, isto é, não fosse a previsão legal, o dito efeito simplesmente não existira. A segunda é admitir quais efeitos ficam submetidos à disciplina normativa estabelecida e, por isso, conformam o denominado regime jurídico recursal.[132]

---

dos recursos, especialmente em países estrangeiros: PINTO, Rui. **O recurso civil. Uma teoria geral**, §3º e BIANCHI, Luca. **I limiti oggettivi dell'appello civile**, capitolo quarto.

129. "A existência de diversas – e por vezes incompatíveis – classificações dos efeitos recursais podem ser explicadas tanto pelo alargamento conceitual da relação entre causa e efeito (relação de causalidade) quanto pela abertura do conceito de *cientificidade*, que passou a admitir como válidas e igualmente científicas teorias que partem de premissas completamente diferentes em face de um mesmo fenômeno, no caso, o fenômeno recursal (...) além dos efeitos suspensivo e devolutivo (cujo reconhecimento vigora sem maiores refutações há séculos), a ciência processual tem identificado uma quantidade cada vez maior de efeitos recursais, levando a um estado de verdadeiro confronto entre várias teorias concorrentes." (ELIAS, Carlos Eduardo Stefen. **Apelação: os limites objetivos do efeito devolutivo,** p. 5-6)

130. Para variados posicionamentos sobre os efeitos recursais, NERY JR., Nelson. **Teoria geral dos recursos**, p. 400-401; JORGE, Flávio Cheim. **Teoria geral dos recursos cíveis**, p. 334-339; PORTO, Sérgio Gilberto. USTÁRROZ, Daniel. **Manual dos recursos cíveis**, p. 90.

131. Ao menos, não é isso que fica claro quando se admite operar-se o efeito suspensivo quando nem mesmo há recurso interposto. Nesse sentido, é interessante a observação de Cassio Scarpinella Bueno: "Certo que a própria noção de recurso volta-se também para o plano *externo* do processo – a melhoria ou o aperfeiçoamento da *qualidade* da prestação jurisdicional – mas, no que diz respeito aos seus efeitos *internos*, naquilo que diz respeito ao *próprio* processo, como *técnica*, no caso dos recursos, de atingimento de aperfeiçoamento da prestação jurisdicional (em específico de suas decisões), o tema 'recursos' pode, confortavelmente, bastar por si só." (Efeitos dos recursos. In: **Aspectos polêmicos e atuais dos recursos cíveis**, v. 10, coord. Teresa Arruda Alvim Wambier e Nelson Nery Jr. São Paulo: Editora Revista dos Tribunais, 2006, p 67).

132. É relevante notar que, em alguns ordenamentos jurídicos, a doutrina alude a efeito devolutivo apenas com relação ao recurso de apelação, sempre baseada na ideia de

Sem desconhecer as variadas classificações doutrinárias, as premissas apontadas se bastam na análise de três efeitos: obstativo, devolutivo e suspensivo.

3.2.1. Efeito obstativo dos recursos e o momento do trânsito em julgado

O primeiro efeito aludido pela doutrina como um dos principais dos recursos, consistente no impedimento para gerar a estabilidade sobre a decisão recorrida. O assim chamado efeito obstativo é fruto da previsão legal que atribui a todos os recursos a aptidão de impedir que sobre a decisão recorrida se opere a estabilidade respectiva.[133] Deve-se salientar que não se trata de um efeito natural ou inerente aos recursos – nem mesmo às ações autônomas de impugnação –, mas, sim, oriundo de previsão legal, conforme se depreende, por exemplo, do art. 502 do CPC e do art. 6º, §3º da LINDB.

A doutrina, ainda, remete ao referido efeito um dos fundamentos pelos quais se assume que o recurso não inaugura nova relação jurídica processual.[134] Por impedir a formação da estabilidade, prolonga-se o estado de

---

que haveria uma renovação da instância ou uma nova oportunidade do julgamento feito em primeiro grau (AMEILHAUD, Gilbert. **L'effet dévolutif de l'appel en matière civile**. Tolouse: Imprimerie E. Boisseau, 1942, p. 36-40). Conforme já referenciado neste estudo, as transformações pelas quais o recurso de apelação passou em diversos quadrantes, deixando de ser um mero requerimento de ampla revisão, aos moldes do formato medieval e sem grandes repercussões impugnativas, passando a ter uma feição eminentemente de controle da decisão recorrida contribuiu para uma releitura de efeito devolutivo, entendendo-o como uma via para questiona a validade da decisão e do processo, bem como de controle da solução dada pelo julgador (CADIET, Loic; JEULAND, Emmanuel. **Droit judciaire privé**, p. 701).

133. DINAMARCO, Cândido Rangel. Os efeitos dos recursos. In: **Aspectos polêmicos e atuais dos recursos**. Coord. Teresa Arruda Alvim Wambier e Nelson Nery Jr. São Paulo: Editora Revista dos Tribunais, 2002, v. 5, p. 26-28. Perceba-se que o ordenamento jurídico brasileiro não associa efeito obstativo à inimpugnabilidade como regra. Ou seja, o fato de não mais caber recurso e, assim, ter-se tornado estável a decisão não significa, necessariamente, haver imutabilidade do comando decisório. Nesse ponto, relevante a observação de Antonio do Passo Cabral de que há estabilidade sem imutabilidade (**Coisa julgada e preclusões dinâmicas**, p. 305).

134. Isso se denota pelo argumento de que os recursos adiam a formação da coisa julgada e, por isso mesmo, postergam o estado de litispendência. Tal característica, em nosso ordenamento, pertence a todo e qualquer recurso (BARBOSA MOREIRA, José Carlos. **Comentários ao Código de Processo Civil**, p. 257). Em interessante passagem de profundo estudo sobre o perfil hierárquico da estrutura de poder na justiça criminal, Mirjan Damaška ressalta o seguinte, em reforço à afirmação do texto: "Where judicial decisions are normally subject to reconsideration, it is quite natural to postpone their

litispendência da demanda originária.[135] De fato, essa característica existe no sistema processual brasileiro, que opta por não fazer qualquer distinção quanto à atribuição do efeito obstativo aos recursos. Por outro lado, indica-se que as ações autônomas de impugnação, desprovidas de tal efeito, não só não impediriam a formação da estabilidade como, por essência, parte delas serviria para desconstituir decisões por ela acobertada. Isso, contudo, não deve infirmar as conclusões obtidas na primeira parte desse estudo, como já se pode intuir, pois o efeito obstativo não colide com a autonomia do objeto dos recursos, porquanto a lei faz a escolha de manter o estado de litispendência na constância desses meios, em detrimento de outra opção possível – e avistada em determinados ordenamentos jurídicos estrangeiros – consistente em permitir que cesse o estado de litispendência para ganhar lugar decisão estabilizada, que seguirá sujeita a recurso.[136]

Olhando-se para a forma com que esse efeito é manipulado pela lei, resta claro que estará a cargo do legislador determinar quando a decisão se

---

finality and execution until the ordinary means of review have been exhausted. In this situation, however, the appellate process becomes a continuation of trial adjudication." (Structures of Authority and Comparative Criminal Procedure. **Yale Law Journal**, v. 84, n. 3, jan. 1975, p. 491).

135. Dinamarco, a esse respeito, constata que os recursos mantêm ativos os efeitos processuais e substanciais da litispendência (Os efeitos dos recursos. In: **Aspectos polêmicos e atuais dos recursos**. Coord. Teresa Arruda Alvim Wambier e Nelson Nery Jr, p. 30-31). A ideia comum de que o efeito obstativo confirma que o recurso se trata de prolongamento do direito de ação ou de defesa fica evidente na seguinte passagem: "Dado que la resolución recorrida no se convierte em firme, el recurso supone la continuación del proceso y esa continuación permite que la resolución recorrida sea revocada o anulada por el tribunal que conoce del mismo, aunque ello tendrá que producirce dentro del ámbito de lo recurrido por la parte que impugna (prohibición de la *reformatio in peius*)." (MONTERO AROCA, Juan. FLORS MATÍES, José. **Tratado de recursos en el proceso civil**, 2ª ed. Valencia: Tirant Lo Blanch, 2014, p. 100).

136. Albrecht Zeuner e Harahld Koch fazem relevante constatação acerca dos variados modelos de ataques às decisões judiciais e demonstram, de forma precisa, que: "(...) how are the methods of review and re-examination of judgments structured in the procedural system envolved? In other words, to what extent does a particular procedural system limit the possibility for the re-examination of a judgment by the pre-conditions il imposes for review, and by the procedural devices is uses for its review? (…) That question is a particularly significant aspect of the tension that exists in all legal systems between the policy that judgments should be factually correct and just, and the policy that demands that legal relations be clear and certain." (Effects of judgments (res judicata). In: **International Encyclopedia of Comparative Law: civil procedure**, vol. XVI, chapter 9. Chief editor: Mauro Cappelletti. Tübingen/Dordrecht/Boston: Mohr Siebeck/Martinus Nijhoff, 2012, p.8).

torna estável, se os recursos terão cabimento antes ou depois do trânsito em julgado e quais fundamentos serão aptos a desfazer a decisão estável. Sendo assim, parece razoável admitir que um recurso poderia ser perfeitamente cabível de decisões transitadas em julgado, caso essa fosse a opção legislativa, assim como seria perfeitamente aceitável que uma ação autônoma de impugnação destinada a desfazer decisões transitadas em julgado pudesse, antes desse momento, ser cabível se houvesse previsão legal, como forma de acentuar a inexistência de distinção essencial entre meios de impugnação.

No direito brasileiro, todos os recursos são dotados do efeito obstativo, o que significa dizer que esses meios de impugnação somente caberão antes do trânsito em julgado, diversamente do que sucede em outros países, cuja legislação indica quais recursos impedirão a estabilidade da decisão e quais não terão essa vocação.[137] Daí porque a relevância em se sustentar a taxatividade, como elemento essencial na identificação do regime jurídico recursal, pois é por previsão legal que será possível determinar qual meio de impugnação é recurso e, por conseguinte, atrairá o efeito obstativo.

Em sistemas jurídicos filiados a esse modelo, a divisão entre recursos ordinários e recursos extraordinários se baseia na dicotomia estabelecida com relação ao momento processual de cabimento. Enquanto os primeiros impedem o trânsito em julgado, para os segundos esse marco temporal é pressuposto.[138] Nesses mesmos ordenamentos jurídicos, é interessante perceber como a lei regula o efeito obstativo, pois o mesmo meio de impugnação poderá se basear em fundamentos de cabimento anteriores ou posteriores ao trânsito em julgado da decisão questionada e, assim, ser dotado de efeito obstativo apenas em alguns casos (a exemplo da *revocazione* italiana)[139], as-

---

137. GINSBURG, Brazelius. **Civil Procedure in Sweden**. The Hague: M. Nijhoff, 1965, p. 55.

138. Cerino Canova, após profunda análise das razões que levaram à divisão entre meios de impugnação ordinários e extraordinários, procura sintetizar o que há de comum nessa classificação frente aos variados ordenamentos jurídicos que convivem com esse modelo: "(...) i momenti fisionomici del *mezzo ordinario* si concreterebbero in questi estremi: illimitatezza della censura; identità della cognizione del giudice *ad quem* rispetto al giudice *a quo*; effetto sospensivo sull'esecuzione della sentenza. Viciversa, i *mezzi straordinari* presenterebbero indici totalmente opposti: tassatività della censura; poteri di cognizione 'limitati o dalla natura delle indagini che il giudice può fare o dalla necessità di uma indagine premilinare per l'amissione del remedio'." (**Le impugnazione civile**, p. 38-39).

139. Por todos, STEFANO, Giuseppe de. **La revocazione**. Milano: Giuffrè, 1957, p. 62-64; FAZZALARI, Elio. Revocazione (diritto processuale civile). **Enc. Dir.**, XL, Milano, 1989, p. 284-295.

sim como em outras experiências, como a francesa, a maioria dos recursos será extraordinária.[140]

O que se observa de comum, ao menos na maioria desses ordenamentos jurídicos, é a previsão de que apenas determinados meios de impugnação classificados como recursos impedem o trânsito em julgado.[141] Nesses países, a discussão sobre a distinção entre recursos e as correspondentes ações autônomas de impugnação ganha menor relevo, pois, além de todos os meios serem tratados sob a denominação de recursos, aparentemente, a segregação é feita menos em razão do momento do cabimento e mais em virtude da postulação objeto da impugnação, conforme salientado anteriormente.[142] O Brasil, por sua vez, não desconhece propostas legislativas para alteração do atual cenário, com o objetivo de aproximá-lo do que se verifica no exterior. Embora a tratativa não seja necessariamente feita sob a nomenclatura de efeito obstativo, não há como negar que, em tempos mais recentes, o tema do trânsito em julgado das decisões figura no centro das atenções do Poder Judiciário[143] e do Poder Legislativo, com forte inspiração no argumento de eficiência processual na execução e cumprimento das decisões judiciais.

---

140. CADIET, Loic; JEULAND, Emmanuel. **Droit judciaire privé**, p. 345. Cédric Bouty ressalta: "Ces formes, les voies de recours, n'ont donc pas seulement pour finalité d'offrir au plaideur la possibilité de contester la chose jugée. Elles ont aussi pour fonction, de manière négative, de marquer le point où toute velléité de contestation de la décision rendue doit être stoppée: dès l'instant qu'elles auront été utilisées ou que leur délai d'exercice sera expiré, la décision pourra accéder au stade de l'irrévocabilité." (**L'irrévocabilité de la chose jugée en droit privé**. Marseille: Presses universitaires d'Aix-Marseille, 2008, p. 121).

141. FREITAS, José Lebre de. Recurso extraordinário: recurso ou acção? In: **As recentes reformas na Acção Executiva e nos Recursos** (coord. Rui Pinto). Coimbra: Coimbra Editora, 2010, p. 20-22.

142. CERINO-CANOVA, Augusto. **Le impugnazione civile**, p. 36, n. 64.

143. No âmbito do Poder Judiciário, a acalorada discussão sobre a possibilidade de prisão do réu para cumprimento de pensa após acórdão condenatório de segunda instância, mesmo que contra essa decisão estejam pendentes o recurso especial e o extraordinário, é representativa de como o efeito obstativo dos recursos ganha importância. Sem a pretensão de tornar simplista o debate, é necessário ressaltar que o art. 5º, LVII da Constituição Federal vincula a presunção de inocência ao evento trânsito em julgado, ou seja, até que ocorrido tal marco temporal, assegura-se ao réu em processo penal a referida presunção em seu favor. Independentemente da exegese que seja feita ao texto constitucional, parece não haver espaço para dissociar presunção de inocência da ideia de trânsito em julgado, a qual é dependente dos recursos, estejam eles dotados ou não de efeito suspensivo (para uma ampla resenha desse debate perante o STF: STRECK, Lênio Luiz. "Um relato de como tudo começou em Itapecerica da Serra – um *habeas corpus* 'bichado'". In: **O dia em que a Constituição foi julgada: a história das ADC's 43,44 e**

Especificamente sobre a atuação do legislativo, basta dizer que, recentemente, em duas oportunidades, tentou-se transformar os recursos extraordinário e especial em meios cabíveis posteriormente ao trânsito em julgado, que passaria a ocorrer perante os tribunais locais. A primeira foi representada pela Proposta de Emenda Constitucional n. 15/2011, encabeçada à época pelo então Ministro Cezar Peluso, do Supremo Tribunal Federal, com o foco em alterar os arts. 102 e 105 da Constituição Federal.[144] A segunda é a Proposta de Emenda Constitucional n. 199/19, cujo objetivo é similar à anterior, transformando ambos os recursos em meios impugnativos cabíveis posteriormente ao trânsito em julgado.

A simples perspectiva de que haja uma futura alteração na legislação a esse respeito vem em confirmação ao que se apresentou na primeira parte desse estudo, no sentido de ser irrelevante discriminar recursos de ações autônomas de impugnação. Utilizar o trânsito em julgado como marco para alterar a natureza dos institutos, além de inviável, é ilusório, na medida em que aqueles recursos não perderão sua função impugnativa por apenas ficarem

---

54, coord. Lênio Luiz Streck e Juliano Breda. São Paulo: Editora Revista dos Tribunais, 2020, p. 25-28). Embora a doutrina processual penal seja rigorosa nessa associação, em repulsa às tendências de apropriação de elementos estrangeiros (inaplicáveis) ao debate em nosso ordenamento jurídico (vide, p. ex., a opinião de Geraldo Prado, precisa a esse respeito: "resulta claro que as estratégias e intenções da tradução do modelo de culpabilidade fática para a jurídica buscam encontrar no paradigma alienígena a 'confirmação' da tese de que recursos da defesa obstam a punição, malgrado tenham o propósito de levar aos tribunais superiores pretensão cuja solução repercutirá no estado de inocência." "O trânsito em julgado da decisão condenatória." **Boletim do IBCCrim**, n. 227, dez. 2015, p. 11), é fundamental ver como o STF tratou do tema em período recente. Apesar não ter havido expressa alusão ao efeito obstativo dos recursos, a discussão é feita em torno do efeito suspensivo e da alegada inexistência desse efeito nos recursos especial e extraordinário, os quais, de acordo com fundamentos expendidos em certos votos, não autorizaram a revisão de fatos e de provas e, portanto, "os recursos de natureza extraordinária não têm por finalidade específica examinar a justiça ou injustiça de sentenças em casos concretos." (foi nesse sentido e também com base em outros argumentos que, por maioria de votos, o acórdão proferido no HC 126.292 foi proferido para se consignar, em ementa, que "A execução provisória de acórdão penal condenatório proferido em grau de apelação, ainda que sujeito a recurso especial ou extraordinário, não compromete o princípio constitucional da presunção de inocência afirmado pelo artigo 5º, inciso LVII da Constituição Federal"). Pouco tempo depois, o STF voltou a se pronunciar sobre a matéria por ocasião dos julgamentos das ADCs 43, 44 e 54, reconhecendo a constitucionalidade do art. 283 do CPP para assentar que as prisões anteriores ao trânsito em julgado são excepcionais, com finalidade cautelar, e sem o escopo de impor ao réu o cumprimento de pena.

144. O projeto foi definitivamente arquivado em dezembro de 2018.

reservados após a formação da estabilidade da decisão. Sob essa premissa, o legislador busca o caminho mais difícil ao pretender alterar a Constituição, cujos requisitos são mais rigorosos do que a mudança de lei ordinária, para alcançar as alterações pretendidas, inclusive ensejando elevados custos estruturais para reforma e acomodação de mecanismos de controle destinados aos tribunais superiores. A exemplo do que se verifica em outros países, em que todos os meios são denominados de recursos, elege-se quais deles impedirão ou não o trânsito em julgado. Essa função fica a cargo da legislação infraconstitucional, o que poderia, aqui, ocorrer mediante reforma do art. 502 do CPC, explicitando-se quais recursos serão dotados do efeito obstativo e quais deles servirão para a quebra das estabilidades.

Sendo regulável o efeito obstativo, a questão está em saber quais seriam os ganhos com a mudança do modelo vigente, ao menos para o processo civil.[145] As repercussões por tal ou qual modelo no âmbito do processo civil podem ser apuradas quando colocados em confronto recursos e ações autônomas de impugnação, como será feito no tópico subsequente, mas, por ora, serão sintetizados na ideia de estabelecer o momento em que os efeitos da litispendência cessam e quais deles são estritamente dependentes do trânsito em julgado, para avaliar em que medida o efeito obstativo enseja, na sua atual extensão, vantagens concretas.

Por isso, ganham maiores destaques as opções legais com relação aos escopos do processo, isto é, pacificar o conflito com maior celeridade – se não completamente imune a discussões, mas com certo grau de estabilidade – dando prevalência ao escopo social, ou a solucionar o conflito após diversas oportunidades de controle, em valorização ao escopo jurídico. O sistema vigente entre nós claramente se filia a essa última opção, mas, repita-se, a questão se coloca menos em se apegar ao prolongamento dos efeitos da litispendência e mais em determinar o momento em que se opera a estabilidade da decisão.

3.2.1.1. *Repercussões sobre a estabilidade da decisão judicial impugnada por recurso e por ação autônoma*

Seria necessário indagar quais são as concretas repercussões de um modelo como o brasileiro, em que, por um lado, todos os recursos são anteriores ao trânsito em julgado, e, por outro, observa-se considerável largueza de cabimento das ações autônomas de impugnação posteriores ao

145. Esse debate é encontrado, para o sistema processual civil francês, em CADIET, Loïc. JEULAND, Emmanuel, **Droit judiciaire**, 10 ed. Paris: Lexis Nexis, 2017, p. 671-672.

trânsito em julgado. Essa análise começa pela constatação de que o efeito obstativo somente impede a estabilidade da decisão, mas não sua eficácia. Prevalece em nosso sistema a regra de imediata eficácia das decisões judiciais ainda que não estáveis. A distinção entre eficácia e autoridade da decisão se relaciona com os efeitos recursais a revelar que, independentemente da estabilidade, o ato decisório estará apto a ser implementado. Dessa forma, a dissociação entre o efeito obstativo aqui examinado e o efeito suspensivo é demonstração de outra clara escolha do sistema processual nacional, que autoriza a execução de decisões não definitivas.

O momento de incidência do efeito obstativo é fonte de discussões doutrinárias, que se dividem entre a interposição e a admissão do recurso.[146] Nesse ponto, concordamos com a opinião de Dinamarco, em razão da distinção entre adiamento e impedimento da preclusão.[147] Enquanto não exercido o juízo de admissibilidade, há o adiamento do momento da preclusão, justamente porque se desconhece qual será o destino dado ao recurso. Com o juízo positivo de admissibilidade, passa a haver o impedimento para que a decisão se estabilize, tendo em vista a futuro juízo de mérito a ser exercido. Essa divisão não deixa de se harmonizar com preocupação antiga referente às repercussões do juízo negativo de admissibilidade recursal frente ao prazo para a ação rescisória, alinhada ontologicamente com o espírito inicial que animava o enunciado n. 401 de súmula da jurisprudência dominante do STJ. Ainda que predomine o entendimento de que esse juízo negativo tem natureza declaratória,[148] a solução dada pelo referido autor mostra-se coerente não só com um modelo em que o juízo de admissibilidade é feito, em momento posterior à interposição, assim como o coloca em sintonia com o juízo de admissibilidade da demanda, que não impede a produção de efeitos inerentes ao ajuizamento.

Contudo, o exemplo do recurso intempestivo merece atenção diversa. Isso porque o trânsito em julgado é consequência legal que independe da vontade da parte ou de decisão judicial para ocorrer, ou seja, uma vez transcorrido o prazo para interposição do recurso, aquele fenômeno temporal acontece automaticamente. Recurso intempestivo equivale a recurso não interposto. Portanto, a decisão que deixa de conhecer o recurso por intempestividade

---

146. Divergência bem percebida pelo antagonismo das opiniões de Barbosa Moreira (**Comentários ao Código de Processo Civil**, p. 267-268) e de Nelson Nery Jr (**Teoria geral dos recursos**, p. 138-141).

147. Os efeitos dos recursos. In: **Aspectos polêmicos e atuais dos recursos**, p. 27.

148. No sentido de que o juízo negativo teria natureza constitutiva negativa: DIDIER JR., Fredie. CUNHA, Leonardo Carneiro da. **Curso de direito processual civil**, v.3, p. 161.

tem característica diversa das demais decisões, porquanto nada mais faz do que declarar que não houve recurso contra a decisão e essa, por sua vez, estará acobertada pela preclusão desde o dia seguinte ao termo final de sua impugnação. O enunciado n. 401 mencionado estatui que o prazo para a ação rescisória se inicia com a decisão do órgão julgador que reconhece a intempestividade, com o propósito de impedir que já tenha escoado o prazo decadencial de dois anos.

A partir dessas ponderações, devem ser analisadas duas perspectivas. A primeira refere-se às consequências do efeito obstativo diante de decisões que de imediato são eficazes. A segunda diz respeito às repercussões de perpetuidade dos efeitos do ajuizamento da demanda e da citação válida enquanto houver recurso pendente frente à outra hipotética opção possível, que seria determinar o término desses efeitos mesmo que coubesse recurso.

O impacto da pendência dos recursos pode ser avaliado nas decisões condenatórias. O modelo de cumprimento provisório adotado pelo CPC apresenta pouquíssimas distinções para o modelo de cumprimento definitivo, sobretudo porque as essenciais diferenças residem no regime de responsabilidade do exequente por danos causados ao executado e na exigência de garantia para a efetivação de atos de expropriação, quando não for o caso dispensá-la por aplicação das hipóteses previstas pelo art. 521. A rigor, a eficácia da decisão condenatória encontra distinções tênues nos cenários em que pendente recurso ou quando já houver o trânsito em julgado. Resulta disso que, afora a estabilidade da decisão, os regimes de satisfação do crédito são muito semelhantes, ressalvadas as consequências práticas de que dependam da concretização do referido marco temporal, como a expedição de precatório.

Sob esse ponto de vista, um paralelo com as ações autônomas de impugnação – todas elas desprovidas de efeito obstativo – mostra-se pertinente sobretudo pelo viés de confiabilidade do título executivo judicial dito definitivo ou provisório, assim como pelos riscos de reversão do julgado. Considerando que a superveniência do trânsito em julgado não afeta o interesse das ações autônomas cabíveis exclusivamente antes desse momento processual, na linha do que vem sendo admitido pela jurisprudência[149], não

149. "(...) 2. É incabível mandado de segurança contra decisão judicial transitada em julgado, incidindo, portanto, o teor do art. 5º, inciso III, da Lei n. 12.016/2009 e da Súmula n. 268/STF. Precedentes. 3. No entanto, sendo a impetração do mandado de segurança anterior ao trânsito em julgado da decisão questionada, mesmo que venha a acontecer, posteriormente, não poderá ser invocado o seu não cabimento ou a sua perda de objeto, mas preenchidas as demais exigências jurídico-processuais, deverá ter seu mérito

se pode duvidar de que a pendência dessa demanda impugnativa coloca em risco a eficácia da decisão estabilizada pelo horizonte de possível reforma ou invalidação. É o que pode ocorrer, por exemplo, no curso de uma reclamação já ajuizada, mas pendente de julgamento, para impugnar acórdão de tribunal local do qual ou não cabiam recursos para tribunais superiores ou esses sequer foram admitidos.

O mesmo raciocínio vale para as ações autônomas cabíveis posteriormente ao trânsito em julgado, visto que esse momento processual ou lhes é indiferente ou é o ponto de partida para ajuizamento. Assimilado que são reduzidas as diferenças entre cumprimento provisório e definitivo, assim como é ampla a possibilidade de impugnação antes e depois do trânsito em julgado, evidencia-se que a multiplicidade de ataques provoca a reflexão sobre a vigente escolha da dimensão conferida ao efeito obstativo.

Para demonstrar mais um dado da distinção imposta entre meios de impugnação a partir do efeito obstativo, a liquidação do título executivo judicial não tem seu modelo alterado se houver provisoriedade ou definitividade do título. Os arts. 509 e 512 do CPC estipulam um procedimento unitário, sendo irrelevante, ainda, o fato de que o recurso seja dotado de automático efeito suspensivo.

Assim, por mais que o efeito obstativo atue em todos os recursos, a amplitude para a modificação da decisão após o trânsito em julgado exerce grande interferência na ponderação de escopos do processo.[150] Por isso, não

---

apreciado. (...)" (STJ, EDcl no MS 22.157/DF, Rel. Ministro Herman Benjamin, Rel. p/ Acórdão Ministro Luís Felipe Salomão, Corte Especial, julgado em 14/03/2019, DJe 11/06/2019).

150. Embora não se concorde integralmente com as conclusões de Jolowicz, é necessário consignar sua opinião acerca dos valores que envolvem o estudo dos meios de impugnação, considerando a perspectiva desse autor de comparar os escopos pretendidos pela *appeal* e pela *review*: "It is part of my purpose to show that each of these procedures in its 'pure' form is designed to serve a different purpose: the 'review' - which appears much earlier than the appeal in the development of a legal system – serves primarily the 'public' interest in upholding and protecting the legal order itself. The appeal, on the other hand, serves the 'private' interests of the parties to the litigation in the actual outcome of their case. It is, however, relatively rare today to find either appeal or review in a 'pure' condition. Each has tended to acquire some of the characteristics of the other, and the consequente 'impurity' of each has caused us to lose sight of the different objectives which they are intended to achieve." (Appeal and Review in comparative Law: similarities, differences and purposes, **Melbourne University Law Review**, vol. 15, dec. 86, p. 620). A rigor, se a prevalência do efeito obstativo sobre todos os recursos sinalizaria a valorização do escopo jurídico, especialmente por não se permitir a definitividade do título, o verso da moeda deveria considerar vias mais restritas de desfazimento

se pode desconsiderar um dado característico do ordenamento jurídico brasileiro, referente à numerosidade de ações autônomas de impugnação para questionar decisões estáveis.[151]

Em relação ao prolongamento dos efeitos decorrentes da propositura da demanda e da citação válida, nota-se, ainda, que parte deles não guardam dependência com o trânsito em julgado, como ocorre, por exemplo, com a constituição do réu em mora, com a interrupção da prescrição e com o direito ou a coisa litigiosa, alheios até mesmo a interposição recursal para sua manutenção ou extinção. Portanto, o efeito obstativo é relevante para manutenção do estado de litispendência, sendo, ainda, a fronteira entre essa e a formação da estabilidade.[152]

---

de decisões transitadas em julgado (PONTES DE MIRANDA, Francisco Cavalcanti. **Tratado da ação rescisória**, p. 535).

151. Em recente estudo que se presta à comparação da ação rescisória com a *revocazione* italiana, Giorgia Chiaramonte bem percebeu a elasticidade do nosso meio de impugnação, dentre alguns motivos, pela previsão de controle de aplicação de norma jurídica (art. 966, V do CPC). Segundo a processualista daquele país, "Le soluzioni adottate dal legislatore brasiliano avvalorano, ancora una volta, le riflessioni della dottrina italiana e auspicabilmente potrebbero portare anche in Italia a una (già da tempo invocata) riforma che tenga conto di esigenze (non sussistenti ai tempi dell'emanazione del codice di procedura civile italiano) che hanno rappresentato una vera e propria rivoluzione nel panorama processuale e più in generale giuridico. Esigenze con cui il giudicato deve necessariamente fare i conti. Ciò senza tuttavia violare l'esigenza di certezza giuridica, a ben vedere anch'essa uno dei portati del principio di legalità: difatti, l'arco temporale entro il quale poter chiedere la revocazione è di due anni a partire dal passaggio in giudicato della decisione, e proprio tale previsione limita un'eccessiva instabilità che potrebbe causare il riesame della decisione." (La revocazione nel processo civile italiano: criticità del sistema italiano e propsettive di reforma alla luce del nuovo CPC brasiliano. **Civil Procedure Review**, v.12, n.1, jan.-abr. 2021, p. 146). A questão aqui tratada também ganha relevo em outros ordenamentos jurídicos, a exemplo do francês, no qual o recurso de cassação tem por finalidade superar as decisões já acobertadas pela coisa julgada material se houver a *non-conformité du jugemente aux régles de droit* (art. 604 c.p.c.). A ampla permissão para o controle normativo em sede cassacional (sobre a interpretação desse dispositivo: CADIET, Loic; JEULAND, Emmanuel **Droit judiciaire privé**, p. 714) não faria com o que a amplitude do modelo brasileiro ficasse tão distante de outros, com o que se deve ponderar que, aqui, previamente à ação rescisória, houve ampla possibilidade de discussão das questões de direito relativas às decisões acobertadas pela coisa julgada material.

152. Essa relação entre litispendência e estabilidade, cujo ponto de equilíbrio se encontra no efeito obstativo, pode ser bem compreendida nas seguintes reflexões de Frédérique Ferrand: "*Lis pendens* and *Res Judicata* rules both aim avoiding contradictory court decisions. The purpose of *lis pendens* is, in the interest of the harmonious administration of justice, to minimize the possibility of concurrent proceedings and to ensure that

A influência do efeito obstativo sobre a litispendência é produzida para o autor tão logo proposta a demanda (art. 312 do CPC) e, para o réu, com a citação válida.[153] Além das diversas justificativas que poderiam ser apontadas para justificar tais consequências, o mais evidente é a impertinência de provocação do Poder Judiciário para decidir duas vezes o mesmo litígio, em clara vedação ao *bis in idem*. Esse impedimento se protrai no tempo enquanto se sustentar a pendência da demanda, o que se dá especialmente mediante a interposição de recursos.[154]

Essa direta influência criada pelo efeito obstativo revela consequências menos relevantes com do CPC de 2015, tendo por base os óbices criados para a propositura de nova demanda após o trânsito em julgado. Sob a égide da ordenação anterior, a impossibilidade de duplicidade de demandas idênticas se manifestava pela eficácia negativa da coisa julgada, que seria o verso da moeda em momento posterior ao trânsito em julgado da sentença de mérito. Agora, o impedimento se estende à hipótese instituída pelo art. 486, §1º do CPC, que passa a exigir da parte, para novo ajuizamento da demanda extinta sem resolução de mérito, a correção dos defeitos elencados nos incisos I, V, VI e VII do art. 485. Perceba-se que essa eficácia negativa da estabilidade que reveste as sentenças terminativas, com projeção no plano material,[155] teria o condão de forçar a parte a alterar alguns dos elementos da demanda, como poderia ocorrer se a causa da extinção fosse dada, por exemplo, pelo reconhecimento de litispendência, de coisa julgada, de ilegitimidade de parte ou de falta de interesse de agir.

As repercussões limitadoras produzidas pela litispendência ou pela eficácia negativa de certas estabilidades se assemelham e ensejam os mesmos impedimentos para aquele que pretenda propor nova demanda com iguais elementos objetivos e subjetivos. Ademais, parece correto sustentar que as ações autônomas de impugnação gozam, por razões distintas, dos

---

irreconcilable judgments will not be given by different courts. While *lis pendens* rules deal with possible parallel concurrent proceedings, the *res judicata* doctrine considers two successive proceedings and is a manifestation of the bindingness of decisions between the parties on matters decided by a court; it bars successive litigation of the same claim or issues between the same parties." (*Res Judicata* From National Law to a Possible European Harmonization? **Festschrift für Peter Gottwald zum 70. Geburstag.** München: Verlag C.H. Beck, 2014, p. 143).

153. Heitor Sica reconhece que, para réu, esse efeito teria maior relevância diante das ações dúplices (**Comentários ao Código de Processo Civil: arts. 236 a 293**, vol. V., p. 120).

154. DINAMARCO, Cândido Rangel. **Instituições de direito processual civil**, II, p. 74.

155. CABRAL, Antonio do Passo. **Coisa julgada e preclusões dinâmicas**, p. 333-334.

benefícios decorrentes do impedimento para de propositura de demanda idêntica, quer porque aquelas cabíveis anteriormente ao trânsito em julgado estarão inseridas no contexto das limitações produzidas pela litispendência, quer porque aquelas cabíveis posteriormente ao trânsito em julgado terão o respaldo da eficácia negativa da estabilidade.

3.2.2. Efeito devolutivo dos recursos e o objeto das ações autônomas de impugnação

Historicamente, a noção em torno do efeito devolutivo foi se modificando. Partindo de um contexto de transferência de poder jurisdicional, viu-se evolução que passou a admiti-lo como alteração no exercício da cognição sobre a matéria recorrida, até se conceber a autonomia do objeto recursal.[156] A depender do período histórico e do ordenamento jurídico usados como referência, o efeito devolutivo pode ganhar contornos distintos. Em confirmação a essa constatação, o seu estudo sempre esteve associado ao recurso de apelação e, por conta disso, viu-se a polarização de dois modelos estanques e

156. Além das inúmeras referências históricas constantes do item 1.5.5.1 *supra*, convém, nesse momento, apontar o perfil atual de autonomia do objeto recursal. Na doutrina estrangeira, o tema é tratado com desenvoltura em estudos a seguir mencionados exemplificativamente: CASTRO, Aníbal de. **Impugnação das decisões judiciais**, p. 98; SOUZA, Miguel Teixeira de. **Estudos sobre o novo processo civil**, p. 453; PINTO, Rui. **O recurso. Uma teoria geral**, p. 56-57; CORNU, Gérard. FOYER, Jean. **Procédure civile**, 3 ed. Paris: PUF, 124; HÉRON, Jacques. BAR, Thierry Le. **Droit judiciaire privé**, p. 546; CERINO-CANOVA, Augusto. **Le impugnazioni civili**, p. 463-464; TAVORMINA, Valerio. Impugnazione sostitutive e impugnazione rescindenti. **Rivista trimestrale di diritto e procedura civile**, n. 2, giu. 1977, p. 65-654; RASCIO, Nicola. **L'oggetto dell'appello civile**, p. 20-25. BIANCHI, Lucca. **I limiti oggettivi dell'appello civile**, p. 29-37; KOLOTOUROS, Panagiotis. **Der Rechtsmittelgegenstand im Zivilprozeβ: die Rechtsmittel zwichen Kassation und Verfahrensfortsetzung**, p. 96-97; SEMMELMAYER, Johann. **Der Berufungsgegenstand**, p. 53-56. No Brasil, o tema foi desenvolvido de forma crítica, recentemente, por Lucas Buril de Macêdo (**Objeto dos recursos cíveis**, p. 64-76). A despeito disso, ainda é frequente na doutrina nacional uma concepção medieval de efeito devolutivo, no sentido de "fazer conhecer" o processo por um órgão superior. Isso fica claro diante da crítica formulada por Alcides de Mendonça Lima: "Como resultado lógico e necessário do que se convencionou chamar de 'efeito devolutivo' como requisito histórico, todo recurso pretende o reexame da decisão impugnada, não importando a natureza e a hierarquia do órgão *ad quem*. Esta situação é, pois, inerente ao próprio instituto recursório. Pelo sentido ambíguo, porém, que o termo "devolução" acarreta, melhor substituí-lo por outro, que atendesse à realidade hodierna, sem liame algum com uma situação superada ou obsoleta, com nenhum sentido racional e, até, gramatical." (**Introdução aos recursos cíveis**, p. 287).

ideais: de um lado, o *novum iudicium* e, de outro, a *revisio prioris instantiae*.[157] O primeiro consagra o completo e amplo reexame pelo órgão julgador com relação aos pontos ou questões de fato e de direito decididos pela instância inferior.[158] O segundo se caracteriza pela apreciação da matéria impugnada pelo recurso com base no reexame das alegações de fato já apresentadas pelas partes e das provas produzidas perante o juízo de origem.[159]

Essencial nessa investigação inicial perceber a influência do direito positivo em traçar balizas para o efeito devolutivo e, por conseguinte, sobre o objeto do recurso, especialmente diante de marcado dissenso doutrinário para determinar o que é efeito devolutivo.[160] Naquela linha evolutiva apontada, confirma-se, como desdobramento da ideia de transferência da cognição,

---

157. A preocupação com o equilíbrio na adoção desses modelos se verifica refletida nas European Rules of Civil Procedure: "Proceedings on appeal and other means of review were not originally intended for inclusion within the project. The ALI/UNIDROIT Principles only refer to appellate review in Principle 27. That principle struck a compromise between common law countries, where appeals do not generally allow a full rehearing of the case (no ius novorum and "closed record") and continental traditions, which originally adopted an approach which mostly provide an appeal by way of a full de novo hearing. It is only in more recent times that an increasing number of countries have begun to restrict the *ius novorum*. Part IX of the Rules on Means of Review is the result of remarkable approximation between European procedural systems concerning the approach to be taken to reviewing judicial decisions. The only issue over which serious discussions arose was the requirements concerning the admissibility of first appeals and the *ius novorum* on first appeals. Ultimately a compromise was reached, which resulted in the rules as drafted being widely accepted. It would have been a mistake not to incorporate rules on review and appeals based on, as became apparent during the project, an erroneous belief that because past attempts to harmonise appeals had failed due to, then, seemingly insurmountable obstacles, the present attempt would also fail." (https://tinyurl.com/3dcad77x. Acesso em 21.04.2021)

158. GUIMARÃES, Luiz Machado. Efeito devolutivo da apelação. In: **Estudos de direito processual civil**, p. 220-222.

159. CINTRA, Antonio Carlos de Araújo. **Sobre os limites objetivos da apelação civil**, p. 19-21.

160. A resenha das posições doutrinárias nesse tema é feita com precisão por Rodrigo Barioni (**Efeito devolutivo da apelação civil**, p. 35-43). Rogério Schietti Machado Cruz faz importante observação a respeito do efeito devolutivo, para confirmar que, a despeito dessa ingerência legal, a função essencial dos recursos é o controle do ato impugnado: "Releva concluir, a esse respeito, que mesmo permitindo-se a produção de prova nova na fase impugnativa, não perde, o segundo grau de jurisdição sua função principal de controle e revisão do juízo recorrido, de '*reexame crítico do provimento impugnado*'. Não fora assim, careceriam de justificativa as limitações quanto à matéria que pode ser conhecida pelo tribunal *ad quem* e quanto ao objeto de seu provimento jurisdicional, cunhadas nas regras do *tantum devolutum quantum appellatum* e da *ne*

o efeito devolutivo diretamente ligado à amplitude do objeto do recurso, de modo que, modernamente, chega-se a analisar o fenômeno exclusivamente sob o viés dos limites objetivos desse meio.[161] Assim, mostra-se menos relevante se aliar a conceitos – nesse ponto, o desafio é entender do que se trata o efeito devolutivo – e a períodos remotos, pois o importante está em entender como o regramento legal interfere no objeto dos recursos e quais questões podem ser consideradas pelo órgão julgador.[162] Afinal, se adotada como válida a assertiva segundo a qual o efeito devolutivo é inerente a todos os recursos porque devolvem ao conhecimento do órgão julgador a matéria impugnada, em realidade essa prerrogativa pertenceria a qualquer meio de impugnação,[163] inclusive às ações autônomas, com variações quanto à amplitude em que ocorre essa devolução, notadamente por haver o controle interno dos atos judiciais.[164]

---

reformatio inpejus." (**Garantias processuais nos recursos criminais**, 2ª ed. São Paulo: Atlas, 2013, p. 7).

161. Com razão, Rui Pinto assevera que o objeto dos recursos cíveis "é, na sua *extensão máxima possível*, **determinado pelo *efeito devolutivo*:** *tantum devolutum quantum iudicatum* (...) julga-se a decisão viciada nos limites do objeto desta (o objeto *a quo*) (...) Sem prejuízo da autonomia do objeto recursório." (**Manual do recurso civil**, vol.1, p. 350, destaques do original).

162. São precisas as considerações de Giovanni Fabbrini ao proceder a correlação por nós adotada quanto à influência da lei sobre o efeito devolutivo dos recursos: "Tuttavia, e qui il discorco passa al c.d. *efffetto devolutivo*, la sostituzione necessaria ad opera del giudice del gravame della sentenza di primo grado non avviene automaticamente in modo total, ma avviene solo entro limi precisi, fissati dalla legge in relazione all'attività concreta svolta dalla parte che exercita il mezzo di gravame (...)" (**L'opposizione ordinaria di terzo nel sistema dei mezzi di impugnazione**, p. 227).

163. Precisamente, Jordi Nieva Fenoll assevera o seguinte: "La palavra 'devolutivo', actualmente, es desorientadora. Está basada en una concepción antigua de la jurisdicción, según la cual la misma era delegada del inmediato superior, hasta legar al rey, por lo que cuando un tribunal inferior traspasaba el caso a un tribunal superior para que resolviera el recurso, em realidad le estaba 'devolvendo' la jurisdicción que éste le delegó." (**Derecho Procesal II: proceso civil**. Valencia: Tirant Lo Blanch, 2019, p. 322). Entre nós, em sentido análogo, Alcides de Mendonça Lima ressalta que a forma com que se emprega o termo "efeito devolutivo" é ambíguo e, por isso, "melhor fora substituí-lo por outro, que atendesse à realidade hodierna, sem iame algum com uma situação superada e obsoleta, com nenhum sentido racional e, até, gramatical." (**Introdução aos recursos cíveis**, p. 287).

164. Pertinentes, nesse sentido, as constatações de Flávio Luiz Yarshell: "Fosse a ação rescisória tratada legalmente como um *recurso*, e ainda assim prevaleceria a razão de ser de tais regras, porque, se não há uma exata correspondência, há um considerável paralelismo entre o chamado 'efeito devolutivo', próprio dos recursos, e a impugnação que se contém no pedido da rescisória: naquele âmbito, tanto se devolve (em extensão) ao tribunal

Permitir a apreciação da matéria impugnada revela-se, portanto, inerente a qualquer meio de impugnação, o que não necessariamente se confunde com a amplitude dos limites objetivos deles. A real distinção, quando se busca entender o efeito devolutivo, é a amplitude com que essa apreciação pode ocorrer, quais questões poderão ser examinadas e levadas em consideração para se concluir pela manutenção, reforma ou invalidação do ato judicial questionado. O cerne do efeito devolutivo, portanto, não está em assumir como sinônimo de objeto do recurso a reapreciação da matéria, mas, sim, a forma com que a lei produz interferências sobre esse objeto.[165]

O art. 1.002 prevê que a decisão poderá ser impugnada no todo ou em parte, em confirmação à teoria dos capítulos decisórios e ressalta que a extensão do recurso será total ou parcial a depender da vontade do recorrente. De outro lado, dispositivos como os arts. 1.013, §§1º e 2º e 1.034, parágrafo único, do CPC preveem expressamente a profundidade do efeito devolutivo e atribuem contornos mais amplos do que, sem eles, seria o objeto dos recursos. A permissão legal para que o tribunal decida com base em fundamento não expressamente invocado pelo recorrente revela um sinal de como o CPC opta por interferir o objeto do recurso, o que ressalta o princípio inquisitório nesse âmbito.

---

quanto se recorre e, ao menos por regra, o que não é impugnado não é devolvido – e, assim, sujeita-se à preclusão; no âmbito da rescisória o que se submete ao tribuna, também ao menos por regra, é o que se contém nos limites do pedido de rescisão, de tal sorte que o que não se contém nesses limites – salvo exceção – se sujeitará à coisa soberanamente julgada, tanto que decorrido o prazo legal. Em ambos os casos vigora o princípio da demanda, competindo ao interessado a iniciativa da rescisão." (**Ação rescisória: juízos rescindente e rescisório**, p. 147-148).

165. Vide em PERROT, Roger. L'effetto devolutivo dell'appello e il diritto di avocazione nel processo civile francese. **Rivista di diritto processuale**, XIII, 1958, p. 391 a dificuldade da doutrina em encontra paralelos entre o efeito devolutivo dos recursos e outros instrumentos de controle não dotados de semelhante efeito, justamente em razão da clássica visão de transferência cognitiva. Ver, ainda, reflexão sobre o efeito devolutivo proposta em GILLES, Peter. **Rechtsmittel im Zivilprozeß**, p. 180-181. Com razão, Karim Salhi assevera o seguinte a respeito das justificativas para concepção do efeito devolutivo: "D'une manière générale, le choix de conférer un effet dévolutif à la plupart des voies de recours, et donc d'obliger les juges qui em sont saisis à proceder par eux-mêmes au remplacement du jugement dont ils ont prononcé l'anéantissement, se fonde sur une volonté evidente de célérité, de simplicté et de rationalité dans l'organisation du rejugement des affaires." (**Contribution à une théorie générale des voies de recours en droit judiciaire privé.** Thèse de doctorat (Droit privé et sciences criminelles) – Université de Caen Normandie, 2004, p. 283).

3.2.2.1. *Extensão do efeito devolutivo e extensão da ação autônoma de impugnação*

Como assinalado anteriormente, o efeito devolutivo dos recursos pode ser examinado em sua extensão, o que equivale à determinação de qual parcela da decisão foi impugnada. Se a lei interfere no objeto recursal, autorizando o julgador a examinar certas questões nele não suscitadas, isso não alcança a liberdade conferida à parte de indicar qual parcela da decisão deseja controlar. O presente tópico cuidará de demonstrar que a extensão da impugnação não se limita ao âmbito recursal, mas também pertence às ações autônomas em razão de ser esse tema comum ao controle dos atos judiciais. Tal constatação não exige muito esforço se percebido que a divisão em capítulos integra a teoria da decisão judicial e se projeta para os meios de impugnação, a fim de dar contornos ao objeto destes.[166] Por isso, o princípio dispositivo manifesta-se em igual intensidade entre recursos e ações autônomas na delimitação da extensão da impugnação.

A decisão judicial pode ser cindida em tantas partes quantas forem as "unidades autônomas do decisório".[167] Essa noção já se mostra suficiente para o desenvolvimento das ideias que seguem, tendo em vista estar assentada pacificamente entre nós, sobretudo porque a teoria dos capítulos decisórios vem se mostrando a mais segura ao longo do tempo para a extensão da impugnação[168], e está expressamente acolhida pelo CPC (ex.: arts. 966, § 3º; 1.013 *caput*, §§1º e 3º). Sob esse prisma, é possível conceber variadas formas de se estabelecerem os capítulos decisórios. Admite-se decisões que sejam em parte de mérito e em parte terminativas, integralmente terminativas, integralmente de mérito, capítulos autônomos entre si, capítulos com vínculos de dependência e capítulos decomponíveis.[169] Essas classificações produzem reflexos sobre os meios de impugnação, pois ora o CPC se vale da modalidade de decisão para orientar o cabimento (ex.: apelação é recurso cabível contra sentença, independentemente dos capítulos nela contido), ora se vale da natureza do capítulo para tanto (ex.: ação rescisória é cabível diante de decisões de mérito transitadas em julgado) e ora agrega as duas modalidades (ex.:

---

166. LIEBMAN, Enrico Tulio. "Parte" o "capo" di sentenza. **Rivista di diritto processuale**, 1964, n. 2, p. 48.

167. DINAMARCO, Cândido Rangel. **Capítulos da sentença**, p. 33-34.

168. Sobre outras teorias pensadas a respeito do objeto da impugnação: CERINO-CANOVA, Augusto. **Le impugnazioni civili**, p. 162-177. Mais recentemente, em revisita ao tema dos capítulos decisórios: RUGGIERI, Paola Chiara. **Pronuncia oggettivamente complessa e onere di impugnazione**. Torino: Giappichelli, 2020, cap. I.

169. DINAMARCO, Cândido Rangel. **Capítulos da sentença**, cap. II.

agravo de instrumento é recurso cabível diante de decisões interlocutórias que tenham por capítulo alguma matéria descrita no art. 1.105).

A primeira repercussão está na classificação dos recursos em totais ou parciais, para identificar que a impugnação se direcionou contra todos os capítulos ou apenas parte deles, respectivamente. Costuma-se estatuir essa divisão somente aos recursos, mas não há óbice para ampliá-la a todo e qualquer meio de impugnação, apesar de parte da utilidade classificatória se encontrar diretamente ligada à estabilidade da decisão, a qual deixa de se operar pelo efeito obstativo. A identificação da parcela decisória impugnada faz parte da atividade de identificação do objeto da impugnação e, portanto, dos limites da atividade judicial. Disso decorre o brocardo *tantum devolutum quantum appelatum*, que explica o fenômeno atual somente para os recursos.[170] Para também adequá-lo às ações autônomas, poder-se-ia mencionar que o reexame da matéria impugnada se dará no limite da extensão do questionamento formulado, a ensejar a ideia de *tantum devolutum quantum impugnatum*, ressalvada que seja os limites da profundidade desse reexame segundo cada meio. O art. 1.002 do CPC, apesar de pertencer à disciplina atinente à teoria geral dos recursos, serve de igual modo para qualquer meio de impugnação. Nesse sentido, delimitada a extensão em que proposta a impugnação, o órgão julgador ficará a ele adstrito. Para a parte também há um comando contido nesse dispositivo legal, referente à vedação de pretender a extensão do meio de impugnação para além da própria decisão. Há, assim, uma delimitação recíproca: a decisão não pode ir além do objeto proposto pelas partes, assim como a impugnação não pode ir além do que foi decido sobre aquele objeto.[171]

---

170. Essa constatação é simples de ser compreendida à luz daqueles ordenamentos em que não se estabelece distinção entre meios de impugnação. Veja-se que essa perspectiva, além de reafirmar a autonomia do objeto do meio de impugnação, confirma que o "*Estado só revoga os seus atos judiciais decisórios a pedido e na medida do pedido* (...) Em consequência, desta vinculação do tribunal *ad quem* ao pedido do recorrente *o tribunal de recurso não pode dar ao recorrente mais do que ele pediu*." (PINTO, Rui. **Manual do recurso civil**, p. 363, todos os destaques são do original). No mesmo sentido: JEULAND, Emmanuel. **Droit processuel général**, 3 ed. Paris: LGDJ, 2014, p. 516.

171. DINAMARCO, Cândido Rangel. O efeito devolutivo da apelação e de outros recursos. In: **A nova era do processo civil**, 3ª ed. São Paulo: Malheiros, 2009, p. 169; ASSIS, Araken de. **Manual dos recursos**, p. 164-165. Na doutrina estrangeira, no mesmo sentido: PINTO, Rui. **Manual do recurso civil**, p. 202; GILLES, Peter. **Rechtsmittel im Zivilprozeβ**, p. 49-51; ROSENBERG, Leo. SCHWAB, Karl Heinz. GOTTWALD, Peter. **Zivilprozessrecht**, 18 Auflage. München: C. H. Beck, 2018, p. 825. Essa constatação sofre contradição em decorrência de como se compreende a função do efeito devolutivo, em função da preponderância da visão de simples reiteração da demanda originária: por

A extensão, portanto, serve para delimitar a atuação do órgão jurisdicional e controlar sua atividade, em reflexo ao que seria o princípio da demanda aplicado aos meios da impugnação, embora a jurisprudência, por vezes, atenue a liberdade do impugnante nessa delimitação.[172] Isso se reflete, ao menos, de dois modos. Nos recursos, não será dado ao órgão julgador se pronunciar sobre capítulo não impugnado, sob pena de conferir a esses meios função rescindente quanto a capítulos já estabilizados. Além da clara inobservância da congruência, ao extrapolar os limites da extinção, o tribunal acaba por ofender regras de competência que regem os meios destinados à desconstituição de decisões transitadas em julgado. Nas ações autônomas, também é de exclusiva escolha da parte o capítulo a ser impugnado. Tal como sucede nos recursos, o tribunal não poderá emitir pronunciamento sobre capítulos não questionados, sob pena de, se o fizer, violar manifestamente a regra da congruência.[173] Assim entendida a extensão, poder-se-ia admiti-la como uma das formas de determinar os limites objetivos dos meios de impugnação. Vale dizer: o capítulo passa a ser o objeto de questionamento formulado, no limite do qual deverá ser dada a decisão.

Isso tudo leva a outra reflexão de grande importância, referente à identificação do capítulo impugnado, o que, não raras vezes, pode ganhar contornos mais complexos, importam no exame da atuação do órgão julgador em conformidade com delimitação imposta pela parte.[174] Uma pri-

---

todos, em doutrina recente, MONTELEONE, Girolamo. **Diritto processuale civile**, v. 1. Padova: CEDAM, 2018, p. 612-616.

172. Dois exemplos são relevantes a esse respeito. O primeiro se refere à posição encontrada na jurisprudência do STJ, que torna impositiva a impugnação específica de todos os capítulos decisórios, numa espécie de vedação ao recurso parcial, invocando-se, indevidamente, o enunciado n. 182 de súmula da jurisprudência dominante do STJ (STJ, EDcl no AgRg no AREsp 1585523/MG, Rel. Ministra Laurita Vaz, Sexta Turma, julgado em 12/05/2020, DJe 28/05/2020). O segundo, a confirmar a proposta de análise geral dos meios de impugnação, encontra-se na tese defendida pela jurisprudência do STF, segundo a qual não se conheceria de ações diretas de inconstitucionalidade quando o autor deixar de impugnar todas as normas de determinado texto legal, dependentes daquele expressamente impugnado. O Supremo assim já se pronunciou: "A extensão do pedido apresentado na inicial não alcançou todas as normas da lei que se pretendia impugnar, tomados como parâmetros os fundamentos constitucionais trazidos nos autos: natureza de taxa da cobrança criada e necessidade de veiculação desse tributo por lei." (STF, ADI 4551, Relator(a): Min. Cármen Lúcia, Tribunal Pleno, julgado em 05/08/2020).

173. YARSHELL, Flávio Luiz. **Ação rescisória: juízos rescindente e rescisório**, p. 147-152.

174. ELIAS, Carlos Eduardo Stefen. **Apelação: os limites objetivos do efeito devolutivo**, p. 31-36.

meira forma de enfrentar esse debate começa pelas questões cognoscíveis de ofício. A combinação das formas de controle autoriza que, a despeito de formulada a impugnação, o magistrado invoque fundamento cognoscível de ofício. Suposto que exista mais de um capítulo decisório e que somente um deles foi impugnado, eventual reconhecimento de questão dessa natureza não poderia afetar o capítulo que deixou de ser questionado pela parte, especialmente quando esse já estiver transitado em julgado, ressalvados os capítulos dependentes. Os limites conferidos pela extensão impedem que a decisão vá além, mesmo que o fundamento invocado possa dizer respeito a toda a decisão.

Outra forma de compreender a relevância da extensão da impugnação diz respeito à existência da capítulos com vínculos de dependência. Nesse quadro, questiona-se quais seriam as repercussões sobre o capítulo dependente quando a parte decide impugnar apenas o capítulo principal. Em sede recursal, fala-se de um suposto "efeito devolutivo externo",[175] utilizando-o de fundamento para admitir que o capítulo dependente sujeitar-se-ia ao exame do órgão julgador somente quando o capítulo principal fosse impugnado. Diante de ação autônoma, o debate ganha o mesmo relevo, mas sem referência a uma espécie de efeito.[176]

Nesse sentido, em mais esse aspecto, não há que se falar em efeito recursal, porquanto, além de ser um dado comum aos meios de impugnação, a justificativa em admitir que o capítulo dependente também reste impugnado decorre de imperativos lógicos da impugnação do capítulo principal.

---

175. Por todos, BONSIGNORI, Angelo. L'effetto devolutivo nell'ambito di capi connessi. **Rivista trimestrale di diritto e procedura civile**, 1976, p. 960.

176. A discussão sobre os capítulos dependentes também se apresenta nas ações autônomas cabíveis contra decisões transitadas em julgado. No tocante à ação rescisória, aceita-se, nos moldes do que sucede com os recursos, a desconstituição dos capítulos dependentes por ocasião da impugnação formulada frente aos capítulos principais. Não há, assim, violação ao dever de congruência do órgão julgador ao estender a rescisão ao capítulo dependente, uma vez que a ação rescisória se voltou a indicar vício atinente ao referido nexo e, assim, seu autor manifesta preferir o capítulo principal ao dependente. É possível que nessa parcela da decisão não haja qualquer vício rescisório inerente, mas sua desconstituição decorra de um vício que lhe é anterior e determinante, inserido no capítulo principal. Por isso, Flávio Luiz Yarshell bem aponta que: "Como já realçado, se o autor da ação rescisória pede a desconstituição de um capítulo, embora fosse mais recomendável que cuidasse de ser explícito em relação a todos os capítulos que pretende ver desconstituídos, a procedência da ação rescisória há que acarretar a cassação não apenas daquele capítulo que foi objeto de pedido expresso, mas também de todos os que dele forem logicamente dependentes." (**Ação rescisória: juízos rescindente e rescisório**, p. 155-156).

A parte que pretende impugnar esse capítulo manifesta não se conformar com o resultado que apenas julga procedente o capítulo dependente, razão pela qual questionar o primeiro é manifestar a inconformidade quanto ao segundo. Como bem percebeu Claudio Consolo, a parte passa a impugnar a violação aos elementos que constituem o nexo entre o capítulo principal e o capítulo dependente.[177] A impugnação formulada nesses termos revela que a parte não se viu satisfeita somente com a procedência do capítulo dependente, tanto que busca obter a procedência do capítulo principal, situações que são, portanto, mutuamente excludentes. Por isso, não haveria impedimento para a parte impugnar apenas o capítulo dependente, situação em que não há o questionamento dos elementos integrantes daquele nexo de vinculação e, portanto, verifica-se o trânsito em julgado do capítulo principal, dotado de autonomia suficiente para não estar à sorte do resultado do capítulo dependente impugnado.

Por força da ampliação dos limites objetivos da coisa julgada às questões prejudiciais (art. 503, §1º do CPC), as considerações anteriores ganham contornos diversos e, em certos pontos, influenciam nessa comparação entre recursos e ações autônomas. Com a possibilidade de que a questão prejudicial seja acobertada pela coisa julgada material, parece relevante segregar os momentos desse exame para antes e depois do trânsito em julgado. Três premissas merecer ser fixadas para que se possa ingressar na comparação proposta.

A primeira concerne ao fato de que a questão considerada prejudicial terá de ser analisada pelo magistrado. Dentre os caminhos lógicos possíveis para se concluir pela procedência ou pela improcedência, a questão prejudicial precisa ser expressamente solucionada para ter relevância ao caso, considerando não integrar o objeto do processo. A segunda decorre da constatação de que a solução da questão prejudicial integra a fundamentação da decisão e, por isso, sua autonomia varia conforme o momento em que for impugnada. A terceira serve para reconhecer que, no regime de ampliação dos limites objetivos da coisa julgada, caberá a um juízo de futuro processo avaliar se os requisitos do art. 503, §§1º e 2º do CPC foram contemplados e, assim, reconhecer ou não a coisa julgada material sobre a questão prejudicial.[178]

Em razão do vínculo existente entre a questão prejudicial e a questão principal, parece correto admitir que, em sendo feita a impugnação por recursos, o controle daquela estará abrangido pela profundidade do efeito

177. **Il cumulo condizionale di domande**. Padova: CEDAM, 1985, II, p. 540-545.

178. Parte dessas premissas alinha-se com o quanto defendido por Thiago Ferreira Siqueira (**Limites objetivos da coisa julgada: objeto do processo e questões prejudiciais**, n. 3.4.3).

devolutivo.[179] Sobre a extensão do recurso, importa considerar impugnado o capítulo decisório ao qual diga respeito a questão prejudicial que se pretenda discutir. Por exemplo, o autor pede a condenação do réu ao pagamento de alimentos sob o fundamento da paternidade. O juiz reconhece a suficiência de recursos do demandado, mas julga improcedente por concluir não haver vínculo entre autor e réu. O autor terá interesse recursal para questionar a improcedência, usando como fundamento a existência da relação de filiação com o réu. Esse, por sua vez, diante do risco de que o tribunal acolha o pleito do autor, também teria interesse em impugnar nas contrarrazões ao recurso de apelação a suficiência financeira, o que bastaria para manutenção da improcedência. Não há dúvida de que, embora ambos se voltem contra a solução das questões prejudiciais em sentença, a extensão dos respectivos recursos está delimitada ao capítulo da improcedência do pedido de alimentos.

De outro lado, sucederia de maneira diferente se a impugnação se voltasse contra a decisão de mérito transitada em julgado. Utilizando o exemplo anterior, imagine-se que o juiz julga procedente a demanda para condenar o réu ao pagamento de alimentos valendo-se unicamente do fundamento da paternidade. Essa questão prejudicial passa a ganhar autonomia uma vez que terá condições de ser acobertada pela coisa julgada material e produzir efeitos independentes da condenação das verbas alimentares. Com o trânsito em julgado, passa a constituir capítulo sujeito à impugnação pela via da ação rescisória. Não se questiona que nessa sede seriam, eventualmente, discutidos os requisitos necessários para a formação da coisa julgada material,[180] mas, suposto que estejam preenchidos, a extensão da ação rescisória poderia abranger o capítulo atinente à paternidade ou se dirigir apenas ao capítulo das verbas alimentares.

Em mais um aspecto referente à extensão dos meios de impugnação, inconvenientes poderão surgir para identificar o capítulo questionado quando a parte formular impugnação imprecisa ou genérica. Diante dessas situações, é prudente ao julgador intimar a parte para esclarecer qual a extensão desejada e, assim, elucidar obscuridades constantes do ato praticado. Não é de se desconsiderar, contudo, casos em que essa atuação não ocorra e, ainda assim, seja preciso empreender esforços para que o julgamento de mérito seja feito nos limites em que proposta a demanda impugnativa. Tal

---

179. BARBOSA MOREIRA, José Carlos. **Comentários ao Código de Processo Civil**, p. 304; SIQUEIRA, Thiago Ferreira. **Limites objetivos da coisa julgada: objeto do processo e questões prejudiciais**, p. 359-360.

180. YARSHELL, Flávio Luiz. Comentários ao art. 966. In: **Comentários ao Código de Processo Civil**, v. 4, coord. Cassio Scarpinella Bueno. São Paulo: Saraiva, 2017, p. 163-164.

tarefa passa pela conjugação de alguns elementos como a identificação do interesse da parte para apuração prévia de qual seria o capítulo sujeito a questionamento, assim como se valer do vício alegado para exercício de um raciocínio dedutivo a respeito.[181]

3.2.2.2. *Proibição de* reformatio in pejus *nos recursos e o dever de congruência nas ações autônomas de impugnação*

A proibição de *reformatio in pejus* é tida como postulado dos recursos, com base na qual se impede que o órgão julgador coloque a parte em condição mais desfavorável do que aquela em que se encontrava quando promoveu a impugnação. Afora a origem histórica dessa vedação,[182] sua razão atual também está vinculada à extensão do efeito devolutivo, embora também aponte-se sua relação com o interesse recursal.[183] Esse prejuízo imposto ao recorrente é vedado, pois inadmissível ao órgão julgador decidir além dos limites em que proposta a impugnação.[184] Apesar de inexistir expressa previ-

---

181. Aceitando ser total a impugnação quando não houver delimitação expressa do impugnante: BONDIOLI, Luís Guilherme Aidar. **Comentários ao Código de Processo Civil**, vol. XX, p. 59.

182. Apesar de deitar raízes ainda em Roma, o tema da *reformatio in pejus* ganhou destaque nas discussões doutrinarias do início do século passado, muito por força da revisita feita ao tema por Giacomo Delitalia no âmbito do processo penal. Em reação a esse pensamento, Carnelutti (Sulla *reformatio in peius*. **Rivista di diritto processuale civile**, i, 1.927, p. 181-182) e Calamandrei (Appuntti sulla *reformatio in peius*. In: **Opere Giuridiche**, t. VIII, p. 456-466) rivalizaram posições para justificar o fundamento de sustentação dessa vedação. Mais recentemente, o tema voltou a ser analisado na doutrina alemã, especialmente após a reforma de 2001, sob a perspectiva de que a *reformatio in pejus* constituiria uma violação dogmática à estrutura fundamental dos recursos, que visam tutelar interesses exclusivamente destinados à melhora da situação jurídica do recorrente (KUHLMANN, Axel. **Das Verbot der *reformatio in peius* im Zivilprozesrecht**. Berlin: Duncker und Humblot, 2010, p. 95-96).

183. Ernesto José Toniolo afirma que esses parâmetros são insuficientes para justificar a vedação à *reformatio in pejus*, sendo necessário acrescentar o direito fundamental da proteção da confiança para justificar a impossibilidade de violar expectativas do recorrente em obter posição mais vantajosa (**A proibição da *reformatio in peius* no processo civil.** Porto Alegre: Livraria do Advogado, 2016, p. 110-112).

184. Aníbal de Castro chega a afirmar a existência de um "*princípio da limitação processual do objeto*" (**Impugnação das decisões judiciais**, p. 92). No Brasil, Rodrigo Ramina de Lucca faz importante ponderação a respeito: "A *reformatio in peius* viola a necessária correlação entre recurso e provimento recursal e, por esse motivo, é incompatível com a disponibilidade inerente ao nosso sistema processual e ao necessário respeito que o Estado deve ter pela autonomia privada." (**Disponibilidade processual**, p. 222).

são legal a respeito, aceita-se pacificamente que a parte não pode ficar sujeita a resultado mais grave do que aquele alcançado com a decisão questionada. O impedimento à *reformatio in pejus* deve ser visto como decorrência da regra da congruência referente à extensão da impugnação.[185]

A comparação funcional proposta entre meios de impugnação sugere que a *reformatio in pejus* não se limite aos recursos e seja aplicada às ações autônomas, respeitadas as particularidades necessárias. Essa comunhão deve ser extraída do que já se teorizou em torno dessa proibição, pois, como Angelo Bonsignori ressalta, o veto de prejuízo é fruto da correspondência entre o pedido e o decidido.[186] Para confirmar essa premissa, nem mesmo seria aceita uma espécie de *reformatio in melius* no processo civil fora da extensão do recurso,[187] o que, eventualmente, poderia ocorrer se o tribunal se pronunciasse sobre capítulo decidido desfavoravelmente ao recorrente, mas que deixara de ser impugnado. Em síntese, esse impedimento faz com que o órgão julgador não possa oferecer nada aquém ou além daquilo que foi imposto às partes pela decisão impugnada.[188]

---

185. O que fica claro no art. 465.5 da Ley de Enjuiciamento Civil espanhola: "El auto o sentencia que se dicte en apelación deberá pronunciarse exclusivamente sobre los puntos y cuestiones planteados en el recurso y, en su caso, en los escritos de oposición o impugnación a que se refiere el artículo 461. La resolución no podrá perjudicar al apelante, salvo que el perjuicio provenga de estimar la impugnación de la resolución de que se trate, formulada por el inicialmente apelado." Nesse sentido: LORCA NAVARRETE, Antonio Maria. Sobre la prohibición de la *reformatio in pejus*. **Revista jurídica española de doctrina, jurisprudencia y bibliografia**, n. 2, 1983, p. 1.150-1.157.

186. La *reformatio in peius* nel processo civile ed il suo divieto. **Rivista trimestrale di diritto e procedura civile**, XXXVII, 1983, p. 1.392.

187. PINTO, Rui. As proibições de *reformationes in melius* e *in peius*. Algumas questões. In: **As recentes reformas na acção executiva e nos recursos**, coord. Rui Pinto. Coimbra: Coimbra Editora, 2010, p. 111-142. O que é enfrentado e, de certo modo, aceito no processo penal. A esse respeito, veja-se interesse julgado: "Resp – Processual Penal - Apelação – 'Reformatio in Melius' - A apelação é regida pela regra 'tantum devolutum quantum appellatum'. Cumpre, porém, distinguir, na espécie, o processo civil do processo penal. Naquele, há pedido; neste não. O juiz confere tratamento jurídico adequado, ainda que contrarie a postulação do autor da ação penal. O processo penal (extensão material) não se esgota no CPP. A Constituição da República englobe a lei de ritos, ampliá-la a fim de o direito de liberdade não ser molestado, ou se o for, fazer cessá-la. Daí, o 'habeas corpus' (Art. 5, LXVIII). Ao judiciário cumpre fazer cessar a ilegalidade incontinenti. Consagrou-se, então, o chamado 'habeas corpus de ofício'. A 'reformation in melius' é decorrência desses princípios. Útil para declarar a atipicidade da conduta." (STJ, REsp 109.194/DF, Rel. Ministro Luiz Vicente Cernicchiaro, Sexta Turma, julgado em 29/04/1997, DJ 29/09/1997)

188. Sobre a aplicação da vedação da *reformatio in pejus* às ações autônomas: STF, HC 121.907, Relator(a): Min. Dias Toffoli, Primeira Turma, julgado em 30/09/2014; STJ, EDcl no

O prejuízo impedido pela restrição à *reformatio in pejus* pode se manifestar qualitativa ou quantitativamente. Ainda, a aferição do prejuízo deve ser concretamente perceptível.[189] Dessa forma, seria um prejuízo quantitativo se a parte, por exemplo, ao recorrer de capítulo condenatório que lhe impôs o dever de pagar o valor *x*, tenha sua situação modificada pela majoração da condenação para *2x*. O mesmo ocorre se o tribunal passa ao julgamento de capítulo que não foi questionado, como poderia se dar quando, apesar de impugnada somente a parcela decisória referente ao dano material, o tribunal se pronuncia sobre o dano moral. O prejuízo qualitativo se manifesta nos casos em que o tribunal altera o fundamento com base no qual se firma a decisão recorrida, mantendo-se o resultado obtido no capítulo. É o que se confirma no exemplo do autor que, vendo a ação popular por ele intentada julgada improcedente por insuficiência de provas, interpõe recurso e, negado provimento, reconhece-se a improcedência por inexistência de lesão ao erário.

Todavia, há exceções à *reformatio in pejus*, decorrentes de permissões contidas no ordenamento jurídico para que o órgão julgador se divorcie da extensão do recurso.[190]

O conhecimento de ofício de determinadas questões poderia levar à invalidação da decisão ou à extinção do processo sem julgamento de mérito. Tais questões, por expressa autorização contida no art. 485, §3º do CPC, podem ser conhecidas em qualquer grau de jurisdição, sempre com a ressalva de que seu pronunciamento deverá ser precedido de contraditório (art. 10 do CPC). Conquanto o tema seja objeto de tratativa específica no item 3.2.2.3.3 *infra*, por ora cabe destacar que o órgão julgador poderá, por exemplo, reconhecer, em sede de apelação, a ilegitimidade ativa ou passiva e colocar fim ao processo sem exame de mérito.

Assim, a justificativa pela qual se aceita a vedação de *reformatio in pejus* nos recursos espelha-se de igual modo para as ações autônomas, porquanto para essas vigora em igual medida a regra da congruência e, identificada a

---

HC 172.488/SP, Rel. Ministra Marilza Maynard (Desembargadora Convocada do TJ/SE), Quinta Turma, julgado em 06/11/2012, DJe 19/11/2012; STJ, HC 157.021/SP, Rel. Ministro Jorge Mussi, Quinta Turma, julgado em 07/02/2012, DJe 02/03/2012. Reconhecendo que a *reformatio in pejus* não se aplica ao *habeas corpus* e à revisão criminal: GRINOVER, Ada Pellegrini. Sentença nula e "reformatio in peius". In: **O processo em sua unidade**. São Paulo: Saraiva, 1978, p. 160.

189. BARBOSA MOREIRA, José Carlos. *Reformatio in pejus*. In: **Direito processual civil: ensaios e pareceres**, p. 150-151.

190. Amplamente: ASSIS, Araken de. **Manual dos recursos**, p. 141-148.

extensão em que formulada a impugnação, com igual razão não será dado o órgão julgador se divorciar dos limites objetivos dos meios de impugnação. Em atenção a isso, alguns fatores devem ser sopesados para apurar essa possível dissociação. De início, parece não se afastarem as ponderações feitas em relação aos recursos relativamente à decisão que se pronuncia sobre capítulos não impugnados. Essa modalidade de transgressão da extensão da impugnação formulada ganha contornos gerais, porquanto acabará por conferir à parte resultado mais gravoso sobre o que deixou de ser questionado, resultado constante em qualquer meio de impugnação, antes e depois do trânsito em julgado, com clara violação à congruência. O que se mostra necessário aferir com maior precisão é a violação da extensão quanto ao próprio capítulo impugnado, no que poderiam ser retomados os aspectos quantitativos e qualitativos.

O particular ingressa em juízo para discutir a ilegalidade da cobrança de uma denominada "taxa de serviços urbanos" por certo município, amparada na justificativa genérica de que se destina aos serviços de limpeza do município. A ilegalidade apontada pelo particular consiste na coincidência entre a base de cálculo da taxa e a do imposto sobre serviços cobrado pela municipalidade, razão pela qual também se invocava a inconstitucionalidade daquele tributo objeto da demanda. O tribunal local, ao julgar a apelação interposta pelo particular, mantém a improcedência e reafirma que os pressupostos constitucionais para cobrança de taxas estão presentes. O particular, então, ajuíza reclamação perante o STF invocando a ofensa à súmula vinculante n. 29, que, expressamente, veda a adoção, no cálculo da taxa, de elementos da base de cálculo do imposto. Ao julgar a impugnação, o Supremo, além de afastar a incidência da referida súmula, reconhece que a cobrança é lícita por outro fundamento, atinente à divisibilidade e singularidade do serviço de limpeza, pois respeita o art. 145, II da CF/88, e decide por aplicar a súmula vinculante n. 19 ao caso.

Mais um modo de constatar a proximidade funcional entre meios de impugnação reside nas próprias exceções à proibição de *reformatio em pejus*. Admitida que seja uma forma de superar esse veto a pronúncia de questões cognoscíveis de ofício, a manutenção dos exemplos anteriores serviria para confirmar essa hipótese. No caso da reclamação, nada impediria que o STF reconhecesse a ausência ou insuficiência da motivação do acórdão impugnado. Vale dizer, conquanto o demandante tivesse constatado o equívoco na aplicação da súmula vinculante, o Supremo Tribunal Federal, ao exame da decisão, decide por invalidá-la, o que poderia afetar capítulos eventualmente não questionados pela reclamação. Referente à ação rescisória, questões cognoscíveis de ofício atreladas à demanda originária poderiam ser pronunciadas pelo órgão julgador ao ensejo do juízo rescisório, como se admite pelo reconhecimento da ausência de algum pressuposto processual ou de alguma condição da ação.

3.2.2.3. *Profundidade do efeito devolutivo e objeto das ações autônomas de impugnação*

O que comumente se aceita pela dinâmica do efeito devolutivo é a possibilidade de o tribunal conhecer de certas questões e, eventualmente, apoiar-se numa delas para decidir o pedido recursal – caso não acolhido o fundamento suscitado pelo recorrente –, tendo em vista sua disciplina específica instituída pelo CPC.[191] Por haver permissão legal para o tribunal apreciar "*todas as questões suscitadas e discutidas no processo, ainda que não tenham sido solucionadas, desde que relativas ao capítulo impugnado*" (art. 1.013, §1º); "*quando o pedido ou a defesa tiver mais de um fundamento e o juiz acolher um deles, a apelação devolverá ao tribunal o conhecimento dos demais*" (art. 1.013, §2º); ou "*admitido o recurso extraordinário ou o recurso especial por um fundamento, devolve-se ao tribunal superior o conhecimento dos demais fundamentos para a solução do capítulo impugnado*" (art. 1.034, §1º do CPC), é possível que se decida com base em fundamento que expressamente não foi suscitado nas razões recursais, na medida da profundida do efeito devolutivo do respectivo recurso.[192]

---

191. Embora sem tratativa extensa, a doutrina faz alusão à congruência ou correlação recursal (LOPES JR, Aury. **Direito processual penal**, cap. XVI, n. 5.5.; GÓES, Gisele Santos Fernandes. Recurso especial, extraordinário e embargos de divergência: efeito translativo ou correlação recursal? **Revista dialética de direito processual**, n. 22, jan. 2005, p. 60). Em algumas decisões monocráticas, o Supremo Tribunal Federal já deixou de conhecer recursos invocando a violação à "congruência recursal" (STF, ARE 978.136, Rel. Min. Celso de Mello, julg. 01/08/2016; STF, ARE 909.585, Rel. Min. Edson Fachin, julg. 09/09/2015; RE 880.693, Rel. Min. Alexandre de Moraes, julg. 08/08/2017).

192. Para a apelação, cf: JORGE, Flávio Cheim. **Apelação cível: teoria geral e admissibilidade**, 2ª ed. São Paulo: Revista dos Tribunais, 2002, p. 133; BARIONI, Rodrigo. **Efeito devolutivo da apelação civil**, p. 149-153. Nesse ponto, Carlos Eduardo Stefen Elias afirma que a motivação do recurso de apelação "não serve sequer para o balizamento dos elementos de cognição trazidos ao órgão recursal, visto que a profundidade do efeito devolutivo é considerada amplíssima ou mesmo infinita." (**Apelação: os limites objetivos do efeito devolutivo**, p. 45). Para os recursos para os tribunais superiores, cf: FONSECA, João Francisco Naves da. **Exame dos fatos nos recursos extraordinário e especial**, p. 164-166; ALVIM, Teresa Arruda. DANTAS, Bruno. **Recurso especial, recurso extraordinário e a nova função dos tribunais superiores no direito brasileiro**, p. 392-392. Luiz Guilherme Marinoni e Daniel Mitidiero admitem que "art. 1.034 do CPC está muito longe de autorizar uma *abertura em termos de fundamentos para o*

A presença do efeito devolutivo é uma das marcas distintivas do regime jurídico recursal, de tal sorte que há ampliação do espectro de conhecimento do órgão julgador para nele incluir mais do que o fundamento apontado pela causa de pedir recursal[193], devolvendo ao conhecimento do tribunal inúmeras questões discutidas pelas partes no processo em que proferida a decisão recorrida, ainda que não suscitadas pelo recorrente, em sinal de flexibilização, em sede recursal, do disposto no art. 141 do CPC.

É lição conhecida na doutrina nacional e albergada pela jurisprudência a referência à não vinculação do órgão julgador ao fundamento invocado pelo recorrente, assim como inadmissível recurso desprovido das razões de recorrer, as quais acabam por configurar o cumprimento de mero ônus de alegação.[194] A despeito disso, consegue-se ver certa importância dada à causa de pedir recursal pelo ordenamento jurídico para ampla análise dos requisitos de admissibilidade, identificação da espécie recursal e delimitação da extensão recursal, notadamente em relação às possíveis formas de cumulação de pedidos recursais.[195]

---

julgamento da causa na passagem do juízo de admissibilidade para o juízo de mérito." (**Recurso extraordinário e recurso especial**, p. 187).

193. Em razão da chamada e suposta objetivação do recurso extraordinário e do perfil da repercussão geral, chega-se a defender a aplicação do modelo de "causa de pedir aberta" a esse meio de impugnação (CÔRTES, Osmar Paixão. O art. 1.034 do atual Código de Processo Civil e a "causa de pedir aberta" do recurso extraordinário. **Revista de Processo**, v. 282, ago. 2018, p.335-349 e FERRAZ, Taís Schilling. **O precedente na jurisdição constitucional: construção e eficácia do julgamento da questão com repercussão geral.** São Paulo: Saraiva, 2017, p. 189).

194. ELIAS, Carlos Eduardo Stefen. **Apelação: os limites objetivos do efeito devolutivo,** p. 46; MELLO, Rogério Licastro Torres. **Atuação de ofício em grau recursal**. São Paulo: Saraiva, 2010, p. 121-122; JORGE, Flávio Cheim. **Teoria geral dos recursos cíveis**, p.256-257. É, de certo modo, o paradoxo criado entre a profundidade do efeito devolutivo que autoriza o órgão julgador se desvincular das razões recursais e decidir por fundamento não expressamente impugnado e a dialeticidade como requisito de admissibilidade recursal. O recorrente teria o ônus de, *in status assertionis*, demonstrar o desacerto da decisão por fundamento que poder ser refutado pelo tribunal (STJ, AgInt no REsp 1664620/PR, Rel. Ministro Marco Aurélio Belizze, Terceira Turma, julgado em 17/08/2017, DJe 31/08/2017; STJ, AgInt no REsp 1755324/RS, Rel. Ministro Moura Ribeiro, Terceira Turma, julgado em 25/05/2020, DJe 28/05/2020). Em sentido contrário: APRIGLIANO, Ricardo. **Apelação e seus efeitos**, 2ª ed. São Paulo: Atlas, 2007, p. 114.

195. Lucas Buril de Macêdo ressalta que "afora a sua necessidade como requisito de admissibilidade e o efeito de obrigar a motivação, a causa de pedir é irrelevante." (**Objeto dos recursos cíveis**, p. 235). Ricardo Aprigliano pondera, contudo, que "interpretar o efeito devolutivo como responsável somente pela devolução automática das questões debatidas em primeiro grau, mas não indicadas expressamente no recurso, além de contrariar

A existência de um objeto litigioso formado pela pretensão impugnativa, mais do que teoricamente concebível, pode ser extraída do ordenamento jurídico. O CPC deixa claro que o recurso deve ser circunstanciado com fatos e fundamentos jurídicos do pedido de reforma, invalidação ou integração da decisão. Bem por isso, são aceitas as categorias causa de pedir e pedido aplicadas aos recursos e a formação de um objeto litigioso recursal constituído por elementos próprios.[196] Segundo algumas ponderações feitas no presente tópico, será possível depreender sensíveis diferenças no objeto litigioso recursal quando comparado com o objeto litigioso das ações autônomas de impugnação[197], no que se percebe a nota distintiva conferida pelo efeito devolutivo. Por ausência de previsão legal, esse paralelo com as

---

o texto legislativo do CPC brasileiro, implica criar divisão entre as razões indicadas e as razões não indicadas no recurso, sem que a utilidade prática dessa distinção tenha sido demonstrada." (**Apelação e seus efeitos**, p. 114).

196. Na doutrina nacional: DIDIER JR., Fredie. CUNHA, Leonardo Carneiro da. **Curso de direito processual civil**, v. 3., p. 164-167; MACÊDO, Lucas Buril de. **Objeto dos recursos cíveis**, p. 161-170; RECENA, Guilherme Costa. Superior Tribunal de Justiça e recurso especial: análise de função e reconstrução dogmática, p. 161. Na jurisprudência brasileira, ambas as categorias são bem aceitas e frequentemente trabalhadas como elementos da demanda (STJ, AgInt no AREsp 1244938/RS, Rel. Ministro Marco Buzzi, Quarta Turma, julgado em 11/05/2020, DJe 18/05/2020; AgInt no REsp 1592132/PE; STJ, Rel. Ministro Gurgel de Faria, Primeira Turma, julgado em 13/12/2018, DJe 20/02/2019; STJ, AgRg no HC 549.304/SC, Rel. Ministro Nefi Cordeiro, Sexta Turma, julgado em 10/03/2020, DJe 16/03/2020). Na doutrina estrangeira, especificamente a italiana: SCHIAFFINO. Gabriella. Omessa specificazione dei motivi nell'atto d'appello: nullità o irregolarità?, **Riv. dir. proc.**, 1983, p. 146; SASSANI, Bruno. Appello (dir. proc. civ.). **Enc. dir.**, Aggiorn., III, 1999, p. 193; ROMANO, Alberto A. Profili applicativi e dogmatici dei motivi specifici d'impugnazione. **Riv. trim. dir. e proc. civ.**, 2000, IV, p. 122; POLI, Roberto. **I limiti oggettivi delle impugnazioni ordinarie**, p. 435. No processo administrativo italiano, não pairam muitas dúvidas em observar o recurso como uma demanda impugnativa, especialmente se analisadas as opiniões que reconhecem não ser esse meio de impugnação "renovatório", mas sim com caráter impugnativo e com autonomia de causa de pedir e do pedido (ZITO, Alberto. Le impugnazioni. In: **Giustizia amministrativa**, a cura di Franco Gaetano Scoca, settima edizione. Torino: Giappichelli, 2017, p. 441-445; MONTEDORO, Giancarlo. Brevi considerazioni in tema di principi generali sui mezzi di impugnazione delle sentenze e futura codificazione del processo amministrativo. **Diritto processuale amministrativo**, 2009, n.3, p. 683).

197. Especificamente em razão da influência do efeito devolutivo dos recursos. Sobre o tema, em grau de comparação com as ações autônomas, vide. YARSHELL, Flávio Luiz. **Ação rescisória: juízos rescindente e rescisório**, p. 350; BARBOSA MOREIRA, José Carlos. Considerações sobre a causa de pedir na ação rescisória. **Temas de direito processual**, quarta série. São Paulo: Saraiva, 1988, p. 243; CRUZ E TUCCI, José Rogério. A *causa petendi* na ação rescisória. **Revista Forense**, ano 93, v. 339, p. 109-112.

ações autônomas se mostra reduzido, razão pela qual, para essas, vigora, em regra, o modelo de vinculação do órgão julgador à causa de pedir e pedido deduzidos.[198] Portanto, em regra, o fundamento alegado na causa de pedir importará não só para admissão da ação autônoma como para o julgamento de mérito, ressalvados determinados casos em que o tribunal não terá a obrigação de ficar adstrito a esses elementos objetivos.[199]

O efeito devolutivo passa a desempenhar o papel de regra que excepciona o dever de correlação entre o objeto do recurso e o objeto da decisão. Esse dever, contudo, se mantém, em regra, hígido frente às ações autônomas. Por isso, nota-se a prevalência da carga inquisitorial sobre o objeto do recurso, enquanto o objeto da ação autônoma está marcado pela predominância da carga dispositiva.

3.2.2.3.1. Recursos fundamentação livre e recursos de fundamentação vinculada

A doutrina se ocupa da classificação dos recursos segundo os fundamentos que poderão ser deduzidos pelo recorrente. Quando a lei não cria limitação, aponta-se que os recursos serão de fundamentação livre. Significa dizer que o recurso poderá se fundar em qualquer *error in iudicando* ou *error in procedendo*, atinente às questões de fato e/ou de direito. Esse é o modelo adotado, por exemplo, para o recurso de apelação, agravo de instrumento e recurso ordinário constitucional. De outro lado estão os recursos que veiculam os fundamentos especificados pelo ordenamento jurídico. Há, aqui, limitação legal para restringir a atuação impugnativa a determinados *errores in procedendo* e *errores in iudicando*. Tais recursos são classificados como de fundamentação vinculada, a exemplo do recurso extraordinário e

---

198. STJ, AgInt no AREsp 1039513/RS, Rel. Ministro Napoleão Nunes Maia Filho, Primeira Turma, julgado em 20/04/2020, DJe 23/04/2020. Algo semelhante foi apontado por Eduardo Talamini ao indicar refletir sobre os limites à cognição na reclamação: "A segunda limitação põe-se em sentido horizontal. Mediante a reclamação, leva-se ao conhecimento do Supremo Tribunal apenas a específica questão atinente à violação ou aplicação indevida da súmula vinculante. A causa como um todo – esteja ela já posta no Judiciário ou trata-se de conflito na esfera administrativa – não é objeto de exame no processo de reclamação." (**Novos aspectos da jurisdição constitucional brasileira: repercussão geral, força vinculante, modulação dos efeitos do controle de constitucionalidade e alargamento do objeto do controle direito**. p. 177-178).

199. É o que ocorre com a possibilidade de concessão de ordem de *habeas corpus* de ofício por fundamento diverso daquele suscitado na causa de pedir desse *writ* ou reconhecer inconstitucionalidade, via ADPF, por fundamento diverso daquele suscitado pelo autor, em razão do modelo de causa de pedir aberta.

do recurso especial, cujo cabimento está adstrito aos limites impostos pela Constituição Federal.

Essa técnica de delimitação dos fundamentos impugnativos e, por conseguinte, de restrição impugnativa não é privativa dos recursos.[200] No campo das ações autônomas, essa mesma divisão é possível de ser estabelecida. Veja-se que a mesma preocupação em delimitar os fundamentos de ataque ao ato judicial pode se fazer presente, por exemplo, na reclamação ou na ação rescisória, enquanto o mesmo não se verifica para a utilização do mandado de segurança.

O dado comum aos meios de impugnação está ligado ao pano de fundo dessa dicotomia. Conforme será estudado com maior profundidade nos capítulos 4 e 5, a divisão entre fundamentação livre e fundamentação vinculada se justifica porque o ordenamento jurídico se vale de *limitações impugnativas*, ou seja, embora seja possível o controle do ato, essa atividade estará restrita às hipóteses legais de cabimento, delimitadas a determinadas violações escolhidas pelo legislador, sopesando escopos jurídico e social. Essa técnica legislativa procura conferir menor amplitude para questionamento e maior margem de preservação do ato impugnado.

No plano dos recursos desprovidos de limitação impugnativa, o exemplo da apelação bem demonstra a liberdade conferida ao recorrente de eleger qualquer o vício para impugnar a decisão, assim como a abrangência da profundidade do efeito devolutivo prevista pelo art. 1.013, §§1º e 2º do CPC revela a larga margem para atuação do tribunal em revisitar questões de fato e de direito, além de fundamentos trazidos pelo autor e pelo réu, mas não examinados pela decisão. O órgão julgador, por força desses dispositivos legais, estará autorizado a julgar o mérito do recurso com base em qualquer questão suscitada e discutida no processo, relativa ao capítulo impugnado, ou, ainda, com base em nos fundamentos do pedido e da defesa não examinados pela sentença. Como já foi salientado, a causa de pedir recursal acabar por ganhar importância na perspectiva da extensão do efeito devolutivo, mais precisamente na sua identificação. Do ponto de vista da profundidade do efeito devolutivo, pela amplitude cognitiva concedida ao tribunal, a causa de pedir recursal perde seu relevo em determinar os limites objetivos do recurso.

200. V.g: MITIDIERO, Daniel. **Reclamação nas Cortes Supremas: entre a autoridade da decisão e a eficácia do precedente**, p. 105; AZEVEDO, Gustavo. **Reclamação constitucional no direito processual civil**, p. 137-139; LEONEL, Ricardo de Barros. **Reclamação constitucional**, p. 249; MARINONI, Luiz Guilherme. MITIDIERO, Daniel. **Ação rescisória**, p. 289; YARSHELL, Flávio Luiz. **Tutela jurisdicional**, p. 74.

Nos recursos de fundamentação livre, a possibilidade de conhecer de qualquer vício atinente ao capítulo impugnado, nos limites das questões debatidas pelas partes, passa a atuar tão logo ocorra o juízo positivo de admissibilidade.[201] Os §§ 1º e 2º do art. 1.013 evidenciam que, após a admissão da apelação, qualquer questão ou fundamento atinente ao capítulo poderá ser apreciado e interferir no julgamento de mérito. Diferentemente, o §3º do referido dispositivo legal, na linha do que vem sendo sustentado neste estudo, não integra o chamado efeito devolutivo, por configurar regra de competência que atribui ao tribunal poderes para julgamento da demanda originária após o encerramento do julgamento da apelação. Nesse sentido, a relevância maior na classificação dos recursos de fundamentação livre está na liberdade concedida ao recorrente para apontar qualquer motivo para o controle da decisão.

Polêmica maior reside na compreensão da profundidade do efeito devolutivo nos recursos de fundamentação vinculada, mais diretamente com relação aos recursos especial e extraordinário.[202] O tema está cercado pela exigência de interpretação semântica do dispositivo legal contigo no art. 1.034 e seu parágrafo único, assim como a função desempenhada por esses recursos, considerando a orientação trazida pelo enunciado n. 456 de súmula do STF.[203] O ponto de partida deverá ser a limitação impugnativa imposta

---

201. BONDIOLI, Luis Guilherme Aidar. **Comentários ao Código de Processo Civil**, vol. XX, p. 107-108; BARBOSA MOREIRA, José Carlos. **Comentários ao Código de Processo Civil**, p. 445.

202. A variedade de posicionamentos pode ser encontrada em: BARBOSA MOREIRA, José Carlos. Juízo de admissibilidade e juízo de mérito no julgamento do recurso especial. In: **Temas de direito processual**, quinta série. São Paulo: Saraiva, 1994, p. 131-138; WAMBIER, Teresa Arruda Alvim. DANTAS, Bruno. **Recurso especial, recurso extraordinário e a nova função dos tribunais superiores no direito brasileiro**, p. 387-400; MEDINA, José Miguel Garcia. **Prequestionamento, repercussão geral da questão constitucional, relevância da questão federal**, p. 300-304; OLIVEIRA, Pedro Miranda de. **Recurso extraordinário e o requisito da repercussão geral**. São Paulo: Editora Revista dos Tribunais, 2013, p. 192-196; FONSECA, João Francisco Naves da. A profundidade do efeito devolutivo nos recursos extraordinário e especial. **Revista do advogado**, XXXV, maio de 2015, n. 126, p. 124-130; YOSHIKAWA, Eduardo Henrique de Oliveira. Limite ao efeito translativo dos recursos. In: **Aspectos polêmicos e atuais dos recursos cíveis e assuntos afins**, vol. 12, coord. Teresa Arruda Alvim Wambier e Nelson Nery Jr. São Paulo: Editora Revista dos Tribunais, 2011, p. 119-126; MANCUSO, Rodolfo de Camargo. **Recurso extraordinário e recurso especial**. São Paulo: Editora Revista dos Tribunais, 2018, p. 180-185. JORGE, Flávio Cheim. SIQUEIRA, Thiago Ferreira. Função e técnica de julgamento dos recursos extraordinário e especial. **Revista de Processo**, v. 295, set. 2019, p. 165-192.

203. Súmula 456: "O Supremo Tribunal Federal, conhecendo do recurso extraordinário, julgará a causa, aplicando o direito à espécie."

pela Constituição Federal para acesso a esses tribunais por tais recursos, de acordo com os arts. 102, III e 105, III. Além dessa restrição de vícios, outros requisitos de admissibilidade decorrem de um conjunto de entendimentos sumulados, como a impossibilidade de invocar a atuação de tais tribunais para reexame de questões fático-probatórias (enunciado n. 279 de súmula do STF e enunciado n. 7 de súmula do STJ). Ainda, é necessário que a questão veiculada pelo recurso tenha sido invocada na instância de origem ou, ao menos, que se provoque seu exame, a ensejar o pré-questionamento da matéria e o esgotamento das instâncias ordinárias, por força da interpretação dada à expressão "causas decididas" encontrada no texto constitucional.[204]

Analisando as hipóteses de cabimento previstas pelo art. 102, III, *a* e art. 105, III, *a*, a limitação imposta pela Constituição fica reservada à impugnação da decisão apenas quanto à violação à norma jurídica. O consenso existente na doutrina reconhece que, para admissibilidade dos citados recursos, não será permitido desviar desses limites.[205] As divergências são constatadas após o juízo positivo de admissibilidade: a redação conferida pelo art. 1.034 e respectivo parágrafo único do CPC abrem discussões a respeito de qual seria a medida da profundidade do efeito devolutivo.

O *caput* do art. 1.034 prevê que STF e STJ deverão "julgar o processo, aplicando o direito" se ocorrida a admissão dos recursos extraordinário ou especial. A redação legal se revela infeliz pela imprecisão terminológica, mas procura refletir ideia antiga de "julgamento da causa" trazida pelo enunciado n. 456 de súmula do STF e pelo art. 257 do Regimento Interno do STJ, em referência à função daqueles tribunais na tarefa de revisão e não de mera cassação com reenvio.[206] Considerando que o parágrafo único do art. 1.034 do CPC autoriza aos tribunais superiores o "conhecimento dos demais fundamentos para solução do capítulo impugnado", o debate gira em torno da fase do julgamento de mérito (juízo rescindente ou juízo rescisório) em que o conhecimento desses fundamentos poderá ocorrer.[207]

---

204. FONSECA, João Francisco Naves da. A profundidade do efeito devolutivo nos recursos extraordinário e especial. **Revista do advogado**, XXXV, maio de 2015, n. 126, p. 125.

205. MEDINA, José Miguel Garcia. **Prequestionamento, repercussão geral da questão constitucional, relevância da questão federal**, p. 250-252.

206. MARINONI, Luiz Guilherme. MITIDIERO, Daniel. **Recurso extraordinário e recurso especial**, p. 54.

207. Uma visão mais ampla é defendida, por exemplo, por Fredie Didier Jr. e Leonardo Carneiro da Cunha, ao admitirem que, superado o juízo de admissibilidade, "no juízo de rejulgamento não há qualquer limitação cognitiva" (**Curso de direito processual**, v. 3, p. 384). Visão diametralmente oposta é sustentada, por exemplo, por Luiz Guilherme

Tendo em vista que o tribunal prolator do acórdão determina o acertamento das questões de fato, mostra-se harmonioso entender que, enquanto não desconstituída essa decisão, tais questões determinam a amplitude cognitiva do tribunal superior somente às questões de direito que possam levar ao juízo rescindente.[208] Uma vez acolhida a questão de direito ensejadora da desconstituição, o juízo rescisório deverá repousar sobre a causa. A profundidade do efeito devolutivo atua de duas formas: a autorização para o tribunal superior conhecer de questões não suscitadas pelas partes se restringe às questões de direito até que alcançado o juízo rescindente, ou seja, admitido o recurso, outras questões de direito, ainda que não suscitadas pelo recorrente e desde que estejam cercadas das formalidades exigidas para conhecimento pelo tribunal superior, atinentes ao capítulo impugnado, poderão ser conhecidas; acaso acolhida qualquer uma dessas questões, amplia-se o leque de questões passíveis de exame para proferir-se o juízo rescisório, para além daquelas delimitadas pelo tribunal local.[209]

A referida posição vai além daquela que admite a atuação do efeito devolutivo somente na fase do juízo rescisório, mas também não possui a mesma amplitude daquela que reconhece a possibilidade de conhecer de todas as questões (incluídas as fático-probatórias) assim que superada a admissão

---

Marinoni e Daniel Mitidiero, como já ressaltado em notas anteriores (**Recurso extraordinário e recurso especial**, p. 187). A postura intermediária, apesar de variações a depender da doutrina examinada, admite a distinção da profundidade do efeito devolutivo nas etapas do juízo rescindente e no juízo rescisório (FONSECA, João Francisco Naves da. A profundidade do efeito devolutivo nos recursos extraordinário e especial. **Revista do advogado**, XXXV, maio de 2015, n. 126, p. 126-129).

208. "c) Se o tribunal conhecer o recurso especial e extraordinário, e prover o pedido de afastamento de um fundamento de direito federal que embasou a decisão recorrida poderá examinar os demais fundamentos debatidos, desde que sejam também de direito federal e sobre eles não haja necessidade de produção de novas provas." (SICA, Heitor Vitor Mendonça. Comentários ao art. 1.034. In: CRUZ E TUCCI, José Rogério et. al. **Código de Processo Civil Anotado**. AASP/OAB-PR, 2019, p. 1.711).

209. Esse posicionamento converge, em parte, com o entendimento defendido por Flávio Cheim Jorge e Thiago Ferreira Siqueira da seguinte forma: "A limitação existente quanto à profundidade do efeito devolutivo, impedindo a apreciação de fundamentos e questões não previstas expressamente no acórdão recorrido, somente existirá no juízo de cassação, pois neste o que importa é a compatibilização da decisão com a norma tida por violada (...) Contudo, sendo cassada a decisão e passando-se ao juízo de revisão, a limitação à profundidade não mais existirá, devendo a Corte Superior apreciar outras questões de direito e fundamentos existentes na demanda e que, porventura, não tenham sido objeto de análise pelo tribunal local." (Função e técnica de julgamento dos recursos extraordinário e especial. **Revista de Processo**, v. 295, 2019, p. 187).

do recurso. O art. 1.034 e respectivo parágrafo único não fazem qualquer diferenciação quanto às fases de mérito, prevendo apenas a transposição do juízo de admissibilidade como marco para incidência do efeito devolutivo. A primeira das posições narradas ignora a aplicação do efeito devolutivo em parte do juízo de mérito, mesmo que a lei não faça essa distinção, e a segunda delas adota amplitude do efeito devolutivo incompatível com o momento em que as questões de fato assentadas pelo tribunal *a quo* permanecem intangíveis.

3.2.2.3.2. Ações autônomas de impugnação cabíveis anterior e posteriormente ao trânsito em julgado

O raciocínio empreendido no tópico anterior merece adequação ao se examinar as ações autônomas de impugnação. Como já foi dito, por ser produto da lei, a profundidade do efeito devolutivo não é, necessariamente, um dado inerente aos meios de impugnação, senão uma técnica usada pelo legislador para ampliar a cognição do órgão julgador e alargar a possibilidade de revisão das decisões judiciais para além das questões expressamente alegadas pela parte. Viu-se que tal efeito está presente nos recursos porque há lei expressamente prevendo a dimensão dessa profundidade, ou seja, as questões possíveis de serem levadas em consideração pelo órgão *ad quem* são reguladas pelo CPC. Essas premissas são retomadas para apontar que não há, no ordenamento jurídico brasileiro, expressa previsão de efeito devolutivo para as ações autônomas de impugnação: tendo por base as considerações feitas no item 3.2.2 *supra*, a profundidade do efeito devolutivo integra um dos elementos que dão contornos ao regime jurídico recursal.[210]

Como também já foi salientado, embora a divisão baseada entre meios de impugnação de fundamentação livre ou de fundamentação vinculada aplique-se às ações autônomas, mais salutar seria compreender os limites decisórios do juízo rescindente e do juízo rescisório considerando o trânsito em julgado. As linhas gerais aqui traçadas devem ser sopesadas diante de casos específicos em que seja permitido ao órgão julgador se dissociar da causa de pedir deduzida em ação autônoma para impugnação do ato judicial, a exemplo do que se verifica com o *habeas corpus*.[211].

Diversamente do que se observa nos recursos, a causa de pedir veiculada nas ações autônomas desempenha papel relevante que vai além de

210. BARIONI, Rodrigo. **Efeito devolutivo da apelação civil**, p. 149-153; ELIAS, Carlos Eduardo Stefen **Apelação: os limites objetivos do efeito devolutivo,** p. 45-46.

211. STJ, HC 69421, Relator(a): Marco Aurélio, Segunda Turma, julgado em 30/06/1992, DJ 28-08-1992.

guia interpretativo da extensão da impugnação, especialmente por exercer vinculação ao órgão julgador, tal como normalmente se observa nos limites objetivos das demandas.[212] O vício alegado pela parte não perde relevância por conviver com qualquer outro vício abrangido pela profundidade do efeito devolutivo. Importante ressaltar que essa afirmação não deve levar ao engano de impedir a devida requalificação jurídica do fundamento da impugnação, diante da célebre distinção entre causa de pedir próxima e causa de pedir remota ou mesmo pelo emprego do *iura novit curia*. A relevância, pois, reside em identificar a impossibilidade de alteração ou desconsideração da causa de pedir remota – na qual se insere o fundamento deduzido – para o julgamento de mérito.[213]

Isso não impede reconhecer que, em casos específicos, o tribunal estará autorizado a se divorciar da causa de pedir originária para decidir o mérito da impugnação, tal como acontece com a ADPF, para a qual o STF acolhe o modelo de "causa de pedir aberta", em referência à característica das ações de controle concentrado de constitucionalidade, reconhecendo a possibilidade de configuração de inconstitucionalidade por fundamento diverso daquele declinado na petição inicial[214]; ou, ainda, para reconhecer ilegalidade diversa daquela apontada em *habeas corpus*, a fim de conceder ordem de ofício.

Partindo dessas premissas, tem-se que a divisão entre juízo rescindente e juízo rescisório se submete à preponderância da causa de pedir alegada pela parte. Conforme já foi amplamente analisado neste estudo, o juízo rescisório é reflexo da invocação de um *error in iudicando*, o qual, acolhido, proporciona, em primeira etapa, a cassação da decisão e, subsequentemente, sua

---

212. COSTA, Moacyr Lobo da. Cumulação de juízes na ação rescisória. **Revista de Processo**, vol. 43, jul.-set. 1986, p. 38-51.

213. CRUZ E TUCCI, José Rogério. A *causa petendi* na ação rescisória. **Revista Forense**, ano 93, v. 339, p. 110.

214. "(...) Causa de pedir aberta das ações de controle concentrado. Desnecessidade de nova impugnação ao mesmo ato normativo quando possível declinar os mesmos fundamentos em ação já em curso no supremo tribunal federal. Litispendência parcial. 1. A causa de pedir aberta das ações do controle concentrado de constitucionalidade torna desnecessário o ajuizamento de nova ação direta para a impugnação de norma cuja constitucionalidade já é discutida em ação direta em trâmite perante o Supremo Tribunal Federal, proposta pelo mesma parte processual. 2. Verificada a identidade entre as partes, o pedido e a causa de pedir, no tocante à declaração de inconstitucionalidade do art. 2º, § 1º, da Lei 12.850/2013, impõe-se a extinção sem resolução do mérito da segunda ação direta proposta. 3. Agravo Regimental conhecido e desprovido." (STF, ADI 5749 AgR, Relator(a): Alexandre de Moraes, Tribunal Pleno, julgado em 09/02/2018, Public. 26-02-2018)

substituição por outra solução à questão decidida. Dessa sorte, a vinculação apresentada pela causa de pedir nas ações autônomas confere margem de prognóstico acerca desse juízo decisório, a saber, além da desconstituição, qual será o teor da nova decisão e, nesse momento, quais questões poderão ser examinadas, uma vez que a adstrição à causa de pedir permanece em qualquer das etapas do juízo de mérito.[215] Essa ordem de ideias é necessária, pois, a depender do momento em que empregada a ação autônoma (se antes ou depois do trânsito em julgado), o conjunto de questões a serem ponderadas para o juízo rescisório poderá variar, em razão da amplitude cognitiva desenvolvida nessa fase. Dois exemplos conferem maior concretude a essas noções.

Aceito que a reclamação é meio de impugnação cabível exclusivamente antes do trânsito em julgado, de acordo com a classificação adotada no item 2.3 *supra*, seu objeto se determina pela causa de pedir fundada em qualquer dos incisos do art. 988 do CPC. Segundo entendimento defendido nesse estudo, o art. 992 do CPC abre espaço para o juízo rescisório na reclamação, cuja natureza dependerá da medida e ser imposta para solução da questão impugnada. A depender de como tenha ocorrido tal violação, o órgão destinatário da ação autônoma poderia não só cassar o acórdão como também determinar a medida adequada a prevalecer no caso concreto. Há casos, contudo, em que, para esse juízo rescisório – embora em tese possível –, não haveria interesse do reclamante, pois as questões subjacentes à decisão rescindida demonstrariam a desnecessidade dessa etapa de mérito. Suponha-se o ajuizamento de reclamação para impugnar acórdão de tribunal local que reconheceu a licitude de cobrança de taxa de matrícula em universidade pública federal. O particular aponta a ofensa direta à súmula vinculante n. 12 e requer o restabelecimento da impossibilidade de cobrança mediante devolução de valores pagos à universidade a esse título. A procedência da reclamação poderá ensejar a desconstituição do acórdão, pelo reconhecimento de afrontada à referida súmula, e determinação de restituição do numerário pago. Evidentemente, não haveria interesse para o juízo rescisório caso se revelasse a inexistência do indébito (pagamento não efetuado ou particular que deixou de se matricular).

Outro exemplo relevante é encontrado nas ações autônomas posteriores ao trânsito em julgado. O art. 966 do CPC elenca os motivos de rescisão, de modo que o novo julgamento resulta de viabilidade observada diante dos limites do juízo rescindente. A particularidade reside no fato de que a primeira

215. YARSHELL, Flávio Luiz. **Ação rescisória: juízo rescindente e juízo rescisório**, p. 347-348.

etapa do julgamento de mérito se desenvolve integralmente diante de decisão transitada em julgado, isto é, não há a possibilidade de apreciação de questões anteriores a esse marco temporal. No juízo rescisório, o tribunal poderá conhecer de todas as questões atinentes ao capítulo desconstituído não porque a lei conferiu expressa autorização, mas porque se passou a julgar, novamente, a demanda originária, nos limites da causa de pedir deduzida em ação rescisória.[216] Com acerto, Flávio Luiz Yarshell destaca que "o juízo rescisório parece estar no meio caminho entre a provocação de um órgão de primeiro grau, para apreciar o pedido deduzido à luz de uma determinada causa de pedir (e considerados os limites da controvérsia estabelecida), de um lado, e a devolução (em extensão) que é própria de um recurso, de outro lado."[217]

Esses exemplos contribuem para elucidar que a profundidade do efeito devolutivo confere dinâmica distinta aos recursos. No campo das ações autônomas, deixadas de lado as questões cognoscíveis de ofício e as específicas hipóteses em que se permite dissociar-se da causa de pedir, o tribunal não encontraria margem expressiva para se desvincular dos limites objetivos desses meios de impugnação.

3.2.2.3.3. Questões cognoscíveis de ofício nos recursos e nas ações autônomas de impugnação

Menciona-se que as questões cognoscíveis de ofício ensejariam um efeito autônomo dos recursos, denominado de translativo.[218] Essa proposição já foi contestada por sólida doutrina ao perceber que a atuação do tribunal no conhecimento dessas questões é decorrência do efeito devolutivo, pois inerente à provocação da parte quanto à superação da inércia do tribunal.[219]

Passa-se a sustentar que o efeito devolutivo não é imprescindível para o conhecimento de ofício de certas questões, visto que nas ações autônomas de impugnação também há essa atuação judicial. Afinal, é inerente à atividade de controle do órgão julgador a dose inquisitorial de saneamento da relação jurídica processual e dos atos processuais, como prevê, especificamente para

---

216. ALVIM, Teresa Arruda. CONCEIÇÃO, Maria Lúcia Lins. **Ação rescisória e *querela nullitatis***, p. 203-204.

217. **Ação rescisória: juízo rescindente e juízo rescisório**, p. 346.

218. NERY JR., Nelson. **Teoria geral dos recursos**, p. 460-465; YOSHIKAWA, Eduardo Henrique de Oliveira. Limite ao efeito translativo dos recursos. In: **Aspectos polêmicos e atuais dos recursos cíveis e assuntos afins**, vol. 12, coord. Teresa Arruda Alvim Wambier e Nelson Nery Jr. São Paulo: Editora Revista dos Tribunais, 2011, p. 119-126.

219. JORGE, Flávio Cheim. **Teoria geral dos recursos cíveis**, p. 341-344.

o relator, o art. 933 do CPC e, em caráter ainda mais amplo, o art. 485, §3º do CPC, os quais não estabelecem qualquer restrição em relação determinado meio de impugnação.[220] Por outras palavras, os recursos e as ações autônomas ganham unidade quanto à interferência da lei sobre o objeto da decisão, sendo autorizado ao tribunal conhecer de tais questões até mesmo em desfavor do impugnante.[221] O controle de ofício não ocorre porque a provocação se dá por tal ou qual meio, nem porque há um efeito recursal próprio, mas porque o tribunal foi tirado de sua inércia e detém poderes para conhecer de determinadas questões. Essa independência também se confirma porque o mesmo ocorre em outras formas de controle, como o reexame necessário.

Feito esse esclarecimento, a sistematização ora adotada exige a segmentação consagrada neste estudo entre meios de impugnação anteriores e posteriores ao trânsito em julgado, assim como quais são as questões sujeitas ao conhecimento de ofício e o momento em que poderão ser conhecidas. De um lado, é preciso admitir que o trânsito em julgado é marco relevante para superação de diversos vícios, mesmo aqueles cognoscíveis de ofício.[222] De outro, examinar o perfil do meio de impugnação é igualmente importante para entender quais questões e em qual momento ocorrerá essa atuação saneadora. Denota-se, assim, a convivência de dois modelos de controle admitidos no processo civil brasileiro: de acordo com a divisão proposta no item 1.5 *supra*, há a possibilidade de controle de ofício e de controle por meios de impugnação e, na presente situação, há mútua correspondência entre ambos, porquanto o primeiro ocorre em razão da retirada do tribunal da inércia providenciada pelo segundo.

Numa primeira análise, as questões cognoscíveis de ofício poderiam ser divididas da seguinte forma: *(i)* atinentes à relação jurídica de direito

---

220. SICA, Heitor Vitor Mendonça. Evolução legislativa da fase de saneamento e organização do processo. **Revista de Processo**, vol. 255, mai. 2016, p.441-443; TALAMINI, Eduardo. Saneamento do processo. **Revista de Processo**, vol. 22, n. 86, p. 78-80.

221. ALVIM, Teresa Arruda. **Os agravos no CPC de 2015**, p. 326-327; YOSHIKAWA, Eduardo Henrique de Oliveira. Limite ao efeito translativo dos recursos. In: **Aspectos polêmicos e atuais dos recursos cíveis e assuntos afins**, vol. 12, coord. Teresa Arruda Alvim Wambier e Nelson Nery Jr. São Paulo: Editora Revista dos Tribunais, 2011, p. 125-126.

222. BARBOSA MOREIRA, José Carlos. Eficácia preclusiva da coisa julgada material no sistema do processo civil brasileiro. In: **Temas de direito processual**. São Paulo: Saraiva, 1977, p. 100-101; THEODORO JÚNIOR, Humberto. Nulidade, inexistência e rescindibilidade da sentença. **Revista de Processo**, v. 5, n. 19, jul./set. 1980, p. 23-30; FABRÍCIO, Adroaldo Furtado. Réu revel não citado, "querela nullitatis" e ação rescisória. **Revista de Processo**, v. 12, n. 48, p. 39-41; DINAMARCO, Cândido Rangel. **Instituições de direito processual civil**, v. III, p. 335.

material; *(ii)* atinentes à relação jurídica de direito processual e à decisão impugnada; e *(iii)* atinentes ao meio de impugnação empregado.

No âmbito dos recursos dotados da profundidade do efeito devolutivo semelhante à apelação, o conhecimento de ofício das questões processuais e das questões de mérito ocorre tão logo admitido o recurso. Nada impede, contudo, que durante o processamento, o órgão julgador se dê conta da ausência de algum requisito que imporá a inadmissão do recurso. Por isso, nesses meios de impugnação, todas as três categorias de questões poderão ser conhecidas assim que proferido o juízo de admissibilidade positivo.[223] Nos recursos especial e extraordinário, com a específica dinâmica do efeito devolutivo tratada no item 3.2.2.3.1 *supra*, as questões cognoscíveis de ofício atinentes ao meio de impugnação passarão pelo crivo do juízo *a quo* e do juízo *ad quem*, em razão do modelo de interposição adotado. Aceito que a superação do juízo de admissibilidade abre portas, inicialmente, para o juízo rescindente, nessa etapa, o tribunal poderá conhecer de ofício questões ligadas à relação jurídica de direito processual, à decisão impugnada e, eventualmente e nos limites da devolutividade desse momento, de questões atinentes ao plano material. Havendo o juízo rescindente e, sendo o caso de juízo rescisório, questões que ultrapassem os limites do acórdão já rescindido poderão ser invocadas de ofício pelo tribunal.

Ainda anteriormente ao trânsito em julgado, as impugnações formuladas por ações autônomas encontram, em regra, quadro semelhante ao que se verifica nos recursos de fundamentação livre: as questões cognoscíveis de ofício ligadas ao meio de impugnação, à relação jurídica processual, à decisão questionada e à relação jurídica de direito material poderão ser pronunciadas pelo órgão julgador posteriormente à admissibilidade. É representativo desse quadro a amplitude para o conhecimento dessas questões em sede o *habeas corpus*, por exemplo.[224] Nada obstante, o paralelismo com os recursos de fundamentação livre se mostra oportuno, em razão de não vigorar, para essas ações autônomas, as mesmas restrições cognitivas existentes para os recursos de fundamentação vinculada ao exame do juízo rescindente, ocasionadas pela observância de determinadas questões de fato assentadas pelo tribunal local.

---

223. ASSIS, Araken de. **Manual dos recursos**, p. 290.

224. Interessante notar semelhante raciocínio empreendido no âmbito da reclamação em matéria penal: STJ, Rcl 40.909/SP, Rel. Ministro Reynaldo Soares da Fonseca, Terceira Seção, julgado em 10/02/2021, DJe 18/02/2021; STJ, Rcl 37.667/RJ, Rel. Ministro Sebastião Reis Júnior, Terceira Seção, julgado em 09/10/2019, DJe 21/10/201.

Esse cenário, todavia, pode mudar sensivelmente diante das ações autônomas cabíveis posteriormente ao trânsito em julgado e que tenham por objeto a impugnação de decisão judicial, a exemplo da ação rescisória. Isso porque, na linha já sustentada de que esse marco temporal impede a cognição sobre questões do processo originário até que proferido o juízo rescindente, conclui-se que o conhecimento de ofício deverá se limitar apenas às questões atinentes ao meio de impugnação ou à relação jurídica processual nele instaurada. Uma vez proferido o juízo rescindente e sendo o caso de um juízo rescisório, todas as questões cognoscíveis de ofício ligadas ao processo originário poderão ser pronunciadas pelo órgão julgador.[225]

Não se pode excluir de apreciação, ainda, as ações autônomas cabíveis posteriormente ao trânsito em julgado, mas que não atuem à semelhança da ação rescisória, especialmente porque não visam à impugnação do ato judicial. A ação de invalidação, por exemplo, terá por objeto negócio jurídico homologado em juízo, de modo que o controle realizado estará submetido às normas de direito material regentes. Nesse sentido, não parece correto admitir que o órgão julgador, ao ensejo da ação de invalidação, pronuncie de ofício questões atinentes à decisão homologatória ou, ainda, sobre o processo em que foi levado o negócio jurídico para homologação. A cognição de ofício aqui realizada poderá versar sobre questões atinentes ao meio de impugnação, à relação processual nele instaurada e às questões de direito material correlatas à pretensão impugnativa, a exemplo da decadência do direito de impugnar.

3.2.3. Eficácia da decisão impugnada por recursos e por ações autônomas

Outro efeito atribuído aos recursos é o suspensivo. O art. 995 do CPC dispõe que, em regra, os recursos não impedem a eficácia das decisões judiciais, ressalvada disposição legal ou determinação advinda de outro provimento judicial em sentido contrário. Há, pois, duas formas distintas

225. "Tendo que proferir um 'novo' julgamento e, nessa medida, dar resposta à demanda posta originariamente, não parece haver dúvida de que o tribunal competente há que previamente considerar se estão presentes os requisitos para esse (novo) julgamento de mérito. Nesse particular, as coisas funcionam como em qualquer grau ordinário de jurisdição e, em certo sentido – pensando no aspecto de impugnação que se contém na ação rescisória –, ocorre, aí, algo análogo ao que se passa, no âmbito recursal, com a 'translação' de matéria de ordem pública, ainda que não alegada pela parte. Em suma: para julgar o mérito, ao ensejo do juízo rescisório, é preciso que o tribunal reconheça a presença dos requisitos que antecedem esse tipo de apreciação." (YARSHELL, Flávio Luiz. **Ação rescisória: juízos rescindente e rescisório**, p. 361).

tratadas pela doutrina sob a denominação de efeito suspensivo, que merecem o devido enquadramento para o exame comparativo com as ações autônomas de impugnação e para detectar qual a especialidade conferida às demandas impugnativas pela via recursal.

A primeira é o efeito suspensivo *ope legis*, assim entendido quando a decisão nasce ineficaz justamente porque a lei prevê que contra ela cabe recurso apto a prolongar esse estado de ineficácia (recurso dotado de efeito suspensivo). Cuida-se de caso em que a privação de eficácia ocorre com a interposição do recurso, o qual apenas a posterga desde que admitido. O mais correto seria dizer que as decisões já nascem ineficazes até que contra elas deixe-se de interpor recurso ou o recurso interposto venha a ser inadmitido.[226] Esse estado de ineficácia, portanto, decorre da lei, pois prévio ao recurso.

Embora se diga que o efeito suspensivo não se confunde com o efeito obstativo, não há como negar que um se reflete no outro. Isto é, o recurso dotado de efeito suspensivo, pela simples interposição, prolonga o estado de ineficácia justamente porque esse meio de impugnação também impede que sobre a decisão se opere a respectiva estabilidade.[227] Quanto ao efeito suspensivo *ope legis*, nota-se que a função do recurso está ligada à consecução dessa privação de eficácia no tempo. Por essas características, não seria um efeito próprio dos meios de impugnação em geral, mas sim decorrente previsão legal que restringe a eficácia a decisão enquanto pendente o recurso dotado dessas características.[228]

---

226. Na doutrina nacional: BARBOSA MOREIRA, José Carlos. Ainda e sempre a coisa julgada. In: **Direito Processual Civil: ensaios e pareceres**, p. 140-141; GRINOVER, Ada Pellegrini. Um enfoque constitucional da teoria geral dos recursos. In: **Livro de estudos jurídicos**, p. 87; BEUNO, Cassio Scarpinella. **Execução provisória e antecipação de tutela**. São Paulo: Saraiva, 1998, p. 47; LUCON, Paulo Henrique dos Santos. **Eficácia das decisões e execução provisória**. São Paulo: Editora RT, 2000, p. 219; APRIGLIANO, Ricardo. **A apelação e seus efeitos**, p. 248; JORGE, Flávio Cheim. **Teoria geral dos recursos cíveis**, p. 388-389. Na doutrina estrangeira, vide interessante discussão atrelada ao efeito suspensivo, à formação da coisa julgada material e à classificação dos meios de impugnação em ordinários e extraordinários: LIEBMAN, Enrico Tullio. Sulla sospensione propria ed impropria del processo civile. **Rivista di Diritto Processuale**, 1958, n. 1, p. 156-160; PISANI, Andrea Proto. **Opposizione di terzo ordinaria**, p. 63-64; PROVINCIALI, Renzo. **Delle impugnazioni in generali**, p. 51-53; GUASP, Jaime. **Derecho procesal civil**, p. 721.

227. ASSIS, Araken de. ASSIS, Araken de. Efeito suspensivo dos recursos. In: ASSIS, Araken de, ALVIM, Eduardo Arruda, NERY JR., Nelson, MAZZEI, Rodrigo, WAMBIER, Teresa Arruda ALVIM e Alvim, Thereza (Coordenadores). **Direito Civil e Processo. Estudos em homenagem ao Professor Arruda Alvim**, p. 1.173.

228. DINAMARCO, Cândido Rangel. Os efeitos dos recursos. In: **Aspectos polêmicos e atuais dos recursos**, v.5, p. 52-53.

Na atual disciplina do CPC, duas são as hipóteses em que se manifesta o efeito suspensivo *ope legis*. Uma delas é o efeito suspensivo conferido, como regra, à apelação (art. 1.012, *caput*) e a outra é o efeito suspensivo conferido aos recursos especial e extraordinário quando interpostos da decisão que julga o mérito do incidente de resolução de demandas repetitivas (art. 987, §1º). Deve-se ponderar, ainda, a necessidade de adaptação do clássico conceito de efeito suspensivo *ope legis*, até aqui trabalhado, diante das especificidades instituídas pelo Código relativamente à recorribilidade das decisões interlocutórias. O art. 1.009, §1º prevê o cabimento de apelação para impugnar decisões interlocutórias não abrangidas pelo rol do art. 1.015. A prevalecer a clássica concepção, a eficácia das decisões interlocutórias não agraváveis ficaria diferida no tempo, tanto quanto sua recorribilidade, resultando em clara inoperância do sistema processual. Para evitar que o conceito doutrinário suplante a coerência desejada com a redação do art. 995, mostra-se salutar pensar que a decisão será ineficaz tão logo proferida se contra ela couber recurso imediato dotado de efeito suspensivo *ope legis*.

Não é demais relembrar a frequente associação do efeito suspensivo *ope legis* ao balanceamento dos escopos sociais e jurídicos da jurisdição.[229] Por ser excepcional tal modalidade, coloca-se como guia do sistema recursal a preferência pelo escopo social, o que, contudo, não pode levar à sua supervalorização.[230] Mesmo com a regra prevista no art. 995, a decisão que se presta, por excelência, a solucionar a controvérsia segue privada de eficácia, embora proferida após profunda cognição. Esse dispositivo legal impacta menos do que poderia concretamente, razão pela qual se verifica a valorização do escopo jurídico em determinadas situações, ao permitir, por exemplo, que as sentenças, de ordinário, sejam ineficazes tão logo proferidas.

A demonstração de como a lei manipula os limites e a extensão da ineficácia das decisões judiciais releva que a privação já mencionada pode ser entendida de outras formas. Uma delas é a ausência de caráter absoluto do efeito suspensivo, pois o CPC prevê que, para materialização do comando decisório, determinados atos poderão ser praticados pela parte beneficiada.[231]

229. LEONEL, Ricardo de Barros. Revistando a teoria geral dos recursos: o efeito suspensivo. In: In: WAMBIER, Teresa Arruda Alvim; NERY JR., Nelson (coord.). **Aspectos polêmicos e atuais dos recursos cíveis e assuntos afins**. São Paulo: Editora Revista dos Tribunais, 2006, pp. 466-469.

230. CARVALHO FILHO, Milton Paulo de. **Apelação sem efeito suspensivo**. São Paulo: Saraiva, 2010, p. 38-41.

231. ASSIS, Araken de. Efeito suspensivo dos recursos. In: ASSIS, Araken de, Alvim, Eduardo Arruda, Nery Jr, Nelson, Mazzei, Rodrigo, Wambier, Teresa Arruda Alvim e Alvim,

Exemplo relevante é o da hipoteca judiciária (art. 495, §1º, III), cuja instituição independe da existência ou não de recurso dotado do efeito suspensivo. De outro lado, há disposições legais que condicionam a eficácia da decisão judicial a determinado momento processual. Isso se verifica, por exemplo, nas decisões que tenham por objeto a emissão de declaração de vontade, cuja eficácia se produz com o trânsito em julgado (art. 501). Semelhante raciocínio se aplica também ao art. 20 da Lei 8.429/92, que sujeita a perda ou a suspensão dos direitos políticos ao trânsito em julgado da sentença condenatória em improbidade administrativa. Nesses dois últimos exemplos, a relevância do efeito suspensivo cede diante da opção legal em sujeitar ao trânsito em julgado o momento de eficácia da decisão judicial.[232]

Ambos os exemplos permitem ponderar, ainda, que a ausência de efeito suspensivo se projeta de maneira variada frente às decisões condenatórias, decisões constitutivas e decisões meramente declaratórias. Enquanto nas primeiras autoriza-se deflagrar o cumprimento provisório de sentença, nas demais nota-se a possibilidade de materialização de alguns efeitos decorrentes da declaração ou da constituição.[233] Afirma-se que a certeza da declaração e a nova situação jurídica oriunda da constituição são alcançadas com a definitividade da decisão, mas isso não impede que, ausente o efeito suspensivo, certas repercussões possam se projetar concretamente. É o que se verifica do célebre debate acerca dos provimentos provisórios atinentes aos pedidos declaratórios ou constitutivos, sendo que a antecipação não se dá em relação a declaração ou à constituição, mas quanto aos efeitos que deles possam surgir, como a cessação de condutas baseadas em relações jurídicas que possam vir a ser reconhecidas inexistentes ou inválidas. A distinção entre produção de determinados efeitos da decisão e o momento de conclusão do processo, sendo vinculado a esse a produção da eficácia da declaração ou da constituição, revela que o efeito suspensivo *ope legis* apresentaria nesses provimentos relevância diversa do que aquele apresentado nas decisões de cunho condenatório.

A segunda forma se identifica pelo efeito suspensivo concedido por decisão judicial, por isso denominado *ope iuidicis*. Ao contrário do que se

---

Thereza (Coordenadores). **Direito Civil e Processo. Estudos em homenagem ao Professor Arruda Alvim**, p. 1.174-1.175.

232. TALAMINI, Eduardo. WLADECK, Felipe Scripes. Comentários ao art. 994. In: **Comentários ao código de processo civil**, vol. 4, p. 303-304.

233. PASQUALE, Frisina. Sugli effetti della provvisoria esecuzione della sentenza di primo grade riformata della sentenza di appello. **Giustizia civile,** v. 31, n. 5, p. 240-248; DINAMARCO, Cândido Rangel. Momento de eficácia da sentença constitutiva. **Revista de Processo**, vol. 63, 1991, n. 5.

narrou, a decisão recorrida tem sua eficácia produzida até que sobrevenha pronunciamento judicial sustando-a.[234] Há, portanto, uma distinção essencial, pois, no efeito suspensivo *ope legis*, a decisão nasce ineficaz, previamente à interposição do recurso, ao passo que no efeito suspensivo *ope iudicis*, essa ineficácia é superveniente, pois dependente de ordem judicial. Embora existam semelhanças funcionais, o chamado efeito suspensivo *ope iudicis* opera sob lógica diversa, no sentido de que é necessário provimento para impedir que a decisão impugnada seja eficaz desde logo, sob o crivo de elementos típicos dos provimentos provisórios.[235]

O chamado efeito suspensivo *ope legis* decorre de previsão legal, em que se pré-determina quais decisões serão ineficazes assim que proferidas – ainda que ausente situação de urgência e de probabilidade do direito afirmado no recurso. Já o denominado efeito suspensivo *ope iudicis* caminha em outra direção, porque sua concessão se baseia nos pressupostos de tutela provisória.

A doutrina se ocupa, ainda, da diferenciação entre efeito suspensivo *ope iudicis* e tutela antecipada recursal, essa também chamada por alguns de efeito ativo,[236] referindo-se à primeira apenas para as situações em que o provimento antecipatório se preste a sustar a eficácia da decisão recorrida[237] Parece ser mais adequado deixar de lado essa distinção, por consistir em designações distintas do mesmo fenômeno. A sustação da eficácia da decisão se apresenta como medida decorrente da probabilidade de sua desconstituição, demonstrada pela plausibilidade das alegações em sede recursal, somada à urgência decorrente de sua manutenção. Mas, é possível antecipar outros efeitos, relativos ao juízo rescisório, sobretudo quando a utilidade estiver

---

234. MEDINA, José Miguel Garcia. Antecipação de tutela recursal e efeito suspensivo. In: **Aspectos polêmicos e atuais dos recursos cíveis de acordo com a Lei 9.756-98**, coord. Teresa Arruda Alvim Wambier, Nelson Nery Jr. São Paulo: Editora Revista dos Tribunais, 1999, p. 337-358.

235. BUENO, Cassio Scarpinella. **Execução provisória e antecipação de tutela**, p. 120-121. "Basicamente, são os mesmos requisitos postos na disciplina geral da tutela provisória urgente (art. 300) (...). É ônus do recorrente demonstrar sua configuração." (TALAMINI, Eduardo. WLADECK, Felipe Scripes. Comentários ao art. 994. In: **Comentários ao código de processo civil**, vol. 4, p. 306).

236. Cunhado, incialmente, por TALAMINI, Eduardo. A nova disciplina do agravo e os princípios constitucionais do processo. **Revista de Processo**, n. 80, out.-dez. 1995, p. 125-147.

237. FERREIRA, William Santos. **Tutela antecipada no âmbito recursal**. São Paulo: Ed. RT, 2000, p. 293-297. Veja-se a efusiva tentativa de distinção, embora se reconheça, amplamente, a identidade de requisitos, em FRANZÉ, Luís Henrique Barbante. **Tutela antecipada recursal**, 3ª ed. Curitiba: Juruá, 2011, p. 306-308.

justamente nessa fase do julgamento de mérito, especialmente se a decisão impugnada for de conteúdo negativo.[238]

O CPC se vale do termo "efeito suspensivo" para designar a concessão de tutela provisória em outras situações nas quais a parte pretenda impedir a eficácia de decisão judicial questionada ou impedir o prosseguimento do processo. Assim ocorre, por exemplo, com os embargos à execução, com a impugnação ao cumprimento de sentença e com o incidente de suspeição ou impedimento, do que se conclui que, embora haja expressa referência ao termo, trata-se de marcado contexto de tutela provisória. Por isso, conquanto não haja razão finalística para utilização de termos distintos para explicar o mesmo fenômeno, a doutrina e a lei consagram o efeito suspensivo *ope iudicis* e a tutela provisória. Para esse estudo, é preferível abandonar o termo "efeito suspensivo *ope iudicis*" e "efeito ativo", por serem todos manifestação da tutela provisória nos meios de impugnação, o que se justifica com ainda maior razão à luz do tratamento dado pelo Código para essa temática.

A comparação sugerida para identificação da especialidade do recurso indica o proveito na superação das expressões, não só porque não explicitam diferenciação, mas porque auxiliam a situar de forma mais clara em qual aspecto residiria a eventual diferenciação frente às ações autônomas de impugnação. Por esses motivos, mostra-se mais apropriado considerar como tutela provisória todo e qualquer provimento antecipatório ou acautelatório voltado a impedir a eficácia da decisão recorrida ou a proporcionar outro proveito ao recorrente, o que não se confunde, pelas razões já expostas, com o efeito suspensivo *ope legis* ou, simplesmente e doravante, efeito suspensivo.[239]

3.2.3.1. Efeito suspensivo

A confrontação entre recursos e ações autônomas de impugnação merece ser realizada para demonstrar no que consiste a especialidade dos primeiros em relação às segundas relativamente às repercussões sobre a eficácia da decisão impugnada. Sob o ponto de vista do efeito suspensivo, todos os aportes teóricos anteriormente apresentados foram construídos pela doutrina levando em conta a recorribilidade. Vale dizer: a ineficácia imediata da decisão se admite porque há no horizonte a viabilidade de controle por

---

238. ARMELIN, Roberto. Notas sobre a antecipação de tutela em segundo grau de jurisdição. In: **Aspectos polêmicos da antecipação de tutela**, (coord.) Teresa Arruda Alvim Wambier e Nelson Nery Jr. São Paulo: RT, 1997, p. 450.

239. JORGE, Flávio Cheim. **Teoria geral dos recursos cíveis**, p. 392-394.

meio de recurso dotado desse efeito para prolongar o estado de ineficácia mediante simples interposição.

Não se cogita que semelhante cenário suceda com o ajuizamento de ação autônoma de impugnação por algumas razões. A primeira é a de que a lei condiciona o prolongamento da ineficácia somente a determinados recursos, aos quais se confere o referido efeito, sendo certo que, no sistema vigente, essa especialidade se apresenta de forma excepcional, tendo em vista serem apenas duas as oportunidades em que a ineficácia se protrairá no tempo com a interposição. A segunda é perceber que a ação autônoma de impugnação eventualmente cabível diante das decisões questionadas por recursos dotados de efeito suspensivo também se aproveitaria da imediata ineficácia enquanto esse meio estiver pendente. A terceira razão revela que o sistema processual, a despeito de conhecer de ações autônomas e fazer expressa referência a algumas elas, deixa de conferir-lhes o efeito suspensivo, assim como o faz com todos os demais recursos que não aqueles cabíveis contra sentença e decisão que julga o mérito do incidente de resolução de demandas repetitivas. A quarta razão está atrelada à eficácia da decisão como critério de relacionamento entre meios de impugnação, a exemplo das ações autônomas cabíveis por ineficiência dos recursos. Portanto, a escolha em conferir o efeito suspensivo é marcadamente legislativa.[240]

A especialidade conferida pelo efeito suspensivo sugere, no entanto, reduzido distanciamento entre recursos e ações autônomas de impugnação. Inegavelmente, há uma clara vantagem dos meios dotados de tal efeito, na medida em que a utilidade proporcionada à parte se manifesta antes mesmo da interposição, ou seja, a utilidade é imediata, pois o provimento a ser impugnado será ineficaz tão logo o seja proferido, em mitigação ao potencial gravame imposto. Isso, contudo, não deve levar à falsa impressão de que o efeito suspensivo teria maior relevância do que mereceria nessa comparação, pois, além de figurar em limitadas oportunidades, o seu afastamento se torna mais simples pela disciplina conferida à tutela da evidência, cuja concessão em sentença faz com que a apelação possa ser admitida apenas no efeito devolutivo.[241] Por outras palavras, o CPC, apesar de prever o efeito suspensivo da apelação como regra, traz mecanismos de superação desse estado de ineficácia, a gerar um ambiente de ainda maior proximidade e identidade entre meios de impugnação.

---

240. BERMUDES, Sérgio. **Comentários ao Código de Processo Civil: arts. 496-564**. São Paulo: Editora Revista dos Tribunais, 1975, v. 7, p. 141-142.

241. DOTTI, Rogéria Fagundes. **Tutela da evidência: probabilidade, defesa frágil e o dever de antecipar a tempo**. São Paulo: Editora Revista dos Tribunais, 2020, p. 284-286.

Na linha do que se vem fazendo nesse estudo, é possível traçar alguns paralelos com a impugnação de qualquer outro ato jurídico. A propositura da demanda impugnativa não teria o condão de sustar efeitos do ato impugnado, que se produzem salvo se houver decisão judicial em sentido contrário. Assim, quando ausente o efeito suspensivo, o cenário existente na impugnação dos atos judiciais é muito semelhante ao cenário de impugnação de outros atos jurídicos, considerando a necessidade de provimento jurisdicional que suspenda a eficácia do ato questionado. O toque de especialidade conferido pelo efeito suspensivo fica mais evidente quando examinado de forma ampla, para evidência a atuação da lei em privar a eficácia da decisão tão somente porque suscetível de impugnação por determinados recursos.[242]

Esse cenário se verifica por algumas razões não necessariamente devidas a essa comparação. Os pleitos da doutrina para redução dos casos em que o efeito suspensivo está presente remontam a período anterior ao CPC de 73, sempre com foco em permitir maior efetividade das decisões judiciais, especialmente porque a clássica concepção de efeito suspensivo estava vinculada à desconfiança do órgão prolator da decisão recorrida, reminiscência retórica superada nos dias atuais.[243] Com o amadurecimento da compreensão do efeito suspensivo, não há como negar que, hoje, a ineficácia imediata da decisão é mesmo opção do legislador, que o faz visando equilibrar escopos jurídicos e sociais. Dessa forma, a aproximação entre meios de impugnação pode ser observada não só pela mitigação do efeito suspensivo, mas pela generalização da tutela provisória em sede recursal e das formas para sua obtenção, associada à disciplina conferida para superar distinções procedimentais e conferir uniformidade de requisitos relativamente à tutela antecipada de urgência e tutela cautelar, além de prever, em caráter geral, a tutela da evidência.[244]

O CPC de 2015 se baseia em modelo que confere mecanismos mais coerentes para obtenção da tutela provisória em sede recursal organizados segundo premissas gerais instituídas na parte geral do diploma. Em primeiro lugar, há a generalização de obtenção de provimentos provisórios mediante

---

242. Como bem atenta Antônio Junqueira de Azevedo, com certa aplicação ao quanto sustentado no texto, alguns fatores de eficácia externo influenciam nos atos jurídicos, como elementos extrínsecos, "algo que dele não participa, que não o integra, mas contribui para a obtenção do resultado visado." (**Negócio jurídico: existência, validade e eficácia**, p. 55).

243. LIMA, Alcides Mendonça. **Introdução aos recursos cíveis**, p. 290.

244. MARINONI, Luiz Guilherme. **Tutela de urgência e tutela da evidência**, 3ª ed. São Paulo: Editora Revista dos Tribunais, 2019, p. 37-45.

requerimento formulado no bojo do próprio recurso, quando a interposição se der diante do mesmo órgão competente para o julgamento, assim como autoriza-se que o requerimento seja formulado diretamente ao órgão que irá julgar o recurso quando sua interposição se der perante juízo diverso. Em segundo lugar, busca-se sincronia na forma com que esses requerimentos são formulados com as regras gerais sobre tutela provisória, sobretudo pela ausência de distinção no modo de requerê-las incidentalmente. O sistema vigente parece ter aprendido com os percalços encontrados na ordenação revogada, e indica ter eliminado a possibilidade de indevida utilização de ação autônoma como mecanismo para obtenção de tutela provisória a recurso

3.2.3.2. *Tutela provisória nos meios de impugnação*

O art. 995, parágrafo único, do CPC disciplina os requisitos para concessão de tutela provisória de urgência em sede recursal, não diferindo substancialmente do disposto no art. 300 do CPC, que regula a tutela provisória urgente em caráter geral. Não se deve descartar, contudo, que, em sede recursal, também se possa conceder tutela da evidência, não só porque seria aplicável o disposto no art. 311 do CPC, mas, também, pelas disposições setoriais aludidas.[245] Em determinadas situações, o ordenamento processual civil autoriza a concessão de tutela provisória sem a necessidade de demonstração da urgência, isto é, amparada unicamente na "probabilidade de provimento do recurso", conforme verificado nos arts. 1.012, §4º e 1.026, § 1º.

Há, ainda, outras formas de concessão da tutela da evidência em sede recursal. Afora os casos já mencionados, o art. 995 pode ceder frente ao objeto do recurso.[246] Seria o caso de pensar em agravo de instrumento interposto contra decisão interlocutória que indefere o pedido de tutela provisória de evidência. Não haveria razão para ter-se como objeto justamente *error in iudicando* relativo ao indeferimento do pedido de tutela provisória e, ao mesmo tempo, exigir-se do recorrente que demonstre eventual urgência.[247] Semelhante situação poderia suceder, por exemplo, se a questão controvertida

---

245. "Devidamente interpretado, o elenco normativo cobre de modo razoável todas as situações em que se justifica a supressão do contraditório sem motivos de urgência. Mas isso não significa que esteja descartada a atribuição de efeito suspensivo recursal como tutela da evidência." (TALAMINI, Eduardo. WLADECK, Felipe Scripes. Comentários ao art. 994. In: **Comentários ao código de processo civil**, vol. 4, p. 307).

246. ASSIS, Araken. **Manual dos recursos**, p. 318-319.

247. TALAMINI, Eduardo. WLADECK, Felipe Scripes. Comentários ao art. 994. In: **Comentários ao código de processo civil**, vol. 4, p. 307

no processo originário passar a ter sua resolução determinada por algum mecanismo de julgamento de casos repetitivos.

Embora o referido art. 995 esteja situado na parte geral da disciplina dos recursos, nada impede que sua interpretação e aplicação integre o conjunto normativo aplicável às ações autônomas de impugnação, sem prejuízo do disposto nos arts. 300 a 304, bem como o art. 311, além de previsões específicas. Ademais, é interessante notar que, muito antes de nascer a acesa discussão sobre os provimentos provisórios em sede recursal, as ações autônomas já apresentavam grande desenvoltura no tema com as conhecidas liminares em mandado de segurança e em *habeas corpus*, afora as relevantes repercussões em reclamação, a revelarem mais uma forma de criar distanciamentos indevidos meios de impugnação.[248]

Por haver, em caráter geral, a aplicação das mesmas premissas que norteiam a concessão de tutela provisória, mostra-se produtivo dar enfoque naquilo que pode ser específico.[249] Nada obstante, também se apresentam aplicáveis as mesmas exigências para a tutela da evidência, no que também não apresentam substancial diferença em relação aos recursos. Bastaria pensar que, para a concessão de liminar em *habeas corpus*, pudesse ser dispensado o requisito do *periculum in mora* caso a decisão impugnada contrariasse, por exemplo, súmula vinculante. Não só haveria maior facilidade para tutela da liberdade, como o procedimento desse meio de impugnação se viria permeado pela aplicação supletiva do CPC (art. 15).

Na busca por traços específicos das ações autônomas de impugnação, vale perceber a peculiar disciplina da tutela provisória em reclamação. O art. 989, II do CPC permite que o relator, ao despachar a petição inicial, suspenda o ato impugnado ou o processo para evitar dano irreparável, silenciando-se a respeito da probabilidade de êxito da impugnação. A redação revela um quadro inusitado, pois já foi visto que, para tutelas provisórias, admite-se, no mínimo, a probabilidade de que os argumentos apresentados pelo impugnante sejam procedentes, mas não apenas o risco da demora. Parece não ser essa a mais adequada e coerente interpretação do citado dispositivo legal, tanto com relação aos requisitos, quanto aos limites da

---

248. BUENO, Cassio Scarpinella. **Liminar em mandado de segurança: um tema com variações**, 2ª ed. São Paulo: Editora RT, 1999, p. 77-78. O exemplo da reclamação é relevante para perceber que, sob o manto da tutela provisória, acabam se enquadrando provimentos antecipatórios e acautelatórios: MITIDIERO, Daniel. **Reclamação nas Cortes Supremas**, p. 107-114.

249. GUERRA, Adriana Diniz de Vasconcellos. **A tutela antecipada e sua admissibilidade em sede de ação rescisória**. Rio de Janeiro: Forense, 2001, p. 117-118.

decisão dada em tutela provisória.[250] Nada obstante, a redação empregada pelo legislador poderia render a interpretação de que a ordem de suspensão seria dada de ofício pelo relator, mas, entendida como uma modalidade de tutela provisória, logo se deve descartar tal possibilidade frente à necessidade de requerimento específico.

Quanto aos requisitos, não devem surgir maiores dúvidas ao se notar que, em sendo necessária a tutela de urgência, o reclamante deverá demonstrar presentes o *periculum in mora*, assim como o *fumus boni iuris*, nos termos da parte geral do CPC.[251] Não há impedimento para que somente se exija esse segundo requisito caso presentes elementos de concessão da tutela provisória de evidência, também de acordo com o art. 311. Como demanda impugnativa e, ausente qualquer especificidade, as tutelas provisórias em sede de reclamação são guiadas pelas regras gerais já referidas. Faz-se essa advertência, pois a redação do art. 989, II ainda daria espaço para outra interpretação restritiva, atinente à limitação de providência dirigida a ordenar a sustação de eficácia da decisão impugnada ou suspender a tramitação do processo. Contudo, é possível que relator vá além, determinando outras providências ou antecipe outros efeitos da futura tutela jurisdicional a ser prestada, como poderia ocorrer quando, alegada a violação à autoridade da decisão, permita-se a fruição antecipada da futura correção a ser determinada pela decisão final.

Outra característica a ser ressaltada diz respeito às tutelas provisórias nas ações autônomas cabíveis posteriormente ao trânsito em julgado. Aqui, não há necessariamente realce a algum requisito específico, pois todas as considerações sobre tutelas provisórias de urgência e de evidência se mostram, ao menos em tese, aplicáveis.[252] Destaca-se, no entanto, fator relevante que toca aos provimentos provisórios em demandas impugnativas que visem à desconstituição de decisão judicial revestida por estabilidade. Mesmo com as modificações procedimentais proporcionadas pelo CPC no tema das tutelas provisórias, segue relevante a discussão sobre a antecipação de tutela no juízo rescindente e no juízo rescisório. O incremento do ônus de demonstrar a necessidade e a utilidade da tutela provisória no contexto de impugnação de uma decisão revestida pela coisa julgada material imporia ao impugnante posição cercada por alguns obstáculos não observáveis em

---

250. NEVES, Daniel Amorim Assumpção. **Ações constitucionais**, p. 277-279.

251. STJ, AgRg na Rcl 1.824/SP, Rel. Ministra Laurita Vaz, Terceira Seção, julgado em 09/11/2005, DJ 23/11/2005, p. 155.

252. Rejeitando a tutela da evidência em sede de ação rescisória: YARSHELL, Flávio Luiz. Comentários ao art. 966. In: **Comentários ao código de processo civil**, vol. 4, p.189.

outras situações, mesmo com expressa autorização do art. 969 para sustação da eficácia da decisão rescindenda.[253] Isso se revela presente, pois a existência de um elemento não encontrado no exame anterior (decisão estabilizada) traz ao impugnante o ônus de demonstrar com maior clareza a probabilidade de existência do vício alegado e, por conseguinte, da rescisão a ser alcançada.[254]

Isso deve ser sopesado, contudo, com determinadas características específicas de certas ações autônomas cabíveis posteriormente ao trânsito em julgado, notadamente pela relevância do bem jurídico tutelado (a exemplo do *habeas corpus* ou ADPF). A tentativa de equilibrar a proteção gerada pela estabilidade com os ônus de alegação e de prova atinentes às tutelas provisórias poderão, de certa forma, alterar de configuração em razão das peculiaridades observadas nessas hipóteses.

Reafirma-se, assim, que os recursos e as ações autônomas de impugnação têm, na enorme maioria das situações, a mesma aptidão de influenciar na eficácia da decisão questionada. O chamado efeito suspensivo, mitigado porque aplicado em poucas oportunidades e cuja superação se daria com facilidade mediante concessão de tutela da evidência em sentença, seria o único ponto de um possível distanciamento na comparação realizada nesse tópico. Reitere-se que a ineficácia nem seria decorrente e inerente ao recurso, mas da lei que priva a decisão de ser eficaz tão logo proferida porque contra ela prevê o cabimento de recurso dotado do mencionado efeito.

3.3. CONCLUSÃO PARCIAL: EQUIVALÊNCIA FUNCIONAL DOS MEIOS DE IMPUGNAÇÃO E OS EFEITOS RECURSAIS COMO CARACTERÍSTICAS DO REGIME JURÍDICO RECURSAL

O presente capítulo teve por objetivo examinar aspectos estruturais e funcionais dos meios de impugnação e destacar as similitudes e diferenças entre eles. Em arremate, seria conveniente assentar ideias já inferidas ao início do capítulo, mas cuja demonstração coube aos itens precedentes:

1. A preocupação em traçar um fio condutor comum aos variados meios de impugnação deixou claro haver distinções determinadas, essencialmente, pela lei. Isso quer dizer que os pontos de afastamento entre recursos e ações autônomas estão baseados em disposições legais específicas, que acabam conferindo toque de especialidade relevante aos primeiros

253. Os aspectos históricos dessa disposição legal podem ser encontrados em VIDIGAL, Luiz Eulálio de Bueno. **Ação rescisória dos julgados**, p. 111-112.

254. YARSHELL, Flávio Luiz. **Ação rescisória: juízos rescindente e rescisório**, p. 395-396.

em relação aos segundos. Evidentemente, aspectos procedimentais poderiam ser usados como forma de traçar essas peculiaridades – em referendo à interferência do legislador –, mas a proposta apresentada no capítulo consistiu em apontar o que havia de comum e de distinto quanto aos aspectos funcionais de cada um dos meios de impugnação, o que se verificou, preponderantemente, nos chamados efeitos recursais. Embora não haja consenso em como definir tais efeitos, procurou-se apresentá-los como a ingerência da lei sobre determinados aspectos dos recursos, não observados nas ações autônomas. Tomando por base essa premissa, passou-se a investigar quais características desses efeitos, aqui delimitados ao obstativo, devolutivo e suspensivo, seriam realmente inerentes aos meios de impugnação, isto é, existiriam mesmo sem previsão legal, e quais deles decorrem exclusivamente da lei.

2. O efeito obstativo, inerente a todo recurso, é relevante marca de distinção entre meios de impugnação. Isso porque o ordenamento jurídico brasileiro faz a escolha de que o trânsito em julgado ocorra somente quando não for mais cabível recurso. Não há, para as ações autônomas, previsão de impedir a formação da estabilidade sobre a decisão judicial por ocasião do seu manejo. Evidencia-se a influência da lei nesse aspecto, porquanto seria possível estender tal efeito a qualquer ação autônoma, caso essa fosse a opção legislativa, assim como restringir apenas a determinados recursos, tal como ocorre em ordenamentos jurídicos estrangeiros.

3. Apontou-se, ainda, que a profundidade do efeito devolutivo influencia na amplitude da cognição concedida ao órgão julgador, bem como nos limites objetivos do juízo de mérito, sem haver correspondência, em mesma abrangência, com o que sucede no julgamento das ações autônomas. Contudo, essas distinções encontram certa mitigação em determinados casos – com base nos quais até se poderia cogitar certa devolutividade quanto ao conhecimento de determinadas questões –, como se verifica com o *habeas corpus*, diante do qual o tribunal não estará restrito à causa de pedir para concessão da ordem de ofício, e da ADPF, cuja causa de pedir é aberta, permitindo o reconhecimento de outras inconstitucionalidades além daquelas expressamente alegadas pelo autor. Sob outro aspecto, a dita extensão do efeito devolutivo não é um fator de distanciamento dos meios de impugnação. A delimitação do capítulo decisório impugnado decorre de opção do impugnante, assim como deverá vincular o órgão julgador, independentemente de se tratar de recurso ou ação autônoma.

4. Por fim, o chamado efeito suspensivo é utilizado pela lei, doutrina e jurisprudência em referência a dois fenômenos distintos. Um deles se refere à ineficácia da decisão, por previsão legal nesse sentido, em decorrência do cabimento de determinado recurso, de modo que essa ineficácia se opera antes mesmo da interposição. Outro fenômeno diz respeito à atuação jurisdicional no sentido de, provisoriamente, determinar que a decisão deixe de produzir efeitos enquanto não julgado o meio de impugnação. Nesses casos, o dito efeito suspensivo figura, em realidade, como verdadeira hipótese de tutela provisória, dependente da demonstração dos requisitos inerentes a cada uma de suas modalidades. Dessa forma, a interferência da lei em atribuir critérios distintivos entre meios de impugnação fica a cargo do primeiro fenômeno, como amplamente demonstrado. O segundo deles possui o grau de generalidade compatível com sua sobrevivência mesmo que não houvesse disciplina legal a respeito.

Capítulo 4

CONVIVÊNCIA E INTERAÇÃO ENTRE MEIOS DE IMPUGNAÇÃO

> "La teoría general de la impugnación tiene por objetivo el control de la regularidad de los actos procesales y, en especial, la actividad del tribunal, principalmente por medio de sus resoluciones. Esto es, trata de efectuar un control a posteriori de la actuación de la jurisdicción, especialmente poniendo fin a las irregularidades cometidas. Funciona, entonces, como un remedio a una actividad indebida (desviada, ilegítima...)"
>
> (Enrique Vescovi, Los recursos judiciales y demás médios impugnativos en iberoamérica. Buenos Aires: Depalma Ediciones, 1988, p. 1)

O presente capítulo se ocupa da análise de dogmas da teoria geral dos recursos, que, atualmente, parecem ser insuficientes para explicar inúmeros fenômenos impugnativos, ainda mais evidente quando analisadas a convivência e a interação dos variados meios de impugnação. É importante ter presente que os mesmos elementos dessa teoria geral, sedimentados na segunda metade do século XX,[1] permanecem, em larga medida, inalterados, apesar de profundas transformações ocorridas nas bases fundamentais do processo civil brasileiro.[2] Embora seja uma teoria geral proposta para o âm-

---

1. Exemplificativamente, os seguintes estudos apresentam essas bases teóricas: BARBOSA MOREIRA, José Carlos. **O juízo de admissibilidade no sistema dos recursos civis**, p. 76-92; BUZAID, Alfredo. Teoria geral dos recursos, **Revista Brasileira de Direito Processual**, vol. 35, set./out. 1982; NERY JR., Nelson. Aspectos da teoria geral dos recursos no processo civil. **Revista de Processo**, ano 13, n. 51, jul./set. 1988; PINTO, Teresa Celina de Arruda Alvim. Teoria geral dos recursos. **Revista de Processo**, ano 15, n.58, abr./jun. 1990, pp. 150-156; GRINOVER, Ada Pellegrini. Um enfoque constitucional da teoria geral dos recursos. In: **O processo em evolução**, p.64-80; ARRUDA ALVIM NETTO, José Manuel de. Anotações sobre a teoria geral dos recursos. In: **Aspectos polêmicos e atuais dos recursos cíveis de acordo com a Lei 9.756/98**, coord. Teresa Arruda Alvim Wambier, Nelson Nery Jr. São Paulo: Editora Revista dos Tribunais, 1999, p. 52-95.
2. Estudos mais recentes sobre a temática demonstram que as mesmas premissas teóricas seguem sendo adotadas. Exemplificativamente: THEODORO JR., Humberto. Teoria

bito recursal, não raras vezes seus fundamentos são invocados para explicar o controle realizado por ações autônomas, buscando-se, assim, estabelecer um paralelo com uma aparente teoria geral dos meios de impugnação.[3] Nesse sentido, as considerações a seguir, agregadas ao que se apresentou anteriormente, permitem avançar na concepção harmônica de coexistência dos meios de impugnação dos atos judiciais.[4]

4.1. SUCEDÂNEOS RECURSAIS: INDEFINIÇÃO TEÓRICA E PREVALÊNCIA DE UM SISTEMA DE CONTROLE

A doutrina brasileira consagrou o termo "sucedâneo recursal" ainda sob a égide do CPC de 1939, com a finalidade de agrupar fenômenos muito distintos entre si e que nem sempre refletiam o exercício da função de controle.[5]

---

geral dos recursos civis. **Revista autônoma de processo**, n.2, jan./mar. 2007, p. 257-306; WAMBIER, Luiz Rodrigues. Teoria geral dos recursos. **Revista de Processo**, ano 33, n. 164, out. 2008, pp. 333-341; SHIMURA, Sérgio Seiji. Considerações sobre a teoria geral dos recursos no Código de Processo Civil de 2015. **Cadernos Jurídicos**, v. 16, n.41, jul./set. 2015, pp. 117-131.

3. Essa preocupação, apesar de ser tímida na doutrina brasileira em razão da marcada segregação feita entre recursos e ações autônomas, pode ser encontrada de maneira mais clara em YARSHELL, Flávio Luiz. **Ação rescisória: juízos rescindente e rescisório**, p. 27-31. Na doutrina estrangeira, essa visão mais ampla já é de longa data encontrada em alguns estudos: FAIRÉN GUILLÉN, Victor. Doctrina general de los medios de impugnación y parte general del Derecho Procesal. **Estudios de Derecho Procesal**. Madrid: Editorial Revista de Derecho Privado, 1955, pp. 351-356; VESCOVI, Enrique. **Los recursos judiciales y demás médios impugnativos en iberoamérica**, p. 13-15; GILLES, Peter. **Rechtsmittel im Zivilprozeβ**, p. 38-39; BRAUN, Johann. **Rechtskraft und Restitution**. 2 Teil. Berlin: Duncker und Humblot, 1985, p. 21-35; SALHI, Karim. **Contribution à une théorie générale des voies de recours en droit judiciaire privé.** Thèse de doctorat (Droit privé et sciences criminelles) – Université de Caen Normandie, 2004, pp. 541-544. Além disso, por uma escolha metodológica, as obras que se dedicam ao estudo da teoria geral dos recursos acabam por analisar o tema dos sucedâneos recursais ou das ações autônomas de impugnação sem uma preocupação crítica mais acentuada, pela ausência de uma base teórica comum: PORTO, Sérgio Gilberto. USTÁRROZ, Daniel. **Manual dos recursos cíveis**, p. 35-58; OLIVEIRA, Pedro Miranda de. **Introdução aos recursos cíveis**. São Paulo: Tirant Lo Blanch, 2021, seções IV, V e VI.

4. Para a doutrina que assume a distinção entre recursos e ações autônomas, nota-se um ponto em comum consistente em assumir que o ato de natureza judicial é o elo relevante na visão conjunta de meios de impugnação (PORTO, Sérgio Gilberto. USTÁRROZ, Daniel. **Manual dos recursos cíveis**, p. 62-63).

5. O tema recebe escasso tratamento doutrinário, especialmente porque não há uma visão de sistema de controle, tal como se defende neste estudo, fazendo com que a literatura seja condicionada a associar direta e indissociavelmente "controle" e "recurso". Marcos

Segundo se depreende da explicação de Frederico Marques, quem primeiro empreendeu essa análise, os sucedâneos recursais seriam um inconveniente no sistema processual, sob a premissa de que o controle das decisões judiciais deveria ser realizado preferencialmente pelos recursos, mas, a despeito disso, mereciam alguma atenção em razão da sua crescente utilização.[6] Esse objeto de estudo teve início pela profusão de ações autônomas para impugnação de interlocutórias e, com o tempo, foram agregados outros mecanismos que poderiam ou não servir ao controle dos atos judiciais.[7]

A doutrina nunca chegou a reunir consenso em torno dos institutos pertencentes aos chamados sucedâneos recursais.[8] Isso pode ser explicado por algumas razões já expostas neste estudo, agora tratadas de maneira direta. Uma delas consiste no modo com se compreende a taxatividade recursal, defendendo-se que não haveria recurso senão mediante previsão legal – mas, sem explicar ao certo qual a extensão dessa previsão (se seria de um procedimento recursal, se seria mero "batismo" de determinado meio como recurso ou se seria a previsão do ato sujeito ao controle recursal).[9]

Afonso Borges, por exemplo, explicita o repúdio às formas de controle não recursais: "A utilização de tais expedientes, à primeira vista, parece constituir um contrassenso, uma vez que a Constituição, o Código de Processo Civil e Leis Ordinárias estabelecem, de forma clara e taxativa, os remédios que podem ser usados por aqueles que se julgam prejudicados com o pronunciamento judicial." (Sucedâneos dos recursos. **Revista de Processo**, v. 4, n. 13, jan.-mar. 1979, p. 53).

6. **Instituições de Direito Processual Civil**, v.3, p. 293

7. É emblemático o exemplo do pedido de suspensão de segurança, por muitos incluído no rol dos sucedâneos recursais, muito embora não objetive exercer controle sobre a decisão judicial. Parece-nos ter razão Marcelo Abelha Rodrigues ao afirmar o seguinte: "Nunca é demais repetir que o pedido de suspensão requerido ao presente do tribunal não pretende a reforma ou anulação da decisão, o que significa dizer que, mesmo depois de concedida a medida, o conteúdo da decisão permanecerá incólume. As razões para se obter a sustação da eficácia da decisão não estão no conteúdo jurídico ou antijurídico da decisão concedida, mas na sua potencialidade de lesão ao interesse público (...)." (**Suspensão de segurança: sustação da eficácia de decisão judicial proferida contra o Poder Público**, pp. 98-99).

8. Além da opinião de cada doutrinador em eleger qual instituto deverá ser tratado como sucedâneo recursal, Cassio Scarpinella Bueno sintetiza bem o seguinte: "Não há consenso sobre o significado da expressão 'sucedâneos recursais', tampouco – e consequentemente – sobre quais são eles (...) A circunstância e a técnica ser disciplinada ou, quando menos, referida ou aceita pelo Código de Processo Civil no contexto dos processos nos Tribunais ou recursos é fator que merece ser levado em conta também." (**Curso sistematizado de Direito Processual Civil**, vol. 2, p. 771).

9. "O critério para agrupar institutos tão discrepantes sob o excêntrico rótulo 'sucedâneos dos recursos' só pode ser o da exclusão: toda vez que faltarem a determinado remédio

Essa arraigada concepção deixa claro que, à falta de previsão legal expressa, a doutrina não se mostrava capaz de encontrar explicações uniformes e coerentes para o papel desempenhado por mecanismos de controle distintos dos recursos.[10] Tanto é assim que, diante da grande inconsistência de critérios para determinar o que sejam sucedâneos recursais, chega-se a defender que o único fundamento justificador seria o da exclusão, isto é, tudo aquilo que não fosse previsto como recurso.[11] Como será visto adiante, a taxatividade exerce um papel específico, atinente à expressa indicação das vias às quais se aplica o regime jurídico recursal (especialmente quanto aos seus efeitos) - considerando ser imprecisa a ideia de que uma pretensão impugnativa poderia ser criada por lei, pois mais adequado falar em especificação do modo com que essa se desenvolve.

Em seu nascedouro, a ideia subjacente aos sucedâneos recursais correspondia aos meios que fazem as vezes de recursos, mas que com esses não se confundem porque não haveria lei que assim os previssem.[12] Essa perspectiva contribui para explicar, em parte, as razões que fizeram com que recursos e ações autônomas fossem, no curso do tempo, sendo colocados em lado opostos, especialmente porque as segundas passaram a ser vistas como forma de suprir a ausência de previsão recursal em decorrência de uma "falha" legislativa ou um "erro" normativo.[13] Ademais, essa realidade refletia arraigada

---

as notas essenciais do conceito de recurso, ou seja, a previsão legal (princípio da taxatividade), a voluntariedade na interposição e desdobramento no processo pendente, em que pese produzir idênticas finalidades, incluir-se-ão dentre os meios aptos a impugnar resoluções judiciais" (ASSIS, Araken de. Introdução aos sucedâneos recursais. In: NERY JR., Nelson; WAMBIER, Teresa Arruda Alvim. **Aspectos polêmicos e atuais dos recursos e de outros meios de impugnação às decisões judiciais**. São Paulo: RT, 2002. v. 6, p. 17).

10. Isso fica mais claro quando analisadas as justificativas doutrinárias sobre as funções desses institutos: "Os sucedâneos recursais são mecanismos processuais que, a despeito de não terem sido *criados legislativamente* como um recurso, fazem as vezes deste." (MEDINA, José Miguel Garcia. WAMBIER, Teresa Arruda Alvim. **Recursos e ações autônomas de impugnação**, p. 37).

11. ASSIS, Araken de. Introdução aos sucedâneos recursais. In: NERY JR., Nelson; WAMBIER, Teresa Arruda Alvim. **Aspectos polêmicos e atuais dos recursos e de outros meios de impugnação às decisões judiciais**. São Paulo: RT, 2002. v. 6, p. 17.

12. MARQUES, José Frederico. **Instituições de Direito Processual Civil**, v.3, p. 290-292.

13. Tal constatação decorre de uma ideia comum de que os recursos deveriam ser as únicas vias de controle e, escapando do seu alcance, identifica-se alguma incorreção legislativa. As palavras de Leonardo Greco são elucidativas para explicar esse pensamento: "Um bom sistema recursal é um sistema quase totalmente fechado, ou seja, é um sistema em que as possibilidades de provocar o reexame de decisões judiciais se esgotam na série

ideia de compreender o recurso como paradigma do controle, de modo que tudo o mais atuava como se estivesse exercendo sua função, numa espécie de relação de substituição.[14] A despeito disso, a intensa divergência do que seja sucedâneo recursal e quais institutos integram essa categoria autoriza retomar parte das ideias expostas no capítulo 1. Conforme se procurou demonstrar, o CPC engendra um sistema de controle, do qual os meios de impugnação são apenas uma parcela. A ausência de uma visão unitária e integrativa que supõe a de sistema ressalta uma preocupação constante em associar controle e recurso, apesar de o primeiro ser função de espectro mais amplo.[15] Dessa forma, dizer que determinado instituto é um sucedâneo recursal, em outras palavras, equivale a nada explicar a seu respeito.[16]

---

de recursos legalmente previstos e que devem ser interpostos no curso do processo em que as decisões são proferidas, para que, encerrado o processo, se, em razão da cognição exaustiva, tiver se formado a coisa julgada material, essas decisões não possam sofrer mais qualquer tipo de impugnação que possa pôr em risco a eficácia plena do provimento final. É inútil a observância de todas as regras que disciplinam o sistema recursal se, quando elas não satisfazem ao inconformismo do vencido, ele pode lançar mão de outros instrumentos que, dentro ou fora do processo, propiciam a anulação, a modificação ou a reforma de qualquer decisão, seja por meio dos chamados sucedâneos recursais ou de ações autônomas de impugnação (...)" (Princípios de uma teoria geral dos recursos. In: BASTOS, Marcelo Lessa. AMORIM, Pierre Souto Maior Coutinho de. **Tributo a Afrânio Silva Jardim: escritos e estudos**, p. 350).

14. Diogo Rezende de Almeida deixa claro o seguinte: "Essa terceira modalidade de impugnação das decisões judiciais é chamada de sucedâneo recursal e, como o próprio termo denuncia, trata-se de ferramenta processual que ocupa o lugar do recurso nas hipóteses em que a lei não o preveja ou que sua utilização somente se apresente possível em momento muito posterior ao pronunciamento que se pretende reformado." (**Recursos cíveis**, p. 43).

15. Johann Braun demonstra que a extensão e abrangência de um código permitem a estruturação de sistemas específicos. De maneira pertinente, ressalta os problemas de se examinar um sistema (ex.: recursal) de maneira estática. Essas observações levam em conta o que se deve entender por sistema processual (no qual se insere o recursal), do qual também faz parte um sistema de controle ou de impugnação, a ser examinado dinamicamente (BRAUN, Johann. Systembildung im Zivilprozessrecht. **Zeitschrift für Zivilprozess**, vol. 131, n. 3, 2018, p. 278-279 e 311).

16. A preocupação em ver um sistema de controle, em que se deve analisar as características de cada instituto e a possibilidade de correlacioná-los, procura compreender, ao menos no contexto do Código de Processo Civil, a existência de um conjunto de mecanismos destinados à eliminação de erros dos atos judiciais. Nesse sentido, criar uma "sombra" a partir dos recursos não se afigura a melhor escolha, tendo em vista a natureza distinta de cada um desses institutos, tal como se abordou no capítulo 1. Apesar disso, ainda é muito frequente, no âmbito doutrinário, utilizar os recursos como paradigma e, por isso, não encontrar respostas adequadas diante das especificidades que outros instrumentos

Parece correto afirmar que, no decorrer do tempo, a doutrina foi identificando formas de controle distintas do recurso, mas não se preocupou em tratá-los à luz de um sistema composto por variadas maneiras de controlar os atos judiciais e o processo. Como foi amplamente analisado no capítulo 1, ao menos circunscrito ao CPC, é possível encontrar mecanismos distintos entre si, como incidentes de controle, regras de competências, atos de cooperação judiciária, controle de ofício, além dos meios de impugnação, que atuam, conjuntamente, para exame de conformidade dos atos judiciais.[17] Expandindo essa análise, seria possível dizer que esse sistema é ainda mais amplo se levadas em consideração, por exemplo, as vias administrativas de controle correicional e as mútuas relações com o processo penal, se esse tiver por objeto alguma conduta tipificada como crime e praticada pelo magistrado, por exemplo.[18]

A ausência de uma visão de sistema também contribui para a ainda perene concepção de que os recursos são vias "ortodoxas". O paradoxo inerente aos sucedâneos recursais, instaurado entre vias tidas por ortodoxas e vias consideradas heterodoxas ou "extravagantes",[19] explica as dificuldades que

apresentam: "Existem alguns remédios que, por absoluta falta de previsão legal, não são considerados como recursos, tendo em vista a finalidade para a qual foram criados, fazem as vezes destes e, por essa razão, são denominados de seus *sucedâneos*." (NERY JR., Nelson. **Teoria geral dos recursos**, p. 90).

17. Um exemplo extremamente comum de como esse sistema atua conjuntamente é a hipótese de concomitância entre a remessa necessária e recurso interposto contra a decisão.

18. É tema ainda em aberto na literatura as inúmeras interações entre o processo administrativo ou o processo penal com o processo civil em matéria de controle. Algumas intersecções surgem, no entanto, quando algum fundamento impugnativo é elencado pela lei, como se depreende no art. 966, I do CPC, ao se prever a possibilidade de manejo da ação rescisória pela prática de corrupção, prevaricação ou concussão do magistrado. De todo modo, a análise feita ao ensejo desse dispositivo ainda é tímida, inversamente proporcional à expansão de mecanismos destinados ao combate à criminalidade organizada, muitas vezes envolvendo agentes do Poder Judiciário. Essa escassez doutrinária é vista, por exemplo, quando pontualmente fala-se dessas interações entre o processo penal e o processo civil ao ensejo do exame do aludido dispositivo legal: "Caso o processo penal já se haja encerrado, antes de pedir-se a rescisão, a sentença no crime, trânsita em julgado, vincula em certa medida o órgão julgador da rescisória." (BARBOSA MOREIRA, José Carlos. **Comentários ao Código de Processo Civil**, p. 120).

19. LIMA, Marcellus Polastri. QUEIROZ, Mariah Oliveira Santos de. O mandado de segurança contra decisões jurisdicionais: evolução e o novo Código de Processo Civil brasileiro. **Revista do Ministério Público do Estado do Rio de Janeiro**, n. 72, abr./jun. 2019, p. 36.

se mostravam presentes diante de controle realizado por outros institutos.[20] Diante de tamanha indefinição teórica, classificar os sucedâneos recursais acabou sendo, portanto, tarefa meramente arbitrária do estudioso.[21]

Sob a perspectiva defendida neste estudo, mostra-se relevante abandonar o termo "sucedâneo recursal", em razão de todos os inconvenientes anteriormente narrados, e, sobretudo, por não ter a aptidão de explicar a que se presta. A ausência de critérios cientificamente seguros e coerentes para admiti-lo deve ser contraposta por uma visão integrativa e harmônica de sistema de controle, que atua a partir de institutos variados e pode ser estruturado internamente ao CPC ou com a influência de outros diplomas normativos.[22] Tal observação permite que os diversos mecanismos desse sistema atuam dinâmica e interativamente,[23] o que levaria a um segundo passo, no sentido de identificar momentos de controle, pluralidade ou exclusividade de mecanismos de controle, limitações de controle, controle de ofício ou por provocação etc. Dessa forma, mais do que permanecer apegado a uma concepção histórica de sucedâneos recursais, o viés de sistema proposto busca demonstrar a posição dos meios de impugnação como uma parcela desse conjunto, além de permitir enxergá-los em atuação com outros institutos de mesma índole.

4.1.1. Tratamento jurisprudencial do "sucedâneo recursal" e a desvalorização de um sistema de controle

Se, no âmbito da doutrina, a realidade aponta para a ausência de um tratamento sistemático dos mecanismos de controle, no âmbito jurisprudencial verifica-se caminho distinto a respeito dos significados atribuídos

20. Por isso, ainda em doutrina recente e prestigiada, consta a ideia de que os assim chamados sucedâneos recursais correspondem a "(...) institutos que são utilizados de forma a substituir a utilização dos recursos, na maioria das vezes em decorrência da própria falha do legislador." (JORGE, Flávio Cheim. **Teoria geral dos recursos**, p. 276).
21. Como bem ressalta Cassio Scarpinella Bueno (**Curso sistematizado de Direito Processual Civil**, vol. 2, p. 771)
22. PORTO, Sérgio Gilberto; USTÁRROZ, Daniel. **Manual dos recursos cíveis**, p. 62
23. Por ter essa visão atrelada ao "erro" ou "falha" legislativa quanto aos recursos, o exame dos sucedâneos recursais – mais adequadamente entendidos como múltiplos institutos de um sistema de controle – é feito de forma eminentemente estática, segregando-se cada mecanismos e, por vezes, comparando-o com o recurso (ASSIS, Araken de. Introdução aos sucedâneos recursais. In: NERY JR., Nelson; WAMBIER, Teresa Arruda Alvim. **Aspectos polêmicos e atuais dos recursos e de outros meios de impugnação às decisões judiciais**. São Paulo: RT, 2002. v. 6, p. 18).

ao termo "sucedâneo recursal", especialmente para criação de critérios de inadmissão de meios de controle distintos dos recursos.[24] Os sucedâneos recursais passaram a integrar o vocabulário empregado pela jurisprudência como mais uma das formas encontradas para criar indevidas restrições à admissão dos instrumentos de controle dispostos pelo sistema processual.[25] É comum ver decisões de tribunais superiores invocando o termo "sucedâneo recursal" a fim de explicitar descabimento por violação a critérios de relacionamento, inadequação do momento em que o meio foi empregado, violação dos limites de controle impostos pela lei, dentre tantos outros.[26]

A carga de significado atribuída pelos tribunais, em linhas gerais, direciona-se à inadmissão, de modo que sucedâneo recursal confunde-se com uma suposta desconformidade de algum requisito de admissibilidade. Foi nesse contexto de criação de requisitos pretorianos para emissão de um juízo negativo de admissibilidade que ascenderam conhecidos critérios para inviabilização do emprego das ações autônomas de impugnação, por exemplo.

Conforme apontado no item 1.5.5. deste estudo, a jurisprudência exerceu papel fundamental para ampliar o distanciamento entre recursos e ações autônomas em razão do iterativo posicionamento que impunha a essas últimas a pecha de excepcionais ou extravagantes.[27] Foi no bojo dos crescentes posicionamentos contrários ao uso delas que se viu o estabelecimento de critérios arbitrários para admiti-las, como "dano irreparável", "teratologia",

---

24. Emblemático o que ocorre com o conflito de competência: STF, CC 8066 AgR, Relator(a): Cármen Lúcia, Tribunal Pleno, julgado em 11/09/2019, DJe 26-09-2019; STJ, CC 171.102/RS, Rel. Ministra Assusete Magalhães, Primeira Seção, julgado em 12/05/2021, DJe 17/05/2021. "2. O procedimento do conflito de competência, previsto nos arts. 951 a 959 do CPC não prevê a necessidade de manifestação da parte suscitante após o fornecimento de informações pelos Juízos suscitados, inexistindo qualquer violação ao princípio do contraditório." (STJ, AgInt no CC 173.569/SP, Rel. Ministro Luis Felipe Salomão, Segunda Seção, julgado em 10/02/2021, DJe 18/02/2021)

25. STJ, EDcl na Rcl 4.213/ES, Rel. Ministro Humberto Martins, Primeira Seção, DJe 20/02/2013; STJ, AgRg na Rcl 10.338/RS, Rel. Ministro Luis Felipe Salomão, Segunda Seção, DJe 14/12/2012; STJ, AgRg na Rcl 5.242/SP, Rel. Ministro Benedito Gonçalves, Primeira Seção, DJe 29/11/2011; STJ, AgRg na Rcl 4.164/RS, Rel. Ministra Maria Isabel Gallotti, Segunda Seção, DJe 02/06/2011.

26. STJ, AR 4.697/PE, Rel. Ministro Reynaldo Soares da Fonseca, Terceira Seção, DJe 06/11/2015; STJ, AR 4.163/SP, Rel. Ministro Sebastião Reis Júnior, Rel. p/ Acórdão Ministro Marco Aurélio Belizze, Terceira Seção, DJe 15/09/2014.

27. Ainda hoje esse posicionamento se faz presente: "a ação rescisória não merece prosperar, sob pena de tornar-se um mero 'recurso' com prazo de 'interposição' de dois anos." (STJ, AgInt nos EDcl na AR 6.230/PR, Rel. Ministra Regina Helena Costa, Primeira Seção, julgado em 01/06/2021, DJe 04/06/2021).

"ilegalidade manifesta", "supressão de instância" e outros, como verdadeiro desestímulo ao jurisdicionado.[28]

Um dos capítulos dessa história reside no emprego de sucedâneo recursal como um conceito jurídico indeterminado, cujo conteúdo comportaria a imposição de diversos requisitos para admissão.[29] E isso não ficou limitado às ações autônomas, pois outras formas de controle passaram a sofrer com essas restrições.[30]

Diante desse confronto entre doutrina e tribunais em torno dos sucedâneos recursais, fica claro que a primeira, sem ter em vista a existência de um sistema de controle, conferiu-lhe enfoque residual, como uma espécie

---

28. STJ, AgInt no RMS 64.028/SP, Rel. Ministro Ricardo Villas Bôas Cueva, Terceira Turma, julgado em 07/12/2020, DJe 17/12/2020; STJ, AgInt no RMS 59.497/RS, Rel. Ministro Mauro Campbell Marques, Segunda Turma, julgado em 20/08/2019, DJe 27/08/2019; STJ, AgRg no RMS 55.276/PR, Rel. Ministro Rogério Schietti Cruz, Sexta Turma, julgado em 14/11/2017, DJe 21/11/2017; STJ, HC 337.321/RS, Rel. Ministra Maria Thereza de Assis Moira, Sexta Turma, julgado em 17/12/2015, DJe 02/02/2016. "2. A manifesta violação da norma jurídica que propicia o ajuizamento da ação rescisória, na forma do art. 966, V, do CPC, pressupõe que o conteúdo normativo tenha sido ofendido de maneira evidente e flagrante, tornando a decisão de tal modo teratológica a consubstanciar afronta ao sistema jurídico vigente, o que não ocorreu no caso dos autos (...) 5. A ação rescisória não pode ser utilizada como sucedâneo recursal, sendo cabível, excepcionalmente, apenas nas hipóteses previstas em lei." (AgInt na AR 6.685/MS, Rel. Ministro Paulo de Tarso Sanseverino, Segunda Seção, julgado em 09/06/2021, DJe 15/06/2021)
29. "2. A decisão impugnada proferida nos autos de inquérito penal originário desafia agravo regimental. Não sendo interposto, torna descabida a impetração, sob pena de transformar o *mandamus* em mero sucedâneo recursal. Além disso, a decisão judicial acha-se devidamente fundamentada, o que afasta a hipótese de teratologia. 3. Ordem denegada. Mandado de segurança extinto sem resolução de mérito." (STJ, MS 16.078/AL, Rel. Ministro Castro Meira, Corte Especial, julgado em 31/08/2011, DJe 26/09/2011). "Aferir se o ora recorrente com sua conduta contribuiu para a realização do tipo penal demanda revolvimento fático-probatório não condizente com o âmbito angusto do habeas corpus, notadamente se, como na espécie, já há condenação, confirmada em grau de apelação. Seria transformar o writ em indevido sucedâneo recursal." (STJ, RHC 24.193/SC, Rel. Ministra Maria Thereza de Assis Moura, Sexta Turma, julgado em 31/05/2011, DJe 08/06/2011)
30. "No caso, a excipiente não indicou nenhuma situação fática que, ao menos, se aproximasse das hipóteses legais de suspeição. Suas alegações demonstram tão somente a ocorrência de falha procedimental, que, acaso confirmada, renderia ensejo à cassação do acórdão proferido de forma viciada. Contudo, esse fim não pode ser alcançado por meio deste incidente processual. Em verdade, pretende a excipiente utilizar-se da via da exceção de suspeição como sucedâneo recursal, o que é manifestamente inviável ante a total ausência de respaldo legal." (STJ, AgInt na ExSusp 198/PE, Rel. Ministro Marco Aurélio Bellizze, Segunda Seção, julgado em 17/03/2020, DJe 20/03/2020).

de categorial geral abrangente de qualquer instituto que não se confundia com recurso, enquanto os segundos deles se valeram para elaborar uma série de critérios de inadmissão.

No tópico anterior, sugeriu-se o abandono do termo "sucedâneo recursal" para progredir-se no estudo do sistema de controle, a fim de que cada instituto dele integrante pudesse ser examinado a partir de requisitos próprios e por perspectiva dinâmica mediante interação com os demais, sem que ficassem à sombra dos recursos. Agora, essa visão sistemática se reafirma frente à postura jurisprudencial narrada, especialmente como forma de superação da arbitrariedade observada na imposição de requisitos de admissibilidade. A esse respeito, e tomando como exemplo as ações autônomas de impugnação, seria salutar – a partir da reaproximação com os recursos, tal como proposta neste estudo – entender que o fato de boa parte delas se dirigirem também contra atos judiciais não lhes confere, nesse aspecto, qualquer caráter distintivo com relação ao que se observa frente à impugnação de outros atos jurídicos. Como exemplo, veja-se os incontáveis requisitos impostos ao cabimento do mandado de segurança contra ato judicial, sem paralelo quando comparado com a impugnação de atos administrativos, não previstos pela Lei 12.016/2009. Tal meio de impugnação já foi analisado pela doutrina nas suas variadas fases, defendendo-se que, à luz do CPC de 2015, ter-se-ia inaugurado a sua quinta fase.[31] Com a superação da postura defensiva da jurisprudência, reconhecendo que esse se trata de meio de impugnação cabível diante de atos de natureza variada e que a liquidez e certeza dizem respeito a aspectos cognitivos, uma sexta fase inaugurar-se-ia com o fim dos critérios arbitrários de cabimento que lhe são impostos, respeitados os seus limites legais de cabimento contra atos judiciais.

4.1.2. Generalização do pré-questionamento?

No quadro dessas indevidas restrições, verifica-se a tendência da jurisprudência de espraiar sobre as ações autônomas a exigência de

31. Essa quinta fase vem sendo defendida por Teresa Arruda Alvim, que assim se posiciona: "Com efeito, a impetração de mandado de segurança conta atos judiciais não devia e não deve ser considerada medida juridicamente 'errada'; 'errado' foi o uso excessivo e deturpado de tal medida, que não foi refreado – ao contrário, foi incentivado pela jurisprudência. Já se admitiu, acertadamente, o manejo do mandado de segurança contra decisões recorríveis nas hipóteses de decisão teratológica, manifestamente ilegal ou proferida com abuso de poder, desde que haja potencialidade para gerar dano grave ou de difícil reparação." (**Os agravos no CPC de 2015**, 5ª ed. Curitiba: Editora Direito Contemporâneo, 2021, p. 367).

pré-questionamento. Sabe-se que, para interposição do recurso especial ou do recurso extraordinário, a Constituição Federal exige o requisito da "causa decidida" (arts. 102, III e 105, III), cuja interpretação dada aos dispositivos legais concerne à necessidade de que o tribunal de origem tenha examinado a questão de direito veiculada. A concepção, em âmbito doutrinário e jurisprudencial, em torno do chamado pré-questionamento, como a impossibilidade de o STF ou o STJ avançarem no exame da questão de direito sem que antes tenha sido enfrentada pelo tribunal de origem, decorre, portanto, de um comando constitucional. O mesmo texto não impõe essa exigência para outros meios de impugnação, sejam eles de competência dos tribunais superiores, sejam de competência dos tribunais locais.[32]

Apesar disso, o termo "sucedâneo recursal" vem figurando em decisões dos tribunais superiores em clara alusão à necessidade de prévia submissão às instâncias inferiores ou em fases processuais anteriores da questão debatida pelas ações autônomas.[33] Tal exigência tem revelado postura defensiva da jurisprudência em admitir a impugnação dos atos judiciais por essas vias, considerando a aplicação analógica de regra constitucional específica dos recursos extraordinário e especial. A contradição desse entendimento com outros dispositivos legais, a exemplo dos arts. 988, §5º, e 966 do CPC, assim como do art. 5º, II e III da Lei 12.016/2009, da consagrada súmula 514 do STF e, ainda, com a possibilidade de concessão de *habeas corpus* de ofício revela clara ilegalidade em se exigir pré-questionamento para manejo de ações autônomas.

---

32. Todavia, o que vem se observando é a exigência de prévio debate da matéria, imiscuída na noção de descabimento por se prestar à atuação de sucedâneo recursal: "Não cabe ação rescisória por violação literal a dispositivo de lei quando a matéria suscitada não foi debatida no acórdão rescindendo." (STJ, AgInt nos EDcl na AR 6.230/PR, Rel. Ministra Regina Helena Costa, Primeira Seção, julgado em 01/06/2021, DJe 04/06/2021). No mesmo sentido, para a ação, rescisória: STJ, AR 3.823/DF, Rel. Ministro Antonio Saldanha Pinheiro, Terceira Seçã, julgado em 24/03/2021, DJe 05/04/2021.

33. "Não se presta a ação rescisória - que não é recurso - a funcionar como sucedâneo de embargos declaratórios que poderiam ter sido manejados oportunamente pela parte, nem para discutir questões que poderiam ter sido debatidas mediante o manejo tempestivo do recurso próprio." (STJ, AgInt na AR 6.516/MS, Rel. Ministro Sérgio Kukina, Primeira Seção, julgado em 27/11/2019, DJe 02/12/2019). "As teses relativas à responsabilidade objetiva do paciente, à suposta responsabilização penal dos depositários fiéis e à inépcia da denúncia (ao argumento de violação ao princípio da indivisibilidade da ação penal) não foram sequer examinadas pelo eg. Tribunal a quo, ficando impedida esta Corte Superior de proceder a tal análise, sob pena de indevida supressão de instância" (STJ, HC 300.047/MS, Rel. Ministro Felix Fisher, Quinta Turma, julgado em 09/08/2016, DJe 23/08/2016).

De outro lado, o constituinte se preocupou em prever uma plêiade de recursos e de ações autônomas e somente com relação aos recursos extraordinário e especial estabeleceu o aludido requisito de admissibilidade. Significa dizer que a jurisprudência vem aplicando, analogicamente, a norma decorrente de dispositivo constitucional restritivo, delimitador, cujas características sugerem, em realidade, a incidência somente a tais recursos.[34] Naturalmente, a prevalência desse entendimento jurisprudencial se reflete na indevida criação de ônus ao impugnante de discutir previamente a questão que venha a figurar na ação autônoma manejada. Correlato a isso, ainda, é o que se propõe em torno da chamada "supressão de instância", impondo ao impugnante a necessidade de esgotamento das instâncias ordinárias antes de acessar os tribunais superiores, muito embora não haja previsão legal nesse sentido para todas as ações autônomas.[35]

Em decorrência desse cenário, criam-se incertezas ainda maiores para saber se o impugnante será surpreendido com a aplicação do pré-questionamento fora dos limites dos recursos especial e extraordinário. Na medida em que se passa a exigir a prévia alegação e enfrentamento da questão suscitada em ação autônoma, há um ambiente de grande insegurança para saber se as questões cognoscíveis de ofício também deverão ser anteriormente alegadas, se a indicação do artigo de lei violado importaria em inadmissibilidade da ação autônoma, se o fundamento apontado pelo impugnante figurou no voto vencido e, por isso, não houve discussão prévia, dentre outras vicissitudes exploradas pela jurisprudência.

Dessa forma, como toda e qualquer restrição ilegal de acesso aos tribunais, merece ser eliminada a generalização do pré-questionamento, de modo que, como se buscou apontar, sua frequente utilização vem imiscuída em um dos variados significados atribuídos ao termo "sucedâneo recursal", para inadmissão das ações autônomas de impugnação.

---

34. STJ, AgInt nos EDcl no AREsp 1365095/RS, Rel. Ministro Luis Felipe Salomão, Quarta Turma, julgado em 30/05/2019, DJe 04/06/2019. "5. Inviável a apreciação, diretamente por esta Corte Superior de Justiça, sob pena de incidir-se em indevida supressão de instância, da tese referentes à alegada negativa de autoria, tendo em vista que tais questões não foram analisadas pelo Tribunal impetrado no aresto combatido." (STJ, RHC 70.968/MG, Rel. Ministro Jorge Mussi, Quinta Turma, julgado em 24/05/2016, DJe 01/06/2016)

35. "O decisum agravado foi claro ao afirmar que o Tribunal a quo não se pronunciou acerca da matéria, porquanto não conheceu do writ lá impetrado e negou provimento ao agravo regimental, ao afirmar o não cabimento do habeas corpus, o que impede a análise do tema por essa Corte, sob pena de indevida supressão de instância" (STJ, AgRg no HC 659.236/PB, Rel. Ministro Rogerio Schietti Cruz, Sexta Turma, julgado em 22/06/2021, DJe 28/06/2021)

4.2. TAXATIVIDADE NOS MEIOS DE IMPUGNAÇÃO E REGIME JURÍDICO RECURSAL

A taxatividade é tratada como um princípio da teoria geral dos recursos, segundo a qual só existirá recurso se previsto em lei.[36] Fala-se, ainda, da impossibilidade de criação de recurso senão mediante lei.[37] A taxatividade, nesse sentido, é a manifestação do princípio da legalidade, que, de resto, é inerente ao Direito processual, sendo a competência para legislar reservada à União (art. 22, I da CF/88). Assim, deve ser entendida como expressão do princípio da legalidade, ao prever determinada espécie recursal, com a finalidade de orientar as partes a respeito de quando devem ser interpostos, contra quais atos judiciais se dirigem e a quais meios de impugnação são aplicáveis os efeitos apontados no capítulo 3, em especial o obstativo.[38]

Na linha do que vem se sustentando neste estudo, a relevância da taxatividade está na determinação do regime jurídico recursal, para se saber qual meio de impugnação terá a aptidão de impedir a formação da preclusão ou da coisa julgada.[39] Isso fica evidente com o exame da Constituição Federal

---

36. É interessante ver que, na doutrina estrangeira, não se defende a existência de um princípio da taxatividade dos recursos, muito embora não se discuta se é possível impugnar a decisão judicial fora dos moldes legais das espécies recursais previstas: SALHI, Karim. **Contribution à une théorie générale des voies de recours en droit judiciaire privé.** Thèse de doctorat (Droit privé et sciences criminelles) - Université de Caen Normandie, 2004, p. 38-39; PINTO, Rui. **Recurso civil. Uma teoria geral**, p. 25-28; MONTERO AROCA, Juan. FLORS MATÍES, José. **Tratado de recursos en el proceso civil**, p. 31-32. Nesse ponto, são pertinentes as justificativas apresentadas por Cerino-Canova e Consolo sobre a existência dos recursos, pois sustentam o seguinte: "Una seconda esigenza, di tenore prevalentemente dogmatico, è di classificare i gravami previsti dalla legge e di raccoglierli all'interno di alcune categorie omogenee. Una terza fondamentale esigenza, di carattere sistemático ed applicativo, è quella di disegnare i tratti essenziali al funzionamento delle impugnazioni nel loro assieme e nella singola figura, individuando cosí sai i profili comuni sai le note differenziatrici." (Impugnazioni (diritto processuale civile). **Enc. Giur. Treccani**, v. XVI, 1993, p. 1).

37. Daí nasce uma das dificuldades teóricas em lidar com instrumentos de controle diversos dos recursos, pois a doutrina confia no princípio da taxatividade para guiar toda a sua análise em torno dos chamados sucedâneos recursais. A doutrina defende que os sucedâneos recursais seriam uma exceção ao aludido princípio: ASSIS, Araken de. **Manual dos recursos**, p. 108; PORTO, Sérgio Gilberto. USTÁRROZ, Daniel. **Manual dos recursos cíveis**, p. 78.

38. A relevância da taxatividade, nesse ponto, está justamente em permitir que se verifique o horizonte do trânsito em julgado, já que o art. 502 do CPC cria essa associação imanente com o recurso (SICA, Heitor Vitor Mendonça. **Preclusão processual civil**, p. 178).

39. DINAMARCO, Cândido Rangel. Os efeitos dos recursos. In: **Aspectos polêmicos e atuais dos recursos**, v. 5, p. 26; BUENO, Cassio Scarpinella. Efeitos dos recursos. In: **Aspectos**

de 1988 e da legislação infraconstitucional, que atuam de forma semelhante na previsão de instrumentos destinados à impugnação das decisões judiciais, sejam eles recursos ou ações autônomas.[40] Nesse sentido, a relevância maior no desempenho da taxatividade é estabelecer objetivamente qual meio de impugnação estará sujeito ao regime jurídico dos recursos. Do contrário, a mera previsão legal de um meio de impugnação não daria conotação específica, já que, como dito, tanto a Constituição quanto a legislação infraconstitucional o fazem em relação às ações autônomas.

Dessa forma, a taxatividade não significa apenas a previsão de quais recursos existem no sistema, mas também quais são os meios de impugnação submetidos ao regime jurídico recursal, o que não se confunde com a possibilidade ou não de questionamento do ato judicial, porquanto essa é uma garantia constitucional fundamental.[41]

Nesse sentido, o aludido princípio não se esgota com a simples enunciação de quais sejam as espécies recursais previstas, o que, de resto, encontra variação na legislação extravagante.[42] De acordo com o que foi visto no capítulo 2, uma das fontes de intensa atuação das ações autônomas reside justamente nos casos em que, pela taxatividade, não há recurso cabível, dando azo às ações autônomas cabíveis por ausência de recurso. A incidência do princípio da legalidade, no entanto, vai além da especificação nominal do recurso para também regular o procedimento recursal, a indicação do ato judicial a ser atacado, bem como a amplitude impugnativa. Em função disso, outro dado a ser registrado consiste no apego ainda muito intenso à denominação conferida ao recurso como correlato da taxatividade na identificação da espécie.[43] Essa tradição, se bem

polêmicos e atuais dos recursos cíveis, v. 10, coord. Teresa Arruda Alvim Wambier e Nelson Nery Jr. São Paulo: Editora Revista dos Tribunais, 2006, p 66-67; ROSINHA, Martha. **Os efeitos dos recursos**. Porto Alegre: Livraria do Advogado, 2012, p. 52.

40. ALVIM, Arruda. Anotações sobre a teoria geral dos recursos. In: **Aspectos polêmicos e atuais dos recursos cíveis de acordo com a Lei 9.756/98**, coord. Teresa Arruda Alvim Wambier, Nelson Nery Jr.; colab. Araken de Assis [et. al.]. São Paulo: Revista dos Tribunais, 1999, p. 53-54.

41. PIZORUSSO, Alessandro. Sul principio del doppio grado di giurisdizione, **Rivista di diritto procesuale**, 1978, n. 1, p. 41-49.; LORCA NAVARRETE, Antonio Maria. **Constitución y litigación civil**. San Sebastián: Instituto Vasco de Derecho Procesal, 2018, p. 531-532.

42. ASSIS, Araken. **Manual dos recursos**, p. 105-106.

43. Observa-se a existência de julgados que inadmitem o recurso com base na denominação estampada na peça de interposição do recorrente: STJ, AgInt na Pet 11.993/MG, Rel. Ministro Francisco Falcão, Segunda Turma, julgado em 16/11/2017, DJe 23/11/2017.

observada, constitui resquício muito semelhante ao período romano das *legis actiones*, numa acepção de que a denominação dada ao recurso seria suficiente para identificá-lo, para estabelecer qual decisão é controlável e diferenciá-lo de outras espécies.[44]

Nesse ponto, é importante lembrar do exercício hipotético feito por Calamandrei – ao comparar os meios de impugnação – de cogitar um sistema processual que não previsse recurso algum e, mesmo assim, restariam mecanismos de controle idênticos àqueles utilizados diante dos demais atos jurídicos.[45] Em geral, as dificuldades encontradas para lidar com o sistema de controle já referido e, em especial, com as ações autônomas decorrem, em larga medida, desse apego à previsão formal de uma espécie recursal.[46] Pelas premissas adotadas neste trabalho, a taxatividade não é determinante para autorizar a impugnação de um ato judicial, mas serve para esclarecer quais meios de impugnação estarão sujeitos ao regime jurídico recursal.

Diante dessas considerações iniciais, a taxatividade merece ser vista de forma mais ampla e flexível, como um conjunto de normas que regulam e organizam o exercício do direito de impugnar atos judiciais, ou melhor, como

---

44. Não sem razão, Bruno Silveira de Oliveira faz a seguinte ponderação: "O critério de identificação das espécies postulatórias – demandas ou recursos – não passa, enfim, pelos nomes que lhes hajam sido dados no caso concreto (...) Confirmamos, assim, que é o conteúdo (não o *nomen juris*, tampouco a forma) de um ato postulatório aquilo que deve lhe identificar a espécie (...) Nessa linha afirmar que o conteúdo do ato revela a espécie postulatória equivale a dizer que a *causa* e o *pedido* nele veiculados indicam ao intérprete a natureza jurídica (espécie) da postulação praticada." (**Juízo de identificação de demandas e de recursos no processo civil brasileiro**, p. 106 e 110-11).

45. Vizi della sentenza e mezzi di gravami. In: **Opere Giuridiche**, vol. VIII. Napoli: Morano, 1979, pp. 245-246. Algo semelhante é analisado, contemporaneamente, pela perspectiva da teoria do "*de novo* review" no direito norte-americano, especialmente nos casos de discricionariedade judicial. Joan Steinman ressalta o seguinte a esse respeito: "Appellate courts utilize varying degrees of deference when reviewing matters that are within the district courts' discretion, depending on the reasons that discretion is afforded and sometimes based upon other policy considerations." (Appelate Courts as First Responders: The Constitutionality and Property of Appellate Courts' Resolving Issues in the First Instance. **Notre Dame Law Review**, vol. 87, n. 4, 2012, p. 1.524).

46. "Outro ponto que mereceria destaque na interpretação a ser emprestada ao princípio da taxatividade reside na proliferação de 'sucedâneos recursais', isto é, meios semelhantes aos recursos criados com a finalidade de se ultrapassar a irrecorribilidade de determinadas decisões. A se admitir atraque de atos judiciais por outros institutos, estar-se-á contornando o princípio da taxatividade, em prejuízo da efetividade e da duração razoável do processo." (PORTO, Sérgio Gilberto. USTÁRROZ, Daniel. **Manual dos recursos cíveis**, p. 78).

o princípio da legalidade atua a fim de orientar, amplamente, o cabimento e o procedimento recursal a ser adotado.[47]

4.2.1. Procedimento impugnativo e flexibilização procedimental

Uma das formas de manifestação do princípio da legalidade consiste na previsão do procedimento impugnativo. Além de se batizar a espécie recursal, o CPC estabelece o procedimento pelo qual a demanda impugnativa irá se desenvolver. Em igual sentido é feito com a reclamação, a ação rescisória e os embargos de terceiro, assim como diversas leis extravagantes o fazem com relação a outros recursos e ações autônomas de impugnação. Olhando-se para a teoria geral dos recursos, parece não haver maiores preocupações em sustentar a necessidade de exame do procedimento impugnativo e de sua flexibilidade, numa aproximação harmoniosa com o que se verifica com o próprio procedimento comum e com os poderes de adaptação do magistrado e das partes.[48]

A flexibilização e a adaptação procedimentais são temas que ocupam a agenda do direito processual civil há anos, em âmbito nacional e estrangeiro, e, apesar disso, poucos foram os influxos dessa análise no campo dos meios de impugnação.[49] A isso se deve agregar outra constatação, a ser

---

47. À base desse pensamento está a clássica concepção de organização do cabimento, como bem exposto por Barbosa Moreira: "Ante a inafastável possibilidade do erro judicial, adotam as leis posição intermediária: propiciam remédios, mas limitam-lhes os casos e as oportunidades de uso." (**Comentários ao Código de Processo Civil**, p. 229). Georges Wiederkehr chegou a ressaltar que o exame dos meios de impugnação, privados de uma teoria geral, sempre tenderia a ser estático (Le système des voies de recours en droit judiciaire privé. **Revue internationale de droit comparé**, 1989, vol. 11, p. 225)

48. Em alguma medida, a análise dos meios de impugnação nesse contexto decorria de uma premissa de controle dos poderes judiciais de apadtabilidade, mas não exatamente debatendo-se a adaptação do procedimento impugnativo em si (CADIET, Loïc. *Case managment* judiciaire et déformalisation de la prócedure. **Reveu française d'administration publique**, 2008/1, n. 125, p. 143).

49. Sobre a relação entre legalidade e flexibilidade procedimental aplicada aos recursos, vide AVRAHAM, Ronen. HUBBARD, William H. J. The Spectrum of Procedural Flexibility. **The University of Chicago Law Review**, vol. 87, n. 4, June 2020, p. 904-905. No Brasil, o aceno ao tema, no CPC de 1973, pode ser encontrado no estudo de Fernando da Fonseca Gajardoni (**Flexibilização do procedimento: um novo enfoque do procedimento em matéria processual**. São Paulo: Atlas, 2007, p. 206-207). No CPC de 2015, ganhou maior projeção em razão da necessidade de suprir incongruências do sistema recursal, como se verifica em ALVIM, Teresa Arruda. **Os agravos no CPC de 2015**, p. 80-81 e **em** DIDIER JR., Fredie. CABRAL, Antonio do Passo. CUNHA, Leonardo Carneiro da. **Por uma nova teoria dos procedimentos especiais: dos procedimentos às técnicas**,

oportunamente explorada: o CPC está marcado pela baixa concentração dos atos judiciais, em antagonismo à concentração decisória de outros ordenamentos jurídicos,[50] ou de microssistemas como o dos processos do trabalho e dos Juizados Especiais, de modo que o magistrado é chamado a resolver inúmeras questões no curso do processo, o que enseja, por consequência, diversas oportunidades de controle. Em razão dessa atuação dinâmica, que confirma extrema atenuação do chamado princípio da irrecorribilidade em separado das interlocutórias, a consequência do apego ao formalismo mostra que recursos de mesma amplitude impugnativa, visando atacar decisão de mesmo conteúdo, diferindo-se apenas o momento em que proferidas, ficam submetidos a procedimentos distintos.[51] Dessa forma, se a flexibilidade e adaptação fazem contraponto à rigidez procedimental, com maior razão devem ser aplicados aos meios de impugnação.[52]

Esses procedimentos impugnativos podem ser classificados como especiais em relação ao procedimento comum,[53] pois, embora não busquem atender a uma específica situação de direito material – até porque muitos desses procedimentos servem à impugnação de atos estatais variados – a

2ª ed. Salvador: Juspodivm, 2021, p. 84-85. Tais estudos, contudo, limitam-se a analisar a flexibilização procedimental e o diálogo de técnicas entre procedimentos recursais, enquanto o presente estudo defende uma perspectiva ampliativa, valendo-se de qualquer meio de impugnação, incluídas, portanto, as ações autônomas de impugnação.

50. POSEZ, Alexis. Le principe de concentration des moyens, ou l'autorité retrouvée de la chose jugée. **Revue trimestrelle de droit civil**, n. 2, 2015, p. 285-286.

51. BONDIOLI, Luís Guilherme Aidar. **Comentários ao Código de Processo Civil**, vol. XX, p. 119-120

52. Outro dado muito relevante quanto ao incentivo à negociação entre as partes nesse contexto é a forma com que o sistema de controle está estruturado, a fim de permitir que as partes, no exercício da autonomia da vontade, consigam avaliar as margens de disponibilidade e, principalmente, constatar que a convecção sobre o direito de impugnar regula apenas uma parcela integrante desse sistema. Roman F. Kehrberger faz raciocínio semelhante ao mencionar, diante das transformações do recurso de apelação alemão, que as partes passaram a ter uma perspectiva diversa sobre seus ônus de atuação em primeiro grau de jurisdição e, com base nisso, passaram e se deparar com alterações de cenário na sua atuação negocial (**Die Materialisierung des Zivilprozessrechts**. Tübingen: Mohr Siebeck, 2019, p. 93-94)

53. "A instância recursória que acabámos de delinear nos seus traços identitários deve no seu procedimento concreto dar resposta a alguns problemas. Estes problemas acabam por atuar legislativamente como fatores presentes na conformação da tramitação recursória, a saber: a *função declarativa geral*, a *função revogatória específica*, a *natureza incidental* e, conexamente, *os efeitos extraprocessuais e intraprocessuais do recurso*." (PINTO, Rui. **Manual do recurso civil**, vol. 1, p. 289).

especialidade decorre da adoção de algumas técnicas diferenciadas. A ideia que sempre esteve presente na concepção dos procedimentos especiais correspondia à necessidade de atender a alguma peculiaridade do direito material ou que a técnica tida por especial não encontrasse paralelo no procedimento comum.[54]

Não por outros motivos, também se afirmava aplicável aos procedimentos especiais o referido princípio da taxatividade.[55] Essa visão, contudo, é contrastada pela ampla flexibilização (legal, judicial e convencional), o que permite, em boa medida, contestar tais premissas históricas na estruturação dos procedimentos especiais. A partir disso, ganha-se mais um fundamento que autoriza a visão integrativa proposta neste estudo, no sentido de analisar conjuntamente os variados meios de impugnação.

Na linha que vem sendo defendida por Fredie Didier Jr., Antonio do Passo Cabral e Leonardo Carneiro da Cunha, diante da ampla flexibilização do procedimento comum e das previsões legais contidas no art. 327, §2º e 1.049, parágrafo único, todos do CPC, denota-se que a especialidade de um procedimento é marcada pelas técnicas nele previstas, e nos procedimentos impugnativos não é diferente.[56] Exemplificativamente, veja-se o pedido de informações para autoridade coatora quando da impetração de *writs* constitucionais, com o ajuizamento da reclamação ou de ADPF, o depósito de 5% sobre o valor da causa na ação rescisória, a possibilidade de juízo de retratação no agravo de instrumento e na apelação de decisão terminativa.

Além disso, é possível afirmar que algumas das regras contidas nos artigos 929 a 946 do CPC estabelecem normas gerais aplicáveis aos variados meios de impugnação ou atuam em caráter supletivo às regras procedimentais específicas de cada um deles. Nada obstante, os artigos 994 a 1.008 do CPC, que cuidam das disposições gerais sobre os recursos, disciplinam, na sua grande maioria, regras aplicáveis a qualquer meio de impugnação, como legitimidade, interesse, extensão da impugnação etc. Daí porque se mostra salutar a ponderação de Heitor Vitor Mendonça Sica, no sentido de que "existem no sistema procedimentos especiais que são 'mais especiais'

54. CALMON DE PASSOS, José Joaquim. Teoria geral dos procedimentos especiais. In: Cristiano Chaves de Farias e Fredie Didier Jr. (Coord.). **Procedimentos especiais cíveis, legislação extravagante**. São Paulo: RT, 2002. p. 3-4.

55. BARROS, Hamilton Moraes e. Aspectos gerais dos procedimentos especiais em face do novo Código de Processo Civil. **Revista Forense**, v. 70, n. 247, jul./set. 1974, p. 15.

56. DIDIER JR., Fredie. CABRAL, Antonio do Passo. CUNHA, Leonardo Carneiro da. **Por uma nova teoria dos procedimentos especiais: dos procedimentos às técnicas**. Salvador: Juspodivm, 2018, p. 90-91.

que outros por apresentarem mais ou menos diferenças em relação ao procedimento comum regido pelo Código de Processo Civil",[57] para explicar como os procedimentos impugnativos destoam do procedimento comum em razão de técnicas específicas e não propriamente em função de alguma especialidade encontrada no direito de impugnar.

Em alguma medida, essas ideias já poderiam ser encontradas na afirmação de que a apelação serve como o "procedimento comum" dos recursos, atuado subsidiariamente diante de alguma omissão identificada em outra espécie recursal,[58] o que também já foi cogitado para as ações autônomas.[59] Isso é aceito porque, por exemplo, a previsão procedimental não é exaustiva, criando-se lacunas sobre profundidade do efeito devolutivo de determinado recurso (ex.: art. 41 da Lei 9.099/95), os regimes são distintos para o controle de decisão com idêntico conteúdo (art. 356, §5º do CPC), dentre outros fatores.[60] Ainda, para os recursos extraordinário e especial, o CPC prevê um conjunto de regras comuns, das quais se consegue inferir a preocupação em estabelecer amplo diálogo entre ambos, especialmente a partir de uma regra de conversão que impede o juízo negativo de admissibilidade com fundamento no conteúdo veiculado por cada um desses recursos.[61]

Tudo isso demonstra que a interação de técnicas entre procedimentos impugnativos já vinha sendo investigada pela doutrina e já encontra amplo respaldo na legislação, mas sem que houvesse adequada sistematização em torno da relação entre procedimentos dos variados meios de impugnação, como aqui se pretende.

Com base nas premissas adotadas neste estudo, a aproximação sistemática entre recursos e ações autônomas possibilita observar um diálogo ainda mais amplo entre técnicas procedimentais pelos diversos modos de desenvolvimento da demanda impugnativa. Dessa forma, pensar em flexibilização do procedimento impugnativo, assim como no intercâmbio de técnicas, leva em consideração contexto mais amplo do que somente os recursos, no qual deverão também se enquadrar as ações autônomas de impugnação. Isso

---

57. SICA, Heitor Vitor Mendonça. Reflexões em torno da teoria geral dos procedimentos especiais. **Revista de Processo**, v. 37, n. 208, jun. 2012, p. 72.

58. WAMBIER, Teresa Arruda Alvim. MEDINA, José Miguel Garcia. **Recurso e ações autônomas de impugnação**, p. 130-131.

59. YARSHELL, Flávio Luiz. **Ação rescisória: juízo rescindente e juízo rescisório**, p. 360-361.

60. JORGE, Flávio Cheim. **Teoria geral dos recursos**, p. 271.

61. MARINONI, Luiz Guilherme. MITIDIERO, Daniel. **Recurso extraordinário e recurso especial,** p. 183-194

abriria espaço, por exemplo, para superar a resistente ideia de que, mesmo quando manejados contra ato judicial, o mandado de segurança e o *habeas corpus* não comportariam diligências probatórias, a despeito de estarem sujeitos ao art. 938, §3º do CPC; ou que na reclamação o juízo prolator da decisão reclamada não poderia exercer juízo de retratação, curvando-se, por exemplo, à súmula vinculante que desrespeitara.

Essa visão integrativa de técnicas possibilita superar contradições impostas pela lei ao disciplinar meios de impugnação orientados à mesma finalidade. Salta aos olhos a distinção de regimes quando da impugnação das sentenças de mérito e das decisões parciais de mérito, ambiente em que floresce a necessidade de ultrapassar rigores formais.[62] Por questões procedimentais, afasta-se o agravo de instrumento da apelação e confere-se posições distintas aos litigantes que se deparam com decisões de igual conteúdo. A preocupação com inúmeras divergências diante do confronto entre esses recursos revela um dado importante, mas preocupante: o momento procedimental em que o recurso é interposto ainda é levado em consideração pelo legislador, de modo determinante, para criar distinções entre recursos de mesma amplitude impugnativa e que visam atacar decisões de conteúdo idêntico.

Distinções como a presença do juízo de retratação no agravo de instrumento e ausência de mesmo mecanismo na apelação de decisão que examina o mérito; efeito suspensivo nesse recurso e ausência de tal efeito naquele etc., deixam claro que o efetivo diálogo de técnicas entre recursos de mesma amplitude impugnativa e que atacam decisões de mesmo conteúdo é mesmo imperioso em seara ainda muito marcada pelo formalismo.

Ainda, nada impediria que o intercâmbio de técnicas pudesse ser feito mediante negócio jurídico processual para, por exemplo, instituição de filtros aos variados meios de impugnação, como na estipulação de um depósito para interposição do recurso de apelação, seguindo-se o modelo adotado pelo direito positivo de alguns países;[63] com a importação do depósito recursal

---

62. ARRUDA ALVIM, Teresa. **Os agravos no CPC de 2015**, p. 350-351.

63. Para uma análise ampla dos filtros instituídos nos variados ordenamentos jurídicos: LOCATELLI, Francesca. **La selezione degli appelli civili**. Pisa: Paccini Editore, 2017, p. 104-130; CHARBONNEAU, Cyrille. **La contribution de la Cour de cassation à l'élaboraton de la norme**. Paris: IRJS Editions, 2011, p. 342-345; BOBEK, Michal. Quantity or Quality? Reassessing the Role of Supreme Jurisdictions in Central Europe. **The American Journal of Comparative Law**, 2009, Vol. 57, p. 33-34; PINNA, Andrea. Filtering Applications, Number of Judgments Delivered and Judicial Discourse by Supreme Courts: Some Thoughts Based on the French Example. In: **The Legitimacy of**

já conhecido no sistema recursal trabalhista; ou, ainda, inspirando-se no regime da ação rescisória, ao prever que o valor depositado se converteria à parte contrária em caso de inadmissão ou desprovimento unânime. Além disso, esse filtro poderia ser pensado de inúmeras formas, levando em consideração as matérias submetidas a questionamento, a natureza do erro judicial cometido ou, ainda, valendo-se de disposição semelhante àquela contida no art. art. 34 da Lei n. 6.830/80, para prever a impossibilidade de utilizar meio de impugnação se o ônus financeiro suportado for inferior a determinado valor.

Não se pode ignorar que a taxatividade pode servir para explicar a especialidade do procedimento. É um desdobramento da premissa inicial de que somente a lei "cria" recursos, o que vem a confirmar que a taxatividade deve ser entendida em caráter amplo. Por uma perspectiva procedimental,

---

Highest Courts' Rulings: Judicial Deliberations and Beyond. Jacco Bomhoff, Maurice Adams, Nick Huls (ed.). The Hague: T.M.C. Asser Press, 2009, p. 175-182. Alan Uzelac e C.H. van Rhee indicam a existência de sistemas *anti* e sistemas *pro* recurso, em alusão à presença de requisitos mais ou menos severos para acesso aos tribunais: "The best illustration of the two approaches is to be found in the opposition of the 'anti-appeal' attitude of English and American civil courts, and the 'pro-appeal fetishism' of the Socialist and ex-Socialist jurisdictions. While the former argue that 'the judicial system would become paralysed if parties could appeal every decision along the way', the latter elevate the right to appeal against virtually any decision to the pedestal of a constitutional guarantee. How important is the availability of appeal, and why is this availability so different in different legal orders? There are some valid reasons to maintain appeals, just as there are some valid reasons to restrict them. On the pro-appeal side, the most important arguments are the need to correct errors, assure the accurate and lawful results of civil proceedings, preserve public faith in the judicial system, secure the development of the law, and promote a uniform and consistent application of legal norms. Appeals, as argued by their proponents, serve both the interests of individual litigants, who profit by obtaining a judicial decision whose quality is controlled and certified, and the interests of society as a whole, which profits from the chance to build, refine and advance the interpretation of the law. On the anti-appeal side, the main reasons for restricting appeals are the need to secure the finality of judgments, foster legal certainty, avoid excessive costs and duplication of court actions, shorten the length of proceedings and prevent financially stronger parties from molesting their adversaries by entangling them in an endless loop of judgments and appeals. Economic reasons may also play a role in the context of constructing or dismantling appeal structures: broad availability of appeals may contribute to the overcrowding of court dockets and may be burdensome for the state budget." (Appeals and other means of recourse against judgements in the context of the effective protection of civil rights and obligations. In: UZELAC, A. HEE, C.H. van (ed.).**Nobody's Perfect: Comparative Essays on Appeals and other Means of Recourse against Judicial Decisions in Civil Matters**. Cambridge/Antwerp/Portland: Intersentia, 2014, p. 4-5).

representa apenas parcela do conjunto normativo que coordena o cabimento dos meios de impugnação.[64]

Por isso, diferentemente do que se costuma sustentar, neste estudo não se acredita que a previsão de um procedimento recursal importe na determinação de que os recursos sejam meios de prolongamento da mesma relação processual. Como já salientado no capítulo 3, o prolongamento do estado de litispendência está diretamente ligado ao efeito obstativo, cuja vinculação, no sistema jurídico nacional, ocorre integralmente com os recursos. Daí a relevância em se determinar o que seja um recurso a partir do direito positivo, para saber se tal efeito incidirá e, por conseguinte, para determinar se a decisão se estabilizou ou não. Ou melhor, independentemente de qual seja o meio de impugnação – se recurso ou se ação autônoma – a técnica legislativa deve designar quais deles seriam dotados de tal efeito, como o faz o art. 502 do CPC.

Portanto, confirma-se o que se apresentou no capítulo 2 quanto à necessidade de abandono de diferenciações entre recursos e ações autônomas de impugnação, devendo-se reuni-los como demandas impugnativas de atos judiciais. Demonstra-se, assim, que o sistema processual oferece meios para instrumentalizar o exercício do direito de impugnar e as vias procedimentais para tanto. Sem prejuízo, entendido existir um conjunto de procedimentos impugnativos, passa-se a um cenário em que, além da flexibilização, pode-se partir para um diálogo entre técnicas procedimentais, como algumas daquelas aqui exemplificativamente apresentadas.

4.2.2. Complexidade da atuação judicial e insuficiência do modelo unidirecional decisão-recurso

Seguramente, o ponto mais tormentoso da incidência do princípio da legalidade nos recursos está na determinação dos atos judiciais sujeitos a questionamento por essas vias. O sistema recursal é integralmente estruturado com a finalidade de impugnar atos decisórios,[65] ficando à margem atos omissivos ou atos comissivos sem carga decisória, ainda que possam

64. "Os recursos dependem de previsão legal, de modo que o rol dos recursos e as hipóteses de cabimento configuram um elenco taxativo (...) Não se exclui, porém, interpretação extensiva da norma processual, nem mesmo a aplicação analógica de certas regras (...)" (GRINOVER, Ada Pellegrini. GOMES FILHO, Antonio Magalhães. FERNANDES, Antonio Scarance. **Recursos no processo penal**, p. 32).

65. Diante dessa atribuição legal da espécie recursal à espécie decisória é que se sustenta o chamado princípio da correlação: NERY JR., Nelson. **Teoria geral dos recursos**, p. 228; BARBOSA MOREIRA, José Carlos. **Comentários ao Código de Processo Civil**, p. 246-247.

causar prejuízo.[66] Mesmo diante de decisões, já se viu não haver automática eliminação do uso das ações autônomas de impugnação, quer porque os recursos se revelam insuficientes, quer porque a convivência entre meios de impugnação ocorre mesmo sem a necessidade de suprimento de falhas. Do mesmo modo, o CPC, em certas ocasiões, impede o uso de recursos declinando que determinada decisão é irrecorrível, abrindo margem para dúvidas em saber se o impedimento recai sobre esse meio de impugnação ou se, em realidade, quer-se apontar a inimpugnabilidade da decisão.[67]

---

66. Exemplo relevante da influência da lei para determinar qual ato jurídico será impugnado por recurso é encontrado na Espanha, cuja Ley de Enjuiciamiento Civil prevê a possibilidade de questionar, pelos recursos de *revisón* ou *reposición*, os atos do "Letrado de la Administración de Justicia" (arts. 451 a 454, *bis*).

67. Novamente aproveitando da experiência espanhola, é relevante ver que o Tribunal Constitucional desse país enfrentou o debate sobre as vedações legais à impugnação dos atos praticados no processo. De acordo com a Sentencia 58/2016 de 17 de março de 2016, foi reconhecia a inconstitucionalidade do art. 102, *bis* da Ley 29/1998, com relação dada pela Ley 13/2009, que instituiu reforma na legislação processual. A disposição legal impedia a impugnação das decisões do já referido "Letrado de la Administración de Justicia" nos processos contencioso-administrativo. A inconstitucionalidade foi reconhecida, dentre outros fundamentos, por se admitir o seguinte: "(...) incurre en insalvable inconstitucionalidad al crear un espacio de inmunidad jurisdiccional incompatible con el derecho fundamental a la tutela judicial efectiva y la reserva de jurisdicción a los Jueces y Tribunales integrantes del poder judicial (...) la resolución de una cuestión que atañe a sus derechos e intereses y legítimos, pudiendo afectar incluso a otro derecho fundamental: a un proceso sin dilaciones indebidas. Ello implica que tal exclusión deba reputarse lesiva del derecho a la tutela judicial efectiva que a todos garantiza el art. 24.1 CE y del principio de exclusividad de la potestad jurisdiccional (art. 117.3 CE). Na Alemanha, havia intenso debate em torno da interpretação a ser dada à garantia contida no art. 19, IV da Lei Fundamental, a fim de saber se a ampla proteção judicial à violação cometida por autoridades estatais também abrangeria a atuação judicial, especialmente se a legislação infraconstitucional contiver omissões com relação à previsão de meio de impugnação cabível contra determinada decisão. O Tribunal Constitucional Federal, em jurisprudência consolidada, reconhecia que a garantia representava "proteção mediante o Poder Judiciário; não contra ele". Essa fórmula, muito contestada pela doutrina, vinha apoiada no princípio da segurança jurídica, por prevalecer a impossibilidade de intermináveis recursos contra as decisões judiciais, o que excluía da abrangência do aludido dispositivo os atos do juiz. No entanto, em julgamento paradigmático (BVerfGE 107, 395; NJW 2003, reconhecida como a primeira decisão sobre tutela jurisdicional [ou proteção jurídica] contra o juiz – Rechtsschutz gegen den Richter), esse posicionamento foi revisto por decisão plenária que, apoiada no princípio do contraditório e do Estado de Direito, passou a admitir a potencial violação a direitos fundamentais nas ocasiões em que o legislador deixa de prever recurso contra determinada decisão. Como na Alemanha não se reconhece uma garantia ao duplo grau de jurisdição – tal como foi defendido no cap. 1 deste estudo – a densidade conferida ao art. 19 IV GG foi determinante para revelar

Ao assim moldar o controle, deixa-se de lado a complexidade da atuação judicial, por haver uma relação unidirecional entre recurso e decisão, seguindo uma linha formalista, em certas hipóteses, ao determinar o momento em que esse ato é praticado. Isso tudo reforça a insuficiência desse modelo quando a atuação judicial ocorrer para além dessas oportunidades.[68]

Essa perspectiva unidirecional presume, portanto, uma atuação simplista do juiz, atendo-se apenas à sua atividade decisória no momento legalmente previsto.[69] O que vem se observando ao longo do tempo é a marca da complexidade que rege essa atuação, ultrapassando esses limites presumidos pelo CPC para o controle recursal, seja porque os momentos decisórios são variados, seja porque as posturas judiciais vão muito além de se proferir decisão[70] Dessa forma, a teoria geral dos recursos é inteiramente constituída

---

que a efetiva proteção judicial também abarcava atos do juiz, como ato estatal sujeito a controle e o dever do legislador de prever meios para tanto.

68. Ponto relevante nessa constatação esteve nos intermináveis debates em torno do conceito de sentença e da identificação da espécie recursal cabível por ocasião da ampla reforma da execução ocorrida com a Lei 11.232/2005. Nessa oportunidade, ficou muito claro como a proposta unidirecional proporcionava problemas de ordem formal para utilização dos recursos e, com razão, tornando esse mesmo sistema incerto. Diante de parte desses problemas, chegou-se a aventar, por exemplo, a existência de apelação por instrumento (WAMBIER, Teresa Arruda Alvim. O agravo e o conceito de sentença. **Revista de Processo**, ano 32, n. 144, fev/2007, p. 243-256). Em mais esse episódio de longos debates em torno das formalidades das espécies recursais, fica clara que a dicotomia entre agravo de instrumento e apelação seguiu sendo fonte de muitas divergências. Desde esse período, já se observava o seguinte: "Note-se que esse problema decorre de uma peculiaridade presente apenas nos Códigos do Brasil e de Portugal, já que a dicotomia entre agravo e apelação simplesmente não existe no processo civil aplicado nos demais países europeus continentais (e sistemas daí derivados). E à medida que o tempo passa, essa dicotomia (que remonta ao século XIII) perde cada vez mais seu sentido, o que nos leva a imaginar que no futuro venha a desaparecer. Mas até que isso ocorra, cabe-nos viver com essas duas espécies de recursos cujas hipóteses de cabimento estão, hoje, mais difíceis de diferenciar." (SICA, Heitor Vitor Mendonça. Algumas implicações do novo conceito de sentença no processo civil, de acordo com a Lei nº 11.232/2205. In: **Reflexões sobre a reforma do código de processo civil: estudos em homenagem a Ada Pellegrini Grinover, Cândido R. Dinamarco e Kazuo Watanabe**, coord. Carlos Alberto Carmina. São Paulo: Atlas, 2007, p. 200).

69. Sobre a complexidade da atuação judicial e da sua dinâmica, para além de decidir: POSNER, Richard. The Role of the Judge in the Twenty-First Century. **Boston University Law Review**, n. 1.049,2006, p. 1.058-1.059.

70. CABRAL, Antonio do Passo. **Juiz natural e eficiência processual: flexibilidade, delegação e coordenação de competências no processo civil**. São Paulo: Editora Revista dos Tribunais, 2021, p. 399-417.

em torno dos atos comissivos com carga decisória, muito embora haja uma gama maior de posturas judiciais sujeitas a controle, especialmente pela utilização das ações autônomas de impugnação.[71]

Revela-se, com isso, a necessidade de se lançar um olhar sobre as diversas posturas do magistrado para que as condutas omissivas possam ser entendidas como causadoras de prejuízos às partes, e a necessidade de teorizar sobre elas, bem como as condutas comissivas que não tenham perfil decisório, mas que repercutem na esfera jurídica de partes e terceiros. Ainda sob a égide do CPC de 1973, Barbosa Moreira já havia identificado inúmeras formas de atuação do juiz fora do âmbito decisório e que estariam à margem do controle recursal, como a inquirição de testemunhas, a inspeção de pessoas ou coisas, a atuação conciliativa etc., com projeção na esfera jurídica de diversos sujeitos.[72] Eventuais prejuízos daí decorrentes seriam remediados de forma meramente consequencial, ou seja, dever-se-ia aguardar o surgimento de uma decisão para avaliar sua contaminação por algum excesso ou irregularidade praticados pelo magistrado.[73] Apesar de a doutrina por vezes ressaltar essa dinamicidade, poucos foram os avanços em examiná-la no campo impugnativo, pela clara influência daquela perspectiva unidirecional.[74]

---

71. SALHI, Karim. **Contribution à une théorie générale des voies de recours en droit judiciaire privé.** Thèse de doctorat (Droit privé et sciences criminelles) - Université de Caen Normandie, 2004, p. 118-122.

72. **Comentários ao Código de Processo Civil**, p. 240-245.

73. Embora o tema dos atos sujeitos a recurso seja tratado de forma ampla pela doutrina da teoria geral dos recursos, é relevante perceber que, diferentemente do que sucede com outras demandas impugnativas, a legalidade atua para criar uma relação de cabimento com base na espécie recursal e a decisão proferida. É relevante fazer esse destaque, pois, diferentemente do que se poderia imaginar, a sutileza de tal constatação confere caráter ainda mais particular às demandas impugnativas dirigidas contra decisões judiciais. A esse respeito, a importante crítica de Calmon de Passos, acerca da identidade de finalidades do mandado de segurança, seja direcionado ao ato administrativo, seja direcionado contra ato judicial, mostra-se pertinente para ampliar o olhar sobre uma nova sistematização dos atos judiciais a serem controlados (O mandado de segurança contra atos jurisdicionais: tentativa de sistematização nos 50 anos de sua existência. In: **Ensaios e artigos**, v. 1, 291-292).

74. Ao analisar a opinião de Aníbal de Castro, parece claro que a perspectiva unidirecional ora comentada está amplamente enraizada na perspectiva de "dever de jurisdição", realizada por meio do agir judicial: "Face ao ordenamento processual, o juiz não tem, mercê do dever de que é sujeito, a faculdade de abster-se de julgar, pois deve proferir despachos e decisões que o mesmo ordenamento lhe imponha." (**Impugnação das decisões judiciais**, p. 25).

4.2.2.1. Condutas omissivas

Um primeiro passo a ser dado está nas posturas omissivas do juiz causadoras de prejuízo às partes, e, assim, sujeitas a controle. É importante ter presente que a omissão, nem sempre fácil de ser configurada, não coincide com a simples demora do processo pelo "tempo morto" a que fica sujeito, situação na qual haveria uma inatividade justificada e possível de não ser imputada ao magistrado.[75] Os avanços ocorridos no controle das posturas omissivas demonstram a importância de investigar fatores objetivos e subjetivos que caracterizam o prejuízo, isto é, a inércia desprovida de motivo ou em violação a um dever de agir.[76]

O paralelo pode ser feito com as posturas estatais omissivas, cuja ilegalidade decorre da infringência de um dever de agir ou de injustificada inatividade, tal como se observa no âmbito dos atos da Administração Pública.[77] Conquanto sejam distintos os regimes, a postura omissiva digna de controle parece estar na inércia frente a uma situação em que se espera o agir oriundo de provocação ou de dever legal e, por isso, resultante em lesão ao particular. Na esfera judicial, a conduta omissiva, além de prejudicial, deve estar marcada pela incompatibilidade objetiva e temporal do não agir, ou seja, a omissão controlável surge quando se torna exigível a prática do ato e por razões atribuíveis ao magistrado. Isso se confirma com outro paralelo, que permite chegar a essa conclusão, pela análise das hipóteses em que o CPC autoriza o controle da inércia judicial, como se verifica do seu art. 235, ao prever a injustificada omissão como fundamento para alteração do órgão julgador.[78]

---

75. BIDART, Adolfo Gelsi. Omision procesal. **Revista de Processo**, v. 5, n. 18, abr./jun. 1980, p. 117-118.

76. Esse movimento evolutivo pode ser compreendido a partir da solidez dos debates mundiais a respeito da demora do processo, considerando, ainda, as condenações de diversos Estados perante organismos supranacionais quanto à violação da razoável duração do processo (VAN RHEE, C.H. The Law's delay: An Introduction. In: C.H. van Rhee (ed.), **The Law's delay. Essays on Undue Delay in Civil Litigation**, Antwerp/Oxford/New York 2004, p. 10-21).

77. GOUVÊA, Marcos Maselli. **O controle judicial das omissões administrativas: novas perspectivas de implementação dos direitos prestacionais**. Rio de Janeiro: Forense, 2003, p. 301-303; HACHEM, Daniel Wunder. Controle judicial do silêncio administrativo e a atribuição de efeitos positivos como alternativa à judicialização. In: MARRARA, Thiago; AGUDO GONZÁLEZ, Jorge. (Org.). **Controles da Administração e judicialização de políticas públicas**. 1ed.São Paulo: Almedina, 2016, p. 215-219.

78. CABRAL, Antonio do Passo. **Juiz natural e eficiência processual: flexibilidade, delegação e coordenação de competências no processo civil**. São Paulo: Editora Revista dos Tribunais, 2021, p. 196.

A inércia do juiz é costumeiramente reconduzida ao campo correicional, isto é, o não agir reverbera como um desvio funcional. Isso se apresenta como reflexo da distinção de consequências produzidas pela inércia da parte, alvo de estudos mais frequentes da doutrina processual,[79] cuja repercussão está limitada aos ônus e faculdades processuais, enquanto para o juiz a inércia decorre da violação de um dever no exercício da função pública.[80] No entanto, esse olhar limitativo não deve servir para impedir o controle das posturas omissivas por meios de impugnação, especialmente pelas vias que não encontram restrição somente a atos decisórios, uma vez que o prejuízo decorrente de um não agir judicial poderá se manifestar. Muito embora possa haver reflexos funcionais da omissão, não se ignora a projeção da inércia como a incompatibilidade com um dever de agir. A inoperância do impulso oficial, em situações nas quais o dever de agir tenha sido violado, revela a dependência com a prática dos atos judiciais para o desenvolvimento do processo e, nessas circunstâncias, a aferição desse prejuízo pode ser observada por qualquer das partes.[81]

As omissões judiciais já encontram largo tratamento no estudo da motivação das decisões, especialmente para determinar o espectro de incidência dos embargos de declaração. No entanto, a postura omissiva difere desses casos, porque aquele recurso pressupõe a prática do ato, o qual padece de defeito de incompletude, enquanto a postura inerte está cercada pelo não agir, pelo não ato. O controle a ser realizado consistirá em que o órgão de controle pratique o ato ou o imponha ao juízo omisso. Diante da escassez científica do tema e da recalcitrância da jurisprudência em reconhecer o controle da inércia judicial por meios de impugnação, já se chegou a defender que o não ato equiparar-se-ia a uma decisão de indeferimento para o cabimento de recurso.[82] Apesar de prevalecer o entendimento de que as condutas omissivas seriam, prioritariamente, alvo de controle correicional, encontram-se julgados que ora admitem o mandado de segurança[83] e ora

79. BOZZO, Guilherme Tambarussi. **Inatividade das partes no processo civil**. Salvador: Juspodivm, 2018, p. 90-96.

80. BIDART, Adolfo Gelsi. Omision procesal. **Revista de Processo**, v. 5, n. 18, abr./jun. 1980, p. 121-122.

81. CABRAL, Antonio do Passo. **Nulidades no processo moderno: contraditório, proteção da confiança e validade *prima facie* dos atos processuais**, p. 323-324.

82. PASSONI, Marcos Paulo. A continuada inação judicial equivale a ato omissivo recorrível. **Revista de Processo**, v. 35, n. 184, jun. 2010, p. 295-297.

83. STJ, RMS 37.682/SP, Rel. Ministro Mauro Campbell Marques, Segunda Turma, julgado em 20/09/2012, DJe 26/09/2012.

admitem o *habeas corpus*[84], e acabam por confirmar a relevância de se atribuir à inércia o erro judicial na condução do processo pela configuração de uma infringência processual.

As dificuldades de estabelecer critérios seguros no controle dos atos omissivos estão em confundir a inércia judicial com a demora na tramitação do processo. Não raras vezes, essa é uma justificativa frequente para impedir uma clara divisão entre o não agir decorrente da mora não atribuível à postura judicial do não agir objetivamente aferível como incompatível com a necessidade de conduta comissiva do magistrado.[85] Em função disso, parece despertar pouca atenção teórica a importância de critérios de controle que independam de elementos intencionais do magistrado, os quais, se necessários fossem, tornariam ainda mais remota a possibilidade de alguma sistematização do tema.[86]

Ademais, o peso da via correicional revela que o elemento subjetivo ainda é preponderante para o controle das condutas omissivas, embora não devesse ser considerado essencial, em razão da possibilidade de configuração objetiva do *error in procedendo*, com a contradição direta a um dever de agir não atendido de modo justificado.[87] Nesse sentido, note-se que não

---

84. STJ, HC 25.226/PR, Rel. Ministra Laurita Vaz, Quinta Turma, julgado em 17/05/2005, DJ 06/06/2005, p. 349.
85. BIDART, Adolfo Gelsi. Omision procesal. **Revista de Processo**, v. 5, n. 18, abr./jun. 1980, p. 124.
86. Isso se reflete, em alguma medida, no seguinte entendimento: "Não cabe Mandado de Segurança para fixar ou controlar a conduta do magistrado, no exercício de suas funções judicantes, pois existem meios administrativos capazes de aferi-la". (STJ, AgRg no RMS 45.076/RJ, Rel. Ministro Herman Benjamin, Segunda Turma, julgado em 18/08/2015, DJe 08/09/2015).
87. O seguinte entendimento mostra a relevância da configuração objetiva da omissão sujeita ao controle: MANDADO DE SEGURANÇA. ATO OMISSIVO DE JUIZ. VIOLAÇÃO A DIREITO LÍQUIDO E CERTO. ILEGALIDADE. RAZOÁVEL DURAÇÃO DO PROCESSO. SEGURANÇA PARCIALMENTE CONCEDIDA. É cediço que a saúde, como bem de extraordinária relevância à vida e à dignidade da pessoa humana, foi elevada pela Constituição Federal à condição de direito fundamental do homem, manifestando o legislador constituinte constante preocupação em garantir a todos uma existência digna, consoante os ditames da justiça social. Contudo, a impetração do mandado de segurança diz respeito a omissão judicial, ilegal e abusiva, do Juiz de Direito da 2ª Vara da Fazenda Pública da Comarca de Feira de Santana, que violou o direito líquido e certo do Impetrante que visa ter apreciado pedidos de execução de decisão judicial não cumprida, relativo a questão de saúde. A Emenda Constitucional nº 45/2004 inseriu o princípio da razoável duração do processo dentro das garantias fundamentais asseguradas a cada indivíduo, insculpido no inciso LXXVIII do art. 5º

é totalmente estranha a independência entre a aferição de conduta ilícita e o controle dos atos judiciais, pois é lição corrente que a rescisão da decisão transitada em julgado possa se dar, com fundamento na prevaricação, concussão ou corrupção do magistrado, sem prévia condenação penal.[88]

4.2.2.2. *Atos judiciais no âmbito da cooperação judiciária nacional*

Em lado oposto, os atos comissivos também merecem reflexão para além das decisões judiciais, em referência à manifesta complexidade que passou a marcar o agir do magistrado.

Com a entrada em vigor do CPC de 2015, a atuação judicial complexa se incrementou. A expansão da cooperação judiciária nacional, a penetração da consensualidade entre órgãos jurisdicionais e destes com outros órgãos em matéria de competência, de gestão judiciária e de administração da justiça,[89] despertam para um sentido ainda mais relevante de controle. Isso significa que, com a maior flexibilidade da atuação mediante atos de cooperação, novos focos da dinâmica judicial escapam do espectro de incidência dos recursos, o que complementa a insuficiência da disciplina legal unidirecional.[90] Isso

---

da Constituição Federal de 1988, com o seguinte teor: "a todos, no âmbito judicial e administrativo, são assegurados a razoável duração do processo e os meios que garantam a celeridade de sua tramitação". Da mesma forma, dispõe o artigo 4º do CPC: 'As partes têm direito de obter em prazo razoável a solução integral do mérito, incluída a atividade satisfativa'. O presente dispositivo repete o que consta no artigo 5º, inciso LXXVIII, da Constituição Federal, destacando, de forma salutar, a atividade satisfativa, ou seja, a materialização do direito também em prazo razoável. Todavia, observa-se, no caso, que o mandado de segurança deve limitar-se à verificação da legalidade do ato omissivo do magistrado em não apreciar o que foi requerido no processo principal, não sendo possível analisar questões relativas à forma de execução do decisum proferido, competindo tal incumbência ao juiz do feito. Concedida a segurança, em parte, para determinar que sejam adotadas as medidas que se fizerem necessárias ao cumprimento do comando judicial que deferiu a tutela provisória de urgência nos autos do processo nº 0808159-13.2015.8.05.0080, garantindo-se, inclusive, a obtenção do resultado prático equivalente. (TJBA, Mandado de Segurança, Número do Processo: 0010885-05.2016.8.05.0000, Relator(a): Baltazar Miranda Saraiva, Publicado em: 08/02/2017)

88. YARHSELL, Flávio Luiz. **Ação rescisória: juízos rescindente e rescisório**, p. 295; BARBOSA MOREIRA, José Carlos. **Comentários ao Código de Processo Civil**, p. 12-121; CÂMARA, Alexandre Freitas. **Ação rescisória,** p. 41.

89. DIDIER JR., Fredie. **Cooperação judiciária nacional: esboço de uma teoria para o Direito brasileiro (arts. 67-68, CPC)**, 2ª ed. Salvador: Juspodivm, 2021, p. 59.

90. MEIRELES, Edilton. Cooperação judiciária nacional. **Revista de Processo**, v. 40, n. 249, nov. 2015, p. 63-65.

porque parte desses atos não se enquadraria *prima facie* na figura de ato decisório, especialmente por decorrerem da carga consensual.[91]

A amplitude com que pode ocorrer a cooperação deve chamar a atenção das partes, considerando amplos e, em alguma medida, não taxativos poderes dados aos órgãos judiciais para disporem sobre competências e sobre modos de agir por atos concertados.[92] Conforme prevê a Resolução 350/2020 do Conselho Nacional de Justiça, o ato de cooperação prescinde de forma específica (art. 8º), de modo que o mínimo que esperado frente ao exercício desses poderes é o rigoroso contrapeso do controle exercido pelos destinatários desses atos.[93]

Com base nessas ponderações, os jurisdicionados passam a ser sujeitos preocupados com o controle da consensualidade judicial, considerando os incontáveis direitos fundamentais envolvidos na atuação estatal que dispõe sobre competências e sobre a prática conjunta de atos processuais, especialmente isonomia, devido processo legal, publicidade e contraditório.[94] No contexto em que agentes estatais possuem deveres e os direitos fundamentais servem de limitação ao poder do Estado, é intuitivo perceber que, com o alargamento das funções do juiz e dos tribunais para além de decidir e a flexibilidade em se propor arranjos como os narrados, o controle exercido diante de atos comissivos passa a envolver aspectos mais complexos do que se observava em relação às decisões judiciais.

O paradigma de controle dos atos judiciais comissivos passa por uma profunda transformação quando se observa que os atos decisórios deixam de ser o centro exclusivo da atuação do juiz. Isso quer dizer que os pressupostos para exercício desse controle modificam-se em razão da natureza do

91. CABRAL, Antonio do Passo. **Juiz natural e eficiência processual: flexibilidade, delegação e coordenação de competências no processo civil**. São Paulo: Editora Revista dos Tribunais, 2021, p. 429-430.

92. ARAGÃO, Nilsiton Rodrigues de Andrade. A atuação dos sujeitos processuais na cooperação judiciária nacional: entre o dever do juiz de realizar e o direito da parte de participar. In: DIDIER JR., Fredie. CABRAL, Antonio do Passo (coord.). **Grandes temas do Novo CPC – v. 16 – Cooperação Judiciária Nacional**. Salvador: Juspodivm, 2021, p. 194-195.

93. CABRAL, Antonio do Passo. **Juiz natural e eficiência processual: flexibilidade, delegação e coordenação de competências no processo civil**. São Paulo: Editora Revista dos Tribunais, 2021, p. 547.

94. VASCONCELOS, Antônio Gomes de. As múltiplas dimensões da cooperação judiciária na administração da justiça brasileira. In: DIDIER JR., Fredie. CABRAL, Antonio do Passo (coord.). **Grandes temas do Novo CPC – v. 16 – Cooperação Judiciária Nacional**. Salvador: Juspodivm, 2021, p. 168-169.

ato, que passa, agora, a ter caráter consensual e dispositivo, repercutindo em situações jurídicas de inúmeros jurisdicionados. Mostra-se correta, portanto, a imposição do dever de comunicação às partes da cooperação judiciária realizada (art. 5º, V da Resolução 350/2020 do CNJ) para que possam controlá-la (art. 9º da Resolução 350/2020 do CNJ).

Nesse sentido, elementos gerais que se aplicam a qualquer atuação estatal devem se fazer presentes e impactam diretamente no controle, tais como a imparcialidade, a motivação, a licitude do objeto, a impessoalidade e, sobretudo, os limites para restrição ao exercício de direitos fundamentais por particulares.[95] Nesse sentido, quanto maior a liberdade concedida aos agentes estatais para deliberarem sobre o exercício do seu poder, com impacto direto na esfera jurídica de terceiros, maior deverá ser a margem de controle desses atos.

Não se pode ignorar, ainda, que a consensualidade aqui examinada pode estar revestida de carga normativa, isto é, a cooperação poderá emergir não apenas de convergência entre órgãos jurisdicionais, mas de disciplina normativa dos tribunais.[96] Com a capacidade de projetar efeitos na relação jurídica processual e por sua observância pelo magistrado, parece haver, ainda, mais um aspecto relevante a ser levado em consideração, consistente no controle de atos administrativos com efeitos processuais.

Tendo em vista tais considerações, a expansão dos atos comissivos vem ocorrendo em virtude do incremento dos atos de gestão processual (*case management*),[97] reforçados pelo CPC por conta dos poderes de adaptabilidade procedimental, pela valorização da atuação administrativa do magistrado, relacionando-se com outros órgãos jurisdicionais ou da Administração Pública e pela disponibilidade decorrente de atos de cooperação. Em síntese, se a lógica orientadora do cabimento dos recursos com base na estrita relação com decisões já rendia questionamentos, esse novo cenário torna ainda mais claro que o princípio da legalidade na descrição dos atos impugnáveis por recurso não acompanhou essa dinâmica.

---

95. ARAGÃO, Nilsiton Rodrigues de Andrade. A atuação dos sujeitos processuais na cooperação judiciária nacional: entre o dever do juiz de realizar e o direito da parte de participar. In: DIDIER JR., Fredie. CABRAL, Antonio do Passo (coord.). **Grandes temas do Novo CPC – v. 16 – Cooperação Judiciária Nacional**. Salvador: Juspodivm, 2021, p. 195-196.

96. DIDIER JR., Fredie. **Cooperação judiciária nacional: esboço de uma teoria para o Direito brasileiro (arts. 67-68, CPC)**, 2ª ed. Salvador: Juspodivm, 2021, p. 89-90.

97. CADIET, Loïc. *Case managment* judiciaire et déformalisation de la prócedure. **Reveu française d'administration publique**, 2008/1, n. 125, p. 142-144.

Quais seriam, então, os possíveis rumos a serem adotados? Esse questionamento se mostra pertinente, pois, apesar de acentuar a insuficiência da teoria geral dos recursos, é preciso repensar os critérios classificatórios dos atos judiciais e mirar em qual será a margem de amplitude a ser dada aos variados meios de impugnação. Além disso, tais considerações passam a ter maior relevância para superar o paradigma segundo o qual o prejuízo causado à parte, como requisito para impugnar, está diretamente vinculado ao ato decisório, uma vez que, expandidas as funções judiciais, há correlata necessidade de controle não apenas circunscrita aos casos em que o magistrado solucione alguma questão no processo.

Partindo dessas noções, o que parece salutar no atual estágio da ciência processual é reconhecer a utilidade na divisão entre atos judiciais omissivos - cuja teorização ainda se mostra carente, especialmente considerando a investigação de aspectos objetivos e subjetivos do julgador na sua concretização[98] - e atos judiciais comissivos, aferindo-se o interesse em impugnar a partir de critérios baseados no prejuízo causado tanto pela inércia quanto pelo agir. Independentemente da carga contida em cada ato, a reconstrução em torno dessa sistematização merece ser feita com base no interesse em impugnar, que servirá de baliza para aferir se o ato estará ou não sujeito a questionamento.

4.2.3. Modalidades de limitação impugnativa

No curso deste estudo, inúmeras foram as vezes em que o tema das limitações impugnativas foi abordado. A sua importância se explica pela forma estrutural com que serve para compreender o sistema impugnativo e o funcionamento dos meios de impugnação. Sem prejuízo das considerações anteriores e de outras a serem feitas no próximo capítulo, passa-se a examinar como a taxatividade relaciona-se com as restrições impostas ao direito de impugnar o ato judicial.

---

98. Com razão, Antonio do Passo Cabral assinala o seguinte: "A omissão não é apenas a ausência de movimento; pode ser, ao contrário, uma inércia avaliada, fruto de uma atividade voluntária (...) É na voluntariedade consciente da inércia, ou seja, na programação e avaliação da ação futura, que poderemos analisar normativamente o comportamento e resgatar o estudo da prática de atos omissivos (...) Vale dizer, não é qualquer inércia que se torna normativamente relevante. Devemos, portanto, partir de imputações normativas que caracterizem a inércia como particularmente significativa de distorções ao debate suficientes para justificar a pronúncia da invalidade. A inação deve corresponder à sinalização comunicativa de uma avaliação programada da conduta omissiva." (**Nulidades no processo moderno: contraditório, proteção da confiança e validade *prima facie* dos atos processuais**, p. 324 e 325).

A legalidade atua no campo do cabimento delimitando a amplitude impugnativa dos meios de impugnação. Essa não é uma particularidade constatada apenas com relação aos atos judiciais, pois semelhante escolha pode ser encontrada quando a lei estabelece limitações de fundamentos para embasarem o questionamento formulado diante de outros atos jurídicos.[99] Isso se verifica, por exemplo, à luz do Código Civil, ao estabelecer as causas de invalidade dos negócios jurídicos ou, no campo da legislação eleitoral, com o questionamento do mandato eletivo exclusivamente com base em abuso de poder econômico, corrupção ou fraude. Nos meios de impugnação dos atos judiciais, a incidência do princípio da legalidade delimita a amplitude de controle de variadas formas, mas sempre com a expressa previsão das hipóteses que dão ensejo à utilização do recurso ou da ação autônoma.[100] A esse respeito, a observação formulada por Johann Semmelmayer se revela pertinente, pois os variados meios de impugnação exercem em intensidades distintas a mesma função de controle.[101]

Com a finalidade de regular a amplitude impugnativa, verifica-se a presença de critérios quantitativos, qualitativos e de intensidade com que se busca balizar as violações judiciais submetidas a controle.[102] No primeiro, a lei aponta quais seriam os motivos para se questionar o ato judicial. No segundo, há a preocupação em discernir qual aspecto da violação cometida comporta controle. No terceiro, o legislador estabelece a intensidade com

---

99. JORGE, Flávio Cheim. RODRIGUES, Marcelo Abelha. Mandado de segurança contra ato judicial no processo eleitoral. **Revista Brasileira de Direito Eleitoral - RBDE**, ano 6, n. 10, jan./jul. 2014, p. 80.

100. O tema remete ao exame das "ações típicas" e a vinculação legal da causa de pedir. De uma forma geral, Flávio Luiz Yarshell reconhece o seguinte: "Pelo contrário, a idéia de 'ações típicas'- pela tipicidade (no sentido de taxatividade) da respectiva *causa petendi* – parece apenas reforçar a cultura distorcida, mas arraigada, de que, não havendo uma ação, não há como tutelar um direito, estimulando-se um vício corrente de raciocínio dos operadores do direito, de primeiro buscar determinar a ação cabível, para depois cogitar a existência e tutela do direito material." Mais adiante, o mesmo jurista enfatiza posição específica para os meios de impugnação: "O mencionado sistema obedece a determinados princípio ou regras, explícita ou implicitamente estabelecidos na lei processual, que impõe limites ao exercício do direito de recorrer e, por consequência, à possibilidade de se desconstituir decisões judiciais. Por outras palavras, há limites para o controle jurisdicional no âmbito dos recursos (...) a regra da unicidade ou unirrecorribilidade, de tal sorte que, em princípio, dada decisão somente pode ser impugnada por uma única via. Isso pode se traduzido em palavras diversas: a desconstituição de uma decisão judicial, dentro de um mesmo processo, obedece a uma regra de tipicidade, uma vez que os provimentos aptos a produzir tal efeito jurídico são taxativamente descritos pela lei processual." (**Tutela jurisdicional**, p. 70 e 161).

101. **Der Berufungsgegenstand**. Berlin: Duncker und Humblot, 1996, p. 35.

102. GILLES, Peter. Rechtsmitteleinlegung, Rechtsmittelbegründung und nachträgliche Parteidispositionen über das Rechtsmittel. **Archiv für die civilistische Praxis**, 1977, 2/3, p. 194 e 237.

que a violação deve ocorrer para admitir-se a impugnação. Em diversas ocasiões, esses critérios podem estar combinados.[103]

Os critérios quantitativos são identificados quando a lei impõe delimitação enunciando quais seriam os fundamentos autorizadores para manejar um recurso ou uma ação autônoma de impugnação.[104] A contraposição ocorre quando a lei nada prevê e disso se conclui haver ampla liberdade para impugnar. Como exemplo, o CPC, no art. 988, aponta quais são as violações que dão ensejo à reclamação, do mesmo modo o faz no art. 1.022 ao elencar as causas que dão ensejo à oposição de embargos de declaração. Ainda que haja violação fora dessas hipóteses, tais meios de impugnação não estão aptos a abrangê-la, em virtude da limitação impugnativa proposta.

O critério qualitativo está presente quando a lei procura estabelecer distinção entre aspectos inerentes à violação cometida para, a partir de um deles, eleger o que abrirá espaço para impugnação. Está à base desse critério, por exemplo, a histórica distinção entre questões de fato e questões de direito, aceita no controle das decisões judiciais. Os recursos para os tribunais superiores são o exemplo mais evidente do moco como a Constituição elegeu qualitativamente as questões de direito, em virtude da atuação uniformizadora da jurisprudência.[105] Ou, ainda, não basta que seja qualquer questão de direito constitucional para admissão do recurso extraordinário, sendo-lhe necessária as características da relevância econômica, política, social ou jurídica, para além dos interesses subjetivos do processo como forma de caracterização da repercussão geral (art. 1.035, §1º do CPC).[106] O mesmo

103. COSTA, Moacyr Lobo. Reflexões críticas sobre a ação rescisória, **Revista de Processo**, v. 10, n. 39, jul./set. 1985, p. 174-175.

104. MERKL, Adolf. Erro judicial e verdade jurídica. In: SILVA, Matheus Pelegrino, da (org. e trad.) **Adolf Julius Merkl. Escritos e teoria do direito**, p. 215

105. A relevância da limitação qualitativa levou Leonardo Greco a fazer a seguinte ponderação: "Talvez se pudesse dizer que daí está surgindo um novo princípio da teoria geral dos recursos, qual seja, o de que a limitação cognitiva às questões de direito, imposta por razões de política jurídica à admissibilidade de determinados recursos, não pode de tal modo distanciá-los das questões de fato, a ponto de impedir que as instâncias recursais que forem instituídas, como pressuposto da correta solução das questões de direito, verifiquem se o juízo sobre os fatos preenchem requisitos mínimo de suficiência quantitativa e de adequação qualitativa que razoavelmente os justifiquem." (Princípios de uma teoria geral dos recursos. In: BASTOS, Marcelo Lessa. AMORIM, Pierre Souto Maior Coutinho de. **Tributo a Afrânio Silva Jardim: escritos e estudos**, p. 355).

106. Por isso, sempre foi objeto de reflexão da doutrina a constatação de que outras questões constitucionais, despidas qualitativamente desse requisito, estariam à margem de impugnação pelo recurso extraordinário (CRUZ E TUCCI, José Rogério. Anotações sobre a repercussão geral como pressuposto de admissibilidade do recurso extraordinário (Lei 11.418/2006). **Revista de Processo**, v. 32, n. 145, mar. 2007, p. 153).

raciocínio passa a valer para o recurso especial, em razão da exigência de que a questão federal infranconstitucional seja relevante, conforme previsto pelo art. 105, §2º da CF/88, com redação da Emenda Constitucional n. 125/2022.

Além de descrever quantitativa e qualitativamente os fundamentos de impugnação, o legislador atua, ainda, para apontar com qual intensidade as violações devem ocorrer.[107] Assim, a violação à norma jurídica que dá azo à ação rescisória há de ser manifesta (art. 966, V do CPC),[108] assim como só será cabível o recurso de apelação interposto contra decisões do tribunal do júri quando essas forem manifestamente contrárias à prova dos autos (art. 593, III, *d* do CPP). Com isso, o controle se realiza em função de uma violação que a legislação aponta como grave e, por isso, há a preocupação em explicitar como a ofensa deva ocorrer, isto é, não é qualquer contrariedade, mas aquela manifesta, sem a qual o ordenamento jurídico afasta a possibilidade de revisão do ato questionado.

Essa análise classificatória comporta, ainda, uma perspectiva temporal. É que a regulação da amplitude impugnativa possui direta relação com o trânsito em julgado e com restrição para alegação de determinados fundamentos de impugnação posteriormente a esse marco temporal, tema tratado no capítulo 5. Com base nisso, a preservação das decisões estáveis pressupõe a limitação ao questionamento de determinadas questões, de forma a resistir ao tempo apenas aquelas eleitas pelo legislador para desconstituir tais atos judiciais.[109] Sob esse viés, chega-se a um raciocínio que permite observar zonas de convergência entre amplitudes impugnativas posteriores e anteriores ao trânsito em julgado, assim como zonas de divergência.

Ao tratarmos das limitações impugnativas no capítulo 5, veremos que o ordenamento jurídico brasileiro, a exemplo de diversos outros, impede que questões de fato sejam controladas pelos recursos aos tribunais superiores, a despeito de algumas delas poderem ser questionadas em sede de ação rescisória. Há, aqui, uma zona de divergência, no sentido de que se reputa motivo apto à rescisão da decisão acobertada pela coisa julgada material questão que fica à margem de controle a partir de determinado momento pelos mecanismos existente previamente ao trânsito em julgado. De outro

---

107. GRINOVER, Ada Pellegrini. GOMES FILHO, Antonio Magalhães. FERNANDES, Antonio Scarance. **Recursos no processo penal**, p. 103-104.

108. ALMEIDA, Luciana Robles. **O que significa viola uma norma jurídica? Uma perspectiva processual**, p. 172-174.

109. BARBOSA MOREIRA, José Carlos. Eficácia preclusiva da coisa julgada material no sistema do processo civil brasileiro. In: **Temas de direito processual**. São Paulo: Saraiva, 1977, p. 100-101; FABRÍCIO, Adroaldo Furtado. Réu revel não citado, "querela nullitatis" e ação rescisória. **Revista de Processo**, v. 12, n. 48, p. 39-41.

lado, a possibilidade de se debater a mesma questão antes e depois desse marco temporal, a exemplo do que sucede com algumas questões de direito, revelam uma zona de convergência entre limitações impugnativas e a resistência ao tempo de matérias objeto de constante impugnação.

4.3. UNIRRECORRIBILIDADE E MULTIPLICIDADE DE ATAQUES CONTRA ATOS JUDICIAIS: CONCURSO E LITISPENDÊNCIA IMPUGNATIVA

As considerações apresentadas neste capítulo merecem alguma reflexão em torno da chamada unirrecorribilidade ou unicidade recursal, tratada como o cabimento, em regra, de uma única espécie de recurso frente a determinada decisão judicial.[110] Com origem no art. 809 do CPC de 1939,[111] esse princípio recursal segue sendo amplamente referenciado pela doutrina como postulado da teoria geral dos recursos e tratado pela jurisprudência como requisito de admissibilidade.[112]

---

110. O tema ocupa espaço em qualquer manual ou curso dedicado ao tema dos recursos. O traço comum, em todos eles, consiste em dizer que, para cada decisão, haverá um recurso. Essa técnica legislativa, no entanto, tem por característica central, segundo entendemos, a tentativa de concentrar a impugnação formulada a uma decisão judicial em único momento, pela via recursal. Trata-se de método de organização, acolhido por legislações de inúmeros países, visando indicar, objetivamente, o procedimento a ser seguido e a amplitude impugnativa acolhida em dado momento processual para impedir constantes discussões em torno do ato judicial. Para demonstrar como a preocupação com esse objetivo é universal, a seguinte reflexão é relevante: "Appeals have a long tradition. From a civil law perspective, they go back to late Roman law where it seems a general right to appeal was recognised. In addition, certain gross procedural errors led to the judgment being of no effect whatsoever (*nullius momenti*), in other words to its being null and void in the literal sense of the words. This nullity originally could be invoked without any restrictions as to time or form of proceedings. It was a remarkable step, only made many centuries later, to sort of 'channel' any challenges of a judgment into a specialised, structured proceeding with strict time limits. Nowadays, unlike a contract or other act which is against the law, a judgment which may suffer from a serious substantive or procedural error in many countries cannot be challenged indefinitely, but only by way of appellate proceedings with a generally quite strict timeframe. This, of course, contributed significantly to legal certainty." (KODEK, G. E. Appelate proceedings in civil cases – traditional remedies in light of contemporary problems. In: UZELAC, A. HEE, C.H. van (ed.).: **Nobody's Perfect: Comparative Essays on Appeals and other Means of Recourse against Judicial Decisions in Civil Matters**. Cambridge/Antwerp/Portland: Intersentia, 2014, p. 36).
111. "Art. 809. A parte poderá variar de recurso dentro do prazo legal, não podendo, todavia, usar, ao mesmo tempo, de mais de um recurso."
112. "IV - No caso de interposição de dois recursos pela mesma parte e contra a mesma decisão, apenas o primeiro poderá ser submetido à análise, em face da preclusão con-

Apesar de ser uma noção muito corrente na literatura, a unicidade não ganha atenção maior do que sua conceituação e identificação das situações em que é excepcionada, notadamente pelas ocasiões de cabimento de dois ou mais recursos, sucessiva ou concomitantemente.[113] Abre-se a possibilidade de reconhecer, nessa linha, que a unicidade dirige-se tanto ao exercício da pretensão impugnativa quanto enuncia qual é o procedimento impugnativo a ser seguido em dado momento do processo.[114] Ademais, é relevante notar que, subjacente à unirrecorribilidade, aceita-se para cada ato decisório um recurso específico, em alusão à organização do sistema recursal.[115]

Embora tais considerações sejam frequentes, parece-nos necessária uma reflexão crítica em torno do que se pode entender por unirrecorribilidade e como a complexidade no controle dos atos judiciais por meios de impugnação sinaliza em sentido diverso ao pensamento singular nessa correlação entre decisão e recurso.[116] Para tanto, algumas premissas precisarão ser estabelecidas nesse exame.

---

sumativa e do princípio da unicidade recursal, que proíbe a interposição simultânea de mais de um recurso contra a mesma decisão judicial." (STJ, AgInt nos EDcl nos EREsp 1862217/RS, Rel. Ministro Francisco Falcão, Corte Especial, julgado em 10/08/2021, DJe 17/08/2021).

113. O tema do concurso ou da multiplicidade de vias impugnativas é frequente no histórico dos meios de impugnação das decisões judiciais. Apenas para exemplificar a atualidade desse debate, seria possível encontrar em ao menos três tradições jurídicas muito influentes a possibilidade de concurso de vias, como ocorre na Itália entre o *ricorso di cassazione* e a *revocazione*, nos termos do art. 398 do *Codice di Procedura Civile* (IMPAGNATIELLO, Gianpaolo. **Il concorso tra cassazione e revocazione: contributo allo studio della formazione e dell'impugnazione del giudicato**, p. 105-112), na Alemanha entre *Nichtigkeitklage* e *Restituitionsklage*, conforme disiciplina do § 578, (2) da ZPO (ROSENBERG, Leo. SCHWAB, Karl Heinz. GOTTWALD, Peter. **Zivilprozessrecht**, 18 Auflage. München: C. H. Beck, 2018, p. 983-996) e na França com os meios de impugnação posteriores ao trânsito em julgado (CADIET, Loïc. JEULAND, Emmanuel, **Droit judiciaire**, 10 ed. Paris: Lexis Nexis, 2017, p. 671-672).

114. Com razão, Cassio Scarpinella Bueno aduz o seguinte: "Cada recurso, por assim dizer, tem aptidão para viabilizar o controle de determinadas decisões jurisdicionais, com exclusão dos demais, sendo vedada – é esse o ponto nodal do princípio – a interposição *concomitante* de mais de um recurso para o atingimento da *mesma* finalidade." (**Curso sistematizado de Direito Processual Civil**, vol. 2, p. 550).

115. "Evita-se, assim, a proliferação de inconformidades, tornando o procedimento mais previsível, o que, em última análise, transmite ao jurisdicionado segurança e propicia celeridade ao processo." (PORTO, Sérgio Gilberto. USTÁRROZ, Daniel. **Manual dos recursos cíveis**, p. 78)

116. Embora se verifique ponto comum da abordagem da unirrecorribilidade, relativamente à existência de uma espécie recursal para cada decisão, não parece chamar a atenção da

A primeira premissa consiste em ver que a assim chamada unirrecorribildiade, sob a égide do CPC de 1939, impedia o recorrente de se utilizar de mais de um recurso ao mesmo tempo. Bem entendida a regra, estabelecia-se uma vedação à litispendência impugnativa, isto é, qualquer que fosse a vai eleita, vedava-se a mesma pretensão impugnativa deduzida mais de uma vez.[117] O referido art. 809 previa justamente a possibilidade de a parte variar, no prazo legal, a espécie recursal, mas não de apresentar, concomitantemente, mais de um recurso com o mesmo teor impugnativo.

A segunda premissa consiste em perceber que, superado o cenário do CPC de 1939 e não mantida semelhante disposição legal, a unirrecorribilidade seguiu sendo analisada pela doutrina processual com enfoque formal, isto é, definia-se o instituto e procurava-se demonstrar suas exceções. No entanto, essa postura tem se revelado pouco esclarecedora diante do que aqui se afirmou, especificamente no item 3.1.1.1.4., sobre o ato judicial comportar uma pluralidade de legitimados para impugná-lo, sendo múltiplos ataques concomitantes ou sucessivos por partes e terceiros.[118]

As apontadas exceções à unirrecorribilidade são justamente casos em que as pretensões do mesmo sujeito são concomitantes e distintas (ex.: recurso extraordinário e recurso especial frente ao acórdão de tribunal local); se idênticas, são sucessivas (ex.: embargos de declaração e o recurso posterirormente interposto); ou, ainda, que por uma única via se formule

---

doutrina a possibilidade de múltiplos ataques ao ato judicial, além de atuação interativa e concomitante do já mencionado sistema de controle. Essa perspectiva de complexidade, em realidade, reflete a tônica da dinâmica da relação processual e, sobretudo, a característica da pluralidade de legitimados para impugnação do ato judicial. Embora tenha se debruçado sobre tema específico, Cassandra Burke Robertson constatou bem, diante das especificidades da impugnação de interlocutórias no processo federal estadunidense, o seguinte: "The available framework for expanding interlocutory review consists of a complex web of appellate remedies." (Forum Non Convenens on Appeal: The Caso for Interlocutory Review. **Southwestern Journal of International Law**, May, n. 20, 2020, p. 467).

117. BUZAID, Alfredo. Ensaio para uma revisão do sistema de recursos no Código de Processo Civil. **Revista da Faculdade de Direito**, Universidade De São Paulo, 52, p. 204-206.

118. Afora os inúmeros exemplos existentes no processo civil, o seguinte julgado, referente à relação entre *habeas corpus* e recurso especial no processo penal, explicita bem o que se busca dizer: "O eventual cabimento de recurso especial não constitui óbice à impetração de habeas corpus, desde que o direito-fim se identifique direta e imediatamente com a liberdade de locomoção física do paciente" (STF, HC 110118, Relator(a): Ricardo Lewandowski, Relator(a) p/ Acórdão: Joaquim Barbosa, Segunda Turma, julgado em 22/11/2011, DJe 07-08-2012).

ataque a mais de um ato judicial.[119] Mais do que mera especificação de qual procedimento recursal será adotado diante de determinada decisão, parece salutar entender que a unirrecorribilidade como a impossibilidade de a mesma pretensão impugnativa ser deduzida ao mesmo tempo pelo mesmo impugnante, recuperando-se, em parte, a essência da sua origem, por força da preclusão consumativa e da litispendência.[120-121]

---

119. "4. O princípio da singularidade, também denominado da unicidade do recurso ou unirrecorribilidade, consagra a premissa de que, para cada decisão a ser atacada, há um único recurso próprio e adequado previsto no ordenamento jurídico. 5. A recorrente utilizou-se do recurso correto (respeito à forma) para impugnar as decisões interlocutórias, qual seja o agravo de instrumento. 6. O princípio da unirrecorribilidade não veda a interposição de um único recurso para impugnar mais de uma decisão. E não há, na legislação processual, qualquer impedimento a essa prática, não obstante seja incomum." (STJ, REsp 1628773/GO, Rel. Ministra Nancy Andrighi, Tereceira Turma, julgado em 21/05/2019, DJe 24/05/2019). Entendemos que essa posição não poderia ser diferente, considerando que o CPC acolhe essa mesma possibilidade ao permitir que o recurso de apelação sirva para impugnar interlocutórias (art. 1.009, §1º) e sentença (art. 1.009, *caput*).

120. Em determinadas ocasiões, a jurisprudência se vale da unirrecorribilidade para apontar pela impossibilidade de se deduzir, concomitantemente, a mesma pretensão impugnativa, ao que se agraga a preclusão consumativa: STJ, REsp 1941559/RS, Rel. Ministra Assusete Magalhães, Segunda Turma, julgado em 22/06/2021, DJe 29/06/2021; STJ, AgRg no AREsp 1789592/AL, Rel. Ministro Olindo Menezes (Desembargador Convocado do TRF 1ª Região), Sexta Turma, julgado em 15/06/2021, DJe 18/06/2021. Por vezes, sem fazer referência à litispendência, a jurisprudência invoca o brocardo *electa uma via non datum regressus ad alteram*: (STJ, AgRg no AREsp 643.164/PR, Rel. Ministro MOURA RIBEIRO, TERCEIRA TURMA, julgado em 23/06/2015, DJe 01/07/2015; STJ, EDcl no AgInt nos EDcl nos EDcl no REsp 1851404/RJ, Rel. Ministro Moura Ribeiro, Terceira Turma, julgado em 08/06/2021, DJe 11/06/2021).

121. O seguinte julgado atenua, em alguma medida, esse raciocínio em razão do bem jurídico tutelado: "1. A existência de um complexo sistema recursal no processo penal brasileiro permite à parte prejudicada por decisão judicial submeter ao órgão colegiado competente a revisão do ato jurisdicional, na forma e no prazo previsto em lei. Eventual manejo de habeas corpus, ação constitucional voltada à proteção da liberdade humana, constitui estratégia defensiva válida, sopesadas as vantagens e também os ônus de tal opção. (...) 3. Sob essa perspectiva, a interposição do recurso cabível contra o ato impugnado e a contemporânea impetração de *habeas corpus* para igual pretensão somente permitirá o exame do *writ* se for este destinado à tutela direta da liberdade de locomoção ou se traduzir pedido diverso em relação ao que é objeto do recurso próprio e que reflita mediatamente na liberdade do paciente. Nas demais hipóteses, o *habeas corpus* não deve ser admitido e o exame das questões idênticas deve ser reservado ao recurso previsto para a hipótese, ainda que a matéria discutida resvale, por via transversa, na liberdade individual. 4. A solução deriva da percepção de que o recurso de apelação detém efeito devolutivo amplo e graus de cognição - horizontal e vertical - mais amplo e aprofundado, de modo a permitir que o tribunal a quem se dirige a impugnação examinar, mais

A terceira premissa reside na possibilidade de que um mesmo ato judicial possa ser impugnado por variadas pretensões impugnativas, cada qual submetida a procedimentos distintos, alguns pela via recursal e outros pela via das ações autônomas. Nesse sentido, se a doutrina procura apontar exceções à unirrecorribilidade como a pluralidade de espécies recursais, o mesmo raciocínio deveria valer para os casos em que, além de recurso, também seja possível manejar ação autônomas de impugnação, como se verifica nos casos em que essas são cabíveis por ineficiência dos recursos ou em paridade com esses (seguindo o critério adotado no item 2.2. *supra*). Nessas circunstâncias, repete-se o que se disse anteriormente quanto à viabilidade de múltiplas pretensões impugnativas veiculadas contra o mesmo ato judicial, desde que não se configure litispendência entre elas.[122]

A quarta premissa pode ser compreendida como sendo a unirrecorribilidade uma explicação de organização das impugnações formuladas pelos recursos. Essa correlação entre espécie recursal e decisão explicita o modo

---

acuradamente, todos os aspectos relevantes que subjazem à ação penal. Assim, em princípio, a apelação é a via processual mais adequada para a impugnação de sentença condenatória recorrível, pois é esse o recurso que devolve ao tribunal o conhecimento amplo de toda a matéria versada nos autos, permitindo a reapreciação de fatos e de provas, com todas as suas nuanças, sem a limitação cognitiva da via mandamental. Igual raciocínio, mutatis mutandis, há de valer para a interposição de habeas corpus juntamente com o manejo de agravo em execução, recurso em sentido estrito, recurso especial e revisão criminal. 5. Quando o recurso de apelação, por qualquer motivo, não for conhecido, a utilização de habeas corpus, de caráter subsidiário, somente será possível depois de proferido o juízo negativo de admissibilidade da apelação pelo Tribunal ad quem, porquanto é indevida a subversão do sistema recursal e a avaliação, enquanto não exaurida a prestação jurisdicional pela instância de origem, de tese defensiva na via estreita do habeas corpus." (STJ, HC 482.549/SP, Rel. Ministro Rogerio Schietti Cruz, Terceira Seção, julgado em 11/03/2020, DJe 03/04/2020)

122. A jurisprudência vem admitindo exceções ao reconhecimento de litispendência, em razão da relevância do bem jurídico tutelado, como ocorre na impetração de *habeas corpus* para impugnar decisão já atacada por recurso: "O *habeas corpus*, quando impetrado de forma concomitante com o recurso cabível contra o ato impugnado, será admissível apenas se for destinado à tutela direta da liberdade de locomoção ou se traduzir pedido diverso do objeto do recurso próprio e que reflita mediatamente na liberdade do paciente. (STJ, HC 482.549-SP, Rel. Min. Rogerio Schietti Cruz, Terceira Seção, por maioria, julgado em 11/03/2020, DJe 03/04/2020). Em sentido contrário, reconhecendo a litispendência: "Não podem ser analisados habeas corpus e recurso ordinário em *habeas corpus* nos quais se constata litispendência, instituto que se configura exatamente quando há igualdade de partes, de objeto e de causa petendi." (STJ, AgRg no RHC 126.237/SP, Rel. Ministra Laurita Vaz, Sexta Turma, julgado em 2/6/2020, DJe 15/6/2020).

como se desenvolverá a pretensão impugnativa. A relevância organizacional não esconde, contudo, fator ainda mais importante atinente à multiplicidade de formas de ataques ao mesmo ato judicial, quer por meios de impugnação, quer por outros instrumentos integrantes do sistema de controle.[123]

A quinta premissa, conclusiva às demais, consiste na observação de intensa dinâmica das pretensões deduzidas diante de atos judiciais. Parte delas poderá estar atrelada ao direito de impugnar e parte estar desatrelada; múltiplos recursos de partes e de terceiros com conteúdos distintos para impugnar o mesmo ato judicial; recursos e ações autônomas conjuntamente atuantes, com pretensões distintas; convivência de recursos e de ações autônomas com outros instrumentos de controle, o que alarga ainda mais os focos de combate ao ato judicial. Dessa forma, a unirrecorribilidade deve ser compreendida à luz da complexidade de múltiplas formas de controle.[124]

Estabelecido tal exame, parece salutar compreender que, se no cerne da unicidade recursal busca-se evitar a litispendência impugnativa – o que segue sendo válido e aplicável sob enfoque ainda mais amplo para abranger recursos e ações autônomas –, a possibilidade de variados questionamentos contrários à decisão judicial revela a ocorrência de concurso de vias ou de pretensões.[125] Vale dizer: diante da complexidade constatada, para além de identificar exceções à unirrecorribilidade, a perspectiva mais ampla aqui

---

123. Essa possibilidade é expressamente acolhida pelo CPC. No art. 988, §6º do CPC, está previsto que a inadmissibilidade ou o exame de mérito do recurso interposto contra a decisão reclamada não necessariamente prejudicará a reclamação ajuizada. Nesse sentido, valem as ponderações feitas em AZEVEDO, Gustavo. **Reclamação constitucional no direito processual civil**, p. 252-253.

124. Essa complexidade, aqui defendida com base na multiplicidade de impugnações, seja por recurso, seja por ação autônoma, fica clara no seguinte julgado: "2. Se, em decisão transitada em julgado, decidiu-se pela improcedência dos embargos de terceiro ajuizados pelo recorrente contra a apreensão do veículo, porque não comprovadas a propriedade ou posse do bem e a origem lícita dos recursos utilizados na sua aquisição, há coisa julgada que lhe retira o interesse para recorrer, na condição de terceiro prejudicado, contra a parte da sentença condenatória que, ao final da ação penal, decretou o perdimento do bem. 3. O fato de que os referidos embargos de terceiro se dirigiam contra a apreensão do bem e de que a apelação foi interposta contra a decretação de perdimento não afasta a identidade das demandas. A causa de pedir é a mesma, ou seja, a suposta propriedade do bem pelo recorrente, bem como são idênticas as partes e o pedido, este último, consistente na devolução do veículo." (STJ, REsp 1247629/RJ, Rel. Ministro Sebastião Reis Júnior, Sexta Turma, julgado em 06/11/2014, DJe 25/11/2014)

125. KEMMERICH, Clovis Juarez. A súmula 283 do Supremo Tribunal Federal. In: **Processo civil – estudos em homenagem aos professor doutor Carlos Alvaro de Oliveira**, Daniel Mitidiero [et. al.] coord. São Paulo: Atlas, 2012, p. 63.

proposta permite visualizar que a impugnação das decisões judiciais a partir de múltiplas pretensões, deduzidas por diversas vias, sendo certo que a busca por harmonia e coerência está, em larga medida, no impedimento à repetição dos mesmos fundamentos de controle, no mesmo momento e do mesmo ato.

4.4. JUÍZO DE IDENTIFICAÇÃO, FUNGIBILIDADE E SANEAMENTO

O princípio da fungibilidade ganhou destaque no bojo dos meios de impugnação, especificamente dos recursos, em razão de previsão expressa contida no art. 810 do CPC de 1939. A disposição legal, em realidade, era analisada como uma espécie de "contraprestação" a um sistema recursal lacunoso e fonte de dúvidas relativas à espécie recursal cabível frente à natureza de determinados atos decisórios.[126] Apesar de o CPC de 1973 entrar em vigor com a promessa de racionalização para a escolha da espécie recursal, não passaram em branco situações nas quais ainda havia dúvida sobre o recurso cabível, situações marcantes no período das reformas processuais daquele diploma legal.[127] O CPC de 2015 também não foi capaz de eliminar por completo hipóteses de dúvida, de modo que ainda se revelam presentes discussões a esse respeito.[128]

Historicamente, tal princípio esteve ligado à imposição de dever ao recorrente de demonstrar a não interposição de má-fé do recurso, o que lhe exigia fazê-lo no menor prazo previsto pela lei, assim como não deveria haver erro grosseiro, cuja demonstração consistia na presença de dúvida objetiva.[129] Essas premissas, apesar de não mais se coadunarem com o tratamento dispensado ao formalismo pelo processo civil moderno, ainda seguem aplicadas por boa parte da jurisprudência atual.[130] Diante do quadro em que se concebeu o princípio da fungibilidade, no presente tópico, pretende-se apresentar considerações para compreender sua finalidade à luz do atual sistema processual, especialmente levando em consideração garantias

---

126. "Art. 810. Salvo a hipótese de má-fé ou erro grosseiro, a parte não será prejudicada pela interposição de um recurso por outro, devendo os autos ser enviados à Câmara, ou turma, a que competir o julgamento."

127. Sobre as inúmeras situações em que o princípio poderia incidir na esfera recursal: VASCONCELOS, Rita de Cássia Corrêa de. **Princípio da fungibilidade: hipóteses de incidência no processo civil brasileiro contemporâneo**. São Paulo: Editora Revista dos Tribunais, 2007, p. 78-171.

128. JORGE, Flávio Cheim. **Teoria geral dos recursos**, p. 322-328.

129. LIMA, Alcides de Mendonça. **Introdução aos recursos cíveis**, p. 239-245.

130. STJ, AgInt no REsp 1888035/SP, Rel. Ministro Antonio Carlos Ferreira, Quarta Turma, julgado em 07/06/2021, DJe 14/06/2021.

processuais fundamentais, a fim de que sejam superados os dogmas que sempre lhe acompanharam e, nos dias atuais, revelam-se superados.

Para essa tarefa, mostra-se particularmente relevante entender o âmbito de incidência do aludido princípio, tendo em vista os diversos fundamentos teóricos existentes para superação de formalismo no âmbito do processo civil. Esse arcabouço teórico é guiado por outros princípios processuais que procuram preservar o conteúdo do ato frente à forma eventualmente desrespeitada, como ocorre com o princípio da instrumentalidade das formas e o da primazia do julgamento de mérito.[131] Isso não significa que entre todos eles existam âmbitos excludentes, pois atuam em grau de complementaridade e de coordenação, além de estarem radicados na mesma garantia constitucional da inafastabilidade, com o claro objetivo de impedir que o formalismo se sobreponha ao conteúdo do ato, em denegação à tutela jurisdicional. Em razão disso, é relevante entender quando e em qual sentido se deve invocar a aplicação do princípio da fungibilidade e como aqueles demais princípios atuam conjuntamente.

Ademais, por não haver uniformidade no que se entende por fungibilidade aplicada ao processo civil,[132] passa a ser necessário examinar o juízo de identificação, como uma etapa comum consubstanciada no exame do conteúdo da postulação,[133] bem como a conversão, com assento no plano do direito material, que igualmente não reúne consenso sobre sua aplicação no âmbito do direito processual civil.[134] A reflexão em torno desses dois elementos permitirá situar com maior precisão quando se está diante de caso em que se aplica propriamente a fungibilidade, quando não há qualquer irregularidade formal a ser sanada ou quando ocorre a modificação

---

131. DIDIER JR., Fredie. **Curso de direito processual civil**, v. 1, p. 169; DINAMARCO, Cândido Rangel. **Instituições de direito processual civil**, v.2, p. 705-707.

132. Sobre a variação de entendimentos: WAMBIER, Teresa Arruda Alvim. O óbvio que não se vê: a nova forma do princípio da fungibilidade. **Revista de Processo**, v. 31, n. 137, jul. 2006, p. 18-19; VASCONCELOS, Rita de Cássia Corrêa de. **Princípio da fungibilidade: hipóteses de incidência no processo civil brasileiro contemporâneo**, p. 64-69; TEIXEIRA, Guilherme Freire de Barros. **Teoria do princípio da fungibilidade**. São Paulo: Editora Revista dos Tribunais, 2008, p. 21-23; AMENDOEIRA JR., Sidnei. **Fungibilidade de meios**. São Paulo: Atlas, 2008, p. 10-13; LAMY, Eduardo Avelar. **Aproveitamento de meios no processo civil**, 2ª ed. Salvador: Juspodivm, 2021, p. 126-130.

133. OLIVEIRA, Bruno Silveira. **O juízo de identificação de demandas e de recursos no processo civil**, p. 64-66.

134. SICA, Heitor Vitor Mendonça. **Comentários ao Código de Processo Civil: arts. 236 a 293**, vol. V, p. 295-296; CABRAL, Antonio do Passo. **Nulidades no processo civil moderno**, p. 61-62.

da pretensão deduzida pelo impugnante. A esse respeito, é fundamental observar que, conquanto o exame ora realizado esteja delimitado aos meios de impugnação, o princípio da fungibilidade é aplicável em todo o sistema processual, como se observa entre tutelas provisórias, entre procedimentos, entre medidas executivas etc.[135] Essa constatação reforça o sentido buscado de identificar quando e como tal princípio deve incidir, considerando a premissa já acolhida por parte da doutrina de que a fungibilidade não está limitada aos recursos, pois também abrange as ações autônomas de impugnação.[136]

Apesar de entendermos que o âmbito de incidência da fungibilidade serve para permitir a substituição de uma espécie por outra integrante do mesmo gênero, existem perspectivas que a reconhecem como supedâneo para admissão de qualquer das múltiplas vias (ou, como tem sido empregado, de meios) oferecidas para se alcançar a mesma finalidade;[137] possibilidade de saneamento de violações procedimentais; ou, ainda, todas as hipóteses anteriores.[138] Quando colocadas em confronto, nem sempre se encontra clareza para distinguir fungibilidade de conversão. Contudo, parece necessário observar que ambas podem atuar em sentidos distintos, isto é, enquanto a fungibilidade impede a inadmissão das vias adequadas, a conversão assegura a troca de uma espécie que se revele inadequada por outra, como tem se percebido no campo das demandas possessórias ou do que se observava, ao tempo do CPC de 73, relativamente às demandas cautelares.

Tendo por base a entremeada e, por vezes, sobreposta incidência de distintos fundamentos para superação de erros na prática dos atos processuais, a preocupação em determinar aspectos rígidos de aplicação do princípio da fungibilidade parece perder relevância porque, por fundamentos variados, chega-se à superação de vícios formais ou materiais da postulação ou, ainda, porque diante da dificuldade apresentada pela doutrina em dissociar a

---

135. WAMBIER, Teresa Arruda Alvim. Fungibilidade de meios: uma outra dimensão do princípio da fungibilidade. In: NERY JR., Neslon; WAMBIER, Teresa Arruda Alvim (coord.). **Aspectos polêmicos e atuais dos recursos cíveis e de outras formas de impugnação às decisões judiciais**. São Paulo: RT, 2001, v.4, p. 1.094.

136. AMENDOEIRA JR., Sidnei. **Fungibilidade de meios**, p. 192-193; OLIVEIRA, Bruno Silveira. **O juízo de identificação de demandas e de recursos no processo civil**, p. 199-205.

137. WAMBIER, Teresa Arruda Alvim. Fungibilidade de meios: uma outra dimensão do princípio da fungibilidade. In: NERY JR., Neslon; WAMBIER, Teresa Arruda Alvim (coord.). **Aspectos polêmicos e atuais dos recursos cíveis e de outras formas de impugnação às decisões judiciais**, v.4, p. 1.094; LAMY, Eduardo Avelar. **Aproveitamento de meios no processo civil**, p. 146-147.

138. AMENDOEIRA JR., Sidnei. **Fungibilidade de meios**, p. 10-13.

fungibilidade de outros institutos, mais importante é sustentar que o sistema do CPC está dotado de sólida base principiológica, além de normas específicas, para o combate ao formalismo.[139]

Do ponto de vista histórico, a incidência do princípio da fungibilidade na esfera recursal esteve associada à dúvida quanto à espécie a ser utilizada, de modo que o cerne da discussão girava em torno do erro atribuído à parte diante da lacuna ou obscuridade apresentada pelo ordenamento jurídico. Por uma dúvida ocasionada, elegia-se determinada espécie recursal que eventualmente se mostrasse equivocada e, ao se preservar a possibilidade de convolação, tendo por premissa o cometimento de um erro, percebia-se que a dúvida era apenas uma das formas pelas quais o equívoco do impugnante exsurgia.[140] No momento em que a doutrina passou a avaliar o princípio de fungibilidade para os variados meios de impugnação, aplicando-o entre recursos, entre ações autônomas e entre ambos, viu-se a sustentação da mesma premissa assentada na dúvida, que poderia não residir em lacunas no ordenamento jurídico, mas, por exemplo, na identificação da natureza do vício a ser alegado ou da natureza do ato a ser atacado.[141] Foi assim que se passou, corretamente, a defender a fungibilidade entre ação rescisória e ação declaratória de inexistência, entre ação rescisória e ação anulatória, entre mandado de segurança e agravo de instrumento etc.[142]

Muito embora a dúvida tenha se apresentado como elemento determinante no estudo do princípio da fungibilidade, é forçoso reconhecer que estava à base da sua aplicação a superação de um erro. Diante dessa constatação, ainda que atualmente se faça associação unívoca entre fungibilidade e dúvida objetiva,[143] é preciso avançar no sentido de que o erro cometido pelo impugnante pode decorrer de outras razões, como formais, temporais, de lugar, assim como pode ser superado por fundamentos distintos da

---

139. CÂMARA, Alexandre Freitas. O princípio da primazia da resolução do mérito e o Novo Código de Processo Civil. **Revista da Escola da Magistratura do Estado do Rio de Janeiro**, n. 70, set./out. 2015, p. 45.

140. GRECO, Leonardo. Princípios de uma teoria geral dos recursos. In: BASTOS, Marcelo Lessa. AMORIM, Pierre Souto Maior Coutinho de. **Tributo a Afrânio Silva Jardim: escritos e estudos**, p. 346-347.

141. VASCONCELOS, Rita de Cássia Corrêa de. **Princípio da fungibilidade: hipóteses de incidência no processo civil brasileiro contemporâneo**, p. 224-227.

142. AMENDOEIRA JR., Sidnei. **Fungibilidade de meios**, p. 204-207;

143. NERY JR., Nelson. **Teoria geral dos recursos**, p. 148-149; JORGE, Flávio Cheim. **Teoria geral dos recursos**, p. 237-238; PORTO, Sérgio Gilberto. USTÁRROZ, Daniel. **Manual dos recursos cíveis**, p. 89.

fungibilidade. Nesse cenário, em função dos modos variados com que se manifesta esse erro, as maneiras de corrigi-lo podem não decorrer da aplicação desse referido princípio.

O que se quer com isso dizer é, para além de um mero acerto terminológico, a desnecessidade de preenchimento determinados requisitos aos quais ainda se apega a jurisprudência para aplicação da fungibilidade ou para qualquer outro princípio voltado à correção de erros e vícios na prática dos atos processuais. Sendo a dúvida objetiva apenas uma das fontes potenciais causadoras do erro, parece salutar entender, mesmo diante da polissemia do termo fungibilidade, pela existência de casos em que sua aplicação não serve para impedir negativa de tutela jurisdicional em virtude de um erro, mas, sim, proteger o acerto, ou seja, evita-se que o magistrado exerça juízo negativo de admissibilidade frente a uma das vias possíveis e legítimas.

Para compreender essas premissas nos meios de impugnação, o juízo de identificação é essencial para se concluir pela presença de alguma irregularidade a ser contornada pelo princípio da fungibilidade ou por outro princípio processual, como a instrumentalidade das formas, a liberdade das formas ou a primazia do julgamento de mérito. Esse juízo de identificação concerne a um exame dos elementos objetivos da demanda, com base nos quais se poderá investigar o que pretende o impugnante. De acordo com Bruno Silveira de Oliveira, é o conteúdo do ato postulatório que lhe identifica a espécie, sendo, pois, com base nesses elementos exercido o reconhecimento da postulação praticada.[144] Praticado o juízo de identificação, seria necessário averiguar se a irregularidade se encontra em aspectos formais, como o procedimento, se a pretensão veiculada por determinado meio de impugnação afronta os limites impostos pelo ordenamento jurídico ou se não há qualquer irregularidade a ser sanada e, portanto, se está diante de um falso problema de erro.[145]

Ao se alegar que o recorrente teria cometido um equívoco fruto de dúvida objetiva do ordenamento jurídico, muitos exemplos apresentados pela doutrina dizem respeito ao plano formal do procedimento. Quando se afirmar que determinada decisão é interlocutória e, portanto, a espécie recursal adequada é o agravo de instrumento, o juízo de identificação leva à conclusão de que se buscou impugnar determinado ato decisório pelo

---

144. **Juízo de identificação de demandas e de recursos no processo civil brasileiro**, p. 110-111.

145. MACHADO, Marcelo Pacheco. **Incerteza e processo**. São Paulo: Saraiva, 2013, p. 75 e 81-82.

procedimento desse recurso. Aqui, é particularmente relevante notar que toda a controvérsia de identificação gira em torno de questões eminentemente terminológicas e procedimentais, vez que, sendo ato decisório, tê-lo por interlocutória ou por sentença decorre de um exame do momento do processo; por conseguinte, afirmar que o recurso é o agravo de instrumento é, em realidade, submeter a pretensão impugnativa ao procedimento desse, considerando que, tal como na apelação.[146]

Ao se apregoar a aplicação da fungibilidade nesses casos, percebe-se o exercício de mero ajuste procedimental, sem que isso importe em alteração da causa de pedir ou do pedido formulados. Portanto, não há diferença essencial entre o que ocorre nessas situações e em qualquer outra forma de adaptação procedimental, de modo que, diante da ampla capacidade de saneamento oferecida pelo sistema, não faria sentido exigir da parte que eventual equívoco tenha decorrido dúvida objetiva (eventualmente superada por entendimento jurisprudencial ou doutrinário), considerando que, por razões outras, um equívoco procedimental poderia ser contornado pelo contraditório, pela instrumentalidade das formas etc.[147]

Situação distinta pode ser encontrada quando, mediante juízo de identificação, conclui-se não haver equívoco algum cometido, quer porque a decisão é impugnável, quer porque os motivos para tanto estão formulados nos limites aceitos pelo ordenamento jurídico. Contudo, não raro, instaura-se divergência acerca da identificação da postulação formulada por uma irrelevante indução criada pela designação aposta à peça processual apresentada.[148] Sabe-se que o *nomen iuris* é totalmente indiferente para exercício de um juízo de identificação da postulação, como se encontra, por exemplo, quando, ao impugnar uma sentença, nos limites condizentes com esse momento, o recorrente denomina sua peça recursal de agravo de

146. ALVIM, Teresa Arruda. **Os agravos no CPC de 2015**, p. 204.

147. SCARPARO, Eduardo. **As invalidades processuais civis na perspectiva do formalismo-valorativo**, p.130.

148. "5. No Direito Processual, a razoabilidade e a proporcionalidade consubstanciam o princípio da instrumentalidade das formas, consagrado no art. 283, caput e seu parágrafo único, do CPC/15. 6. A aplicação do princípio da fungibilidade pressupõe que, por erro justificado, a parte tenha se utilizado de recurso inadequado para impugnar a decisão recorrida e que, apesar disso, seja possível extrair de seu recurso a satisfação dos pressupostos recursais do recurso apropriado. 7. O equívoco da parte em denominar a peça de interposição recursal - recurso inominado, em vez de apelação - não é suficiente para o não conhecimento da irresignação se atendidos todos os pressupostos recursais do recurso adequado, como ocorreu na espécie." (STJ, REsp 1822640/SC, Rel. Ministra Nancy Andrighi, Terceira Turma, julgado em 12/11/2019, DJe 19/11/2019)

instrumento ou quando, com o mesmo conteúdo, mas questionando decisão interlocutória, nomina sua petição de recurso apelação.

Para todos os fins, é indiferente para o direito processual essa conduta, considerando não ser esse o âmbito de atuação dos aspectos formais existentes para emprego dos meios de impugnação ou de qualquer outra demanda. Dessa forma, é forçoso notar que, na esfera recursal, ainda que a jurisprudência reflita um apego assemelhado ao que se via no período das *legis per actiones*, o batismo atribuído à peça é fator desprezível para o princípio da fungibilidade, vez que não há qualquer irregularidade a ser constatada.[149]

Em outro extremo, seria possível encontrar pretensões impugnativas que buscam questionar decisão transitada em julgado, invocando qualquer dos fundamentos constantes do art. 966 do CPC. Com base no juízo de identificação, verifica-se que a parte nomina sua peça de ação rescisória, alega motivo rescisório, deduz pedido de rescisão, mas visa atacar decisão que não se enquadra em nenhuma das hipóteses de cabimento tratadas pelo CPC. Diante desse erro, percebe-se que não é autorizado pelo ordenamento jurídico a impugnação desse ato judicial, de modo que a consequência poderá resultar na modificação da causa de pedir, caso exista decisão a ser rescindida, mediante correção realizada pelo autor. Nesse caso, o equívoco cometido consistiu na indicação de decisão não sujeita à impugnação e, revelando-se possível o aproveitamento da pretensão mediante o ajuste no apontamento do ato rescindível, deve-se superar o juízo de admissibilidade para examinar-se o mérito da postulação. O equívoco poderia ter decorrido de dúvida objetiva ou de um descuido da parte ao indicar a decisão questionada, mas, independentemente da razão, sendo possível a correção, não parece haver justificativa técnica que a impeça.

Constata-se, ainda, a possibilidade de, exercido o juízo de identificação, perceber a incompatibilidade do fundamento veiculado para impugnar determinada decisão judicial em razão dos limites impostos pela legislação. Como

149. "O nome que se dê à medida – 'agravo interno', 'regimental', 'agravinho' – é irrelevante, pois a essência do 'agravo' interposto no âmbito interno do tribunal contra decisões isoladas de algum de seus membros é sempre a mesma: trata-se de mecanismo destinado a levar ao colegiado a decisão individualmente adotada. A diferença de nomes ('interno' e 'regimental') toma em conta um aspecto secundário: qualifica-se como 'regimental' o agravo que está expressamente previsto no regimento do tribunal, e como 'interno' aquele que se ampara em explícita previsão de lei ou na imposição constitucional de julgamento colegiado pelos tribunais." (TALAMINI, Eduardo. Decisões individualmente proferidas por integrantes dos tribunais: legitimidade e controle (agravo interno). In: **Aspectos polêmicos e atuais dos recursos cíveis de acordo com a Lei 10.352/2001**, coord. Nelson Nery Jr. e Tereza Arruda Alvim Wambier, São Paulo, RT, 2002, p. 184).

exemplo, vale pensar na situação em que, frente ao acórdão prolatado pelo tribunal local, interpõe-se recurso extraordinário, mas a ofensa alegada é apenas reflexa à Constituição por se tratar de violação à legislação infraconstitucional. O inverso também poderá ocorrer, ou seja, interposto o recurso especial e verificada que a ofensa do acórdão alegada é de ordem constitucional, o recorrente será intimado para demonstrar a repercussão geral do fundamento deduzido no recurso. Em ambas as hipóteses, o CPC prevê regras específicas (arts. 1.032 e 1.033) impondo o aproveitamento do recurso interposto, sendo o juízo de identificação determinante para levar à conclusão se a causa de pedir deduzida permite tratá-lo como extraordinário ou especial.

Esses variados exemplos demonstram a plêiade de erros que podem se manifestar nos variados meios de impugnação, nem sempre decorrentes de um cenário de dúvida objetiva. Muito embora não seja claro o âmbito de incidência da fungibilidade nessa seara, pois confundida com conversão, com saneamento ou, ainda, com "correção" de *nomen iuris*, o importante é compreender que o sistema processual oferece inúmeros mecanismos para correção de eventual inadequação de forma ou de conteúdo da postulação.

4.4.1. Dúvida objetiva, erro grosseiro e múltiplas formas de superação de formalismos

Como visto no tópico precedente, os erros cometidos no plano formal ou material no contexto dos meios de impugnação podem decorrer de fatores múltiplos. Embora seja frequente associá-los ao princípio da fungibilidade, boa parte deles sequer demandaria essa correlação, por ensejar mera adaptação procedimental ou, ainda, por significar um falso problema de equívoco. No entanto, é lícito reconhecer que os tribunais ainda se apegam aos requisitos historicamente concebidos para a fungibilidade, mesmo não sendo o caso de aplicá-los.[150]

---

150. "É firme a jurisprudência deste Superior Tribunal de Justiça no sentido de que o único recurso cabível da decisão de inadmissão do recurso especial é o agravo em recurso especial previsto no artigo 1.042 do Código de Processo Civil, sendo que a oposição de embargos de declaração dessa decisão é considerado erro grosseiro, o que impossibilita a aplicação do princípio da fungibilidade recursal, bem como não tem o condão de interromper o prazo para a interposição do recurso cabível" (STJ, AgRg nos EDcl no AREsp 1866941/PR, Rel. Ministro Reynaldo Soares da Fonseca, Quinta Turma, julgado em 10/08/2021, DJe 16/08/2021). "2. No caso, não há discordância sobre a necessidade de haver dúvida objetiva, inexistência de erro grosseiro, tempestividade e boa-fé para a incidência da fungibilidade recursal. 3. Para reconhecer o dissídio seria necessário alterar a premissa fática firmada pelo julgado recorrido de modo a concluir que, no caso, estavam presentes os requisitos para a aplicação do princípio da fungibilidade recursal. Essa providência

Um desses requisitos consiste na dúvida objetiva, entendida como decorrência de uma obscuridade ou indefinição contida na legislação e ainda não suprida por entendimento jurisprudencial ou doutrinário. Como se costuma defender com relação a tal requisito, ausente a dúvida objetiva, eventual interposição de recurso "incorreto" configuraria erro grosseiro, incapaz de ser corrigido. Frente a esse posicionamento, parece haver, especificamente para os meios de impugnação, a construção de argumentos dissociados de uma realidade mais abrangente, que permeia o direito processual civil, consistente no aproveitamento dos atos processuais e, na gama de fundamentos teóricos que revelam a irrelevância da dúvida objetiva como causa única de cometimento de erros formais e materiais.[151]

A reminiscência de que a fungibilidade representaria uma espécie de benesse ao impugnante, sendo-lhe tolhida oportunidade de correção se o erro for considerado grosseiro, já está há muito superada. O arcabouço principiológico mencionado no tópico anterior permite concluir, para o âmbito dos meios de impugnação, quanto à dúvida objetiva, o seguinte: (i) assegura-se que o Estado-juiz não deve se valer de defeitos de forma para negar a prestação jurisdicional; (ii) serve de defesa do jurisdicionado contra o arbítrio estatal para impedir que sua pretensão não seja examinada; (iii) suplanta a ideia de "adequação" como elemento essencial do interesse, fazendo prevalecer o conteúdo da postulação sobre a forma com que é apresentada; (iv) impede que, por falhas no sistema processual, decorrentes das imperfeições legais, seja o jurisdicionado surpreendido diante de alguma obscuridade ou lacuna, mesmo com consenso doutrinário e jurisprudencial para colmatá-las; e (v) é manifestação do direito fundamental à inafastabilidade, o que significa, sob mais esse aspecto, a impossibilidade de o Estado-juiz distanciar-se do seu mister pela justificativa de que havia algum vício formal.

Sob esse amplo viés, não limitado à denominada fungibilidade, a boa-fé deve ser vista como uma limitação estatal, a fim de impedir que o Estado-juiz

---

implicaria em rejulgamento do apelo especial, finalidade para a qual não se prestam os embargos de divergência." (STJ, AgRg nos EREsp 1322817/AM, Rel. Ministra Maria Thereza de Assis Moura, Corte Especial, julgado em 17/09/2014, DJe 24/09/2014)

151. Em sentido análogo, parece-nos correta a seguinte observação: "(...) não pode a parte ser prejudicada pela circunstância de doutrina e jurisprudência não terem chegado a um acordo quanto a qual seja o meio adequado para se atingir, no processo, determinado fim. Ora, afinal, se nem estudiosos do processo ou magistrados têm certeza a respeito de qual seja o caminho adequado em certas situações, a parte é que teria o dever de o saber?" (WAMBIER, Teresa Arruda Alvim. O óbvio que não se vê: a nova forma do princípio da fungibilidade. **Revista de Processo**, v. 31, n. 137, jul. 2006, p. 19).

se valha da lacunas ou obscuridades legais para inadmitir os pleitos formulados pelo jurisdicionado, pois, afinal, se eventual erro foi cometido, sua decorrência se deu justamente em virtude da insuficiência de um modelo legislado.[152] Por longo período, a boa-fé foi invocada exclusivamente em desfavor do jurisdicionado, colocando-lhe o dever de optar pelo menor prazo recursal quando surgisse a dúvida sobre qual das espécies deveria ser empregada, como forma de controlar a exteriorização de probidade de sua conduta. Todavia, essa exigência contrasta com a própria razão de ser da dúvida objetiva, justamente porque não faria sentido algum que o Estado valha-se dessas falhas legislativas para inadmitir meios de impugnação, especialmente no contexto em que o erro cometido, seja oriundo dessa dúvida, seja originário de causas atribuíveis apenas ao impugnante, possa ser superado.[153] Adicionalmente, não se deve ignorar que, além desses variados fundamentos, a marcante conotação dispositiva sobre o procedimento é mais um fator determinante para concluir pela desnecessidade de imposição de barreiras para as adaptações procedimentais necessárias de um meio de impugnação por outro.[154] Portanto, afirmar o erro grosseiro como impedimento para aplicação da fungibilidade ou de outro princípio de preservação dos atos processuais soa igualmente contraditório à luz dessas considerações.

Ainda que a dúvida objetiva não mais subsista frente à consolidação de entendimento jurisprudencial ou doutrinário quanto à espécie recursal a ser utilizada, eventual equívoco cometido pelo impugnante, passível de correção, não deverá importar inadmissibilidade.[155] Essas considerações são especialmente importantes aos meios de impugnação, pois, constatado o interesse em impugnar, eventuais discussões sobre o cabimento remetem à adequação, em sentido formal, cujo questionamento deverá girar em torno da possibilidade ou não de saneamento de alguma irregularidade formal ou material.

---

152. TEIXEIRA, Guilherme Freire de Barros. **Teoria do princípio da fungibilidade**, p. 248.

153. BEDAQUE, José Roberto dos Santos. **Efetividade do processo e técnica processual**, 3ª ed. São Paulo: Malheiros, 2010, p. 121-124.

154. YARHSELL, Flávio Luiz. **Tutela jurisdicional**, p. 199-202; AMENDOEIRA JR., Sidnei. **Fungibilidade de meios**, p. 140; CABRAL, Antonio do Passo. **Nulidades no processo civil moderno**, p. 61; MARÇAL, Felipe Barreto. Levando a fungibilidade recursal a sério: pelo fim da "dúvida objetiva", do "erro grosseiro" e da "má-fé" como requisitos para a aplicação da fungibilidade e por sua integração com o CPC/2015. **Revista de Processo**, v. 44, n. 292, jun. 2019, p. 207-208.

155. SOUZA, Bernardo Pimentel. **Introdução aos recursos cíveis e à ação rescisória**. 10. ed. São Paulo: Saraiva, 2014, p. 80.

4.4.2. Releitura da boa-fé para a fungibilidade e a integração do sistema de correção de erros nos variados meios de impugnação

Após essas ponderações, o realinhamento da fungibilidade como uma das variadas maneiras de correção de erros de forma ou de conteúdo dos atos processuais indica inexistirem razões para impedir sua aplicação a pretexto dos requisitos que lhe foram historicamente concebidos. Exigia-se do impugnante a exteriorização de boa-fé mediante a interposição de recurso no menor prazo previsto entre as espécies cogitadas diante da dúvida objetiva. Essa forma de encarar a fungibilidade mostrava-se cercada por viés autoritário do órgão julgador, por presumir suposta má-fé do recorrente caso não se valesse do menor prazo, além de utilizar da boa-fé como uma espécie de sanção em virtude de falhas legais do sistema processual, conquanto passíveis de superação, a revelar uma lógica perniciosa e subversiva do formalismo processual.

O modo atual de lidar com o erro de forma e de conteúdo revela a atuação da boa-fé de maneira distinta do originalmente pensado para a fungibilidade.[156] O abandono da perspectiva histórica com que se aplicava a boa-fé à fungibilidade mostra-se justificada por diversas razões: a unificação de grande parte dos prazos recursais torna irrelevante a realidade existente em legislações anteriores; a boa-fé objetiva deve ser presumida nos atos processuais das partes, descabendo ao órgão julgador criar ilações em sentido contrário se o sistema processual proporciona inúmeros mecanismos de correção ou superação dos variados erros de forma e de conteúdo; a dúvida objetiva, sendo apenas uma das causas de potencial erro, decorre de incertezas geradas pelo próprio Estado, não lhe sendo devido valer-se dessas lacunas para sancionar o jurisdicionado.

---

156. Em relevante julgado, o STJ assim se posicionou: "O que há, portanto, de solucionar a questão em discussão é a boa-fé processual da parte interessada, princípio que, aliás, está sendo ainda mais reforçado pelo Novo CPC, que o situa como norte na atuação de todos os sujeitos processuais em feitos cíveis, o que haverá de também incidir, conforme disposto no art. 3º do CPP, nos feitos criminais, *mutatis mutandis*. Ora, se o próprio CPP, como também o CPC/1973, permite a aceitação de um recurso por outro, como expressão do princípio da fungibilidade recursal - quando, por uma questão de interpretação, a parte interpõe um recurso por outro, ausente a má-fé -, deve-se considerar um ônus muito grande não permitir que a questão principal venha a ser analisada, por uma interpretação de que o prazo dos embargos de declaração opostos à decisão colegiada seria de dois dias e não de cinco, apenas porque a matéria teria surgido no bojo de um inquérito policial.(STJ, REsp 1.455.000-PR, Rel. originária Min. Maria Thereza de Assis Moura, Rel. para acórdão Min. Rogerio Schietti Cruz, julgado em 19/3/2015, DJe 9/4/2015).

Diante dessas considerações, é oportuno lembrar que, na quadra no CPC de 2015, não se deve conferir à fungibilidade tratamento diverso, especialmente quanto aos seus requisitos, daquele aplicável a outras formas de correção, especialmente quanto à liberdade e à instrumentalidade das formas.[157] Não se nega, todavia, a relevância exercida pela boa-fé, mas não como um elemento a ser demonstrado pelo impugnante de forma prévia à aplicação da fungibilidade, mas para servir de impedimento à parte que pretende, por meio dela, prejudicar seu adversário ou terceiros. A boa-fé deve incidir, nessas situações, para preservar a atuação ética no processo, sem que a negativa à fungibilidade figure como uma sanção, mas como a limitação ao abuso da flexibilização das formas.[158]

Sob a perspectiva mais ampla de fungibilidade, de conversao ou de qualquer outra forma de correção de vícios de forma, de lugar ou de conteúdo dos variados meios de impugnação, a admissão de uma espécie por outra, em realidade, deve pressupor a existência dos requisitos necessários para tanto, ou seja, a presença deles ou a possibilidade de preenchê-los regularmente para viabilizar a admissão da espécie cabível.[159] Os equívocos cometidos ao ensejo do exercício pretensão impugnativa devem encontrar substratos de correção, o que explica a valorização da vontade exteriorizada pelo impugnante nessas condições.[160] Vale dizer: independentemente da natureza do vício, sua prevalência ocorrerá apenas quando não existirem condições para sua superação, convalidação ou suprimento,[161] com supedâneo nos quais poderá ser aplicada a fungibilidade.

Nesse sentido, o arco histórico que colocou a fungibilidade distante de um contexto teórico de defesa à ampla correção dos vícios não mais resiste à dúvida objetiva como apenas uma das causas de erro cometido pelo impugnante e de boa-fé como princípio geral do sistema processual direcionado

---

157. SICA, Heitor Vitor Mendonça. **Comentários ao Código de Processo Civil: arts. 236 a 293**, vol. V, p. 288-289.

158. CORDEIRO, António Menezes. **Litigância de má-fé, abuso do direito de acção e culpa in agendo**, 3ª ed. Coimbra: Almedina, 2005. p. 75-76.

159. GRECO, Leonardo. Princípios de uma teoria geral dos recursos. In: BASTOS, Marcelo Lessa. AMORIM, Pierre Souto Maior Coutinho de. **Tributo a Afrânio Silva Jardim: escritos e estudos**, p. 346-347.

160. É esse o sentido em que se assenta a teoria do recurso indiferente sustentada no direito alemão: JAUERNIG, Othmar. HESS, Burkhard. **Manual de derecho procesal civil**, trad. Eduard Roig Molés (30ª edição do original). Madrid: Marcial Pons, 2015, p. 413.

161. SICA, Heitor Vitor Mendonça. **Comentários ao Código de Processo Civil: arts. 236 a 293**, vol. V, p. 278.

a impedir abusos e ilícitos, assim como dirigido ao órgão julgador. Desse modo, repita-se, com ampla base principiológica sedimentada em torno do aproveitamento dos atos processuais, a postura ainda hoje adotada pela jurisprudência para negar a aplicação da fungibilidade, com base na ausência de dúvida objetiva e na invocação de erro grosseiro, representa manifesta denegação de tutela jurisdicional, considerando que a inadmissibilidade deverá ocorrer somente quando a correção não se mostrar possível.

4.5. IMPUGNAÇÃO COLETIVA DE ATOS JUDICIAIS E AÇÕES AUTÔNOMAS DE IMPUGNAÇÃO REPETITIVAS

Ainda traçando novas fronteiras pelas quais passam os meios de impugnação, não se pode ignorar a propositura de demandas impugnativas coletivas, que visam controlar um ou um conjunto de atos judiciais, que repercutem na esfera jurídica de inúmeros sujeitos, causando-lhes prejuízos a partir de uma causa comum. O modelo de tutela coletiva reflete-se no campo impugnativo com base nessas premissas, na linha a seguir exposta. Intimamente ligada a essa perspectiva, acha-se, ainda, a aplicação de técnicas de tratamento de questões repetitivas às ações autônomas de impugnação. Se, por muito tempo, acostumou-se a ver que a reiteração de determinadas questões chegava aos tribunais pela via dos recursos, em razão da sua propensão mais numerosa, já se consegue afirmar que o mesmo quadro passou a se manifestar diante das ações autônomas de impugnação, em razão da sua intensa profusão, como já foi apontado neste estudo.

4.5.1. Impugnação coletiva de atos judiciais: a figura do *habeas corpus* coletivo

Conforme exposto no item 1.5.5.1., é da tradição brasileira o peso exercido pela praxe forense na construção e admissão de novas formas de impugnação. No presente caso não é diferente, pois é por força da prática observada no foro que se encontram os primeiros traços das impugnações às decisões judiciais com a finalidade de tutelar direitos coletivos violados pela atuação judicial.[162] Todo o exame feito até aqui levou em consideração

162. SOUSA FILHO, Ademar Borges de. O *habeas corpus* coletivo: uma proposta para o direito brasileiro a partir da experiência jurisprudencial latino-americana. **Revista brasileira de ciências criminais**, v. 25, n. 137, nov. 2017, p. 287-293. Vale a ressalva de que essa não é uma característica exclusiva da realidade brasileira. No direito norte-americano, a doutrina da *collateral review* também convive com *habeas class action*. Como ressalta William B. Rubenstein: "Habeas presents a system that overrides conventional preclusion

o cenário comum em que a parte se valia de algum meio de impugnação objetivando tutelar seus próprios interesses. No entanto, passa-se a demonstrar como a recente jurisprudência do STF e do STJ começou a admitir o emprego de meios de impugnação voltados à tutela coletiva e, a partir disso, os possíveis horizontes diante desse cenário.

Por ocasião do julgamento do HC n. 143.641-SP, o STF consolidou a possibilidade de impetração de *habeas corpus* coletivo, apresentando diversas justificativas de ordem processual e material. Anteriormente, tanto o STF quanto o STJ eram reticentes ao emprego do *mandamus* coletivo, sob os fundamentos de que seu manejo se reservava como garantia individual; havia a necessidade de declinar todas as autoridades coatoras e respectivos pacientes; e as hipóteses delimitadas de violação à liberdade de locomoção, o que impediria o exame em favor de pessoas indeterminadas, além da ausência de previsão legal autorizadora da tutela de direitos coletivos pela via *habeas corpus*, sendo certo que as impetrações realizadas até então, em sua larga maioria, eram inadmitidas.[163]

O citado julgado pode ser considerado paradigmático, pois não só reconheceu a possibilidade de promoção da tutela coletiva no contexto do direito processual penal, como também delineou aspectos relevantes para admissão da impugnação coletiva de atos judiciais partindo do *habeas corpus*. O caso julgado pelo STF versava sobre *mandamus* impetrado em favor de "todas as mulheres submetidas à prisão cautelar no sistema penitenciário nacional, que ostentem a condição de gestantes, de puérperas ou de mãe com crianças com até 12 anos de idade sob sua responsabilidade, e das próprias crianças.", com a finalidade de obter ordem para determinar a substituição da prisão preventiva pela domiciliar.

---

so as to permit federal courts to engage in limited collateral review of findings of effective assistance of counsel. The framework for the relitigation opportunity is constructed by a set of statutory and common law procedural rules. This Part attempts to sketch a similar system meant to override the presumed absence of conventional preclusion in class action law by limiting courts to partial collateral review of findings of adequate representation in class action cases." (Finality in class action litigation: lessons from habeas. **New York University Law Review**, vol. 82, n. 3, June 2007, p. 858-859.

163. STF, HC 143641, Relator(a): Ricardo Lewandowski, Dje de 20/02/2018; STF, HC nº 135.169/BA, Relator o Ministro Gilmar Mendes, DJe de 24/8/16; STF, HC nº 119.753/SP, Relator o Ministro Luiz Fux, DJe de 21/3/17; STF, RHC 31.124/PA, Rel. Ministra Maria Thereza de Assis Moura, Sexta Turma, julgado em 18/06/2012, DJe 29/06/2012; STF, AgRg no HC 269.265/SP, Rel. Ministra Maria Thereza de Assis Moura, Sexta Turma, julgado em 28/05/2013, DJe 10/06/2013; STF, AgRg no RHC 40.334/SP, Rel. Ministro Og Fernandes, Sexta Turma, julgado em 03/09/2013, DJe 16/09/2013; STF, AgRg no RHC 69.773/ES, Rel. Ministro Jorge Mussi, Quinta Turma, julgado em 16/03/2017, DJe 22/03/2017.

O relator, seguido pela maioria dos demais julgadores, registrou as seguintes diretrizes para admissão do *habeas corpus* coletivo: (a) a ofensa apontada deve ser recorrente para caracterização de uma coletividade afetada por sucessivas decisões judiciais; (b) a tutela coletiva promoveria o acesso à justiça de grupos mais vulneráveis; (c) a utilização de instrumentos com abrangência coletiva para impugnação de decisões judiciais já era uma realidade com a permissão para o uso da ADPF; (d) a impugnação via *habeas corpus* coletivo teria o condão de conferir isonomia aos sujeitos afetados de igual modo por decisões judiciais; e (e) a impugnação coletiva seria benéfica ao Poder Judiciário para evitar numerosos *habeas corpus* individuais. Afora esses fundamentos, o caso também continha o relevante debate em torno do chamado estado de coisas inconstitucional, reconhecido pelo STF em relação aos presídios brasileiros (ADPF 347), aplicável aos impetrantes como fundamento para justificar a prisão domiciliar.[164]

Outro aspecto de destaque diz respeito à ampla participação possibilitada por instrumentos destinados à tutela coletiva. No HC n. 143.641-SP, os debates em torno da legitimidade ativa para impetração levaram o relator a aceitar associações, institutos e defensorias como *amici curiae*, aportando-se aos autos manifestações multidisciplinares que demonstravam, por exemplo, os efeitos deletérios do cárcere para os menores. Quanto à legitimidade ativa, foi destacado que, por analogia, ter-se-ia de admitir a incidência do art. 12 da Lei 13.300/2016, que regula a legitimidade para o mandado de injunção coletivo. O voto do relator não faz alentada digressão sobre as razões que o levaram a utilizar esse parâmetro (e não o mandado de segurança coletivo, por exemplo), mas, segundo se depreende dos debates travados entre os ministros, fica evidente que a analogia se deu porque, anteriormente à lei de 2016, não havia previsão legal para o mandado de injunção coletivo, embora sua admissão ocorresse pela jurisprudência, o que coincide com a situação do *habeas corpus* coletivo.

Em meio a preceitos de política judiciária e técnico-processuais, destacam-se aqueles que serviram para caracterizar como coletivo o *habeas corpus*. O primeiro deles é reconhecer a repetição de decisões judiciais violadoras do bem jurídico tutelado pelo *mandamus*. Como afirmado no acórdão, há um quadro de repetitividade decorrente da massificação dos conflitos, espelhado, no referido caso, na situação comum em que se encontram os impetrantes. O segundo é assentar que o *habeas corpus* coletivo seria cabível para tutelar grupo de indivíduos determinável, em referência ao fato de que a tutela

164. STF, ADPF 347 MC, Relator(a): Marco Aurélio, Tribunal Pleno, julgado em 09/09/2015, DJe 19-02-2016.

coletiva dar-se-ia para proteção de interesses individuais homogêneos.[165] O terceiro é a preocupação com o tratamento isonômico concedido a todos os sujeitos que se encontrem na mesma situação jurídica violada, sendo certo que, a favor à admissão do *writ* coletivo ter-se-ia decisão que a todos aproveita, sem a necessidade de tantas impugnações individuais quantas sejam os lesados,[166] ao que se acrescentou a previsão legal permissiva para concessão da ordem de ofício (art. 654, §2º do CPP).

É relevante perceber que o caráter coletivo conferido à impugnação decorre de reiteradas decisões judiciais, proferidas em casos diversos, eivadas pelos mesmos vícios e, portanto, situando os lesados sob uma mesma moldura fática. Nesse sentido, é muito elucidativo o pano de fundo que levou à impetração do *Habeas Corpus* Coletivo n. 596.603, relatado pelo Min. Rogerio Schietti Cruz, no âmbito do STJ.

O *mandamus* veio acompanhando de consistente estudo estatístico para demonstrar o reiterado e sistemático descumprimento da jurisprudência do STJ e do STF pelo Tribunal de Justiça de São Paulo relativamente ao regime inicial fechado para cumprimento da pena de um ano e oito meses fixada nos crimes de tráfico privilegiado. Como pontuado pelo relator, "obviamente, divergências de entendimento existem e continuarão a existir – máxime em um tribunal com movimentação de centenas de milhares de processos anuais – mas não por uma deliberada intenção de não acatar a interpretação alcançada, de modo reiterado e pela composição plena da mais alta Corte do país, sobre determinada questão jurídica."

Frente a isso, pode-se concluir que a configuração de uma coletividade a ser protegida se estabelece (i) a partir de atos jurisdicionais reiterados e sucessivos, contaminados pelos mesmos vícios, ao que se soma um permanente estado de violação ao direito de liberdade;[167] ou (ii) ato judicial cujos

165. STF, HC 172136, Relator(a): Celso de Mello, Segunda Turma, julgado em 10/10/2020, DJe 01-12-2020.

166. CHEQUER, Lília Nassara Miranda. ***Habeas corpus* coletivo**. Belo Horizonte: Editora D'Plácido, 2014, p. 18.

167. "Por esse raciocínio, diante da inexistência ou insuficiência de procedimento idôneo a tutelar determinado direito material, o juiz deve extrair das regras processuais existentes a sua máxima potencialidade, a fim de permitir a proteção mais adequada possível. Assim, para cada tipo de violação ao direito à liberdade ambulatorial, deve corresponder uma tutela jurisdicional adequada. Daí porque se pode afirmar que o instrumento processual do *habeas corpus* deve ter amplitude correspondente às situações de ofensa ou de ameaça à liberdade de ir e vir sobre as quais pretende incidir. Se a ofensa à liberdade for meramente individual, a impetração de *habeas corpus* individual será suficiente. No entanto, para ofensas ao direito de locomoção que apresentarem perfil coletivo, o

efeitos repercutam coletivamente. A "massificação dos conflitos", expressão muitas vezes utilizadas nos julgados que admitem o *habeas corpus* coletivo,[168] nada mais sugere do que a sistemática repetição de situações jurídicas, algo absolutamente comum no processo civil, mas com a marca especial de se tratar de repetitividade de ato judicial lesivo.[169] O *writ* busca tutelar coletividade determinável, classificada pela legislação como hipótese de direitos individuais homogêneos,[170] evitando que cada um dos sujeitos dela integrante tenha de promover impetrações individuais. Por conseguinte, a ordem concedida poderá desconstituir todos os atos judiciais praticados pelas autoridades coatoras sujeitas ao controle do *mandamus* coletivo e impor medidas uniformes a todos os pacientes,[171] além de servir a casos futuros.

4.5.2. Outras vias para a tutela coletiva impugnativa

O cenário até aqui traçado evidencia a vanguarda das ações autônomas, tendo como espelho os avanços percebidos em torno do *writ* ora examinado. A produção jurisprudencial narrada confirma a existência de mais um capítulo no consagrado histórico da doutrina brasileira do *habeas corpus*, sendo certo que, agora, há contornos ainda mais complexos no sistema jurídico brasileiro, aparelhado para lidar com questões repetitivas ou impugnação

---

ajuizamento de habeas corpus coletivo é a providência que mais realiza o direito à efetiva tutela jurisdicional." (SARMENTO, Daniel. O cabimento do *habeas corpus* coletivo na ordem constitucional brasileira. In: **Direitos, Democracia e República: escritos de Direito Constitucional**. Belo Horizonte: Fórum, 2018, p. 298).

168. STJ, HC 575.495/MG, Rel. Ministro Sebastião Reis Júnior, Sexta Turma, julgado em 02/06/2020, DJe 08/06/2020.

169. A constatação de que a massificação dos conflitos chegou à seara do processo penal também se refletiu na doutrina. Como salientado por Eduardo Souza Dantas, "a preocupação e a necessidade de tutela coletiva de direitos existe não apenas no processo civil, mas também no penal", pois as lesões ocasionadas por decisões judiciais atingem expressivo número de sujeitos (*Habeas Corpus* coletivo: cabimento e discussões sobre legitimidade. In: ***Habeas corpus* no Supremo Tribunal Federal**, Gustavo Mascarenhas Lacerda Pedrina [et. al.] (orgs.). São Paulo: Editora Revista dos Tribunais, 2019, p. 89).

170. Daniel Sarmento, a esse respeito, precisamente pondera: "Ora, as mesmas razões que embasam a estratégia do ordenamento processual civil de coletivização da proteção de direitos individuais também se fazem presentes na esfera penal, especialmente em relação à tutela da liberdade ambulatorial." (O cabimento do *Habeas Corpus* Coletivo na ordem constitucional brasileira. In: **Direitos, Democracia e República – Escritos de Direito Constitucional**. Belo Horizonte: Fórum, 2018, p. 289).

171. STF, RE 855810 AgR, Relator(a): Dias Toffolli, Segunda Turma, julgado em 28/08/2018, DJe 17-10-2018.

coletiva também por outros instrumentos.[172] Contudo, ao menos no âmbito do processo civil, essa realidade não é nova. A criação de mecanismos como a repercussão geral, o regime dos recursos especial e extraordinário repetitivos, o incidente de resolução de demandas repetitivas leva à reflexão de qual seria o espaço ocupado pelas impugnações coletivas[173] e quais as suas especificidades.

Além disso, nem só o *habeas corpus* pode despontar como demanda impugnativa coletiva. Afora a ADPF contra ato judicial, que poderá ter por objeto diversas decisões, o exemplo da ação rescisória para desconstituir as decisões de mérito proferidas em processos coletivos é alvo de atenção antes mesmo do quadro narrado no tópico anterior. Conquanto não esteja em vigor dispositivo legal específico, não se pode ignorar a iniciativa contida no anteprojeto de Código de Processo Civil Coletivo, que previu expressamente, no art. 23, a ação rescisória coletiva.[174] Independentemente disso, é relevante destacar que, atualmente, a ação rescisória poderá ter viés coletivo a depender da pretensão nela deduzida e de quem seja seu autor.[175]

---

172. Em estudo empírico, restou demonstrado que, aproximadamente 50% dos *habeas corpus* impetrados perante o Supremo Tribunal Federal versavam sobre temas consolidados na jurisprudência desse tribunal (VASCONCELLOS, Vinicius Gomes de. PEDRINA, Gustavo Mascarenhas Lacerda. DUARTE, Áquila Magalhães. SALLES, Caio Facco. *Habeas corpus* concedidos pelo Supremo Tribunal Federal em 2018: pesquisa empírica e dados estatísticos. In: ***Habeas corpus* no Supremo Tribunal Federal**, Gustavo Mascarenhas Lacerda Pedrina [et. al.] (orgs.). São Paulo: Editora Revista dos Tribunais, 2019, p. 155-181).

173. Nos debates travados por ocasião do julgamento de mérito do HC n. 143.641-SP, o relator tangenciou essa discussão da seguinte forma: "De certa maneira, Vossa Excelência está propondo - e, para mim, com o máximo de acerto - que sigamos a trilha aberta também, com uma construção sistemática, no que diz respeito aos REs com repercussão geral. O que nós fazemos? Colhemos um determinado caso e damos a ele repercussão geral. Portanto, não importa muito se são um, dois, três, quatro, cinco casos. A verdade é que o STJ, repetitivamente, tem denegado esses casos, quase que sistematicamente (...) Nós estamos diante de um comportamento que se repete e que pode ser, de certa maneira, tomado como paradigmático, por nós aqui nessa Suprema Corte."

174. "Art. 23. Ação rescisória coletiva. A sentença coletiva de mérito com força de coisa julgada (vide art. 18) poderá ser rescindida através da ação autônoma proposta por um dos legitimados coletivos (vide art. 2) quando: I - Devido à dimensão, natureza ou característica do ilícito ou do dano, não foi possível, no momento da decisão ou do acordo, uma análise da sua adequação ou das suas consequências; II – Devido à complexidade das questões, não foi possível uma análise adequada do material probatório produzido ou dos argumentos jurídicos suscitados na ação coletiva; III – A decisão ou o acordo, nas relações continuativas, mostrarem-se manifestamente inadequadas com o passar do tempo; IV – Ocorrer uma das hipóteses previstas na lei processual"

175. NEVES, Daniel Amorim Assumpção. **Manual de processo coletivo**, 3ª ed. Salvador: Juspodivm, 2016, p. 524 e 525.

É possível que não se caracterize como uma demanda coletiva quando, por exemplo, seu objeto se limitar ao reconhecimento de incompetência absoluta pelo particular que figurou como réu na demanda originária. De outro lado, poderá ser coletiva, por exemplo, quando associação de consumidores, discordante da improcedência obtida em ação civil pública proposta pelo Ministério Público, alega violação a alguma norma jurídica contida no Código de Defesa do Consumidor.[176]

Feito esse registro, considerando a plêiade de mecanismos existentes para lidar com casos repetitivos, algumas considerações devem ser feitas para definir o espaço da impugnação coletiva. Adotado o exemplo do *habeas corpus* coletivo, verifica-se um primeiro fator de distinção, atinente à inexistência de um modelo baseado em causa-piloto. A essência dos mecanismos de tratamento de questões repetitivas está diretamente ligada ao julgamento de um ou alguns casos eleitos como paradigmas da controvérsia e a consequente dispersão da decisão para todos os demais casos que aguardavam tal julgamento, que permaneceram até então sobrestados. Estruturalmente, o CPC elege a causa-piloto (ou se contenta com a causa-modelo, na hipótese de desistência pela parte), que poderá ser uma demanda individual ou coletiva, como técnica para tratar a repetitividade de questões com a reprodução decisória em tantos quantos forem os casos coincidentes mediante a criação de precedentes vinculantes.

De outro lado, a impugnação coletiva, na maioria dos casos, destina-se a desfazer atos judiciais.[177] Não se pode negar o ineditismo no manejo de demandas coletivas contra atos judiciais, o que, em boa medida, acaba por confirmar as premissas assentadas no item 2.4. *supra* ao se identificar a pretensão impugnativa decorrente do fundamento material do poder impugnar atos jurídicos. Outro aspecto a ser destacado é a possibilidade de que a demanda impugnativa coletiva tenha por objeto matéria exclusivamente processual.[178] A possibilidade de emprego do *habeas corpus* coletivo pode vir amparada, por exemplo, em algum *error in procedendo*, fazendo com que o fundamento da violação a direitos coletivos esteja radicado, por hipótese, numa nulidade processual.

A recente experiência de admissão do *habeas corpus* coletivo desperta, ainda, outros dois pontos de reflexão.

---

176. Sustenta-se ser essa uma modalidade de "ação duplamente coletiva" (BARBUGIANI, Luiz Henrique Sormani. **Ações coletivas passivas**. São Paulo: Tirant Lo Blanch, 2019, p. 71).
177. DIDIER JR., Fredie. CUNHA, Leonardo Carneiro da. **Curso de direito processual civil**, vol. 3, p. 682-686.
178. STJ, HC 583.967/SP, Rel. Ministro Reynaldo Soares da Fonseca, Quinta Turma, julgado em 27/10/2020, DJe 03/11/2020.

O primeiro deles diz respeito à existência de um conjunto de sujeitos que indicam a necessidade de proteção a direitos individuais homogêneos e, por essa razão, além da tutela coletiva, a eventual repetição de ações autônomas daria ensejo à utilização do incidente de resolução de demandas repetitivas. Significa dizer que, se o legitimado coletivo, por qualquer razão, deixar de propor a ação autônoma coletiva, o IRDR servirá para contornar a repetitividade de demandas impugnativas que vierem a surgir. Evidentemente, não se pretende equiparação entre a tutela coletiva e o incidente, especialmente porque, no segundo, a limitação à definição da tese não terá o condão de trazer os mesmos resultados decorrentes da procedência do pedido coletivo, com coisa julgada *erga omnes*.

O segundo se refere à possibilidade de que outras ações autônomas também sejam coletivas.[179] A premissa aceita pelos tribunais superiores para admissão do *habeas corpus* coletivo assenta-se em um conjunto de atos judiciais reiterados que violam sistematicamente o bem jurídico protegido por esse *mandamus*. O diagnóstico de que a reprodução dessas decisões gera repercussão coletiva leva à conclusão de que outros meios de impugnação seriam igualmente idôneos à proteção dos direitos individuais homogêneos.[180] Em outro sentido, a tutela coletiva seria viável se o ato judicial produzir efeitos a um número determinável ou indeterminável de sujeitos.

Imagine-se que determinado tribunal local passa a afrontar copiosamente a súmula vinculante n. 41 do Supremo Tribunal Federal ao reconhecer a possibilidade de o serviço de iluminação pública ser remunerado por taxa. Os munícipes, lesados pela postura ilegal da Administração Pública, passam a ajuizar demandas para invalidação da exação. A despeito de procedentes essas demandas em primeiro grau, em sede de apelação o mencionado tribunal de justiça passa a reconhecer a validade da cobrança, mesmo que contrariamente à súmula vinculante citada. O resultado normalmente esperado em quadro fático como esse é a proliferação de reclamações perante o Supremo Tribunal Federal para fazer valer o enunciando n. 41 de súmula vinculante.

---

179. Esse é o foco da pesquisa desenvolvida por Arthur Mendes Lobo relativamente à reclamação, mas dedicada ao manejo dessa medida contra atos administrativos (**Reclamação constitucional ao Supremo Tribunal Federal: proteção de interesses coletivos**. Curitiba: Juruá, 2015, p. 210-214). A Reclamação 36.819/RS, apesar de inadmitida pelo relator, tinha por objeto a tutela coletiva dos interesses "todos aqueles presos após julgamento em segunda instância sem a devida fundamentação da decisão e aqueles obrigados a pagar pena de multa antes do trânsito em julgado da condenação em razão da aplicação da súmula 122 do e. TRF4."

180. Esse foi o pano de fundo discutido na Reclamação 4.335 ajuizada perante o STF.

Outra solução possível é reconhecer a possibilidade de impugnação coletiva dessas decisões mediante reclamação, a ser subsidiada com a disciplina do mandado de segurança coletivo.

As considerações feitas no presente tópico procuraram evidenciar as profundas transformações que estão ocorrendo nos meios de impugnação. É relevante passar a dar atenção maior para o fenômeno da impugnação coletiva dos atos judiciais, bem como suas repercussões, a fim e acomodá-la como mais uma modalidade de tratamento de questões repetitivas ou, ainda, como mecanismo para proteção de interesses coletivos violados pela atuação do juiz.

4.5.3. Ações autônomas de impugnação repetitivas

A técnica específica para lidar com ações autônomas repetitivas é desempenhada pelo IRDR (art. 978, parágrafo único do CPC). O incidente tem a aptidão de generalizar a solução de qualquer questão de direito cuja reiteração se configure, independentemente do veículo pelo qual seja identificada perante o tribunal.[181] Por isso, não deve causar maior estranheza se houver repetição de questões de direito a partir de um conjunto de ações autônomas, motivo pelo qual tal técnica servirá para definição da interpretação a ser dada. Como exemplo, convém destacar a instauração de incidentes diante de ações rescisórias repetitivas.

O Tribunal Regional do Trabalho da 3ª Região, afetou para exame a questão de direito (tema 9) que versa sobre a possibilidade de desconstituição das decisões transitadas em julgado previamente ao julgamento, pelo STF, da ADPF 324 e no RE 958.252 (art. 525, §§ 12 e 15 do CPC). O pano de fundo consiste em saber se é admissível a rescisão de decisões acobertadas pela coisa julgada material relativamente ao reconhecimento da constitucionalidade da terceirização de todas as etapas do processo produtivo, incluída a atividade-fim. O Supremo definiu a tese de que a terceirização é lícita, independentemente do objeto social das empresas envolvidas, mantida a

---

181. A discussão em torno da pendência de processo perante o tribunal como requisito de admissibilidade do IRDR, polarizada por aqueles que a entendem necessária (CABRAL, Antonio do Passo. Comentários ao art. 978. In: **Comentários ao novo Código de Processo Civil**, coord. Antonio do Passo Cabral, Ronado Cramer. Rio de Janeiro: Forense, 2015, p. 1.426; CAVALCANTI, Marcos de Araújo. **Incidente de resolução de demandas repetitivas (IRDR)**. São Paulo: Editora Revista dos Tribunais, 2016, p. 225) e por aqueles que a entendem dispensável (TEMER, Sofia. **Incidente de resolução de demandas repetitivas.** Salvador: Juspodivm, 2016, p. 104), parece se mitigar consideravelmente diante das ações autônomas em razão da competência originária.

responsabilidade subsidiária da empresa contratante, sem que tenha havido expressa modulação de efeitos.

O tribunal fundamenta que o incidente se faz necessário para uniformizar a sua jurisprudência, tendo em vista entendimentos dissonantes sobre a admissão da ação rescisória nesse contexto. Isso porque determinadas turmas julgadoras acolhem a posição da SDI-2 do Tribunal Superior do Trabalho, no sentido de julgarem procedentes as ações rescisórias propostas para impugnar decisões transitadas em julgamento previamente à decisão do STF, enquanto outras turmas julgadoras alinham-se em sentido contrário, julgando improcedentes as ações rescisórias.[182]

É particularmente relevante a utilização do IRDR nesse contexto, tendo em vista a sensibilidade da matéria, por envolver desconstituição de decisões revestidas pela coisa julgada material em tema de grande repercussão social e jurídica. Se a uniformização de jurisprudência obtida com o incidente procura preservar a segurança jurídica e a isonomia mediante aplicação de entendimento uníssono, com maior razão esses princípios devem prevalecer diante de contexto em que a segurança jurídica já é relativizada pela própria ação rescisória e tanto o mais diante de entendimentos dissonantes, em admitir ou não a rescisão, inerente à falta de tratamento isonômico.

Outro exemplo consiste no IRDR instaurado pelo Tribunal de Justiça de São Paulo (tema 41), em que inúmeras ações rescisórias foram ajuizadas pelo Município de Ribeirão Preto, em razão do reconhecimento de inconstitucionalidade das Leis Complementares n. 408/94 e 1.439/03 e, por arrastamento, o art. 15 da Lei Complementar n. 361/94, todas daquele município, em razão da incompatibilidade do denominado "prêmio incentivo" com a Constituição do Estado de São Paulo.[183] Tratava-se de benesse concedida ao funcionalismo público como forma de dissimular aumento de remuneração do servidor.

---

182. Em trecho do voto do relator no acórdão de admissibilidade, consta a seguinte passagem: "O presente Incidente de Resolução de Demandas Repetitivas, também, não implica na modulação dos efeitos e do alcance do julgamento proferido pelo Excelso STF, sendo que o objeto da medida, neste feito, cinge-se à discussão referente à soberania ou não da coisa julgada e do princípio da segurança jurídica, nos estritos casos em que o trânsito em julgado da decisão rescindenda foi anterior à data de 10.09.2018, quando publicada a Ata do julgamento da ADPF nº 324 e RE nº 958.252. Situação que, como realçado, é objeto de dissenso nos julgamentos proferidos pela Segunda Seção Especializada de Dissídios Individuais do TRT da 3ª Região"

183. TJSP; Direta de Inconstitucionalidade 2095312-76.2017.8.26.0000; Relator (a): Renato Sartorelli; Órgão Julgador: Órgão Especial; Tribunal de Justiça de São Paulo - N/A; Data do Julgamento: 13/09/2017; Data de Registro: 14/09/2017

O objeto das ações rescisórias consistia na desconstituição das decisões transitadas em julgado a favor dos servidores que tiveram reconhecido o direito ao recebimento do referido acréscimo de vencimento, bem como o reconhecimento de improcedência do pedido por ele formulado. A divergência existente perante o tribunal estadual decorre de entendimentos variados sobre a admissibilidade da ação rescisória diante do quadro apresentado, pois (i) havia julgados inadmitindo a ação autônoma, ao fundamento de que o art. 535, §§ 5º e 8º do CPC incidiam apenas quando a inconstitucionalidade fosse reconhecida pelo STF; (ii) algumas decisões reconheciam a ausência de interesse de agir, porquanto a cessação do pagamento da verba ocorre automaticamente com a inconstitucionalidade pronunciada pelo tribunal, (iii) outras decisões julgavam procedente o pedido rescindente e rescisório; e (iv) havia parcela de decisões que inadmitiam a ação rescisória invocando a súmula 343 do STF.

Em virtude dessa manifesta divergência, o objetivo do IRDR era definir o cabimento ou não de ação rescisória em razão da decisão de inconstitucionalidade dos diplomas legais aludidos proferida pelo Tribunal de Justiça de São Paulo. Busca-se interpretar o disposto nos artigos 525, §§ 12 e 15 e 535, §§ 5º e 8º, todos do CPC, para saber se a previsão neles contida abrange tribunais outros que não apenas o STF. No julgamento de mérito, a corte paulista se pronunciou negativamente, ou seja, entendeu que os aludidos dispositivos legais somente autorizariam ação rescisória quando o pronunciamento de inconstitucionalidade for exclusivamente do STF.[184] Parece-nos criticável esse entendimento, porquanto nega o princípio da simetria especialmente quando o controle de constitucionalidade ocorrer entre lei municipal e Constituição estadual. A decisão se pautou por interpretação literal e restritiva, olvidando o modelo federativo existente no país e o modelo de controle de constitucionalidade possível para os tribunais locais. Reflexamente, institui, ainda, uma situação contrária à isonomia, porquanto atribui à inconstitucionalidade pronunciada pelo STF a possibilidade utilização da ação rescisória, enquanto afasta o emprego desse meio de impugnação se a inconstitucionalidade decorrer da desconformidade com a Constituição estadual. Em outros termos, o uso da ação rescisória não dependerá da existência ou não de uma inconstitucionalidade, mas da natureza desta.

À luz desses exemplos, dois pontos merecem destaque. Como já se ressaltou neste estudo, verifica-se, ao longo do tempo, profusão no emprego

184. Eis a tese definida: "Arts. 525, § 1º, III, e §§ 12 e 15, e 535, III, §§ 5º e 8º, do Código de Processo Civil, tem aplicação limitada às decisões exaradas pelo C. Supremo Tribunal Federal, não abarcando o controle de constitucionalidade em âmbito estadual"

das ações autônomas de impugnação, motivo pelo qual não será incomum ver, além de ações rescisórias repetitivas, outras modalidades em razão do uso frequente. Além disso, é relevante destacar que, apesar de acostumados à técnica dos recursos extraordinário e especial repetitivos, não há óbice para os tribunais superiores lançarem mão do IRDR se constatada a repetitividade de questões de direito derivadas de ações autônomas, o que permitira a aplicação do incidente, por exemplo, diante de mandados de segurança, reclamações e *habeas corpus*.[185]

4.6. CONCLUSÃO PARCIAL: CONVIVÊNCIA E INTERAÇÃO ENTRE MEIOS DE IMPUGNAÇÃO E A COMPLEXIDADE DO CONTROLE DOS ATOS JUDICIAIS

O presente capítulo procurou demonstrar que as bases teóricas comuns e o amplo relacionamento entre meios de impugnação permitem observar a complexidade existente no controle dos atos processuais. A partir das observações feitas nos itens anteriores, pode-se extrair as seguintes conclusões:

1. Os chamados sucedâneos recursais nunca gozaram de grande atenção por parte da doutrina processual, sendo esse um critério classificatório geral e sem uniformidade em torno de institutos que não se confundiam com recursos. No entanto, demonstrou-se a necessidade de abandono do termo para observar a existência e o funcionamento de um sistema de controle, composto por variados institutos, do qual fazem parte os meios de impugnação. De outro lado, os chamados sucedâneos recursais passaram a ter tratamento específico pela jurisprudência, como significado de inadmissibilidade, suscitando-se uma espécie de ocupação de espaço os recursos. A partir disso, viu-se, ainda, que o termo "sucedâneo recursal" tem sido usado por tribunais superiores para, indevidamente, generalizar o pré-questionamento aos variados meios de impugnação.

---

185. O entendimento acerca da competência para instauração do IRDR em tribunal superior, que reuniu divergências (em sentidos opostos: DIDIER JR., Fredie. CUNHA, Leonardo Carneiro da. **Curso de direito processual civil**, v. 3, p. 740-741; CAVALCANTI, Marcos de Araújo. **Incidente de resolução de demandas repetitivas (IRDR)**. São Paulo: Editora Revista dos Tribunais, 2016, p. 261), passou a ser encampado pelo STJ para abarcar as ações autônomas de impugnação, como se verifica no seguinte: "2. A instauração de incidente de resolução de demandas repetitivas diretamente no Superior Tribunal de Justiça é cabível apenas nos casos de competência recursal ordinária e de competência originária e desde que preenchidos os requisitos do art. 976 do CPC." (AgInt na Pet 11.838/MS, Rel. Ministra Laurita Vaz, Rel. p/ Acórdão Ministro João Otávio de Noronha, Corte Especial, julgado em 07/08/2019, DJe 10/09/2019).

2. Com base nessa ampla convivência entre meios de impugnação, inúmeros aspectos ignorados pela teoria geral dos recursos tornam-se evidentes, revelando a complexidade existente no controle dos atos judiciais. Pode-se dizer, assim, que esse relacionamento contribui para explicar a insuficiência de dogmas dessa teoria, por ignorar fenômenos cotidianos como a impugnação coletiva de atos judiciais e a multiplicidade de ataques ao mesmo ato judicial.

3. Finalmente, na linha do que foi proposto nos capítulos anteriores, se existe a possibilidade de formulação de uma teoria geral dos meios de impugnação a partir dos subsídios apresentados no curso deste trabalho, não menos importante seria pensá-la com base nessa perspectiva dinâmica e interativa, a fim de que a complexidade verificada na impugnação dos atos judiciais não seja ignorada.

Capítulo 5

REDIMENSIONAMENTO DA RELAÇÃO ENTRE MEIOS DE IMPUGNAÇÃO E TRÂNSITO EM JULGADO

> "Em alguns países sob a forma de recursos, em outros sob forma de ação. Mesmo nos países em que, sob forma de ação autônoma, a chamada ação rescisória ou a ação revisão, como se diz em alguns códigos, ela se apresenta como um misto de ação e de recurso.
>
> Na tradição do direito brasileiro a ação rescisória sempre assim se apresentou: como ação que se revestia de uns tantos aspectos processuais de recurso."
>
> (Moacyr Lobo da Costa, Reflexões críticas sobre a ação rescisória, Revista de Processo, v. 10, n. 39, jul./set. 1985, p. 164).

No presente capítulo serão examinados desdobramentos de conclusões anteriores e, especialmente, apresentadas perspectivas na relação entre meio de impugnação e trânsito em julgado no sistema processual civil brasileiro, em razão das tensões entre o chamado interesse público na solução de questões repetitivas e o interesse particular no controle das decisões judiciais.

Procura-se demonstrar as repercussões possíveis de um modelo em que, de um lado, há gradativa e considerável limitação de impugnação das decisões judiciais por determinados recursos e, de outro, paulatina amplitude do questionamento das decisões transitadas em julgado, especificamente a ação rescisória. Os caminhos percorridos revelam alguns paradoxos, a seguir explorados, não menos relevantes em contexto de amplo relacionamento entre esses meios de impugnação, notadamente quanto à utilidade proporcionada à parte para remover os prejuízos causados por decisões judiciais.

5.1. LIMITAÇÕES IMPUGNATIVAS E TRÂNSITO EM JULGADO

O tema das limitações impugnativas já foi abordado neste estudo para destacar a técnica legislativa de restringir o ataque formulado ao ato jurídico. Agora, retoma-se o assunto para enfrentá-lo de acordo com as especificidades existentes no controle de decisões judiciais no processo civil. Essa análise requer algumas premissas úteis para o desenvolvimento de outras ideias que se seguirão nos tópicos subsequentes, com especial atenção às transformações acima referidas.

Embora esse exame esteja restrito ao processo civil, as limitações impugnativas possuem direta e ampla ligação com a ideia de erro (outro assunto analisado especificamente no capítulo 1) e com a admissão de que os atos estatais devem se consolidar, ainda que eivados de algum vício.[1] Tal associação se deve, historicamente, à teoria de previsão de falhas (*Fehlerkalkül)* desenvolvida por Adolf Merkl, por meio da qual concebeu a possibilidade de admitir a higidez dos atos estatais, ainda que contrários ao ordenamento jurídico.[2] O teórico austríaco ponderou que a existência de mecanismos de controle desses atos revelaria o esforço para eliminar eventuais vícios que lhes fulminem, restando juridicamente admissível (e válido) o ato se ultrapassados os limites temporais para esse controle.[3] Reconhece-se, assim, que o ato emanado por alguma autoridade estatal consolidar-se-ia se esses mecanismos de controle não fossem empregados ou, se utilizados, não sobreviesse alteração.[4]

Tais noções são determinantes para explicar a razão pela qual a impugnação dos atos judiciais encontra limites sob variados aspectos, com o objetivo de obter a estabilidade e a eliminação da controvérsia.[5] Isso revela, ainda, outro dado de grande importância: se, por um lado, a decisão judicial ganha contornos de validade e de estabilidade por resistir às impugnações que lhe

1. BURGELIN, Jean-François. L'erreur judiciaire. In: **La procedure en tous ses états. Mélanges en l'honneur de Jean Buffet**, p. 91-93; BUSSY, Florence. L'erreur judiciaire. **Recueil Dalloz**, 2005, n. 6, p. 2.554-2.555; VALICOURT, Eliane. **L'erreur judiciaire**, p. 182-184; SOUZA, Miguel Teixeira de. **Estudos sobre o novo processo civil**, p. 408-409; PINTO, Rui. **Manual do recurso civil**, vol. 1, p. 14-39; BONA, Carlo. **Sentenza imperfette. Gli errori cognitivi nei giudizi civili**, p. 23-26.
2. Erro judicial e verdade jurídica. In: SILVA, Matheus Pelegrino, da (org. e trad.) **Adolf Julius Merkl. Escritos e teoria do direito**, p. 208-221.
3. Erro judicial e verdade jurídica. In: SILVA, Matheus Pelegrino, da (org. e trad.) **Adolf Julius Merkl. Escritos e teoria do direito**, p. 215).
4. GOTTWALD, Peter. **Die Revisioninstanz als Tatsacheninstanz**. Berlin: Duncker und Humblot, 1975, p. 180-183; SANTANGELI, Fabio. **L'interpretazione della sentenza civile**. Milano: Giuffrè, 1996, p. 44-48.
5. DINAMARCO, Cândido Rangel. **A instrumentalidade do processo**, p. 108-109; ÁVILA, Humberto. **Segurança jurídica: entre permanência, mudança e realização no Direito Tributário**, p. 654-655; SINAI, Yuval. Reconsidering *res judicata*: a comparative perspective. **Duke Journal of Comparative Law**, vol. 21, n. 2, 2011, p. 355-356.

são dirigidas; por outro, caberá ao legislador estabelecer os limites com que esses questionamentos devem ser formulados. As limitações impugnativas, portanto, decorrem das fronteiras determinadas pelo ordenamento jurídico, assim como os vícios que subsistirão ou não ao tempo.[6] Nesse ponto, a busca pela eliminação do conflito e pela estabilidade das relações sociais ganham espaço frente à interminável (e, talvez, impossível) superação de defeitos da atividade judicial.[7] Evidentemente, a intensidade com que se busca equilibrar esses valores é feita pela análise do sistema impugnativo, da forma com que os meios de controle são estruturados.[8]

Assim, as limitações impugnativas podem ser estabelecidas de variadas maneiras, considerando os aspectos que criam essas restrições.[9] Como já foi aventado neste estudo, há meios de impugnação de amplo espectro

---

6. DEGUERGUE, Maryse. Le double degré de juridiction. In: **L'actualité juridique. Droit administratif**. Paris: Dalloz, 2006, p. 1.309-1.312; BOWETT, D.W. *Res judicata* and the limits of rectification of decisions by international tribunals. **African Journal of International and Comparative Law**, vol. 8, n. 3, 1996, p. 580.
7. SOUZA, Miguel Teixeira de. **Estudos sobre o novo processo civil**, p. 370; ALEXANDRE, Isabel. **Modificação do caso julgado material civil por alteração das circunstâncias**, p. 52-61. Sobre o esforço feito pelo sistema jurídico para evitar o questionamento das decisões transitadas em julgado, mesmo que possam conter algum erro, v. GOMETZ, Giannmarco. **La certeza giuridica come prevedibilità**. Torino: Giappichelli, 2005, p. 96-97.
8. HÉRON, Jacques. LE BARS, Thierry. **Droit judiciaire privé**, p. 541-542.
9. Essa técnica de preservação, que perpassa pelo tema das limitações impugnativas, pode se apresentar de modo variado conforme o regime jurídico ao qual estiver submetido o ato jurídico e remete à teoria do erro, igualmente referenciada neste estudo (SILVA, Paula Costa e. **Acto e processo: o dogma da irrelevância da vontade na interpretação e nos vícios do acto postulativo**, p.75-76 e 527-529; BONA, Carlo. **Sentenza imperfette. Gli errori cognitivi nei giudizi civili**, p. 69-70). Relevante, a esse respeito, o debate sempre presente da chamada irrecorribilidade de imediato das interlocutórias e de como o sistema o manipula em variados contextos (MONIZ DE ARAGÃO, Egas Dirceu. Demasiados recursos? In: FABRÍCIO, Adroaldo Furtado (coord.). **Meios de impugnação ao julgado civil: estudos em homenagem a José Carlos Barbosa Moreira**. Rio de Janeiro: Forense, 2007, p 194-196; SICA, Heitor Vitor Mendonça. Recorribilidade das interlocutórias e reformas processuais: novos horizontes do agravo retido. In: **Aspectos polêmicos e atuais dos recursos cíveis**, v. 8, Teresa Arruda Alvim Wambier e Nelson Nery Jr. (coord.). São Paulo: RT, 2005, p. 161-230; Id. Recorridibilidade das interlocutórias e sistema de preclusões no novo CPC: primeiras impressões. **Revista Magister de Direito civil e Processual Civil**, v. 11, n. 65, mar./abr. 2015, p. 22-66). O mesmo poderia ser pensado a respeito de quais decisões, posteriormente ao trânsito em julgado, seriam alvo de ação rescisória, considerando as restrições impostas pelo CPC. Nesse sentido, DINAMARCO, Cândido Rangel. Ação rescisória contra decisão interlocutória. In: **Nova era do processo civil**, p. 280-289.

impugnativo, que não encontrariam limitações para controle da decisão judicial, e meios de impugnação de restrito espectro impugnativo, que teriam por limitação a especificação de vícios a serem alegados por essas vias.[10] Isso importa diretamente no cabimento dos meios de impugnação, de modo a saber quais são os vícios aptos a levar à invalidação ou revisão da decisão judicial em dado momento do processo.[11] Por isso, também sob o aspecto temporal, essas limitações são relevantes porque, após sucessivas oportunidades de questionamento, é coerente e necessário que sistema procure criar restrições, a fim de eliminar a controvérsia, especialmente após a prolação da decisão destinada a esse objetivo. E isso se verifica em duas etapas distintas do processo: a primeira, antes do trânsito em julgado, com a limitação imposta, por exemplo, aos recursos extraordinário e especial, mesmo que possam existir outros meios impugnativos sem as mesmas limitações (reclamação, *habeas corpus* ou mandado de segurança, por exemplo)[12]; a segunda, em

---

10. Relevante, a esse respeito, o debate sempre presente da chamada irrecorribilidade de imediato das interlocutórias e de como o sistema o manipula em variados contextos (MONIZ DE ARAGÃO, Egas Dirceu. Demasiados recursos? In: FABRÍCIO, Adroaldo Furtado (coord.). **Meios de impugnação ao julgado civil: estudos em homenagem a José Carlos Barbosa Moreira**. Rio de Janeiro: Forense, 2007, p 194-196; SICA, Heitor Vitor Mendonça. Recorribilidade das interlocutórias e reformas processuais: novos horizontes do agravo retido. In: **Aspectos polêmicos e atuais dos recursos cíveis**, v. 8, Teresa Arruda Alvim Wambier e Nelson Nery Jr. (coord.). São Paulo: RT, 2005, p. 161-230; Id. Recorridibilidade das interlocutórias e sistema de preclusões no novo CPC: primeiras impressões. **Revista Magister de Direito civil e Processual Civil**, v. 11, n. 65, mar./abr. 2015, p. 22-66). O mesmo poderia ser pensado a respeito de quais decisões, posteriormente ao trânsito em julgado, seriam alvo de ação rescisória, considerando as restrições impostas pelo CPC. Nesse sentido, DINAMARCO, Cândido Rangel. Ação rescisória contra decisão interlocutória. In: **Nova era do processo civil**, p. 280-289.
11. Em análise comparativa e ampla, afirma-se: "final judgement create legal barriers to relitigation. These barriers are the rules of res judicata (...)" (SINAI, Yuval. Reconsidering *res judicata*: a comparative perspective. **Duke Journal of Comparative Law**, vol. 21, n. 2, 2011, p. 353).
12. A limitação impugnativa examinada nesse tópico é apenas uma das variadas formas com que essas restrições podem se apresentar, antes e depois do trânsito em julgado, na relação entre variados meios de impugnação. Um aspecto interessante a ser evidenciado diz respeito à aplicação das mesmas limitações do recurso extraordinário ao *habeas corpus*, conforme julgados do STF (STF, HC 128073, Relator(a): Rosa Weber, Primeira Turma, julgado em 18/08/2015; STF, HC 143476, Relator(a): Gilmar Mendes, Relator(a) p/ Acórdão: Ricardo Lewandowski, Segunda Turma, julgado em 06/06/2017). Essa apropriação foi feita no sentido de impedir, pela via do *writ*, o reexame e valoração de fatos e provas. Em análise crítica ao entendimento desse tribunal sobre o tema: VASCONCELLOS, Vinicius Gomes de. Limites cognitivos do exame judicial em *habeas*

momento posterior ao trânsito em julgado, por meios que possam levar à rescisão da decisão estável ou ao reconhecimento de ineficácia.

Busca-se, com isso, explicitar que o aspecto temporal é fundamental para saber como se engendram as limitações impugnativas. As restrições impostas, por exemplo, pela via dos recursos aos tribunais superiores procuram a uniformidade interpretativa e a preservação em torno da Constituição e da legislação federal infraconstitucional, respectivamente. E isso se faz mediante a possibilidade de questionamento das violações normativas a esses textos.[13] Há, portanto, uma dupla destinação, pois, além de delimitar os vícios a serem alegados por esses recursos, busca-se algo além da simples preservação do ato impugnado. De outro lado, as limitações aplicáveis ao momento posterior ao trânsito em julgado deveriam decorrer do esforço em preservar a estabilidade das decisões, especialmente porque, previamente, já houve inúmeras oportunidades de controle do ato.

Isso, contudo, não significa existir necessária harmonia e coordenação nas limitações impugnativas anteriores e posteriores ao trânsito em julgado. Para além da tentativa de preservação da decisão judicial, dentre as variadas restrições de controle, encontra-se uma zona em que os recursos não possuem aptidão para controlar vícios que sobrevivem ao referido marco temporal, embora esses possam ser determinantes para a invalidação ou reforma do ato questionado. Passa a ser preciso, assim, estabelecer o exame em confronto dessas limitações, bem como avaliar os impactos decorrentes da não absorção desses vícios.

---

corpus nos tribunais superiores. In: ***Habeas corpus* no Supremo Tribunal Federal**, p. 129-134.

13. Essa limitação tem por objetivo fomentar a função desses tribunais superiores na uniformização interpretativa das normas cujo controle lhes compete. Como ali se destacou, não é possível ignorar a função de controle de tais tribunais, na tutela de situações jurídicas subjetivas, fazendo-a, contudo, nesses limites. E esse debate, a rigor, perpassa pela discussão, por vezes extremada, da relevância do *ius costitutionis* frente ao *ius litigatoris*. O equilíbrio em torno de ambos, também como já referido, parece estar na realização do primeiro a partir do segundo na grande maioria das situações, ainda que em um contexto de atuação daqueles tribunais na resolução de questões repetitivas. A respeito dessas mutações no tempo da jurisdição dos tribunais superiores, Jordi Nieva Fenoll bem ressalta o seguinte: "no debe perderse en el vacío esa misión de anulación de las sentencias erróneas, porque ese es el cometido que percibe con más claridad el Juez, ya que siendo consciente de esa labor, es mucho más sencillo que también tenga en cuenta el producto de la otra, es decir, la jurisprudencia, respetando de ese modo el ordenamiento jurídico." (La relevancia social de la casación: la importancia del ius litigatoris. **Revista de Processo**, n. 147, maio 2007, p. 118).

5.1.1. Confronto entre as limitações impugnativas anteriores e posteriores ao trânsito em julgado

Da constatação feita no item anterior, surge, então, a seguinte reflexão: determinados vícios sobrevivem ao trânsito em julgado, mas, apesar de poderem ser de logo identificados, não comportariam controle anteriormente a esse marco temporal por certos recursos, justamente em razão das limitações impugnativas a esses atribuídas. Apesar de tais vícios serem considerados graves, a partir de determinada etapa processual, não mais poderiam ser controlados pelas partes para invalidar ou reformar uma decisão judicial. As razões dessa observação podem ser sintetizadas, em termos objetivos, pela verificação de que o art. 966 do CPC prevê as causas que dão ensejo à rescisão de decisões transitadas em julgado e parte desses motivos não comportariam questionamento pela via recursal.[14] O ponto central dessa ausência de cobertura de certos recursos está, pois, na natureza das questões por eles controláveis.[15]

As limitações impugnativas em sede recursal podem ser vistas, em larga medida, nos recursos extraordinário e especial. E isso se deve à forma com que a Constituição previu o cabimento de ambos no controle das questões de direito relativas às normas constitucionais e infraconstitucionais federais, respectivamente, além das restrições decorrente dos enunciados n. 279 e 454 de súmula do STF e dos enunciados n. 5 e 7 de súmulas do STJ. O ponto aqui debatido, de há muito enfrentado pela doutrina, consiste na crítica teórica da segregação entre questões de fato

---

14. WAMBIER, Teresa Arruda Alvim. **Controle das decisões judiciais por meio de recursos de estrito direito e da ação rescisória: recurso especial, recurso extraordinário e ação rescisória; o que é uma decisão contrária à lei?** São Paulo: Editora RT, 2002, p. 210-212; SILVA, Ovídio Baptista da. Recurso extraordinário em ação rescisória. **Revista de Processo**, v. 33, n. 163, set. 2008, p. 9-27.

15. Essa reflexão não é privativa do sistema brasileiro. Em outros ordenamentos jurídicos em que haja a limitação impugnativa estabelecida em torno apenas das questões de direito e, posteriormente ao trânsito em julgado, possam ser controladas questões de outra natureza, verificar-se-á semelhante cenário. Essa discussão já foi apontada ao ensejo, por exemplo, do sistema italiano, em que a *revocazione* se destina a questionar certas questões não abrangidas pelo *ricorso per cassazione*, especialmente por ocasião da utilização do primeiro frente à decisão de mérito do segundo (CONSOLO, Claudio. **La revocazione delle decisione della cassazione e la formazione del giudicato.** Padova: CEDAM, 1989, p. 15-18; BALENA, Giampiero. L'impugnazione delle sentenze di cassazione. **Rivista di diritto processuale**, n. 1, 2004, p. 112-114; SALVANESCHI, Laura. Sulla natura della revocazione per errore di fatto delle pronuncie della cassazione. **Rivista di diritto processuale**, v. 73, n. 6, 2018, p. 1.461-1.478.

e questões de direito[16], mas com a concessão pragmática e funcional em reconhecer essa dicotomia para admissão e julgamento desses recursos.[17] A vocação para o controle de questões de direito atinentes às violações às normas de índole constitucional e infraconstitucional federal faz escapar, respectivamente, dos recursos extraordinário e especial a abrangência de controle de questões de direito local (estadual e municipal) e de outras fontes normativas, de determinadas questões de fato e de questões atinentes ao exame probatório, todas elas resistentes ao trânsito em julgado. Essas escolhas, por via de consequência, explicam a razão com que o paradoxo apontado se manifesta.

Para avançar nessas ideias é preciso entender como os recursos extraordinário e especial promovem o controle dessas questões de direito. Diferentemente da apelação, do agravo de instrumento e do recurso ordinário constitucional, exemplos de meios de impugnação de amplo espectro impugnativo, direcionados ao controle de qualquer questão, aqueles recursos dirigem-se a impugnar a decisão judicial sob viés específico, restrito às questões de direito decorrentes da violação à norma constitucional ou infraconstitucional federal, respectivamente. As soluções dadas às questões de fato – assim entendidas como a controvérsia em torno da reconstituição dos

---

16. NEVES, A. Castanheira. A distinção entre a questão-de-facto e a questão-de-direito e a competência do Supremo Tribunal de Justiça como tribunal de "revista". In: **Digesta: escritos acerca do Direito, do pensamento jurídico, da sua metodologia e outros**, vol. 1. Coimbra: Coimbra Editora, 1995, p. 483-530. De uma forma ampla, o controle estabelecido com base na dicotomia entre questão de fato e questão de direito deve ser entendido, como sustentado neste estudo, de acordo com parâmetros legais de limitações impugnativas. Essa divisão não é privativa dos atos jurisdicionais. Na linha aqui adotada de encontrar pontos de uniformidade entre demandas impugnativas, nota-se que o erro de fato e o erro de direito se faz presente, por exemplo, no controle do ato administrativo tributário (TORRES, Ricardo Lobo. Auto de infração e defesa fiscal. **Revista de Direito da Procuradoria Geral do Estado do Rio de Janeiro**, n. 48, 1995, p. 179-184).

17. Eduardo Cambi e Paulo Nalin bem compreenderam a distinção entre questão de fato e questão de direito sob o aspecto da limitação impugnativa, pois identificaram que essa técnica é empregada "com a finalidade de reduzir a amplitude dos recursos extraordinário e especial." (O controle da boa-fé contratual por meio dos recursos de estrito direito. In: **Aspectos polêmicos e atuais dos recursos cíveis e de outros meios de impugnação às decisões judiciais**, coord. Nelson Nery Jr., Teresa Arruda Alvim Wambier. São Paulo: Editora Revista dos Tribunais, 2003, p. 58. Também analisando a distinção entre questão de fato e questão de direito sob o enfoque de limitação impugnativa, FERRER BELTRÁN, Jordi. Los hechos em la cassación penal. **Revista Actualidad Penal**, n. 48, jun. 2018, p. 156.

acontecimentos, de sua ocorrência ou não e do modo como ocorreram – não poderão ser reapreciadas pelos tribunais superiores em razão das limitações constitucionais impostas. Evidentemente, essa distinção entre questões de fato e questões de direito, como já se disse, se não é teoricamente estanque, do ponto de vista pragmático acomoda-se como a admissão dos fatos tais como acertados pelo tribunal local para, então, se apurar a correta aplicação da norma.[18] O que se impede é utilização do recurso extraordinário e especial para discutir se houve correta ou incorreta reconstrução dos fatos ou adequada ou inadequada avaliação do seu modo de ser.

Nessa imperfeita construção e nem sempre clara dissociação entre questão de fato e questão de direito,[19] a atuação do STF e do STJ, no âmbito dos recursos extraordinário e especial, respectivamente, buscaria reconhecer se a norma constitucional ou infraconstitucional federal foi adequadamente aplicada aos fatos assentados pelo tribunal local. Restaria àqueles tribunais, portanto, avaliar se o efeito jurídico foi corretamente aplicado aos fatos. Vale apontar, contudo, que as restrições impugnativas aqui observadas não significam a impossibilidade de controle normativo sobre violações ocorridas no campo probatório, em cláusulas gerais ou em matéria contratual.[20]

---

18. A concessão feita por Castanheira Neves bem elucida a necessidade de entender a limitação impugnativa aos recursos destinados aos tribunais superiores por um enfoque pragmático. Como ressalta o autor português: "(...) que 'nem tudo o que compete à questão-de-facto é irrevisível e nem tudo o que compete à questão-de-direito é revisível'; ou, de outro modo, 'a linha delimitativa entre o revisível e o irrevisível corre em termos inteiramente diferentes daqueles que sugere o par contraditório questão-de-direito – questão-de-facto'. Por isso se pode dizer aqui o mesmo que se disse quanto ao erro: se se quiser designar por questão-de-facto o domínio do não-revisível, e por questão-de-direito o dominío do revisível, nada o impede – embora a equivocidade daí resultante o desaconselhe." (A distinção entre a questão-de-facto e a questão-de-direito e a competência do Supremo Tribunal de Justiça como tribunal de "revista". In: **Digesta: escritos acerca do Direito, do pensamento jurídico, da sua metodologia e outros**, vol. 1, p. 530).
19. ALLEN, Ronald J. PARDO, Michael S. The myth of the law-fact distinction. **Northwestern University Law Review**, vol. 97, n. 4, p. 1.770.
20. De acordo com firme posicionamento doutrinário nesse sentido: WAMBIER, Teresa Arruda Alvim. Distinção entre questão de fato e questão de direito para fins de cabimento de recurso especial. **Revista de Processo**, vol. 92, out.-dez. 1998, p. 52-70; MARINONI, Luiz Guilherme. Reexame da prova diante dos recursos especial e extraordinário. **Revista de Processo**, vol. 130, dez. 2005, p. 19-38. Importante ponderar, ainda, que o controle das questões de direito, após o trânsito em julgado, igualmente enfrenta parâmetros restritivos, de modo que a violação à norma jurídica em ação rescisória não levaria ao reexame dos fatos ou à reapreciação das provas (DINAMARCO, Cândido. Ação

O consenso que parece surgir, ao menos no âmbito doutrinário,[21] a respeito dessas segregações de questões é a impossibilidade de reapreciação de questões de fato pelos tribunais superiores, no sentido de reconstruí-los à luz das provas produzidas, sem que isso obste a análise de eventual questão altamente imbricada com eventual exame de fatos já acertados pelos tribunais locais.[22] Ressalte-se não haver impedimento ao tribunal superior de examinar os fatos já assentados para avançar no controle normativo; o impedimento residiria em reapreciação dos fatos, o que, por vezes, se verifica em indevidas incursões casuísticas.[23]

Assim entendida a limitação impugnativa dos recursos extraordinário e especial, dois destaques devem ser feitos. O primeiro é identificar a zona de convergência entre essa limitação e aquela imposta posteriormente ao trânsito em julgado.[24] O segundo é identificar a ausência de cobertura desses recursos a determinados vícios resistentes ao trânsito em julgado e, portanto, a partir do julgamento pelo tribunal local, tais vícios, embora possam ser identificados de imediato, não comportariam controle.

A doutrina processual nacional já se debruçou sobre essa zona de convergência, especialmente quanto à possibilidade de controle da violação às normas jurídicas (art. 966, V do CPC), com semelhantes restrições de revolvimento fático e reapreciação de provas.[25] Em caráter crítico a essa

---

rescisória e interpretação contratual. In: **Fundamentos do processo civil moderno**, tomo II, 6ª ed. São Paulo: Malheiros, 2010, p. 1.337-1.349).

21. BARBOSA MOREIRA, José Carlos. **Comentários ao Código de Processo Civil**, p. 584-590; MANCUSO, Rodolfo de Camargo. **Recurso extraordinário e recurso especial**, p. 165-176; FONSECA, João Francisco Naves da. **Exame dos fatos nos recursos extraordinário e especial**, p. 86-89.
22. KNIJNIK, Danilo. **O recurso especial e a revisão da questão de fato pelo Superior Tribunal de Justiça**, p. 238-240.
23. Como nas hipóteses de controle, pelo STJ, do valor arbitrado a título de danos morais tido por excessivo (STJ, AgInt no AREsp 1743424/MG, Rel. Ministro Antonio Carlos Ferreira, Quarta Turma, julgado em 01/03/2021, DJe 03/03/2021) ou da excessividade ou irrisoriedade dos honorários advocatícios (STJ, AgInt no AgRg no AREsp 700.319/RS, Rel. Ministro Napoleão Nunes Maia Filho, Primeira Turma, julgado em 09/12/2019, DJe 12/12/2019), afastando-se a incidência do enunciado n. 07 de súmula desse tribunal.
24. BARBOSA MOREIRA, José Carlos. Considerações sobre a chamada "relativização" da coisa julgada material. In: **Relativização da coisa julgada**, coord. Fredie Didier Jr. 2ª ed. Salvador: Editora Juspodivm, 2008, p. 230-234.
25. ALVIM NETTO, José Manuel de Arruda. ALVIM, Teresa Arruda. Qualificação jurídica do fato feita equivocadamente dá azo à rescisória – art. 485, V. **Revista de Processo**, n. 76, out.-dez. 1994, p. 164-175; WAMBIER, Teresa Arruda Alvim. **Controle das decisões judiciais por meio de recursos de estrito direito e da ação rescisória: recurso**

aparente sobreposição, chegou-se a defender tanto a revisão do enunciado n. 514 de súmula do STF[26], conferindo à ação rescisória caráter residual, quanto a sugestão de eliminação do inciso V do art. 966 do CPC[27], por se reputar pela dualidade de oportunidades no controle do mesmo vício sobre questão de direito. Ambas as proposições não merecem acolhimento, todavia. Em primeiro lugar, parecer claro que a referida sobreposição é apenas aparente, porquanto, embora a mesma norma possa ser controlada por esses meios de impugnação, os objetivos almejados pelos recursos extraordinário e especial e a ação rescisória se fundam em premissas distintas, considerando, especialmente para essa última, o enunciado n. 343 de súmula do STF (objeto de análise no item 5.2.2.1.1 *infra*). Em segundo lugar, a suposta razão para revisão do enunciado n. 514 do STF perde de vista o motivo pelo qual se exige, nos recursos extraordinário e especial, o prévio esgotamento das chamadas vias ordinárias, decorrentes da imposição constitucional de decisão em "única ou última instância" (arts. 102, II e105, III da CF/88), a dar ensejo ao dito pré-questionamento, inaplicável para a admissão da ação rescisória.[28]

Relativamente às questões subsistentes ao trânsito em julgado, mas não sujeitas a controle pela via dos recursos extraordinário e especial, verifica-se a ocorrência de fenômeno já identificado em outros ordenamentos jurídicos, consistente na não absorção das causas de rescisão pelos recursos aos

---

especial, recurso extraordinário e ação rescisória; o que é uma decisão contrária à lei?, p. 201-203; BARIONI, Rodrigo. **Ação rescisória e recursos para os tribunais superiores**, p. 310-315; CARNEIRO, Tânia Aoki. **Recurso especial e ação rescisória: controle da ofensa à norma jurídica**, cap. 4; ROSSONI, Igor Bomkowski. **Recursos extraordinários e ação rescisória por ofensa à norma jurídica**, p. 200-206.

26. CABRAL, Antonio do Passo. **Coisa julgada e preclusões dinâmicas: entre continuidade, mudança e transição de posições processuais**, p. 605-606; ROSSONI, Igor Bimkowski. **Recursos extraordinários e ação rescisória por ofensa à norma jurídica**, p. 262-270.

27. Em sentido contrário, demonstrando a ausência de caráter subsidiário da ação rescisória, YARSHELL, Flávio Luiz. Ainda sobre o caráter subsidiário do controle jurisdicional estatal da sentença arbitral. **Revista de Arbitragem e Mediação**, vol. 13, n. 50, jul.-set. 2016, p. 155-163.

28. Em precisa constatação feita por Luiz Guilherme Marinoni e por Daniel Mitidiero: "Em outras palavras, ao contrário do que ocorre a *révision* francesa (art. 603, Code de Procédure Civile), com a *Restitutionsklage* (§ 582, ZPO alemã) e com algumas hipóteses da *Nichtigkeitsklage* (§ 579, 3, ZPO alemã), nossa ação rescisória não tem caráter subsidiário. A Constituição não exige – como faz para o recurso extraordinário e para o recurso especial – o requisito do esgotamento da instância. Trata-se de orientação pacífica nas Cortes Supremas (Súmula 514, STF)." (**Ação rescisória: do juízo rescindente ao juízo rescisório**, p. 91-92).

tribunais superiores.[29] Constata-se, entre nós, essa realidade por uma leitura das hipóteses previstas pelo art. 966 do CPC, que, em parte, contemplam a permissão para rescindir a decisão com base em violações que deem margem à discussão fático-probatória (inc. I, III, VI, VII e VIII) e, em parte, ainda que haja a possibilidade de controle de questões de direito (inc. II e V), à ação rescisória acaba sendo confiada maior amplitude por não estar limitada às violações normativas constitucionais e infraconstitucionais federais, a exemplo da tutela do direito local.[30]

Apesar de se fazer essa apresentação em caráter genérico, não se está aqui negando a possibilidade de que os recursos extraordinário e especial versem, por exemplo, sobre impedimento ou incompetência do juiz, sobre o emprego a afronta à norma que veda o emprego de prova falsa ou, eventualmente, sobre o erro de fato (esse, mais precisamente, como vício na motivação), a depender da forma com que a violação ocorra. Chama-se a atenção, contudo, para a possibilidade de que, em sede de ação rescisória, a investigação desses vícios possa ser feita mediante análise de questões de fato e, até mesmo, solução dessas questões em caráter inaugural (por exemplo, com a conclusão da falsidade de prova demonstrada na própria ação rescisória). Nestes termos, ainda diante dessa generalidade pretendida, a ausência de cobertura dos recursos extraordinário e especial será identificada diante daqueles vícios que, conquanto se manifestem tão logo proferida a decisão, sobrevivem ao trânsito em julgado e extrapolarem os limites impugnativos das questões de direito constitucional e infraconstitucional federal.[31]

---

29. PISANI, Andrea Proto. **Lezioni di diritto processuale**, p. 532-536. No ordenamento jurídico italiano, por exemplo, a *revocazione* (instrumento análogo à nossa ação rescisória) pode concorrer com o *ricorso per cassazione* em determinadas situações. Ocorre que o primeiro instrumento teria a aptidão para propor a discussão sobre algumas questões de fato não sujeitas à absorção pelo segundo (IMPAGNATIELLO, Gianpaolo. **Il concorso tra cassazione e revocazione: contributo allo studio della formazione e dell'impugnazione del giudicato**, p. 111). Vale ressaltar que ganha alguma relevância a dissociação de questões levadas ou não aos tribunais superiores, porquanto o referido recurso versará sobre questão de direito apenas, enquanto o mecanismo rescisório terá, ainda assim, maior amplitude por se debruçar sobre questões de fato e de provas (no modelo espanhol: ARMENTA DEU, Teresa. Recurso de cassación: entre eficácia y nuevas orientaciones de fines tradicionales. **Revista para el análisis del derecho**, vol. 1, 2018, p. 7-9).
30. TALAMINI, Eduardo. **Coisa julgada e sua revisão**, p. 158.
31. O tema tem direta relação com o recente debate em torno do cumprimento de pena pelo réu no processo penal, assim que proferido o acórdão pelo tribunal local, ainda que cabíveis e manejados os recursos extraordinário e especial. Isso porque, por ocasião do julgamento, pelo STF, do HC 126.292/SP, inúmeros argumentos foram apresentados

Essas ponderações permitem compreender as limitações impugnativas anteriores e posteriores ao trânsito em julgado da seguinte forma: *(i)* ainda que o controle normativo posteriormente ao trânsito em julgado possa ser feito diante das violações à Constituição e à legislação federal infraconstitucional, as razões para tanto não coincidem com a atuação dos recursos extraordinário e especial, pelas razões já expostas; *(i)* parte dos vícios resistentes ao trânsito em julgado não são absorvidos pelo espectro impugnativo dos recursos especial e extraordinário. Alguns desses vícios podem ser constatados de logo diante do acórdão proferido pelo tribunal local e, ainda assim, aqueles recursos não teriam aptidão para tornar irrelevantes esses vícios; *(ii)* vícios graves, aptos à superação de decisões transitadas em julgado, que, por opções do sistema, não poderiam ser remediados de plano. E isso decorre da forma com que os caminhos dos traçados para limitações impugnativas anteriores e posteriores ao trânsito em julgado, em sentidos relativamente opostos.

5.1.2. Dependência cognitiva no controle das questões de direito

Outro aspecto das limitações impugnativas decorre da cisão feita entre o controle das questões de fato e o controle das questões de direito (limitação impugnativa qualitativa). O perfil funcional dessa segmentação traz consigo a percepção do império no acertamento de questões fáticas e como o erro nesse plano condiciona o desenvolvimento da solução das questões de direito.[32]

Esse condicionamento dá lugar para o que se poderia denominar de dependência cognitiva, observada por ocasião da regência exercida pelo acertamento fático em momento distinto ao acertamento das questões de

---

para associar a possibilidade de início de cumprimento da pena à vedação ao reexame de questões fática e revaloração probatória, o que seria suficiente para fazer ceder a presunção de inocência. No voto proferido pelo Min. Teori Zavascki, seguido pela maioria, constou a seguinte passagem: "Ressalvada a estreita via da revisão criminal, é, portanto, no âmbito das instâncias ordinárias que se exaure a possibilidade de exame de fatos e provas e, sob esse aspecto, a própria fixação da responsabilidade criminal do acusado. É dizer: os recursos de natureza extraordinária não configuram desdobramentos do duplo grau de jurisdição, porquanto não são recursos de ampla devolutividade, já que não se prestam ao debate da matéria fático-probatória."

32. E isso decorre dos próprios limites para revisão das questões de direito, vedado o reexame de fatos e reapreciação de provas (DIDIER JR., Fredie. CUNHA, Leonardo Carneiro da. Ação rescisória por manifesta violação à norma jurídica. In: **Questões relevantes sobre recursos, ações de impugnação e mecanismos de uniformização da jurisprudência**, coord. Cassio Scarpinella Bueno [et. al.]. São Paulo: Editora Revista dos Tribunais, 2017, p. 280-281).

direito. Essa dependência se baseia, essencialmente, na sujeição de determinado órgão jurisdicional em relação a outro, porque a esse foi confiada a solução das questões de fato. Se, por um lado, há relevante aspecto técnico-processual nessa observação, capaz de levar à compreensão do funcionamento do sistema impugnativo; de outro, não se pode ignorar o enfoque de poder envolvido na determinação dos fatos e nas consequências produzidas por essa atividade.[33]

O comprometimento no acertamento das questões de fato terá o potencial de produzir contaminação no acertamento das questões de direito, perante o mesmo órgão prolator da decisão ou por outro.[34] E isso revela um dado fundamental da estrutura imposta das limitações impugnativas: os tribunais que se pronunciam sobre as questões de fato têm o poder de condicionar o desenvolvimento dos meios de impugnação destinados ao controle das questões de direito, o que se mostra particularmente impactante quando constatado um erro na solução daquelas. Nesse sentido, o fator temporal também é relevante para esse condicionamento, porquanto alguns equívocos na relação entre questão de fato e questão de direito podem não comportar questionamento pelos recursos extraordinário e especial e, mesmo assim, sobreviverem ao trânsito em julgado. Por exemplo, a hipótese prevista no art. 966, VIII do CPC retrata a permissão para o tribunal, ao ensejo da ação rescisória, corrigir o erro de fato[35]; a divergência sobre os fatos poderá levar à má aplicação de precedente se o tribunal ignorar a distinção entre o

---

33. Como já fora bem enfrentado por Cândido Rangel Dinamarco: "Essa é uma conduta não digo comum e ordinária, mas muitas vezes assumida por integrantes dos tribunais locais, com a motivação pessoal humanamente compreensível, mas institucionalmente indesejável, de verem suas decisões tornarem-se definitivas, com o manto da coisa julgada. O indesejável das condutas dessa ordem consiste, como é intuitivo, no emprenho em fechar as portas a um remédio processual legítimo, que é o recurso especial ou, conforme o caso, o extraordinário." (Admissibilidade do recurso especial ou extraordinário e as chamadas questões mistas. In: **Processo civil empresarial**, 2ª ed. São Paulo: Malheiros, 2014, p. 903).

34. Raciocínio análogo é feito por Teresa Arruda Alvim e Bruno Dantas: "A ilegalidade que consta de decisão tomada a partir da aplicação de regra errada ao quadro fático apresentado ao juiz está na raiz de seu raciocínio, no momento em que 'nasceu' o direito, no instante em que a lei incidiu sobre os fatos. Se essa relação de incidência da lei sobre os fatos se dá de modo defeituoso, tudo o que se lhe segue será inexoravelmente ilegal." (**Recurso especial, recurso extraordinário e as novas funções dos tribunais superiores no direito brasileiro**, p. 353)

35. CAMBI, Eduardo. NALIN, Paulo. O controle da boa-fé contratual por meio dos recursos de estrito direito. In: **Aspectos polêmicos e atuais dos recursos cíveis e de outros meios de impugnação às decisões judiciais**, p. 61-62.

caso concreto e o paradigma, sendo esse outro motivo a abrir espaço para o controle pela via da ação rescisória (art. 966, §5º do CPC).

A ruptura entre questão de fato e questão de direito pode levar a sérias consequências estruturais quando identificados esses defeitos, justamente porque há o risco de se cometer equívocos na identificação dos efeitos jurídicos aplicáveis aos fatos.[36] Todo o sistema assentado em tal dicotomia – e não são poucos os institutos nela baseados – está sujeito ao risco de má solução das questões de direito por conta de equívocos na solução das questões fáticas.[37]

Dessa forma, chega-se a uma outra zona em que as limitações impugnativas anteriores e posteriores ao trânsito em julgado convergem. Na presente hipótese, ambas podem não apresentam cobertura para o erro na solução de certas questões de fato, quer pela inutilidade da subsequente solução à questão de direito, quer porque não há abrangência pelo cabimento dos meios de impugnação. Esse vácuo de controle ocorrerá porque as decisões judiciais poderão conter erros não absorvidos por quaisquer dos meios disponíveis.[38]

5.1.3. Reflexos das estabilidades nas limitações impugnativas

As justificativas apresentadas para as limitações impugnativas em momento posterior ao trânsito em julgado se respaldam em teoria de há muito consolidada. Fala-se que a coisa julgada material seria dotada de efeito sanatório,[39] a tornar irrelevantes fundamentos impugnativos que não abram margem à rescisão, sendo essa feita, em regra, pela via da ação rescisória.[40]

---

36. Essa constatação não deixa de levar a outra: o esforço feito pelo ordenamento jurídico para eliminar o erro na solução da questão de direito pode ser colocado em risco justamente por essa cisão entre fato e norma e a apreciação incorreta do primeiro como fator de comprometimento da aplicação da segunda (FONSECA, João Francisco Naves da. **Exame dos fatos nos recursos extraordinário e especial**, p. 91-92).
37. BARBOSA MOREIRA, José Carlos. Regras de experiência e conceitos juridicamente indeterminados. In: **Temas de direito processual**, 2ª série. São Paulo: Saraiva, 1988, p. 72.
38. CONSOLO, Claudio. **La revocazione delle decisioni della Cassazione e la formazione del giudicato**, p. 21-23.
39. BARBOSA MOREIRA, José Carlos. Eficácia preclusiva da coisa julgada material no sistema do processo civil brasileiro. In: **Temas de direito processual**. São Paulo: Saraiva, 1977, p. 100-101; FABRÍCIO, Adroaldo Furtado. Réu revel não citado, "querela nullitatis" e ação rescisória. **Revista de Processo**, v. 12, n. 48, p. 39-41; DINAMARCO, Cândido Rangel. **Instituições de direito processual civil**, v. III, p. 335.
40. FABRÍCIO, Adroaldo Furtado. Coisa julgada e ação rescisória (parecer). **Revista Jurídica Empresarial**, n. 6, jan.-fev. 2009, p. 207.

Por uma perspectiva comum, esses fundamentos, posteriormente ao trânsito em julgado, passariam a ser causas de rescindibilidade.[41] A doutrina, assim, empreende esforço para dissociar as invalidades, superadas com a formação da coisa julgada material, dos motivos de rescindibilidade, reputados gravíssimos.[42] Esse é o raciocínio correntemente empregado para explicar a associação entre rescisão e coisa julgada material[43], como forma de ressaltar as especificidades da imunização do comando decisório.[44]

Essas ideias, contudo, merecem alguma reformulação a partir de leitura do ordenamento jurídico vigente. O primeiro passo para tanto é identificar que rescindibilidade não é uma qualidade do fundamento impugnativo, e sim sinônimo de desconstituição.[45] Já se admitiu neste estudo que o juízo rescindente é elemento comum aos variados meios de impugnação, veiculem ou não causas de invalidade. Dessa forma, a elaboração que procura modificar a natureza do fundamento impugnativo perde relevância quando observado que, posteriormente ao trânsito em julgado, poderão subsistir motivos para rescindir a decisão por hipóteses que podem ou não configurar invalidades.[46]

Nada obstante, essa tentativa de modificar a natureza do fundamento impugnativo conforme o momento em que esse se manifeste não se coaduna com a sedimentada concepção de que o controle poderá ocorrer com base em causas que importem em invalidade ou causas que importem em revisão do ato questionado. Se a escalada de gravidade se justificasse pela resistência ao trânsito em julgado, menos sentido nessa posição haveria ao se perceber que o sistema autoriza o questionamento da solução contida na decisão como uma das causas de desconstituição de decisões estabilizadas.[47] Portanto, no

---

41. PONTES DE MIRANDA, Francisco Cavalcanti. **Tratado da ação rescisória**, p. 597-598; THEODORO JÚNIOR, Humberto. Nulidade, inexistência e rescindibilidade da sentença. **Revista de Processo**, v. 5, n. 19, jul./set. 1980, p. 23-30; BARBOSA MOREIRA, José Carlos. **Comentários ao Código de Processo Civil**, p. 107; CÂMARA, Alexandre Freitas. **Ação rescisória**, p. 24.
42. TESHEINER, José Maria. **Pressupostos processuais e nulidades no processo civil**. São Paulo: Saraiva, 2000, p. 277-280.
43. PORTO, Sério Gilberto. **Ação rescisória atípica: instrumento de defesa da ordem jurídica**, p. 42-43; CRAMER, Ronaldo. **Ação rescisória por violação da norma jurídica**, p. 65-71.
44. DINAMARCO, Cândido Rangel. **A instrumentalidade do processo**, p. 108-109.
45. YARSHELL, Flávio Luiz. **Ação rescisória: juízos rescindente e rescisório**, p. 24-25.
46. ZAVASCKI, Teori. Inexigibilidade de sentenças inconstitucionais. In: **Relativização da coisa julgada**, coord. Fredie Didier Jr. 2ª ed. Salvador: Editora Juspodivm, 2008, p. 374-377.
47. LUISO, Francesco Paolo. Invalidità della sentenza e mezzi di gravame. **Rivista di Diritto Processuale**, v. LXIV, n. 2, 2009, p. 18. No mesmo sentido, GRECO, Leonardo.

sistema brasileiro a rescisão pode ter origem em causas de invalidade ou em causas de que dão ensejo ao controle da solução dada pelo magistrado, na linha do que prevê o art. 966 do CPC.[48] Mas, mais que isso, nosso sistema admite larga amplitude de revisão do conteúdo estabilizado se for usado o exemplo das relações jurídicas continuativas, bastando a superveniência de alteração no estado de fato ou de direito com base no qual se fundou a decisão (art. 505, I do CPC).

Ademais, nem todos os fundamentos de impugnação resistentes ao trânsito em julgado são direcionados à rescisão. Alguns deles podem levar à ineficácia do título executivo, sem que isso importe em desconstituição da decisão judicial, como se passa com a invalidade ou inexistência de citação ou com a inconstitucionalidade pronunciada previamente ao trânsito em julgado.[49] Nem todos aqueles fundamentos ficam sujeitos ao prazo decadencial do direito de impugnar, distintamente de outros que, por exemplo, dão azo à ação rescisória. A decadência recairá sobre o direito de impugnar a decisão e não sobre a oposição à eficácia do título executivo, por exemplo.[50]

Esse efeito sanatório atribuído à coisa julgada material, tal como parte da doutrina defende, não se mostra uma associação absoluta ou mesmo preponderante, pois, quando menos, não é privativa dessa modalidade de estabilidade.[51] Em primeiro lugar, o meio de desconstituição não é determinante para identificar a natureza da estabilidade,[52] de forma que a ação rescisória, no

---

Ainda a coisa julgada inconstitucional. In: **Estudos de Direito Processual**. Campos dos Goytacazes: Faculdade de Direito de Campos, 2005, p. 561-562.

48. Algo muito bem percebido por Leonardo Greco ao dividir as hipóteses de ação rescisória entre aquelas que geram nulidade e aquelas que importam em erro no julgamento (**Instituições de processo civil**, v. III, p. 336). Ver, ainda, BARBOSA MOREIRA, José Carlos. Considerações sobre a chamada "relativização" da coisa julgada material. In: **Temas de direito processual**, nona série. São Paulo: Saraiva, 2007, p. 258.

49. LUISO, Francesco Paolo. Invalidità della sentenza e mezzi di gravame. **Rivista di Diritto Processuale**, v. LXIV, n. 2, 2009, p. 18).

50. As premissas adotadas no item 2.2.1. e 2.2.2. servem, aqui, para reafirmar que a preclusão ocorrida no curso do processo representa o fechamento das vias recursais, como óbice ao uso desse procedimento impugnativo. No entanto, a decadência referida neste momento atinge propriamente o direito de impugnar. Por isso, mais adequado não seria reconhecer que o prazo decadencial é para a ação rescisória, senão para o direito de impugnar por meio dela veiculado (BARBOSA MOREIRA, José Carlos. **Comentários ao Código de Processo Civil**, p. 219).

51. Bem identificado por Heitor Sica ao mencionar que "o mesmo efeito sanatório é produzido por outros fenômenos de estabilização (...)" (**Comentários ao Código de Processo Civil**, vol. V, p. 284).

52. CABRAL, Antonio do Passo. **Coisa julgada e preclusões dinâmicas**, p. 355-356.

vigente ordenamento, não caberá somente de decisões revistadas pela coisa julgada material e nem apenas de decisões que examinem o mérito, assim como outras vias poderão servir para superar decisões estáveis. Assim, se são taxativos[53] os fundamentos a ensejarem a rescisão da decisão acobertada pela coisa julgada material, esses mesmos também se apresentam para superação de decisões que não se revestem de igual estabilidade. Dizer, pois, a coisa julgada material proporciona a restrição de fundamentos impugnativos é um fato contrariado pela própria disciplina de decisões sujeitas a questionamento após adquirida a respectiva estabilidade, do que se conclui haver determinante opção política.[54]

É que nem todas as decisões revestidas de mesma estabilidade estarão vulneráveis à desconstituição na mesma intensidade, assim como decisões revestidas por estabilidades distintas poderão ou não estar vulneráveis em mesma medida. Vale dizer: nem todas as decisões acobertadas pela coisa julgada material poderão ser desconstituídas pelas mesmas razões. Há casos em que o ordenamento jurídico veda qualquer forma de ataque ao ato decisório de mérito transitado em julgado (ex.: art. 26 da Lei 9.868/99); casos em que a lei cataloga como causa de rescisão fundamentos que vão além do art. 966 do CPC (ex.: art. 159-A da Lei 11.101/05); situações em que a rescisão será permitida em menor amplitude (ex.: art. 59 da Lei 9.099/95; art. 26 da Lei 9.868/99; art. 12 da Lei 9.882/99; e art. 27 da Lei nº 12.153/2009).

Os variados graus de sujeição a ataque de decisões acobertadas pelo manto da coisa julgada material revelam as distintas intensidades o seu questionamento poderá ocorrer. Por outro lado, decisões revestidas de estabilidade diversa da coisa julgada material também se submetem ao mesmo padrão de rescisão, como as sentenças terminativas cujo conteúdo importe na impossibilidade de nova propositura da demanda (art. 486, §1º do CPC); a decisão que deixa de conhecer recurso (art. 966, §2º, II do CPC); e a decisão que converte em título executivo o mandado monitório não embargado (art. 701, §3º do CPC).

Conquanto certas decisões se estabilizem, sua sujeição à modificação se revela ampla. A decisão concessiva de tutela antecipada em caráter antecedente estabilizada poderá ser modificada por qualquer fundamento de

---

53. ASSIS, Araken de. **Ação rescisória**, p. 152-153; YARSHELL, Flávio Luiz. **Ação rescisória: juízos rescindente e rescisório**, p. 293-294.

54. Kevin M. Clermont assinala, com precisão, o seguinte: "(...) if a judgment is valid and final, it will have preclusive effects to a specified degree, unless excepcional circumstances prevail." (*Res* judicata as requisite for justice. **Rutgers University Law Review**, vol. 68, n. 3, 2016, p. 1.070)

direito processual ou de direito material. A ausência de restrição quanto aos motivos que levam à sua revisão poderia sugerir grande mitigação do aludido efeito sanatório ou mesmo sua ausência, o que sinaliza para a importância na distinção entre estabilidade e imunidade.[55]

Se essa característica de delimitar a amplitude com que se formula a impugnação a decisões estáveis não é privativa da coisa julgada material,[56] restaria saber, então, qual é a sua fonte comum, considerando as diversas estabilidades e a estreita relação dessas com o esgotamento das vias recursais.[57]

A formação da estabilidade se operaria quando não mais fosse possível a interposição de recurso, o que não se confunde com o momento em que a decisão fica imune à impugnação. Consequentemente, a estabilidade conferida a determinada decisão será maior quanto menores forem as chances de questioná-la.[58] Portanto, independentemente da natureza e dos efeitos de determinada estabilidade, sua higidez, em última análise, é medida pela intensidade com que ficará suscetível à impugnação e essa, por conseguinte, é medida pela amplitude da superação verificada, muitas vezes determinada por escolhas políticas. Essa variação levará à maior ou menor relatividade das estabilidades.[59]

---

55. SICA, Heitor Vitor Mendonça. Doze problemas e onze soluções quanto à chamada "estabilização da tutela antecipada". In: **Processo em jornadas: XI Jornadas Brasileiras de Direito Processual: XXV Jornadas Ibero-americanas de Direito Processual**, p. 422-423.

56. SICA, Heitor Vitor Mendonça. **Comentários ao Código de Processo Civil**, vol. V, p. 283-284.

57. A ideia de formação das estabilidades é associativa, ou seja, ocorrem quando as decisões não mais puderem ser questionadas por determinados meios de impugnação. A ideia em torno do efeito obstativo é justamente o de impedir a estabilidade, seja essa qual for. Associa-se, pois, formação da estabilidade com a impossibilidade de questionamento por certas vias (DINAMARCO, Cândido Rangel. Os efeitos dos recursos. In: **Aspectos polêmicos e atuais dos recursos**, v. 5, p. 26 e MONTERO AROCA, Juan. Cosa juzgada, jurisdiccion y tutela judicial. **Derecho Privado y Costitución**, n. 8, enero-abril 1996, p. 257).

58. CALAZA LOPES, Sonia. La cosa juzgada en el proceso civil y penal. **Boletín de la Facultad de Derecho (UNED)**, n. 24, 2004, p. 133.

59. Galeno Lacerda, em tempos de grande divergência sobre inúmeros aspectos da ação rescisória, já fazia relevante reflexão, ainda pertinente aos dias atuais: "Sôbre a eficácia e autoridade da sentença pesam um condicionamento, um relativismo, que só se extinguem com a preclusão do prazo de propositura da rescisória. Só após êsse prazo é que, a rigor, a coisa julgada material se torna absoluta, insuscetível de ser atacada e destruída." (A ação rescisória de rescisória no direito brasileiro. **Revista da Faculdade de Direito**, Porto Alegre, RS, v. 2, n. 3, 1951, p. 596). O ponto remete à abrangência da

A essa impossibilidade de questionamento da decisão judicial, após esgotados os recursos, consagrou-se, entre nós, o nome de coisa julgada formal,[60] fruto da preclusão dessas vias,[61] com o que não se confunde a restrição de fundamentos impugnativos posteriormente ao trânsito em julgado.[62] A vedação para infirmar a decisão não decorre da preclusão recursal,[63] mas é fruto da proteção criada pela eficácia preclusiva das estabilidades.[64] A extensão da incidência dessa eficácia preclusiva dependerá, naturalmente, dos elementos anteriormente alinhados, relativos ao grau de estabilidade e de vulnerabilidade à modificação.[65] Outra constatação a esse ensejo é relevante: a eficácia preclusiva da coisa julgada material atua em intensidades distintas, tanto quanto a eficácia preclusiva de outras estabilidades, a depender de previsão legal.[66] Nesse sentido, a escolha pelos fundamentos impugnativos que sobreviverão ou não ao trânsito em julgado é uma opção legislativa. Do mesmo modo, também competirá ao legislador dizer quais desses fundamentos importarão rescisão da decisão estabilizada e quais deles produzirão consequências distintas.

---

expressão "relativização da coisa julgada" e ao que nele se pode aplicar (TALAMINI, Eduardo. **Coisa julgada e sua revisão**, p. 399-402).

60. Sobre as críticas e a inutilidade desse conceito: CABRAL, Antonio do Passo. A coisa julgada formal faz sentido no sistema do CPC/2015? In: **Coisa julgada e outras estabilidades processuais**, coord. Fredie Didier Jr. e Antonio do Passo Cabral. Salvador: Editora Juspodivm, 2018, p. 159-160.

61. LUISO, Francesco Paolo. Invalidità della sentenza e mezzi di gravame. **Rivista di Diritto Processuale**, v. LXIV, n. 2, 2009, p. 18-19; POLI, Roberto. **Invalidità ed equipollenza degli atti processual**, p. 174-176; CALAZA LOPES, Sonia. La cosa juzgada en el proceso civil y penal. In: **Boletín de la Facultad de Derecho (UNED)**, n. 24, 2004, p. 133-134; OLIVA SANTOS, Andrés de La. DÍEZ-PICAZO GIMÉNEZ, Ignacio. VEGAS TORRES, Jaime. **Curso de derecho procesal**, vol. II, p. 322.

62. BARBOSA MOREIRA, José Carlos. Eficácia preclusiva da coisa julgada material no sistema do processo civil brasileiro. In: **Temas de direito processual**, p. 103.

63. Por isso, ao menos em nosso sistema, não se mostra adequado o pensamento de Aníbal de Castro ao mencionar que "o trânsito extingue o *direito de impugnação* da decisão por falta de recurso ou de reclamação nas decisões recorríveis." (**Impugnação das decisões judiciais**, p. 93).

64. Algo semelhante é defendido por Kevin M. Clermont, ao aduzir que a *claim preclusion* impediria novo litígio, fora do contexto da demanda decidida, embora comporte algumas exceções (*Res* judicata as requisite for justice. **Rutgers University Law Review**, p. 1.070).

65. DINAMARCO, Cândido Rangel. **Instituições de direito processual civil**, v. III, p. 335.

66. GUIMARÃES, Luiz Machado. Preclusão, coisa julgada, efeito preclusivo. In: **Estudos de direito processual civil**. Rio de Janeiro: Editora Jurídica e Universitária, 1969, p. 30-31.

Após a formação da estabilidade, os fundamentos impugnativos resistentes ao trânsito em julgados passam a ser examinados sob o enfoque da decadência do direito de impugnar.[67] Pelo aspecto temporal, o exercício desse direito encontra variação de prazos segundo a lei. Novamente, observa-se que a previsão de prazos decadenciais não obedece a um padrão específico, podendo também variar de acordo com cada hipótese de rescisão.

Embora os fundamentos impugnativos previstos pelo art. 966 do CPC sejam distintos, adota-se, como regra, o prazo decadencial de dois anos para rescisão. Isso não elimina a existência de outros prazos decadenciais a exemplo do descobrimento de prova nova (art. 975, §2º do CPC); de colusão ou simulação descoberta por terceiros ou pelo Ministério Público (art. 975, §3º do CPC); da ação rescisória nos processos de transferência de terras públicas (art. 8º-C da Lei 6.739/70); e da ação rescisória no âmbito do processo eleitoral (art. 22, I, *j*, do Código Eleitoral). Não deixa de chamar atenção, ainda, a aparente indefinição do prazo para rescisão de decisão transitada em julgado pela superveniência do reconhecimento de inconstitucionalidade em controle difuso ou concentrado (art. 525, §15 e art. 535, §8º do CPC), porquanto o termo inicial de dois anos passaria a fluir da decisão proferida pelo STF. A insegurança jurídica instituída por tal regra, que corrobora os questionamentos sobre sua contrariedade à Constituição,[68] sinaliza que, em nosso ordenamento jurídico, a decisão judicial estável pode ficar em constante expectativa de vulnerabilidade, por se submeter à desconstituição por fundamento futuro e incerto.[69]

---

67. BARBOSA MOREIRA, José Carlos. **Comentários ao Código de Processo Civil**, p. 219-220.
68. Norma alvo de críticas por ser "irremediavelmente inconstitucional" (MARINONI, Luiz Guilherme. **A intangibilidade da coisa julgada diante da decisão de inconstitucionalidade**, p. 161).
69. A interpretação dada por Eduardo Talamini ao mencionado dispositivo legal sugere o descabimento da ação rescisória se o capítulo condenatório já tiver produzido efeitos, ao passo que, para os capítulos declaratório ou constitutivo, a regra incidente seria o art. 975 do CPC (Impugnação ao cumprimento de título executivo inconstitucional. **Questões relevantes sobre recursos, ações de impugnação e mecanismos autônomos de uniformização de jurisprudência após o primeiro ano de vigência do novo CPC em homenagem à Professor Teresa Arruda Alvim**, p. 301-302). Uma parte da solução desse problema – ainda que sem o reconhecimento da inconstitucionalidade – residiria na aplicação, no processo civil, do art. 24 da LINDB, reconhecendo-se a higidez da decisão diante do exaurimento do seu conteúdo.

5.2. TRANSFORMAÇÕES NO PERFIL DE CONTROLE DOS MEIOS DE IMPUGNAÇÃO

As considerações anteriores serviram para demonstrar em que medida se estabelece a relação entre limitações impugnativas anteriores e posteriores ao trânsito em julgado. Com base nesses elementos, passa-se, agora, ao exame dos meios de impugnação cercados por essas limitações, especificamente os recursos extraordinário e especial e a ação rescisória. O confronto entre eles, partindo das mudanças pelas quais cada vêm passando, servirá para demonstrar movimento que, de um lado, há a mitigação da utilidade desses recursos em razão da sistemática da repercussão geral e dos recursos repetitivos e, de outro, a ampliação do espectro daquela ação autônoma, o que a sugere como meio cada vez mais idôneo à tutela dos interesses das partes. A identificação desse paradoxo, baseado na maior utilidade permitirá examinar as consequências apontadas na segunda parte deste capítulo, tendo por base o confronto entre o interesse público na solução da questão de direito repetitiva e o interesse da parte em impugnar a decisão judicial.

5.2.1. Acesso aos tribunais superiores: o modelo impugnativo dos recursos extraordinário e especial

Para confirmar as premissas anteriores, é preciso lançar um olhar estrutural em torno do acesso aos tribunais superiores a partir da realidade que se apresenta em torno dos recursos especial e extraordinário. Essa constatação é formulada a partir das transformações ocorridas nos últimos anos, especialmente pela disciplina do CPC, considerando, ainda, o perfil da jurisprudência do STF e do STJ. Com base nisso, permite-se sustentar uma mitigação na utilidade impugnativa desses recursos, em razão dos rumos trilhados pela repercussão geral e pelos recursos repetitivos.[70]

70. O estudo ora desenvolvido se assenta numa percepção crítica do discurso relativo à identificação do interesse público que permeia essas técnicas, de modo que os objetivos de uniformização de jurisprudência guiados pela isonomia e pela segurança jurídica têm cedido, ao longo do tempo, espaço ao interesse de administração da justiça, numa espécie de prevalência do interesse público secundário sobre o primário. É relevante notar que, não raras vezes, a doutrina processual encampa o argumento de que essas técnicas servem mesmo à redução da quantidade de processos, sem que por detrás se reflita a tutela de direitos fundamentais, dos quais os particulares são destinatários. O debate sobre a prevalência do argumento gerencial em detrimento desses direitos fundamentais pode ser encontrado em: SILVA, Cristiane Oliveira Peter da. Repercussão geral como instrumento de concretização do Supremo Tribunal dos direitos fundamentais. In: **Processo constitucional**, Paula Pessoa [et. al.] org., Luiz Guilherme Marinoni [et. al.] coord. São

5.2.1.1. *Os reflexos da repercussão geral sobre o perfil impugnativo do recurso extraordinário*

O exemplo da repercussão geral é elucidativo para notar como um filtro de relevância para acesso ao STF, em razão das suas próprias deficiências, migrou para um mecanismo de contingenciamento de recursos repetitivos.[71] A Emenda Constitucional n. 45 instituiu *quórum* específico para ser negada a repercussão geral, mediante manifestação de dois terços dos ministros. O custo institucional para inadmitir o recurso extraordinário que não preencha o requisito de relevância da questão de direito veiculada revela curiosa atuação denominada por Frederico Montedonio Rego como "primeiro, o menos importante"[72]. Isso quer dizer que ao tribunal é preferível se valer de qualquer outro fundamento para deixar de admitir o recurso extraordinário do que apontar a ausência de repercussão geral. Não por outras razões, a doutrina processual chegou a sustentar que seria salutar examinar outros requisitos de admissibilidade previamente à repercussão geral, em razão do ônus da previsão constitucional.[73] O regimento interno da Corte também contém disposição em igual sentido (art. 323), mas, naturalmente, as consequências produzidas por essa solução também são deletérias, pois esse cenário explica, em boa medida, a postura excessivamente defensiva para admissão dos recursos extraordinários.[74]

Ao longo dos anos de vigência da repercussão geral, notou-se a queda do número de recursos que chegaram ao STF, mas, posteriormente, houve

---

Paulo: Thompson Reuters Brasil, 2019, p. 711-714; THEODORO JÚNIOR, Humberto. NUNES, Dierle. BAHIA, Alexandre. Litigiosidade em massa e repercussão geral no recurso extraordinário. **Revista de Processo**, vol. 177, nov. 2019, p. 15-22; WAMBIER, Teresa Arruda Alvim. MEDEIROS, Maria Lúcia Lins Conceição de. Recursos repetitivos: realização integral da finalidade do novo sistema impõe mais do que a paralisação dos recursos que estão no 2º grau. **Revista de Processo**, vol. 191, jan. 2011, p. 187-195.

71. BERMAN, José Guilherme. **Repercussão geral no recurso extraordinário**, 2ª ed. Curitiba: Juruá, 2016, p. 1401-41.

72. **Repercussão geral: uma leitura do direito vigente**, p. 52-56.

73. ALVIM, Arruda. Repercussão geral: impressões gerais e perspectivas. In: FUX, Luiz. FREIRE, Alexandre. DANTAS, Bruno (coord.). **Repercussão geral da questão constitucional**. Rio de Janeiro: Forense, 2014, p. 111; ASSIS, Araken de. **Manual dos recursos**, p. 843-844.

74. Segundo o relatório "Supremo em ação" do ano de 2018, havia 102.227 processos novos chegando ao STF em 2017, dos quais 66.696 eram Agravos em Recurso Extraordinário. Nesse mesmo ano, foram proferidas 105 mil decisões terminativas, o que representa 83,3% do total de decisões daquele período (acesso em <https://www.cnj.jus.br/wp-content/uploads/2017/06/fd55c3e8cece47d9945bf147a7a6e985.pdf>)

o crescimento de novos recursos, em razão da subutilização da repercussão geral como fundamento de inadmissão.[75] Esse dado, no entanto, não escondeu outro igualmente impactante, porque, embora se tenha lançado mão de outros fundamentos para inadmissão, um considerável número de matérias foram afetadas pela repercussão geral nos anos iniciais, o que levou ao acúmulo de questões não decididas, às quais foram se somando outras novas nos anos subsequentes, sendo que acúmulo de recursos apenas foi deslocado de local em razão da técnica de sobrestamento. Se, por um lado, há formalidades que criam barreiras para o tribunal examinar a repercussão geral, de outro, o seu emprego acabou direcionado à gestão de recursos repetitivos com a imposição de restrição de tramitação na origem, o que se confirmou com a jurisprudência que foi se consolidando no sentido de impedir que, durante esse período, o acesso à Corte por algum meio de impugnação direto, como a reclamação.[76]

Nesse sentido, a técnica de sobrestamento tem se revelado fonte constante de violações às garantias fundamentais, quer porque ocorre por tempo indeterminado,[77] privando a parte de retomar a tramitação de seu recurso, quer porque os possíveis resultados com a decisão dos casos paradigmas podem se revelar completamente irrelevantes, como ao se reconhecer inexistente a repercussão geral.[78] Mesmo fora do âmbito de incidência da repercussão geral, a utilidade dos recursos extraordinários também vinha se reduzindo. Em estudo apresentado por Joaquim Falcão, Pablo Cerdeira e Diego Werneck Arguelhes, relevantes dados são trazidos para evidenciar que, entre 1988 e 2009, aproximadamente 92% das decisões do STF consistiram em inadmissão

---

75. Os gráficos apresentados pelo relatório "Supremo em ação" do ano de 2018 (p. 36), indicam claramente um crescimento considerável do número de novos recursos de 2013 até 2017. Acesso em <https://www.cnj.jus.br/wp-content/uploads/2017/06/fd55c3e8cece47d9945bf147a7a6e985.pdf>

76. STF, Rcl 38666 ED, Relator(a): Luiz Fux, Primeira Turma, julgado em 20/03/2020, DJe 03-04-2020.

77. OLIVEIRA, Pedro Miranda. MATTA, Darilê Marques da. MATTA, Darilê Marques da. Os impactos da suspensão de processos com tema de repercussão geral reconhecida e o procedimento de distinção. In: DANTAS, Bruno; BUENO, Cassio Scarpinella; CAHALI, Cláudia Elisabete Schwerz; NOLASCO, Rita Dias. **Questões relevantes sobre recursos, ações de impugnação e mecanismos autônomos de uniformização de jurisprudência após o primeiro ano de vigência do novo CPC em homenagem à Professor Teresa Arruda Alvim**. São Paulo: Editora Revista dos Tribunais, 2017, p. 229-234.

78. Segundo o mesmo relatório "Supremo em ação" do ano de 2018, esse resultado se deu em 31,8% dos temas examinados (p. 57). Acesso em 21.04.2021: < https://tinyurl.com/mvhbrdw9>.

de recursos por variadas razões (ausência de pré-questionamento, a questão envolvia reexame de fato, matéria infraconstitucional etc.).[79]

Dessa forma, o anúncio que já havia sido feito pela doutrina se confirmou.[80] Uma das principais "vantagens" reveladas pela sistemática da repercussão geral tem se caracterizado pelo sobrestamento, referendado pelo CPC *sine die* para se encerrar, por uma razão operacional de impedir a chegada ao STF de recursos versando sobre a questão de direito já afetada.[81] No entanto, o que se apregoa como vantagem é na verdade um dos grandes inconvenientes causados ao jurisdicionado. O tempo de espera indefinido usurpa da parte qualquer perspectiva quanto ao momento em que seu recurso terá o mérito decidido e se será decidido. O procedimento de sobrestamento, antes mesmo da vigência do CPC, era caracterizado pela restrição de se proferir juízo de admissibilidade, a revelar a potencial inutilidade da espera se o recurso não reunisse os requisitos para ser admitido.

Além disso, a tendência também prevista pela doutrina de que os tribunais superiores, em especial o STF, passariam a ser tribunais de definição de teses, ou melhor, da interpretação a ser dada à questão de direito afetada, tem se verificado por consequência do quadro aqui apresentado. Quando o recurso extraordinário se submete à repercussão geral, com a imposição do sobrestamento, sua função impugnativa fica consideravelmente reduzida. Nessas condições, o recurso serve a duas finalidades essenciais: impedir a preclusão e aguardar a uniformização de interpretação para, eventualmente, aplicá-la favoravelmente à parte. O recurso passa a figurar como um veículo para reproduzir, no caso concreto, o entendimento definido pelo STF.

Tem também grande importância na conclusão da mitigação de utilidade do recurso a forma com que o STF lida com a modulação de efeitos. Não

---

79. O Supremo Tribunal Federal processual. In: **Estudos de direito público. Homenagem ao Ministro Carlos Mário da Silva Velloso**. São Paulo: Lex Magister, 2012, p. 301-302.

80. THEODORO JÚNIOR, Humberto. O poder de controle do cabimento do recurso extraordinário referente ao requisito da repercussão geral (CF, Art. 102, § 3º). In: MEDINA, José Miguel Garcia (Coord.) [et al]. **Os poderes do juiz e o controle das decisões judiciais – Estudos em homenagem à professora Teresa Arruda Alvim Wambier**. São Paulo: Revista dos Tribunais, 2008, p. 939.

81. Taís Schilling Ferraz assevera o seguinte: "Pretende-se o efeito multiplicador das decisões do STF, evitando-se que cada caso chegue individualmente, quando versar questão já decidida ou a ser decidida pela Corte. Objetiva-se evitar que processos sejam finalizados com soluções contraditórias em matéria de interpretação da Constituição, com prejuízos à isonomia. Busca-se poupar ações rescisórias para a reversão de julgamentos contrários ao entendimento do STF. Na quadra atual, é preciso dar outra significação aos requisitos de admissibilidade dos recursos extraordinários." (**O precedente na jurisdição constitucional: construção e eficácia do julgamento da questão com repercussão geral,** p. 166)

são raras as vezes em que, além da ausência de clareza na identificação dos critérios e métodos hermenêuticos adotados pelos julgadores,[82] a modulação acaba sendo usada contra o próprio jurisdicionado, frustrando expectativas legítimas e desviando-se da sua finalidade de proteção da segurança jurídica.[83] Ao agir assim, a Corte responde ao recorrente que aguardou por tanto tempo dizendo que a decisão, apesar de enfrentar a questão de direito, ou não lhe será aproveitada ou lhe será em menor medida em razão do momento de sua eficácia.[84] O tema é dos mais importantes no Direito, porquanto a técnica de sobrestamento está permeada pela constante tensão entre direitos e garantias fundamentais, sendo certo que condicionar as partes à espera indefinida, por si só de questionável constitucionalidade, cerca-se, ainda, da possibilidade de que o mau uso da modulação importe em mitigação ainda maior da utilidade do recurso interposto.

Em razão do modo com que a repercussão geral vem sendo conduzida, a jurisprudência e a doutrina passaram a encampar o argumento de "objetivação" do recurso extraordinário, a confirmar o seu desprendimento da finalidade impugnativa normalmente existente nos meios de impugnação.[85] Essa tese, apesar de defendida logo nos primeiros anos de vigência do filtro, é sustentada com variadas finalidades e é indiscutível ter se instaurado na prática do Supremo.[86] O que importa no momento é perceber que, se o recurso extraordinário é normalmente visto como meio de acentuada tutela do direito objetivo, o movimento acima narrado intensificou esse perfil, a exemplo do art. 998, parágrafo único do CPC, ao prever a irrelevância da desistência do recurso para decisão sobre a questão afetada. Isso tudo

82. ROSILHO, André Janjácomo. FERREIRA, Carolina Cutrupi. CUSCIANO, Dalton Tria. RAMOS, Luciana de Oliveira. COUTINHO, Maria Laura. NASSAR, Paulo André Silva. GLEZER, Rubens Eduardo. DIAS, Vitor Marins. Fundamentação e previsibilidade no STF: uma forma de análise da argumentação dos ministros em recursos extraordinários. In: **Desafios da Constituição: Democracia e Estado no século XXI**, coord. Flávia Martins de Carvalho e José Ribas Vieira. Rio de Janeiro: UFRJ, 2011, p. 23-25.

83. ÁVILA, Humberto. **Teoria da segurança jurídica**, p. 573-574.

84. ÁVILA, Ana Paula. **A modulação dos efeitos temporais pelo STF no controle de constitucionalidade**. Porto Alegre: Livraria do Advogado, 2008, p. 92.

85. TALAMINI, Eduardo. Objetivação do controle incidental de constitucionalidade e força vinculante (ou "devagar com o andor que o santo é de barro"). In: NERY JR., Nelson. WAMBIER, Teresa Arruda Alvim. **Aspectos polêmicos e atuais dos recursos cíveis**, v. 12. São Paulo: Editora Revista dos Tribunais, 2011, p. 152-153.

86. Sobre elas, confira-se inventário apontado em DIDIER JR, Fredie. Transformações do recurso extraordinário. In: **Processo e Constituição. Estudos em homenagem ao Professor José Carlos Barbosa Moreira**. São Paulo: Revista dos Tribunais, 2006, p. 984-986.

reafirma a formulação anterior de que tal recurso, atualmente, tem servido de veículo para reprodução do entendimento firmado pelo STF, a ocorrer em tempo incerto.

5.2.1.2. *Os impactos do filtro de relevância da questão federal e da técnica de recursos repetitivos sobre a utilidade do recurso especial*

Todo o quadro até aqui apresentado comporta paralelo, devidamente adaptado, à realidade observada perante o STJ em razão do recurso especial. De um lado, a recente inserção de um filtro para esse meio, conforme disciplina trazida pela Emenda Constitucional n. 125/2022, sinaliza para a presença de semelhantes riscos institucionais observados na repercussão geral com relação ao juízo negativo de admissibilidade com base na ausência de relevância da questão federal infraconstitucional, considerando ser necessária deliberação de 2/3 dos julgadores nesse sentido (art. 105, §2º da CF/88) . A tendência de que outros fundamentos para o não conhecimento de recursos especiais sejam invocados parece elevada. De outro lado, a sistemática de recursos repetitivos revela desempenho assemelhado ao que se verifica na repercussão geral com relação à mitigação da utilidade impugnativa. O CPC confere, em diversos momentos, consequências comuns aos recursos repetitivos e à repercussão geral e, no tocante à prática do sobrestamento, boa parte das consequências deletérias anteriormente narradas servem neste momento. Aliás, a ausência de filtro para o STJ parece explicar a razão pela qual também há intensa postura defensiva na admissão do recurso especial, na medida em que, se a repercussão geral representa um custo institucional e o STF lança mão de outros fundamentos para inadmissão, sem tal requisito, esses fundamentos ficam ainda mais evidentes no âmbito daquele tribunal pelas razões aplicáveis ao recurso especial.

A mitigação da utilidade desse recurso para tutela da posição do recorrente ocorre por razões muito próximas ao que se verificou no tocante ao recurso extraordinário. A sistemática dos recursos especiais repetitivos está assentada na base comum de afetação da matéria pela corte superior, utilização do sobrestamento para impedir a tramitação nos tribunais de origem e a reprodução decisória uma vez resolvida tal questão. Afora isso, é relevante notar que, conquanto o acesso ao STJ esteja cercado por um menor número de formalidades comparativamente ao STF, não se deve ignorar os dados que apontam por uma postura altamente restritiva mesmo quando se pretenda o acesso individualizado.

Em razão de dados estatísticos fornecidos pelo STJ, confirma-se que, no ano de 2019, foram proferidas 651.871 decisões, sendo 543.381 de caráter terminativo, das quais 119.343 se referem aos recursos. Outro dado relevante, a ser agregado a esse, mostra que, nesse mesmo ano, a maior quantidade de processos recebidos pela corte diz respeito aos agravos em recurso especial, perfazendo o total de 214.779 (55,8% de todos os processos), o que revela um resultado importante, pois mostra que os recursos especiais já haviam sido inadmitidos na origem e as chances de superação do juízo de admissibilidade, pelos números apresentados, são diminutas.[87] Em 2020, foram proferidas 583.733 decisões, 503.699 delas terminativas, das quais 129.958 dizem respeito aos recursos. No mesmo ano, 168.22 dos processos que chegaram ao tribunal (48,89% do total) referiam-se ao agravo em recurso especial.[88] Nesse mesmo relatório, aponta-se um decréscimo do número de recursos especiais que passam pelo juízo positivo de admissibilidade na origem, pois chegaram ao STJ em 2020 apenas 3.789 (6,52% do total), o que representa uma queda, desde o ano de 2014, de 27,4% desses recursos.

Diante de todos esses indicadores, a inexistência formal de um filtro de relevância, a rigor, mostra-se indiferente para o objetivo de selecionar casos cuja atenção seja merecida pelo STJ, porquanto os resultados do acesso individualizado são semelhantes aos percentuais existentes para esse mesmo acesso junto ao STF. Em outros termos, a constante afirmação de que o STJ necessita de um filtro de relevância é, de um lado, questionável na medida em que teria o condão de impor demasiada restrição a um tribunal com missões diferentes do STF e, de outro, conforme se observa, importaria mais uma barreira que na experiência do Supremo se revelou como última medida em razão das dificuldades em se negar a repercussão geral. É possível dizer que esse filtro de relevância, de certo modo, já existe, pois está imiscuído nas inúmeras formas de impedir o acesso individualizado pela via do recurso especial – pelos dados apontados, aplicando-se quase que à totalidade a irrelevância da questão – e, por vezes, contempla-se implicitamente pelos próprios recursos repetitivos, por ser-lhes inerente a transcendência da questão discutida.

Nesse sentido, não é nova a discussão acerca dos interesses envolvidos na solução de questões repetitivas em sede recursal.[89] Ao se privilegiar o modelo

---

87. Acessado em: <https://www.stj.jus.br/webstj/Processo/Boletim/verpagina.asp?vPag=0&vSeq=343>.

88. Acessado em: <https://www.stj.jus.br/webstj/Processo/Boletim/verpagina.asp?vPag=0&vSeq=357>.

89. A doutrina não apresenta consenso sobre qual seria o interesse público tutelado por meio dos recursos repetitivos, pois, por vezes, confunde-se esse interesse com eliminação de processos, com gestão judiciária ou com eficiência da atividade jurisdicional. A permeabilidade do discurso envolvendo a repercussão geral e os recursos repetitivos por esses argumentos parece ter contribuído para certo desvirtuamento da finalidade precípua dessas técnicas, que residem na uniformidade interpretativa, como forma de eliminar insegurança jurídica e reduzir desigualdades entre litigantes. O caráter

em que o tribunal define a interpretação a ser dada a essa questão, mediante reprodução desse entendimento aos demais casos, há uma clara preferência pela preservação da isonomia e da segurança jurídica. Fala-se, portanto, haver interesse público que permeia os recursos repetitivos por almejarem a concretização desses princípios mediante a definição do sentido interpretativo dado ao texto examinado pelo tribunal superior.[90] Diferentemente do que já se sustentou, esse interesse público não se confunde com o interesse da administração da justiça, muito menos com o de gestão judiciária,[91] mas na uniformização interpretativa que orienta o cidadão, conferindo-lhe previsibilidade e cognoscibilidade do Direito, garantindo-lhe a aplicação isonômica da norma sempre que a mesma questão de direito tiver de ser enfrentada. Portanto, sendo os direitos fundamentais de titularidade dos particulares e com função de limitar o poder estatal, o argumento pragmático de eficiência dos tribunais, sempre presente nesse contexto, quando menos se revela inapropriado para explicar o modo com que a jurisprudência, em primeiro momento, e o CPC, ao seu tempo, passaram a encarar o sobrestamento.[92]

---

público do interesse está justamente na tutela desses direitos fundamentais em razão da função interpretativa exercida pelos tribunais, o que não impediria que, mediata e consequentemente, ocorra a preocupação com a gestão judiciária (WAMBIER, Teresa Arruda Alvim. DANTAS, Bruno. **Recurso especial, recurso extraordinário e a nova função dos tribunais superiores no direito brasileiro**, p. 531).

90. MARINONI, Luiz Guilherme. **O STJ enquanto corte de precedentes**, 4ª ed. São Paulo: Editora Revista dos Tribunais, 2019, p. 175.

91. "o interesse que, hoje, existe com a Lei 11.672, de 2008, é o interesse público, ou seja, o de permitir que uma Corte Superior como a nossa consiga eliminar os processos em massa por meio desse mecanismo que se me afigura muito importante e tem sido largamente aqui empregado, que é de se reunir em um único processo diversas questões, ou em mais processos, mas congregando a mesma matéria, e, daí se dando uma decisão a fim de orientar os Tribunais a quo sobre o tema." (trecho do voto do Min. Aldir Passarinho, STJ, QO no REsp 1063343/RS, Rel. Ministra Nancy Andrighi, Corte Especial, julgado em 17/12/2008, DJe 04/06/2009).

92. Nesse sentido, Heitor Sica apresenta importantes reflexões que confirmam as premissas acima adotadas: "(a) lida-se com o efeito (multiplicidade de processos) e não com a causa (litígios de massa originalmente levados ao Poder Judiciário de maneira atomizada, em processos individuais, tal como o médico que combate apenas a febre, em vez de tratar da infecção); (b) o foco desses mecanismos de aglutinação é a solução do problema do Poder Judiciário (e não do conflito de massa, que pode ter sido judicializado apenas por uma ínfima parte dos indivíduos atingidos); (c) compromete-se a representatividade adequada da coletividade a ser atingida pela decisão proferida no 'caso-piloto', no qual há o combate desigual do litigante individual eventual versus litigante habitual; (d) ordenamento não estabelece critérios para escolha dos 'casos-piloto'; (e) a decisão proferida no âmbito dos incidentes de aglutinação se aplicam pro et contra a pluralidade de sujeitos titulares de direitos individuais homogêneos (contrariando uma escolha que

É que não parece haver dúvidas de que a Lei 13.256/16, ao alterar o CPC ainda na *vacatio legis*, teve como objetivo mitigar ainda mais a utilidade dos recursos para os tribunais superiores e desmotivar sua interposição, em razão de inúmeras modificações implementadas, dentre elas a eliminação do dispositivo legal que previa o retorno à tramitação dos recursos se, após um ano de sobrestamento, não sobreviesse decisão sobre a questão afetada pelo tribunal superior (art. 1.036, §5º). De outro modo, se o discurso em torno da isonomia e da segurança jurídica vem sendo utilizado para justificar as técnicas de tratamento da litigiosidade repetitivas, não é possível negar o manifesto propósito gerencial nessas propostas e, pelos problemas que apresentam, nota-se, por vezes, a violação a esses mesmos direitos, além de outros igualmente fundamentais como o devido processo legal e a razoável duração do processo.

O enfoque aqui apresentado visa demonstrar como a utilidade dos recursos para os tribunais superiores está sendo gradativamente mitigada, embora isso não exclua outros problemas decorrentes da litigiosidade repetitiva, que interferem direta e indiretamente para isso. Como a doutrina aponta, há inconvenientes atrelados à escolha dos casos paradigmas, à participação e representatividade na formação da decisão judicial, desequilíbrios entre litigantes habituais, mais organizados e com participação mais efetiva, e litigantes ocasionais, de modo que esses aspectos se refletem na formação da decisão, levando a um cenário em que a aderência aos casos represados pode ficar comprometida ao se desconsiderar a totalidade dos argumentos relevantes para o julgamento.[93] A isso se pode somar também o que foi dito anteriormente sobre expectativas legítimas frustradas em razão do mau uso da técnica de modulação, como mais uma razão para questionar a utilidade proporcionada pelo recurso repetitivo.

---

havia sido feita no CDC no tocante à ação coletiva de tutela dos direitos individuais homogêneos e, portanto, instaurando uma evidente contradição no sistema); (f) ao julgar o incidente de aglutinação, o tribunal considerará as circunstâncias fáticas presentes no 'caso-piloto' para resolver a questão jurídica de modo que sem uma adequada e profunda fundamentação, haverá uma enorme dificuldade de replicar a decisão nos casos sobrestados (...)" (Brevíssimas reflexões sobre a evolução do tratamento da litigiosidade repetitiva. **Revista de Processo**, v. 41, n. 257, jul. 2016, p. 279).

93. BAHIA, Alexandre Melo Franco de Moraes. HENRIQUES, Paula Valério. Recursos extraordinário e especial repetitivos no CPC/2015: uso e interpretação de acordo com o modelo constitucional de processo. **Revista de Processo**, v. 41, n. 258, ago. 2016, p. 203-223; ASPERTI, Maria Cecília de Araújo. **Acesso à justiça e técnicas de julgamento de casos repetitivos.** 2018. Tese (Doutorado em Direito Processual) - Faculdade de Direito, Universidade de São Paulo, p. 157-170.

Dessa forma, se pelo acesso individualizado os números mostram que a postura altamente defensiva da jurisprudência caminha no sentido de ser cada vez mais remota a possibilidade de um recurso ter seu mérito examinado pelo STJ, pelo modelo de recursos repetitivos a inexistência de termo certo para encerramento do sobrestamento, associado a esses outros fatores, indicam também pela mitigação da utilidade desse meio de impugnação.

5.2.1.3. Características do sobrestamento dos recursos extraordinário e especial

Além das peculiaridades narradas anteriormente, os objetivos almejados com a Lei 13.256/2016, que reformou o CPC durante sua *vacatio legis*, contribuem para sustentar as alterações estruturais relativas à gestão de recursos repetitivos. O art. 1.030, III, atribui ao presidente ou vice-presidente do tribunal em que proferida a decisão recorrida o dever de aplicar o sobrestamento decorrente da afetação da matéria constitucional ou infraconstitucional federal perante o respectivo tribunal superior. Ainda, essa lei deixou expressa a intenção de que o sobrestamento durasse por período indeterminado com a revogação do parágrafo 5º do art. 1.037, cuja redação original previa o retorno da tramitação dos processos e dos recursos se a matéria afetada não fosse decidida no período de um ano.[94] Essa indefinição temporal pode levar a resultados absolutamente inúteis às partes se, depois desse período, houver a conclusão de que, por exemplo, a questão constitucional não possui repercussão geral (art. 1.035, §8º e art. 1.039, par. único); assim como posterga-se ainda mais o exame de mérito pelas controvérsias em torno de ofensa reflexa à constituição ou de questão infraconstitucional.[95]

Tal indefinição ganha contornos prejudiciais diante do indevido sobrestamento, aplicado em recurso que trate de matéria distinta daquela

94. "No entanto, com a reforma da Lei n. 13.256, de 4 de fevereiro de 2016, a sanção pelo descumprimento contida no §5º, revogado, de término da suspensão caso o recurso repetitivo não fosse julgado em um ano foi extinta, de modo que o descumprimento do prazo de julgamento previsto no §4º não gera maiores efeitos e poderemos ter a situação de centenas de milhares de processos ficarem suspensos pro prazo indeterminado, inviabilizando as garantias do devido processo constitucional e do acesso à justiça. Sem olvidar de que isto poderá induzir uma abordagem estratégica dos tribunais superiores em escolher quando determinadas temáticas deverão ser dirimidas e quando deverão ser mantidas em suspensão, em evidente ativismo seletivo." (NUNES, Dierle. BAHIA, Alexandre. PEDRON, Flávio Quinaud. Comentários ao art. 1.037. In: **Comentários ao Código de Processo Civil**, org. Lenio Luiz Streck, Dierle Nunes, Leonardo Carneiro da Cunha e Alexandre Freire. São Paulo: Saraiva, 2016, p. 1.385).

95. REGO, Frederico Montedonio. **Repercussão geral: uma releitura do direito vigente**, p. 40-43.

afetada. Também nesse ponto, deve-se somar a previsão original do CPC, que deixou claro ser o tribunal prolator da decisão recorrida o competente para examinar o pedido de distinção, tanto por requerimento formulado diretamente ao relator (art. 1.037, §9º, II), quanto por agravo interno contra decisão do relator que negue a distinção (art. 1.037, §13, II). Se o objeto do recurso contemplar matérias outras além da afetada, o CPC, no art. 1.041, §2º, aponta que relator do acórdão recorrido deverá exercer juízo de admissibilidade sobre essa parcela e, sendo-o positivo, o presidente ou vice-presidente do tribunal remeterá o recurso para o tribunal superior. Esse dispositivo sugere que o juízo de admissibilidade sobre a matéria não afetada seja feito quando o acórdão do caso paradigma já tenha sido publicado e caberá ao relator adotar uma das posturas descritas nos incisos do art. 1.040. A restritiva interpretação sinalizaria que, previamente, o recurso permaneceu sobrestado mesmo tendo objeto mais amplo que o paradigma, mas, de todo modo, retoma-se o inconveniente a respeito do não acolhimento do pedido de distinção formulado durante a suspensão dos recursos.[96]

O balanço dos dispositivos legais aludidos leva à conclusão de que, inexistindo prazo certo para cessar o sobrestamento, além de esgotados os mecanismos previstos para remoção dos prejuízos identificados nesse período, ou a parte deveria desistir dos recursos interpostos para, então, ajuizar a ação rescisória, ou teria de se conformar com o gravame para insistir com a aplicação da decisão paradigma ao seu caso.[97] Nenhuma das soluções está alinhada com os limites éticos do processo civil, com o devido processo

---

96. BONDIOLI, Luis Guilherme Aidar. **Comentários ao Código de Processo Civil**, v. XX, p. 271 e 275. Veja-se, por exemplo, a vedação ao uso da reclamação inclusive para distinção, o que confirma a postura restritiva mesmo quando o recurso não devesse ficar sobrestado: STJ, Rcl 32.391/SP, Rel. Ministro Mauro Campbell Marques Primeira Seção, julgado em 13/12/2017, DJe 18/12/2017; STF, Rcl 25090 AgR, Relator(a): Edson Fachin, Primeira Turma, julgado em 11/11/2016, DJe 28-11-2016. STJ, AgInt no RE nos EREsp 1319232/DF, Rel. Ministro Jorge Mussi, Corte Especial, julgado em 16/12/2020, DJe 18/12/2020. A doutrina, no entanto, diverge sobre o cabimento do meio de impugnação para questionar a decisão de mérito do agravo interno. Admite-se novo recurso extraordinário ou especial, conforme o cabimento ((NUNES, Dierle. BAHIA, Alexandre. PEDRON, Flávio Quinaud. Comentários ao art. 1.036. In: **Comentários ao Código de Processo Civil**, org. Lenio Luiz Streck, Dierle Nunes, Leonardo Carneiro da Cunha e Alexandre Freire. São Paulo: Saraiva, 2016, p. 1.381) e, ainda, assume-se ser irrecorrível essa decisão de mérito (DIDIER JR., Fredie. CUNHA, Leonardo Carneiro da. **Curso de direito processual civil**, p. 764).

97. Todos esses fatores revelam aspectos incontroláveis pelo recorrente que tem seu recurso sobrestado com um modelo que não lhe permite o *opt out*, pois a única saída seria a própria desistência do recurso (SICA, Heitor Vitor Mendonça. Brevíssimas reflexões

legal, tampouco com a proteção de direitos fundamentais desejados pela técnica de uniformização de jurisprudência.[98] Não se pode admitir que o Estado obrigue a parte a abdicar de um meio legítimo de controle da decisão judicial para que possa fazer uso de outro porque a jurisprudência cria barreiras para superação de prejuízos.

Ainda, haveria o potencial de submeter a parte a mais um risco, porquanto optar pela ação rescisória em virtude da desistência do recurso sobrestado poderia fechar as portas da primeira pelos já conhecidos óbices impostos pela súmula 343 do STF. A técnica em torno dos recursos repetitivos visa, justamente, à reprodução decisória em busca da isonomia e da segurança jurídica, de modo que o desestímulo à manutenção dos recursos é limitar os benefícios a serem auferidos com resultado favorável à parte obtido no julgamento do paradigma, em clara restrição a direitos fundamentais.

Além disso, outros fatores são relevantes para demonstrar os impactos do sobrestamento.

Um deles deve ser atribuído à postura defensiva da jurisprudência em repelir o controle de decisões proferidas durante o sobrestamento. Na vigência do CPC de 73 já havia se formado entendimento do STF no sentido de que o incorreto enquadramento do caso sobrestado ao paradigma não comportaria qualquer mecanismo direto de controle.[99] De igual modo, se o sobrestamento recaísse sobre recursos que não tivessem passado pelo juízo de admissibilidade, essa restrição, com maior rigor, era aplicada (vide art. 328-A RISTF).[100] Ainda, havia, nesse período, dúvida sobre a competência do órgão que deveria conceder tutela provisória para impedir prejuízos à parte, reconhecendo-se, ao fim, que caberia ao tribunal prolator da decisão recorrida examiná-lo, mesmo já exercido o juízo de admissibilidade.[101]

---

sobre a evolução do tratamento da litigiosidade repetitiva. **Revista de Processo**, v. 41, n. 257, jul. 2016, p. 276-277).

98. Aliás, conviria questionar se a desistência desses recursos, cujo objetivo é concretizar a isonomia e a segurança jurídica, não equivaleria à postura imposta pelo Estado de renúncia coativa a direitos fundamentais (ADAMY, Pedro Agustin. **Renúncia a direito fundamental**. São Paulo: Malheiros, 2011, p. 66-67).

99. STF, Rcl 7569, Relator(a): Ellen Gracie, Tribunal Pleno, julgado em 19/11/2009, DJe 11-12-2009; STF, Rcl 9302 AgR, Relator(a): Dias Toffoli, Tribunal Pleno, julgado em 11/04/2013, DJe 01-07-2013. Vide, ainda, STF, AI-QO 760.358, rel. Gilmar Mendes, j. 19/11/2009, Dje. 19/02/2010.

100. FERRAZ, Taís Schilling. **O precedente na jurisdição constitucional: construção e eficácia do julgamento da questão com repercussão geral,** p. 154-155.

101. STF, AC 2177 MC-QO, Relator(a): Ellen Gracie, Tribunal Pleno, julgado em 12/11/2008, DJe 20-02-2009.

O CPC de 2015 previu o cabimento da reclamação para garantir a observância de acórdão de recurso extraordinário com repercussão geral reconhecida ou de acórdão proferido em julgamento de recursos extraordinário ou especial repetitivos após esgotamento dos recursos (art. 988, §5º), mas isso não foi suficiente frente ao posicionamento restritivo da jurisprudência, que logo negou o cabimento desse meio de impugnação para distinção e ressaltou que a ação rescisória, com a alteração trazida pela Lei 13.256/2016, seria uma forma de compensar o jurisdicionado afetado.[102] Relativamente ao juízo de admissibilidade, se o recurso extraordinário ou especial interposto estiver sujeito ao regime dos recursos repetitivos e não tiver sido selecionado como representativo da controvérsia, somente será possível ao presidente ou vice-presidente ordenar o sobrestamento.[103]

A parte interessada poderia, ainda, superar essa suspensão com a demonstração de que o recurso seria inadmissível por intempestividade (art. 1.035, §5º do CPC). De toda sorte, a jurisprudência, antes mesmo do CPC de 2015, já reconhecia a soberania do tribunal *a quo* para mantê-lo sobrestado se a alegação de inadmissibilidade fosse afastada.[104] Agora, reafirma-se

---

102. A utilização da ação rescisória como forma de compensar a impossibilidade de distinção pela via da reclamação foi objeto de expresso debate e de consenso parlamentar previamente à promulgação da Lei 13.256/2016. Em julgamento da Corte Especial do STJ, o voto vencedor, apoiado nesse registro dos trabalhos legislativos, fez constar o seguinte: "devido exatamente à supressão da hipótese de cabimento para a aplicação de tese firmada em recurso repetitivo ou em repercussão geral, foi apresentada emenda para incluir no CPC a possibilidade de ajuizamento de ação rescisória quando aplicado erroneamente o precedente, como uma forma de 'compensação' ao jurisdicionado." (STJ, Corte Especial, Rcl 36.476-SP, Rel. Min. Nancy Andrighi, julgado em 05/02/2020). Ver, ainda: STF, Rcl 25090 AgR, Relator(a): Edson Fachin, Primeira Turma, julgado em 11/11/2016, DJe 28-11-2016. Em determinado caso, a reclamação foi admitida com a finalidade de que o tribunal de origem procedesse ao sobrestamento, pela indevida permissão de regular tramitação do recurso extraordinário: STF, Rcl 42440 AgR, Relator(a): Rosa Weber, Relator(a) p/ Acórdão: Dias Toffoli, Primeira Turma, julgado em 22/09/2020, DJe 27-10-2020.

103. ABBOUD, Georges. SCAVUZZI, Maira. FERNANDES, Ricardo Yamin. Da sistematização da reclamação no Supremo Tribunal Federal e no Superior Tribunal de Justiça. In: **Aspectos polêmicos dos recursos cíveis e assuntos afins**, vol. 15, Nelson Nery Jr., Teresa Arruda Alvim (coord.). São Paulo: Editora Revista dos Tribunais, 2020, p. 235-236; DIDIER JR., Fredie. CUNHA, Leonardo Carneiro da. **Curso de direito processual civil**, p. 764; BONDIOLI, Luis Guilherme Aidar. **Comentários ao Código de Processo Civil**, v. XX, p. 271.

104. STF, AI 760358 QO, Relator(a): Gilmar Mendes (Presidente), Tribunal Pleno, julgado em 19/11/2009, DJe- 11-02-2010. "Na redação original do Código de Processo Civil dada pela Lei n. 12.105/2015, o papel do agravo previsto pelo art. 1.042 era outro. Ele

essa posição pela previsão de controle por agravo interno contra a decisão que nega o destrancamento do recurso intempestivo (art. 1.035, §6º).[105] O requerimento para concessão de tutela provisória, na forma do art. 1.029, §5º do CPC, não poderá ser formulado perante o tribunal superior enquanto não exercido o juízo de admissibilidade na origem. Entre a interposição do recurso e o juízo de admissibilidade, será competente o presidente ou vice-presidente do tribunal em que proferida a decisão recorrida examinar tal pedido. O sobrestamento impede ao menos uma das etapas previstas pelo CPC para obtenção da tutela provisória, o que, aliás, decorre de um dos objetivos da técnica de represamento, consistente em forçar a suspensão antes da admissao do recurso.

Mais um relevante fator é de ordem estatística, muito embora os dados disponíveis não abranjam a totalidade dos problemas aqui enfrentados. É necessário saber o tempo transcorrido entre a afetação da questão repetitiva (e, portanto, o momento em que se inicia o sobrestamento) e a publicação do acórdão que define a tese jurídica (momento em que, em tese, essa suspensão se encerra), para compreender o exame aqui proposto sob o aspecto temporal.

No âmbito do STF, o relatório "Supremo em ação", editado pelo CNJ, indicava que, até 31 de julho de 2018, 1.004 temas foram apreciados, dos quais 676 tiveram reconhecida a repercussão geral.[106] Dentre esses temas,

---

se prestava a conduzir aos Tribunais Superiores temas de alguma forma relacionados com o regime da repercussão geral ou com o julgamento por amostragem, quais sejam, o indeferimento do requerimento de intempestividade do recurso suspenso (arts. 1.035, §§ 6º e 7º, e 1.036, §§ 2º e 3º, do CPC), a negativa de seguimento do recurso com fundamento no atrito com a tese fixada nos Tribunais Superiores (art. 1.040, I, do CPC) e a inadmissão do recurso extraordinário com amparo no prévio reconhecimento da falta de repercussão geral da questão constitucional nele ventilada (arts. 1.035, § 8º, e 1.039, parágrafo único, do CPC). Com o advento da Lei n. 13.256/2016, designou-se o agravo interno para impugnação desses pronunciamentos (arts. 1.030, § 2º, 1.035, § 7º, 1.036, § 3º, do CPC) e reservou-se o agravo em recurso especial ou extraordinário para o ataque ordinário ao juízo de admissibilidade negativo do recurso extraordinário ou especial por parte do tribunal a quo (art. 1.030, V do CPC). Lembre-se de que o ordinário juízo de admissibilidade do recurso extraordinário ou especial pelo tribunal a quo fora abandonado pelo texto original do Código de Processo Civil, na redação dada pela Lei n. 13.105/2015, e foi ulteriormente resgatado pela Lei n. 13.256/2016, conforme se infere, sobretudo, de uma análise retrospectiva do art. 1.030." (BONDIOLI, Luis Guilherme Aidar. **Comentários ao Código de Processo Civil**, XX, p. 277

105. MANCUSO, Rodolfo de Carmargo. Comentários ao art. 1.035. In: **Comentários ao Código de Processo Civil**, coord. Cassio Scarpinella Bueno, v. 4, p. 539-540.

106. Acesso em: https://www.cnj.jus.br/wp-content/uploads/2017/06/fd55c3e8cece-47d9945bf147a7a6e985.pdf.

367 tiveram o mérito julgado. Até 11 de abril de 2021,[107] foram identificados 672 temas afetados com repercussão geral reconhecida e que ainda não tiveram encerrado o julgamento de mérito. Alguns desses temas encontram-se afetados há mais de quatorze anos (ex.: temas 6 e 19). Há temas com ordem de suspensão nacional e que vieram a ser julgados depois de aproximadamente nove anos desde o reconhecimento de repercussão geral (ex.: tema 32) e outros tantos com o sobrestamento determinado em período superior a nove anos, mas que ainda aguardam decisão de mérito (ex.: tema 69, com repercussão geral reconhecida em 25.04.2008; tema 160, com repercussão geral reconhecida em 20.04.2009; tema 179, com repercussão geral reconhecida em 15.08.2009, tema 285, com repercussão geral reconhecida em 03.04.2012).

Ao tempo em que elaborado o referido relatório, os dez temas com maior impacto no sobrestamento (em ordem crescente de quantidade: temas 264, 265, 285, 810, 503, 246, 284, 163, 6 e 96) apontavam, ao todo, o represamento de 1.163.892 processos nas instâncias inferiores.

Quadro análogo pode ser encontrado no STJ. Desde a implementação da sistemática dos recursos especiais repetitivos até abril de 2021, foram afetados 1.085 temas. Em 79 deles, há situações em que a determinação de suspensão ultrapassa dez anos (ex.: temas 106, 126, 184, 280, 281, 282). O relatório estatístico produzido pelo STJ para o ano de 2020 aponta que o total de processos sobrestados na origem representa o total de 2.525.644.[108] Ademais, o estudo "Justiça em números" do mesmo ano indica que 18,5% dos 77,1 milhões de processo em trâmite no país dizem respeito, dentre outros assuntos, a casos de sobrestamento.[109]

Esses dados permitem algumas conclusões. A inexistência de consequências para o sobrestamento por tempo indeterminado afeta parcela expressiva dos processos em tramitação, de modo que essa técnica privilegia a formação da decisão paradigma e a busca para que o tribunal superior confira, cada vez mais, funções aos tribunais inferiores. Em meio a essa disputa entre quem ficará com o maior número de atribuições, encontra-se o jurisdicionado, refém do modelo legal pensado para gerir questões repetitivas e submetido a constantes violações ao princípio da razoável duração

---

107. Data da consulta à base de dados disponibilizada pelo STF.

108. Acesso em: <https://www.stj.jus.br/webstj/Processo/Boletim/verpagina.asp?vPag=0&vSeq=357>

109. Acesso em: <https://www.cnj.jus.br/wp-content/uploads/2020/08/WEB-V3-Justi%C3%A7a-em-N%C3%BAmeros-2020-atualizado-em-25-08-2020.pdf>

do processo e do devido processo legal. Além disso, a deturpação dos princípios que deveriam guiar a resolução de questões repetitivas – em especial, isonomia e segurança jurídica – também se reflete em técnicas decisórias como a modulação de efeitos em detrimento de direitos fundamentais, em frustração à confiança legítima, fazendo com que a espera do sobrestamento seja vazia ao ensejo da aplicação do art. 927, §3º do CPC.[110]

5.2.2. Atual disciplina da ação rescisória: amplitude e funções

O contraponto observado com relação ao esforço feito pelo sistema para alcançar a uniformização de jurisprudência, restringindo o acesso aos tribunais superiores e relativizando garantias fundamentais, é a gradual amplitude dada à ação rescisória. Como demonstrado a seguir, o sistema parece aceitar esse paradoxo e reconhece, de algum modo, que mesmo a apregoada excepcionalidade dessa ação autônoma cede frente ao alargamento que lhe vem sendo dado, o que faz com que se caracterize o confronto entre o interesse público para a solução de questões repetitivas e o interesse da parte para tutelar sua posição jurídica.

5.2.2.1. Alargamento do espectro da ação rescisória

Conquanto seja adjetivada de excepcional, o movimento histórico mais recente da ação rescisória evidencia a amplitude de seu cabimento e a paulatina mudança de algumas das suas funções. Não se nega que esse meio de impugnação, vocacionado à desconstituição de decisões transitadas em julgado, esteja permeado pela segurança jurídica e, por isso, parte da doutrina questione o modelo que lhe foi emprestado pelas legislações brasileiras,[111] mas, por outro lado, o dado objetivo considerado consiste em ver que, se o acesso aos tribunais superiores se revela cada vez mais restrito, a referida ação autônoma de impugnação foi sendo gradativamente ampliada e pode ser vista como meio apto a oferecer resultados mais úteis na remoção dos gravames projetados às partes.

Naturalmente, o tema toca de forma direta a relativização da coisa julgada material, na medida em que, quanto maior seja a oportunidade de impugnar decisões transitadas em julgado, maiores as chances de aquela

---

110. FERRAZ JUNIOR, Tércio Sampaio. Irretroatividade e jurisprudência judicial. In: **Efeito ex nunc e as decisões do STJ**, coord. Tercio Sampaio Ferraz Jr., Roque Antonio Carrazza, Nelson Nery Junior. Barueri: Manole, 2009, p. 26-28.

111. GRECO, Leonardo. **Instituições de processo civil**, vol. III, p. 331-332.

estabilidade ser derrotada.[112] Contudo, a questão que aqui se procura apresentar vai no sentido de revelar que a gradual amplitude dada à ação rescisória acaba por mitigar seu aspecto excepcional e revelar sua maior utilidade mesmo em momento no qual se esperaria já ter sido superada a controvérsia. De todo modo, essa gradual amplitude foi sendo construída, inicialmente, a partir de fundamentos doutrinários, posteriormente acolhidos pela jurisprudência, para redundar, em parte delas, na positivação do modelo adotado pelo CPC.[113] A despeito de críticas que possam ser feitas à dimensão da ação rescisória, é importante frisar ser preferível a desconstituição das decisões judiciais transitadas em julgado nessas condições e sob o crivo do devido processo legal, no lugar de utilizar instrumentos outros para obter esse resultado, como se verifica, por exemplo, com o tratamento dos pressupostos de existência processual e os meios para seu reconhecimento[114] ou, ainda, com a simples desconsideração da coisa julgada diante

---

112. Para usar expressão de Robert C. Cassad e de Kevin M. Clermont (**Res judicata: a handbook on its theory, doctrine, and practice**. North Carolina: Carolina Academic Press, 2001, p. 247).

113. O ponto de análise do presente tópico reside nas alterações legais trazidas pelo CPC sobre o tema da ação rescisória. Essa ressalva é importante, pois, por vezes, nota-se a tendência da doutrina e da jurisprudência em conferir interpretação ampliativa ou por analogia a determinados dispositivos regentes dessa ação autônoma como forma de alargar seu espectro de abrangência, conforme os seguintes exemplos: (i) as variadas opiniões doutrinárias que militam a tese de superação da súmula 343 do STF (ALVIM, Teresa Arruda. **Nulidades do processo e da sentença**, p. 322-361); (ii) aplicação de interpretação analógica do inciso II do art. 966 do CPC para conceber a ação rescisória em caso de suspeição (MEDINA, José Miguel Garcia. Comentários ao art. 966. In: **Comentários ao Código de Processo Civil**, org. Lenio Luiz Streck, Dierle Nunes, Leonardo Carneiro da Cunha e Alexandre Freire. São Paulo: Saraiva, 2016, p. 1.250), assim como enquadrar no mesmo dispositivo legal a prova pericial produzida por perito impedido (NEGRÃO, Theotonio. GOUVÊA, José Roberto F.; BONDIOLI, Luis Guilherme A. FONSECA, João Francisco N. da. **Código de Processo Civil e legislação extravagante em vigor**, 48ª ed. São Paulo: Saraiva, 2017, p. 863); (iii) admitir a fraude contra credores inserida no conceito de colusão ou de simulação do art. 966, III do CPC (TJSP; Ação Rescisória 2006944-62.2015.8.26.0000; Relator (a): Miguel Brandi; Órgão Julgador: 7ª Câmara de Direito Privado; Foro Central Cível - 27ª Vara Cível; Data do Julgamento: 04/04/2018); (iv) reconhecer abarcado pelo conceito de prova falsa o laudo pericial que contenha erros ou imprecisões (STJ, REsp 331.550/RS, Rel. Ministra NANCY ANDRIGHI, TERCEIRA TURMA, julgado em 26/02/2002, DJ 25/03/2002; STJ, AR 1.291/SP, Rel. Ministro Luiz Fux, Primeira Seção, julgado em 23/04/2008, DJe 02/06/2008; STJ, EDcl no AgRg na AR 2.013/SP, Rel. Ministro Herman Benjamin, Primeira Seção, julgado em 14/05/2008, DJe 23/09/2009).

114. ALVIM, Teresa Arruda. **Nulidades do processo e da sentença**, p. 238-250.

de situações em que se afirmava haver colisão com direito fundamental de maior relevância.[115]

Outro aspecto que não é novo no exame doutrinário, mas contribui para as premissas aqui apresentadas, diz respeito à admissibilidade da ação rescisória. Já se mencionou que no confronto com os recursos extraordinário e especial, não são aplicáveis os mesmos rigores normalmente verificados nesses meios de impugnação, a despeito de, por vezes, a jurisprudência sinalizar pela incidência de uma espécie de pré-questionamento.[116] Apesar disso, é relevante notar, ao menos sob a perspectiva da admissibilidade, não vigorar para a ação rescisória um filtro de relevância ou que a matéria debatida por essa via precise ser enfrentada previamente ao trânsito em julgado. Como se chegou salientar, por esse aspecto, a maior utilidade da ação rescisória em comparação com aqueles recursos teria nos requisitos de admissibilidade um ponto de destaque.[117]

Mas, para a finalidade proposta no presente tópico, deve-se demonstrar o movimento recente de alargamento do espectro da ação rescisória em contraposição ao que se chamou, anteriormente, de mitigação da utilidade dos recursos para os tribunais superiores.

O foco inicial da expansão reside nos motivos de cabimento.[118] O art. 966 do CPC assimilou parte do entendimento doutrinário e jurisprudencial que defendia, sob a égide do diploma anterior, determinada interpretação a respeito de alguns incisos do art. 485, a fim de dar-lhes maior alcance. Assim se verifica diante da mudança entre ofensa a literal disposição de lei e violação manifesta à norma jurídica e entre documento novo e prova nova.

---

115. DINAMARCO, Cândido Rangel. Relativizar a coisa julgada material. In: **Nova era do processo civil**, p. 257-260.

116. STJ, REsp 1663326/RN, Rel. Ministra Nancy Andrighi, Terceira Turma, julgado em 11/02/2020, DJe 13/02/2020.

117. YARSHELL, Flávio Luiz. **Ação rescisória: juízo rescindente e juízo rescisório**, p. 132.

118. A doutrina é carente de uma análise mais aprofundada do inciso I do art. 966 do CPC, que prevê o cabimento da ação rescisória se a decisão transitada em julgado for dada por força de prevaricação, concussão ou corrupção do juiz. A escassez jurisprudencial a respeito contribui, ainda, para eventual desinteresse que se tenha no tema, apesar da expansão do controle da atividade do juiz, providenciada, em larga medida, pelo Conselho Nacional de Justiça - CNJ. A despeito disso, não se pode ignorar que tema merece ser atualizado e repensado à luz de novos instrumentos no combate à criminalidade, como a intensa utilização de acordos nessa esfera, no bojo dos quais é possível o reconhecimento da prática dos crimes previstos pelo aludido dispositivo legal e, com base nisso, ser possível o ajuizamento da ação rescisória.

Quanto ao primeiro, era corrente a lição segundo a qual o termo "lei" empregado pelo dispositivo legal queria dizer menos do que se deveria admitir para o cabimento da ação rescisória, quer porque o relevante seria a norma extraída da interpretação do texto, quer porque a lei não era a única fonte normativa. No entanto, o ponto de equilíbrio criado pela jurisprudência para controlar o cabimento da ação rescisória nesse contexto foi o enunciado n. 343 de súmula do STF, analisado especificamente no tópico a seguir. Prevê o verbete que não será admissível a ação autônoma acaso haja interpretação controvertida nos tribunais acerca da norma com base na qual se pretende a rescisão. Ao que parece, as formas de superá-la foram, de fato, incrementadas a partir do novo CPC, especialmente pela expansão dos mecanismos de uniformização de jurisprudência. Daí porque se poderia ressaltar, ao menos nesse ponto, a amplitude da ação rescisória para o controle da aplicação da norma jurídica, sendo uma parcela disso a sua destinação para exercício de distinção, conforme prevê o parágrafo 5º do art. 966.[119]

Relativamente ao documento novo, algumas ponderações são necessárias.[120] Diz-se que essa não se trata de hipótese para impugnar algum vício do processo ou da decisão, dado o desconhecimento do documento. O entendimento é correto para explicitar que não há por parte do juiz alguma violação ao modo de proceder, mas, partindo-se de que a prova deve ser idônea a modificar o julgamento, configura-se aceito pela lei que essa seja uma causa de erro de julgamento.[121] Outro ponto relevante consiste em determinar que o documento deva estar constituído previamente ao trânsito em julgado, mas

---

119. MARINONI, Luiz Guilherme. MITIDIERO, Daniel. **Ação rescisória: do juízo rescindente ao ajuízo rescisório**, p. 220. Em sentido análogo: YARSHELL, Flávio Luiz. Comentários ao art. 966. In: **Comentários ao Código de Processo Civil**, coord. Cassio Scarpinella Bueno, v. 4, p. 164; ALVIM, Teresa Arruda. CONCEIÇÃO, Maria Lúcia Lins. **Ação rescisória e *querela nullitatis***, p. 273-274; DIDIER JR., Fredie. CUNHA, Leonardo Carneiro da. Ação rescisória por manifesta violação à norma jurídica. In: **Questões relevantes sobre recursos, ações de impugnação e mecanismos autônomos de uniformização de jurisprudência após o primeiro ano de vigência do novo CPC em homenagem à Professor Teresa Arruda Alvim**, coord. Cassio Scarpinella Bueno [et. al.]. São Paulo: Editora Revista dos Tribunais, 2017, p. 287-288; BIZARRIA, Juliana Carolina Frutuoso. **Ação rescisória e precedentes**. São Paulo: Editora Revista dos Tribunais, 2021, p. 228-230; SANTOS, Welder Queiroz dos. **Ação rescisória por violação a precedente**. São Paulo: Editora Revista dos Tribunais, 2021, p. 177-186.

120. Sobre o tema, em perspectiva histórica: COSTA, Moacyr Lobo da. Rescisória por descoberta de documento novo. In: **Estudos em homenagem a José Frederico Marques no seu 70º aniversário**. São Paulo: Saraiva, 1982, p. 233-301.

121. RIZZI, Sérgio. **Ação rescisória**, p.169; TALAMINI, Eduardo. **Coisa julgada e sua revisão**, p. 178.

o seu conhecimento veio a ocorrer em momento cuja utilização já não se mostre possível. A impossibilidade de empregá-lo deve ocorrer por motivo alheio à vontade da parte, de modo que não se deveria aceitar a prova acaso possibilidade houvesse, mas deixou de utilizá-la oportunamente. Ademais, o documento deve ser decisivo para alterar a decisão, ou seja, o fato por meio dele provado deverá ser apto a infirmar o resultado alcançado.[122]

Pois bem, antes de o art. 966, VII do CPC, já havia tendência da doutrina e da jurisprudência de relativizar o termo "documento" empregado pelo texto legal. Isso porque, por vezes, sustentava-se deveria prevalecer interpretação abrangente para reconhecer qualquer meio de prova capaz de alterar a decisão transitada em julgado[123]; em outras circunstâncias, optava-se pelo caminho que considerava abrangido pelo dispositivo legal a prova documentada e não apenas a documental, como se viu ao se aceitar laudo de exame de DNA para desconstituir decisões transitadas em julgado em processos de reconhecimento de paternidade.[124] Nada obstante, existiam situações em que, pela alegada gravidade do fato, aceitava-se a ação rescisória quando o documento era constituído após o trânsito em julgado.[125]

Mesmo com essa postura de alargamento, o CPC mostra ter avançado ainda mais ao prever que qualquer meio de prova dará azo à ação rescisória.[126] Parece que as balizas para admissão dessa prova não se alteram em grande medida, porquanto permanece a necessidade de demonstrar o seu

---

122. BARBOSA MOREIRA, José Carlos. **Comentários ao Código de Processo Civil**, p. 135.

123. Luiz Guilherme Marinoni e Sérgio Arenhart, ao tempo do Código de Processo Civil de 1973, ao apresentarem sua opinião com relação ao documento novo, aludiam, em geral, à prova nova (**Curso de processo civil**, v. 2, 12ª ed. São Paulo: Editora Revista dos Tribunais, 2014, p. 659).

124. WAMBIER, Teresa Arruda Alvim. MEDINA, José Miguel Garcia. **O dogma da coisa julgada**, p. 181-183.

125. STJ, REsp 300.084/GO, Rel. Ministro Humberto Gomes de Barros, Segunda Seção, julgado em 28/04/2004, DJ 06/09/2004, p. 161. Chegava-se a ignorar até mesmo a propositura dessa ação autônoma: STJ, REsp 226.436/PR, Rel. Ministro Sálvio de Figueiredo Teixeira, Quarta Turma, julgado em 28/06/2001, DJ 04/02/2002, p. 370.

126. É o que já reconheceu o STJ, na linha do que vem sendo defendido neste tópico: "O Código de Processo Civil de 2015, com o nítido propósito de alargar o espectro de abrangência do cabimento da ação rescisória, passou a prever, no inciso VII do artigo 966, a possibilidade de desconstituição do julgado pela obtenção de «prova nova» em substituição à expressão «documento novo» disposta no mesmo inciso do artigo 485 do código revogado." (REsp 1770123/SP, Rel. Ministro Ricardo Villas Bôas Cueva, Terceira Turma, julgado em 26/03/2019, DJe 02/04/2019).

conhecimento em momento no qual não mais se podia usá-la, assim como sua preponderância para alteração do resultado. São inúmeros os pontos a serem pensados quando o sistema amplia a ação rescisória para qualquer meio de prova, superando o paradigma documental que parecia persistir em razão de uma suposta e aparente confiabilidade desse meio. Dentre esses pontos, pode-se destacar o ônus da parte de demonstrar que o meio de prova será decisivo para alterar o resultado, especialmente no contexto do livre convencimento motivado e na ausência de pré-constituição da prova; as repercussões na prova pericial em uma sociedade tecnológica em que há, cada vez mais, obsolescência científica de determinadas técnicas e que novos conhecimentos substituem os anteriores; as consequências dos variados *standards* de prova para o juízo rescindente e rescisório; o empréstimo probatório (e eventual desconhecimento ou impossibilidade de utilizar de meio de prova produzido em outro processo); a abertura dos meios de prova atípicos e os seus limites de admissão etc.

Portanto, a alteração trazida pelo CPC reflete relevante ampliação da ação rescisória, o que já se poderia supor pela leitura do art. 966, VII do CPC, em que haverá tantas causas de pedir quantos puderem ser os meios de prova.

O argumento aqui analisado comporta, ainda, outro enfoque. As decisões sujeitas a essa ação autônoma figuram em maior quantidade no CPC, seja porque passou-se a acolher expressamente posicionamentos doutrinários e jurisprudenciais que apontavam pela possibilidade de uso do meio de impugnação para além da decisão de mérito, seja porque as modificações impostas por tal diploma legal criaram barreiras a partir das decisões terminativas para o exame de mérito. A previsão contida no art. 966, §2º do CPC aponta como rescindíveis a decisão que impeça a propositura da demanda ou inadmita recurso. O art. 701, §3º prevê a ação rescisória para questionar a decisão que converte o mandado monitório em título executivo judicial. Essas alterações demonstram a liberdade do legislador para eleger o espectro de cabimento ao determinar as decisões rescindíveis.[127] O ponto em comum

127. DINAMARCO, Cândido Rangel. Ação rescisória contra decisão interlocutória. In: **Nova era do processo civil**, p. 287. Sob a égide do CPC de 73, Alcides de Mendonça Lima defendia algo semelhante, no seguinte sentido: "Apesar, portanto, de o acórdão ter sido proferido, em agravo de instrumento, que, no CPC, pressupõe decisão interlocutória (não de mérito), será viável ação rescisória contra o julgado e, não interposto o recurso, tendo transitado em julgado, haverá a mesma possibilidade para ser intentada a ação extrema? (...) O que vale é estar o mérito em jogo e, não, o fato de o provimento considerado sentença, pois a que não for definitiva e, sim, terminativa (sujeita igualmente à apelação) não ensejará ação rescisória." (Ação rescisória contra acórdão em agravo de

entre elas até agora observado está na limitação ao exame de mérito, seja no mesmo processo ou em processo futuro, motivo pelo qual seria necessário recorrer a esse instrumento para superar tal barreira.

A ampliação da ação rescisória ora examinada pode ser entendida como a superação da sua histórica associação com a desconstituição da decisão acobertada pela coisa julgada material.[128] Vale dizer: essa ação autônoma passa a ter contornos mais amplos que permitem seu emprego para impugnar decisões outras que não só aquelas que examinam o mérito e que estejam revestidas da referida estabilidade. Isso é importante para a concepção de excepcionalidade a ela concedida, ao se notar sua vocação para impugnar atos judiciais que coloquem barreira ao exame de mérito no mesmo processo ou em processo futuro.[129]

Outra forma com que se costuma encarar o alargamento da ação rescisória consiste no aumento do número de legitimados para o seu ajuizamento. Na linha sustentada neste estudo, conforme se depreendeu no capítulo 3, embora o CPC se refira a inúmeros sujeitos legitimados para ajuizarem a ação autônoma, o seu interesse dependeria da sujeição à estabilidade, ou seja, para desconstituir uma decisão por essa via, não bastaria que sofressem os efeitos da decisão, mas, sim, que estejam vinculados aos limites subjetivos da coisa julgada material, por exemplo. Como já referido no item 3.1.1.1.4, o art. 927, IV do CPC passa a conferir legitimidade àquele que não foi ouvido no processo em que lhe era obrigatória a intervenção. Conforme se defendeu, a interpretação do dispositivo remete aos casos em que há comando legal impondo a participação de um terceiro no processo e se chegou a reconhecer acertado o posicionamento que concedia essa legitimidade à Comissão de Valores Mobiliários (art. 31 da Lei 6.385/1976), ao Conselho Administrativo de Defesa Econômica (art. 118 da Lei 12.529/2011) ou às agências reguladoras quando houver previsão legal. O ponto, contudo, não está apenas em

---

instrumento. **Revista da Academia Brasileira de Letras Jurídicas**, v. 1, n. 1, jan./jun. 1985, p. 127-128).

128. O paralelo com a decisão que inadmite recurso, alvo de ação rescisória, é relevante, novamente, para evidenciar a utilização dessa ação autônoma tal como explicitado pelo pensamento de Adroaldo Furtado Fabrício: "Se a sentença recorrida é isenta de qualquer vício capaz de fundamentar rescisão, mas contém error in iudicando, e a decisão de grau superior incide em manifesto erro de fato ou de direito ao não conhecer do recurso dela interposto, a exclusão da rescindibilidade implicaria atribuir-se a um erro – o do Tribunal – o condão de neutralizar outro – o do juízo de primeiro grau –, independentemente da gravidade maior deste ou daquele." (Rescindibilidade das sentenças e mérito da causa. **Revista Ajuris**, v. 45, n. 144, 2018, p. 83).

129. CARVALHO, Fabiano. **Ação rescisória: decisões rescindíveis**, p. 164.

identificar quem seja o legitimado pelo referido inciso, mas em saber se há interesse para desconstituir a decisão transitada em julgado por aquele que não participou do processo e não ficou vinculado à autoridade da coisa julgada material ou a outra estabilidade.

Como também se referiu, descarta-se dessa previsão legal a legitimidade do *amicus curiae* para ajuizar a ação rescisória pelos seguintes motivos: a participação desse terceiro sempre será facultativa, ou seja, não há o signo da obrigatoriedade de sua intervenção, especialmente porque o magistrado solicitará a atuação, e não a ordenará. Seria contraditório aceitar que o *amicus curiae* atue para contribuir com o debate exercendo a representatividade de interesses e para tanto deva ser obrigado a fazê-lo, o que elimina o caráter de adequação dessa representação, especialmente diante de eventual recusa. Além disso, seria questionável a vinculação desse terceiro à autoridade da coisa julgada material que recai sobre o comando decisório que resolve o conflito entre as partes. Não estão em discussão os poderes e a legitimidade o *amicus curiae* para recorrer e até mesmo para a ação rescisória nos casos em que haja estabilidade da decisão que o vincule[130], mas, de fato, não se poderia reconhecê-lo legítimo para ação rescisória com fundamento no art. 927, IV do CPC para questionar decisão acobertada pela coisa julgada material que não o vincule.

Finalmente, o alargamento da ação rescisória pode ser observado pelo prazo decadencial do direito de impugnar. Embora preservada, em regra, a extinção desse direito em dois anos após o trânsito em julgado, três modificações são importantes para confirmar a ampliação.

A primeira vem ao reboque do que se disse quanto à prova nova para apontar que a rescisão poderá ocorrer em até cinco após o trânsito em julgado. O art. 975, §2º do CPC prevê o termo inicial contado a partir da descoberta do meio de prova, sem ultrapassar o quinquênio. O CPC, embora não modifique o prazo bienal decadencial do direito de impugnar, prevê que sua contagem terá início em momento distinto do trânsito em julgado e, portanto, estabelecendo o limite de até cinco anos para essa descoberta.

A segunda reside na forma de contagem do prazo decadencial quando a rescisão estiver fundada em simulação ou na colusão, pois o biênio terá início para o terceiro prejudicado e para o Ministério Público que não interveio quando tiverem ciência desses eventos. Diferentemente da situação

---

130. TALAMINI, Eduardo. O *amicus curiae* e as novas caras da Justiça. In: **Partes e terceiros no processo civil**, org. Eduardo Talamini, Heitor Sica, Lia Carolina Batista Cintra, Elie Pierre Eid, p. 562-564.

anterior, aqui, o CPC não prevê limite temporal para o conhecimento da simulação ou da colusão acontecer, de modo que fará a partir desse momento que fluirá o prazo decadencial.

A terceira também se caracteriza pela ausência de limite temporal para identificação do fundamento rescisório, porque os arts. 525, §15 e 535, §8º do CPC apontam para a contagem do termo inicial quando houver decisão do STF reconhecendo inconstitucionalidade posteriormente ao trânsito em julgado. A incerteza temporal, como já se salientou, coloca em dúvida a conformidade dessas disposições com o próprio texto constitucional, pela violação ao princípio da segurança jurídica [131] Diferentemente de ampliar o prazo decadencial ou de estabelecer um marco de tempo para identificação do vício, não haver limite temporal para desconstituir a decisão transitada em julgado, ao menos sobre o momento de identificação do fundamento para tanto,[132] coloca em dúvida a constitucionalidade desses dispositivos legais.

A partir de todas as constatações anteriores, viu-se que a ampliação do espectro da ação rescisória se dá pelo aspecto objetivo, com relação aos fundamentos de rescisória e às decisões rescindíveis, pelo aspecto subjetivo, relacionado com a legitimidade ativa, e pelo aspecto temporal, com base no prazo decadencial do direito de impugnar. Todas essas demonstrações revelam que a ação rescisória seguiu caminho distinto dos recursos para os tribunais superiores e permitem concluir que, conforme a utilidade desses meios passou a ser mitigada, a ação autônoma, apesar de classificada como excepcional, assumiu dimensão e funcionalidades que privilegiam a tutela dos interesses das partes.

O paradoxo ora apontado será fundamental para o desenvolvimento de outras ideias na segunda parte deste capítulo, especialmente para apontar que a ação rescisória é meio mais útil para proteção esfera jurídica do impugnante

---

131. ÁVILA, Humberto. **Teoria da segurança jurídica**, p. 376-380.

132. Não por outras razões, o CPC despertou debates da doutrina para identificar o termo inicial para a ação rescisória, considerando as decisões parciais sujeitas a esse meio de impugnação (ARAÚJO, José Henrique Mouta. Coisa julgada sobre as decisões parciais de mérito e ação rescisória. In: **Processo em jornadas**, coord. Paulo Henrique dos Santos Lucon [et. al.]. Salvador: Juspodivm, 2016, p. 514-519; BARIONI, Rodrigo. Comentários ao art. 975. In: **Breves comentários ao Novo Código de Processo Civil**, coord. Teresa Arruda Alvim Wambier [et. al.]. São Paulo: Editora Revista dos Tribunais, 2015, p. 2.176; YARSHELL, Flávio Luiz. Comentários ao artigo 975. In: **Comentários ao Código de Processo Civil**, coord. Cassio Scarpinella Bueno, v. 4, p. 195-196; TALAMINI, Eduardo. WLADECK, Felipe Scripes. Comentários ao art. 1.002. In: **Comentários ao código de processo civil**, vol. 4, coord. Cassio Scarpinella Bueno, p. 370-371).

e, por isso, o momento do seu ajuizamento merece ser repensado à luz do interesse em impugnar.

5.2.2.1.1. Enunciado n. 343 de súmula do STF e a amplitude para o controle de violação à norma jurídica por ação rescisória

Uma das formas de regular a amplitude da ação rescisória no controle normativo reside no enunciado n. 343 de súmula do STF, cuja redação reconhece inexistir manifesta violação quando houver divergência de interpretação entre tribunais das normas jurídicas. Referido verbete vem sendo alvo de contestações por parte da doutrina[133] e relativizada em determinadas circunstâncias, mas, de um modo geral, pode-se afirmar que sua invocação ainda é frequente e tendente a evitar o uso desenfreado da ação rescisória como mecanismo de superação de decisões estáveis ao ensejo do controle das questões de direito.[134]

O primeiro passo para compreender tal enunciado está na crítica feita à pluralidade interpretativa de um mesmo texto legal. Considerando que a existência de mais de uma interpretação seria marca de insuperável discricionariedade judicial, o viés de aplicação da súmula procura atender a uma finalidade eminentemente pragmática, isto é, dizer o que não configura manifesta violação para cabimento da ação rescisória, aceitando-se que a divergência jurisprudencial justificaria entendimento razoável do julgador.[135] E isso se deve à gênese dos julgados que culminaram com a edição do enunciado, especialmente por reconhecerem que a ação rescisória não se prestaria à função de uniformização de jurisprudência, em tempos em que se buscava dar sentido ao termo "literal" empregado pelo art. 798, I, *c* do CPC de 39.[136]

---

133. BARBOSA MOREIRA, José Carlos. **Comentários ao código de processo civil**, p. 132; TALAMINI, Eduardo. **Coisa julgada e sua revisão**, p. 166; CRAMER, Ronaldo. **Ação rescisória por violação da norma jurídica**, p. 223-247; ALVIM, Teresa Arruda. LINS, Maria Lúcia Conceição. **Ação rescisória e *querela nullitatis***, p. 253; DIDIER JR., Fredie. CUNHA, Leonardo Carneiro da. **Curso de direito processual civil**, p. 613-614.

134. MARINONI, Luiz Guilherme. A intangibilidade da coisa julgada diante da decisão de inconstitucionalidade: impugnação, rescisória e modulação de efeitos. **Revista de processo**, v. 251, ano 41, jan. 2016, p. 278-282.

135. ZAVASCKI, Teori Albino. Ação rescisória em matéria constitucional. **Revista Juris Plenum**, v. 11, n. 63, maio/jun. 2015, p. 126.

136. Dentre os recursos que deram origem à súmula, destaca-se a seguinte passagem do voto do Min. Victor Nunes Leal quando do julgamento do RE n. 50.046: "Se em todos os casos de interpretação de lei, por prevalecer aquela que nos pareça menos correta, houvermos de julgar procedente ação rescisória, teremos acrescentado ao mecanismo geral de um recurso ordinário um prazo de cinco anos na maioria dos casos decididos

Ainda, a oposição normalmente apresentada à ação rescisória nesses casos decorre do desconhecimento a respeito de qual seria a interpretação correta a autorizar a rescisão da decisão, já que, diante do conjunto delas, não haveria a definição de qual seria a correta para substituir aquela já aplicada.[137]

O cabimento da ação rescisória com base no art. 966, V do CPC terá vez sempre que restar afastada a incidência do verbete. Entender quando isso ocorre passa pelo exame das hipóteses de relativização da súmula e, especialmente, das modificações estruturais operadas para uniformização de jurisprudência, a partir dos arts. 926 e 927 do CPC. A ligação de todos os pontos mostra, ao contrário do que defende parte da doutrina, a subsistência do enunciado n. 343, mas com as necessárias adaptações à realidade atual.

Nessa costura de fundamentos para o cabimento da ação rescisória pela violação manifesta à norma jurídica, um capítulo relevante diz respeito à ofensa às normas constitucionais. A origem do debate se apresenta na premissa de que o reconhecimento de inconstitucionalidade tornaria irrelevante qualquer divergência em torno do dispositivo legal contrário à Constituição.[138] Mais adiante, esse entendimento foi sendo ampliado para reconhecer a irrelevância da divergência jurisprudencial em torno de norma constitucional. A supremacia da Constituição e sua aplicação uniforme independe de interpretações dissonantes dos tribunais, cabendo ao STF dar a última palavra a respeito.[139] Teori Zavascki bem apontou que a ação rescisória, nesse âmbito, tem duas finalidades: a primeira é a de preservar a aplicação uniforme da Constituição aos seus destinatários; e a segunda é garantir a autoridade do STF como órgão a dar a palavra final sobre a correta interpretação do texto constitucional.[140] Se houver decisão do Supremo reconhecendo a inconstitucionalidade em controle concentrado ou difuso, salvo efeitos *ex nunc*, a ação rescisória será cabível, afastada, pois, a

---

pela Justiça. A má interpretação que justifica o *iudicium rescidens* há de ser de tal modo aberrante do texto que equivalha à sua violação literal."

137. MARINONI, Luiz Guilherme. Ação rescisória baseada em violação de norma jurídica. **Revista de processo**, v. 42, n. 267, n. 1.6.

138. GRINOVER, Ada Pellegrini. Ação rescisória e divergência de interpretação em matéria constitucional. **Revista dos tribunais**, vol. 983, ano. 106, set. 2017, p. 32-45.

139. Em regime de repercussão geral, o STF assentou o seguinte entendimento: "não cabe ação rescisória quando o julgado estiver em harmonia com o entendimento firmado pelo Plenário do Supremo à época da formalização do acórdão rescindendo, ainda que ocorra posterior superação do precedente" (STF, RE n. 590.809/RS, Rel. Min. Marco Aurélio, DJe de 24/11/2014).

140. ZAVASCKI, Teori Albino. Ação rescisória em matéria constitucional. **Revista Juris Plenum**, v. 11, n. 63, maio/jun. 2015, p. 125-126.

aplicação do enunciado n. 343. Quando não houver decisão em controle de constitucionalidade, mas o STF já tiver apresentado seu entendimento sobre a interpretação da norma constitucional, o verbete também não incidirá.

O argumento histórico de superação do enunciado n. 400 de súmula do STF em matéria constitucional, por se entender ausente interpretação razoável nesse contexto, é ligeiramente diverso do caso aqui em exame. Isso porque não há que se cogitar automático afastamento do enunciado n. 343 sempre que a divergência se instaurar em torno de norma constitucional, até mesmo porque aquela súmula foi editada sob premissas distintas dessa. Quer-se, com isso, dizer que, mesmo em matéria constitucional, o verbete 343 poderá ser aplicado quando não houver entendimento firmado pelo STF.[141] De resto, a superação da referida súmula 400 também não parece ser suficiente para dar o mesmo destino à súmula 343. Apregoa-se que ambas estariam radicadas na mesma *ratio* de aplicação,[142] mas há algumas diferenças a serem sopesadas com relação ao controle normativo feito pelo recurso extraordinário e pela ação rescisória.

O verbete 400 foi editado ainda sob a vigência da Constituição de 1946, que previa que tal recurso poderia ser manejado por violações ao texto constitucional ou à legislação infraconstitucional. Como parâmetro de admissibilidade, o STF passou a reconhecer ausência de ofensa quando houvesse "interpretação razoável", mas a excepcionava em matéria constitucional por se entender ausente razoabilidade nesse âmbito. Ocorre que, mesmo nas Constituições seguintes, jamais se exigiu que a violação fosse manifesta, mas apenas contrária ao texto constitucional, assim como via-se no recurso extraordinário o mecanismo apto a promover a unidade da interpretação constitucional pelo próprio Supremo.[143] De outro lado, a disciplina da ação rescisória, desde o CPC de 39, em cuja vigência foi editado o enunciado n.

---

141. STF, AR 1584, Relator(a): Luiz Fux, Tribunal Pleno, julgado em 09/04/2015, DJe 10-06-2015; STF, AR 2344, Relator(a): Marco Aurélio, Tribunal Pleno, julgado em 10/10/2019, DJe 24-10-2019; STF, AR 2494 AgR, Relator(a): Rosa Weber, Tribunal Pleno, julgado em 24/04/2019, DJe 10-05-2019. No STJ, há julgado que interpreta a posição do Supremo ainda como restritiva ao controle de constitucionalidade quando esse tribunal afasta o enunciado em matéria constitucional: STJ, AgInt na AR 6.199/RS, Rel. Ministro Herman Benjamin, Primeira Seção, julgado em 02/06/2020, DJe 15/06/2020.

142. ALVIM, Teresa Arruda. LINS, Maria Lúcia Conceição. **Ação rescisória e *querela nullitatis***, p. 2552-269; ALVIM, Teresa Arruda. **Modulação: na alteração da jurisprudência firme ou de precedentes vinculantes**, 2ª ed. São Paulo: Editora Revista dos Tribunais, 2020, p. 185-192.

143. STF, AI 145680 AgR, Relator(a): Celso de Mello, Primeira Turma, julgado em 13/04/1993, DJ 30-04-1993

343, sempre exigiu a literalidade da violação ao texto da norma. Disso se extrai que não só a natureza da ofensa num e noutro são distintas, como também é diversa a finalidade de cada um desses meios de impugnação.[144] Embora as concessões feitas pelo STF para afastar tais súmulas possam encontrar pontos de convergência, não parece correto aceitar que o desuso do enunciado 400 importe em direta superação do enunciado 343, em razão das distinções aqui expostas.

Mas, não é só em matéria constitucional que o cabimento da ação rescisória se mostra mais permissivo. A jurisprudência e a doutrina cuidaram de estabelecer balizas para afastar a súmula 343 em outras situações. Assim é se a divergência interpretativa se limitar a um tribunal[145]; quando a divergência for irrisória, estabelecida por poucas decisões incapazes de apontar por um sentido interpretativo oposto[146]; quando houver divergência sobre a interpretação de determinado texto, mas o julgamento adotou orientação absolutamente ilegal ou sobre tal orientação não houver específica divergência[147]; quando a divergência somente se instaurou após a prolação da decisão rescindenda[148]; ou quando se forma entendimento uníssono sobre a interpretação da norma após ter sido proferida a decisão rescindenda, mas antes do seu trânsito em julgado.[149]

A todo esse panorama se deve agregar, ainda, elementos que interferem diretamente na extensão da mencionada súmula. O CPC, ao ensejo do art. 926, prevê deveres aos tribunais de uniformização da própria jurisprudência e o fez oferecendo um conjunto de mecanismos. O debate a respeito da

---

144. ZAVASCKI, Teori Albino. Ação rescisória: a súmula n. 343-STF e as funções institucionais do Superior Tribunal de Justiça. In: **Superior Tribunal de Justiça: doutrina edição comemorativa 20 anos**. Brasília: STJ, 2009. p. 77-82.

145. STJ, REsp 427.814/MG, Rel. Ministra Eliana Calmon, Rel. p/ Acórdão Ministro João Otávio de Noronha, Segunda Turma, julgado em 02/09/2004, DJ 07/03/2005.

146. BARBOSA MOREIRA, José Carlos. **Comentários ao Código de Processo Civil**, p. 130.

147. STJ, AgRg no AREsp 816.994/SP, Rel. Ministro Mauro Campbell Marques, Segunda Turma, julgado em 13/09/2016, DJe 20/09/2016; STJ, AgInt no REsp 1.541.310/RJ, Rel. Ministro Gurgel de Faria, Primeira Turma, DJe 25/04/2018; STJ, AgInt no AREsp 625.927/PR, Rel. Ministro Sérgio Kukina, Primeira Turma, julgado em 20/04/2020, DJe 24/04/2020.

148. STJ, AgRg nos EREsp 8.224/AM, Rel. Ministro Humberto Gomes de Barros, Primeira Seção, julgado em 18/12/1991, DJ 16/03/1992.

149. STJ, REsp 1026234/DF, Rel. Ministro Teori Albino Zavascki, Primeira Turma, julgado em 27/05/2008, DJe 11/06/2008; STJ, EDcl no AREsp 217.986/BA, Rel. Ministro João Otávio de Noronha, Terceira Turma, julgado em 17/03/2016, DJe 28/03/2016.

utilização da ação rescisória no contexto da uniformização de jurisprudência será feito no tópico a seguir, mas não há como evitar o argumento de que o referido dispositivo legal, somado ao art. 927 do CPC, traz importantes consequências sobre a atual compreensão do enunciado n. 343.[150]

E isso se deve ao fato de que a uniformidade interpretativa é alcançada, enfim, por instrumentos aptos a produzir vinculação aos mais variados órgãos jurisdicionais por meio do tratamento de casos repetitivos. Os chamados precedentes vinculantes de que trata o art. 927 impactam diretamente no cabimento da ação rescisória, justamente por retratarem o entendimento uniforme da questão de direito resolvida por tribunal superior ou por tribunal local. A rigor, a discussão acerca da incidência do enunciado n. 343 não se coloca diante da rescisória por violação a precedente vinculante. É que a interpretação da norma contida nesses precedentes já superou qualquer óbice de eventual divergência interpretativa do texto. Sendo assim, a unidade do entendimento, que habilita o afastamento da súmula, pode se originar de precedente vinculante ou não, mas o dado comum é a existência de parâmetros objetivos para saber se houve erro do julgador e, em havendo, qual seria, então, a intepretação correta a ser aplicada.[151] Essa uniformidade é necessária até mesmo para demonstrar que o caso concreto a ela não estaria submetido, confiando-se à ação rescisória a distinção entre o paradigma interpretativo e o caso concreto (art. 966, §5º do CPC).

Do exame de todas as oportunidades em que se admitiu a atenuação do enunciado n. 343, verifica-se a ocorrência de uniformidade interpretativa capaz de criar parâmetro para aferir a violação normativa. O problema daí decorrente é saber o momento em que tal uniformidade deve se formar para autorizar a rescisão. A resposta parece estar na confirmação de que somente hipóteses excepcionais ocorridas posteriormente ao trânsito em julgado levariam à rescisão da decisão estável, todas elas ligadas ao pronunciamento de inconstitucionalidade na norma pelo Supremo. A norma extraída do texto, interpretada de forma uníssona e cuja aplicação deva se dar por todos

150. DIDIER JR., Fredie. CUNHA, Leonardo Carneiro da. **Curso de direito processual civil**, p. 613-614.

151. Contudo, há julgados do STJ sinalizando em direção oposta ao negar cabimento de ação rescisória mesmo que após a prolação da decisão rescindenda, mas antes do seu trânsito em julgado, sobrevenha a uniformidade interpretativa: AgInt no REsp 1.717.140/RS, Rel. Ministra Nancy Andrighi, Terceira Turma, julgado em 18/03/2019, DJe 22/03/2019; AgInt nos EDcl no REsp 1703685/RS, Rel. Ministro Antonio Carlos Ferreira, Quarta Turma, julgado em 29/10/2019, DJe 06/11/2019; AgInt na AR 6.228/DF, Rel. Ministro Gurgel de Faria, Primeira Seção, julgado em 27/11/2019, DJe 19/12/2019.

os órgãos julgadores, equipara-se, para essa finalidade, à superveniência de lei que disponha em sentido contrário ao que ficou assentado pela decisão transitada em julgado. Vale dizer: atribuir eficácia para o passado implica violação à garantia constitucional de irretroatividade da norma frente à coisa julgada, razão pela qual, na linha do que já vem sendo sustentado pela jurisprudência,[152] incabível a ação rescisória se a uniformização ocorrer, em regra, posteriormente ao trânsito em julgado da decisão rescindenda.

5.2.2.1.2. Ação rescisória e uniformização de jurisprudência: isonomia e segurança jurídica

Das premissas assentadas no tópico anterior, coloca-se em destaque a discussão a respeito da finalidade da ação rescisória. Esse debate é relevante na mesma medida em que são notadas, ao menos no controle das questões de direito, certas modificações, assim como o incremento das possibilidades para atenuação da súmula 343. A dualidade entre segurança jurídica, decorrente da estabilidade da decisão judicial, e a busca por resultados isonômicos com a chamada função nomofilácica propõe a reflexão acerca da ação rescisória como meio voltado à uniformização de jurisprudência, objetivo que historicamente lhe foi afastado.[153]

152. STF, RE 590.809, Relator(a): Marco Aurélio, Tribunal Pleno, julgado em 22/10/2014, DJe 21-11-2014; STJ, AR 4.443/RS, Rel. Ministro Herman Benjamin, Rel. p/ Acórdão Ministro Gurgel de Faria, Primeira Seção, julgado em 08/05/2019, DJe 14/06/2019. Na doutrina, vide: FERRAZ JUNIOR, Tércio Sampaio. Irretroatividade e jurisprudência judicial. In: **Efeito *ex nunc* e as decisões do STJ**, coord. Tercio Sampaio Ferraz Jr., Roque Antonio Carrazza, Nelson Nery Junior. Barueri: Manole, 2009, p. 19-28;

153. O já citado RE n. 590.809/RS, em regime de repercussão geral, teve por espinha dorsal o enfrentamento amplo e direto da ação rescisória com função de uniformização de jurisprudência. O caso versado, conhecido por "caso Metabel", teve por pano de fundo a seguinte situação concreta: foi ajuizada ação rescisória pela União perante o TRF da 4ª Região, que tinha por objeto a inexistência de direito do contribuinte de se creditar de valor a título de IPI em decorrência da aquisição de insumos isentos, não tributados ou sujeitos à alíquota zero. A ação rescisória foi ajuizada com base no art. 485, V do CPC de 73 (violação à literal disposição de lei), invocando-se precedentes do STF formados a favor da inexistência do direito, mas posteriores ao trânsito em julgado da demanda que deu origem à decisão rescindenda, apesar de, no momento em que proferida essa decisão, o STF reconhecer o direito do contribuinte de se creditar. O TRF da 4ª Região julgou procedente a ação rescisória e reconheceu inaplicável o enunciado n. 343 por se tratar de matéria constitucional. Do acórdão local, foi interposto o referido recurso extraordinário, reconhecida a repercussão geral, sintetizada na seguinte proposição: "Possui repercussão geral controvérsia envolvendo a rescisão de julgado fundamentado em corrente jurisprudencial majoritária existente à época da formalização do acórdão

O ponto de partida desse exame deve ser a leitura integrada dos mecanismos tendentes à uniformização de jurisprudência e o momento em que a sua atuação deve ocorrer. A busca pela estabilidade, integridade e coerência da jurisprudência não é missão perseguida, em regra, com o comprometimento de decisões estáveis, especialmente pela coisa julgada material. Em um sistema como o brasileiro, em que todos os recursos são dotados de efeito obstativo, a reclamação tem como uma de suas missões precípuas assegurar a aplicação de precedentes vinculantes e existem diversos mecanismos de tratamento de litigiosidade repetitiva, à base dos quais está a suspensão dos processos em andamento, há uma evidente escolha: espera-se que a decisão judicial se conforme à unidade de interpretação do Direito antes do trânsito em julgado.[154] A preservação da isonomia, portanto, se dá pelo esforço de inúmeros mecanismos atuantes antes desse marco temporal.

---

rescindendo, em razão de entendimento posteriormente firmado pelo Supremo, bem como a relativa ao creditamento no caso de insumos isentos, não tributados ou sujeitos à alíquota zero.") e, no que importa para a presente análise, o voto do relator, seguido pela maioria, assentou o seguinte: "A rescisória deve ser reservada a situações excepcionalíssimas, ante a natureza de cláusula pétrea conferida pelo constituinte ao instituto da coisa julgada. Disso decorre a necessária interpretação e aplicação estrita dos casos previstos no artigo 485 do Código de Processo Civil, incluído o constante do inciso V, abordado neste processo. Diante da razão de ser do verbete, não se trata de defender o afastamento da medida instrumental – a rescisória – presente qualquer grau de divergência jurisprudencial, mas de prestigiar a coisa julgada se, quando formada, o teor da solução do litígio dividia a interpretação dos Tribunais pátrios ou, com maior razão, se contava com óptica do próprio Supremo favorável à tese adotada (...) Não posso admitir, sob pena de desprezo à garantia constitucional da coisa julgada, a recusa apriorística do mencionado verbete, como se a rescisória pudesse 'conformar' os pronunciamentos dos tribunais brasileiros com a jurisprudência de último momento do Supremo, mesmo considerada a interpretação da norma constitucional. Neste processo, ainda mais não sendo o novo paradigma ato declaratório de inconstitucionalidade, assento a possibilidade de observar o Verbete nº 343 da Súmula se satisfeitos os pressupostos próprios."

154. O seguinte julgado expõe com acuidade essa dualidade: "3. Por outro lado, a força normativa do princípio constitucional da isonomia impõe ao Judiciário, e ao STJ particularmente, o dever de dar tratamento jurisdicional igual para situações iguais. Embora possa não atingir a dimensão de gravidade que teria se decorresse da aplicação anti-isonômica da norma constitucional, é certo que o descaso à isonomia em face da lei federal não deixa de ser um fenômeno também muito grave e igualmente ofensivo à Constituição. Os efeitos da ofensa ao princípio da igualdade se manifestam de modo especialmente nocivos em sentenças sobre relações jurídicas de trato continuado: considerada a eficácia prospectiva inerente a essas sentenças, em lugar da igualdade, é a desigualdade que, em casos tais, assume caráter de estabilidade e de continuidade, criando situações discriminatórias permanentes, absolutamente intoleráveis inclusive sob o aspecto social e econômico. Ora, a súmula 343 e a doutrina da tolerância da

A súmula 343, em meio a isso, se revela instrumento de contenção da ação rescisória pelos motivos anteriormente expostos. O debate sobre a multiplicidade de interpretações de um mesmo texto já seria suficiente para demonstrar que a segurança jurídica deve prevalecer frente à incerteza do sentido correto a ser dado à norma jurídica. Além disso, afastar a aplicação esse verbete, que com o tempo se mostrou mais frequente, já é uma forma de submeter a ação rescisória ao mister de uniformização de jurisprudência. Essa gradativa escalada, que teve início com a matéria constitucional e, hoje, ganha maior espaço com as inúmeras formas de consolidar a interpretação, já é, por si só, uma forma de permitir que a segurança jurídica ceda frente à isonomia.[155] Portanto, se a pretexto da obtenção de unidade interpretativa abre-se espaço para a ação rescisória, a superação da decisão estável, quando atenuada a súmula 343, ocorre no contexto de utilização desse meio com função de uniformização. Sem embargo, essas considerações em nada contrastam com as anteriores já feitas a respeito dos limites temporais para o consenso interpretativo da norma. Frise-se que, em todas as oportunidades para afastar tal verbete, aceitava-se o cabimento da ação rescisória porque

---

interpretação razoável nela consagrada têm como resultado necessário a convivência simultânea de duas (ou até mais) interpretações diferentes para o mesmo preceito normativo e, portanto, a cristalização de tratamento diferente para situações iguais. Ela impõe que o Judiciário abra mão, em nome do princípio da segurança, do princípio constitucional da isonomia, bem como que o STJ, em nome daquele princípio, também abra mão de sua função nomofilácica e uniformizadora e permita que, objetivamente, fique comprometido o princípio constitucional da igualdade (...) 5. Por todas essas razões e a exemplo do que ocorreu no STF em matéria constitucional, justifica-se a mudança de orientação em relação à súmula 343/STF, para o efeito de considerar como ofensiva a literal disposição de lei federal, em ação rescisória, qualquer interpretação contrária à que lhe atribui o STJ, seu intérprete institucional. A existência de interpretações divergentes da norma federal, antes de inibir a intervenção do STJ (como recomenda a súmula), deve, na verdade, ser o móvel propulsor para o exercício do seu papel de uniformização. Se a divergência interpretativa é no âmbito de tribunais locais, não pode o STJ se furtar à oportunidade, propiciada pela ação rescisória, de dirimi-la, dando à norma a interpretação adequada e firmando o precedente a ser observado; se a divergência for no âmbito do próprio STJ, a ação rescisória será o oportuno instrumento para uniformização interna; e se a divergência for entre tribunal local e o STJ, o afastamento da súmula 343 será a via para fazer prevalecer a interpretação assentada nos precedentes da Corte Superior, reafirmando, desse modo, a sua função constitucional de guardião da lei federal." (STJ, REsp 1026234/DF, Rel. Ministro Teori Albino Zavascki, Primeira Turma, julgado em 27/05/2008, DJe 11/06/2008).

155. MARINONI, Luiz Guilherme. **Precedentes obrigatórios**, 2ª ed. São Paulo: Editora Revista dos Tribunais, 2011, p. 138-139.

a violação se deu antes do trânsito em julgado, nunca posteriormente.[156] Superadas, pois, todas as oportunidades para uniformização antes desse marco temporal, não há que se falar de comprometimento da segurança jurídica em favor de pretensa isonomia.

Se, em regra, a segurança jurídica deve prevalecer e o enunciado n. 343 é instrumento necessário para tanto, excepcionalmente, então, a ação rescisória servirá para superar as decisões estáveis em favor da isonomia pela aplicação da interpretação uniforme. Alguns fatores parecem ter contribuído para essa função ganhar projeção. Um deles é a transformação da maneira de encarar divergência jurisprudencial, passando de mera aceitação de risco do sistema para a reunião de elementos que procuram superá-la, especificamente com a produção de precedentes vinculantes. Nessa linha, outro fator é o esforço empreendido para que essa uniformidade ocorra, tanto quanto possível, antes do trânsito em julgado.[157] Por isso, sintomático notar que a divergência jurisprudencial, além de ser indesejada, deve ser controlada para demonstrar, com a posterior uniformização, o equívoco da interpretação retratada na decisão.

Finalmente, não se pode ignorar as mutações pelas quais a ação rescisória passou para ser vocacionada ao controle de aplicação dos precedentes (art. 966, §5º, CPC). E isso se intensifica com a postura dos tribunais superiores de negar a distinção, por exemplo, pela via da reclamação, atribuindo aos tribunais locais, em medida cada vez maior, essa atuação, que, de resto, fica muitas vezes a cargo daquela ação autônoma.[158] Em síntese, o seu emprego para uniformização de jurisprudência e, portanto, para a prevalência da isonomia frente à segurança jurídica se deu a partir do momento em que a súmula 343 comportou mitigações.[159]

---

156. Embora existam opiniões favoráveis à rescisão pela uniformização ocorrida posteriormente ao trânsito em julgado: PONTES DE MIRANDA, Francisco Cavalcanti. **Tratado da ação rescisória das sentenças e de outras decisões**, p. 276; CRAMER, Ronaldo. **Ação rescisória por violação à norma jurídica**, p. 241-246; ALVIM, Teresa Arruda. LINS, Maria Lúcia Conceição. **Ação rescisória e *querela nullitatis***, p. 267-270.

157. Seria o mesmo que dizer que o interesse público, entendido como a uniformidade interpretativa para preservação da isonomia, impede a parte de fazer uso de mecanismo impugnativo, sendo ela mesma a destinatária desse tratamento isonômico (DERZI, Misabel de Abreu Machado. **Modificações da jurisprudência no Direito Tributário**. São Paulo: Noeses, 2009, p. 608).

158. STJ, Corte Especial, Rcl 36.476-SP, Rel. Min. Nancy Andrighi, julgado em 05/02/2020.

159. "Na verdade, o que transforma a rescisória em mecanismo comum de revisão é a não fixação de barreiras ao cabimento da ação, de que é exemplo a negativa de aplicação da Súmula 343." (ZAVASCKI, Teori Albino. Ação rescisória em matéria constitucional. **Revista Juris Plenum**, v. 11, n. 63, maio/jun. 2015, p. 134)

5.2.3. Revisão do interesse para ação rescisória na sua relação com o trânsito em julgado

Diante de tudo o que se expôs e do paradoxo apontado entre a tutela do interesse público e tutela do interesse particular nos meios de impugnação, passa-se a tecer considerações sobre a revisão quanto ao momento de ajuizamento da ação rescisória, que sempre esteve atrelado ao trânsito em julgado.[160]

Historicamente, essa ação autônoma é associada ao desfazimento da coisa julgada material.[161] Desde o CPC de 39,[162] reuniu-se o consenso de que o cabimento prévio ao aludido marco temporal esbarraria na ausência de interesse, pois haveria um conjunto de mecanismos aptos à modificação da decisão, especialmente recursos.[163] Em algumas oportunidades, a jurispru-

---

160. É o que fica claro das ponderações feitas por Cândido Rangel Dinamarco ao sustentar o seguinte: "A coisa julgada que compõe o requisito do interesse de agir da ação rescisória é a formal, embora tenha esse remédio processual o escopo de superar a autoridade da coisa julgada material. Só quando obtida aquela a ação rescisória será remédio adequado aos propósitos de seu autor, porque antes ainda há a possibilidade de obter o mesmo resultado pela via dos recursos pendentes ou ainda admissíveis - embora a coisa julgada material nem sempre ocorra no mesmo momento da formal." (Ação rescisória e trânsito em julgado superveniente à sua propositura. In: **Fundamentos do processo civil moderno**, t. II, 6ª ed. São Paulo: Malheiros, 2010, p. 1.294. No mesmo sentido, GRECO. Leonardo. **Instituições de processo civil**, v. III, p. 334). Essa lição é antiga e consolidada desde a análise de Pimenta Bueno, que se referia ao interesse configurado para a ação rescisória caso "se demonstre que o vício substancial da sentença foi conhecido sómente depois de expirarem os demais e últimos recursos (...)." (**Apontamentos sobre o processo civil**, 3ª ed. Rio de Janeiro: J. Ribeiro dos Santos, 1911, n. 181).

161. VIDIGAL, Luis Eulálio de Bueno. **Da ação rescisória dos julgados**, p. 38

162. Manoel Ignacio Carvalho de Mendonça era a voz dissonante desse entendimento, pois, antes da vigência do referido diploma legal, sustentava o cabimento da ação rescisória previamente ao trânsito em julgado (CARVALHO DE MENDONÇA, Manoel Ignacio. **Da ação rescisória das sentenças e julgados**. Rio de Janeiro: Livraria Francisco Alves, 1916, p. 33).

163. Sob a égide do CPC de 39 já não havia mais questionamento em associar ação rescisória e trânsito em julgado: "O que se exige, portanto, para a admissibilidade da propositura da rescisória, é apenas que a sentença tenha transitado em julgado nada importando que o passamento em julgado resulte de omissão da parte na interposição de recurso cabível." (VIDIGAL, Luís Eulálio de Bueno. **Da ação rescisória dos julgados**, p. 35). Flávio Luiz Yarshell, a esse respeito, expõe precisamente o seguinte raciocínio: "O interesse para o aforamento de ação rescisória, sob o ângulo da necessidade, decorre do trânsito em julgado: antes que se consume a preclusão é possível ao interessado obter a cassação e eventual substituição da decisão pela via recursal, donde a desnecessidade de se empregar aquele remédio quando outros, ainda no âmbito da mesma relação

dência se debruçou sobre o assunto e, sumariamente, tratou de reconhecer que a inobservância do esgotamento das vias recursais impediria a propositura da ação rescisória.[164]

Embora haja escassa análise, a doutrina já havia apresentado argumentos para referendar essa posição. O argumento finalístico, ao se afirmar que essa seria uma opção do sistema[165]; o argumento de superação de carência de ação, por força da implementação tardia do interesse em impugnar quando as atenções estavam voltadas aos casos de superveniência do trânsito em julgado ao ajuizamento da ação rescisória[166]; e o argumento da desnecessidade de múltiplos instrumentos de controle concomitantes.[167] Nesse último aspecto, a objeção também está ligada ao alegado interesse do Estado, em alusão a um interesse legítimo, para evitar múltiplos instrumentos impugnativos da mesma decisão e consagrar economia de atividades desempenhadas em juízo.[168]

Por todas essas barreiras, o momento de cabimento da ação rescisória nunca pareceu despertar maiores preocupações ou sequer ter a sua relevância discutida.[169]

---

processual, são, ao menos em tese, idôneos à obtenção do resultado desejado pelo interessado." (Comentários ao artigo 966. In: **Comentários ao Código de Processo Civil**, coord. Cassio Scarpinella Bueno, v. 4, p. 164).

164. STJ, AgRg no REsp 1167026/PE, Rel. Ministro Ricardo Villas Bôas Cueva, Terceira Turma, julgado em 07/04/2016, DJe 15/04/2016; REsp 488.512/MG, Rel. Ministro Jorge Scartezzini, Quarta Turma, julgado em 16/09/2004, DJ 06/12/2004; TJRJ, Ação Rescisória n. 150/96, Rel. Des. Sergio Cavalieri Filho, 2º Grupo de Câmaras Cíveis, julg. 07.08.1988, DJ. 07.08.1998.

165. DINAMARCO, Cândido Rangel. Ação rescisória e trânsito em julgado superveniente à sua propositura. In: **Fundamentos do processo civil moderno**, v. II, p. 1.295-1.296.

166. DINAMARCO, Cândido Rangel. Ação rescisória e trânsito em julgado superveniente à sua propositura. In: **Fundamentos do processo civil moderno**, v. II, p. 1.291-1.293. Por isso, fala-se que a ação rescisória é meio cabível quando não mais seja possível interpor recursos (PONTES DE MIRANDA, Francisco Cavalcanti. **Tratado da ação rescisória das sentenças e de outras decisões**, p. 143). Fabiano Carvalho chega a afirmar que "(...) se não houve trânsito em julgado, não há ação rescisória." (**Ação rescisória: decisões rescindíveis**, p. 29).

167. YARSHELL, Flávio Luiz. **Ação rescisória: juízo rescindente e juízo rescisório**, p. 132.

168. DINAMARCO, Cândido Rangel. Ação rescisória e trânsito em julgado superveniente à sua propositura. In: **Fundamentos do processo civil moderno**, t. II, p. 1.295-1.296; YARSHELL, Flávio Luiz. **Ação rescisória: juízos rescindente e rescisório**, p. 132.

169. WAMBIER, Teresa Arruda Alvim. MEDINA, José Miguel Garcia. **Recursos e ações autônomas de impugnação: teoria geral e princípios fundamentais dos recursos**, p. 31.

No entanto, as profundas alterações no acesso aos tribunais superiores apontam para a necessidade de se repensar esse tema,[170] especialmente em razão das características do sobrestamento dos recursos extraordinário e especial, que têm se revelado fonte de inúmeras restrições a garantias processuais fundamentais.

Todos os fatores já apresentados a respeito do redimensionamento entre meios de impugnação e trânsito em julgado autorizam concluir pela necessidade de se revisar o interesse para a ação rescisória, especificamente

170. A proposta ora apresentada, embora não se confunda, já teve um interessante paralelo recente no âmbito do processo penal. É que, durante a vigência do entendimento do STF sobre a possibilidade de cumprimento de pena com base em decisão condenatória proferida pelos tribunais de segunda instância, muito embora ainda sujeita aos recursos extraordinário e especial, a linha argumentativa apresentada no HC n. 126.292/SP destacou um dado interessante: os tribunais superiores, limitados apenas à revisão de questões de direito, não poderiam enfrentar determinados vícios que dessem azo à revisão criminal. Por força desse raciocínio, superado com o julgamento das ADCs 43, 44 e 54, chegou-se a cogitar do emprego da revisão criminal antes do trânsito em julgado do acórdão local, enquanto impugnados pelos referidos recursos, tendo em vista alguns fatores como a imediata expedição do mandado de prisão ao réu condenado em segundo grau e a limitação das matérias a serem discutidas por aqueles recursos, não abrangendo algumas aptas à revisão criminal. Sugere-se consulta à revisão criminal n. 0807595-45.2017.4.05.0000, proposta perante o Tribunal Regional Federal da 5ª Região, ainda na pendência de agravos aos recursos extraordinário e especial interpostos contra acórdão desse mesmo tribunal, ajuizada com supedâneo no argumento do que a exigência de trânsito em julgado deveria ser mitigada frente à iminência de prisão para cumprimento de pena. O acórdão, apesar de inadmitir essa via impugnativa, deixou importante registro: "Desse modo, permitir o ajuizamento da Revisão Criminal somente após o trânsito em julgado foi uma opção do legislador, pelo que caberia à defesa lançar mão de outros instrumentos para impugnar a decisão condenatória, como o pedido de efeito suspensivo aos recursos excepcionais ou mediante o remédio constitucional do Habeas Corpus (...) Como se vê, dentre as hipóteses de cabimento da Revisão Criminal que envolve o exame de fatos e provas, tem-se que os processos findos podem ser revistos quando, por exemplo, a sentença condenatória contrariar a evidência dos autos (art. 621, I, do CPP), quando se fundar em documentos falsos (art. 621, II, do CPP) ou quando forem descobertas novas provas capazes de beneficiar o réu (art. 621, III, do CPP). Nessas hipóteses, confirmada a condenação em segundo grau de jurisdição, mas ainda sem o trânsito em julgado do feito originário, pode-se afirmar que resta exaurido o exame sobre os fatos e provas da causa, com a fixação da responsabilidade penal do acusado. Como os recursos excepcionais não se prestam ao debate da matéria fática ou probatória, porquanto não são recursos de ampla devolutividade, poder-se-ia levantar a tese da existência de um trânsito em julgado parcial neste tocante, o que ensejaria a possibilidade de ajuizamento de Revisão Criminal." (relatado pelo Des. Federal Francisco Roberto Machado).

nos casos em que o CPC prive a utilidade dos recursos extraordinário e especial por prazo indeterminado. Esse repensar passa, ainda, pela reconfiguração, de *lege ferenda,* de dispositivos legais, especialmente o art. 966 do CPC, com a finalidade de, em hipóteses específicas, autorizar o ajuizamento na pendência daqueles recursos.[171]

A caracterização do interesse nessas condições resulta da ineficiência dos recursos sobrestados em virtude da conjugação de fatores como (i) indefinição temporal do sobrestamento e o tempo consumido pelos tribunais superiores para decidirem matérias repetitivas;[172] e (ii) o direito da parte de não desistir dos recursos sobrestados. Com base nesses fatores estruturais, sinaliza-se que a ação rescisória deixaria de ser uma *ação autônoma cabível*

---

171. O dito interesse da administração da justiça não deve servir de fundamento para privar as partes de usarem mecanismos legítimos à tutela de seus interesses, sob pena de violação de direitos fundamentais como o de ação e o próprio direito de impugnar, sob a perspectiva da inafastabilidade do controle jurisdicional. Além disso, sob a perspectiva da relação entre ação rescisória e Constituição, Eduardo Talamini já bem pontuou: "Não há dúvidas de que a ação rescisória, embora destinada a mitigar a garantia da coisa julgada, reveste-se de legitimidade constitucional (...) No desempenho dessa tarefa, o legislador deve considerar abstratamente os valores que podem vir a estar envolvidos, a fim de delinear um modelo processual razoável. E tal razoabilidade há de ser alcançada pela incidência não só das garantias já previstas na Constituição como ainda em outras, que as circunstâncias exijam. Um sistema que banisse por completo a possibilidade de revisão da coisa julgada não seria razoável. Mas, por outro lado, há casos em que a supressão do mecanismo rescisório não repugna o bom senso." (**Coisa julgada e sua revisão**, p. 130-140).

172. Luís Roberto Barroso e Frederico Montedoneo Rego, a esse respeito, fazem a seguinte ponderação após análise dos números do STF: "Mantida essa média, o Tribunal demoraria mais de oito anos para exaurir um estoque de 285 temas, e isso, apenas, se nenhum novo caso tiver repercussão geral reconhecida. Além disso, criou-se um novo problema: no final de 2016, havia no mínimo 1,5 milhão de processos sobrestados nas instâncias de origem aguardando as decisões a serem tomadas pelo STF nos cerca de 300 feitos pendentes afetados ao regime da repercussão geral17, casos esses que, na sistemática anterior à criação do filtro, estariam tramitando. Esse número não inclui os processos sobrestados pelos tribunais de origem por iniciativa própria ao identificar controvérsia repetitiva (CPC/2015, art. 1.036, § 1º), sobre os quais as estatísticas nacionais ainda estão em construção18. Considerando-se que as decisões tomadas em regime de repercussão geral até o final de 2016 haviam solucionado "apenas" 151.505 processos nas instâncias de origem, o saldo revela-se amplamente negativo: a razão é de dez processos sobrestados para cada um resolvido por julgamento de mérito de repercussão geral." (Como salvar o sistema de repercussão geral: transparência, eficiência e realismo na escolha do que o Supremo Tribunal Federal vai julgar. **Revista brasileira de políticas públicas**, vol. 7, n. 3, dez. 2017, p. 700).

por ausência de recurso para se tornar uma *ação autônoma cabível por ineficiência do recurso*, na linha da sistematização adotada no capítulo 2.[173]

Como visto, a indefinição do tempo de suspensão e, por conseguinte, da contenção da utilidade desses recursos é motivo apto a revelar alteração substancial no cenário em que sempre se reservou a ação rescisória para o momento posterior ao trânsito em julgado. Além disso, se o Estado não deseja a pendência de mais de um mecanismo impugnativo frente a uma mesma decisão, não há como negar que é o próprio Estado o responsável por criar quadro de grande ineficiência anteriormente narrado.[174] Ademais, essa perspectiva de interesse do Estado na concomitância de meios de impugnação vem sendo infirmada pela própria legislação, a exemplo da permissão para a reclamação caber em concomitância com outros recursos (art. 988, § 6º do

---

173. O tema da relação entre o mecanismo revocatório da coisa julgada e o recurso pendente não é novo. Moacyr Lobo da Costa relata uma espécie de ordem de prejudicialidade entre a *restitutio in integrum* e a *apellatio*, pois ambas poderiam coexistir (**A revogação da sentença**, p. 61). Como já foi relatado, essa relação de prejudicialidade da qual decorreria a suspensão de um dos meios de impugnação é comum em ordenamentos jurídicos que convivem com a concomitância entre esses. Vide, a esse respeito, o modelo italiano, em que se admite algumas hipóteses de *revocazione* previamente ao trânsito em julgado, pode resultar na suspensão do *ricorso per cassazione* e, como anotam Federico Carpi e Michelle Taruffo, essa suspensão poderá ser levantada se constatada a má-fé da parte ao se valer do primeiro instrumento com claro propósito de retardar a marcha do processo (**Commentario breve al Codice di Procedura Civile**, nona edizione. Padova: CEDAM, 2014, p. 2.365).

174. Como já foi apontado anteriormente, há uma correlação muito habitual entre trânsito em julgado e ação rescisória, numa espécie de associação entre o momento para exercício do direito de impugnar e a via pela qual se impugna. Na verdade, dizer que a ação rescisória serve para impugnar decisões transitadas em julgado significa cumprir o comando constitucional que prevê expressamente a possibilidade de controle dos julgados mediante o procedimento específico, com as limitações impugnativas descritas pela lei, mediante regime de competência próprio. Isso explica o esforço teórico da doutrina em transformar as invalidades e os erros de julgamento em casuas de rescindibilidade, como se o trânsito em julgado modificasse a natureza dos fundamentos, com o que não se concorda: "Os vícios da sentença podem gerar consequências diversas, em gradação que depende da respectiva gravidade. A sentença desprovida de elementos essencial, como o dispositivo, ou preferida em 'processo' a que falte pressuposto de existência, qual seria o instaurado perante órgão não investido de jurisdição, é sentença inexistente, e será declarada tal por qualquer juiz, sempre que alguém a invoque, sem necessidade (e até sem possibilidade) de providência tendente a desconstituí-la: não se desconstitui o que não existe. Mas a sentença pode existir e ser nula, v.g., se julgou *extra petita*. Em regra, após o trânsito em julgado (que, aqui, de algum modo, se preexclui), a nulidade converte-se em simples rescindibilidade." (BARBOSA MOREIRA, José Carlos. **Comentários ao Código de Processo Civil**, p. 106).

CPC), além de inúmeras outras oportunidades em que ocorre o concurso de vias impugnativas.

É importante ressaltar, ainda em referência ao interesse, que a possibilidade de concessão de tutela provisória no curso do sobrestamento em favor do recorrente não prejudica ou impede a revisão aqui proposta. A urgência não é requisito para ajuizamento da ação rescisória, de modo que, no cenário sugerido de *lege ferenda*, afigura-se persistir essa independência, quer porque pode não haver necessidade de suspensão de eficácia da decisão questionada, quer porque a indefinição temporal de julgamento de mérito recursal persiste. Mesmo no quadro atualmente vigente, é irrelevante a urgência para admissão da ação autônoma, como confirma o art. 969 do CPC. Diferentemente do que sucede com o mandado de segurança impetrado quando o recurso não é dotado de efeito suspensivo, não vigora para a ação rescisória regra que imponha sua subsidiariedade, tal como o art. 5º, II da Lei n. 12.016/2009 prevê para o *mandamus*.[175]

Pelo enfoque da utilidade, é forçoso reconhecer que os recursos especial e extraordinário, quando indefinidamente sobrestados, ficam privados da vantagem concreta almejada. O interesse em impugnar manifestado por meio deles, apesar de permeados pela expectativa de uniformidade decisória, não perde seu caráter de controle. Esse objetivo, no entanto, fica privado indeterminadamente, fazendo com que a utilidade pretendida reste limitada.[176]

---

175. Ainda que deferida a tutela de urgência recursal, não se ignora a existência de elementos outros que fogem do âmbito de incidência da decisão e, por isso, ensejariam alguma margem de prejuízo ao recorrente, como aspectos temporais ligados, por exemplo, à contabilização de juros e de correção monetária, como representatividade e participação decorrentes do próprio sobrestamento (SICA, Heitor Vitor Mendonça. Brevíssimas reflexões sobre a evolução do tratamento da litigiosidade repetitiva. **Revista de Processo**, v. 41, n. 257, jul. 2016, p. 276-277).

176. Se o sobrestamento ocorrer diante de recursos já admitidos, caberá ao relator do tribunal superior designado essa apreciação (STF, AC 4204 AgR, Relator(a): Luiz Fux, Primeira Turma, julgado em 02/05/2017, DJe 16-05-2017; STF, AC 4134 ED-AgR, Relator(a): Marco Aurélio, Primeira Turma, julgado em 16/05/2017, DJe 05-06-2017; STF, AC 3981 ED-AgR, Relator(a): Dias Toffoli, Segunda Turma, julgado em 02/05/2017, DJe 22-05-2017). Os requisitos autorizadores para formulação desse pedido estão diretamente ligados aos fundamentos apresentados naqueles recursos, isto é, além da urgência, se o caso, a verossimilhança das alegações a partir dos fundamentos apontados pelo recorrente. Um registro é importante a esse respeito: a verossimilhança, como dito, deve decorrer das alegações formuladas no recurso, de forma que esse requisito poderia ficar prejudicado acaso a sua amplitude impugnativa não abrangesse determinados fundamentos. Por isso, a utilidade da ação rescisória também se confirmaria pela possibilidade de obtenção de tutela provisória capaz de impedir a produção de efeitos pela decisão

Se, no contexto de tratamento de questões repetitivas, busca-se privilegiar a uniformização decisória e a sua aplicação em larga escala, a ação rescisória se revela o meio ainda à disposição para tutela da parte individualmente considerada.

Nesse particular, o aparente confronto entre o interesse público e o interesse da parte não deve levar a resultados mutuamente excludentes. É que, se a ação rescisória, por qualquer ângulo que se analise, destina-se à tutela do interesse de quem dela se utiliza para questionar decisões transitadas em julgado, com maior razão essa função deve se fazer presente se as hipóteses do art. 966 do CPC se manifestarem previamente e inexistir instrumento hábil à correção. A sistemática de sobrestamento de recursos, cercada pelas particularidades de gestão e pela restritiva jurisprudência, dão novos contornos ao interesse para a ação rescisória, por demonstrarem a inutilidade, em certa medida, das formas de superação de prejuízos pensadas para o período de suspensão.

Com base nessas considerações, alguns exemplos poderão conferir maior concretude às ideias ora apresentadas.

Em ação de improbidade administrativa, o agente público foi absolvido com relação à imputação de prática de ato doloso fruto de alegado enriquecimento ilícito e lesão ao erário. Após remessa necessária da decisão de mérito proferida em primeiro grau, o tribunal local reconhece a prática do ato doloso e aplica-lhe a pena de suspensão de direitos políticos. Inconformado, o agente público interpõe recurso especial alegando, dentre outras matérias, a impossibilidade de remessa necessária nas ações de improbidade

---

questionada (YARSHELL, Flávio Luiz. Comentários ao art. 969. In: **Comentários ao Código de Processo Civil**, coord. Cassio Scarpinella Bueno, v. 4, p. 189). Com a negativa a tal requerimento, o quadro existente seria o de recursos sobrestados e o acórdão recorrido produzindo efeitos, assim mantido se manejado o recurso de agravo interno e, se após decisão do colegiado, restasse indeferida tutela provisória. Aqui, diante da existência de situação de urgência e denegado o pleito de tutela provisória, parece que, com maior razão, deva caber a ação rescisória previamente ao trânsito em julgado, especialmente porque admissível a formulação de requerimento para concessão de tutela provisória nessa via e, embora semelhantes os requisitos, as restrições impostas aos recursos extraordinário e especial sobrestados não se aplicariam quanto à competência para exame e as limitações provenientes do momento da suspensão. Mesmo nas situações em que a ação rescisória é ajuizada posteriormente ao trânsito em julgado, é irrelevante a urgência para sua admissão. O art. 969 do CPC é expresso ao prever que ao ajuizamento da ação autônoma não impede o cumprimento da decisão rescindenda, de modo que se não for concedida tutela provisória em sentido contrário, ainda assim persistiria o interesse em impugnar.

administrativa, pois, em razão do caráter punitivo dessa demanda, não deveria ser aplicado, supletivamente, o art. 19 da Lei 4.717/65. Ocorre que essa questão de direito se encontra afetada perante o STJ, de acordo com o tema 1.042 de recursos especiais repetitivos, com ordem de suspensão nacional de todos os processo e recursos, o que leva ao sobrestamento do recurso especial interposto pelo agente público. O acórdão condenatório, pelas peculiaridades da imputação, produz um efeito imediato consistente na inelegibilidade do recorrente, na forma do art. 1º, I, alínea *l* da Lei Complementar n. 64/90. Fadado a permanecer com seu recurso sobrestado, o agente público identifica certos vícios no acórdão como erro de fato, ao se ter admitido sua atuação comissiva na prática do ato ilícito, o que levaria a descartar o dolo, além da falsidade da prova documental apreciada de forma determinante para sua condenação. Na linha do que se propõe neste estudo, essa parte poderia ajuizar a ação rescisória com a finalidade de impugnar o acórdão já atacado pelo recurso especial.

O contribuinte impetra mandado de segurança objetivando o reconhecimento do direito de excluir o Imposto Sobre Circulação de Mercadorias (ICMS) das bases de cálculos das contribuições ao PIS e à COFINS. A causa de pedir deduzida pelo impetrante consiste na inconstitucionalidade da exação, pois o ICMS não se enquadra no conceito de faturamento, conforme o art. 195 da Constituição Federal. Após a concessão da liminar, o pedido é julgado procedente para o impetrante não realizar o recolhimento, com incidental reconhecimento da inconstitucionalidade alegada, ao se admitir que o ICMS deve ser excluído da base de cálculo das referidas contribuições. Em sede de apelação e remessa necessária, o tribunal reconhece a constitucionalidade a inclusão do aludido imposto nas mencionadas bases de cálculo e determina que o impetrante passe a refazer os recolhimentos. O contribuinte interpõe recurso extraordinário, que fica sobrestado na origem por força do tema 69 de repercussão geral do STF, que tem por objeto analisar a constitucionalidade da inclusão do ICMS na base de cálculo do PIS e da COFINS. Esse recorrente, percebendo que o órgão prolator do acórdão recorrido era absolutamente incompetente ou algum membro do colegiado era impedido para o julgamento, decide, na pendência do recurso sobrestado, ajuizar ação rescisória fundada no inciso II do art. 966 do CPC para desconstituir o capítulo recorrido.

Após a explosão de navio próximo a uma região portuária na costa brasileira, inúmeras pessoas ficam impossibilitadas de exercerem suas atividades profissionais, especialmente a de pesca. Depois de amplas investigações e apurações de danos, numerosas demandas são propostas, individuais e coletivas, contra diversas empresas, como a proprietária do navio e todas aquelas que tinham frete contratado e mercadoria a bordo. Após centenas de recursos especiais aportarem no STJ, decide-se por afetar a questão de direito que versa sobre a responsabilidade das empresas adquirentes de carga transportada pelo navio de ressarcirem os sujeitos que ficaram impossibilitados de desempenharem suas atividades profissionais por força da explosão, e determina-se a suspensão de todos recursos e processos pendentes (tema 957). Uma das empresas condenada ao ressarcimento obtém documento novo apto a comprovar que não era proprietária de carga transportada pela embarcação. Diante desse quadro, o recorrente poderia se valer da ação rescisória, com fundamento art. 966, VI do CPC, para questionar o acórdão recorrido.

Em ação de obrigação de fazer, a autora pede a condenação do plano de saúde réu a realizar a cobertura de seu tratamento para fertilização *in vitro*, alegando a existência de causas que impedem a gravidez, como endometriose, e a resistência da empresa por ausência de previsão do procedimento no rol da Agência Nacional de Saúde. O pedido é julgado procedente e o plano de saúde interpõe recurso de apelação, que é provido pelo tribunal local. Em seguida, a autora interpõe recurso especial, cujo objeto versa sobre a questão de direito atinente à existência do dever de cobertura da referida técnica. Em razão da afetação da matéria pelo STJ conforme o tema 1.067 e da ordem de suspensão nacional, o recurso especial é sobrestado na origem. A autora verifica que o provimento do recurso de apelação da empresa se baseou, essencialmente, em premissa fática equivocada, pois o tribunal local considerou inexistente qualquer moléstia, a despeito de prova pericial em sentido contrário. Com base no art. 966, VIII do CPC, poder-se-ia cogitar ação rescisória com fundamento em erro de fato.

A Fazenda ajuíza vultosa execução fiscal com base em certidão de dívida ativa formada em desfavor da pessoa jurídica executada. Após diligências da exequente, alega-se o encerramento irregular da empresa e requer-se a inclusão de ex-sócios como executados, invocando o art. 135 do CTN, em razão de suposta fraude à lei. Devidamente citados, os sócios resistem à pretensão executiva no bojo do processo de execução visando demonstrar a ausência dos pressupostos de aplicação do referido dispositivo legal. O magistrado rejeita a alegação dos ex-sócios reconhecendo o encerramento irregular e que, portanto, seriam os responsáveis pelo pagamento do crédito tributário. O agravo de instrumento por eles manejado é improvido pelo tribunal e, em seguida, interpõe-se recurso especial, cujo objeto consiste em apontar a violação ao art. 135 do CTN pela impossibilidade de redirecionamento da execução fiscal no quadro fático existente. Em razão da afetação da questão de direito pelo STJ (tema 981) e a ordem de suspensão nacional, ocorre o sobrestamento desse recurso. Diante da iminência de ato de constrição, os recorrentes formulam pedido de antecipação de tutela para suspender a tramitação da execução fiscal, que é deferida. Ao examinarem o acórdão recorrido, identificam erro de fato do qual decorria sua responsabilidade, pois, apesar da prova documental demonstrar sua saída anteriormente à constituição do crédito tributário, ainda assim foram responsabilizados sob a justificativa de que pertenciam ao quadro societário quando da constituição. Decidem, pois, ajuizar ação rescisória, com base no art. 966, VIII do CPC, para desconstituir o acórdão recorrido, bem como ser reconhecida a ausência de responsabilidade.

5.3. CONCLUSÃO PARCIAL: REFLEXÕES SOBRE A RELAÇÃO ENTRE MEIOS DE IMPUGNAÇÃO E TRÂNSITO EM JULGADO

Diante da análise empreendida nos itens anteriores, é possível extrair algumas conclusões parciais, úteis para o prosseguimento do raciocínio desenvolvido neste capítulo:

1. O tema das limitações impugnativas serve de ponto de partida para explicar a diferença existente na amplitude de controle por mecanismos cabíveis antes e depois do trânsito em julgado. A técnica de delimitar fundamentos que levam à impugnação possui direta relação com a tentativa de preservação do ato questionado, mas, no âmbito do processo civil, essa premissa é contrastada pelo paradoxo verificado entre os recursos extraordinário e especial e a ação rescisória. Parte desse paradoxo se justifica pelas escolhas legislativas que permitem a discussão, para momento posterior ao trânsito em julgado, de matérias não abrangidas por aqueles recursos.

2. As diversas transformações ocorridas nos últimos anos com relação aos recursos para os tribunais superiores deixaram evidente a mitigação de sua utilidade, especialmente sob a ótica da limitação impugnativa formal. Em virtude da implementação da repercussão geral e dos recursos repetitivos, houve um reforço à postura defensiva dos tribunais quanto ao ajuízo de admissibilidade, ao que se agregam outros três problemas: um deles é a indefinição do período de sobrestamento, considerando inexistir prazo definido para se encerrar; outro decorre do risco de a parte ficar submetida ao sobrestamento, mesmo que haja distinção entre a questão de direito por ela debatida e aquela objeto de análise pelos tribunais superiores, ainda que o CPC disponibilize mecanismo específico para demonstrar essa distinção; por fim, há, ainda, o risco

de a parte não encontrar meio para remediar eventuais prejuízos sofridos com a decisão combatida pelos recursos extraordinário e especial sobrestados, especialmente pelo esgotamento de instrumentos como pedido de tutela provisória, que se mostraram infrutíferos.

3. Ao mesmo tempo em que se verifica esse desenho estrutural de acesso aos tribunais superiores, nota-se que a ação rescisória seguiu em outra direção. Apesar de ser classificada como via excepcional, seu espectro de cabimento foi se alargando objetiva, subjetiva e temporalmente. À medida em que passou a se impor limites mais rigorosos de acesso aos tribunais superiores, de outro lado viu-se ampliação da ação rescisória e, consequentemente, o confronto cada vez maior entre o interesse público para alcançar a uniformidade interpretativa e o interesse da parte em tutelar sua posição jurídica. Some-se a isso, ainda, que semelhantes restrições de cabimento dos recursos extraordinário e especial não se aplicam à ação rescisória, o que sugeriria não só maior amplitude, como também menores restrições à sua admissibilidade. Em parte devido a essa expansão e em parte devido a outros fatores, o enunciado n. 343 de súmula do STF, histórico elemento de limitação da ação rescisória no controle das questões de direito, apresenta, hoje, consideráveis formas de atenuação, o que revela mais uma causa de amplitude dessa demanda impugnativa. Aliado a essa percepção, ficou claro que, embora não seja essa a missão primeira da ação rescisória, por vezes se presta à uniformização de jurisprudência, quer no sentido de aplicar a interpretação adequada à norma jurídica manifestamente violada, quer para demonstrar que a interpretação uniforme em torno da norma aplicada não se adequava ao caso concreto.

4. O interesse público tutelado pela repercussão geral e pelos recursos repetitivos consubstancia-se na concretização dos princípios da isonomia e da segurança jurídica. A finalidade desses institutos, assim considerados, consiste em preservar direitos fundamentais mediante uniformização de jurisprudência. Contudo, a migração dessa finalidade para um discurso eminentemente voltado à administração da justiça, encampado em boa medida pela própria doutrina processual, tem se revelado fator preponderante para incrementar a postura defensiva da jurisprudência e, em certa medida, influenciar o modelo procedimental adotado pelo CPC para a fase de sobrestamento. De outro lado, a ação rescisória, ainda que sirva à uniformização de jurisprudência, não destoa da sua precípua finalidade, isto é, tutelar o interesse da parte prejudicada por decisão acometida por um dos vícios catalogados pelo art. 966 do CPC.

Nessa busca pelo equilíbrio entre interesses, há uma zona cinzenta que revela a insuficiência dos instrumentos prévios ao trânsito em julgado para mitigação de eventuais gravames sofridos enquanto se aguarda o julgamento do paradigma. Essa observação impõe revisita ao tema do interesse para os meios de impugnação associado ao trânsito em julgado, como forma de proporcionar controle por vias adequadas.

5. A partir dessas conclusões, sugere-se a revisão do interesse para a ação rescisória, especialmente na sua relação com o trânsito em julgado, para o fim de se reconhecer alterada a clássica concepção de inutilidade desse meio de impugnação previamente ao referido marco temporal. A partir dessas reflexões, propõe-se, ainda, a revisão, *de lege ferenda*, do art. 966 do CPC para autorização do cabimento da ação rescisória antes do trânsito em julgado, assim entendidas as situações em que esta seja ajuizada na pendência dos recursos especial e extraordinário indefinidamente sobrestados.

6. Para se chegar à conclusão anterior, foi demonstrado que a concepção tradicional em torno do interesse para a ação rescisória sofreu modificações em razão da mitigação de utilidade dos recursos extraordinário e especial por força da sistemática de sobrestamento no contexto da repercussão geral e dos recursos repetitivos. Sempre se concebeu que a necessidade para a ação rescisória dependeria do trânsito em julgado, pois antes disso os recursos poderiam conferir a utilidade desejada à parte, mediante invalidação ou revisão da decisão recorrida. Essa concepção consolidada na doutrina processual, apesar de se manter em parte incólume, merece adaptação à realidade em que os recursos passam a cumprir finalidade outra que não só a tutela do caso concreto, porquanto servem, no contexto daquela sistemática, como instrumentos para fazer valer a uniformidade decisória advinda do tribunal superior, associada aos inúmeros problemas narrados.

CONCLUSÕES GERAIS

O presente estudo se preocupou com o exame dos meios de impugnação aos atos judiciais, limitado ao âmbito do processo civil. Por ser desnecessário repetir as conclusões parciais extraídas de cada capítulo, é relevante, neste momento, correlacionar os diversos resultados alcançados e demonstrar como o recorte proposto contribuiu para comprovação das teses pretendidas.

Para essa finalidade, é relevante lembrar de que o presente estudo se ocupou de um aspecto específico, embora amplo, de reconstrução estrutural entre recursos e ações autônomas de impugnação, a partir de elementos como a natureza dos atos por eles questionados; o seu alinhamento de conteúdo e de objeto, considerado o direito de impugnar; as especificidades funcionais de cada um deles quando colocados em confronto e a partir de regime jurídico da legislação brasileira; a revisão crítica de postulados que orientam a teoria geral dos recursos, como forma de revelar a complexidade, dinamicidade e interação dos variados meios de impugnação; e as transformações ocorridas na relação dos meios de impugnação e o trânsito em julgado.

Com base nessas premissas, viu-se que, conquanto recursos e ações autônomas de impugnações gozassem de um distanciamento artificial e pouco elucidativo, influente na ausência de integração teórica, a jurisprudência refletia, em determinadas ocasiões, essa intensa dinâmica e atuação conjunta dos meios de impugnação, que justificava o aprofundamento da doutrina com a finalidade de superar. Um dos propósitos deste estudo foi a de demonstrar que a referida segregação, se já não mais se justificava pelo critério tradicionalmente adotado, deveria ser superada para se propor uma visão integrativa e conjunta dos variados meios de impugnação.

Esse exame levou em consideração aspectos fundamentais do ordenamento jurídico brasileiro, como a extensa disciplina dos meios de impugnação pela Constituição Federal de 1988, com a particularidade de se considerar o mandado de segurança e o *habeas corpus* garantias fundamentais, e pelo conjunto de competências dos tribunais nacionais, que não estabelecem qualquer diferenciação essencial quanto aos recursos e às ações autônomas de impugnação. Ainda, a legislação infraconstitucional adotou o caminho de reforçar as disposições constitucionais para consolidar a convivência entre os variados meios de impugnação, como se observa com o CPC e com a legislação extravagante.

Dessa forma, conjugando-se tudo o que foi exposto neste estudo, mais do que o questionamento à forma tradicional com que se segrega recursos e ações autônomas de impugnação, baseado em critério estabelecido sob a égide do CPC de 1939, o presente estudo preocupou-se em avançar no exame de diversos fundamentos estruturantes dos meios de impugnação, muitas vezes negligenciados em razão da escassez de estudos em torno de uma visão unitária e integrada desses mecanismos de controle. Significa, portanto, que, além de tentar demonstrar a insuficiência desse critério tradicional, buscou-se analisar aspectos consequenciais e correlatos a essa à dinamicidade de recursos e de ações autônomas.

A partir dessas premissas, passa-se a sumarizar conclusões relativas às ideias centrais defendidas em cada capítulo.

1.1. Os atos judiciais submetem-se aos rigores do controle dos atos jurídicos estatais, inerentes ao Estado de Direito. No entanto, viu-se que, por muito tempo, o ato judicial foi pensado e teorizado essencialmente pelo viés decisório e de forma apartada de todos os avanços observados com relação à garantia de controle dos atos estatais, como se verifica das justificativas normalmente apresentadas para o duplo grau de jurisdição ou o direito ao recurso.

1.2. Partindo-se da ideia de que o ato judicial não gozaria de características que o tornem imune ao controle ou que o seu controle não deve ocorrer por dissociados da Constituição Federal de 1988, mostrou-se essencial retomar o debate em torno da divisão entre direito ao recurso e direito de impugnar, que, por muitos anos, permeou a segmentação dos meios de impugnação entre recursos e ações autônomas de impugnação.

1.3. Essa revisita permite compreender que o direito de submeter os atos judiciais a controle, por meios de impugnação, não varia em razão da autoridade estatal que o emana, tampouco se coaduna com justificativas construídas tendo em vista um modelo específico de revisão (como seria a apelação frente à sentença) ou que ignora o modelo brasileiro em que não só por recursos essa atividade é realizada. Desse modo, o direito de impugnar deve ser entendido como uma ampla garantia, radicada na inafastabilidade do controle jurisdicional, que permite o exercício de um juízo de conformidade jurídica de qualquer de atos jurídicos e de normas.

1.4. O direito de impugnar, exercido com a finalidade de questionar atos judiciais, permite observar o que se denominou de controle da jurisdição sobre a jurisdição, retomando-se ideia que já havia sido sustentada pela doutrina processual do século XX, adaptada à realidade atual e, especificamente, nacional, em que o controle realizado pelos meios de impugnação à amplo, realizado diante de atos de natureza variada e em momentos distintos. O direito de impugnar se mostra, portanto, com garantia de conteúdo denso e aplicabilidade mais ampla do que o denominado duplo grau de jurisdição ou o direito ao recurso.

1.5. A constatação de que o controle, no processo civil brasileiro, não é realizado exclusivamente por meios de impugnação autoriza concluir pela existência de um sistema de controle. Esse sistema revela, em primeiro plano, que a função de controle dos tribunais é complexa e que qualquer associação absoluta entre o meio pelo qual essa função é exercida e as missões institucionais das cortes é realizada mostra-se insuficiente. Os inúmeros mecanismos de controle, que permitem o acesso aos tribunais, demonstram um dado característico do ordenamento jurídico brasileiro referente à correlata variedade de competências dos tribunais, o que impede estabelecer a prevalência de outras funções sobre a função de controle.

1.6. O sistema de controle defendido neste estudo consiste nas múltiplas vias dispostas pelo ordenamento jurídico para essa finalidade, dos quais os meios de impugnação são uma parcela. A arraigada abordagem dos chamados sucedâneos recursais explica a razão pela qual não se costumava lançar luzes sobre esse sistema, embora de há muito já estivesse estruturado pela legislação processual. Os sucedâneos recursais, cuja definição teórica e elementos integrantes são incertos, repercute, no plano doutrinário e jurisprudencial, como uma espécie de meios de segunda classe ou de categoria inferior aos recursos. Esse caráter discriminatório, em realidade, perenizou-se no tempo e produziu deletérias influências na aceitação de um sistema de controle.

2.1. Concebidos os meios de impugnação como uma parcela desse sistema de controle, a divisão entre recursos e ações autônomas de impugnações baseia-se em critério construído durante a vigência do CPC de 1939 e que até hoje mantém-se unânime, centrado na distinção da relação jurídica processual. Essa visão segue sendo defendida ao reboque de aceitar-se que os recursos nada mais são do que mero exercício de um dos poderes processuais decorrentes do direito de ação ou de defesa já exercidos, enquanto as ações autônomas configuram nova relação jurídica processual. Embora essa distinção, desde o seu nascedouro já não se justificasse, demonstrou-se que a impugnação de um ato judicial por recurso independe de prévio exercício dos direitos de ação e de defesa. Significa, com isso, que o poder que justifica o exercício dessa impugnação não se distingue em razão do meio utilizado e nem do ato questionado.

2.2. A unificação dogmática entre recursos e ações autônomas reside no reconhecimento de que esse poder decorre do direito de impugnar, direcionado contra atos judiciais, submetendo-os ao juízo de conformidade jurídica e que reafirma a autonomia do objeto impugnativo. Isso não elimina, contudo, que as vias recursais possam se prestar a outras finalidades, diferentes do exercício desse direito, como se verifica nas hipóteses em que não se pretende a desconstituição do ato judicial. Igualmente apoiado no direito de impugnar, é possível estabelecer uma aproximação entre impugnação dos atos judiciais, realizada pelos recursos e ações autônomas, e a impugnação de outros atos jurídicos, ressaltando-se as especificidades atinentes ao regime de controle a que cada um deles está submetido.

2.3. Em razão dessa unificação, verifica-se que as distinções entre recursos e ações autônomas de impugnação decorrem de aspecto legais que delineiam o que se chamou de regime jurídico recursal, cuja característica essencial, no ordenamento jurídico brasileiro, está atrelado aos efeitos recursais, essencialmente o impedimento para o trânsito em julgado.

2.4. A partir dessa reaproximação, observa-se que a utilização dos meios de impugnação pode se relacionar com critérios de substituição, complementaridade ou concorrência, o que leva à classificação adotada em ações autônomas cabíveis por ausência de recurso, ações autônomas cabíveis por ineficiência dos recursos e ações autônomas cabíveis em paridade com os recursos. Essa constatação contribui para superar e tradicional visão, igualmente apoiada na visão histórica de sucedâneos recursais, de que as ações autônomas de impugnação buscam transpor alguma falibilidade do sistema recursal.

2.5. Essas observações levam a propor um critério classificatório entre meios de impugnação tendo em vista o momento de cabimento de cada um deles, admitindo-se os meios de impugnação cabíveis exclusivamente antes do trânsito em julgado e os meios de impugnação cabíveis posteriormente ao trânsito em julgado.

3.1. O perfil estrutural dos meios de impugnação demonstra que as distinções entre recursos e ações autônomas de impugnação decorrem de opções legais no funcionamento de cada um deles, ressaltando-se as características do regime jurídico recursal, essencialmente ligadas aos denominados efeitos recursais. O art. 502 do CPC prevê que todos os recursos impedem o trânsito em julgado, do que resulta a relevância da taxatividade, sendo essa uma regra que orienta quais dos meios de impugnação designados legalmente como recursos terão a aptidão de impedirem a formação da estabilidade.

3.2. Com base na equivalência funcional entre meios de impugnação, passa a ser necessário repensar dogmas da teoria geral dos recursos normalmente invocados na relação e na convivência entre recursos e ações autônomas. Um deles consiste no abandono do que historicamente se concebeu como sucedâneos recursais, cujas raiz está ligada a um cenário de descrédito e excepcionalidade de vias de controle diversas dos recursos. Isso se deve, em primeiro plano, porque a legislação brasileira estabelece o relacionamento e a interação entre esses meios e as ações autônomas, baseados em critérios de cabimento e guiados pelo interesse em impugnar. Em segundo lugar, porque o controle dos atos judiciais e do processo é realizado por inúmeros outros instrumentos integrantes daquele sistema, vendo-se uma atuação conjunta e interativa.

3.3. Essa revisão leva em consideração, ainda, outros aspectos relevantes, mas normalmente negligenciados no exame da convivência entre meios de impugnação, como o exame de mecanismos internos de controle nos métodos de solução adjudicada de controvérsias, a influência dos negócios jurídicos processuais sobre o direito de impugnar e a impugnação coletiva de atos judiciais.

4.1. Uma das formas tradicionais de regular o relacionamento entre meios de impugnação consiste no trânsito em julgado, como marco temporal limitador do uso de recursos e de ações autônomas de impugnação. Este estudo procurou demonstrar que essa relação passou por profundas transformações e foi redimensionada em razão das grandes alterações ocorridas, de um lado, no acesso aos tribunais superiores pela via dos recursos extraordinário e especial e, de outro, pela ampliação do espectro da ação rescisória.

4.2. Tais recursos passaram a ter sua utilidade reduzida em razão da sistemática adotada atualmente para a repercussão geral, nos métodos adotados pela jurisprudência para exacerbar o formalismo na admissão desses recursos e, sobretudo, na técnica de sobrestamento, que tem se revelado fonte de violações aos direitos fundamentais de jurisdicionados. Paradoxalmente, o meio de impugnação que sempre conviveu com adjetivo de excepcional ou extremo, por estar associado à desconstituição das decisões acobertadas pela coisa julgada material, ganhou, paulatinamente, amplitude ainda maior, sob o ponto de vista objetivo, subjetivo e temporal. Além disso, algumas de suas funções passaram ter repercussão ainda maior, como a busca pela isonomia e segurança jurídica pela uniformização de jurisprudência.

4.3. A privação da utilidade dos recursos extraordinário e especial pela técnica do sobrestamento, realizado por tempo indefinido, revela que o denominado interesse público tem se confundido com o interesse na administração da justiça, ainda que isso seja feito em detrimento dos direitos fundamentais dos jurisdicionados, a pretexto de se tutelar isonomia e segurança jurídica. A tutela de interesse das partes, no entanto, parece não ter se amesquinhado se considerada essa expansão de cabimento da ação rescisória, cujo exame do interesse em ajuizá-la está atrelada ao trânsito em julgado, justificando-se essa escolha legal porque os meios prévios a esse marco temporal teriam a aptidão de alterar a decisão.

4.4. Essa tentativa imperfeita de fazer prevalecer o interesse público (mais precisamente, da administração da justiça) sobre o interesse das partes está delineado pelas opções legislativas contidas CPC, o que revela a superação da histórica relação entre meios de impugnação e trânsito em julgado. Com essa constatação, possibilita-se repensar o interesse para a ação rescisória, que passa a ser, em maior medida, via idônea para a tutela dos interesses das partes e via útil para remoção de gravames em decorrência da ineficiência dos recursos extraordinário e especial para essa finalidade. A partir disso, defende-se, *de lege ferenda*, a possibilidade de reforma do art. 966 do CPC, para o cabimento da ação rescisória previamente ao trânsito em julgado, para impugnar o acórdão recorrido, nas específicas situações de sobrestamento dos referidos recursos.

REFERÊNCIAS BIBLIOGRÁFICAS

ABBOUD, Georges; SCAVUZZI, Maira; FERNANDES, Ricardo Yamin. Da sistematização da reclamação no Supremo Tribunal Federal e no Superior Tribunal de Justiça. In: NERY JR., Nelson; ALVIM, Teresa Arruda (coord.). **Aspectos polêmicos dos recursos cíveis e assuntos afins.** São Paulo: RT, 2020. v. 15.

ADAMEK, Marcelo Vieira von. **Abuso de minoria em direito societário.** São Paulo: Malheiros, 2014.

ADAMY, Pedro Agustin. **Renúncia a direito fundamental**. São Paulo: Malheiros, 2011.

AGUIAR JR., Ruy Rosado de. **Extinção dos contratos por incumprimento do devedor.** Rio de Janeiro: Aide, 2004.

__________. Indenização por perdas e danos. Decadência do direito de anulação do contrato. Prescrição da ação de responsabilidade civil prevista na lei societária. Atendimento do critério da razoabilidade no cumprimento do contrato. **Revista de Direito Bancário e do Mercado de Capitais, São Paulo, v. 8, n. 27, jan./mar. 2005.**

__________. Recurso especial: questão de ordem pública. Prequestionamento. **Revista de Processo**, v. 132, fev. 2006.

ALCALA DIAZ, Angeles. **El derecho de impugnación del socio en la sociedad anónima cotizada**. Madrid: La Ley, 2006.

ALEXANDRE, Isabel. **Modificação do caso julgado material civil por alterações das circunstâncias**. Coimbra: Almedina, 2018.

ALLEN, Ronald J.; PARDO, Michael S. The myth of the law-fact distinction. **Northwestern University Law Review**, v. 97, n. 4, 2003.

ALLORIO, Enrico. Sul doppio grado del processo civile. **Rivista di Diritto Processuale**, n. 1, 1982.

ALMEIDA, Carlos Ferreira de. Invalidade, inexistência e ineficácia. **Católica Law Review**, v. 1, n. 2, maio 2017.

ALMEIDA, Luciana Robles. **O que significa violar uma norma jurídica? Uma perspectiva processual.** São Paulo: Editora Revista dos Tribunais, 2021.

ALVES, Francisco Glauber Pessoa. A remessa necessária e suas mudanças: Leis 10.259/2001 e 10.352/2001. **Revista dos Tribunais**, v. 92, n. 810, abr. 2003.

ALTHAMMER, Christoph. Die Zukunft des Rechtsmittelsystems. In: **Die Zukunft des Zivilprozesses. Freiburger Symposium am 27. April 2013 anlässlichs des 70. Gerburstages von Rolf Stürner**. Tünbingen: Mohr Siebeck. 2014

ALVIM, José Manuel de Arruda. A alta função jurisdicional do Superior Tribunal de Justiça no âmbito do recurso especial e a relevância das questões. **Revista de Processo**, v. 96, dez. 1999.

__________. Anotações sobre a teoria geral dos recursos. In: WAMBIER, Teresa Arruda Alvim; NERY JR., Nelson (coord.). **Aspectos polêmicos e atuais dos recursos cíveis de acordo com a Lei 9.756/98**. São Paulo: RT, 1999.

__________. **Manual de direito processual civil**. 10. ed. São Paulo: RT, 2006. v. I.

__________. Notas a respeito dos aspectos gerais e fundamentais da existência dos recursos – direito brasileiro. **Revista de Processo**, v. 48, out./-dez. 1987.

__________. Repercussão geral: impressões gerais e perspectivas. In: FUX, Luiz; FREIRE, Alexandre; DANTAS, Bruno (coord.). **Repercussão geral da questão constitucional**. Rio de Janeiro: Forense, 2014.

__________; ALVIM, Teresa Arruda. Qualificação jurídica do fato feita equivocadamente dá azo à rescisória – art. 485, V. **Revista de Processo**, n. 76, out./dez. 1994.

ALVIM, Teresa Arruda. Ampliar a colegialidade: a que custo? **Res Severa Verum Gaudium**, v. 3, n. 1, 2017.

__________. Ampliar a colegialidade: valeu a pena? In: NERY JR., Nelson; ALVIM, Teresa Arruda (coord.). **Aspectos polêmicos e atuais dos recursos cíveis e assuntos afins**. São Paulo: RT, 2017. v. 13.

__________. **Embargos de declaração**. São Paulo: RT, 2018.

__________. **Nulidades do processo e da sentença**. 10. ed. São Paulo: RT, 2019.

__________. **Modulação**: na alteração da jurisprudência firme ou de precedentes vinculantes. 2. ed. São Paulo: RT, 2020.

__________. **Os agravos no CPC de 2015**. 5. ed. Curitiba: Editora Direito Contemporâneo, 2021.

__________; CONCEIÇÃO, Maria Lúcia Lins. **Ação rescisória e querela nullitatis**: semelhanças e diferenças. São Paulo: RT, 2019.

__________; DANTAS, Bruno. **Recurso especial, recurso extraordinário e a nova função dos tribunais superiores no direito brasileiro**. 4. ed. São Paulo: RT, 2017.

AVRAHAM, Ronen. HUBBARD, William H. J. The Spectrum of Procedural Flexibility. **The University of Chicago Law Review**, vol. 87, n. 4, June 2020.

AMADEO, Rodolfo Manso da Costa Real. **Embargos de terceiro**: legitimidade passiva. São Paulo: Atlas, 2006.

AMERICANO, Jorge. **Da acção rescisória dos julgados no direito brasileiro**. 2. ed. São Paulo: Saraiva & Cia, 1926.

__________. **Estudo theorico e pratico da acção rescisória dos julgados no direito brasileiro**. 3. ed. São Paulo: Saraiva, 1936.

AMEILHAUD, Gilbert. **L'effet dévolutif de l'appel en matière civile**. Toulouse: Imprimerie E. Boisseau, 1942.

AMENDOEIRA JR., Sidnei. **Fungibilidade de meios**. São Paulo: Atlas, 2008.

AMORIM FILHO, Agnelo. Ações constitutivas e os direitos potestativos. **Revista dos Tribunais**, v. 56, n. 375, 1967.

__________. Critério científico para distinguir a prescrição da decadência e para identificar as ações imprescritíveis. **Revista dos Tribunais**, v. 300, out. 1961.

ANDRÉS IBAÑEZ, Perfecto. Sobre el valor de la inmediación (Una aproximación critica). **Jueces para la Democracia**, n. 46, 2003.

ANDRIOLI, Virgilio. Cassazione civile. In: **Cinquent'anni di dialoghi con la giurisprudenza (1931-1981)**. Milano: Giuffrè, 2007. v. 1.

APPIO, Eduardo. **Habeas corpus no cível**. Porto Alegre: Livraria do Advogado, 2000.

APRIGLIANO, Ricardo de Carvalho. **Apelação e seus efeitos**. 2. ed. São Paulo: Atlas, 2007.

ARAGÃO, Nilsiton Rodrigues de Andrade. A atuação dos sujeitos processuais na cooperação judiciária nacional: entre o dever do juiz de realizar e o direito da parte de participar. In: DIDIER JR., Fredie. CABRAL, Antonio do Passo (coord.). **Grandes temas de Novo CPC – v. 16 – Cooperação Judiciária Nacional**. Salvador: Juspodivm, 2021.

ARAÚJO, José Henrique Mouta. Coisa julgada sobre as decisões parciais de mérito e ação rescisória. In: LUCON, Paulo Henrique dos Santos et al. (coord.). **Processo em jornadas**. Salvador: Juspodivm, 2016.

__________. **Mandado de segurança**, 7ª ed. Salvador: Editora Juspodivm, 2019.

ARENHART, Sergio Cruz. O recurso de terceiro prejudicado e as decisões vinculantes. In: NERY JR., Nelson. WAMBIER, Teresa Arruda Alvim (coords.). **Aspectos polêmicos e atuais dos recursos cíveis e assuntos afins**. São Paulo: RT, 2007

__________. Processo multipolar, participação e representação de interesses concorrentes. In: ARENHART, Sérgio Cruz; JOBIM, Marco Félix (coord.). **Processos estruturais**. Salvador: Juspodivm, 2017.

ARMELIN, Donaldo. **Legitimidade para agir no direito processual civil brasileiro**. São Paulo: RT, 1979.

ARMELIN, Roberto. Notas sobre a antecipação de tutela em segundo grau de jurisdição. In: WAMBIER, Teresa Arruda Alvim; NERY JR., Nelson (coord.). **Aspectos polêmicos da antecipação de tutela**. São Paulo: RT, 1997.

ARMENTA DEU, Teresa. Recurso de cassación: entre eficácia y nuevas orientaciones de fines tradicionales. **InDret Revista para el análisis del derecho**, v. 1, 2018.

__________. El derecho a los recursos. Su configuración constitucional. **Revista General de Derecho**, 1994, n. 598-599

ASPERTI, Maria Cecília de Araújo. **Acesso à justiça e técnicas de julgamento de casos repetitivos**. 2018. Tese (Doutorado em Direito Processual) – Faculdade de Direito, Universidade de São Paulo, São Paulo, 2018.

ASPRELLA, Cristina. **La translatio iudici**: transferimento del giudizio nel nuovo processo civile. Milano: Giuffrè, 2010.

ASSIS, Araken de. **Ação rescisória**. São Paulo: Editora Revista dos Tribunais, 2021.

__________. **Cumprimento de sentença**. Rio de Janeiro: Forense, 2006.

__________. **Cumulação de ações**. 3. ed. São Paulo: RT, 1998.

__________. Efeito suspensivo dos recursos. In: ASSIS, Araken de; ALVIM, Eduardo Arruda; NERY JR., Nelson; MAZZEI, Rodrigo; WAMBIER, Teresa Arruda Alvim; ALVIM, Thereza (coord.). **Direito civil e processo**. Estudos em homenagem ao Professor Arruda Alvim. São Paulo: RT, 2007.

__________. Eficácia da coisa julgada inconstitucional. In: DIDIER JR., Fredie (org.). **Relativização da coisa julgada**. 2. ed. Salvador: Juspodivm, 2008.

__________. Introdução aos sucedâneos recursais. In: NERY JR., Nelson; WAMBIER, Teresa Arruda Alvim. **Aspectos polêmicos e atuais dos recursos e de outros meios de impugnação às decisões judiciais**. São Paulo: RT, 2002. v. 6.

__________. **Manual dos recursos**. 9. ed. São Paulo: RT, 2017.

ATTARDI, Aldo. **L'interesse ad agire**. Padova: CEDAM, 1955.

AUBERT, Eduardo Henrik. **A impugnação especificada dos fatos no processo civil**: retórica, história e dogmática. São Paulo: RT, 2020.

ÁVILA, Ana Paula. **A modulação dos efeitos temporais pelo STF no controle de constitucionalidade**. Porto Alegre: Livraria do Advogado, 2008.

ÁVILA, Humberto. **Competências tributárias**: um ensaio sobre a sua compatibilidade com as noções de tipo e conceito. São Paulo: Malheiros, 2018.

__________. **Segurança jurídica**: entre permanência, mudança e realização no direito tributário. São Paulo: Malheiros, 2011.

AZEVEDO, Antonio Junqueira. **Negócio jurídico**: existência, validade e eficácia. 4. ed. São Paulo: Saraiva, 2017.

AZEVEDO, Gustavo. **Reclamação constitucional no direito processual civil**. Rio de Janeiro: Forense, 2018.

AZEVEDO, Luiz Carlos de. **Estudos de história do processo**: recursos. Osasco: FIEO, 1996.

__________. **Origem e introdução da apelação no direito lusitano**. São Paulo: FIEO, 1976.

__________; COSTA, Moacyr Lobo da. **Estudos de história do processo: recursos**. São Paulo: FIEO/JOEN, 1996.

AZZONI, Clara Moreira. **Recurso especial e extraordinário**: aspectos gerais e efeitos. São Paulo. São Paulo: Atlas, 2009.

BADARÓ, Gustavo. **Manual dos recursos penais**. 2. ed. São Paulo: RT, 2017.

BAHIA, Alexandre Melo Franco de Moraes; HENRIQUES, Paula Valério. Recursos extraordinário e especial repetitivos no CPC/2015: uso e interpretação de acordo com o modelo constitucional de processo. **Revista de Processo**, v. 41, n. 258, ago. 2016.

BANDEIRA, Marcos Thompson. O bloco de constitucionalidade e a garantia do duplo grau de jurisdição. **Boletim IBCCRIM**, São Paulo, ano 22, n. 254, jan. 2014.

BARBI, Celso Agrícola. **Comentários ao Código de Processo Civil**. 14. ed. Rio de Janeiro: Forense, 2010. v. 1.

__________. Mandado de segurança contra ato judicial. **Revista de Processo**, v. 9, n. 36, out./dez. 1984.

BARBOSA MOREIRA, José Carlos. Ação rescisória: o objeto do pedido de rescisão. In: **Temas de direito processual**: terceira série. São Paulo: Saraiva, 1984.

__________. Ainda e sempre a coisa julgada. In: **Direito processual civil (ensaios e pareceres)**. Rio de Janeiro: Borsoi, 1971.

__________. **Comentários ao Código de Processo Civil**. 17. ed. Rio de Janeiro: Forense, 2013. v. 5.

__________. Considerações sobre a causa de pedir na ação rescisória. In: **Temas de direito processual**: quarta série. São Paulo: Saraiva, 1988.

__________. Considerações sobre a chamada "relativização" da coisa julgada material. In: **Temas de direito processual**: nona série. São Paulo: Saraiva, 2007.

__________. Considerações sobre a chamada "relativização" da coisa julgada material. In: DIDIER JR., Fredie (org.). **Relativização da coisa julgada.** 2. ed. Salvador: Juspodivm, 2008.

__________. Conteúdo e efeitos da sentença: variações sobre o tema. In: **Temas de direito processual: quarta série.** São Paulo: Saraiva, 1989.

__________. Eficácia preclusiva da coisa julgada material no sistema do processo civil brasileiro. In: **Temas de direito processual**. São Paulo: Saraiva, 1977.

__________. Em defesa da revisão obrigatória das sentenças contrárias à Fazenda Pública. In: **Temas de direito processual**: nona série. São Paulo: Saraiva, 2007.

__________. Exceção de pré-executividade: uma denominação infeliz. In: **Temas de direito processual**: sétima série. São Paulo: Saraiva, 2001.

__________. Item do pedido sobre o qual não houve decisão. Possibilidade de reiteração noutro processo. In: **Temas de direito processual: segunda série**. 2. ed. São Paulo: Saraiva, 1988.

__________. Juízo de admissibilidade e juízo de mérito no julgamento do recurso especial. In: **Temas de direito processual**: quinta série. São Paulo: Saraiva, 1994.

__________. **O juízo de admissibilidade no sistema dos recursos civis**. 1968. Tese (Livre-docência) - Universidade do Estado do Rio de Janeiro, 1968.

__________. O que significa "não conhecer" de um recurso? In: **Temas de direito processual**: sexta série. São Paulo: Saraiva, 1997.

__________. Pode o juiz declara de ofício a incompetência relativa? In: **Temas de direito processual**: quinta série. São Paulo: Saraiva, 1994.

__________. Reformas do CPC em matéria de recursos. **Revista Forense**, ano 97, v. 354, 2001.

__________. *Reformatio in pejus*. In: **Direito processual civil**: ensaios e pareceres. Rio de Janeiro: Borsoi, 1971.

__________. Regras de experiência e conceitos juridicamente indeterminados. In: **Temas de direito processual**: segunda série. São Paulo: Saraiva, 1988.

__________. Sentença objetivamente complexa, trânsito em julgado e rescindibilidade. **Revista de Processo**, v. 31, n. 141, nov. 2006.

__________. Sobre os pressupostos processuais. In: **Temas de direito processual**: quarta série. São Paulo: Saraiva, 1989.

BARBUGIANI, Luiz Henrique Sormani. **Ações coletivas passivas**. São Paulo: Tirant Lo Blanch, 2019.

BARCELLOS, Ana Paula de. **Direitos fundamentais e direito à justificativa**: devido procedimento na elaboração normativa. Belo Horizonte: Fórum, 2016.

BARIONI, Rodrigo. **Ação rescisória e recursos para os tribunais superiores**. São Paulo: RT, 2013.

__________. Comentários ao art. 675. In: STRECK, Lenio Luiz et al. (org.). **Comentários ao Código de Processo Civil**. São Paulo: Saraiva, 2017.

__________. Comentários ao art. 975. In: WAMBIER, Teresa Arruda Alvim et al. (coord.). **Breves comentários ao Novo Código de Processo Civil**. São Paulo: RT, 2015.

__________. **Efeito devolutivo da apelação civil**. São Paulo: RT, 2008.

__________. Preclusão diferida, o fim do agravo retido e a ampliação do objeto da apelação no novo Código de Processo Civil. **Revista de Processo**, v. 40, n. 243, maio, 2015.

BARROS, Hamilton Moraes E. de. Aspectos gerais dos procedimentos especiais em face do novo Código de Processo Civil. **Revista Forense**, v. 70, n. 247, jul./set. 1974.

__________. **Comentários ao Código de Processo Civil**. 3. ed. Rio de Janeiro: Forense, 1992. v. IX.

BARROSO, Luís Roberto. **A judicialização da vida e o papel do Supremo Tribunal Federal**. Belo Horizonte: Fórum, 2017.

__________. **O controle de constitucionalidade no direito brasileiro**. 8. ed. São Paulo: Saraiva, 2019.

__________. REGO, Frederico Montedonio. Como salvar o sistema de repercussão geral: transparência, eficiência e realismo na escolha do que o Supremo Tribunal Federal vai julgar. **Revista brasileira de políticas públicas**, vol. 7, n. 3, dez. 2017

__________. Supremo Tribunal Federal, direitos fundamentais e casos difíceis. **Revista Brasileira de Direito Constitucional – RBDC**, n. 19, jan./jun. 2012.

BAYER, Aaron S. How mandamus and interlocutory appeals interact. **The National Law Journal**, Jul. 30, 2012.

BEDAQUE, José Roberto dos Santos. **Efetividade do processo e técnica processual**. 3. ed. São Paulo: Malheiros, 2010.

BERMAN, José Guilherme. **Repercussão geral no recurso extraordinário**. 2. ed. Curitiba: Juruá, 2016.

BERMUDES, Sérgio. **Comentários ao Código de Processo Civil**: arts. 496-564. São Paulo: RT, 1975. v. 7.

BESSO, Chiara. **La sentenza civile inesistente**. Torino: Giappichelli, 1997.

BETTETINI, Andrea. **La *restitutio in integrum* processuale nell'ordinamento canonico**. Profili storico-dogmatici. Padova: Cedam, 1994.

BETTI, Emilio. **Diritto processuale civile italiano**. Roma: Foro Italiano, 1936. v. 2.

____________. **Procedimenti d'impugnativa della sentenza**. Milano: Giuffrè, 1939.

BIANCHI, Luca. **I limiti oggettivi dell'appello civile**. Padova: Cedam, 2000.

GELSI BIDART, Adolfo. Omision procesal. **Revista de Processo**, v. 5, n. 18, abr./jun. 1980.

BIERSCHENK, Lars. **Die zweite Instanz im deutschen und französischen Zivilverfahren**. Tübingen: Mohr Siebeck, 2015.

BIONDI, Biondo. Appunti intorno alla sentenza nel processo civile romano. In: **Studi in onore di Pietro Bonfante**. Milano: Giuffrè, 1930. v. IV.

BIZARRIA, Juliana Carolina Frutuoso. **Ação rescisória e precedentes**. São Paulo: RT, 2021.

BLOMEYER, Arwed. **Zivilprozessrecht, Vollstreckungsverfahren**. Berlin: Springer-Verlag, 1975.

BOBEK, Michal. Quantity or Quality? Reassessing the Role of Supreme Jurisdictions in Central Europe. **The American Journal of Comparative Law**, 2009, Vol. 57.

BOCCUZZI NETO, Vito Antônio. Recursos excepcionais: o prequestionamento e a matéria de ordem pública. In: NERY JR., Nelson; WAMBIER, Teresa Arruda Alvim (coord.). **Aspectos polêmicos e atuais dos recursos cíveis e de outros meios de impugnação às decisões judiciais**. São Paulo: RT, 2007.

BONA, Carlo. **Sentenze imperfette.** Gli errori cognitivi nei giudizi civili. Bologna: Il Mulino, 2010.

BONDIOLI, Luís Guilherme Aidar. **Comentários ao Código de Processo Civil – volume XX (arts. 994-1.004)**. GOUVÊA, José Roberto; BONDIOLI, Luís Guilherme; FONSECA, João Francisco Naves (coord.). São Paulo: Saraiva, 2016.

__________. **Embargos de declaração**. São Paulo: Saraiva, 2007.

__________. Nulidades processuais e mecanismos de controle. **Revista de Processo**, v. 145, mar. 2007.

__________. **O novo CPC**: a terceira etapa da reforma. São Paulo: Saraiva, 2006.

__________. Primeiras linhas sobre o novo regime do agravo. In: WAMBIER, Teresa Arruda Alvim; NERY JR., Nelson (coord.). **Aspectos polêmicos e atuais dos recursos cíveis e assuntos afins**. São Paulo: RT, 2006. v. 10.

__________. **Reconvenção no processo civil**. São Paulo: Saraiva, 2009.

BONÍCIO, Marcelo José Magalhães. Presente e futuro da ação anulatória prevista no art. 486 do CPC e de outras ações autônomas. **Revista de Processo**, v. 39, n. 231, maio/2014.

BONSIGNORI, Angelo. Critica dell'effetto devolutivo in senso generico e astratto. **Rivista Trimestrale di Diritto e Procedura Civile**, n. 2, 1972.

__________. La *reformatio in peius* nel processo civil ed il suo divieto. **Rivista Trimestrale di Diritto e Procedura Civile**, v. XXXVII, 1983.

__________. L'effetto devolutivo nell'ambito di capi connessi. **Rivista Trimestrale di Diritto e Procedura Civile**, Ano XXX, 1976.

BORGES, Marcos Afonso. Sucedâneos dos recursos. **Revista de Processo**, v. 4, n. 13, jan.-mar. 1979.

BOTELHO DE MESQUITA, José Ignacio. Da ação rescisória. In: **Teses, estudos e pareceres de processo civil**: jurisdição e competência, sentença e coisa julgada, recursos e processos de competência originária dos tribunais. São Paulo: RT, 2005. v. 2.

BOUTY, Cédric. **L'irrévocabilité de la chose jugée en droit privé**. Marseille: Presses universitaires d'Aix-Marseille, 2008.

BOVE, Mauro. La Corte di cassazione come giudice di terza istanza. **Rivista Trimestrale di Diritto e Procedura Civile**, n. 3, 2004.

BOWETT, D. W. Res judicata and the limits of rectification of decisions by international tribunals. **African Journal of International and Comparative Law**, v. 8, n. 3, 1996.

BOZZO, Guilherme Tambarussi. **Inatividade das partes no processo civil**. Salvador: Juspodivm, 2018.

BRAGA, Paula Sarno. **Norma de processo e norma de procedimento**: o problema da repartição de competência legislativa no Direito constitucional brasileiro. Salvador: Juspodivm, 2015.

BRAUN, Johann. **Rechtskraft und Restitution**. 2 Teil. Berlin: Duncker und Humblot, 1985.

__________. Systembildung im Zivilprozessrecht. **Zeitschrift für Zivilprozess**, vol. 131, n. 3, 2018.

BUENO, Cassio Scarpinella. *Código de Processo Civil interpretado. Coordenação* Antonio Carlos Marcato. São Paulo: Atlas, 2004.

__________. **Curso sistematizado de direito processual civil**, v. 2., 9ª ed. São Paulo: Saraiva, 2020.

__________. Efeitos dos recursos. In: WAMBIER, Teresa Arruda Alvim; NERY JR., Nelson (coord.). **Aspectos polêmicos e atuais dos recursos cíveis**. São Paulo: RT, 2006. v. 10.

__________. **Execução provisória e antecipação de tutela**. São Paulo: Saraiva, 1998.

__________. **Liminar em mandado de segurança**: um tema com variações. 2. ed. São Paulo: RT, 1999.

__________. **Mandado de segurança**: comentários às Leis n. 1.533/51, 4.348.64 e 5.021/66, e outros estudos sobre mandado de segurança. 5. ed. São Paulo: Saraiva, 2009.

__________. **Partes e terceiros no processo civil brasileiro**. São Paulo: Saraiva, 2003.

BUENO, Pimenta. **Apontamentos sobre o processo civil**. 3. ed. Rio de Janeiro: J. Ribeiro dos Santos, 1911.

BUONCRISTIANI, Dino. Giurisdizione, competenza, rito e merito (problemi attuali e possibili soluzioni. **Rivista di Diritto Processuale**, fasc. 1, 1994.

__________. **Potere e atto**. Torino: Giappichelli, 2020.

__________. Impugnazione del licenziamento e principio di eventualità. **Rivista di Diritto Processuale**, n. 4-5, 2016.

BURGELIN, Jean-François. L'erreur judiciaire. In: **La procedure en tous ses états.** Mélanges en l'honneur de Jean Buffet. Paris: Petites Affiches, 2004.

BURGOA, Ignacio. **El juicio de amparo**, 43 ed. Cd. de Mexico: Ediciones Porrúa, 2019.

BUSSY, Florence. L'erreur judiciaire. **Recueil Dalloz**, n. 6, 2005.

BUZAID, Alfredo. A crise do Supremo Tribunal Federal. In: **Estudos de direito**. São Paulo: Saraiva, 1972.

__________. Correição parcial - Recursos - Representação. **Revista Forense**, n. 175, 1958.

__________. **Da apelação "ex officio" no sistema do Código de Processo Civil**. São Paulo: Saraiva, 1951.

__________. **Do agravo de petição no sistema do Código de Processo Civil**. 2. ed. São Paulo: Saraiva, 1956.

__________. Ensaio para uma revisão do sistema de recursos no Código de Processo Civil. **Revista da Faculdade de Direito, Universidade de São Paulo**, v. 52, n. 1, jan. 1957.

__________. Teoria geral dos recursos. **Revista Brasileira de Direito Processual**, v. 35, set./out. 1982.

CABRAL, Antonio do Passo. A coisa julgada formal faz sentido no sistema do CPC/2015? In: DIDIER JR., Fredie; CABRAL, Antonio do Passo (coord.). **Coisa julgada e outras estabilidades processuais**. Salvador: Editora Juspodivm, 2018.

__________. **Coisa julgada e preclusões dinâmicas**. 3. ed. Salvador: Juspodivm, 2019.

__________. Comentários ao art. 976. In: CABRAL, Antonio do Passo; CRAMER, Ronaldo (coord.). **Comentários ao novo Código de Processo Civil**, Rio de Janeiro: Forense, 2015.

__________. Comentários ao art. 978. In: CABRAL, Antonio do Passo; CRAMER, Ronaldo (coord.). **Comentários ao novo Código de Processo Civil**, Rio de Janeiro: Forense, 2015.

__________. Comentários ao art. 982. In: CABRAL, Antonio do Passo; CRAMER, Ronaldo (coord.). **Comentários ao novo Código de Processo Civil**, Rio de Janeiro: Forense, 2015.

__________. **Convenções processuais**. Salvador: Juspodivm, 2016.

__________. Imparcialidade e impartialidade. Por uma teoria sobre repartição e incompatibilidade de funções nos processos civil e penal. **Revista de Processo**, ano 32, v. 149, jul. 2007

__________. **Juiz natural e eficiência processual: flexibilidade, delegação e coordenação de competências no processo civil**. São Paulo: Editora Revista dos Tribunais, 2021.

__________. **Nulidades no processo moderno: contraditório, proteção da confiança e validade prima facie dos atos processuais**. 2. ed. Rio de Janeiro: Forense, 2010.

__________. O amicus curiae no novo Código de Processo Civil. In: TALAMINI, Eduardo; SICA, Heitor Vitor Mendonça; CINTRA, Lia Carolina Batista; EID, Elie Pierre (org.). **Partes e terceiros no processo civil**. Salvador: Juspodivm, 2020.

CADIET, Loïc. Case managment judiciaire et déformalisation de la prócedure. **Reveu française d'administration publique**, 2008/1, n. 125.

__________; JEUL AND, Emmanuel. **Droit judiciaire privé**. 10. ed. Paris: Lexis Nexis, 2017.

CALAMANDREI, Piero. Appuntti sulla reformatio in peius. In: **Opere Giuridiche**. Napoli: Morano, 1979. v. VIII.

__________. Concorrenza tra cassazione e revocazione nel processo civile francese. In: **Opere Giuridiche**. Napoli: Morano, 1979. v. VIII.

__________. I vizi della sentenza e i mezzi per farli valere. In: **Opere Giuridiche**. Napoli: Morano, 1979. v. VII.

__________. La cassazione civile. In: **Opere Giuridiche**. Napoli: Morano, 1979. v. VI.

__________. La condanna. In: **Opere Giuridiche**. Napoli: Morano, 1972. v. V.

__________. Ricorso (diritto processuale). In: **Opere Giuridiche**. Napoli: Morano, 1979. v. VIII.

__________. Sopravvivenza della querela di nullità nel processo civile vigente. In: **Opere Giuridiche**. Napoli: Morano, 1979. v. VIII.

__________. Sulla distinzione tra "errore in judicando" ed "error in procedendo". In: **Opere Giuridiche**. Napoli: Morano, 1979. v. VIII.

__________. Vizi della sentenza e mezzi di gravami. In: **Opere Giuridiche**. Napoli: Morano, 1979. v. VIII.

CALAZA LOPES, Sonia. La cosa juzgada en el proceso civil y penal. **Boletín de la Facultad de Derecho (UNED)**, n. 24, 2004.

CALMON DE PASSOS, José Joaquim. As razões da crise de nosso sistema recursal. In: FABRÍCIO, Adroaldo Furtado (coord.). **Meios de impugnação ao julgado civil**: Estudos em homenagem a José Carlos Barbosa Moreira. Rio de Janeiro: Forense, 2008.

__________. **Esboço de uma teoria das nulidades aplicadas às nulidades processuais.** Rio de Janeiro: Forense, 2005.

__________. **Mandado de segurança coletivo, mandado de injunção, habeas data.** Rio de Janeiro: Forense, 1989.

__________. O devido processo legal e o duplo grau de jurisdição. **Revista Ajuris**, Porto Alegre, n. 25, 1982.

__________. O mandado de segurança contra atos jurisdicionais: tentativa de sistematização nos 50 anos de sua existência. In: **Ensaios e artigos**. Salvador: Juspodivm, 2014. v. 1.

__________. Teoria geral dos procedimentos especiais. In: Cristiano Chaves de Farias e Fredie Didier Jr. (Coord.). **Procedimentos especiais cíveis, legislação extravagante**. São Paulo: RT, 2002.

CÂMARA, Alexandre Freitas. A ampliação do colegiado em julgamentos não unânimes. **Revista de Processo**, v. 282, ago. 2018.

__________. **Ação rescisória**, 3ª ed. São Paulo: Atlas, 2014.

__________. **O novo processo civil brasileiro**. 3. ed. São Paulo: Atlas, 2017.

__________. O princípio da primazia da resolução do mérito e o Novo Código de Processo Civil. **Revista da Escola da Magistratura do Estado do Rio de Janeiro**, n. 70, set./out. 2015.

__________. Relativização da coisa julgada material. In: DIDIER JR., Fredie (org.). **Relativização da coisa julgada**. 2. ed. Salvador: Juspodivm, 2008.

CÂMARA JUNIOR, José Maria. Técnica da colegialidade do artigo 942 do CPC: extensão e profundidade da matéria submetida ao julgamento prolongado. In: NERY JR., Nelson; ALVIM, Teresa Arruda. **Aspectos polêmicos e atuais dos recursos cíveis e assuntos afins**. São Paulo: RT, 2017. v. 13.

CAMBI, Eduardo; NALIN, Paulo. O controle da boa-fé contratual por meio dos recursos de estrito direito. In: NERY JR., Nelson; WAMBIER, Teresa Arruda Alvim (coord.). **Aspectos polêmicos e atuais dos recursos cíveis e de outros meios de impugnação às decisões judiciais.** São Paulo: RT, 2003.

CAMPOS, Diogo Leite de. Tributação dos rendimentos de factos ilícitos. In: CAMPOS, Diogo Leite de. **Problemas fundamentais do direito tributário.** Lisboa: Vislis Editores, 1999.

CANARIS, Claus-Wilhelm. **Pensamento sistemático e conceito de sistema na ciência do direito.** 3. ed. Lisboa: Fundação Calouste Gulbenkian, 2002.

CAPONI, Remo. L'azione di nullità. **Rivista di Diritto Civile**, 2008.

___________; PISANI, Andrea Proto. Limiti oggettivi del giudicato nelle azioni di impugnazione del licenziamento. **Foro Italiano**, v. 1, 2001.

CAPPELLETTI, Mauro. Parere iconoclastico sulla riforma del processo civile italiano. In: **Giustizia e società.** Milano: Edizione di Comunità, 1977.

CARLOTTI, Gabriele; FRATINI, Marco. **L'appello al Consiglio di Stato.** Milano: Giuffrè, 2008.

CARMONA, Carlos Alberto. **Arbitragem e processo: um comentário à lei n. 9.307/1996**, 3ª ed. São Paulo: Atlas, 2009.

CARNEIRO, Athos Gusmão. Ação rescisória, biênio decadencial e recurso parcial. **Revista de Processo**, v. 22, n. 88, 1976.

___________. **Jurisdição e competência.** 18. ed. São Paulo: Saraiva, 2012.

___________. Os "novos" embargos infringentes e o direito intertemporal. **Revista de Processo**, ano 27, v. 107, jul./set. 2002.

CARNEIRO, Paulo Cezar Pinheiro. **Comentários ao Código de Processo Civil.** Rio de Janeiro: Forense, 2006. v. IX, t. II.

CARNEIRO, Tânia Aoki. **Recurso especial e ação rescisória**: controle da ofensa à norma jurídica (com comentários ao PL 8.046/2010). Brasília: Gazeta Jurídica, 2013.

CARNELUTTI, Francesco. **Diritto e processo.** Napoli: Morano, 1958.

___________. **Istituzioni del nuovo processo civile italiano.** Roma: Foro Italiano, 1951, v. I.

___________. **Istituzioni del processo civile italiano.** Roma: Foro Italiano, 1956. v. II.

___________. **Lezioni di diritto processuale civile**, volume quarto. Padova: CEDAM, 1933.

___________. **Lezioni sul processo penale.** Roma: Ateneo, 1946. v. 4.

__________. Sulla *reformatio in peius*. **Rivista di Diritto Processuale Civile**, v. 4, n. 1, 1927.

__________. Torniamo al "giudizio". **Rivista di Diritto Processuale**, v. I, 1949.

CARNEVALE, Stefania. **L'interesse ad impugnare nel processo penale**. Torino: Giappichelli, 2013.

CARPI, Federico; TARUFFO, Michelle. **Commentario breve al Codice di Procedura Civile**. 9. ed. Padova: Cedam, 2014.

CARPINO, Brunetto. **L'acquisto coattivo dei diritti reali**. Napoli: Jovene, 1977.

CARRATTA, Antonio. Litisconsorte pretermesso e remedi esperibili: un discutibile revirement della Cassazione. **Giur. It.**, giu. 2015.

__________. Litisconsorzio necessario pretermesso e opposizzione di terzo ordinária. **Giur. It.**, giu. 2015.

CARVALHO DE MENDONÇA, Manoel Ignacio. **Da ação rescisória das sentenças e julgados**. Rio de Janeiro: Livraria Francisco Alves, 1916.

CARVALHO, Fabiano. **Ação rescisória**: decisões rescindíveis. São Paulo: Saraiva, 2010.

__________. Ausência de apelação da Fazenda Pública, acórdão proferido em julgamento do reexame necessário e o cabimento de recurso especial. **Revista de Processo**, v. 34, n. 169, mar. 2009.

__________. **Comentários ao Código de Processo Civil**, vol. XIX (arts. 926 a 993). São Paulo: Saraiva, 2022.

CARVALHO FILHO, Milton Paulo de. **Apelação sem efeito suspensivo**. São Paulo: Saraiva, 2010.

CARVALHO, Luiz Antônio da Costa. **Dos recursos em geral**: teoria e prática dos recursos. Rio de Janeiro: Coelho Branco Filho, 1950.

CASSAD, Robert C.; CLERMONT, Kevin M. **Res judicata: a handbook on its theory, doctrine, and practice**. North Carolina: Carolina Academic Press, 2001.

CASTRO, Aníbal de. **Impugnação das decisões judiciais**, 2ª ed. Lisboa: Livraria Petrony, 1984.

CASTRO, Cássio Benvenutti de. **Ação anulatória art. 966, § 4.º, CPC**. Salvador: Juspodivm, 2019.

CAZETTA JR., José Jesus. Conteúdo da causa de pedir e proposta de aplicação dessa categoria ao recurso extraordinário: um exame crítico. In: CRUZ E TUCCI, José Rogério; BEDAQUE, José Roberto dos Santos (coord.). **Causa de pedir e pedido no processo civil**: questões polêmicas. São Paulo: RT, 2002.

CAVALCANTI, Marcos de Araújo. **Incidente de resolução de demandas repetitivas (IRDR)**. São Paulo: Editora Revista dos Tribunais, 2016.

CERINO-CANOVA, Augusto. La domanda giudiziale ed il suo contenuto. In: **Commentario del Codice di Procedura Civile**. Torino: UTET, 1980. t. 1

__________. **Le impugnazioni civili: struttura e funzione**. Padova: Cedam, 1973.

__________; CONSOLO, Claudio. Impugnazioni (diritto processuale civile). **Enc. Giur. Treccani**, Roma, v. XVI, 1993.

CERVENCA, Giuliano. Per lo studio della restitutio in integrum. (Problematica e prospettive). In: **Studi in onore di Biondo Biondi**. Giuffrè: Milano 1965. v. I.

CHARBONNEAU, Cyrille. **La contribution de la Cour de cassation à l'élaboraton de la norme**. Paris: IRJS Editions, 2011.

CHAVES, Charley Teixeira. **Recurso: um direito constitucional democrático**. 2. ed. Belo Horizonte: Arraes, 2015.

CHEQUER, Lília Nassara. **Habeas corpus coletivo**. Belo Horizonte: Editora D'Plácido, 2014.

CHIARAMONTE, Giorgia. La revocazione nel processo civile italiano: criticità del sistema italiano e propsettive di reforma alla luce del nuovo CPC brasiliano. **Civil Procedure Review**, v. 12, n. 1, jan./abr. 2021.

CHIARLONI, Sergio. **L'impugnazione incidentale nel processo civile**. Milano: Giuffré, 1969.

__________. Sulla rilevabilità in sede di gravame della nullità ex art. 101, comma 2.º, c.p.c. **Riv. Trim. Dir. Proc. Civ.**, v. 65, n. 1, 2011.

CHIOVENDA, Giuseppe. **Istituzioni di diritto processuale civile**. Napoli: Morano, 1936. v. II.

__________. L'azione nel sistema dei diritti. In: **Saggi di diritto processuale civile**. Milano: Giuffrè, 1993. v. I.

__________. **Principii di diritto processuale civile**. Napoli: Morano, 1923.

__________. Romanesimo e germanesimo nel processo civile. In: **Saggi di diritto processuale civile**. Bologna: Nicola Zanichelli, 1904.

CHIZZINI, Augusto. Konventionalprozess e poteri delle parti. **Rivista di Diritto Processuale**, n. 1, 2015. L'evoluzione storico-dogmatica dell'odierno sistema

__________. La tutela giurisdizionale dei diritti (art. 297). In: BUSNELLI, Francesco D. **Il Codice Civile**: comentário. Milano: Giuffrè, 2018.

CINTRA, Antônio Carlos de Araújo. **Sobre os limites objetivos da apelação civil**. 1985. Universidade de São Paulo, São Paulo, 1985.

__________; GRINOVER, Ada Pellegrini; DINAMARCO, Cândido Rangel. **Teoria geral do processo**. 31. ed. São Paulo: Malheiros, 2015.

CLERMONT, Kevin M. Res judicata as requisite for justice. **Rutgers University Law Review**, v. 68, n. 3, 2016.

CLOSSET-MARCHAL, Gilberte; DROOGHENBROECK, Jean-Fronçois van. **Les voies de recours en Droit Judiciaire Privé**. Bruxelles: Bruylant, 2009.

COMOGLIO, Luigi Paolo. Il doppio grado di giudizio nelle prospettive di revisione costituzionale. **Rivista di Diritto Processuale**, n. 2, 1999.

__________. **La garanzia costituzionale dell'azione ed il processo civile**. Padova: Cedam, 1970.

__________. Note riepilogative su azione e forme di tutela, nell'ottica della domanda giudiziale. **Rivista di Diritto Processuale**, n. 2, apr./giu. 1993.

COMPERNOLLE, Jacques van. Le double degré de jurisdiction ete les exigences du proceès équitable. In: COMPERNOLLE, Jacques van; SALETTI, Achille (coord.). **Le double degré de jurisdiction**: étude de droit compare. Bruxelles: Bruylant, 2010.

CONSO, Giovanni. **Il concetto e le specie di invalidità**. Milano: Giuffrè, 1955.

CONSOLO, Claudio. Domanda giudiziale. In: **Digesto delle discipline privatistiche**: sezione civile. Torino: UTET, 1998. v. VII.

__________. **Il cumulo condizionale di domande**. Padova: Cedam, 1985. v. II.

__________. La funzione nomofilattica della Corte di Cassazione, tra nuove (auspicabili) prospettive e (gravi) rischi di deriva dallo ius litigatoris. **Rassegna Forense**, v. 47, fasc. 3/4, 2014.

__________. **La revocazione delle decisione della cassazione e la formazione del giudicato**. Padova: Cedam, 1989.

__________. **Le impugnazioni delle sentenze e dei lodi**. Padova: Cedam, 2012.

__________. Litispendenza e connessione fra arbitrato e giudizio ordinario (evoluzioni e problemi irrisolti). **Rivista dell'Arbitrato**, 1998.

__________. Oggetto del giudicato e princípio dispositivo (I): dei limiti oggettivi e del giudicato costitutivo. **Rivista Trimestrale di Diritto e Procedura Civile**, Milano, n. 7, 1991.

__________; DE CRISTOFARO, Marco. Evoluzioni processuali tra translatio iudicii e riduzione della proliferazione dei riti e dei ritualismi. **Corr. Giur.**, 2007.

CONTE, Francesco. **Sobre a motivação da sentença no processo civil**. Rio de Janeiro: Gramma, 2016.

CORDEIRO, António Menezes. **Litigância de má-fé, abuso do direito de acção e culpa in agendo**, 3ª ed. Coimbra: Almedina, 2016.

CORDOPATRI, Franco. Ricorso (dir. proc. civ.). **Enciclopedia del Diritto**, v. XXXVI, 1972.

CORNU, Gérard; FOYER, Jean. **Procédure civile**. 3. ed. Paris: PUF, 1996.

CORSINI, Fillipo. Rilevabilità di ufficio della nullità contrattuale, principio della domanda e poteri del giudice. **Rivista di Diritto Civile**, v. II, 2004.

CÔRTES, Osmar Paixão. O art. 1.034 do atual Código de Processo Civil e a "causa de pedir aberta" do recurso extraordinário. **Revista de Processo**, v. 282, ago. 2018.

COSTA, Antonio. La nullità della sentenza e la "querela nullitatis" nella storia del processo italiano. **Rivista Italiana per le Scienze Giuridiche**, v. 57, 1916.

COSTA, Eduardo José Fonseca da. Pequena história dos embargos infringentes no Brasil: uma viagem redonda. In: FREIRE, Alexandre. DANTAS, Bruno. NUNES, Dierle. DIDIER JR., Fredie. MEDINA, José Miguel Garcia. FUX, Luiz. CAMARGO, Luiz Henrique Volpe. OLIVEIRA, Pedor Miranda de. **Novas tendências do processo civil**. Salvador: Juspodivm, v.2, 2014.

COSTA, Guilherme Recena. **Superior Tribunal de Justiça e recurso especial: análise de função e reconstrução dogmática**. 2011. Dissertação (Mestrado em Direito Processual) – Faculdade de Direito, Universidade de São Paulo, São Paulo, 2011.

COSTA, Moacyr Lobo da. A revogação da sentença no direito lusitano (perfil histórico). **Revista da Faculdade de Direito**, São Paulo, v. 74, 1.º jan. 1979.

___________. **A revogação da sentença**. São Paulo: Ícone, 1995.

___________. Cumulação de juízes na ação rescisória. **Revista de Processo**, v. 43, jul./set. 1986.

___________. Origem da sentença constitutiva. **Revista da Faculdade de Direito,** Universidade de São Paulo, v. 68, n. 1, 1973.

___________. Origem dos embargos no direito lusitano. In: AZEVEDO, Luiz Carlos de; COSTA Moacyr Lobo da (coord.). **Estudos de história do processo**: recursos. Osasco: FIEO, 1996.

___________. Rescisória por descoberta de documento novo. In: **Estudos em homenagem a José Frederico Marques no seu 70.º aniversário**. São Paulo: Saraiva, 1982.

___________. Reflexões críticas sobre a ação rescisória. **Revista de Processo**, v. 10, n. 39, jul./set. 1985.

COSTANTINO, Giorgio. La prevedibilità della decisione tra uguaglianza e appartenenza. **Rivista di Diritto Processuale**, n. 3, 2015.

COUTURE, Eduardo J. **Fundamentos de derecho procesal civil**. 3. ed. Buenos Aires: Depalma, 1958.

CRAMER, Ronaldo. **Ação rescisória por violação à norma jurídica**. 2. ed. Salvador: Juspodivm, 2012.

CROME, Carlo. **Parte generale del diritto privato francese moderno**. Traduzione con note di A. Ascoli e F. Cammeo. Milano: Società Editrice Libraria, 1906.

CRUZ, Rogério Schietti Machado. **Garantias processuais nos recursos criminais**, 2ª ed. São Paulo: Atlas, 2013.

CRUZ E TUCCI, José Rogério. A causa petendi na ação rescisória. **Revista Forense**, ano 93, v. 339, jul./set. 1997.

__________. **A causa petendi no processo civil**. 3. ed. São Paulo: RT, 2009.

__________. A "repercussão geral" como pressuposto de admissibilidade do recurso extraordinário. **Revista dos Tribunais**, ano 95, v. 848, 2006.

__________. Breves anotações sobre a "restitutio in integrum" e o processo acusatório romano. **Revista Justitia**, v. 45, n. 12, 1983.

__________. **Comentários ao Código de Processo Civil**. São Paulo: Saraiva, 2016. v. VII (arts. 318 a 368).

__________. Embargos de terceiro: questões polêmicas. **Revista dos Tribunais**, v. 94, n. 833, mar. 2005.

__________. **Jurisdição e poder**: contribuição para a história dos recursos cíveis. São Paulo: Saraiva, 1987.

__________. **Limites subjetivos da eficácia da sentença e da coisa julgada civil**. 2. ed. São Paulo: Marcial Pons, 2020.

__________. **Precedente judicial como fonte do direito**. São Paulo: RT, 2004.

CUDIA, Chiara. **Funzione amministrativa e soggettività della tutela**: dall'acesso di potere alle regole del rapporto. Milano: Giuffrè, 2008.

CUNHA, Leonardo Carneiro da. A cassação e o Superior Tribunal de Justiça brasileiro. **Revista de Processo**, v. 299, jan. 2020.

__________. **A fazenda pública em juízo**. 17. ed. Rio de Janeiro: Forense, 2020.

__________. A *translatio iudicii* no projeto de novo Código de Processo Civil brasileiro. **Revista de Processo**, v. 37, n. 208, jun. 2012.

__________. **Interesse de agir na ação declaratória**. Curitiba: Juruá, 2009.

__________. **Jurisdição e competência**. 2. ed. São Paulo: RT, 2013.

__________. Parecer – CPC, art. 942 – Ampliação do colegiado no julgamento não unânime da apelação – Ausência de limite devolutivo – Exame também da parte unânime. **Revista de Processo**, v. 270, ago. 2017.

DALTON, Harlon Leigh. Taking the right to appeal (more or less) seriously. **Yale Law Journal**, v. 95, n. 1, 1985.

DAMAŠKA, Mirjan. Structures of authority and comparative criminal procedure. **Yale Law Journal**, v. 84, n. 3, jan. 1975.

DANTAS, Eduardo Souza. Habeas Corpus coletivo: cabimento e discussões sobre legitimidade. In: **Habeas corpus no Supremo Tribunal Federal**, Gustavo Mascarenhas Lacerda Pedrina [et. al.] (orgs.). São Paulo: Editora Revista dos Tribunais, 2019.

DANTAS, Marcelo Ribeiro Navarro. **Reclamação constitucional no direito brasileiro**. Porto Alegre: Fabris, 2000.

DAUCHY, Serge; SERINET, Yves-Marie. Notion et function des voies de recours. In: CADIET, Loïc; DAUCHY, Serge; HALPÉRIN, Jean-Louis (coord.). **Itinéraires d'histoire de la procedure civile**. Paris: IRJS Editions, 2014.

DE CRISTOFARO, Marco. La Cassazione sostitutiva nel merito. Prospettive applicative. **Rivista Trimestrale di Diritto e Procedura Civile**, n. 1, 1999.

DEGUERGUE, Maryse. Le double degré de juridiction. In: **L'actualité juridique.** Droit administratif. Paris: Dalloz, 2006.

DELLA ROCCA, Fernando. **Le nullità della sentenza in diritto canônico**. Roma: Edizione Universitarie, 1939.

DELOGU, Tulio. **Contributo alla teoria della inamissibilità nel diritto processuale penale**. Milano: Giuffrè, 1938.

DENTI, Vittorio. L'eccezione nel processo civile. In: **Dall'azione al giudicato**. Padova: Cedam, 1983.

__________. Note sui provvedimenti non impugnabili nel processo civile. **Rivista di Diritto Processuale**, n. 1, 1954.

DERZI, Misabel de Abreu Machado. **Modificações da jurisprudência no direito tributário**. São Paulo: Noeses, 2009.

DIDIER JR., Fredie. Alegação de prescrição e decadência em recurso extraordinário: notas ao Código Civil de 2002. In: NERY JR., Nelson; WAMBIER, Teresa Arruda Alvim (coord.). **Aspectos polêmicos e atuais dos recursos cíveis e de outros meios de impugnação às decisões judiciais**. São Paulo: RT, 2005. v. 8.

__________. **Cooperação judiciária nacional: esboço de uma teoria para o Direito brasileiro (arts. 67-68, CPC)**, 2ª ed. Salvador: Juspodivm, 2021.

__________. **Curso de direito processual civil**. Salvador: Juspodivm, 2019. v. 1.

__________. O direito de ação como complexo de situações jurídicas. **Revista de Processo**, v. 210, ago. 2012.

__________. **Pressupostos processuais e condições da ação**. São Paulo: Saraiva, 2005.

__________. Questões controvertidas sobre o agravo (após as últimas reformas processuais). In: WAMBIER, Teresa Arruda Alvim; NERY JR., Nelson (coord.). **Aspectos polêmicos e atuais dos recursos cíveis e de outros meios de impugnação às decisões judiciais**. São Paulo: RT, 2003. v. 7.

__________. **Recurso de terceiro**: juízo de admissibilidade. 2. ed. São Paulo: RT, 2005.

__________. Recursos contra decisão proferida em incidente de resolução de demandas repetitivas que apenas fixa a tese jurídica. In: DIDIER JR., Fredie. CUNHA, Leonardo Carneiro da (coords.). **Julgamento de casos repetitivos**. Salvador: Juspodivm, 2017.

__________. Sentença constitutiva e execução forçada. **Revista de Processo**, v. 159, 2008.

__________. **Sobre a teoria geral do processo, essa desconhecida**. 2. ed. Salvador: Juspodivm, 2013.

__________. Transformações do recurso extraordinário. In: FUX, Luiz; WAMBIER, Teresa Arruda Alvim; NERY JR., Nelson (coord.). **Processo e Constituição**. Estudos em homenagem ao Professor José Carlos Barbosa Moreira. São Paulo: RT, 2006.

__________; BOMFIM, Daniela. Colaboração premiada (Lei n. 12.850/2013): natureza jurídica e controle da validade por demanda autônoma – um diálogo com o direito processual civil. **Civil Procedure Review**, v. 7, n. 2, may/aug. 2016.

__________; BRAGA, Paula Sarno; OLIVEIRA, Rafael Alexandria de. Aspectos processuais da ADIN (Ação Direta de Inconstitucionalidade) e da ADC (Ação Declaratória de Constitucionalidade). In: DIDIER JR., Fredie (org.). **Ações constitucionais**. 6. ed. Salvador: Juspodivm, 2012.

__________; BRAGA, Paula Sarno; OLIVEIRA, Rafael Alexandria. **Curso de direito processual civil**. Salvador: Juspodivm, 2019. v. 2.

__________; CABRAL, Antonio do Passo. CUNHA, Leonardo Carneiro da. **Por uma nova teoria dos procedimentos especiais: dos procedimentos às técnicas**, 2ª ed. Salvador: Juspodivm, 2021.

__________; CUNHA, Leonardo Carneiro da. Agravo de instrumento contra decisão que versa sobre competência e a decisão que nega eficácia a negócio jurídico processual na fase de conhecimento. **Revista de Processo**, v. 242, abr. 2015.

__________; CUNHA, Leonardo Carneiro da. Ampliação do colegiado em caso de divergência: algumas impressões iniciais sobre o artigo 942 do CPC. In: NERY JR., Nelson. ALVIM, Teresa Arruda. **Aspectos polêmicos e atuais dos recursos cíveis e assuntos afins**. São Paulo: RT, 2017. v. 13.

__________; CUNHA, Leonardo Carneiro da. Ação rescisória por manifesta violação à norma jurídica. In: DANTAS, Bruno; BUENO, Cassio Scarpinella; CAHALI, Cláudia Elisabete Schwerz; NOLASCO, Rita Dias. **Questões relevantes sobre recursos, ações de impugnação e mecanismos autônomos de uniformização de jurisprudência após o primeiro ano de vigência do novo CPC em homenagem à Professor Teresa Arruda Alvim**. São Paulo: Editora Revista dos Tribunais, 2017.

__________; CUNHA, Leonardo Carneiro da. **Curso de direito processual civil**. 15. ed. Salvador: Juspodivm, 2018. v. 3.

__________; CUNHA, Leonardo Carneiro da; BRAGA, Paula Sarno; OLIVEIRA, Rafael Alexandria de. **Curso de direito processual civil**. 7. ed. Salvador: Juspodivm, 2017. v. 5.

__________; CUNHA, Leonardo Carneiro da Cunha; CABRAL, Antonio do Passo. **Por uma nova teoria dos procedimentos especiais**: dos procedimentos às técnicas. Salvador: Juspodivm, 2018.

__________; EID, Elie Pierre; ARAGÃO, Leandro Santos de. Recuperação judicial, execução fiscal, *stay period*, cooperação judiciária e preservação da empresa: compreendendo o §7º-B do art. 6º da Lei 11.101/2005. **Revista de Processo**, vol. 323, jan. 2022.

DINACCI, Ugo. **Prospettive sistematiche del processo penale**. 2. ed. Padova: Cedam, 1978.

DINAMARCO, Cândido Rangel. **A arbitragem na teoria geral do processo**. São Paulo: Malheiros, 2013.

__________. Admissibilidade do recurso especial ou extraordinário e as chamadas questões mistas. In: **Processo civil empresarial**. 2. ed. São Paulo: Malheiros, 2014.

__________. **A instrumentalidade do processo**. 15. ed. São Paulo: Malheiros, 2013.

__________. A reclamação no processo civil brasileiro. In: **Nova era do processo civil**. 4. ed. São Paulo: Malheiros, 2013.

__________. **A reforma da reforma**. São Paulo: Malheiros, 2002.

__________. Ação rescisória contra decisão interlocutória. In: **Nova era do processo civil**. 4. ed. São Paulo: Malheiros, 2013.

__________. Ação rescisória e embargos de terceiro. In: **Fundamentos do processo civil moderno** 6. ed. São Paulo: Malheiros, 2010. v. II.

__________. Ação rescisória e interpretação contratual. In: **Fundamentos do processo civil moderno**. 6. ed. São Paulo: Malheiros, 2010. t. II.

__________. Ação rescisória e trânsito em julgado superveniente à sua propositura. In: **Fundamentos do processo civil moderno** 6. ed. São Paulo: Malheiros, 2010. v. II.

__________. Ação rescisória, incompetência e carência de ação. In: **Nova era do processo civil**. 4. ed. São Paulo: Malheiros, 2013.

__________. Ações típicas. In: **Fundamentos do processo civil moderno**. 4. ed. São Paulo: Malheiros, 2002.

__________. **Capítulos da sentença**. 7. ed. São Paulo: Malheiros, 2021.

__________. Controle difuso de constitucionalidade: eficácia da decisão. In: **Processo civil empresarial**. 2. ed. São Paulo: Malheiros, 2014.

__________. **Instituições de direito processual civil**., 8 ed. São Paulo: Malheiros, 2018. v. II.

__________. **Instituições de direito processual civil**.7 ed.. São Paulo: Malheiros, 2017, v. III.

__________. **Instituições de direito processual civil**. 4. ed. São Paulo: Malheiros, 2019. v. IV.

__________. Momento de eficácia da sentença constitutiva. **Revista de Processo**, v. 63, 1991.

__________. O efeito devolutivo da apelação e de outros recursos. In: **Nova era do processo civil**. 3. ed. São Paulo: Malheiros, 2009.

__________. Os efeitos dos recursos. In: WAMBIER, Teresa Arruda Alvim; NERY JR., Nelson (coord.). **Aspectos polêmicos e atuais dos recursos cíveis**. São Paulo: RT, 2002. v. 5.

__________. Os embargos de declaração como recurso. In: **Nova era do processo civil**. 4. ed. São Paulo: Malheiros, 2013.

__________. Relativizar a coisa julgada material. In: **Nova era do processo civil**. 4. ed. São Paulo: Malheiros, 2013.

__________. Suspensão do mandado de segurança pelo presidente do Tribunal. **Revista de Processo**, v. 27, n. 105, jan./mar. 2002.

__________; BADARÓ, Gustavo Henrique Righi Ivahy; LOPES, Bruno Vasconcelos Carrilho. **Teoria geral do processo**. 32. ed. Salvador: Juspodivm, 2020.

__________; LOPES, Bruno Vasconcelos Carrilho. **Teoria geral do novo processo civil**. São Paulo: Malheiros, 2016.

DIOGENES, Nestor. **Da ação rescisória**. São Paulo: Saraiva, 1939.

DONADEL, Adriane. **A ação rescisória no direito processual civil brasileiro**. 2. ed. Rio de Janeiro: Forense, 2009.

DOTTI, Rogéria Fagundes. **Tutela da evidência**: probabilidade, defesa frágil e o dever de antecipar a tempo. São Paulo: RT, 2020.

DUARTE, Zulmar. Comentários ao art. 994. In: GAJARDONI, Fernando da Fonseca. DELLORE, Luiz. ROQUE, André Vasconcelos. OLIVEIRA JR., Zulmar Duarte. **Comentários ao Código de Processo Civil**, 4ª ed. Rio de Janeiro: Forense, 2021.

EDWARDS, Harry T. To err is human, but not always harmless: when should legal error be tolerated? **New York University Law Review**, vol. 70, n. 6, 1995.

EID, Elie Pierre. Amicus curiae no novo Código de Processo Civil: interesse e poderes. In: LUCON, Paulo Henrique dos Santos et al. (coord.). **Processo em jornadas**. Salvador: Juspodivm, 2016.

___________. Limites à tutela sumária. In: BEDAQUE, José Roberto dos Santos et al. **Garantismo processual**: garantias processuais aplicadas ao processo. Brasília: Gazeta Jurídica, 2016.

___________. **Litisconsórcio unitário: fundamentos, estrutura e regime**. São Paulo: Editora Revista dos Tribunais, 2016.

___________. Multilateralidade no processo civil: divergência de interesses em posições jurídicas. **Revista de Processo**, v. 297, nov. 2019.

___________. **O fim do recurso extraordinário e do recurso especial: quais impactos no processo civil?** Disponível em: https://www.conjur.com.br/2019-dez-11/elie-eid-impacto-fim-recursos-extraordinario-especial. Acesso em: 22 mar. 2020.

___________. Repercussões do litisconsórcio unitário sobre a eficácia da sentença e os limites da coisa julgada. In: DIDIER JR., Fredie; CABRAL, Antonio do Passo (coord.). **Coisa julgada e outras estabilidades**. Salvador: Juspodivm, 2018.

ELIAS, Carlos Eduardo Stefen. **Apelação**: os limites objetivos do efeito devolutivo. São Paulo: Atlas, 2010.

FABBRINI, Giovanni **L'opposizione ordinaria di terzo nel sistema dei mezzi di impugnazione**. Milano: Giuffrè, 1968.

FABRÍCIO, Adroaldo Furtado. Coisa julgada e ação rescisória (parecer). **Revista Jurídica Empresarial**, n. 6, jan./fev. 2009.

___________. Rescindibilidade das sentenças e mérito da causa. **Revista Ajuris**, v. 45, n. 144, 2018.

___________. Réu revel não citado, "querela nullitatis" e ação rescisória. **Revista de Processo**, v. 12, n. 48, out./dez. 1987.

FAGUNDES, Miguel Seabra. A função política do Supremo Tribunal Federal. **Revista de Direito Administrativo**, Rio de Janeiro, v. 134, jan. 1978.

__________. **Dos recursos ordinários em matéria civil**. Rio de Janeiro: Forense, 1946.

FAIRÉN GUILLÉN, Victor. El gravamen como presupuesto de los recursos. In: **Temas del ordenamiento procesal**. Madrid: Tecnos, 1969. t. I.

__________. **Teoría general de derecho procesal**. Ciudad del Mexico: UNAM, 1992.

FALCÃO, Joaquim; CERDEIRA, Pablo; ARGUELHES, Diego Werneck. O Supremo Tribunal Federal processual. In: MARTINS, Ives Gandra da Silva; ROSSET, Patrícia; AMARAL, Antonio Carlos Rodrigues do. **Estudos de direito público**. Homenagem ao Ministro Carlos Mário da Silva Velloso. São Paulo: Lex Magister, 2012.

FARIAS, Cristiano Chaves de; ROSENVALD, Nelson. **Curso de direito civil**. 16. ed. Salvador: Juspodivm, 2018. v. 1.

FAZZALARI, Elio. Il cammino della sentenza e della "cosa giudicata". **Rivista di Diritto Processuale**, v. XLII, 1988.

__________. **Il giudizio civile di cassazione. Milano: Giuffrè, 1960.**

__________. Revocazione (diritto processuale civile). **Enc. Dir.**, Milano, v. XL, 1989.

FÉLIX, Juarez Rogério. O duplo grau de jurisdição obrigatório. In: NERY JR., Nelson; WAMBIER, Tereza Arruda Alvim (coord.) **Aspectos polêmicos e atuais dos recursos cíveis de acordo com a Lei 9.756/98**. São Paulo: RT, 1999.

FERNANDES, Antonio Scarance. **Incidente processual**: questão incidental, procedimento incidental. São Paulo: RT, 1991.

FERNANDES, Luís Eduardo Simardi. **Embargos de declaração: efeitos infringentes, prequestionamento e outros aspectos polêmicos**. 5 ed. São Paulo: Editora Revista dos Tribunais, 2020.

FERRAND, Frédérique. **Cassation française et revision allemande**. Paris: PUF, 1993.

__________. *Res Judicata* From National Law to a Possible European Harmonization? **Festschrift für Peter Gottwald zum 70. Geburstag.** München: Verlag C.H. Beck, 2014.

FERRAZ JR., Tercio Sampaio. **Introdução ao estudo do direito**: técnica, decisão e dominação. 6. ed. São Paulo: Atlas, 2008.

__________. Irretroatividade e jurisprudência judicial. In: FERRAZ JR., Tercio Sampaio; CARRAZZA, Roque Antonio; NERY JR., Nelson (coord.). **Efeito *ex nunc* e as decisões do STJ**. Barueri: Manole, 2009.

FERRAZ, Sérgio. **Mandado de segurança**. São Paulo: Malheiros, 2006.

FERRAZ, Taís Schilling. **O precedente na jurisdição constitucional**: construção e eficácia do julgamento da questão com repercussão geral. São Paulo: Saraiva, 2017.

FERREIRA, William Santos. Sistema recursal brasileiro: de onde viemos, onde estamos e para onde (talvez) iremos. In: COSTA, Hélio Rubens Batista Ribeiro; RIBEIRO, José Horácio Halfeld Rezende; DINAMARCO, Pedro da Silva. **Linhas mestras do processo civil**. Comemoração aos 30 anos de vigência do CPC. São Paulo: Atlas, 2004.

__________. **Tutela antecipada no âmbito recursal**. São Paulo: RT, 2000.

FERRER BELTRÁN, Jordi. Los hechos en la cassación penal. **Revista Actualidad Penal**, n. 48, jun. 2018.

FERRI, Corrado. **Profili dell'accertamento costitutivo**. Padova: Cedam, 1970.

FIX-ZAMUDIO, Hector. El derecho de amparo en México y en España: su inflencia recíproca. **Revista de Estudios Políticos**, n. 7, 1979.

FONSECA, João Francisco Naves. A profundidade do efeito devolutivo nos recursos extraordinário e especial. **Revista do Advogado**, v. XXXV, n. 126, maio 2015

__________. **Exame dos fatos nos recursos extraordinário e especial**. São Paulo: Saraiva, 2012.

FONTES, Márcio Schiefler. Noções histórico-conceituais dos recursos e do duplo grau de jurisdição. **Revista da EMESC**, v. 14, n. 20, 2007.

FORGIONI, Paula. **Teoria geral dos contratos empresariais**. São Paulo: RT, 2009.

FORNACIARI JÚNIOR, Clito. Da necessária releitura do fenômeno da suspeição. **Revista dos Tribunais**, v. 766, ago. 1999.

FORNACIARI, Michele. **Situazione potestative, tutela constitutiva, giudicato**. Torino: Giappichelli, 1999.

FRANÇA, Erasmo Valladão Azevedo e Novaes. **Invalidade das deliberações assembleares**. São Paulo: Malheiros, 1998.

__________. ADAMEK, Marcelo Vieira von. Algumas notas sobre o exercício abusivo da ação de invalidação de deliberação assemblear. In: YARSHELL, Flávio Luiz et al. (coord.). **Processo societário**. São Paulo: Quartier Latin, 2012.

FRANZÉ, Luís Henrique Barbante. **Tutela antecipada recursal**. 3. ed. Curitiba: Juruá, 2011.

FRASCA, Raffaele. Nuove tendenze e vecchi problemi della giurisprudenza della Corte in tema di ricorso straordinario. In: **L'evoluzione giurisprudenziale nelle decisione della Corti Cassazione**. Milano: Giuffrè, 2013. v. VII

FREITAS, José Lebre de. Recurso extraordinário: recurso ou acção?. In: PINTO. Rui (coord.). **As recentes reformas na acção executiva e nos recursos**. Coimbra: Coimbra Editora, 2010.

FRICERO, Natalie. Double degré de juridiction: de la "boné justice" à la "bonne administration de la justice". **Justice et cassation**, n. 1, 2013.

FRIEDMAN, Barry. When rights encounter reality: enforcing federal remedies. **Southern California Law Review**, v. 85, 1992.

GAJARDONI, Fernando da Fonseca. **Flexibilização do procedimento: um novo enfoque do procedimento em matéria processual**. São Paulo: Atlas, 2007

__________. Recentes notas sobre o impedimento no direito processual civil brasileiro. **Revista de Processo**, v. 174, ago. 2009.

GALIČ. A. Reshaping the role of Supreme Courts in the countries of the former Yoguslavia. In: UZELAC, Alan. RHEE, C.H. van (ed.): **Nobody's Perfect: Comparative Essays on Appeals and other Means of Recourse against Judicial Decisions in Civil Matters**. Cambridge/Antwerp/Portland: Intersentia, 2014.

GALLUCCIO, Mariangela. Novità processuale in materia di nullità matrimoniale e giurisdizione canonica. **Rivista Telematica Stato, Chiese e Pluralismo Confessionale**, n. 13, 2019.

GAMBA, Cinzia. **Domande senza risposta**: studi sulla modificazione della domanda nel processo civile. Padova: Cedam, 2008.

GAMBINERI, Beatrice. **Giudizio di rinvio e preclusione di questione**. Milano: Giuffrè, 2008.

GARBAGNATI, Edoardo. **La sostituzione processuale**. Milano: Giuffrè, 1942.

GARMS, Vercingetorix de Castro. **Recurso de revista**. São Paulo: RT, 1966.

GATTO, Joaquim Henrique. **O duplo grau de jurisdição e a efetividade do processo**. Porto Alegre: Livraria do Advogado, 2010.

GERAIGE NETO, Zaiden. **Ação rescisória**. São Paulo: RT, 2009.

GERALDES, António Santos Abrantes. Cassação ou substituição? Livre escolha ou determinismo legislativo? In: PINTO, Rui (coord.). **As recentes reformas na acção executiva e nos recursos**. Coimbra: Coimbra Editora, 2010.

GIANNINI, Leandro J. La revisón de la cosa juzgada. Cuestiones actuales. **Revista La Ley**, 2001-E.

GIANOZZI, Giovanni. **Il reclamo nel processo civile**. Milano: Giuffrè, 1968.

GILLES, Peter. **Rechtsmittel im Zivilprozeβ. Berufung, Revision und Bescwerde im Vergleich mit der Wiederaufnahme des Verfarens, dem Einspruch und der Wiederreinsetzung in den vorigen Stand**. Frankfurt am Main: Atheneum, 1972

__________. Rechtsmitteleinlegung, Rechtsmittelbegründung und nachträgliche Parteidispositionen über das Rechtsmittel. **Archiv für die civilistische Praxis**, 1977, 2/3 (1977)

GINSBURG, Brazelius. **Civil Procedure in Sweden**. The Hague: M. Nijhoff, 1965.

GIUDICEANDREA, Nicola. **Le impugnazioni civili**. Milano: Giuffrè, 1952. v. I.

GLOECKNER, Ricardo Jacobsen. Direito fundamental ao recurso no processo penal: uma crítica à concepção bilateral da impugnação. **Revista Justiça e Sistema Criminal**, v. 6, n. 11, 2014.

GODINHO, Robson Renault. **Comentários ao Código de Processo Civil**. São Paulo: Saraiva, 2018. v. XIV.

__________. Direito constitucional ao recurso. **Revista da Faculdade de Direito do Sul de Minas**, v. 25, n. 2, 2009.

GÓES, Gisele Santos Fernandes. Recurso especial, extraordinário e embargos de divergência: efeito translativo ou correlação recursal? **Revista Dialética de Direito Processual**, n. 22, jan. 2005.

GOMES JR., Luiz Manoel. Recurso ordinário constitucional – considerações relevantes. In: NERY JR., Nelson; WAMBIER, Teresa Arruda Alvim (coord.). **Aspectos polêmicos e atuais dos recursos cíveis e de outros meios de impugnação à decisão judicial**. São Paulo: RT, 1999.

GOMETZ, Gianmarco. **La certeza giuridica come prevedibilità**. Torino: Giappichelli, 2005.

GOMILLE, Christian. The Federal Constitutional Court of Germany: a "super-appellatte court" in civil law cases? **Ritsumeikan Law Review**, n. 31, 2014.

GONZAGA, Fernando Jayme; SANTOS, Marina França. A superação do duplo grau de jurisdição como princípio. **Revista de Processo**, v. 37, n. 214, 2012.

GONZALEZ, Gabriel Araújo. **A recorribilidade das decisões interlocutórias no Código de Processo Civil**, 2ª ed. Salvador: Juspodivm, 2019.

GOTTWALD, Peter. **Die Revisioninstanz als Tatsacheninstanz**. Berlin: Duncker und Humblot, 1975.

GOUVÊA, Marcos Maselli. **O controle judicial das omissões administrativas: novas perspectivas de implementação dos direitos prestacionais**. Rio de Janeiro: Forense, 2003.

GRADI, Marco. Vizi in procedendo e ingiustizia della decisione. In: **Studi in onore di Carmine Punzi**. Torino: Giappichelli, 2008.

GRASSO, Edoardo. **La pronuncia d'ufficio**. Milano: Giuffrè, 1967.

__________. **L'interesse ad impugnare**. Milano: Giuffrè, 1967.

GRECO FILHO, Vicente. **Direito processual civil brasileiro**. 23. ed. São Paulo: Tirant Lo Blanch, 2020. v. 3.

GRECO, Leonardo. A falência dos recursos. In: **Estudos de direito processual**. Campos dos Goytacazes: Editora Faculdade de Direito de Campos, 2005.

__________. Ainda a coisa julgada inconstitucional. In: **Estudos de direito processual**. Campos dos Goytacazes: Editora Faculdade de Direito de Campos, 2005.

__________. **Instituições de processo civil**: introdução ao direito processual civil. 3. ed. Rio de Janeiro: Forense, 2011. v. I.

__________. Princípios de uma teoria geral dos recursos. In: BASTOS, Marcelo Lessa; AMORIM, Pierre Souto Maior Coutinho de. **Tributo a Afrânio Silva Jardim**: escritos e estudos. Rio de Janeiro: Lumen Juris, 2014.

__________. *Translatio iudicii* e reassunção do processo. **Revista de Processo**, ano 33, n. 166, dez. 2008.

GRECO, Luís. Duas formas de fazer dogmática jurídico-penal. **Boletim do Instituto Brasileiro de Direito Penal Econômico**, ano 1, fascículo 1, 2009.

GRINOVER, Ada Pellegrini. A tutela preventiva das liberdades: habeas corpus e mandado de segurança. In: **O processo em sua unidade – II**. Rio de Janeiro: Forense, 1984.

__________. Ação rescisória e divergência de interpretação em matéria constitucional. **Revista dos tribunais**, vol. 983, ano. 106, set. 2017.

__________. Caminhos e descaminhos do controle jurisdicional de políticas públicas. In: COSTA, Susana Henriques da et al. (coord.). **O processo para solução de conflitos de interesse público**. Salvador: Juspodivm, 2017.

__________. Extensão subjetiva dos efeitos dos recursos. Art. 580, CPP. Limites. Âmbito de aplicação. Indulto: a posição do STF. Indulto e comutação da pena. In: **A marcha do processo**. Rio de Janeiro: Forense Universitária, 2000.

__________. Litisconsórcio necessário e efeito devolutivo do recurso especial. In: **O processo**: estudos e pareceres. São Paulo: DPJ, 2006.

__________. **O processo constitucional em marcha**. São Paulo: Max Limonad, 1985.

__________. Um enfoque constitucional da teoria geral dos recursos. In: **O processo em evolução**, 2ª ed. Rio de Janeiro: Foresense Universitária, 1998.

__________. BRAGA, João Ferreira. Um estudo de teoria geral do processo: admissibilidade e mérito no julgamento dos recursos. **Revista de Processo**, v. 227, 2014.

__________. GOMES FILHO, Antonio Magalhães; FERNANDES, Antonio Scarance. **Recursos no processo penal**. 6. ed. São Paulo: RT, 2009.

GUARINO, Giuseppe. **Potere giuridico e diritto soggettivo**. Napoli: Jovene, 1949.

GUARNERI, Attillio. L'azione di nullità (riflessioni sistematiche e comparatistiche). **Rivista di Diritto Civile**, v. XXXIX, 1993.

GUASP, Jaime. **Derecho procesal civil**. 3. ed. Madrid: Instituto de Estudios Políticos, 1977.

GUEDES, Demian. A presunção de veracidade e o estado democrático de direito: uma reavaliação que se impõe. In: GUEDES, Demian. **Direito administrativo e seus novos paradigmas**. Belo Horizonte: Fórum, 2008.

GUERRA, Adriana Diniz de Vasconcellos. **A tutela antecipada e sua admissibilidade em sede de ação rescisória**. Rio de Janeiro: Forense, 2001.

GUERRA FILHO, Willis Santiago. Notas sobre a necessariedade do litisconsórcio e a garantia fundamental do contraditório. In: FUX, Luiz; NERY JR., Nelson; WAMBIER, Teresa Arruda Alvim (coord.). **Processo e Constituição**: estudos em homenagem ao professor José Carlos Barbosa Moreira. São Paulo: RT, 2006.

GUIMARÃES, Luiz Machado. **A instância e a relação processual**. Rio de Janeiro: Tip. Batista de Souza, 1939.

__________. Efeito devolutivo da apelação. In: **Estudos de direito processual civil**. Rio de Janeiro: Ed. Jurídica e Universitária, 1969.

__________. Preclusão, coisa julgada, efeito preclusivo. In: **Estudos de direito processual civil**. Rio de Janeiro: Editora Jurídica e Universitária, 1969.

GUTIÉRREZ, Cristina. **Suspensão de liminar e de sentença na tutela do interesse público**. Rio de Janeiro: Forense, 2000.

HACHEM, Daniel Wunder. Controle judicial do silêncio administrativo e a atribuição de efeitos positivos como alternativa à judicialização. In: MARRARA, Thiago; AGUDO GONZÁLEZ, Jorge. (Org.). **Controles da Administração e judicialização de políticas públicas**. 1ed.São Paulo: Almedina, 2016.

HELLWIG, Konrad. **Anspruch und Klagerecht**. Bëitrage zum bürgelichen und zum Prozessrecht. Jena: Gustav Fischer, 1900.

HELMOLZ, R. H. **The spirit of classical canon law**. Georgia: University of Georgia Press, 1996.

HÉRON, Jacques; LE BARS, Thierry. **Droit judiciaire privé**. 6. ed. Paris: LGDJ, 2015.

HERZOG, Peter E. KARLEN, Delmar. Attacks on judicial decisions. **International Encyclopedia of Comparative Law Online**, Volume XVI, edited by U. Drobnig, R. David, H. H. Egawa, R. Graveson, V. Knapp, A. T. Von Mehren, Y. Noda, et al. Accessed April 28, 2021. In: http://dx.doi.org/10.1163/2589-4021_IECO_COM_160802.

HORBACH, Carlos Bastide. **Teoria das nulidades do ato administrativo**. 2. ed. São Paulo: RT, 2010.

IMPAGNATIELLO, Gianpaolo. **Il concorso tra cassazione e revocazione**: contributo allo studio della formazione e dell'impugnazione del giudicato. Napoli: ESI, 2003.

JANES, Charles Robert. Mandamus as a means of federal interlocutory review. **Ohio State Law Journal**, v. 38, n. 2, 1977.

JAUERNIG, Othmar. HESS, Burkhard. **Manual de derecho procesal civil**, trad. Eduard Roig Molés (30ª edição do original). Madrid: Marcial Pons, 2015

JEULAND, Emmanuel. **Droit processuel général**. 3. ed. Paris: LGDJ, 2014.

JOLOWICZ, J. A. Appeal and review in comparative law: similarities, differences and purposes. **Melbourne University Law Review**, v. 15, Dec. 1986.

JORDÃO, Eduardo Ferreira. **Controle judicial de uma Administração Pública complexa**: a experiência estrangeira na adaptação da intensidade do controle. São Paulo: Malheiros, 2016.

JORGE, Flávio Cheim. **Teoria geral dos recursos cíveis**. 8. ed. São Paulo: RT, 2017.

__________. RODRIGUES, Marcelo Abelha. Mandado de segurança contra ato judicial no processo eleitoral. **RBDE**, ano 6, n. 10, jan./jul. 2014.

__________. SANTANA, Felipe Teles. Uma análise crítica sobre o recurso especial e o conhecimento de matérias de ordem pública. **Revista de Processo**, n. 213, nov. 2012.

__________. SIQUEIRA, Thiago Ferreira. Função e técnica de julgamento dos recursos extraordinário e especial. **Revista de Processo**, v. 295, set. 2019.

JUSTEN FILHO, Marçal. **Curso de direito administrativo**. 13. ed. São Paulo: RT, 2018.

KEHRBERGER, Roman F. **Die Materialisierung des Zivilprozessrechts**. Tübingen: Mohr Siebeck, 2019.

KEMMERICH, Clovis Juarez. A Súmula 283 do Supremo Tribunal Federal. In: MITIDIERO, Daniel et al. (coord.). **Processo civil**: estudos em homenagem ao professor doutor Carlos Alvaro de Oliveira. São Paulo: Atlas, 2012.

KERN, Christoph. Appellate Justice and Miscelaneous Appeals: the proposal for a reform of Brazilian civil procedure as compared to the german solution. **Revista de Processo**, vol. 188, out. 2010, p. 147-162.

KINIJNIK, Danilo. **O recurso especial e a revisão da questão de fato pelo Superior Tribunal de Justiça**. Rio de Janeiro: Forense, 2005.

KLAMERT, Markus. **The principles of loyalty in EU law**. Oxford: University Press, 2014.

KODEK, G. E. Appelate proceedings in civil cases – traditional remedies in light of contemporary problems. In: UZELAC, A. RHEE, C.H. van (ed.). **Nobody's Perfect: Comparative Essays on Appeals and other Means of Recourse against Judicial Decisions in Civil Matters**. Cambridge/Antwerp/Portland: Intersentia, 2014.

KOLOTOUROS, Panagiotis. **Der Rechtsmittelgegenstand im Zivilprozeβ: die Rechtsmittel zwichen Kassation und Verfahrensfortsetzung**. Berlin: Duncker und Humblot, 1992

KOMATSU, Roque. **Da invalidade no processo civil**. São Paulo: RT, 1991.

KOZIKOSKI, Sandro Marcelo. **Embargos de declaração: teoria geral e efeitos infringentes**. São Paulo: Revista dos Tribunais, 2004.

__________. **Manual dos recursos cíveis**: teoria geral e recursos em espécie. 4. ed. Curitiba: Juruá, 2009.

KUHLMANN, Axel. **Das Verbot der *reformatio in peius* im Zivilprozessrecht**. Berlin: Duncker und Humblot, 2010.

LACERDA, Galeno. A ação rescisória de rescisória no direito brasileiro. **Revista da Faculdade de Direito**, Porto Alegre, v. 2, n. 3, 1951.

__________. **Ação rescisória e homologação de transação. Revista da Faculdade de Direito UFPR, Curitiba, dez. 1979**

__________. O Código e o formalismo processual. **Revista Ajuris**, n. 28, 1983.

LAMY, Eduardo Avelar. A transformação dos embargos infringentes em técnica de julgamento. In: DANTAS, Bruno; BUENO, Cassio Scarpinella; CAHALI, Cláudia Elisabete Schwerz; NOLASCO, Rita Dias. **Questões relevantes sobre recursos, ações de impugnação e mecanismos autônomos de uniformização de jurisprudência após o primeiro ano de vigência do novo CPC em homenagem à Professor Teresa Arruda Alvim**. São Paulo: Editora Revista dos Tribunais, 2017.

__________. **Aproveitamento de meios no processo civil**, 2ª ed. Salvador: Juspodivm, 2021

LANCELOTTI, Franco. **La soccombenza requisito di leggittimizaione alle impugnazione**. Milano: Giuffrè, 1996.

LANDA, César. El proceso de amparo en América Latina. **Anuario de Derecho Constitucional Latinoamericano**, Montevideo, año XVII, 2011.

LANES, Júlio Cesar Goulart. A sistemática decorrente de julgamentos não unânimes. In: WAMBIER, Teresa Arruda Alvim; DIDIER JR., Fredie. TALAMINI, Eduardo; DANTAS, Bruno. **Breves comentários ao Novo Código de Processo Civil**. 3. ed. São Paulo: RT, 2016.

LASPRO, Oreste Nestor de Souza. **Duplo grau de jurisdição no direito processual civil**. São Paulo: Revista dos Tribunais, 1995.

__________. Garantia do duplo grau de jurisdição. In: CRUZ E TUCCI, José Rogério (coord.). **Garantias constitucionais do processo civil**. São Paulo: RT, 1999.

LAYCOCK, Douglas. How remedies became a field: a history. **Rev. Litig.**, v. 27, 2008.

LEÃES, Luiz Gastão Paes de Barros. Conflito de interesses. In: **Estudos e pareceres sobre sociedades anônimas**. São Paulo: RT, 1989.

LEMOS FILHO, Flávio Pimentel de. **Direito potestativo**. Rio de Janeiro: Lumen Juris, 2017.

LEONEL, Ricardo de Barros. **Reclamação constitucional**. São Paulo: RT, 2011.

__________. Recurso extraordinário e controle objetivo de constitucionalidade na justiça estadual. In: NERY JR., Nelson; WAMBIER, Teresa Arruda Alvim (coord.). **Aspectos polêmicos e atuais dos recursos cíveis e assuntos afins**. São Paulo: RT, 2007. v. 11.

__________. Revistando a teoria geral dos recursos: o efeito suspensivo. In: WAMBIER, Teresa Arruda Alvim; NERY JR., Nelson (coord.). **Aspectos polêmicos e atuais dos recursos cíveis e assuntos afins**. São Paulo: RT, 2006.

LERRER, Felipe Jakobson. **Ação anulatória**. Porto Alegre: Livraria do Advogado, 2009.

LEVAL, Georges de. **Droit judiciaire**. Manuel de procédure civile. Bruxeles: Éditions Larcier, 2015. t. 2.

LEVY, Marin K. Judging justice on appeal. **Yale Law Journal**, v. 123, n. 7, May 2014.

LIEBMAN, Enrico Tullio. **Eficacia e autoridade da sentença: e outros escritos sobre a coisa julgada**. Tradução de Alfredo Buzaid e Benvindo Aires; tradução dos textos posteriores à ed. de 1945 e notas relativas ao direito brasileiro vigente de Ada Pellegrini Grinover. Rio de Janeiro: Forense, 1984.

__________. Il giudizio d'appello e la costituizione. **Rivista di Diritto Processuale**, n. 1, 1980.

__________. Istituti di diritto comune nel processo civile brasiliano. In: **Problemi del processo civile**. Napoli: Morano, 1962.

__________. Nulidade da sentença proferida sem a citação do réu. In: **Estudos sobre o processo civil brasileiro**: com notas de Ada Pellegrini Grinover. São Paulo: Bushatsky, 1976.

__________. "Parte" o "capo" di sentenza. **Rivista di Diritto Processuale**, n. 2, 1964.

__________. Sulla sospensione propria ed impropria del processo civile. **Rivista di Diritto Processuale**, n. 1, 1958.

LIMA, Alcides de Mendonça. A evolução da competência do Supremo Tribunal Federal. **Revista de Informação Legislativa**, v. 16, n. 63, jul./set. 1979.

__________. Ação rescisória contra acórdão em agravo de instrumento. **Revista da Academia Brasileira de Letras Jurídicas**, v. 1, n. 1, jan./jun. 1985.

__________. **Introdução aos recursos cíveis**. 2. ed. São Paulo: RT, 1976.

LIMA, Marcellus Polastri; QUEIROZ, Mariah Oliveira Santos de. O mandado de segurança contra decisões jurisdicionais: evolução e o novo Código de Processo Civil brasileiro. **Revista do Ministério Público do Estado do Rio de Janeiro**, n. 72, abr./jun. 2019.

LIPIANI, Júlia. Reconstrução do interesse recursal no sistema de força normativa do precedente. **Civil Procedure Review**, v. 4, n. 2, 2014.

LIVA, Stefano. **Temere appellare**: rimedi e sanzioni contro le impugnazioni dilatorie. Torino: Giappichelli, 2017.

LOBO, Arthur Mendes. **Reclamação constitucional ao Supremo Tribunal Federal: proteção de interesses coletivos**. Curitiba: Juruá, 2015.

LOCATELLI, Francesca. **La selezione degli appelli civili**. Pisa: Paccini Editore, 2017.

LOMBARDO, Luigi. Giudizio civile di cassazione e decisione della causa nel mérito. **Giustizia Civile**, n. 2, 2015.

LOPES JR., Aury. **Direito processual penal**, 11 ed. São Paulo: Saraiva, 2014.

LOPES DA COSTA, Alfredo de Araújo. **Direito processual civil brasileiro**. 2. ed. Rio de Janeiro: Forense, 1959. v. 3.

LÓPEZ, Calaz. La cosa juzgada en el proceso civil y penal. **Boletín de la Facultad de Derecho (UNED)**, n. 24, 2004.

LORCA NAVARRETE, Antonio Maria. **Constitución y litigación civil**. San Sebastián: Instituto Vasco de Derecho Procesal, 2018.

__________. Sobre la prohibición de la reformatio in pejus. **Revista jurídica española de doctrina, jurisprudencia y bibliografia**, n. 2, 1983

LUCCA, Rodrigo Ramina de. **Disponibilidade processual**. São Paulo: Editora Revista dos Tribunais, 2019.

__________. **O dever de motivação das decisões judiciais**. 3. ed. Salvador: Juspodivm, 2019.

__________. Querela nullitatis e réu revel não citado no processo civil brasileiro. **Revista de Processo**, v. 202, dez. 2011.

LUCON, Paulo Henrique dos Santos. **Embargos à execução**. São Paulo: Saraiva, 2001.

__________. **Eficácia das decisões e execução provisória**. São Paulo: RT, 2000.

LUHMANN, Niklas. A posição dos tribunais no sistema jurídico. **Revista da Ajuris**, ano 17, n. 49, jul. 1990.

LUISO, Francesco Paolo. **Diritto processuale civile**. Milano: Giuffrè, 2013. v. I.

__________. Invalidità della sentenza e mezzi di gravame. **Rivista di Diritto Processuale**, v. LXIV, n. 2, 2009.

__________. La cedevolezza del giudicato. In: **Materialli sulla cosa giudicata.** A cura di Stefano A. Villata. Padova: CEDAM, 2017

LUMETTI, Maria Vittoria. **Violazione dell'interesse legittimo e danno risarcibile**. Milano: Giuffrè, 2008.

MACCORMICK, Neil. **Retórica e o Estado de Direito**. São Paulo: Elsevier, 2008.

MACÊDO, Lucas Buril de. Influência do sistema brasileiro de precedentes no interesse recursal. In: NERY JR., Nelson; ALVIM, Teresa Arruda (coord.). **Aspectos polêmicos dos recursos cíveis e assuntos afins**. São Paulo: RT, 2017. v. 13.

__________. **Objeto dos recursos cíveis**. Salvador: Juspodivm, 2020.

MACHADO, Marcelo Pacheco. **Comentários ao Código de Processo Civil**: arts. 674 ao 718, GOUVÊA, José Roberto; BONDIOLI, Luiz Guilherme; FONSECA, João Francisco Naves (coord.). São Paulo: Saraiva, 2017. v. XIII.

__________. **Incerteza e processo**. São Paulo: Saraiva, 2013.

MAGRI, Berenice Soubhie Nogueira. **Ação anulatória**: Art. 486 do CPC. 2 ed. São Paulo: Revista dos Tribunais, 2004.

MAJO, Adolfo di. **La tutela civile dei diritti**. 4. ed. Milano: Giuffrè, 2003. v. 3.

MANCUSO, Rodolfo de Camargo. Comentários ao art. 1.035. In: BUENO, Cassio Scarpinella (coord.). **Comentários ao Código de Processo Civil**. São Paulo: Saraiva, 2017. v. 4.

__________. **Recurso extraordinário e recurso especial**. São Paulo: RT, 2018.

MANDRIOLI, Crisanto; CARRATTA, Antonio. **Corso di diritto processuale civile**. Torino: Giappichelli, 2006. v. II.

MANGONE, Kátia Aparecida. **Prequestionamento e questões de ordem pública no recurso extraordinário e no recurso especial.** São Paulo: Saraiva, 2013.

MARÇAL, Felipe Barreto. Levando a fungibilidade recursal a sério: pelo fim da "dúvida objetiva", do "erro grosseiro" e da "má-fé" como requisitos para a aplicação da fungibilidade e por sua integração com o CPC/2015. **Revista de Processo**, v. 44, n. 292, jun. 2019.

MARINELLO, Marino. **La clausola generale dell'art. 100 C.P.C.**: origini, metamorfose e nuovi ruoli. Trento: Alcione, 2005.

MARINO, Francisco Paulo de Crescenzo. **Oferta de modificação equitativa de contratos afetados pela excessiva onerosidade superveniente**. 2018. Tese (Livre-docência) – Faculdade de Direito da Universidade de São Paulo, 2018, São Paulo.

MARINONI, Luiz Guilherme. A intangibilidade da coisa julgada diante da decisão de inconstitucionalidade: impugnação, rescisória e modulação de efeitos. **Revista de Processo**, ano 41, v. 251, jan. 2016.

__________. Ação rescisória baseada em violação de norma jurídica. **Revista de Processo**, v. 42, n. 267, p. 1.6, maio 2017.

__________. Garantia da tempestividade da tutela jurisdicional e duplo grau de jurisdição. In: CRUZ E TUCCI, José Rogério et al. **Garantias constitucionais do processo civil**. São Paulo: RT, 1999.

__________. **O STJ enquanto corte de precedentes**. 4. ed. São Paulo: Editora Revista dos Tribunais, 2019.

__________. **Precedentes obrigatórios**. 2. ed. São Paulo: Editora Revista dos Tribunais, 2011.

__________. Reexame da prova diante dos recursos especial e extraordinário. **Revista de Processo**, v. 130, dez. 2005

__________. **Tutela de urgência e tutela da evidência**. 3. ed. São Paulo: Editora Revista dos Tribunais, 2019.

__________. ARENHART, Sérgio Cruz. **Curso de processo civil**. 12. ed. São Paulo: Editora Revista dos Tribunais, 2014. v. 2.

__________. ARENHART, Sérgio Cruz; MITIDIERO, Daniel. **Curso de processo civil**. São Paulo: Editora Revista dos Tribunais, 2016. v. 2.

__________. ARENHART, Sergio Cruz; MITIDIERO, Daniel. **Novo curso de processo civil**. São Paulo: Editora Revista dos Tribunais, 2015. v. 2.

__________. MITIDIERO, Daniel. **Ação rescisória**: do juízo rescindente ao juízo rescisório. São Paulo: Editora Revista dos Tribunais, 2017.

__________. MITIDIERO, Daniel. **Recurso extraordinário e recurso especial**. São Paulo: Editora Revista dos Tribunais, 2019.

MARINS, Graciela. O mandado de segurança como sucedâneo recursal nas hipóteses não previstas no art. 1/015 do CPC/2015. In: NERY JR., Nelson. ALVIM, Teresa Arruda. OLIVEIRA, Pedro Miranda de (coords.). **Aspectos polêmicos dos recursos cíveis e assuntos afins**, vol. 14. São Paulo: Editora Revista dos Tribunais, 2018.

MARQUES, Frederico José. **Instituições de direito processual civil**. 4. ed. Rio de Janeiro: Forense, 1969. v. 4.

MARTINS, Pedro Batista. **Recursos e processos de competência originária dos tribunais**. Rio de Janeiro: Forense, 1957.

MARTINS, Sandro Gilbert. **A defesa do executado por meio de ações autônomas**: defesa heterotópica. São Paulo: RT, 2002.

MAURINO, Luis Alberto. Revisión de la cosa juzgada. Acción autónoma de nulidade. **Revista del Derecho Procesal**, n. 2, 1999.

MAUS, Ingeborg. Judiciário como superego da sociedade: o papel da atividade jurisprudencial na sociedade órfã. Tradução de Martonio Mont'Alverne Lima e Paulo Albuquerque. **Novos Estudos Cebrap**, São Paulo, n. 58, nov. 2000.

MAZZUOLI, Valério de Oliveira. **Controle jurisdicional da convencionalidade das leis**. 5. ed. Rio de Janeiro: Forense, 2018.

MECARELLI, Massimo. **Le corti di cassazione nell'Itália unita**: profili sistematici e costitutzionali della giurisdizione in una prospettiva comparata (1865-1923). Milano: Giuffrè, 2005.

MEDINA, José Miguel Garcia. Antecipação de tutela recursal e efeito suspensivo. In: WAMBIER, Teresa Arruda Alvim; NERY JR., Nelson (coord.). **Aspectos polêmicos e atuais dos recursos cíveis de acordo com a Lei 9.756/98**. São Paulo: RT, 1999.

__________. Comentários ao art. 966. In: STRECK, Lenio Luiz; NUNES, Dierle; CUNHA, Leonardo Carneiro da; FREIRE, Alexandre (org.). **Comentários ao Código de Processo Civil**. São Paulo: Saraiva, 2016.

__________. **Direito processual civil moderno**. 2. ed. São Paulo: RT, 2016.

__________. **Prequestionamento, repercussão geral da questão constitucional, relevância da questão federal**. 7. ed. São Paulo: RT, 2017.

__________. ARAÚJO, Fábio Caldas de. **Mandado de segurança individual e coletivo**: comentários à Lei 12.016/2009. 3. ed. São Paulo: RT, 2019.

MEIRELES, Edilton. Cooperação judiciária nacional. **Revista de Processo**, v. 40, n. 249, nov. 2015.

MEIRELLES, Hely Lopes. A Administração Pública e seu controle. **Revista de Direito Administrativo**, v. 114, out./dez. 1973.

__________. WALD, Arnoldo; MENDES, Gilmar Ferreira. **Mandado de segurança e ações constitucionais**. 34. ed. São Paulo: Malheiros, 2012.

MEJIAS, Lucas Britto. **Controle da atividade do árbitro**. São Paulo: RT, 2015.

MEKKI, Soraya Amrani; STRICKLER. Yves. **Procédure civile**. Paris: PUF, 2014.

MELLO, Rogério Licastro Torres. **Atuação de ofício em grau recursal**. São Paulo: Saraiva, 2010.

MENCHINI, Sergio. **I limiti oggettivi del giudicato civile**. Milano: Giuffrè, 1987.

__________. MOTTO, Alessandro. Art. 2.909 – Cosa giudicata. In: VILLATA, Stefano A. **Materiali sulla cosa giudicata**. Padova: Cedam, 2017.

MENDES, Gilmar Ferreira. As decisões no controle de constitucionalidade de normas e seus efeitos. **Revista da Escola Nacional de Magistratura**, v. 2, n. 3, abr. 2007.

__________. O papel do Senado Federal no controle de constitucionalidade: um caso clássico de mutação constitucional. **Revista de Informação Legislativa**, Brasília, v. 41, n. 162, 2004.

MENDES, Gilmar Ferreira; BRANCO, Paulo Gustavo Gonet. **Curso de direito constitucional**. 13. ed. São Paulo: Saraiva, 2018.

MENDONÇA, José Vicente Santos de. Art. 21 da LINDB: indicando consequências e regularizando atos e negócios. **Revista de Direito Administrativo**, Edição Especial – Direito Público na Lei de Introdução às Normas de Direito Brasileiro – LINDB (Lei n.º 13.655/2018), v. 277, out. 2018.

MENDONÇA, Manoel Ignacio Carvalho de. **A vontade unilateral nos direitos de crédito**. Da acção rescisória das sentenças e julgados. Rio de Janeiro: Freitas Bastos, 1940.

MERKL, Adolf. Erro judicial e verdade jurídica. In: SILVA, Matheus Pelegrino da (org. e trad.). **Adolf Julius Merkl.** Escritos e teoria do direito. São Leopoldo: Unisinos, 2018.

MESSINA, Giuseppe. Sui cosidetti diritti potestativi. In: MESSINA, Giuseppe. **Scritti giuridici**. Milano: Giuffrè, 1948. v. 5.

MICHELLI, Gian Antonio. Sentenza di annullamento di un atto giuridico e ressarcimento del danno patrimoniale derivante da lesione di interessi legitimi. **Rivista di Diritto Commerciale**, v. I, 1963.

MITIDIERO, Daniel. Autonomização e estabilização da antecipação de tutela no novo Código de Processo Civil. **Revista Magister de Direito e Processual Civil**, ano XI, nov./dez. 2014.

__________. **Cortes superiores e cortes supremas**. São Paulo: RT, 2013.

__________. Dos recursos de revista ao recurso extraordinário e ao recurso especial: perfil histórico. **Revista de Processo Comparado**, v. 8, 2018.

__________. Fundamentação e precedente: dois discursos a partir da decisão judicial. **Revista de Processo**, ano 37, v. 206, abr. 2012.

__________. **Reclamação nas cortes supremas**: entre a autoridade da decisão e a eficácia do precedente. São Paulo: RT, 2020.

MOLFESSIS, Nicolas. La protection constitutionnelle du double degré de juridiction. **Reveu générale de droit processuel**, 1996, juillet-decembre, n. 4.

MONIZ DE ARAGÃO, Egas Dirceu. **A correição parcial**. São Paulo: Bushatsky, 1969.

__________. Demasiados recursos? In: FABRÍCIO, Adroaldo Furtado (coord.). **Meios de impugnação ao julgado civil**: estudos em homenagem a José Carlos Barbosa Moreira. Rio de Janeiro: Forense, 2007.

__________. **Embargos infringentes**. 2. ed. São Paulo: Saraiva, 1974.

__________. Mandado de segurança contra ato judicial. **Revista dos Tribunais**, ano 81, v. 682, ago. 1992.

__________. **Sentença e coisa julgada**. Rio de Janeiro: Aide, 1992.

MONTEDORO, Giancarlo. Brevi considerazioni in tema di principi generali sui mezzi di impugnazione delle sentenze e futura codificazione del processo amministrativo. **Diritto Processuale Amministrativo**, n. 3, 2009.

MONTELEONE, Girolamo. **Diritto processuale civile**. Padova: Cedam, 2018. v. 1.

MONTERO AROCA, Juan. Cosa juzgada, jurisdiccion y tutela judicial. **Derecho Privado y Costitución**, n. 8, ene./abr. 1996.

__________. GÓMEZ COLOMER, Juan Luis; BARONA VILAR, Silvia; CALDERÓN CUADRADO, Mª Pía. **Derecho jurisdicional II**: proceso civil. 27. ed. Madrid: Tirant Lo Blanch, 2019.

__________. FLORS MATÍES, José. **Tratado de recursos en el proceso civil**, 2ª ed. Valencia: Tirant Lo Blanch, 2014

MONTESANO, Luigi. **La tutela giurisdizionale dei diritti**. 2. ed. (ristampa). Torino: UTET, 1997.

MORAES, Maurício Zanoide de. **Interesse e legitimação para recorrer no processo penal brasileiro**. São Paulo: RT, 2000.

MORATO, Leonardo L. **Reclamação e sua aplicação para o respeito da súmula vinculante**. São Paulo: RT, 2007.

MOTTA, Otávio. **Justificação da decisão judicial**. A elaboração da motivação e a formação do precedente. São Paulo: RT, 2015.

MOTTO, Alessandro. **Ordine di esame delle questioni, interesse ad impugnare ed accertamento in prosecuzione nei giudizi di impugnazione di atti di esercizio di poteri sostanziali.** Il giusto processo civile, n. 1, 2013.

__________. **Poteri sostanziali e tutela giurisdizionale**. Torino: Giappichelli, 2012.

NAJJAR, Ibrahim. **Le droit d'option**: contribution à l'étude du droit potestatif et de l'acte unilateral. Paris: LGDJ, 1967.

NATALINI, Cecilia. ***Convenientem riconvenire***. Genesi e sistematica della riconvenzione nella dottrina dei glossatori. Bologna: Monduzzi, 2001.

NEGRÃO, Theotonio; GOUVÊA, José Roberto F.; BONDIOLI, Luís Guilherme A.; FONSECA, João Francisco N. da. **Código de Processo Civil e legislação extravagante em vigor**. 48. ed. São Paulo: Saraiva, 2017.

NERY JR., Nelson. Aspectos da teoria geral dos recursos no processo civil. **Revista de Processo**, ano 13, n. 51, jul./set. 1988.

__________. Reflexões sobre o sistema dos recursos cíveis na reforma processual civil de 1994. **Revista de Processo**, ano 20, n. 79, jul./set. 1995.

__________. **Teoria geral dos recursos**. 7. ed. São Paulo: RT, 2014.

NEVES, António Castanheira. A distinção entre a questão-de-facto e a questão-de-direito e a competência do Supremo Tribunal de Justiça como tribunal de "revista". In: **Digesta: escritos acerca do Direito, do pensamento jurídico, da sua metodologia e outros.** Coimbra: Coimbra Editora, 1995. v. 1.

NEVES, António Castanheira. Quadro das perspectivas actuais de compreensão da juridicidade. **Curso de introdução ao estudo do direito**. Coimbra: Coimbra Editora, 1995.

NEVES, Daniel Amorim Assumpção. **Ações constitucionais**. 5. ed. Salvador: Juspodivm, 2020.

__________. **Ações probatórias autônomas**. São Paulo: Saraiva, 2009.

__________. Interesse recursal e sucumbência. **Revista Dialética de Direito Processual**, n. 45, dez. 2006.

__________. **Manual de direito processual civil**. 8. ed. Salvador: Juspodivm, 2016.

__________. **Manual de processo coletivo**, 3ª ed. Salvador: Juspodivm, 2016.

NIEVA FENOLL, Jordi. La relevancia social de la casación: la importancia del ius litigatoris. **Revista de Processo**, n. 147, maio 2007.

__________. **Derecho procesal II**: proceso civil. Madrid: Tirant Lo Blanch, 2019.

NORONHA, Carlos Silveira. **Do agravo de instrumento**. Rio de Janeiro: Forense, 1976.

NUNES, Dierle José Coelho. **Direito constitucional ao recurso**: da teoria geral dos recursos, das reformas processuais e da comparticipação nas decisões. Rio de Janeiro: Lumen Juris, 2006.

__________. BAHIA, Alexandre. PEDRON, Flávio Quinaud. Comentários ao art. 1.037. In: **Comentários ao Código de Processo Civil**, org. Lenio Luiz Streck, Dierle Nunes, Leonardo Carneiro da Cunha e Alexandre Freire. São Paulo: Saraiva, 2016,

NUNES, José de Castro. **Do mandado de segurança e de outros meios de defesa contra atos do poder público**. 4. ed. atual. Rio de Janeiro: Forense, 1954.

OLIVA SANTOS, Andrés de La; DÍEZ-PICAZO GIMÉNEZ, Ignacio; VEGAS TORRES, Jaime. **Curso de derecho procesal**. 3. ed. Madrid: Ramón Areces, 2016. v. II.

OLIVEIRA, Álvaro Goulart. **Recurso de revista**. Rio de Janeiro: Livraria Jacyntho, 1933.

OLIVEIRA, Antônio Gonçalves de. Novos aspectos da competência do Supremo Tribunal Federal. **Revista de Direito Administrativo**, v. 92, 1968.

OLIVEIRA, Bruno Silveira. O duplo grau de jurisdição: princípio constitucional? **Revista de Processo**, v. 162, ago. 2008.

__________. **O juízo de identificação de demandas e de recursos no processo civil**. São Paulo: Saraiva, 2011.

OLIVEIRA, Carlos Alberto Alvaro de. **Teoria e prática da tutela jurisdicional**. Rio de Janeiro: Forense, 2008.

__________. Tutela constitutiva e volta ao estado anterior. **Revista de Processo**, v. 224, 2013.

OLIVEIRA, José Antonio Ribeiro. O princípio do duplo grau de jurisdição. **Revista do Tribunal Regional do Trabalho da 15.ª Região**, Campinas, n. 11, 2000.

OLIVEIRA, Paulo Mendes de. **Regimentos internos como fonte de normas processuais**. Salvador: Juspodivm, 2020.

OLIVEIRA, Pedro Miranda de. **Introdução aos recursos cíveis**. São Paulo: Tirant Lo Blanch, 2021.

__________. **Recurso extraordinário e o requisito da repercussão geral**. São Paulo: Editora Revista dos Tribunais, 2013.

__________; MATTA, Darilê Marques da. Os impactos da suspensão de processos com tema de repercussão geral reconhecida e o procedimento de distinção. In: DANTAS, Bruno; BUENO, Cassio Scarpinella; CAHALI, Cláudia Elisabete Schwerz; NOLASCO, Rita Dias. **Questões relevantes sobre recursos, ações de impugnação e mecanismos autônomos de uniformização de jurisprudência após o primeiro ano de vigência do novo CPC em homenagem à Professor Teresa Arruda Alvim**. São Paulo: Editora Revista dos Tribunais, 2017.

OLIVEIRA, Robson Carlos de. O efeito rescindente e substitutivo dos recursos: uma tentativa de sistematização. In: NERY JR., Nelson; WAMBIER, Teresa Arruda

Alvim (coord.). **Aspectos polêmicos e atuais dos recursos cíveis, de acordo com a Lei 9.856/1998**. São Paulo: RT, 1999.

ORESTANO, Riccardo. **L'appello civile in diritto romano**. Torino: Giappichelli, 1952.

ORIANI, Renato. **Diritti potestativi, contestazione stragiudiziale e decadenza**. Padova: Cedam, 2002.

OTEIZA, Eduardo. La función de las cortes supremas en América Latina. **Revista Peruana de Derecho Procesal**, t. XIV, 2011.

PACELLI, Eugênio. **Curso de processo penal**. 20. ed. São Paulo: Atlas, 2016.

PACILLI, Matteo. **L'abuso dell'appello**. Bologna: BUP, 2015.

PADOA-SCHIOPPA, Antonio. **Ricerche sull'appello nel diritto intermedio**. Milano: Giuffrè, 1967. v. 1.

PAGNI, Ilaria. **Le azioni di impugnativa negoziale**. Contributo allo studio della tutela constitutiva. Milano: Giuffrè, 1998.

PALMA, Mario. **Processo amministrativo e "translatio iudicii"**. Torino: Giappichelli, 2017.

PANTOJA, Fernanda Medina. **Apelação cível**. Novas perspectivas para um antigo recurso: um estudo crítico de direito nacional e comparado. Curitiba: Juruá, 2010.

PANZAROLA, Andrea. **La cassazione civile giudice di merito**. Torino: Giappichelli, 2005.

PAOLA, Santi di. **Contributi ad una teoria della invalidità e della inefficacia in diritto romano**. Milano: Giuffrè, 1966.

PARÁ FILHO, Tomás. **Estudo sobre a sentença constitutiva**. Dissertação (Concurso à cadeira de Direito Judiciário Civil) – Faculdade de Direito da Universidade de São Paulo, São Paulo, 1973.

PASQUALE, Frisina. Sugli effetti della provvisoria esecuzione della sentenza di primo grado riformata della sentenza di appello. **Giustizia Civile**, v. 31, n. 5, 1981.

PASSONI, Marcos Paulo. A continuada inação judicial equivale a ato omissivo recorrível. **Revista de Processo**, v. 35, n. 184, jun. 2010.

PEREIRA, Carlos Frederico Bastos. **Fundamentação das decisões judiciais**: o controle da interpretação dos fatos e do direito no processo civil. São Paulo: RT, 2019.

__________. Interpretação extensiva, analogia e o rol do artigo 1.015 do Código de Processo Civil. **Revista de Processo**, ano 43, v. 282, ago. 2018.

PEREIRA, Guilherme Setoguti J. **Impugnação de deliberações de assembleia das S/A.** São Paulo: Quartier Latin, 2013.

PEREZ, Marcos Augusto. **O controle jurisdicional da discricionariedade administrativa: métodos para uma jurisdição ampla das decisões administrativas.** 2018. Tese (Livre-Docência) – Faculdade de Direito, Universidade de São Paulo, São Paulo, 2018.

PERROT, Roger. **Institutions Judiciaires**, 18ed. (par Bernard Beignier et Lionel Miniato). Paris: LGDJ, 2020.

__________. L'effetto devolutivo dell'appello e il diritto di avocazione nel processo civile francese. **Rivista di Diritto Processuale**, v. XIII, 1958.

__________. Le principe du double degré de juridiction et son evolution en droit judiciarie privé français. In: **Studi in onore di Enrico Tullio Liebman**. Milano: Giuffrè, 1979. v. III.

PERONI, Francesco. Giusto processo e doppio grado di giurisdizione nel mérito. **Rivista di Diritto Processuale**, n. 3, 2001.

PICÓ I JUNOY, Joan. **Las garantias constitucionales del proceso**. Barcelona: J. M. Bosch Editor, 1997.

PIGNATARI, Alessandra Aparecida Calvoso Gomes. Eficácia subjetiva das decisões judiciais no controle difuso-incidental de constitucionalidade. **Revista da Ajuris**, v. 39, n. 125, mar. 2012.

PIMENTA BUENO, José Antonio. **Apontamentos sobre as formalidades do processo civil**. 2. ed. Rio de Janeiro: Typographia Nacional, 1858.

PINNA, Andrea. Filtering Applications, Number of Judgments Delivered and Judicial Discourse by Supreme Courts: Some Thoughts Based on the French Example. In: **The Legitimacy of Highest Courts' Rulings: Judicial Deliberations and Beyond**. Jacco Bomhoff, Maurice Adams, Nick Huls (ed.). The Hague: T.M.C. Asser Press, 2009.

PINTO, Nelson Luiz. **Manual dos recursos cíveis**. 3. ed. São Paulo: Malheiros, 2002.

PINTO, Rui. As proibições de reformationes in melius e in peius. Algumas questões. In: PINTO, Rui (coord.). **As recentes reformas na acção executiva e nos recursos**. Coimbra: Coimbra Editora, 2010.

__________. **Manual do recurso civil**, v. 1. Lisboa: AADL Editora, 2020.

__________. **Recurso civil**. Uma teoria geral. Lisboa: AAFDL Editora, 2017.

PINTO, Teresa Celina Arruda Alvim. **Mandado de segurança contra ato judicial**. São Paulo: RT, 1989.

__________. Teoria geral dos recursos. **Revista de Processo**, ano 15, n. 58, abr./jun. 1990.

PISANI, Andrea Proto. La tutela c.d. constitutiva. In: **I diritti e le tutele**. Napoli: ESI, 2008.

__________. **Lezioni di diritto processuale civile**. 6. ed. Napoli: Jovene, 2014.

__________. **Opposizione di terzo ordinaria**. Napoli: Jovene, 1965.

PIZZORUSSO, Alessandro. Sul principio del doppio grado di giurisdizione. **Rivista di Diritto Processuale**, n. 1, 1978.

POLI, Roberto. **I limiti oggettivi delle impugnazioni ordinarie**. Padova: Cedam, 2002.

__________. **Invalidità ed equipollenza degli atti processual**. Torino: Giapichelli, 2012.

PONDÉ, Lafaytte. Princípio gerais do recurso administrativo. **Revista de Direito Administrativo**, Rio de Janeiro, v. 23, dez. 1951.

PONTES DE MIRANDA, Francisco Cavalcanti. **Comentários à Constituição de 1967**. São Paulo: RT, 1967. t. IV.

__________. **Comentários ao Código de Processo Civil** (arts. 496-538). Rio de Janeiro: Forense, 1975. t. VII.

__________. **Comentários ao Código de Processo Civil**. Rio de Janeiro: Forense, 1949. v. 5.

__________. **Dez anos de pareceres**. Rio de Janeiro: Francisco Alves, 1975. v. 4.

__________. **Tratado da ação rescisória das sentenças e de outras decisões**. Rio de Janeiro: Forense, 1976.

__________. **Tratado das ações**. São Paulo: RT, 1971. t. II.

__________. **Tratado das ações. São Paulo: RT, 1974. t. III.**

PORTO, Sérgio Gilberto. **Ação rescisória atípica**. São Paulo: RT, 2009.

__________; USTÁRROZ, Daniel. **Manual dos recursos cíveis**, 7ª ed. Porto Alegre: Livraria do Advogado, 2020.

POSEZ, Alexis. Le principe de concentration des moyens, ou l'autorité retrouvée de la chose jugée. **Revue trimestrelle de droit civil**, n. 2, 2015.

POSNER, Richard. The Role of the Judge in the Twenty-First Century. **Boston University Law Review**, n. 1.049, 2006.

PRADO, Geraldo. O trânsito em julgado da decisão condenatória. **Boletim do IBCCrim**, n. 227, dez. 2015.

__________. Recursos e ações autônomas de impugnação. In: MOURA, Maria Thereza Rocha de Assis (coord.). **As reformas no processo penal**. São Paulo: RT, 2008.

PROVINCIALI, Renzo. **Delle impugnazioni in generali**. Napoli: Morano, 1963.

PUGLIESE, Giovanni. Giudicato civile (storia). **Enciclopedia del Diritto**, Milano, v. XVIII, 1969.

__________. Note sull'ingiustizia della sentenza nel diritto romano. In: PUGLIESE, Giovanni. **Studi in onore di Emilio Betti III**. Milano, 1962.

QUEIJO, Maria Elisabeth. **Da revisão criminal**: condições da ação. São Paulo: Malheiros, 1998.

RAGGI, Luigi. **La restitutio in integrum nella cognitio extra ordinem**. Contributo allo studio dei rapporti fra diritto pretorio e diritto imperiale nell'età classica. Milano: Giuffrè, 1965.

__________. **Studi sulle impugnazioni civili nel processo romano**. Milano: Giuffrè, 1962.

RAMOS, Elival da Silva. **Ativismo judicial**: parâmetros dogmáticos. São Paulo: Saraiva, 2010.

__________. **Controle de constitucionalidade no Brasil**: perspectivas de evolução. São Paulo: Saraiva, 2010.

RANDAZZO, Salvo. Doppio grado di giurisdizione e potere politico nel primo secolo dell'impero. **Rivista di Diritto Romano**, 2001.

RANGEL, Paulo. **Direito processual penal**. 26. ed. São Paulo: Atlas, 2017.

RASCIO, Nicola. **L'oggetto dell'appello civile**. Napoli: Jovene, 1996.

REDENTI, Enrico. **Diritto processuale civile**. 2. ed. Milano: Giuffrè, 1952. v. II.

REIS, Alberto dos. **Código de Processo Civil anotado**. 3. ed. Coimbra: Coimbra Editora, 2012. v. V.

RESNIK, Judith. Precluding appeals. **Cornell Law Review**, v. 70, n. 4, 1985.

REZENDE FILHO, Gabriel José Rodrigues. **Curso de direito processual civil**. 8. ed. São Paulo: Saraiva, 1968. v. II.

RICCI, Edoardo. Il doppio grado di giurisdizione nel processo civile. **Rivista di Diritto Processuale**, n. 1, 1978.

RICCI, Gian Franco. **Il giudizio civile di cassazione**. 3. ed. Toriono: Giappichelli, 2019.

ROCCO, Alfredo. **La sentenza civile**. Giuffrè: Milano, 1962.

ROCCO, Ugo. **Trattado di diritto processuale civile**. Torino: Torinese, 1957. v. 3.

REGO, Frederico Montedonio. **Repercussão geral**: uma releitura do direito vigente. Belo Horizonte: Fórum, 2019.

REIS, José Alberto dos. **A figura do processo cautelar**: eficácia do caso julgado em relação a terceiros. Porto Alegre: Ajuris, 1985.

RIZZI, Sérgio. **Ação rescisória**. São Paulo: RT, 1979.

ROBERTSON, Cassandra Burke. Forum Non Conveniens on Appeal: The Caso for Interlocutory Review. **Southwestern Journal of International Law**, May, n. 20, 2020.

__________. The Right to Appeal. **North Carolina Law Review** (2013), n. 91.

RODRIGUES, Marcelo Abelha. **Manual de execução civil**. 6. ed. São Paulo: RT, 2016.

__________. **Suspensão de segurança**: sustação da eficácia da decisão judicial proferida contra o poder público. 4. ed. Salvador: Juspodivm, 2017.

RODRIGUES, Marco Antonio. **Manual dos recursos, ação rescisória e reclamação**. São Paulo: GEN/Atlas, 2017.

RHEE, C.H. van. The Law's delay: An Introduction. In: C.H. van Rhee (ed.), **The Law's delay. Essays on Undue Delay in Civil Litigation**, Antwerp/Oxford/New York: Intersentia, 2004.

ROMANO, Alberto. Profili applicativi e dogmatici dei motivi specifici d'impugnazione. **Riv. Trim. Dir. e Proc. Civ**., v. IV, 2000.

ROSBOCH, Michele. **Decidere invano**. Aspetti delle invalidità nelle sentenze medievali. Napoli: Jovene, 2010.

ROSELLI, Federico. La tutela giurisdizionale dei diritti. In: LIPARI, Nicolò; RESCIGNO, Pietro. **Diritto civile**: attuazione e tutela dei diritti. Milano: Giuffrè, 2009, v. IV, t. II.

ROSENBERG, Leo; SCHWAB, Karl Heinz; GOTTWALD, Peter. **Zivilprozessrecht**, 18 Auflage. München: C. H. Beck, 2018.

ROSILHO, André Janjácomo; FERREIRA, Carolina Cutrupi; CUSCIANO, Dalton Tria; RAMOS, Luciana de Oliveira; COUTINHO, Maria Laura; NASSAR, Paulo André Silva; GLEZER, Rubens Eduardo; DIAS, Vitor Marins. Fundamentação e previsibilidade no STF: uma forma de análise da argumentação dos ministros em recursos extraordinários. In: CARVALHO, Flávia Martins de; VIEIRA, José Ribas (coord.). **Desafios da Constituição**: democracia e Estado no século XXI. Rio de Janeiro: UFRJ, 2011.

ROSSONI, Igor Bimkowski. A causa de pedir dos recursos e nos recursos. **Revista Brasileira da Advocacia**, n. 2, set. 2016.

__________. **Recursos extraordinários e ação rescisória por ofensa à norma jurídica**. Salvador: Juspodivm, 2019.

ROTH, Herbert. Prozessmaximen, Prozessgrundrechte und die Konstitutionalisierung des Zivilprozessrechts. **Zeitschrift für Zivilprozess**, vol. 131, 2018.

__________. Zur Überwindung gesetzgeberischer Modellvorstellungen im zivilprozessualen Berufungsrecht durch das bessere Argument der höchstrichterlichen

Rechtsprechung. In: GSELL, Beat; HAU, Wolfgang (org.). **Rechtsmittel im Zivilprozess: Hommage an Bruno Rimmelspacher**. Baden-Baden: Nomos, 2019.

__________. Zivilprozessuales Rechtsmittelrecht und funktionale Zweigliedrigkeit. **Juristen Zeitung**, vol. 61, n. 1, 2006.

RUBENSTEIN, William B. Finality in class action litigation: lessons from *habeas*. **New York University Law Review**, vol. 82, n. 3, June 2007.

RUGGIERI, Paola Chiara. **Pronuncia oggettivamente complessa e onere di impugnazione**. Torino: Giappichelli, 2020.

RUGGIERO, Roberto de; MAROI, Fulvio. **Istituzione di diritto privato**. 8. ed. Milano: G. Principato, 1950. v. 1.

SÁ, Djanira Maria Radamés de. **Duplo grau de jurisdição**: conteúdo e alcance constitucional. São Paulo: Saraiva, 1999.

SACHET, Márcio. **Interesse recursal no processo civil brasileiro**. São Paulo: Tirant Lo Blanch, 2020.

SALHI, Karim. **Contribution à une théorie générale des voies de recours en droit judiciaire privé.** Thèse de doctorat (Droit privé et sciences criminelles) – Université de Caen Normandie, 2004.

SALLES, Carlos Alberto de. Mandado de segurança contra atos judiciais: as Súmulas 267 e 268 revisitadas. In: BUENO, Cassio Scarpinella; ALVIM, Eduardo Arruda; WAMBIER, Teresa Arruda Alvim (coord.). **Aspectos polêmicos e atuais do mandado de segurança**: 51 anos depois. São Paulo: RT, 2002.

SALVANESCHI, Laura. **L'interesse ad impugnare**. Milano: Giuffré, 1990.

__________. Sulla natura della revocazione per errore di fatto delle pronuncie della cassazione. **Rivista di Diritto Processuale**, v. 73, n. 6, 2018.

SANFILIPPO, Cesare. Contributi esegetici alla storia dell'appellatio. **Annali della facoltà di Giurisprudenza – Università degli studi di Camerino**, v. VIII, 1934.

SANTANGELI, Fabio. **L'interpretazione della sentenza civile**. Milano: Giuffrè, 1996.

SANTOS, Ernani Fidelis dos. **Manual de direito processual civil**. 11. ed. São Paulo: Saraiva, 2006. v. 3.

SANTOS, Welder Queiroz dos. **Ação rescisória por violação a precedente**. São Paulo: Editora Revista dos Tribunais, 2021.

SARMENTO, Daniel. Apontamentos sobre a arguição de descumprimento de preceito fundamental. **Revista de Direito Administrativo**, v. 224, 2001.

__________. O cabimento do habeas corpus coletivo na ordem constitucional brasileira. In: **Direitos, Democracia e República: escritos de Direito Constitucional**. Belo Horizonte: Fórum, 2018.

SASSANI, Bruno. Appello (dir. proc. civ.). **Enc. Dir.**, Aggiorn., v. III, 1999.

__________. **Impugnativa dell'atto e disciplina del rapporto**. Padova: CEDAM, 1989.

SATTA, Salvatore. **Commentario al Codice di Procedura Civile**. Giuffrè, 1966. v. II.

__________. **Diritto processuale civile**. Padova: Cedam, 1987. v. 2.

__________. La vita della legge e la sentenza del giudice. In: **Soliloqui e colloqui di un giurista**. Padova: Cedam, 1968.

SCAPARO, Eduardo. **As invalidades processuais na perspectiva do formalismo-valorativo**. Porto Alegre: Livraria do Advogado, 2013.

SCHIAFFINO. Gabriella. Omessa specificazione dei motivi nell'atto d'appello: nullità o irregolarità? **Rivista di Diritto Processuale**, 1983.

SCHLOSSER, Peter. **Gestaltungsklagen und Gestaltungsurteile**. Bielefeld: Gieseking, 1966.

SCHÖNKE, Adolfo. Il bisogno di tutela giuridica (un concetto giusprocessualistico fondamentale). **Rivista di Diritto Processuale**, n. 1, 1948.

SEGNI, Antonio. La cassazione civile ed un recente libro. In: **Scritti giuridici di Segni**. Torino: Giappichelli, 1965. v. I.

SEMMELMAYER, Johann. **Der Berufungsgegenstand**. Berlin: Duncker und Humblot, 1996.

SHAVELL, Steven. On the design of the appeals process: the optimal use of discretionary review versus direct appeal. **The Journal of Legal Studies**, vol. 39, n. 1, jan. 2010.

SHIMURA, Sérgio Seiji. Considerações sobre a teoria geral dos recursos no Código de Processo Civil de 2015. **Cadernos Jurídicos**, v. 16, n. 41, jul./set. 2015.

__________. **Reanálise do duplo grau de jurisdição obrigatório diante das garantias constitucionais**. In: FUX, Luiz; NERY JR., Nelson; WAMBIER, Teresa Arruda Alvim. **Processo e Constituição**: estudos em homenagem ao professor José Carlos Barbosa Moreira. São Paulo: RT, 2006.

SICA, Heitor Vitor Mendonça. Algumas implicações do novo conceito de sentença no processo civil, de acordo com a Lei nº 11.232/2205. In: **Reflexões sobre a reforma do código de processo civil: estudos em homenagem a Ada Pellegrini Grinover, Cândido R. Dinamarco e Kazuo Watanabe**, coord. Carlos Alberto Carmina. São Paulo: Atlas, 2007.

__________. Brevíssimas reflexões sobre a evolução do tratamento da litigiosidade repetitiva. **Revista de Processo**, v. 41, n. 257, jul. 2016.

__________. **Cognição do juiz na execução civil**. São Paulo: Editora Revista dos Tribunais, 2017.

__________. Comentários aos arts. 276 a 283. In: GOUVÊIA, José Roberto F.; BONDIOLI, Luís Guilherme Aidar; FONSECA, João Francisco Naves da (coord.). **Comentários ao Código de Processo Civil**. São Paulo: Saraiva, 2019. v. V.

__________. Comentários ao art. 525. In: CABRAL, Antonio do Passo; CRAMER, Ronaldo (coord.). **Comentários ao novo Código de Processo Civil**, Rio de Janeiro: Forense, 2015.

__________. Comentários ao artigo 674. In: MARINONI, Luiz Guilherme (dir.); ARENHART, Sérgio Cruz; MITIDIERO, Daniel (coord.). **Comentários ao Código de Processo Civil**: arts. 674 ao 718. São Paulo: RT, 2016. v. X.

__________. Comentários ao art. 1.034. In: CRUZ E TUCCI, José Rogério et. al. **Código de Processo Civil Anotado**. AASP/OAB-PR, 2019.

__________. Doze problemas e onze soluções quanto à chamada "estabilização da tutela antecipada". In: **Processo em jornadas**: XI Jornadas Brasileiras de Direito Processual. Salvador: Juspodivm, 2016.

__________. Evolução legislativa da fase de saneamento e organização do processo. **Revista de Processo**, v. 255, maio 2016.

__________. O agravo e o "mito" de prometeu: considerações sobre a Lei 11.187/2005. In: WAMBIER, Teresa Arruda Alvim; NERY JR., Nelson (coord.). **Aspectos polêmicos e atuais dos recursos cíveis e assuntos afins**. São Paulo: RT, 2006. v. 9.

__________. **O direito de defesa no processo civil brasileiro**. São Paulo: Atlas, 2011.

__________. **Preclusão processual civil**. 2. ed. São Paulo: Atlas, 2008.

__________. Recorribilidade das interlocutórias e reformas processuais: novos horizontes do agravo retido. In: WAMBIER, Teresa Arruda Alvim; NERY JR., Nelson (coord.). **Aspectos polêmicos e atuais dos recursos cíveis**. São Paulo: RT, 2005. v. 8.

__________. Recorribilidade das interlocutórias e sistema de preclusões no novo CPC. **Revista Magister de Direito Civil e Processual Civil**, v. 11, n. 65, mar./abr. 2015.

__________. Reflexões em torno da teoria geral dos procedimentos especiais. **Revista de Processo**, v. 37, n. 208, jun. 2012

__________. Três velhos problemas do processo litisconsorcial à luz do CPC/2015. **Revista de Processo**, n. 256, jun. 2016.

__________. Velhos e novos institutos fundamentais do direito processual civil. In: ZUFELATO, Camilo; YARSHELL, Flávio Luiz (coord.). **40 anos da teoria geral do processo no Brasil**: passado, presente e futuro. São Paulo: Malheiros, 2013.

SILVA, Almiro do Couto e. Atos jurídicos de direito administrativo praticados por particulares e direitos formativos. **Revista da Consultoria-Geral do Estado**, Porto Alegre, 2003.

SILVA, Cristiane Oliveira Peter da. Repercussão geral como instrumento de concretização do Supremo Tribunal dos direitos fundamentais. In: PESSOA, Paula (org.); MARINONI Luiz Guilherme et al. (coord.). **Processo constitucional**. São Paulo: Thompson Reuters Brasil, 2019.

SILVA, José Afonso da. **Do recurso extraordinário no direito processual civil brasileiro**. São Paulo: Saraiva, 1963.

SILVA, Ovídio Baptista da. A função dos tribunais superiores. In: **Sentença e coisa julgada (ensaios e pareceres)**. 4. ed. Rio de Janeiro: Forense, 2003.

__________. **Curso de processo civil**: processo de conhecimento. 4. ed. São Paulo: RT, 1998.

__________. Direito material e processo. In: MACHADO, Fábio Cardoso; AMARAL, Guilherme Rizzo (org.). **Polêmica sobre a ação**: a tutela jurisdicional na perspectiva das relações entre direito e processo. Porto Alegre: Livraria do Advogado, 2006.

__________. Recurso extraordinário em ação rescisória. **Revista de Processo**, v. 33, n. 163, set. 2008.

__________. Súmula n.º 343 em questões constitucionais. In: **Sentença e coisa julgada**. 4. ed. Rio de Janeiro: Forense, 2003.

SILVA, Beclaute Oliveira. Coisa julgada baseada em lei inconstitucional (?). In: DIDIER JR., Fredie. EHRHARDT JR., Marcos (coord.). **Revisitando a teoria do fato jurídico: homenagem a Marcos Bernardes de Mello**. São Paulo: Saraiva, 2010.

SILVA, Paula Costa e. **Acto e processo**: o dogma da irrelevância da vontade na interpretação e nos vícios do acto postulativo. Coimbra: Coimbra Editora, 2003.

SILVA, Virgílio Afonso da. **Direito constitucional brasileiro**. São Paulo: Edusp, 2021.

SINAI, Yuval. Reconsidering res judicata: a comparative perspective. **Duke Journal of Comparative Law**, v. 21, n. 2, 2011.

SIQUEIRA, Thiago Ferreira. **A responsabilidade patrimonial no novo sistema processual civil**. São Paulo: RT, 2016.

__________. Duplo grau de jurisdição e "teoria da causa madura" no Novo Código de Processo Civil. In: DIDIER JR., Fredie [et. al.]. **Novo CPC doutrina selecionada, v. 6: processo nos tribunais e meios de impugnação às decisões judiciais**. Salvador: Juspodivm, 2016.

__________. **Limites objetivos da coisa julgada**: objeto do processo e questões prejudiciais. Salvador: Juspodivm, 2020.

SMORTO, Guido. Sul significato di "remedy". **Europa e diritto privato**, n. 1, 2014.

SOUZA, Bernardo Pimentel. **Introdução aos recursos cíveis e à ação rescisória**. 10. ed. São Paulo: Saraiva, 2014.

__________. O mandado de segurança à luz da Lei n. 12.016, de 2009. In: **Leituras complementares de processo civil**, 8ª ed., org. Fredie Didier Jr. Salvador: Juspodivm, 2010

SOUZA, Eduardo Nunes de. **Teoria geral das invalidades no negócio jurídico**: nulidade e anulabilidade no direito civil contemporâneo. São Paulo: Almedina, 2017.

SOUZA, Marcelo Alves Dias de. **Do precedente judicial à súmula vinculante**. Curitiba: Juruá, 2006.

SOUZA, Miguel Teixeira de. **Estudos sobre o novo processo civil**. 4. ed. Lisboa: LEX, 1997.

SOUZA, Paulo Roberto Pereira de. Da fungibilidade dos recursos. **Revista de Processo**, ano 10, n. 38, abr./jul. 1985.

SOUSA FILHO, Ademar Borges de. O habeas corpus coletivo: uma proposta para o direito brasileiro apartir da experiência jurisprudencial latino-americana. **Revista brasileira de ciências criminais**, v. 25, n. 137, nov. 2017.

STEFANO, Giuseppe de. **La revocazione**. Milano: Giuffrè, 1957.

STEINMANN, Joan. Appelate Courts as First Responders: The Constitutionality and Property of Appellate Courts' Resolving Issues in the First Instance. **Notre Dame Law Review**, vol. 87, n. 4, 2012.

STRECK, Lenio Luiz. Um relato de como tudo começou em Itapecerica da Serra – um habeas corpus "bichado". In: STRECK, Lenio Luiz; BREDA, Juliano (coord.). **O dia em que a Constituição foi julgada**: a história das ADC's 43,44 e 54. São Paulo: RT, 2020.

TALAMINI, Eduardo. A dimensão coletiva dos direitos individuais homogêneos. In: DIDIER JR., Fredie (coord.). **Julgamento de casos repetitivos**. Salvador: Juspodivm, 2017. (Col. Grandes Temas do Novo CPC.)

__________. A nova disciplina do agravo e os princípios constitucionais do processo. **Revista de Processo**, ano 20, n. 80, out./dez. 1995.

__________. Arguição de Descumprimento de Preceito Fundamental: função e estrutura. In: FUX, Luiz; WAMBIER, Teresa Arruda Alvim; NERY JR., Nelson (coord.). **Processo e Constituição**. Estudos em homenagem ao Professor José Carlos Barbosa Moreira. São Paulo: RT, 2006.

__________. As origens do mandado de segurança na tradição processual luso-brasileira. In: BUENO, Cassio Scarpinella; ALVIM, Eduardo Arruda; WAMBIER,

Teresa Arruda Alvim. **Aspectos polêmicos do mandado de segurança**: 51 anos depois. São Paulo: RT, 2002.

__________. **Coisa julgada e sua revisão**. São Paulo: RT, 2005.

__________. Convenção arbitral: impedimento processual (e não pressuposto negativo de validade). In: YARSHELL, Flávio Luiz; ZUFELATO, Camilo (org.). **Quarenta anos de teoria geral do processo no Brasil**. São Paulo: Malheiros, 2013.

__________. Decisões individualmente proferidas por integrantes dos tribunais: legitimidade e controle (agravo interno). In: **Aspectos polêmicos e atuais dos recursos cíveis de acordo com a Lei 10.352/2001**, coord. Nelson Nery Jr. e Tereza Arruda Alvim Wambier, São Paulo, RT, 2002.

__________. **Direito processual civil concretizado**. Belo Horizonte: Fórum, 2010.

__________. Impugnação ao cumprimento de título executivo inconstitucional. In: BUENO, Cassio Scarpinella et al. (coord.). **Questões relevantes sobre recursos, ações de impugnação e mecanismos autônomos de uniformização de jurisprudência após o primeiro ano de vigência do novo CPC em homenagem à Professor Teresa Arruda Alvim**. São Paulo: Editora Revista dos Tribunais, 2017.

__________. Interesse recursal. In: ARENHART, Sérgio Cruz; MITIDIERO, Daniel; DOTTI, Rogéria (org.). **O processo civil entre a técnica processual e a tutela dos direitos**: estudos em homenagem a Luiz Guilherme Marinoni. São Paulo: RT, 2017.

__________. Medidas coercitivas e proporcionalidade: o caso WhatsApp. In: CABRAL, Antonio do Passo; PACELLI, Eugênio; CRUZ, Rogério Schietti (coord.). **Processo penal**. Salvador: Juspodivm, 2016. (Coleção Repercussões do Novo CPC, v. 13.)

__________. **Novos aspectos da jurisdição constitucional brasileira**: repercussão geral, força vinculante, modulação dos efeitos do controle de constitucionalidade e alargamento do objeto do controle direito. 2008. Tese (Livre-Docência) – Universidade de São Paulo, São Paulo, 2008.

__________. O amicus curiae e as novas caras da Justiça. In: TALAMINI, Eduardo; SICA, Heitor Vitor Mendonça; CINTRA, Lia Carolina Batista; EID, Elie Pierre (org.). **Partes e terceiros no processo civil**. Salvador: Juspodivm, 2020.

__________. Objetivação do controle incidental de constitucionalidade e força vinculante (ou "devagar com o andor que o santo é de barro"). In: NERY JR., Nelson; WAMBIER, Teresa Arruda Alvim (coord.). **Aspectos polêmicos e atuais dos recursos cíveis**. São Paulo: RT, 2011. v. 12.

__________. Remessa necessária (reexame necessário). **Revista de Direito Administrativo Contemporâneo**, v. 24, maio/jun. 2016.

__________. Saneamento do processo. **Revista de Processo**, v. 22, n. 86, abr./jun. 1997.

__________. WLADECK, Felipe Scripes. Comentários ao art. 994. In: BUENO, Cassio Scarpinella (coord.). **Comentários ao Código de Processo Civil**. São Paulo: Saraiva, 2017. v. 4.

__________. WLADECK, Felipe Scripes. Comentários ao art. 1.002. In: BUENO, Cassio Scarpinella (coord.). **Comentários ao Código de Processo Civil**. São Paulo: Saraiva, 2017. v. 4.

TARELLO, Giovanni. **Storia della cultura giuridica moderna**: assolutismo e codificazione del diritto. Bolonha: Il Mulino, 2003.

TARUFFO, Michele. Cassazione e revisione: un problema nella storia delle istituzioni giudiziarie. In: TARUFFO, Michele. **Il vertice ambíguo**: saggi sulla cassazione civile. Bologna: Il Mulino, 1991.

__________. La Corte di Cassazione e la legge. In: TARUFFO, Michele. **Il vertice ambíguo**: saggi sulla cassazione civile. Bologna: Mulino, 1991.

__________. La giurisprudenza tra casistica e uniformità. **Rivista Trimestrale di Diritto e Procedura Civile**, v. 68, n. 1, 2014.

__________. **La motivazione della sentenza civile**. Padova: Cedam, 1975.

__________. Legalità e giustificazione della creazione giudiziaria del diritto. **Rivista Trimestrale di Diritto e Procedura Civile**, v. 55, n. 1, 2001.

TUZOV, Daniil. Contra ius sententiam dare. Profili dell'invalidità della sentenza contraria a diritto nella riflessione giurisprudenziale tardoclassica. **Zbornik Pravnog fakulteta u Zagreb**, v. 66, n. 4, 2016.

UZEDA, Carolina. **Interesse recursal**. Salvador: Juspodivm, 2018.

UZELAC, Alan. Supreme courts in the 21st century: should organization follow the function? In: ERECINSKI, Tadeusz; RYLSKI, Piotr; WEITZ, Karol (org.). **The Functions of the Supreme Court**: Issues of Process and Administration of Justice. Varsóvia: WUW, 2019.

__________. RHEE, C.H. van. Appeals and other means of recourse against judgements in the context of the effective protection of civil rights and obligations. In: UZELAC, A. RHEE, C.H. van (ed.). **Nobody's Perfect: Comparative Essays on Appeals and other Means of Recourse against Judicial Decisions in Civil Matters**. Cambridge/Antwerp/Portland: Intersentia, 2014.

VALICOURT, Eliane. **L'erreur judiciaire**. Paris: L'Harmattan, 2005.

VASCONCELOS, Antônio Gomes de. As múltiplas dimensões da cooperação judiciária na administração da justiça brasileira. In: DIDIER JR., Fredie. CABRAL, Antonio do Passo (coord.). **Grandes temas de Novo CPC – v. 16 – Cooperação Judiciária Nacional**. Salvador: Juspodivm, 2021.

VASCONCELOS, Rita de Cássia Corrêa de. **Princípio da fungibilidade: hipóteses de incidência no processo civil brasileiro contemporâneo**. São Paulo: Editora Revista dos Tribunais, 2007.

VASCONCELLOS, Vinicius Gomes de. **Direito ao recurso no processo penal**: conteúdo e dinâmica procedimental para um controle efetivo da sentença condenatória. São Paulo: RT, 2019.

___________. PEDRINA, Gustavo Mascarenhas Lacerda. DUARTE, Áquila Magalhães. SALLES, Caio Facco. Habeas corpus concedidos pelo Supremo Tribunal Federal em 2018: pesquisa empírica e dados estatísticos. In: **Habeas corpus no Supremo Tribunal Federal**, Gustavo Mascarenhas Lacerda Pedrina [et. al.] (orgs.). São Paulo: Editora Revista dos Tribunais, 2019.

___________. Limites cognitivos do exame judicial em habeas corpus nos tribunais superiores. In: PEDRINA, Gustavo Mascarenhas Lacerda et al. (org.). **Habeas corpus no Supremo Tribunal Federal**. São Paulo: RT, 2019.

VÁZQUEZ, Carlos M. VLADECK, Stelphen I. The Constitutional Right to Collateral Pos-Conviction Review. **Virginia Law Review**, vol. 103, n. 5, sep. 2017.

VELLOSO, Carlos Mário da Silva. Natureza jurídica do ato concessivo do status de refugiado e seu controle pelo Poder Judiciário. **Revista de Direito Administrativo**, v. 250, 2009.

VERSIANI, Nelmo. Ação rescisória de sentença arbitral. **Revista de Processo**, v. 31, n. 135, maio 2006.

VERDE, Giovanni. In difesa dello ius litigatoris (sulla Cassazione come è e come si vorrebbe che fosse). **Rivista di Diritto Processuale**, v. 63, 2008.

VESCOVI, Enrique. **Los recursos judiciales y demás médios impugnativos en Iberoamérica**. Buenos Aires: Depalma, 1988.

VIDIGAL, Luís Eulálio de Bueno. **Comentários ao Código de Processo Civil**. São Paulo: Saraiva, 1974. v. 6.

___________. **Da ação rescisória dos julgados**. São Paulo: Saraiva, 1948.

VIEIRA, Cristian Garcia. **Desconsideração da personalidade jurídica no novo CPC**: natureza, procedimentos e temas polêmicos. Salvador: Juspodivm, 2017.

VIGORITI, Vincenzo. **Garanzie costituzionali del processo civile**. Milano: Giuffrè, 1973.

VILANOVA, Lourival. As dimensões políticas das funções do Supremo Tribunal Federal. **Sesquicentenário do Supremo Tribunal Federal**. Brasília: UnB, 1967.

VILLATA, Stefano. **Impugnazioni di delibere assembleari e cosa giudicata**. Milano: Giuffrè, 2006.

WACH, Adolf. L'azione nel sistema dei diritti. In: CHIOVENDA, Giuseppe. **Saggi di diritto processuale civile**. Milano: Giuffrè, 1993. v. I.

WALD, Arnoldo; FONSECA, Rodrigo Garcia da. O mandado de segurança e a arbitragem. **Revista de Arbitragem e Mediação**, n. 13, abr./jun. 2007.

WAMBIER, Luiz Rodrigues. Teoria geral dos recursos. **Revista de Processo**, ano 33, n. 164, out. 2008.

__________. TALAMINI, Eduardo. **Curso avançado de processo civil**. 16. ed. São Paulo: RT, 2016. v. 2.

WAMBIER, Teresa Arruda Alvim. **Controle das decisões judiciais por meio de recursos de estrito direito e da ação rescisória**: recurso especial, recurso extraordinário e ação rescisória; o que é uma decisão contrária à lei? São Paulo: RT, 2002.

__________. Distinção entre questão de fato e questão de direito para fins de cabimento de recurso especial. **Revista de Processo**, v. 92, out./dez. 1998.

__________. Fungibilidade de meios: uma outra dimensão do princípio da fungibilidade. In: NERY JR., Neslon; WAMBIER, Teresa Arruda Alvim (coord.). **Aspectos polêmicos e atuais dos recursos cíveis e de outras formas de impugnação às decisões judiciais**, v.4. São Paulo: RT, 2001.

__________. Novos contornos do recurso de agravo. In: TEIXEIRA, Sálvio de Figueiredo (coord.). **Reforma do Código de Processo Civil**. São Paulo: Saraiva, 1996.

__________. O mandado de segurança contra ato judicial. **Revista de Processo**, ano 27, v. 107, jul./set. 2002.

__________. O óbvio que não se vê: a nova forma do princípio da fungibilidade. **Revista de Processo**, v. 31, n. 137, jul. 2006

__________. Restrições indevidas ao direito de recorrer. **Revista de Processo**, n. 130, dez. 2005.

__________. MEDEIROS, Maria Lúcia Lins Conceição de. Recursos repetitivos: realização integral da finalidade do novo sistema impõe mais do que a paralisação dos recursos que estão no 2.º grau. **Revista de Processo**, v. 191, jan. 2011.

__________. MEDINA, José Miguel Garcia. **O dogma da coisa julgada**. São Paulo: RT, 2003.

__________. MEDINA, Miguel José Garcia. **Recursos e ações autônomas de impugnação**. 3. ed. São Paulo: RT, 2013.

__________. MEDINA, José Miguel Garcia. Sobre o novo art. 543-C do CPC: sobrestamento de recursos especiais "com fundamento em idêntica questão de direito". **Revista de Processo**, ano 33, n. 159, 2008.

WATANABE, Kazuo. **Controle jurisdicional**: princípio da inafastabilidade do controle jurisdicional no sistema jurídico brasileiro e mandado de segurança contra atos judiciais. São Paulo: Ed. Revista dos Tribunais, 1980.

WIEDERKEHR, Georges. Le système des voies de recours en droit judiciaire privé. **Revue internationale de droit comparé**, 1989, vol. 11.

WLADECK, Felipe Scripes. **Impugnação da sentença arbitral**. Salvador: Juspodivm, 2014.

XAVIER, Vasco da Gama Lobo. **Anulação de deliberação social e deliberações conexas**. Coimbra: Almedina, 1998.

YARSHELL, Flávio Luiz. A fungibilidade recursal e a nova disciplina do agravo. **Revista do Advogado**, n. 48, jul. 1996.

__________. Ainda sobre o caráter subsidiário do controle jurisdicional estatal da sentença arbitral. **Revista de Arbitragem e Mediação**, v. 13, n. 50, jul./set. 2016.

__________. Ação anulatória de julgamento arbitral e ação rescisória. **Revista de Arbitragem e Mediação**, v. 5, 2005.

__________. **Ação rescisória**: juízos rescindente e rescisório. São Paulo: Malheiros, 2005.

__________. **Antecipação da prova sem o requisito da urgência e direito autônomo à prova**. São Paulo: Malheiros, 2009.

__________. Comentários ao art. 966. In: BUENO, Cassio Scarpinella (coord.). **Comentários ao Código de Processo Civil**. São Paulo: Saraiva, 2017. v. 4.

__________. Comentários ao art. 969. In: BUENO, Cassio Scarpinella (coord.). **Comentários ao Código de Processo Civil**. São Paulo: Saraiva, 2017. v. 4.

__________. Comentários ao artigo 975. In: BUENO, Cassio Scarpinella (coord.). **Comentários ao Código de Processo Civil**. São Paulo: Saraiva, 2017. v. 4.

__________. Convenção das partes em matéria processual: rumo a uma nova era? In: CABRAL, Antonio do Passo; NOGUEIRA, Pedro Henrique (coord.). **Negócios processuais**. Salvador: Juspodivm, 2015.

__________. **Curso de direito processual civil**. São Paulo: Marcial Pons, 2014. v. 1.

__________. Jurisprudência uniforme, estável, integra e coerente: obstáculos superáveis? In: BEDAQUE, José Roberto dos Santos; YARSHELL, Flávio Luiz; SICA, Heitor Vitor Mendonça (coord.). **Estudos de direito processual civil em homenagem ao Professor José Rogério Cruz e Tucci**. Salvador: Juspodivm, 2018.

__________. Resolução do contrato por onerosidade excessiva: uma nova hipótese de ação dúplice? In: YARSHELL, Flávio Luiz et al. **Estudos em homenagem à Professora Ada Pellegrini Grinover**. São Paulo: DPJ, 2005.

__________. Tutela jurisdicional meramente declaratória. **Revista de Processo**, v. 76, 1995.

__________. **Tutela jurisdicional**. 2. ed. São Paulo: Editora DPJ, 2006.

__________. Um guia da jurisprudência e a jurisprudência como guia. **Revista do Advogado**, ano XXXVII, n. 136, dez. 2017.

YOSHIKAWA, Eduardo Henrique de Oliveira. Limite ao efeito translativo dos recursos. In: NERY JR., Nelson; WAMBIER, Teresa Arruda Alvim (coord.). **Aspectos polêmicos e atuais dos recursos cíveis e assuntos afins**. São Paulo: RT, 2011. v. 12.

ZAKZERWSKI, Rafal. **Remedies reclassified**. Oxford: OUP Oxford, 2005.

ZANI, Gino. L'evoluzione storico-dogmatica dell'odierno sistema dei vizi del volere e delle relative azioni di annullamento. **Rivista italiana per le scienze giuridiche**, n. 2-3, 1927.

ZANZUCCHI, Marco Tullio. **Nuove domande, nuove eccezione e nuove prove in appello (art. 490-491, C.P.C.)**. Milano: Società Editrice Libraria, 1916.

ZAVASCKI, Teori Albino. A função cautelar do mandado de segurança contra ato judicial. **Revista de Processo**, ano 16, n. 64, out./dez. 1991.

__________. Ação rescisória: a Súmula n. 343-STF e as funções institucionais do Superior Tribunal de Justiça. In: **Superior Tribunal de Justiça. Doutrina: edição comemorativa 20 anos**. Brasília: STJ, 2009.

__________. Ação rescisória em matéria constitucional. **Revista Juris Plenum**, v. 11, n. 63, maio/jun. 2015.

__________. **Eficácia das sentenças na jurisdição constitucional**, 2ª ed. São Paulo: Editora Revista dos Tribunais, 2012.

__________. Inexigibilidade de sentenças inconstitucionais. In: DIDIER JR., Fredie (org.). **Relativização da coisa julgada**. 2. ed. Salvador: Juspodivm, 2008.

ZIINO, Salvatore. I remedi contro l'ingiustizia della sentenza nel diritto romano. **Rivista di Diritto Processuale**, v. LXX, n. 4-5, 2016.

ZITO, Alberto. Le impugnazioni. In: SCOCA, Franco Gaetano. **Giustizia amministrativa**. 7. ed. Torino: Giappichelli, 2017.

ZUFELATO, Camilo. Comentários ao art. 951 do Código de Processo Civil. In: BUENO, Cassio Scarpinella (coord.). **Comentários ao Código de Processo Civil**. São Paulo: Saraiva, 2017. v. 4.

TARZIA, Giuseppe. **Profili della sentenza civile impugnabile**. Milano: Giuffrè, 1967.

__________. Realtà e prospettive dell'appello civile. **Rivista di Diritto Processuale**, n. 1, 1978.

TAVARES, André Ramos. Arguição de descumprimento de preceito fundamental: aspectos essenciais do instituto na Constituição e na lei. In: TAVARES, André Ramos; ROTHENBURG, Walter Claudius (org.). **Arguição de descumprimento de preceito fundamental**: análise à luz da Lei 9.882/99. São Paulo: Atlas, 2001.

TAVORMINA, Valerio. Azione di impugnativa e potere di impugnazione. **Rivista di Diritto Processuale**, 1980.

__________. Concorso tra revocazione e ricorso per cassazione: il problema dell'uovo e della gallina. **Giur. It.**, v. I, n. 1, 1980.

__________. Impugnazione sostitutive e impugnazione rescindenti. **Rivista Trimestrale di Diritto e Procedura Civile**, n. 2, giugno 1977

TEIXEIRA, Guilherme Freire de Barros. **Teoria do princípio da fungibilidade**. São Paulo: Editora Revista dos Tribunais, 2008.

TEIXEIRA, Sálvio de Figueiredo. Agravo de instrumento: um novo modelo. **Revista dos Tribunais**, ano 74, n. 593, 1985.

TEMER, Sofia. **Incidente de resolução de demandas repetitivas.** Salvador: Juspodivm, 2016.

__________. Recursos no incidente de resolução de demandas repetitivas: quem pode recorrer da decisão que fixa a tese jurídica? In: NUNES, Dierle; MENDES, Aloísio; JAYME, Fernando. **A nova aplicação da jurisprudência e precedentes no CPC/2015**. São Paulo: Editora Revista dos Tribunais, 2017

TESHEINER, José Maria Rosa. Em tempo de reformas – o reexame das decisões judiciais. In: FABRÍCIO, Adroaldo Furtado et al. (coord.). **Meios de impugnação ao julgado civil**: estudos em homenagem a José Carlos Barbosa Moreira. Rio de Janeiro: Forense, 2007.

__________. **Pressupostos processuais e nulidades no processo civil**. São Paulo: Saraiva, 2000.

THEODORO JR., Humberto. A ação rescisória no Novo Código de Processo Civil. **Revista Brasileira de Direito Processual**, n. 90, 2015.

__________. **Curso de direito processual civil**. 50. ed. Rio de Janeiro: Forense, 2017. v. 3.

__________. **Curso de direito processual civil**. 56. ed. Rio de Janeiro: Forense, 2018. v. 1.

__________. **Lei do mandado de segurança comentada**. Rio de Janeiro: Forense, 2014

__________. Nulidade, inexistência e rescindibilidade da sentença. **Revista de Processo**, v. 19, 1980.

__________. O poder de controle do cabimento do recurso extraordinário referente ao requisito da repercussão geral (CF, art. 102, § 3.º). In: MEDINA, José Miguel Garcia et al. (coord.). **Os poderes do juiz e o controle das decisões judiciais**: estudos em homenagem à professora Teresa Arruda Alvim Wambier. São Paulo: RT, 2008.

__________. Teoria geral dos recursos civis. **Revista Autônoma de Processo**, n. 2, jan./mar. 2007.

__________. NUNES, Dierle; BAHIA, Alexandre. Litigiosidade em massa e repercussão geral no recurso extraordinário. **Revista de Processo**, v. 177, nov. 2019.

THOMAZ, Fernão de C. Fernandes; CANÁRIO, António Colaço. O objecto do recurso em processo civil. **Revista da Ordem dos Advogados**, v. 42, 1982.

TICIANELLI, Maria Fernanda Rossi. **Princípio do duplo grau de jurisdição**. Curitiba: Juruá, 2005.

TORNAGHI, Hélio. **Curso de processo penal**. 7. ed. São Paulo: Saraiva, 1990. v. II.

TORON, Alberto Zacharias. ***Habeas corpus***: controle do devido processo legal, questões controvertidas e de processamento do *writ*. 3. ed. São Paulo: RT, 2020.

TORRES, Ricardo Lobo. Auto de infração e defesa fiscal. **Revista de Direito da Procuradoria-Geral do Estado do Rio de Janeiro**, n. 48, 1995.

TOSTA, Jorge. **Do reexame necessário**. São Paulo: RT, 2005.

TRANCHINA, Giovanni. Impugnazione (dir. proc. pen.). **Enc. Dir.**, v. XX, 1970.

__________. **La potestà di impugnare nel processo penale italiano**. Milano: Giuffrè, 1970.

TRAVAIN, Giulia. Lo strano caso del litisconsorte necessario pretermesso e della preclusione dell'opposizione a un'esecuzione illegittima ex art. 615 c.p.c. **Rivista di Diritto Processuale**, anno LXX, n. 3, sett. 2016.

TUCCI, Rogério Lauria. ***Habeas corpus*, ação e processo penal**. São Paulo: Saraiva, 1978.

ANOTAÇÕES

ANOTAÇÕES

ANOTAÇÕES

ANOTAÇÕES

ANOTAÇÕES

ANOTAÇÕES

ANOTAÇÕES

ANOTAÇÕES

EDITORA JusPODIVM
www.editorajuspodivm.com.br
COLOR system